IL NUOVO CODICE DELLA STRADA

CON

REGOLAMENTO DI ESECUZIONE E DI ATTUAZIONE

Questa versione è completamente priva di commenti in modo da poter essere utilizzata nelle prove concorsuali laddove fosse concesso.

Testo coordinato del Codice della Strada aggiornato con le modifiche apportate dal D.L. 30 dicembre 2021, n. 228 e dal D.L. 17 maggio 2022, n. 50.

Sesta edizione, febbraio 2023

a cura di

Antonio Buononato

D1718735

Articoli Nuovo codice della strada

TITOLO I DISPOSIZIONI GENERALI

1 Principi generali.
2 Definizione e classificazione delle strade
3 Definizioni stradali e di traffico
4 Delimitazione del centro abitato
5 Regolamentazione della circolazione in generale
6 Regolamentazione della circolazione fuori dei centri abitati
7 Regolamentazione della circolazione nei centri abitati
8 Circolazione nelle piccole isole
9 Competizioni sportive su strada
9 bis Organizzazione di competizioni non autorizzate in velocita' con veicoli a motore e partecipazione alle gare.
9 ter Divieto di gareggiare in velocita' con veicoli a motore.
10 Veicoli eccezionali e trasporti in condizioni di eccezionalita'
11 Servizi di polizia stradale
12 Espletamento dei servizi di polizia stradale
12 bis Prevenzione ed accertamento delle violazioni in materia di sosta e fermata

TITOLO II DELLA COSTRUZIONE E TUTELA DELLE STRADE

Capo I COSTRUZIONE E TUTELA DELLE STRADE ED AREE PUBBLICHE

13 Norme per la costruzione e la gestione delle strade
14 Poteri e compiti degli enti proprietari delle strade
15 Atti vietati
16 Fasce di rispetto in rettilineo ed aree di visibilita' nelle intersezioni fuori dei centri abitati
17 Fasce di rispetto nelle curve fuori dei centri abitati
18 Fasce di rispetto ed aree di visibilita' nei centri abitati
19 Distanze di sicurezza dalle strade
20 Occupazione della sede stradale
21 Opere, depositi e cantieri stradali
22 Accessi e diramazioni
23 Pubblicita' sulle strade e sui veicoli
24 Pertinenze delle strade
25 Attraversamenti ed uso della sede stradale
26 Competenza per le autorizzazioni e le concessioni
27 Formalita' per il rilascio delle autorizzazioni e concessioni
28 Obblighi dei concessionari di determinati servizi
29 Piantagioni e siepi
30 Fabbricati, muri e opere di sostegno
31 Manutenzione delle ripe
32 Condotta delle acque
33 Canali artificiali e manufatti sui medesimi
34 Oneri supplementari a carico dei mezzi d'opera per l'adeguamento delle infrastrutture stradali
34 bis Decoro delle strade

Capo II ORGANIZZAZIONE DELLA CIRCOLAZIONE E SEGNALETICA STRADALE

Sezione II Destinazione ed uso dei veicoli

Sezione III Documenti di circolazione e immatricolazione

Capo IV CIRCOLAZIONE SU STRADA DELLE MACCHINE AGRICOLE E DELLE MACCHINE OPERATRICI

TITOLO IV GUIDA DEI VEICOLI E CONDUZIONE DEGLI ANIMALI

TITOLO VI DEGLI ILLECITI PREVISTI DAL PRESENTE CODICE E DELLE RELATIVE SANZIONI

Capo I DEGLI ILLECITI AMMINISTRATIVI E DELLE RELATIVE SANZIONI

Sezione I Degli illeciti amministrativi importanti sanzioni amministrative pecuniarie ed applicazione di queste ultime

Sezione II Delle sanzioni amministrative accessorie a sanzioni amministrative pecuniarie

Capo II DEGLI ILLECITI PENALI Sezione I Disposizioni generali in tema di reati e relative sanzioni

Sezione II Sanzioni amministrative accessorie a sanzioni penali

TITOLO VII DISPOSIZIONI FINALI E TRANSITORIE

Capo I DISPOSIZIONI FINALI

Capo II DISPOSIZIONI TRANSITORIE

Articoli Regolamento di esecuzione e di attuazione del nuovo codice della strada

Titolo I DISPOSIZIONI GENERALI

- **1. DEFINIZIONI E CLASSIFICAZIONI DI CARATTERE GENERALE (Artt. 1-3 Codice della Strada)**
  - 1 - (Art. 1 Cod. Str.) Relazione annuale
  - 2 - (Art. 2 Cod. Str.) Classificazione delle strade
  - 3 - (Art. 2 Cod. Str.) Declassificazione delle strade
  - 4 - (Art. 2 Cod. Str.) Passaggi di proprieta' fra enti proprietari delle strade
  - 5 - (Artt. 3 e 4 Cod. Str.) Altre definizioni stradali e di traffico; delimitazione del centro abitato

- **2. DISPOSIZIONI GENERALI SULLA CIRCOLAZIONE (Artt. 5 - 6 Codice della Strada)**
  - 6 - (Art. 5 Cod. Str.) Modalita' e procedura per l'esercizio della diffida da parte del Ministro dei lavori pubblici. Sostituzione in caso di inadempienza.
  - 7 - (Art. 6 Cod. Str.) Limitazioni alla circolazione. Condizioni e deroghe
  - 8 - (Art. 6 Cod. Str.) Aree interne ai porti e aeroporti

- **3. VEICOLI ECCEZIONALI E VEICOLI ADIBITI A TRASPORTI ECCEZIONALI (Art. 10 Codice della Strada)**
  - 9 - (Art. 10 Cod. Str.) Veicoli eccezionali e veicoli adibiti a trasporti eccezionali
  - 10 - Art. 10 Cod. Str.) Veicoli qualificati mezzi d'opera
  - 11 - (Art. 10 Cod. Str.) Dispositivi di segnalazione visiva
  - 12 - (Artt. 10-159 Cod. Str.) Autoveicoli adibiti al soccorso o alla rimozione di veicoli
  - 13 - (Art. 10 Cod. Str.) Tipi di autorizzazioni alla circolazione per veicoli e trasporti eccezionali
  - 14 - (Art. 10 Codice della strada)
  - 15 - (Art.10 Codice della strada)
  - 16 - (Art. 10 Cod. Str.) Provvedimento di autorizzazione
  - 17 - (Art. 10 Cod. Str.) Durata delle autorizzazioni
  - 18 - (Art. 10 Cod. Str.) Indennizzo
  - 19 - (Art. 10 Cod. Str.) Oneri a carico del richiedente
  - 20 - (Art. 10 Cod. Str.) Aggiornamenti

- **4. SERVIZI DI POLIZIA STRADALE (Artt. 11-12 Codice della Strada)**
  - 21 - (Art. 11 Cod. Str.) Coordinamento dei servizi di Polizia Stradale. Rilascio di informazioni
  - 22 - (Art. 12 Cod. Str.) Organi preposti
  - 23 - (Art. 12 Cod. Str.) Esame di qualificazione
  - 24 - (Art. 12 Cod. Str.) Segnale distintivo e norme d'uso. Intimazione dell'alt
  - 25 - (Art. 14 Cod. Str.) Attivita' di tutela delle strade

Titolo II COSTRUZIONE E TUTELA DELLE STRADE

Capo I

- 1. ATTIVITA' DI TUTELA DELLE STRADE E FASCE DI RISPETTO (Artt. 14 - 18 Codice della Strada)

- 2. INSTALLAZIONE DI OPERE E CANTIERI ED APERTURA DI ACCESSI SULLE STRADE (Artt. 20-22 Codice della Strada)

- 3. PUBBLICITA' SULLE STRADE E SUI VEICOLI (Art. 23 Codice della Strada)

CAPO III VEICOLI A MOTORE E LORO RIMORCHI

Sez. I - NORME COSTRUTTIVE E DI EQUIPAGGIAMENTO E ACCERTAMENTI TECNICI PER LA CIRCOLAZIONE

- 1. CARATTERISTICHE COSTRUTTIVE, DI EQUIPAGGIAMENTO E DI IDENTIFICAZIONE (Artt. 71-74 Codice della Strada)

- 2. CERTIFICATO DI APPROVAZIONE, ORIGINE ED OMOLOGAZIONE (Artt. 76-79 Codice della Strada)

- 3. REVISIONI (Art. 80-81 Codice della Strada)

Sez. II - DESTINAZIONE ED USO DEI VEICOLI

- 243 - (Art. 82 Cod. Str.) Caratteristiche costruttive dei veicoli in relazione alla destinazione ed all'uso degli stessi
- 244 - (artt. 84 e 85 Cod. Str.) Servizio di noleggio con conducente per trasporto di persone

Sez. III - DOCUMENTI DI CIRCOLAZIONE E IMMATRICOLAZIONE

- 1. FORMALITA' PER LA CIRCOLAZIONE DI AUTOVEICOLI, MOTOVEICOLI E CICLOMOTORI (Artt. 93-99 Codice della Strada)

- 245 - (Art. 93 Cod. Str.) Comunicazioni fra gli uffici della M.C.T.C e del P.R.A.
- 246 - (Art. 93 Cod. Str.) Caratteristiche dei veicoli destinati a servizio di polizia stradale
- 247 - (Art. 94 Cod. Str.) Comunicazioni degli uffici della M.C.T.C. e del P.R.A.
- 247 bis - Variazione dell'intestatario della carta di circolazione e intestazione temporanea di autoveicoli, motoveicoli e rimorchi
- 248 - (Art. 97 Cod. Str.) Targa per ciclomotori.
- 249 - (Art. 97 Cod. Str.) Utilizzazione della targa in caso di trasferimento di proprieta' dei ciclomotori.
- 250 - (Art. 97 Cod. Str.) Caratteristiche e modalita' di applicazione della targa per ciclomotori
- 251 - (Art. 97 Cod. Str.) Affidamento delle procedure di rilascio di targhe e certificati di circolazione.
- 252 - (Art. 97 Cod. Str.) Adempimenti dell'intestatario del certificato di circolazione.
- 253 - (Art. 97 Cod. Str.) Norme transitorie per i ciclomotori in circolazione
- 254 - (Art. 98 Cod. Str.) Circolazione di prova
- 255 - (Art. 99 Cod. Str.) Targhe provvisorie di circolazione

- 2. TARGHE (Artt. 100-102 Codice della Strada)

- 256 - (Art. 100 Cod. Str.) Definizione delle targhe di immatricolazione, ripetitrici e di riconoscimento
- 257 - (Art. 100 Cod. Str.) Criteri per la formazione dei dati delle targhe dei veicoli a motore e dei rimorchi
- 258 - (Art. 100 Cod. Str.) Collocazione delle targhe di immatricolazione, ripetitrici e di riconoscimento
- 259 - (Art. 100 Cod. Str.) Modalita' di installazione delle targhe
- 260 - (Art. 100 Cod. Str.) Caratteristiche costruttive, dimensionali, fotometriche, cromatiche e di leggibilita' delle targhe. Requisiti di idoneita' per la loro accettazione.
- 261 - (Artt. 100 e 101 Cod. Str.) Modelli di targhe
- 262 - (Art. 100 Cod. Str.) Marchio ufficiale
- 263 - (Art. 100 Cod. Str.) Proventi della maggiorazione del costo di produzione delle targhe e dei contrassegni per ciclomotore

- 3. CESSAZIONE DALLA CIRCOLAZIONE (Art. 103 Codice della Strada)

- 264 - (Art. 103 Cod. Str.) Informazioni in tema di cessazione dalla circolazione

CAPO IV CIRCOLAZIONE SU STRADA DELLE MACCHINE AGRICOLE E DELLE MACCHINE OPERATRICI

- 1. DISPOSIZIONI SULLA CIRCOLAZIONE DI MACCHINE AGRICOLE ECCEZIONALI (Artt. 104-105 Codice della Strada)

- 265 - (Art. 104 Cod. Str.) Pannelli di segnalazione delle macchine agricole eccezionali e delle macchine agricole equipaggiate con attrezzature portate e semiportate.
- 266 - (Art. 104 Cod. Str.) Dispositivo supplementare di segnalazione visiva delle macchine agricole
- 267 - (Art. 104 Cod. Str.) Ripartizione delle masse delle macchine agricole eccezionali
- 268 - (Art. 104 Codice della strada)

- 2. COSTRUZIONE ED EQUIPAGGIAMENTO DELLE MACCHINE AGRICOLE (Art. 106 Codice della Strada)

- 269 - (Art. 106 Cod. Str.) Blocco dei comandi dei sistemi di lavoro degli attrezzi delle macchine agricole
- 270 - (Art. 106 Cod. Str.) Campo di visibilita' e tergicristallo delle macchine agricole
- 271 - (Art. 106 Cod. Str.) Dispositivi di protezione in caso di capovolgimento delle trattrici agricole
- 272 - (Art. 106 Cod. Str.) Sedile per il conducente delle trattrici agricole
- 273 - (Art. 106 Cod. Str.) Dispositivi di segnalazione visiva e di illuminazione delle macchine agricole
- 274 - (Art. 106 Cod. Str.) Dispositivi di frenatura delle macchine agricole semoventi
- 275 - (Art. 106 Cod. Str.) Massa rimorchiabile delle macchine agricole semoventi
- 276 - (Art. 106 Cod. Str.) Dispositivi di frenatura dei rimorchi agricoli e delle macchine agricole operatrici trainate
- 277 - (Art. 106 Cod. Str.) Efficienza della frenatura dei treni costituiti da macchine agricole
- 278 - (Art. 106 Cod. Str.) Dispositivo di sterzo delle macchine agricole
- 279 - (Art. 106 Cod. Str.) Fascia di ingombro delle macchine agricole eccezionali
- 280 - (Art. 106 Cod. Str.) Livelli sonori delle macchine agricole semoventi
- 281 - (Art. 106 Cod. Str.) Dispositivi di segnalazione acustica delle macchine agricole semoventi
- 282 - (Art. 106 Cod. Str.) Dispositivo retrovisore delle macchine agricole semoventi
- 283 - (Art. 106 Cod. Str.) Sovrapattini delle macchine agricole cingolate
- 284 - (Art. 106 Cod. Str.) Ganci delle macchine agricole semoventi
- 285 - (Art. 106 Cod. Str.) Occhioni delle macchine agricole trainate
- 286 - (Art. 106 Cod. Str.) Timoni delle macchine agricole trainate
- 287 - (Art. 106 Cod. Str.) Verifica per le macchine agricole della posizione del dispositivo di traino nonche' del carico verticale ammissibile su di esso.
- 288 - (Art. 106 Cod. Str.) Inquinamento da gas di scarico prodotto dalle macchine agricole
- 289 - (Art. 106 Cod. Str.) Caratteristiche costruttive e funzionali delle macchine agricole

- 3. CERTIFICATI DI IDONEITA' E DI OMOLOGAZIONE, CARTA DI CIRCOLAZIONE DELLE MACCHINE AGRICOLE (Artt. 107-110 Codice della Strada)

- 314 - (Art. 116 Cod. Str.) Rilascio del CAP per conversione di documento estero
- 315 - (Art. 116 Cod. Str.) Certificato di formazione professionale relativo alle merci pericolose
- 316 - (Art. 117 Cod. Str.) Limitazioni nella guida
- 317 - (Art. 118 Cod. Str.) Esami per il conseguimento del certificato di idoneita' alla guida di filoveicoli
- 318 - (Art. 118 Cod. Str.) Rilascio del certificato di idoneita' alla guida di filoveicoli

B) Requisiti per il rilascio della patente di guida (Artt. da 119 a 121 Codice della Strada)

- 319 - (Art. 119 Cod. Str.) Requisiti fisici e psichici per il conseguimento, la revisione e la conferma di validita' della patente di guida
- 320 - (Art. 119 Cod. Str.) Malattie invalidanti
- 321 - (Art. 119 Cod. Str.) Efficienza degli arti
- 322 - (Art. 119 Cod. Str.) Requisiti visivi
- 323 - (Art. 119 Cod. Str.) Requisiti uditivi
- 324 - (Art. 119 Cod. Str.) Valutazione psicodiagnostica e test psicoattitudinali
- 325 - (Art. 119 Cod. Str.) Requisiti visivi per il conseguimento, la conferma e la revisione della patente speciale delle categorie A, B, C e D
- 326 - (Art. 119 Cod. Str.) Requisiti uditivi per il conseguimento, la conferma e la revisione della patente speciale delle categorie A, B, C e D
- 327 - (Art. 119 Cod. Str.) Requisiti relativi agli arti e alla colonna vertebrale, per il conseguimento, la conferma e la revisione della patente speciale delle categorie A, B, C e D
- 328 - (Art. 119 Cod. Str.) Requisiti relativi ad anomalie somatiche per il conseguimento, la conferma e la revisione della patente speciale delle categorie A, B, C e D
- 329 - (Art. 119 Cod. Str.) Patenti speciali delle categorie C e D
- 330 - (Art. 119 Cod. Str.) Commissioni mediche locali
- 331 - (Art. 119 cod. str.) Attestazione dei requisiti di idoneita' psicofisica alla guida di veicoli a motore
- 332 - (Art. 121 Cod. Str.) Competenze dei dipendenti del Dipartimento per i trasporti, la navigazione, gli affari generali ed il personale del Ministero delle infrastrutture e dei trasporti in materia di esami di idoneita'
- 333 - (Art. 121 Cod. Str.) Esami con veicoli muniti di doppi comandi. Modalita' e termini per il rilascio della patente

- 2 - AUTOSCUOLE (Artt. 122-123 Codice della Strada)
- 334 - (Art. 122 Cod. Str.) Contrassegno per le esercitazioni di guida
- 335 - (Art. 123 Cod. Str.) Rilascio dell'autorizzazione alle autoscuole
- 336 - (Art. 123 Cod. Str.) Vigilanza tecnica sulle autoscuole
- 337 - (Art. 123 Cod. Str.) Attivita' di consulenza da parte degli enti pubblici non economici

- 3 - ALTRE DISPOSIZIONI (Artt. 127-139 Codice della Strada)
- 338 - (Art. 127 Cod. Str.) Rilascio duplicato della patente
- 339 - (Artt. 132 e 133 Cod. Str.) Identificazione dei veicoli immatricolati negli Stati esteri e sigla distintiva dello Stato italiano

NUOVO CODICE DELLA STRADA

(DECRETO LEGISLATIVO 30 aprile 1992, n. 285)

TITOLO I
DISPOSIZIONI GENERALI

Art. 1.
(Principi generali).

((1. La sicurezza e la tutela della salute delle persone nonche' la tutela dell'ambiente, nella circolazione stradale, rientrano tra le finalita' primarie di ordine sociale ed economico perseguite dallo Stato)).

2. La circolazione dei pedoni, dei veicoli e degli animali sulle strade e' regolata dalle norme del presente codice e dai provvedimenti emanati in applicazione di esse, nel rispetto delle normative internazionali e comunitarie in materia. Le norme e i provvedimenti attuativi si ispirano ai principi della sicurezza stradale e della mobilita' sostenibile, perseguendo gli obiettivi: di ridurre i costi economici, sociali ed ambientali derivanti dal traffico veicolare; di migliorare il livello di qualita' della vita dei cittadini anche attraverso una razionale utilizzazione del territorio; di migliorare la fluidita' della circolazione; di promuovere l'uso dei velocipedi.

3. Al fine di ridurre il numero e gli effetti degli incidenti stradali ed in relazione agli obiettivi ed agli indirizzi della Commissione europea, il Ministro delle infrastrutture e dei trasporti definisce il Piano nazionale per la sicurezza stradale.

4. Il Governo comunica annualmente al Parlamento l'esito delle indagini periodiche riguardanti i profili sociali, ambientali ed economici della circolazione stradale.

5. Il Ministro delle infrastrutture e dei trasporti fornisce all'opinione pubblica i dati piu' significativi utilizzando i piu' moderni sistemi di comunicazione di massa e, nei riguardi di alcune categorie di cittadini, il messaggio pubblicitario di tipo prevenzionale ed educativo.

Art. 2.
Definizione e classificazione delle strade

1. Ai fini dell'applicazione delle norme del presente codice si definisce "strada" l'area ad uso pubblico destinata alla circolazione dei pedoni, dei veicoli e degli animali.

2. Le strade sono classificate, riguardo alle loro caratteristiche costruttive, tecniche e funzionali, nei seguenti tipi:

A - Autostrade;
B - Strade extraurbane principali;
C - Strade extraurbane secondarie;
D - Strade urbane di scorrimento;
E - Strade urbane di quartiere;
E-bis - Strade urbane ciclabili;
F - Strade locali.
F-bis. Itinerari ciclopedonali.

3. Le strade di cui al comma 2 devono avere le seguenti

caratteristiche minime:

A - AUTOSTRADA: strada extraurbana o urbana a carreggiate indipendenti o separate da spartitraffico invalicabile, ciascuna con almeno due corsie di marcia, eventuale banchina pavimentata a sinistra e corsia di emergenza o banchina pavimentata a destra, priva di intersezioni a raso e di accessi privati, dotata di recinzione e di sistemi di assistenza all'utente lungo l'intero tracciato, riservata alla circolazione di talune categorie di veicoli a motore e contraddistinta da appositi segnali di inizio e fine; deve essere attrezzata con apposite aree di servizio ed aree di parcheggio entrambe con accessi dotati di corsie di decelerazione e di accelerazione.

B - STRADA EXTRAURBANA PRINCIPALE: strada a carreggiate indipendenti o separate da spartitraffico invalicabile, ciascuna con almeno due corsie di marcia e banchina pavimentata a destra, priva di intersezioni a raso, con accessi alle proprieta' laterali coordinati, contraddistinta dagli appositi segnali di inizio e fine, riservata alla circolazione di talune categorie di veicoli a motore; per eventuali altre categorie di utenti devono essere previsti opportuni spazi. Deve essere attrezzata con apposite aree di servizio, che comprendano spazi per la sosta, con accessi dotati di corsie di decelerazione e di accelerazione.

C - STRADA EXTRAURBANA SECONDARIA: strada ad unica carreggiata con almeno una corsia per senso di marcia e banchine.

D - STRADA URBANA DI SCORRIMENTO: strada a carreggiate indipendenti o separate da spartitraffico, ciascuna con almeno due corsie di marcia, ed una eventuale corsia riservata ai mezzi pubblici, banchina pavimentata a destra e marciapiedi, con le eventuali intersezioni a raso semaforizzate; per la sosta sono previste apposite aree o fasce laterali estranee alla carreggiata, entrambe con immissioni ed uscite concentrate.

E - STRADA URBANA DI QUARTIERE: strada ad unica carreggiata con almeno due corsie, banchine pavimentate e marciapiedi; per la sosta sono previste aree attrezzate con apposita corsia di manovra, esterna alla carreggiata.

E-bis - Strada urbana ciclabile: strada urbana ad unica carreggiata, con banchine pavimentate e marciapiedi, con limite di velocita' non superiore a 30 km/h, definita da apposita segnaletica verticale ed orizzontale, con priorita' per i velocipedi.

F - STRADA LOCALE: strada urbana od extraurbana opportunamente sistemata ai fini di cui al comma 1 non facente parte degli altri tipi di strade.

F-bis. Itinerario ciclopedonale: strada locale, urbana, extraurbana o vicinale, destinata prevalentemente alla percorrenza pedonale e ciclabile e caratterizzata da una sicurezza intrinseca a tutela dell'utenza ((vulnerabile)) della strada.

4. E' denominata "strada di servizio" la strada affiancata ad una strada principale (autostrada, strada extraurbana principale, strada urbana di scorrimento) avente la funzione di consentire la sosta ed il raggruppamento degli accessi dalle proprieta' laterali alla strada principale e viceversa, nonche' il movimento e le manovre dei veicoli non ammessi sulla strada principale stessa.

5. Per le esigenze di carattere amministrativo e con riferimento all'uso e alle tipologie dei collegamenti svolti, , le strade, come classificate ai sensi del comma 2, si distinguono in strade "statali", "regionali", "provinciali", "comunali", secondo le indicazioni che seguono. Enti proprietari delle dette strade sono rispettivamente lo Stato, la regione, la provincia, il comune. PERIODO ABROGATO DAL D.LGS. 15 MARZO 2010, N. 66.

6. Le strade extraurbane di cui al comma 2, lettere B, C ed F, si distinguono in:

A - Statali, quando: a) costituiscono le grandi direttrici del traffico nazionale; b) congiungono la rete viabile principale dello Stato con quelle degli Stati limitrofi; c) congiungono tra loro i capoluoghi di regione ovvero i capoluoghi di provincia situati in regioni diverse, ovvero costituiscono diretti ed importanti collegamenti tra strade statali; d) allacciano alla rete delle strade statali i porti marittimi, gli aeroporti, i centri di particolare importanza industriale, turistica e climatica; e) servono traffici interregionali o presentano particolare interesse per l'economia di vaste zone del territorio nazionale.

B - Regionali, quando allacciano i capoluoghi di provincia della stessa regione tra loro o con il capoluogo di regione ovvero allacciano i capoluoghi di provincia o i comuni con la rete statale se cio' sia particolarmente rilevante per ragioni di carattere industriale, commerciale, agricolo, turistico e climatico.

C - Provinciali, quando allacciano al capoluogo di provincia capoluoghi dei singoli comuni della rispettiva provincia o piu' capoluoghi di comuni tra loro ovvero quando allacciano alla rete statale o regionale i capoluoghi di comune, se cio' sia particolarmente rilevante per ragioni di carattere industriale, commerciale, agricolo, turistico e climatico.

D - Comunali, quando congiungono il capoluogo del comune con le sue frazioni o le frazioni fra loro, ovvero congiungono il capoluogo con la stazione ferroviaria, tranviaria o automobilistica, con un aeroporto o porto marittimo, lacuale o fluviale, con interporti o nodi di scambio intermodale o con le localita' che sono sede di essenziali servizi interessanti la collettivita' comunale. Ai fini del presente codice, le strade "vicinali" sono assimilate alle strade comunali.

7. Le strade urbane di cui al comma 2, lettere D , E e F, sono sempre comunali quando siano situate nell'interno dei centri abitati, eccettuati i tratti interni di strade statali, regionali o provinciali che attraversano centri abitati con popolazione non superiore a diecimila abitanti. PERIODO SOPPRESSO DAL D.LGS. 10 SETTEMBRE 1993, N. 360. PERIODO SOPPRESSO DAL D.LGS. 10 SETTEMBRE 1993, N. 360.

8. Il Ministero delle infrastrutture e dei trasporti, nel termine indicato dall'art. 13, comma 5, procede alla classificazione delle strade statali ai sensi del comma 5 , seguendo i criteri di cui ai commi 5, 6 e 7, sentiti il Consiglio superiore dei lavori pubblici, il consiglio di amministrazione dell'Azienda nazionale autonoma per le strade statali, le regioni interessate, nei casi e con le modalita' indicate dal regolamento. Le regioni, nel termine e con gli stessi criteri indicati, procedono, sentiti gli enti locali, alle classificazioni delle strade ai sensi del comma 5. Le strade cosi' classificate sono iscritte nell'Archivio nazionale delle strade previsto dall'art. 226.

9. Quando le strade non corrispondono piu' all' uso e alle tipologie di collegamento previste sono declassificate dal Ministero delle infrastrutture e dei trasporti e dalle regioni, secondo le rispettive competenze, acquisiti i pareri indicati nel comma 8. I casi e la procedura per tale declassificazione sono indicati dal regolamento.

10. Le disposizioni di cui alla presente disciplina non modificano gli effetti del decreto del Presidente del Consiglio dei Ministri 10 agosto 1988, n. 377, emanato in attuazione della legge 8 luglio 1986, n. 349, in ordine all'individuazione delle opere sottoposte alla procedura di valutazione d'impatto ambientale.

10-bis. Resta ferma, per le strade e veicoli militari, la disciplina specificamente prevista dal codice dell'ordinamento militare.

Art. 3.
Definizioni stradali e di traffico

1. Ai fini delle presenti norme le denominazioni stradali e di traffico hanno i seguenti significati:
1) AREA DI INTERSEZIONE: parte della intersezione a raso, nella quale si intersecano due o piu' correnti di traffico.

2) Area pedonale: zona interdetta alla circolazione dei veicoli, salvo quelli in servizio di emergenza, i velocipedi e i veicoli al servizio di persone con limitate o impedite capacita' motorie, nonche' eventuali deroghe per i veicoli ad emissioni zero aventi ingombro e velocita' tali da poter essere assimilati ai velocipedi. In particolari situazioni i comuni possono introdurre, attraverso apposita segnalazione, ulteriori restrizioni alla circolazione su aree pedonali.

3) ATTRAVERSAMENTO PEDONALE: parte della carreggiata, opportunamente segnalata ed organizzata, sulla quale i pedoni in transito dall'uno all'altro lato della strada godono della precedenza rispetto ai veicoli.

4) BANCHINA: parte della strada compresa tra il margine della carreggiata ed il piu' vicino tra i seguenti elementi longitudinali: marciapiede, spartitraffico, arginello, ciglio interno della cunetta, ciglio superiore della scarpata nei rilevati.

5) BRACCIO DI INTERSEZIONE: cfr.RAMO DI INTERSEZIONE.

6) CANALIZZAZIONE: insieme di apprestamenti destinato a selezionare le correnti di traffico per guidarle in determinate direzioni.

7) CARREGGIATA: parte della strada destinata allo scorrimento dei veicoli; essa e' composta da una o piu' corsie di marcia ed, in genere, e' pavimentata e delimitata da strisce di margine.

7-bis) Casa avanzata: linea di arresto per le biciclette in posizione avanzata rispetto alla linea di arresto per tutti gli altri veicoli;

8) CENTRO ABITATO: insieme di edifici, delimitato lungo le vie di accesso dagli appositi segnali di inizio e fine. Per insieme di edifici si intende un raggruppamento continuo, ancorche' intervallato da strade, piazze, giardini o simili, costituito da non meno di venticinque fabbricati e da aree di uso pubblico con accessi veicolari o pedonali sulla strada.

9) CIRCOLAZIONE: e' il movimento, la fermata e la sosta dei pedoni, dei veicoli e degli animali sulla strada.

10) CONFINE STRADALE: limite della proprieta' stradale quale risulta dagli atti di acquisizione o dalle fasce di esproprio del progetto approvato; in mancanza, il confine e' costituito dal ciglio esterno del fosso di guardia o della cunetta, ove esistenti, o dal piede della scarpata se la strada e' in rilevato o dal ciglio superiore della scarpata se la strada e' in trincea.

11) CORRENTE DI TRAFFICO: insieme di veicoli (corrente veicolare), o pedoni (corrente pedonale), che si muovono su una strada nello stesso senso di marcia su una o piu' file parallele, seguendo una determinata traiettoria.

12) CORSIA: parte longitudinale della strada di larghezza idonea a permettere il transito di una sola fila di veicoli.

12-bis) Corsia ciclabile: parte longitudinale della carreggiata, posta di norma a destra, delimitata mediante una striscia bianca, continua o discontinua, destinata alla circolazione sulle strade dei velocipedi nello stesso senso di marcia degli altri veicoli e contraddistinta dal simbolo del velocipede. La corsia ciclabile puo' essere impegnata, per brevi tratti, da altri veicoli se le dimensioni della carreggiata non ne consentono l'uso esclusivo ai velocipedi; in tal caso essa e' parte della corsia veicolare e deve essere delimitata da strisce bianche discontinue. La corsia ciclabile puo' essere impegnata da altri veicoli anche quando sono presenti fermate del trasporto pubblico collettivo e risulta sovrapposta alle strisce di delimitazione di fermata di cui all'articolo 151 del regolamento di cui al decreto del Presidente della Repubblica 16 dicembre 1992, n. 495. La corsia ciclabile si intende valicabile, limitatamente allo spazio necessario per consentire ai veicoli, diversi dai velocipedi, di effettuare la sosta o la fermata nei casi in cui vi sia fascia di sosta veicolare laterale, con qualsiasi giacitura;

12-ter) Corsia ciclabile per doppio senso ciclabile: parte longitudinale della carreggiata urbana a senso unico di marcia, posta a sinistra rispetto al senso di marcia, delimitata mediante una striscia bianca discontinua, valicabile e ad uso promiscuo, idonea a permettere la circolazione sulle strade urbane dei velocipedi in senso contrario a quello di marcia degli altri veicoli e contraddistinta dal simbolo del velocipede. La corsia ciclabile e' parte della carreggiata destinata alla circolazione dei velocipedi in senso opposto a quello degli altri veicoli;

13) CORSIA DI ACCELERAZIONE: corsia specializzata per consentire ed agevolare l'ingresso ai veicoli sulla carreggiata.

14) CORSIA DI DECELERAZIONE: corsia specializzata per consentire l'uscita dei veicoli da una carreggiata in modo da non provocare rallentamenti ai veicoli non interessati a tale manovra.

15) CORSIA DI EMERGENZA: corsia, adiacente alla carreggiata, destinata alle soste di emergenza, al transito dei veicoli di soccorso ed, eccezionalmente, al movimento dei pedoni, nei casi in cui sia ammessa la circolazione degli stessi.

16) CORSIA DI MARCIA: corsia facente parte della carreggiata, normalmente delimitata da segnaletica orizzontale.

17) CORSIA RISERVATA: corsia di marcia destinata alla circolazione esclusiva di una o solo di alcune categorie di veicoli.

18) CORSIA SPECIALIZZATA: corsia destinata ai veicoli che si accingono ad effettuare determinate manovre, quali svolta, attraversamento, sorpasso, decelerazione, accelerazione, manovra per la sosta o che presentano basse velocita' o altro.

19) CUNETTA: manufatto destinato allo smaltimento delle acque meteoriche o di drenaggio, realizzato longitudinalmente od anche trasversalmente all'andamento della strada.

20) CURVA: raccordo longitudinale fra due tratti di strada rettilinei, aventi assi intersecantisi, tali da determinare condizioni di limitata visibilita'.

21) FASCIA DI PERTINENZA: striscia di terreno compresa tra la carreggiata ed il confine stradale. E' parte della proprieta' stradale e puo' essere utilizzata solo per la realizzazione di altre parti della strada.

22) FASCIA DI RISPETTO: striscia di terreno, esterna al confine stradale, sulla quale esistono vincoli alla realizzazione, da parte dei proprietari del terreno, di costruzioni, recinzioni, piantagioni, depositi e simili.

23) FASCIA DI SOSTA LATERALE: parte della strada adiacente alla carreggiata, separata da questa mediante striscia di margine discontinua e comprendente la fila degli stalli di sosta e la relativa corsia di manovra.

24) GOLFO DI FERMATA: parte della strada, esterna alla carreggiata, destinata alle fermate dei mezzi collettivi di linea ed adiacente al marciapiede o ad altro spazio di attesa per i pedoni.

25) INTERSEZIONE A LIVELLI SFALSATI: insieme di infrastrutture (sovrappassi; sottopassi e rampe) che consente lo smistamento delle correnti veicolari fra rami di strade poste a diversi livelli.

26) INTERSEZIONE A RASO (o A LIVELLO): area comune a piu' strade, organizzata in modo da consentire lo smistamento delle correnti di traffico dall'una all'altra di esse.

27) ISOLA DI CANALIZZAZIONE: parte della strada, opportunamente delimitata e non transitabile, destinata a incanalare le correnti di traffico.

28) ISOLA DI TRAFFICO: cfr. ISOLA DI CANALIZZAZIONE.

29) ISOLA SALVAGENTE: cfr. SALVAGENTE.

30) ISOLA SPARTITRAFFICO: cfr. SPARTITRAFFICO.

31) ITINERARIO INTERNAZIONALE: strade o tratti di strade facenti parte degli itinerari cosi' definiti dagli accordi internazionali.

32) LIVELLETTA: tratto di strada a pendenza longitudinale costante.

33) MARCIAPIEDE: parte della strada, esterna alla carreggiata, rialzata o altrimenti delimitata e protetta, destinata ai pedoni.

34) PARCHEGGIO: area o infrastruttura posta fuori della carreggiata, destinata alla sosta regolamentata o non dei veicoli.

34-bis) Parcheggio scambiatore: parcheggio situato in prossimita' di stazioni o fermate del trasporto pubblico locale o del trasporto ferroviario, per agevolare l'intermodalita'.

35) PASSAGGIO A LIVELLO: intersezione a raso, opportunamente attrezzata e segnalata ai fini della sicurezza, tra una o piu' strade ed una linea ferroviaria o tramviaria in sede propria.

36) PASSAGGIO PEDONALE (cfr. anche MARCIAPIEDE): parte della strada separata dalla carreggiata, mediante una striscia bianca continua o una apposita protezione parallela ad essa e destinata al transito dei pedoni. Esso espleta la funzione di un marciapiede stradale, in mancanza di esso.

37) PASSO CARRABILE: accesso ad un'area laterale idonea allo stazionamento di uno o piu' veicoli.

38) PIAZZOLA DI SOSTA: parte della strada, di lunghezza limitata, adiacente esternamente alla banchina, destinata alla sosta dei veicoli.

39) PISTA CICLABILE: parte longitudinale della strada, opportunamente delimitata, riservata alla circolazione dei velocipedi.

40) RACCORDO CONCAVO (CUNETTA): raccordo tra due livellette contigue di diversa pendenza che si intersecano al di sotto della superficie stradale. Tratto di strada con andamento longitudinale concavo.

41) RACCORDO CONVESSO (DOSSO): raccordo tra due livellette contigue di diversa pendenza che si intersecano al di sopra della superficie stradale. Tratto di strada con andamento longitudinale convesso.

42) RAMO DI INTERSEZIONE: tratto di strada afferente una intersezione.

43) RAMPA (DI INTERSEZIONE): strada destinata a collegare due rami di un'intersezione.

44) RIPA: zona di terreno immediatamente sovrastante o sottostante le scarpate del corpo stradale rispettivamente in taglio o in riporto sul terreno preesistente alla strada.

45) SALVAGENTE: parte della strada, rialzata o opportunamente delimitata e protetta, destinata al riparo ed alla sosta dei pedoni, in corrispondenza di attraversamenti pedonali o di fermate dei trasporti collettivi.

46) SEDE STRADALE: superficie compresa entro i confini stradali. Comprende la carreggiata e le fasce di pertinenza.

47) SEDE TRANVIARIA: parte longitudinale della strada, opportunamente delimitata, riservata alla circolazione dei tram e dei veicoli assimilabili.

48) SENTIERO (o MULATTIERA o TRATTURO): strada a fondo naturale formatasi per effetto del passaggio di pedoni o di animali.

49) SPARTITRAFFICO: parte longitudinale non carrabile della strada destinata alla separazione di correnti veicolari.

50) STRADA EXTRAURBANA: strada esterna ai centri abitati.

51) STRADA URBANA: strada interna ad un centro abitato.

52) STRADA VICINALE (o PODERALE o di BONIFICA): strada privata fuori dai centri abitati ad uso pubblico.

53) SVINCOLO: intersezione a livelli sfalsati in cui le correnti veicolari non si intersecano tra loro.

53-bis) Utente ((vulnerabile)) della strada: pedoni, ((persone con disabilita')), ciclisti e tutti coloro i quali meritino una tutela particolare dai pericoli derivanti dalla circolazione sulle strade.

54) ZONA A TRAFFICO LIMITATO: area in cui l'accesso e la circolazione veicolare sono limitati ad ore prestabilite o a particolari categorie di utenti e di veicoli.

55) ZONA DI ATTESTAMENTO: tratto di carreggiata, immediatamente a monte della linea di arresto, destinato all'accumulo dei veicoli in attesa di via libera e, generalmente, suddiviso in corsie specializzate separate da strisce longitudinali continue.

56) ZONA DI PRESELEZIONE: tratto di carreggiata, opportunamente segnalato, ove e' consentito il cambio di corsia affinche' i veicoli

possano incanalarsi nelle corsie specializzate.

57) ZONA DI SCAMBIO: tratto di carreggiata a senso unico, di idonea lunghezza, lungo il quale correnti di traffico parallele, in movimento nello stesso verso, possono cambiare la reciproca posizione senza doversi arrestare.

58) ZONA RESIDENZIALE: zona urbana in cui vigono particolari regole di circolazione a protezione dei pedoni e dell'ambiente, delimitata lungo le vie di accesso dagli appositi segnali di inizio e di fine.

58-bis) Zona scolastica: zona urbana in prossimita' della quale si trovano edifici adibiti ad uso scolastico, in cui e' garantita una particolare protezione dei pedoni e dell'ambiente, delimitata lungo le vie di accesso dagli appositi segnali di inizio e di fine.

2. Nel regolamento sono stabilite altre definizioni stradali e di traffico di specifico rilievo tecnico.

Art. 4.
Delimitazione del centro abitato

1. Ai fini dell'attuazione della disciplina della circolazione stradale, il comune, entro centottanta giorni dalla data di entrata in vigore del presente codice, provvede con deliberazione della giunta alla delimitazione del centro abitato.

2. La deliberazione di delimitazione del centro abitato come definito dall'art. 3 e' pubblicata all'albo pretorio per trenta giorni consecutivi; ad essa viene allegata idonea cartografia nella quale sono evidenziati i confini sulle strade di accesso.

Art. 5.
Regolamentazione della circolazione in generale

1. Il Ministro delle infrastrutture e dei trasporti puo' impartire ai prefetti e agli enti proprietari delle strade le direttive per l'applicazione delle norme concernenti la regolamentazione della circolazione sulle strade di cui all'art. 2. PERIODO SOPPRESSO DAL D.LGS. 10 SETTEMBRE 1993, N. 360. PERIODO SOPPRESSO DAL D.LGS. 10 SETTEMBRE 1993, N. 360.

2. In caso di inosservanza di norme giuridiche, il Ministro delle infrastrutture e dei trasporti puo' diffidare gli enti proprietari ad emettere i relativi provvedimenti. Nel caso in cui gli enti proprietari non ottemperino nel termine indicato, il Ministro delle infrastrutture e dei trasporti dispone, in ogni caso di grave pericolo per la sicurezza, l'esecuzione delle opere necessarie, con diritto di rivalsa nei confronti degli enti medesimi.

3. I provvedimenti per la regolamentazione della circolazione sono emessi dagli enti proprietari, attraverso gli organi competenti a norma degli articoli 6 e 7, con ordinanze motivate e rese note al pubblico mediante i prescritti segnali. ((PERIODO ABROGATO DAL D.LGS. 15 MARZO 2010, N. 66)).

Art. 6.
Regolamentazione della circolazione fuori dei centri abitati

1. Il prefetto, per motivi di sicurezza pubblica o inerenti alla sicurezza della circolazione, di tutela della salute, nonche' per esigenze di carattere militare puo', conformemente alle direttive del Ministro delle infrastrutture e dei trasporti, sospendere temporaneamente la circolazione di tutte o di alcune categorie di utenti sulle strade o su tratti di esse. Il prefetto, inoltre, nei giorni festivi o in particolari altri giorni fissati con apposito calendario, da emenarsi con decreto del Ministro delle infrastrutture e dei trasporti, puo' vietare la circolazione dei veicoli adibiti al trasporto di cose. Nel regolamento sono stabilite le condizioni e le eventuali deroghe.

2. Il prefetto stabilisce, anno per anno, le opportune prescrizioni

per il transito periodico di armenti e di greggi determinando, quando occorra, gli itinerari e gli intervalli di tempo e di spazio.

3. COMMA ABROGATO DAL D.LGS. 15 MARZO 2010, N. 66.

4. L'ente proprietario della strada puo', con l'ordinanza di cui all'art. 5, comma 3:

a) disporre, per il tempo strettamente necessario, la sospensione della circolazione di tutte o di alcune categorie di utenti per motivi di incolumita' pubblica ovvero per urgenti e improrogabili motivi attinenti alla tutela del patrimonio stradale o ad esigenze di carattere tecnico;

b) stabilire obblighi, divieti e limitazioni di carattere temporaneo o permanente per ciascuna strada o tratto di essa, o per determinate categorie di utenti, in relazione alle esigenze della circolazione o alle caratteristiche strutturali delle strade ((, con particolare riguardo a quelle che attraversano siti inseriti nella lista del patrimonio mondiale dell'Organizzazione delle Nazioni Unite per l'educazione, la scienza e la cultura (UNESCO)));

c) riservare corsie, anche protette, a determinate categorie di veicoli, anche con guida di rotaie, o a veicoli destinati a determinati usi;

d) vietare o limitare o subordinare al pagamento di una somma il parcheggio o la sosta dei veicoli;

e) prescrivere che i veicoli siano muniti ovvero abbiano a bordo mezzi antisdrucciolevoli o pneumatici invernali idonei alla marcia su neve o su ghiaccio;

f) vietare temporaneamente la sosta su strade o tratti di strade per esigenze di carattere tecnico o di pulizia, rendendo noto tale divieto con i prescritti segnali non meno di quarantotto ore prima ed eventualmente con altri mezzi appropriati.

f-bis) prescrivere al di fuori dei centri abitati, in previsione di manifestazioni atmosferiche nevose di rilevante intensita', l'utilizzo esclusivo di pneumatici invernali, qualora non sia possibile garantire adeguate condizioni di sicurezza per la circolazione stradale e per l'incolumita' delle persone mediante il ricorso a soluzioni alternative.

5. Le ordinanze di cui al comma 4 sono emanate:

a) per le strade e le autostrade statali, dal capo dell'ufficio periferico dell'A.N.A.S. competente per territorio;

b) per le strade regionali, dal presidente della giunta;

c) per le strade provinciali, dal presidente della provincia;

d) per le strade comunali e le strade vicinali, dal sindaco;

e) LETTERA ABROGATA DAL D.LGS. 15 MARZO 2010, N. 66.

6. Per le strade e le autostrade in concessione, i poteri dell'ente proprietario della strada sono esercitati dal concessionario, previa comunicazione all'ente concedente. In caso di urgenza, i relativi provvedimenti possono essere adottati anche senza la preventiva comunicazione al concedente, che puo' revocare gli stessi.

7. Nell'ambito degli aereoporti aperti al traffico aereo civile e nelle aree portuali, la competenza a disciplinare la circolazione delle strade interne aperte all'uso pubblico e' riservata rispettivamente al direttore della circoscrizione aereoportuale competente per territorio e al comandante di porto capo di circondario, i quali vi provvedono a mezzo di ordinanze, in conformita' alle norme del presente codice. Nell'ambito degli aereoporti ove le aerostazioni siano affidate in gestione a enti o societa', il potere di ordinanza viene esercitato dal direttore della circoscrizione aereoportuale competente per territorio, sentiti gli enti e le societa' interessati.

8. Le autorita' che hanno disposto la sospensione della circolazione di cui ai commi 1 e 4, lettere a) e b), possono accordare, per esigenze gravi e indifferibili o per accertate necessita', deroghe o permessi, subordinati a speciali condizioni e cautele.

9. Tutte le strade statali sono a precedenza, salvo che l'autorita' competente disponga diversamente in particolari intersezioni in

relazione alla classifica di cui all' art. 2, comma 2. Sulle altre strade o tratti di strade la precedenza e' stabilita dagli enti proprietari sulla base della classificazione di cui all' art. 2, comma 2. In caso di controversia decide, con proprio decreto, il Ministro delle infrastrutture e dei trasporti. La precedenza deve essere resa nota con i prescritti segnali da installare a cura e spese dell'ente proprietario della strada che ha la precedenza.

10. L'ente proprietario della strada a precedenza, quando la intensita' o la sicurezza del traffico lo richiedano, puo', con ordinanza, prescrivere ai conducenti l'obbligo di fermarsi prima di immettersi sulla strada a precedenza.

11. Quando si tratti di due strade entrambe a precedenza, appartenenti allo stesso ente, l'ente deve stabilire l'obbligo di dare la precedenza ovvero anche l'obbligo di arrestarsi all'intersezione; quando si tratti di due strade a precedenza appartenenti a enti diversi, gli obblighi suddetti devono essere stabiliti di intesa fra gli enti stessi. Qualora l'accordo non venga raggiunto, decide con proprio decreto il Ministro delle infrastrutture e dei trasporti.

12. Chiunque non ottempera ai provvedimenti di sospensione della circolazione emanati a norma dei commi 1 e 3 e' soggetto alla sanzione amministrativa del pagamento di una somma da € 173 a € 694. Se la violazione e' commessa dal conducente di un veicolo adibito al trasporto di cose, la sanzione amministrativa e' del pagamento di una somma da € 430 a € 1.731. In questa ultima ipotesi dalla violazione consegue la sanzione amministrativa accessoria della sospensione della patente di guida per un periodo da uno a quattro mesi, nonche' della sospensione della carta di circolazione del veicolo per lo stesso periodo ai sensi delle norme di cui al capo I, sezione II, del titolo VI.

13. Chiunque viola le prescrizioni di cui al comma 2 e' soggetto alla sanzione amministrativa del pagamento di una somma da € 26 a € 102.

14. Chiunque viola gli altri obblighi, divieti e limitazioni previsti nel presente articolo e' soggetto alla sanzione amministrativa del pagamento di una somma da € 87 a € 344. Nei casi di sosta vietata la sanzione amministrativa e' del pagamento di una somma da € 41 a € 167 qualora la violazione si prolunghi oltre le ventiquattro ore, la sanzione amministrativa pecuniaria e' applicata per ogni periodo di ventiquattro ore per il quale si protrae la violazione.

15. Nelle ipotesi di violazione del comma 12 l'agente accertatore intima al conducente di non proseguire il viaggio finche' non spiri il termine del divieto di circolazione, egli deve, quando la sosta nel luogo in cui e' stata accertata la violazione costituisce intralcio alla circolazione, provvedere a che il veicolo sia condotto in un luogo vicino in cui effettuare la sosta. Di quanto sopra e' fatta menzione nel verbale di contestazione. Durante la sosta la responsabilita' del veicolo e del relativo carico rimane al conducente. Se le disposizioni come sopra impartite non sono osservate, la sanzione amministrativa accessoria della sospensione della patente e' da due a sei mesi.

Art. 7.
Regolamentazione della circolazione nei centri abitati

1. Nei centri abitati i comuni possono, con ordinanza del sindaco:
a) adottare i provvedimenti indicati nell'art. 6, commi 1, 2 e 4;
b) limitare la circolazione di tutte o di alcune categorie di veicoli per accertate e motivate esigenze di prevenzione degli inquinamenti e di tutela del patrimonio artistico, ambientale e naturale, conformemente alle direttive impartite dal Ministro delle infrastrutture e dei trasporti, sentiti, per le rispettive competenze, il Ministro dell'ambiente e della tutela del territorio, il Ministro delle infrastrutture e dei trasporti ed il Ministro per i

beni culturali e ambientali;

c) stabilire la precedenza su determinate strade o tratti di strade, ovvero in una determinata intersezione, in relazione alla classificazione di cui all'art. 2, e, quando la intensita' o la sicurezza del traffico lo richiedano, prescrivere ai conducenti, prima di immettersi su una determinata strada, l'obbligo di arrestarsi all'intersezione e di dare la precedenza a chi circola su quest'ultima;

d) riservare limitati spazi alla sosta, a carattere permanente o temporaneo, ovvero anche solo per determinati periodi, giorni e orari:

1) dei veicoli degli organi di polizia stradale di cui all'articolo 12, dei vigili del fuoco e dei servizi di soccorso;

2) dei veicoli adibiti al servizio di persone con disabilita', munite del contrassegno di cui all'articolo 381, comma 2, del regolamento;

3) dei veicoli al servizio delle donne in stato di gravidanza o di genitori con un bambino di eta' non superiore a due anni, munite di contrassegno speciale, denominato «permesso rosa»;

4) dei veicoli elettrici;

5) dei veicoli per il carico e lo scarico delle merci nelle ore stabilite;

6) dei veicoli adibiti a servizi di linea per lo stazionamento ai capilinea;

7) dei veicoli adibiti al trasporto scolastico nelle ore stabilite;

e) stabilire aree nelle quali e' autorizzato il parcheggio dei veicoli;

f) stabilire, previa deliberazione della giunta, aree destinate al parcheggio sulle quali la sosta dei veicoli e' subordinata al pagamento di una somma da riscuotere mediante dispositivi di controllo di durata della sosta, anche senza custodia del veicolo, fissando le relative condizioni e tariffe in conformita' alle direttive del Ministero delle infrastrutture e dei trasporti, di concerto con la Presidenza del Consiglio dei Ministri - Dipartimento per le aree urbane;

g) prescrivere orari e riservare spazi per i veicoli di categoria N, ai sensi della lettera c) del comma 2 dell'articolo 47, utilizzati per il carico e lo scarico di cose;

h) istituire le aree attrezzate riservate alla sosta e al parcheggio delle autocaravan di cui all'art. 185;

i) riservare strade alla circolazione dei veicoli adibiti a servizi pubblici di trasporto, al fine di favorire la mobilita' urbana.

i-bis) stabilire che su strade classificate di tipo E, E-bis, F o F-bis, ove il limite massimo di velocita' sia inferiore o uguale a 30 km/h ovvero su parte di una zona a traffico limitato, i velocipedi possano circolare anche in senso opposto all'unico senso di marcia prescritto per tutti gli altri veicoli, lungo la corsia ciclabile per doppio senso ciclabile presente sulla strada stessa. La facolta' puo' essere prevista indipendentemente dalla larghezza della carreggiata, dalla presenza e dalla posizione di aree per la sosta veicolare e dalla massa dei veicoli autorizzati al transito. Tale modalita' di circolazione dei velocipedi e' denominata 'doppio senso ciclabile' ed e' individuata mediante apposita segnaletica;

i-ter) consentire la circolazione dei velocipedi sulle strade di cui alla lettera i), purche' non siano presenti binari tramviari a raso ed a condizione che, salvo situazioni puntuali, il modulo delle strade non sia inferiore a 4,30 m.

2. I divieti di sosta si intendono imposti dalle ore 8 alle ore 20, salvo che sia diversamente indicato nel relativo segnale.

3. Per i tratti di strade non comunali che attraversano centri abitati, i provvedimenti indicati nell'art. 6, commi 1 e 2, sono di competenza del prefetto e quelli indicati nello stesso articolo, comma 4, lettera a), sono di competenza dell'ente proprietario della

strada. I provvedimenti indicati nello stesso comma 4, lettere b), c), d), e) ed f) sono di competenza del comune, che li adotta sentito il parere dell'ente proprietario della strada.

4. Nel caso di sospensione della circolazione per motivi di sicurezza pubblica o di sicurezza della circolazione o per esigenze di carattere militare, ovvero laddove siano stati stabiliti obblighi, divieti o limitazioni di carattere temporaneo o permanente, possono essere accordati, per accertate necessita', permessi subordinati a speciali condizioni e cautele. Nei casi in cui sia stata vietata o limitata la sosta, possono essere accordati permessi subordinati a speciali condizioni e cautele ai veicoli riservati a servizi di polizia e a quelli utilizzati dagli esercenti la professione sanitaria, nell'espletamento delle proprie mansioni, nonche' dalle persone con limitata o impedita capacita' motoria, muniti del contrassegno speciale.

5. Le caratteristiche, le modalita' costruttive, la procedura di omologazione e i criteri di installazione e di manutenzione dei dispositivi di controllo di durata della sosta sono stabiliti con decreto del Ministro delle infrastrutture e dei trasporti, di concerto con il Ministro delle infrastrutture e dei trasporti.

6. Le aree destinate al parcheggio devono essere ubicate fuori della carreggiata e comunque in modo che i veicoli parcheggiati non ostacolino lo scorrimento del traffico.

7. I proventi dei parcheggi a pagamento, in quanto spettanti agli enti proprietari della strada, sono destinati alla installazione, costruzione e gestione di parcheggi in superficie, sopraelevati o sotterranei, e al loro miglioramento nonche' a interventi per il finanziamento del trasporto pubblico locale e per migliorare la mobilita' urbana.

8. Qualora il comune assuma l'esercizio diretto del parcheggio con custodia o lo dia in concessione ovvero disponga l'installazione dei dispositivi di controllo di durata della sosta di cui al comma 1, lettera f), su parte della stessa area o su altra parte nelle immediate vicinanze, deve riservare una adeguata area destinata a parcheggio rispettivamente senza custodia o senza dispositivi di controllo di durata della sosta. Tale obbligo non sussiste per le zone definite a norma dell'art. 3 "area pedonale" e "zona a traffico limitato", nonche' per quelle definite " A" dall'art. 2 del decreto del Ministro dei lavori pubblici 2 aprile 1968, n. 1444 , pubblicato nella Gazzetta Ufficiale n. 97 del 16 aprile 1968, e in altre zone di particolare rilevanza urbanistica, opportunamente individuate e delimitate dalla giunta nelle quali sussistano esigenze e condizioni particolari di traffico.

9. I comuni, con deliberazione della giunta, provvedono a delimitare le aree pedonali e le zone a traffico limitato tenendo conto degli effetti del traffico sulla sicurezza della circolazione, sulla salute, sull'ordine pubblico, sul patrimonio ambientale e culturale e sul territorio. In caso di urgenza il provvedimento potra' essere adottato con ordinanza del sindaco, ancorche' di modifica o integrazione della deliberazione della giunta. Analogamente i comuni provvedono a delimitare altre zone di rilevanza urbanistica nelle quali sussistono esigenze particolari di traffico, di cui al secondo periodo del comma 8. I comuni possono subordinare l'ingresso o la circolazione dei veicoli a motore, all'interno delle zone a traffico limitato, anche al pagamento di una somma. ((Con decreto del Ministro delle infrastrutture e della mobilita' sostenibili sono individuate le tipologie dei comuni che possono avvalersi di tale facolta', le modalita' di riscossione del pagamento, le categorie dei veicoli esentati, nonche', previa intesa in sede di Conferenza unificata di cui all'articolo 8 del decreto legislativo 28 agosto 1997, n. 281, i massimali delle tariffe, da definire tenendo conto delle emissioni inquinanti dei veicoli e delle tipologie dei permessi)).

9-bis. Nel delimitare le zone di cui al comma 9 i comuni consentono, in ogni caso, l'accesso libero a tali zone ai veicoli a propulsione elettrica o ibrida

10. Le zone di cui ai commi 8 e 9 sono indicate mediante appositi segnali.

11. Nell'ambito delle zone di cui ai commi 8 e 9 e delle altre zone di particolare rilevanza urbanistica nelle quali sussistono condizioni ed esigenze analoghe a quelle previste nei medesimi commi, i comuni hanno facolta' di riservare, con ordinanza del sindaco, superfici o spazi di sosta per veicoli privati dei soli residenti nella zona, a titolo gratuito od oneroso.

11-bis. Nelle zone scolastiche urbane puo' essere limitata o esclusa la circolazione, la sosta o la fermata di tutte o di alcune categorie di veicoli, in orari e con modalita' definiti con ordinanza del sindaco. I divieti di circolazione, di sosta o di fermata non si applicano agli scuolabus, agli autobus destinati al trasporto degli alunni frequentanti istituti scolastici, nonche' ai titolari di contrassegno di cui all'articolo 381, comma 2, del regolamento di cui al decreto del Presidente della Repubblica 16 dicembre 1992, n. 495. Chiunque viola gli obblighi, le limitazioni o i divieti previsti al presente comma e' soggetto alla sanzione amministrativa di cui al comma 13-bis.

12. Per le citta' metropolitane le competenze della giunta e del sindaco previste dal presente articolo sono esercitate rispettivamente dalla giunta metropolitana e dal sindaco metropolitano.

13. Chiunque non ottemperi ai provvedimenti di sospensione o divieto della circolazione e' soggetto alla sanzione amministrativa del pagamento di una somma da € 87 a € 344.

13-bis. Chiunque, in violazione delle limitazioni previste ai sensi della lettera b) del comma 1, circola con veicoli appartenenti, relativamente alle emissioni inquinanti, a categorie inferiori a quelle prescritte, e' soggetto alla sanzione amministrativa del pagamento di una somma da € 168 a € 678 e, nel caso di reiterazione della violazione nel biennio, alla sanzione amministrativa accessoria della sospensione della patente di guida da quindici a trenta giorni ai sensi delle norme di cui al capo I, sezione II, del titolo VI.

14. Chiunque viola gli altri obblighi, divieti o limitazioni previsti nel presente articolo, e' soggetto alla sanzione amministrativa del pagamento di una somma da € 42 a € 173. La violazione del divieto di circolazione nelle corsie riservate ai mezzi pubblici di trasporto, nelle aree pedonali e nelle zone a traffico limitato e' soggetta alla sanzione amministrativa del pagamento di una somma da € 83 a € 332.

15. Nei casi di sosta vietata, in cui la violazione si prolunghi oltre le ventiquattro ore, la sanzione amministrativa pecuniaria e' applicata per ogni periodo di ventiquattro ore, per il quale si protrae la violazione. Se si tratta di sosta limitata o regolamentata, la sanzione amministrativa e' del pagamento di una somma da € 26 a € 102 e la sanzione stessa e' applicata per ogni periodo per il quale si protrae la violazione.

15-bis. Salvo che il fatto costituisca reato, coloro che esercitano senza autorizzazione, anche avvalendosi di altre persone, ovvero determinano altri ad esercitare senza autorizzazione l'attivita' di parcheggiatore o guardiamacchine sono puniti con la sanzione amministrativa del pagamento di una somma da € 769 ad € 3.095. Se nell'attivita' sono impiegati minori, o se il soggetto e' gia' stato sanzionato per la medesima violazione con provvedimento definitivo, si applica la pena dell'arresto da sei mesi a un anno e dell'ammenda da 2.000 a 7.000 euro. E' sempre disposta la confisca delle somme percepite, secondo le modalita' indicate al titolo VI, capo I, sezione II.

Art. 8.
Circolazione nelle piccole isole

1. Nelle piccole isole, dove si trovino comuni dichiarati di

soggiorno o di cura, qualora la rete stradale extraurbana non superi 50 chilometri e le difficolta' ed i pericoli del traffico automobilistico siano particolarmente intensi, il Ministro delle infrastrutture e dei trasporti, sentite le regioni e i comuni interessati, puo', con proprio decreto, vietare che, nei mesi di piu' intenso movimento turistico, i veicoli appartenenti a persone non facenti parte della popolazione stabile siano fatti affluire e circolare nell' isola. Con medesimo provvedimento possono essere stabilite deroghe al divieto a favore di determinate categorie di veicoli e di utenti.

2. Chiunque viola gli obblighi, i divieti e le limitazioni previsti dal presente articolo e' punito con la sanzione amministrativa del pagamento di una somma ((da € 430 a € 1.731)).

Art. 9.
Competizioni sportive su strada

1. Sulle strade ed aree pubbliche sono vietate le competizioni sportive con veicoli o animali e quelle atletiche, salvo autorizzazione. L'autorizzazione e' rilasciata dal comune in cui devono avere luogo le gare atletiche e ciclistiche e quelle con animali o con veicoli a trazione animale. Essa e' rilasciata dalla regione e dalle province autonome di Trento e di Bolzano per le gare atletiche, ciclistiche e per le gare con animali o con veicoli a trazione animale che interessano piu' comuni. Per le gare atletiche, ciclistiche e quelle con animali o con veicoli a trazione animale che interessano il territorio di piu' regioni, l'autorizzazione e' rilasciata dalla regione o dalla provincia autonoma del luogo di partenza, d'intesa con le altre regioni interessate, che devono rilasciare il nulla osta entro il termine di venti giorni antecedenti alla data di effettuazione della gara. Per le gare con veicoli a motore l'autorizzazione e' rilasciata, sentite le federazioni nazionali sportive competenti e dandone tempestiva informazione all'autorita' di pubblica sicurezza: dalla regione e dalle province autonome di Trento e di Bolzano per le strade che costituiscono la rete di interesse nazionale; dalla regione per le strade regionali; dalle province per le strade provinciali; dai comuni per le strade comunali. Nelle autorizzazioni sono precisate le prescrizioni alle quali le gare sono subordinate.

2. Le autorizzazioni di cui al comma 1 devono essere richieste dai promotori almeno quindici giorni prima della manifestazione per quelle di competenza del sindaco e almeno trenta giorni prima per le altre e possono essere concesse previo nulla osta dell'ente proprietario della strada.

3. Per le autorizzazioni relative alle competizioni motoristiche i promotori devono richiedere il nulla osta per la loro effettuazione al Ministero delle infrastrutture e dei trasporti, allegando il preventivo parere del C.O.N.I. Per consentire la formulazione del programma delle competizioni da svolgere nel corso dell'anno, qualora venga riconosciuto il carattere sportivo delle stesse e non si creino gravi limitazioni al servizio di trasporto pubblico, nonche' al traffico ordinario, i promotori devono avanzare le loro richieste entro il trentuno dicembre dell'anno precedente. Il preventivo parere del C.O.N.I. non e' richiesto per le manifestazioni di regolarita' a cui partecipano i veicoli di cui all'articolo 60, purche' la velocita' imposta sia per tutto il percorso inferiore a 40 km/h e la manifestazione sia organizzata in conformita' alle norme tecnico sportive della federazione di competenza.

4. L'autorizzazione per l'effettuazione delle competizioni previste dal programma di cui al comma 3 deve essere richiesta, almeno trenta giorni prima della data fissata per la competizione, ed e' subordinata al rispetto delle norme tecnico- sportive e di sicurezza vigenti e all'esito favorevole del collaudo del percorso di gara e delle attrezzature relative, effettuato da un tecnico dell'ente proprietario della strada, assistito dai rappresentanti dei Ministeri

dell'interno, delle infrastrutture e dei trasporti, unitamente ai rappresentanti degli organi sportivi competenti e dei promotori. Tale collaudo puo' essere omesso quando, anziche' di gare di velocita', si tratti di gare di regolarita' per le quali non sia ammessa una velocita' media eccedente 50 km/h sulle tratte da svolgersi sulle strade aperte al traffico e 80 km/h sulle tratte da svolgersi sulle strade chiuse al traffico; il collaudo stesso e' sempre necessario per le tratte in cui siano consentite velocita' superiori ai detti limiti.

4-bis. Fermo restando quanto disposto dall'articolo 193, i veicoli che partecipano alle competizioni motoristiche sportive di cui al presente articolo possono circolare, limitatamente agli spostamenti all'interno del percorso della competizione e per il tempo strettamente necessario per gli stessi, in deroga alle disposizioni di cui all'articolo 78.

5. Nei casi in cui, per motivate necessita', si debba inserire una competizione non prevista nel programma, i promotori, prima di chiedere l'autorizzazione di cui al comma 4, devono richiedere al Ministero delle infrastrutture e dei trasporti il nulla osta di cui al comma 3 almeno sessanta giorni prima della competizione. L'autorita' competente puo' concedere l'autorizzazione a spostare la data di effettuazione indicata nel programma quando gli organi sportivi competenti lo richiedano per motivate necessita', dandone comunicazione al Ministero delle infrastrutture e dei trasporti.

6. Per tutte le competizioni sportive su strada, l'autorizzazione e' altresi' subordinata alla stipula, da parte dei promotori, di un contratto di assicurazione per la responsabilita' civile di cui all'art. 3 della legge 24 dicembre 1969, n. 990, e successive modificazioni e integrazioni. L'assicurazione deve coprire altresi' la responsabilita' dell'organizzazionee degli altri obbligati per i danni comunque causati alle strade e alle relative attrezzature. I limiti di garanzia sono previsti dalla normativa vigente.

6-bis. Quando la sicurezza della circolazione lo renda necessario, nel provvedimento di autorizzazione di competizioni ciclistiche su strada, puo' essere imposta la scorta da parte di uno degli organi di cui all'articolo 12, comma 1, ovvero, in loro vece o in loro ausilio, di una scorta tecnica effettuata da persone munite di apposita abilitazione. Qualora sia prescritta la scorta di polizia, l'organo adito puo' autorizzare gli organizzatori ad avvalersi, in sua vece o in suo ausilio, della scorta tecnica effettuata a cura di personale abilitato, fissandone le modalita' ed imponendo le relative prescrizioni.

6-ter. Con disciplinare tecnico, approvato con provvedimento dirigenziale del Ministero delle infrastrutture e dei trasporti, di concerto con il Ministero dell'interno, sono stabiliti i requisiti e le modalita' di abilitazione delle persone autorizzate ad eseguire la scorta tecnica ai sensi del comma 6-bis, i dispositivi e le caratteristiche dei veicoli adibiti al servizio di scorta nonche' le relative modalita' di svolgimento. L'abilitazione e' rilasciata dal Ministero dell'interno.

6-quater. Per le competizioni ciclistiche o podistiche, ovvero con altri veicoli non a motore o con pattini, che si svolgono all'interno del territorio comunale, o di comuni limitrofi, tra i quali vi sia preventivo accordo, la scorta puo' essere effettuata dalla polizia municipale coadiuvata, se necessario, da scorta tecnica con personale abilitato ai sensi del comma 6-ter.

7. Al termine di ogni competizione il prefetto comunica tempestivamente al Ministero delle infrastrutture e dei trasporti, ai fini della predisposizione del programma per l'anno successivo, le risultanze della competizione precisando le eventuali inadempienze rispetto alla autorizzazione e l'eventuale verificarsi di inconvenienti o incidenti.

7-bis. Salvo che, per particolari esigenze connesse all'andamento plano-altimetrico del percorso, ovvero al numero dei partecipanti, sia necessaria la chiusura della strada, la validita' dell'autorizzazione e' subordinata, ove necessario, all'esistenza di un provvedimento di sospensione temporanea della circolazione in occasione del transito dei partecipanti ai sensi dell'articolo 6, comma 1, ovvero, se trattasi di centro abitato, dell'articolo 7, comma 1.

8. Fuori dei casi previsti dal comma 8-bis, chiunque organizza una competizione sportiva indicata nel presente articolo senza esserne autorizzato nei modi previsti e' soggetto alla sanzione amministrativa del pagamento di una somma ((da € 173 a € 694)), se si tratta di competizione sportiva atletica, ciclistica o con animali, ovvero di una somma ((da € 866 a € 3.464)), se si tratta di competizione sportiva con veicoli a motore. In ogni caso l'autorita' amministrativa dispone l'immediato divieto di effettuare la competizione, secondo le norme di cui al capo I, sezione II, del titolo VI.

8-bis. COMMA ABROGATO DAL D.L. 27 GIUGNO 2003, N. 151, CONVERTITO CON MODIFICAZIONI DALLA L. 1 AGOSTO 2003, N. 214.

9. Chiunque non ottemperi agli obblighi, divieti o limitazioni a cui il presente articolo subordina l'effettuazione di una competizione sportiva, e risultanti dalla relativa autorizzazione, e' soggetto alla sanzione amministrativa del pagamento di una somma ((da € 87 a € 344)), se si tratta di competizione sportiva atletica, ciclistica o con animali, ovvero di una somma ((da € 173 a € 694)), se si tratta di competizione sportiva con veicoli a motore.

Art. 9-bis.
(((Organizzazione di competizioni non autorizzate in velocita' con veicoli a motore e partecipazione alle gare).))

((1. Salvo che il fatto costituisca piu' grave reato, chiunque organizza, promuove, dirige o comunque agevola una competizione sportiva in velocita' con veicoli a motore senza esserne autorizzato ai sensi dell'articolo 9 e' punito con la reclusione da uno a tre anni e con la multa da euro 25.000 a euro 100.000. La stessa pena si applica a chiunque prende parte alla competizione non autorizzata.

2. Se dallo svolgimento della competizione deriva, comunque, la morte di una o piu' persone, si applica la pena della reclusione da sei a dodici anni; se ne deriva una lesione personale la pena e' della reclusione da tre a sei anni.

3. Le pene indicate ai commi 1 e 2 sono aumentate fino ad un anno se le manifestazioni sono organizzate a fine di lucro o al fine di esercitare o di consentire scommesse clandestine, ovvero se alla competizione partecipano minori di anni diciotto.

4. Chiunque effottua scommesse sulle gare di cui al comma 1 e' punito con la reclusione da tre mesi ad un anno e con la multa da euro 5.000 a euro 25.000.

5. Nei confronti di coloro che hanno preso parte alla competizione, all'accertamento del reato consegue la sanzione amministrativa accessoria della sospensione della patente da uno a tre anni ai sensi del capo II, sezione II, del titolo VI. La patente e' sempre revocata se dallo svolgimento della competizione sono derivate lesioni personali gravi o gravissime o la morte di una o piu' persone. Con la sentenza di condanna e' sempre disposta la confisca dei veicoli dei partecipanti, salvo che appartengano a persona estranea al reato, e che questa non li abbia affidati a questo scopo.

6. In ogni caso l'autorita' amministrativa dispone l'immediato divieto di effettuare la competizione, secondo le norme di cui al capo I, sezione II, del titolo VI.))

Art. 9-ter.
(((Divieto di gareggiare in velocita' con veicoli a motore).))

((1. Fuori dei casi previsti dall'articolo 9-bis, chiunque gareggia in velocita' con veicoli a motore e' punito con la reclusione da sei mesi ad un anno e con la multa da euro 5.000 a euro 20.000.

2. Se dallo svolgimento della competizione deriva, comunque, la morte di una o piu' persone, si applica la pena della reclusione da sei a dieci anni; se ne deriva una lesione personale la pena e' della reclusione da due a cinque anni.

3. All'accertamento del reato consegue la sanzione amministrativa accessoria della sospensione della patente da uno a tre anni ai sensi del capo II, sezione II, del titolo VI. La patente e' sempre revocata se dallo svolgimento della competizione sono derivate lesioni personali gravi o gravissime o la morte di una o piu' persone. Con la sentenza di condanna e' sempre disposta la confisca dei veicoli dei partecipanti, salvo che appartengano a persona estranea al reato e che questa non li abbia affidati a questo scopo.))

Art. 10.
Veicoli eccezionali e trasporti in condizioni di eccezionalita'

1. E' eccezionale il veicolo che nella propria configurazione di marcia superi, per specifiche esigenze funzionali, i limiti di sagoma o massa stabiliti negli articoli 61 e 62.

2. E' considerato trasporto in condizioni di eccezionalita':
a) il trasporto di una o piu' cose indivisibili che, per le loro dimensioni, determinano eccedenza rispetto ai limiti di sagoma stabiliti dall'art. 61, ma sempre nel rispetto dei limiti di massa stabiliti nell'art. 62; insieme con le cose indivisibili possono essere trasportate anche altre cose non eccedenti per dimensioni i limiti dell'art. 61, semprecche' non vengano superati i limiti di massa stabiliti dall'art. 62;

b) il trasporto, che ecceda congiuntamente i limiti fissati dagli articoli 61 e 62, di blocchi di pietra naturale, di elementi prefabbricati compositi ed apparecchiature industriali complesse per l'edilizia, di prodotti siderurgici coils e laminati grezzi, eseguito con veicoli eccezionali, che puo' essere effettuato integrando il carico con gli stessi generi merceologici autorizzati, e comunque in numero non superiore a sei unita', fino al completamento della massa eccezionale complessiva posseduta dall'autoveicolo o dal complesso di veicoli; qualora siano superati i limiti di cui all'articolo 62, ma nel rispetto dell'articolo 61, il carico puo' essere completato, con generi della stessa natura merceologica, per occupare l'intera superficie utile del piano di carico del veicolo o del complesso di veicoli, nell'osservanza dell'articolo 164 e della massa eccezionale a disposizione, fatta eccezione per gli elementi prefabbricati compositi e le apparecchiature industriali complesse per l'edilizia per i quali si applica sempre il limite delle sei unita'. In entrambi i casi la predetta massa complessiva non puo' essere superiore a 38 tonnellate se si tratta di autoveicoli isolati a tre assi, a 48 tonnellate se si tratta di autoveicoli isolati a quattro assi, a 86 tonnellate se si tratta di complessi di veicoli a sei assi, a 108 tonnellate se si tratta di complessi di veicoli a otto assi. Entro i suddetti limiti di massa complessiva, il trasporto puo' essere effettuato con autoveicoli o complessi di autoveicoli isolati aventi un numero di assi superiore a quello indicato. Nel caso di trasporto eccezionale per massa complessiva fino a 108 tonnellate effettuato mediante complessi di veicoli a otto o piu' assi, con il decreto di cui al comma 10-bis sono stabilite le specifiche tecniche e le modalita' indispensabili per il rilascio della relativa autorizzazione. Fermo quanto previsto dal comma 10-bis, i richiamati limiti di massa possono essere superati nel solo caso in cui sia trasportato un unico pezzo indivisibile;

2-bis. Ove i veicoli di cui al comma 2, lettera b), per l'effettuazione delle attivita' ivi previste, compiano percorsi ripetitivi con sagome di carico sempre simili, l'autorizzazione alla circolazione e' concessa dall'ente proprietario previo pagamento di un indennizzo forfettario pari a 1, 5, 2 e 3 volte gli importi rispettivamente dovuti per i medesimi veicoli isolati a tre e quattro assi e le combinazioni a sei o piu' assi, da corrispondere contestualmente alla tassa di possesso e per la stessa durata. L'autorizzazione per la percorrenza di strade di tipo "A" e' comunque subordinata al pagamento delle tariffe prescritte dalle societa' autostradali. I proventi dei citati indennizzi affluiscono in un apposito capitolo dello stato di previsione dell'entrata del bilancio dello Stato e sono assegnati agli enti proprietari delle strade in analogia a quanto previsto dall'articolo 34 per i veicoli classificati mezzi d'opera. Ai veicoli ed ai trasporti di cui sopra sono altresi' applicabili le sanzioni di cui al comma 5 dell'articolo 34, aumentate di due volte, e ai commi 21 e 22 del presente articolo.

3. E' considerato trasporto in condizioni di eccezionalita' anche quello effettuato con veicoli:

a) il cui carico indivisibile sporge posteriormente oltre la sagoma del veicolo di piu' di 3/10 della lunghezza del veicolo stesso;

b) che, pur avendo un carico indivisibile sporgente posteriormente meno di 3/10, hanno lunghezza, compreso il carico, superiore alla sagoma limite in lunghezza propria di ciascuna categoria di veicoli;

c) il cui carico indivisibile sporge anteriormente oltre la sagoma del veicolo;

d) isolati o costituenti autotreno ovvero autoarticolati, purche' il carico non sporga anteriormente dal semirimorchio, caratterizzati in modo permanente da particolari attrezzature risultanti dalle rispettive carte di circolazione, destinati esclusivamente al trasporto di veicoli che eccedono i limiti previsti dall'art. 61;

e) isolati o costituenti autotreni ovvero autoarticolati dotati di blocchi d'angolo di tipo normalizzato allorche' trasportino esclusivamente contenitori o casse mobili di tipo unificato o trainino rimorchi o semirimorchi utilizzati in operazioni di trasporto intermodale, per cui vengono superate le dimensioni o le masse stabilite rispettivamente dall'articolo 61 e dall'art. 62;

f) mezzi d'opera definiti all'art. 54, comma 1, lettera n), quando eccedono i limiti di massa stabiliti dall'art. 62.

g) con carrozzeria ad altezza variabile che effettuano trasporti di animali vivi.

g-bis) che trasportano balle o rotoli di paglia e fieno;

g-ter) isolati o complessi di veicoli, adibiti al trasporto di macchine operatrici e di macchine agricole;

4. Si intendono per cose indivisibili, ai fini delle presenti norme, quelle per le quali la riduzione delle dimensioni o delle masse, entro i limiti degli articoli 61 o 62, puo' recare danni o compromettere la funzionalita' delle cose ovvero pregiudicare la sicurezza del trasporto.

5. I veicoli eccezionali possono essere utilizzati solo dalle aziende che esercitano ai sensi di legge l'attivita' del trasporto eccezionale ovvero in uso proprio per necessita' inerenti l'attivita' aziendale; l'immatricolazione degli stessi veicoli potra' avvenire solo a nome e nella disponibilita' delle predette aziende.

6. I trasporti ed i veicoli eccezionali sono soggetti a specifica autorizzazione alla circolazione, rilasciata dall'ente proprietario o concessionario per le autostrade, strade statali e militari e dalle regioni per la rimanente rete viaria, salvo quanto stabilito al comma 2, lettera b). Non sono soggetti ad autorizzazione i veicoli:

a) di cui al comma 3, lettera d), quando ancorche' per effetto del carico non eccedano in altezza 4,20 m e non eccedano in lunghezza di oltre il 12 %, con i limiti stabiliti dall'articolo 61; tale eccedenza puo' essere anteriore e posteriore, oppure soltanto posteriore, per i veicoli isolati o costituenti autotreno, e soltanto posteriore per gli autoarticolati, a condizione che chi esegue il trasporto verifichi che nel percorso siano comprese esclusivamente strade o tratti di strada aventi le caratteristiche indicate nell'articolo 167, comma 4;

b) di cui al comma 3, lettera g), lettera g-bis) e lettera g-ter, quando non eccedano l'altezza di 4,30 m con il carico e le altre dimensioni stabilite dall'articolo 61 o le masse stabilite dall'articolo 62, a condizione che chi esegue il trasporto verifichi che nel percorso siano comprese esclusivamente strade o tratti di strada aventi le caratteristiche indicate nell'articolo 167, comma 4;

b-bis) di cui al comma 3, lettera e), quando, ancorche' per effetto del carico, non eccedano l'altezza di 4,30 m. e non eccedano in lunghezza di oltre il 12 per cento i limiti stabiliti dall'articolo 61, a condizione che siano rispettati gli altri limiti stabiliti dagli articoli 61 e 62 e che chi esegue il trasporto verifichi che nel percorso siano compresi esclusivamente strade o tratti di strada aventi le caratteristiche indicate nell'articolo 167, comma 4.

7. I veicoli di cui all'art. 54, comma 1, lettera n), classificati mezzi d'opera e che eccedono i limiti di massa stabiliti nell'articolo 62, non sono soggetti ad autorizzazione alla circolazione a condizione che:

a) non superino i limiti di massa indicati nel comma 8 e comunque i limiti dimensionali dell'art. 61;

b) circolino nelle strade o in tratti di strade che nell'archivio di cui all'art. 226 risultino transitabili per detti mezzi, fermo restando quanto stabilito dal comma 4 dello stesso art. 226;

c) da parte di chi esegue il trasporto sia verificato che lungo il percorso non esistano limitazioni di massa totale a pieno carico o per asse segnalate dai prescritti cartelli;

d) per essi sia stato corrisposto l'indennizzo di usura di cui all'art. 34.

Qualora non siano rispettate le condizioni di cui alle lettere a), b) e c) i suddetti mezzi devono richiedere l'apposita autorizzazione prevista per tutti gli altri trasporti eccezionali.

8. La massa massima complessiva a pieno carico dei mezzi d'opera, purche' l'asse piu' caricato non superi le 13 t, non puo' eccedere:

a) veicoli a motore isolati:
- due assi: 20 t;
- tre assi: 33 t;
- quattro o piu' assi, con due assi anteriori direzionali: 40 t;

b) complessi di veicoli:
- quattro assi: 44 t;
- cinque o piu' assi: 56 t;
- cinque o piu' assi, per il trasporto di calcestruzzo in betoniera: 54 t.

9. L'autorizzazione e' rilasciata o volta per volta o per piu' transiti o per determinati periodi di tempo nei limiti della massa massima tecnicamente ammissibile. Nel provvedimento di autorizzazione possono essere imposti percorsi prestabiliti ed un servizio di scorta tecnica, secondo le modalita' e nei casi stabiliti dal regolamento. Qualora il transito del veicolo eccezionale o del trasporto in condizioni di eccezionalita' imponga la chiusura totale della strada con l'approntamento di itinerari alternativi, la scorta tecnica deve richiedere l'intervento degli organi di polizia stradale competenti per territorio che, se le circostanze lo consentono, possono autorizzare il personale della scorta tecnica stessa a coadiuvare il personale di polizia o ad eseguire direttamente, in luogo di esso, le necessarie operazioni, secondo le modalita' stabilite nel regolamento.

9-bis. Entro sessanta giorni dalla data di entrata in vigore della presente disposizione, il Governo, con regolamento adottato ai sensi dell'articolo 17, comma 1, della legge 23 agosto 1988, n. 400, e successive modificazioni, modifica il regolamento di esecuzione e di attuazione del nuovo codice della strada, di cui al decreto del Presidente della Repubblica 16 dicembre 1992, n. 495, prevedendo che:

a) per i trasporti eccezionali su gomma sia sufficiente prevedere la trasmissione, per via telematica, della prescritta richiesta di autorizzazione, corredata della necessaria documentazione, all'ente proprietario o concessionario per le autostrade, strade statali e militari, e alle regioni per la rimanente rete viaria, almeno quindici giorni prima della data fissata per il viaggio e le autorizzazioni devono essere rilasciate entro quindici giorni dalla loro presentazione;

b) le autorizzazioni periodiche di cui all'articolo 13 del citato regolamento siano valide per un numero indefinito di viaggi con validita' annuale per la circolazione a carico e a vuoto dei convogli indicati sull'autorizzazione;

c) le autorizzazioni multiple di cui al medesimo articolo 13 siano valide per un numero definito di viaggi da effettuarsi entro sei mesi dalla data del rilascio;

d) le autorizzazioni singole di cui al medesimo articolo 13 siano valide per un unico viaggio da effettuarsi entro tre mesi dalla data di rilascio;

e) per le autorizzazioni di tipo periodico non e' prevista l'indicazione della tipologia e della natura della merce trasportata;

f) le disposizioni contenute all'articolo 13, comma 5, non siano vincolate alla invariabilita' della natura del materiale e della tipologia degli elementi trasportati;

g) i trasporti di beni della medesima tipologia ripetuti nel tempo siano soggetti all'autorizzazione periodica prevista dall'articolo 13, come modificato ai sensi del presente comma, e che questa sia rilasciata con le modalita' semplificate di cui alla lettera a) del presente comma;

h) tutti i tipi di autorizzazioni, anche con validita' scaduta, siano rinnovabili su domanda che deve essere presentata, in carta semplice, per non piu' di tre volte, per un periodo di validita' non superiore a tre anni, quando tutti i dati, riferiti sia al veicolo che al suo carico, ed i percorsi stradali siano rimasti invariati;

i) nelle domande relative alle autorizzazioni di tipo singolo o multiplo, possano essere indicati, con annotazione a parte, fino ad un massimo di cinque veicoli costituenti riserva di quelli scelti per il trasporto, pari a cinque sia per il veicolo trattore che per il veicolo rimorchio o semirimorchio e siano ammesse tutte le combinazioni possibili tra i trattori ed i rimorchi o semirimorchi anche incrociate.

10. L'autorizzazione puo' essere data solo quando sia compatibile con la conservazione delle sovrastrutture stradali, con la stabilita' dei manufatti e con la sicurezza della circolazione. All'autorizzazione non si applicano le disposizioni dell'articolo 20 della legge 7 agosto 1990, n. 241. In essa sono indicate le prescrizioni nei riguardi della sicurezza stradale. Se il trasporto eccezionale e' causa di maggiore usura della strada in relazione al tipo di veicolo, alla distribuzione del carico sugli assi e al periodo di tempo o al numero dei transiti per i quali e' richiesta l'autorizzazione, deve altresi' essere determinato l'ammontare dell'indennizzo, dovuto all'ente proprietario della strada, con le modalita' previste dal comma 17. L'autorizzazione e' comunque subordinata al pagamento delle spese relative agli eventuali accertamenti tecnici preventivi e alla organizzazione del traffico eventualmente necessaria per l'effettuazione del trasporto nonche' alle opere di rafforzamento necessarie. Ai limiti dimensionali stabiliti dall'autorizzazione non concorrono le eventuali eccedenze derivanti dagli organi di fissaggio ed ancoraggio del carico.

10-bis. Fermo quanto previsto dal comma 9-bis, con decreto del Ministro delle infrastrutture e della mobilita' sostenibili, da adottare entro il 30 aprile 2022, previo parere del Consiglio superiore dei lavori pubblici, sentita l'Agenzia nazionale per la sicurezza delle ferrovie e delle infrastrutture stradali e autostradali e previa intesa in sede di Conferenza unificata di cui all'articolo 8 del decreto legislativo 28 agosto 1997, n. 281, sono adottate apposite linee guida finalizzate ad assicurare l'omogeneita' della classificazione e gestione del rischio, nonche' della valutazione della compatibilita' dei trasporti in condizioni di eccezionalita' con la conservazione delle sovrastrutture stradali, con la stabilita' dei manufatti e con la sicurezza della circolazione. In particolare, le linee guida di cui al primo periodo definiscono:

a) le modalita' di verifica della compatibilita' del trasporto in condizioni di eccezionalita' con la conservazione delle sovrastrutture stradali, con la stabilita' dei manufatti e con la sicurezza della circolazione, in coerenza con quanto previsto dalle linee guida di cui all'articolo 14 del decreto-legge 28 settembre 2018, n. 109, convertito, con modificazioni, dalla legge 16 novembre 2018, n. 130;

b) le modalita' di rilascio dell'autorizzazione per il trasporto in condizioni di eccezionalita' per massa complessiva fino a 108 tonnellate effettuato mediante complessi di veicoli a otto o piu' assi di cui al comma 2, lettera b), nonche' per i trasporti in condizioni di eccezionalita' di un unico pezzo indivisibile eccedente i limiti di massa previsti dalla predetta lettera b), ivi comprese:

1) le specifiche attivita' di verifica preventiva delle condizioni delle sovrastrutture stradali e della stabilita' dei manufatti, interessati dal trasporto in condizioni di eccezionalita', che l'ente e le regioni di cui al comma 6 sono tenuti ad effettuare, anche in considerazione del numero e della frequenza dei trasporti in condizioni di eccezionalita', prima del rilascio dell'autorizzazione;

2) le specifiche modalita' di verifica della compatibilita' del trasporto in condizioni di eccezionalita' con la conservazione delle sovrastrutture stradali e con la stabilita' dei manufatti;

3) le specifiche modalita' di monitoraggio e controllo delle sovrastrutture stradali e dei manufatti, interessati dal trasporto in condizioni di eccezionalita', differenziate in considerazione del numero e della frequenza dei trasporti in condizioni di eccezionalita';

4) le specifiche modalita' di transito del trasporto eccezionale.

b-bis) la disciplina transitoria da applicare, nelle more dell'effettuazione delle verifiche di cui alle lettere a) o b), ivi comprese le eventuali misure, anche di natura organizzativa o gestionale, di mitigazione del rischio applicabili, comunque, non oltre il 30 settembre 2023.

11. L'autorizzazione alla circolazione non e' prescritta per i veicoli eccezionali di cui al comma 1 quando circolano senza superare nessuno dei limiti stabiliti dagli articoli 61 e 62 e quando garantiscono il rispetto della iscrizione nella fascia di ingombro prevista dal regolamento.

12. Non costituisce trasporto eccezionale, e pertanto non e' soggetto alla relativa autorizzazione, il traino di veicoli in avaria non eccedenti i limiti dimensionali e di massa stabiliti dagli articoli 61 o 62, quando tale traino sia effettuato con veicoli rispondenti alle caratteristiche costruttive e funzionali indicate nel regolamento e sia limitato al solo itinerario necessario a raggiungere la piu' vicina officina.

13. Non costituisce altresi' trasporto eccezionale l'autoarticolato il cui semirimorchio e' allestito con gruppo frigorifero autorizzato, sporgente anteriormente a sbalzo, a condizione che il complesso non ecceda le dimensioni stabilite dall'art. 61.

14. I veicoli per il trasporto di persone che per specificate e giustificate esigenze funzionali superino le dimensioni o le masse stabilite dagli articoli 61 o 62 sono compresi tra i veicoli di cui al comma 1. I predetti veicoli, qualora utilizzino i sistemi di propulsione ad alimentazione elettrica, sono esenti dal titolo autorizzativo allorche' presentano un'eccedenza in lunghezza rispetto all'art. 61 dovuta all'asta di presa di corrente in posizione di riposo. L'immatricolazione, ove ricorra, e l'autorizzazione all'impiego potranno avvenire solo a nome e nella disponibilita' di imprese autorizzate ad effettuare il trasporto di persone.

15. L'autorizzazione non puo' essere accordata per i motoveicoli ed e' comunque vincolata ai limiti di massa e alle prescrizioni di esercizio indicate nella carta di circolazione prevista dall'art. 93.

16. Nel regolamento sono stabilite le caratteristiche costruttive e funzionali dei veicoli eccezionali e di quelli adibiti al trasporto eccezionale, nonche' dei mezzi d'opera.

17. Nel regolamento sono stabilite le modalita' per il rilascio delle autorizzazioni per l'esecuzione dei trasporti eccezionali, ivi comprese le eventuali tolleranze, l'ammontare dell'indennizzo nel caso di trasporto eccezionale per massa, e i criteri per l'imposizione della scorta tecnica. Nelle autorizzazioni periodiche rilasciate per i veicoli adibiti al trasporto di carri ferroviari vige l'esonero dall'obbligo della scorta.

18. Chiunque, senza avere ottenuto l'autorizzazione, ovvero violando anche una sola delle condizioni stabilite nell'autorizzazione relativamente ai percorsi prestabiliti, fatta esclusione di brevi tratte non prevedibili e funzionali alla consegna delle merci, su o tra percorsi gia' autorizzati, ai periodi temporali, all'obbligo di scorta della Polizia stradale o tecnica, nonche' superando anche uno solo dei limiti massimi dimensionali o di massa indicati nell'autorizzazione medesima, esegua uno dei trasporti eccezionali di cui ai commi 2, 3 o 7, ovvero circoli con uno dei veicoli eccezionali di cui al comma 1, e' soggetto alla sanzione amministrativa del pagamento di una somma da € 794 a € 3.206.

19. Chiunque esegua trasporti eccezionali o in condizioni di eccezionalita', ovvero circoli con un veicolo eccezionale senza osservare le prescrizioni stabilite nell'autorizzazione e' soggetto alla sanzione amministrativa del pagamento di una somma da € 159 a € 641. Alla stessa sanzione e' soggetto chiunque esegua trasporti eccezionali o in condizioni di eccezionalita' ovvero circoli con un veicolo eccezionale, senza rispettare tutte le prescrizioni non comprese fra quelle indicate al comma 18, ad esclusione dei casi in difetto, ancorche' maggiori delle tolleranze ammesse e/o con numero inferiore degli elementi del carico autorizzato.

20. Chiunque, avendola ottenuta, circoli senza avere con se' l'autorizzazione e' soggetto alla sanzione amministrativa del pagamento di una somma da € 42 a € 173. Il viaggio potra' proseguire solo dopo l'esibizione dell'autorizzazione; questa non sana l'obbligo di corrispondere la somma dovuta.

21. Chiunque adibisce mezzi d'opera al trasporto di cose diverse da quelle previste nell'art. 54, comma 1, lettera n), salvo che cio' sia espressamente consentito, comunque entro i limiti di cui all'articolo 62, nelle rispettive licenze ed autorizzazioni al trasporto di cose, e' soggetto alla sanzione amministrativa del pagamento di una somma da € 430 a € 1.731 e alla sanzione amministrativa accessoria della sospensione della carta di circolazione da uno a sei mesi. La carta di circolazione e' ritirata immediatamente da chi accerta la violazione e trasmessa, senza ritardo, all'ufficio competente del Dipartimento per i trasporti terrestri che adottera' il provvedimento di sospensione. Alla terza violazione, accertata in un periodo di cinque anni, e' disposta la revoca, sulla carta di circolazione, della qualifica di mezzo d'opera.

22. Chiunque transita con un mezzo d'opera in eccedenza ai limiti di massa stabiliti nell'art. 62 sulle strade e sulle autostrade non percorribili ai sensi del presente articolo e' soggetto alla sanzione amministrativa del pagamento di una somma da € 430 a € 1.731.

23. Le sanzioni amministrative pecuniarie previste dai commi 18, 19, 21 e 22 si applicano sia al proprietario del veicolo sia al committente, quando si tratta di trasporto eseguito per suo conto esclusivo, ad esclusione di quelle relative a violazioni di norme di cui al Titolo V che restano a carico del solo conducente del veicolo.

24. Dalle sanzioni amministrative pecuniarie previste dai commi 18, 21 e 22 consegue la sanzione amministrativa accessoria della sospensione della patente di guida del conducente per un periodo da quindici a trenta giorni, nonche' la sospensione della carta di circolazione del veicolo da uno a due mesi, secondo le norme di cui al Capo I, sezione II, del Titolo VI. Nel caso di cui al comma 18, ove la violazione consista nel superamento dei limiti di massa previsti dall'articolo 62, ovvero dei limiti di massa indicati nell'autorizzazione al trasporto eccezionale, non si procede all'applicazione di sanzioni, se la massa complessiva a pieno carico

non risulta superiore di oltre il 5 per cento ai limiti previsti dall'articolo 62, comma 4. Nel caso di cui al comma 18, ove la violazione consista nel superamento dei limiti di sagoma previsti dall'articolo 61, ovvero dei limiti indicati nell'autorizzazione al trasporto eccezionale, non si procede all'applicazione di sanzioni se le dimensioni del carico non risultano superiori di oltre il 2 per cento, tranne nel caso in cui il superamento delle dimensioni comporti la prescrizione dell'obbligo della scorta.

25. Nelle ipotesi di violazione dei commi 18, 21 e 22, l'agente accertatore intima al conducente di non proseguire il viaggio, fino a che non si sia munito dell'autorizzazione, ovvero non abbia ottemperato alle norme ed alle cautele stabilite nell'autorizzazione. Il veicolo deve essere condotto in un luogo indicato dal proprietario dello stesso, al fine di ottemperare al fermo amministrativo; durante la sosta la responsabilita' del veicolo e il relativo trasporto rimangono a carico del proprietario. Di quanto sopra e' fatta menzione nel verbale di contestazione. Se le disposizioni come sopra impartite non sono osservate, si applica la sanzione amministrativa accessoria della sospensione della patente da uno a tre mesi;

25-bis. Nelle ipotesi di violazione del comma 19 il veicolo non puo' proseguire il viaggio se il conducente non abbia provveduto a sistemare il carico o il veicolo ovvero non abbia adempiuto alle prescrizioni omesse. L'agente accertatore procede al ritiro immediato della carta di circolazione, provvedendo con tutte le cautele che il veicolo sia condotto in luogo idoneo per la sistemazione del carico; del ritiro e' fatta menzione nel verbale di contestazione della violazione. Durante la sosta la responsabilita' del veicolo e del relativo carico rimane del conducente. I documenti sono restituiti all'avente diritto, allorche' il carico o il veicolo siano stati sistemati, ovvero quando sia stata adempiuta la prescrizione omessa.

25-ter. Il personale abilitato che nel corso di una scorta tecnica non rispetta le prescrizioni o le modalita' di svolgimento previste dal regolamento e' soggetto alla sanzione amministrativa del pagamento di una somma da € 430 a € 1.731. Ove in un periodo di due anni il medesimo soggetto sia incorso per almeno due volte in una delle violazioni di cui al presente comma, all'ultima violazione consegue la sanzione amministrativa accessoria della sospensione dell'abilitazione da uno a tre mesi, ai sensi della sezione II del capo I del titolo VI.

25-quater. Oltre alle sanzioni previste nei commi precedenti non e' data facolta' di applicare ulteriori sanzioni di carattere amministrativo da parte degli enti di cui al comma 6.

26. Le disposizioni del presente articolo non si applicano alle macchine agricole eccezionali e alle macchine operatrici eccezionali.

Art. 11.
Servizi di polizia stradale

1. Costituiscono servizi di polizia stradale:
   a) la prevenzione e l'accertamento delle violazioni in materia di circolazione stradale;
   b) la rilevazione degli incidenti stradali;
   c) la predisposizione e l'esecuzione dei servizi diretti a regolare il traffico;
   d) la scorta per la sicurezza della circolazione;
   e) la tutela e il controllo sull'uso della strada.
2. Gli organi di polizia stradale concorrono, altresi', alle operazioni di soccorso automobilistico e stradale in genere. Possono, inoltre, collaborare all'effettuazione di rilevazioni per studi sul traffico.
3. Ai servizi di polizia stradale provvede il Ministero dell'interno, salve le attribuzioni dei comuni per quanto concerne i centri abitati. Al Ministero dell'interno compete, altresi', il coordinamento dei servizi di polizia stradale da chiunque espletati.
4. Gli interessati possono chiedere agli organi di polizia di cui

all'art. 12 le informazioni acquisite relativamente alle modalita'
dell'incidente, alla residenza ed al domicilio delle parti, alla
copertura assicurativa dei veicoli e ai dati di individuazione di
questi ultimi.

Art. 12.
Espletamento dei servizi di polizia stradale

1. L'espletamento dei servizi di polizia stradale previsti dal
presente codice spetta:
    a) in via principale alla specialita' Polizia Stradale della
Polizia di Stato;
    b) alla Polizia di Stato;
    c) all'Arma dei carabinieri;
    d) al Corpo della guardia di finanza;
    d-bis) ai Corpi e ai servizi di polizia provinciale, nell'ambito
del territorio di competenza;
    e) ai Corpi e ai servizi di polizia municipale, nell'ambito del
territorio di competenza;
    f) ai funzionari del Ministero dell'interno addetti al servizio
di polizia stradale.
    f-bis) al Corpo di polizia penitenziaria e al Corpo forestale dello
Stato, in relazione ai compiti di istituto.
2. L'espletamento dei servizi di cui all'art. 11, comma 1, lettere
a) e b), spetta anche ai rimanenti ufficiali e agenti di polizia
giudiziaria indicati nell'art. 57, commi 1 e 2, del codice di
procedura penale.
3. La prevenzione e l'accertamento delle violazioni in materia di
circolazione stradale e la tutela e il controllo sull'uso delle
strade possono, inoltre, essere effettuati, previo superamento di un
esame di qualificazione secondo quanto stabilito dal regolamento di
esecuzione:
    a) dal personale dell'Ispettorato generale per la circolazione e
la sicurezza stradale, dell'Amministrazione centrale e periferica del
Ministero delle infrastrutture e dei trasporti, del Dipartimento per
i trasporti terrestri appartenente al Ministero dei trasporti e dal
personale dell'A.N.A.S. ((, nonche' dal personale, con compiti
ispettivi o di vigilanza sulle infrastrutture stradali o
autostradali, dell'Agenzia nazionale per la sicurezza delle ferrovie
e delle infrastrutture stradali e autostradali));
    b) dal personale degli uffici competenti in materia di viabilita'
delle regioni, delle province e dei comuni, limitatamente alle
violazioni commesse sulle strade di proprieta' degli enti da cui
dipendono;
    c) dai dipendenti dello Stato, delle province e dei comuni aventi
la qualifica o le funzioni di cantoniere, limitatamente alle
violazioni commesse sulle strade o sui tratti di strade affidate alla
loro sorveglianza;
    d) dal personale dell'ente ferrovie dello Stato e delle ferrovie
e tramvie in concessione, che espletano mansioni ispettive o di
vigilanza, nell'esercizio delle proprie funzioni e limitatamente alle
violazioni commesse nell'ambito dei passaggi a livello
dell'amministrazione di appartenenza;
    e) dal personale delle circoscrizioni aeroportuali dipendenti dal
Ministero dei trasporti, nell'ambito delle aree di cui all'art. 6,
comma 7.
    f) dai militari del Corpo delle capitanerie di porto, dipendenti
dal Ministero della marina mercantile, nell'ambito delle aree di cui
all'articolo 6, comma 7.
3-bis. I servizi di scorta per la sicurezza della circolazione,
nonche' i conseguenti servizi diretti a regolare il traffico, di cui
all'articolo 11, comma 1, lettere c) e d), possono inoltre essere
effettuati da personale abilitato a svolgere scorte tecniche ai
veicoli eccezionali e ai trasporti in condizione di eccezionalita',
limitatamente ai percorsi autorizzati con il rispetto delle

prescrizioni imposte dagli enti proprietari delle strade nei provvedimenti di autorizzazione o di quelle richieste dagli altri organi di polizia stradale di cui al comma 1.

4. La scorta e l'attuazione dei servizi diretti ad assicurare la marcia delle colonne militari spetta, inoltre, agli ufficiali, sottufficiali e militari di truppa delle Forze armate, appositamente qualificati con specifico attestato rilasciato dall'autorita' militare competente.

5. I soggetti indicati nel presente articolo, eccetto quelli di cui al comma 3-bis, quando non siano in uniforme, per espletare i propri compiti di polizia stradale devono fare uso di apposito segnale distintivo, conforme al modello stabilito nel regolamento.

Art. 12-bis.
(((Prevenzione ed accertamento delle violazioni in materia di sosta e fermata)))

((1. Con provvedimento del sindaco possono essere conferite funzioni di prevenzione e accertamento di tutte le violazioni in materia di sosta nell'ambito delle aree oggetto dell'affidamento per la sosta regolamentata o a pagamento, aree verdi comprese, a dipendenti comunali o delle societa' private e pubbliche esercenti la gestione della sosta di superficie a pagamento o dei parcheggi. Con provvedimento del sindaco possono, inoltre, essere conferite a dipendenti comunali o a dipendenti delle aziende municipalizzate o delle imprese addette alla raccolta dei rifiuti urbani e alla pulizia delle strade funzioni di prevenzione e accertamento di tutte le violazioni in materia di sosta o di fermata connesse all'espletamento delle predette attivita'.

2. Le funzioni di prevenzione e accertamento delle violazioni in materia di sosta e di fermata sono svolte dal personale, nominativamente designato in tale funzione con il provvedimento del sindaco di cui al comma 1, previo accertamento dell'assenza di precedenti o pendenze penali e con l'effettuazione e il superamento di un'adeguata formazione. Tale personale, durante lo svolgimento delle proprie mansioni, riveste la qualifica di pubblico ufficiale.

3. Le funzioni di cui al comma 1 possono essere conferite anche al personale ispettivo delle aziende esercenti il trasporto pubblico di persone. A tale personale sono inoltre conferite, con le stesse modalita' di cui al comma 1, le funzioni di prevenzione e accertamento in materia di circolazione, fermata e sosta sulle corsie e strade ove transitano i veicoli adibiti al servizio di linea.

4. Al personale di cui al presente articolo e' conferito il potere di contestazione delle infrazioni di cui agli articoli 7, 157 e 158, in ragione delle funzioni attribuibili ai sensi dei commi 1 e 2, nonche' di disporre la rimozione dei veicoli ai sensi dell'articolo 159, limitatamente agli ambiti oggetto di affidamento di cui al presente articolo. Al suddetto personale e' conferito il potere di contestazione nonche' di redazione e sottoscrizione del verbale di accertamento delle violazioni di propria competenza. Al personale di cui al comma 1, secondo periodo, e di cui al comma 3 e', altresi', conferito il potere di compiere accertamenti di violazioni in materia di sosta o di fermata in aree limitrofe a quelle oggetto dell'affidamento o di gestione dell'attivita' di propria competenza che sono funzionali, rispettivamente, alla gestione degli spazi per la raccolta dei rifiuti urbani o alla fruizione delle corsie o delle strade riservate al servizio di linea. Il personale dipendente dalle societa' di gestione dei parcheggi di cui al comma 1, primo periodo, ha possibilita' di accertare violazioni relative alla sosta o alla fermata anche nelle aree immediatamente limitrofe alle aree oggetto dell'affidamento solo quando queste costituiscono lo spazio minimo indispensabile per compiere le manovre necessarie a garantire la concreta fruizione dello spazio di sosta regolamentata o del parcheggio oggetto dell'affidamento.

5. L'attivita' sanzionatoria di cui al presente articolo,

successiva all'emissione del verbale da parte del personale, e l'organizzazione del relativo servizio sono di competenza dell'amministrazione comunale attraverso gli uffici o i comandi a cio' preposti, a cui compete anche tutta l'attivita' autorizzativa e di verifica sull'operato. I comuni possono conferire alle societa' di cui ai commi 1, 2 e 3 la facolta' di esercitare tutte le azioni necessarie al recupero delle evasioni tariffarie e dei mancati pagamenti, ivi compresi il rimborso delle spese, gli interessi e le penali. Le modalita' operative e gli importi di tali azioni di recupero sono oggetto di negoziazione tra il soggetto concedente ed il concessionario.

6. Ai fini dell'accertamento nonche' per la redazione della documentazione in ordine alle violazioni di cui al presente articolo e' possibile ricorrere all'uso della tecnologia digitale e a strumenti elettronici e fotografici.

7. Dall'attuazione del presente articolo non devono derivare nuovi o maggiori oneri a carico della finanza pubblica)).

TITOLO II
DELLA COSTRUZIONE E TUTELA DELLE STRADE

Capo I
COSTRUZIONE E TUTELA DELLE STRADE ED AREE PUBBLICHE

Art. 13.
Norme per la costruzione e la gestione delle strade

1. Il Ministro delle infrastrutture e dei trasporti, sentiti il Consiglio superiore dei lavori pubblici ed il Consiglio nazionale delle ricerche, emana entro un anno dalla entrata in vigore del presente codice, sulla base della classificazione di cui all'art. 2, le norme funzionali e geometriche per la costruzione, il controllo e il collaudo delle strade, dei relativi impianti e servizi . Le norme devono essere improntate alla sicurezza della circolazione di tutti gli utenti della strada, alla riduzione dell'inquinamento acustico ed atmosferico per la salvaguardia degli occupanti gli edifici adiacenti le strade ed al rispetto dell'ambiente e di immobili di notevole pregio architettonico o storico. Le norme che riguardano la riduzione dell'inquinamento acustico ed atmosferico sono emanate nel rispetto delle direttive e degli atti di indirizzo del Ministero dell'ambiente e della tutela del territorio, che viene richiesto di specifico concerto nei casi previsti dalla legge.

2. La deroga alle norme di cui al comma 1 e' consentita solo per specifiche situazioni allorquando particolari condizioni locali, ambientali, paesaggistiche, archeologiche ed economiche non ne consentono il rispetto, sempre che sia assicurata la sicurezza stradale e siano comunque evitati inquinamenti.

3. Le norme di cui al comma 1 sono aggiornate ogni tre anni.

4. Il Ministro delle infrastrutture e dei trasporti, entro due anni dalla entrata in vigore del presente codice, emana, con i criteri e le modalita' di cui al comma 1, le norme per la classificazione delle strade esistenti in base alle caratteristiche costruttive, tecniche e funzionali di cui all'articolo 2, comma 2.

4-bis. Le strade di nuova costruzione classificate ai sensi delle lettere C, D, E ed F del comma 2 dell'articolo 2 devono avere, per l'intero sviluppo, una pista ciclabile adiacente purche' realizzata in conformita' ai programmi pluriennali degli enti locali, salvo comprovati problemi di sicurezza.

5. Gli enti proprietari delle strade devono classificare la loro rete entro un anno dalla emanazione delle norme di cui al comma 4. Gli stessi enti proprietari provvedono alla declassificazione delle strade di loro competenza, quando le stesse non possiedono piu' le

caratteristiche costruttive, tecniche e funzionali di cui all'articolo 2, comma 2.

6. Gli enti proprietari delle strade sono obbligati ad istituire e tenere aggiornati la cartografia, il catasto delle strade e le loro pertinenze secondo le modalita' stabilite con apposito decreto che il Ministro delle infrastrutture e dei trasporti emana sentiti il Consiglio superiore dei lavori pubblici e il Consiglio nazionale delle ricerche. Nel catasto dovranno essere compresi anche gli impianti e i servizi permanenti connessi alle esigenze della circolazione stradale.

7. Gli enti proprietari delle strade sono tenuti ad effettuare rilevazioni del traffico per l'acquisizione di dati che abbiano validita' temporale riferita all'anno nonche' per adempiere agli obblighi assunti dall'Italia in sede internazionale.

8. Ai fini dell'attuazione delle incombenze di cui al presente articolo, l'Ispettorato generale per la circolazione e la sicurezza stradale, di cui all'art. 35, comma 3, ha il compito di acquisire i dati dell'intero territorio nazionale, elaborarli e pubblicizzarli annualmente, nonche' comunicarli agli organismi internazionali. Detta struttura cura altresi' che i vari enti ottemperino alle direttive, norme e tempi fissati nel presente articolo e nei relativi decreti.

Art. 14.
Poteri e compiti degli enti proprietari delle strade

1. Gli enti proprietari delle strade, allo scopo di garantire la sicurezza e la fluidita' della circolazione, provvedono:
    a) alla manutenzione, gestione e pulizia delle strade, delle loro pertinenze e arredo, nonche' delle attrezzature, impianti e servizi;
    b) al controllo tecnico dell'efficienza delle strade e relative pertinenze;
    c) alla apposizione e manutenzione della segnaletica prescritta.
2. Gli enti proprietari provvedono, inoltre:
    a) al rilascio delle autorizzazioni e delle concessioni di cui al presente titolo;
    b) alla segnalazione agli organi di polizia delle violazioni alle disposizioni di cui al presente titolo e alle altre norme ad esso attinenti, nonche' alle prescrizioni contenute nelle autorizzazioni e nelle concessioni.
    ((2-bis. Gli enti proprietari delle strade provvedono altresi', in caso di manutenzione straordinaria della sede stradale, a realizzare percorsi ciclabili adiacenti purche' realizzati in conformita' ai programmi pluriennali degli enti locali, salvo comprovati problemi di sicurezza)).
3. Per le strade in concessione i poteri e i compiti dell'ente proprietario della strada previsti dal presente codice sono esercitati dal concessionario, salvo che sia diversamente stabilito.
4. Per le strade vicinali di cui all'art. 2, comma 7, i poteri dell'ente proprietario previsti dal presente codice sono esercitati dal comune.

Art. 15.
Atti vietati

1. Su tutte le strade e loro pertinenze e' vietato:
    a) danneggiare in qualsiasi modo le opere, le piantagioni e gli impianti che ad esse appartengono, alterarne la forma ed invadere od occupare la piattaforma e le pertinenze o creare comunque stati di pericolo per la circolazione;
    b) danneggiare, spostare, rimuovere o imbrattare la segnaletica stradale ed ogni altro manufatto ad essa attinente;
    c) impedire il libero deflusso delle acque nei fossi laterali e nelle relative opere di raccolta e di scarico;
    d) impedire il libero deflusso delle acque che si scaricano sui terreni sottostanti;

   e) far circolare bestiame, fatta eccezione per quelle locali con
l'osservanza delle norme previste sulla conduzione degli animali;
   f) depositare rifiuti o materie di qualsiasi specie, insudiciare
e imbrattare comunque la strada e le sue pertinenze;
   f-bis) insozzare la strada o le sue pertinenze gettando rifiuti o
oggetti dai veicoli in sosta o in movimento;
   g) apportare o spargere fango o detriti anche a mezzo delle ruote
dei veicoli provenienti da accessi e diramazioni;
   h) scaricare, senza regolare concessione, nei fossi e nelle
cunette materiali o cose di qualsiasi genere o incanalare in essi
acque di qualunque natura;
   i) gettare dai veicoli in movimento qualsiasi cosa.
   2. Chiunque viola uno dei divieti di cui al comma 1, lettere a), b)
e g), e' soggetto alla sanzione amministrativa del pagamento di una
somma da € 42 a € 173.
   3. Chiunque viola uno dei divieti di cui al comma 1, lettere c),
d), e), f) ((e h))), e' soggetto alla sanzione amministrativa del
pagamento di una somma da € 26 a € 102.
   3-bis. Chiunque viola il divieto di cui al comma 1, lettera f-bis),
e' punito con la sanzione amministrativa pecuniaria ((da euro 216 ad
euro 866)).
   ((3-ter. Chiunque viola il divieto di cui al comma 1, lettera i),
e' soggetto alla sanzione amministrativa del pagamento di una somma
da euro 52 ad euro 204)).
   4. Dalle violazioni di cui ai commi 2, 3 e 3-bis consegue la
sanzione amministrativa accessoria dell'obbligo per l'autore della
violazione stessa del ripristino dei luoghi a proprie spese, secondo
le norme del capo I, sezione II, del titolo VI.

                            Art. 16.
Fasce di rispetto in rettilineo ed aree di visibilita' nelle
              intersezioni fuori dei centri abitati

   1. Ai proprietari o aventi diritto dei fondi confinanti con le
proprieta' stradali fuori dei centri abitati e' vietato:
   a) aprire canali, fossi ed eseguire qualunque escavazione nei
terreni laterali alle strade;
   b) costruire, ricostruire o ampliare, lateralmente alle strade,
edificazioni di qualsiasi tipo e materiale;
   c) impiantare alberi lateralmente alle strade, siepi vive o
piantagioni ovvero recinzioni.
   Il regolamento, in relazione alla tipologia dei divieti indicati,
alla classificazione di cui all'articolo 2, comma 2, nonche' alle
strade vicinali, determina le distanze dal confine stradale entro le
quali vigono i divieti di cui sopra, prevedendo , altresi' una
particolare disciplina per le aree fuori dai centri abitati ma entro
le zone previste come edificabili o trasformabili dagli strumenti
urbanistici. Restano comunque ferme le disposizioni di cui agli
articoli 892 e 893 del codice civile.
   2. In corrispondenza di intersezioni stradali a raso, alle fasce di
rispetto indicate nel comma 1, lettere b) e c), devesi aggiungere la
area di visibilita' determinata dal triangolo avente due lati sugli
allineamenti delimitanti le fasce di rispetto, la cui lunghezza
misurata a partire dal punto di intersezione degli allineamenti
stessi sia pari al doppio delle distanze stabilite nel regolamento, e
il terzo lato costituito dal segmento congiungente i punti estremi.
   3. In corrispondenza e all'interno degli svincoli e' vietata la
costruzione di ogni genere di manufatti in elevazione e le fasce di
rispetto da associare alle rampe esterne devono essere quelle relative alla categoria di strada di minore importanza tra quelle che si
intersecano.
   4. Chiunque viola le disposizioni del presente articolo e del
regolamento e' soggetto alla sanzione amministrativa del pagamento di
una somma ((da € 173 a € 694)).
   5. La violazione delle suddette disposizioni importa la sanzione

amministrativa accessoria dell'obbligo per l'autore della violazione stessa del ripristino dei luoghi a proprie spese, secondo le norme del capo I, sezione II, del titolo VI.

Art. 17.
Fasce di rispetto nelle curve fuori dei centri abitati

1. Fuori dei centri abitati, all'interno delle curve devesi assicurare, fuori della proprieta' stradale, una fascia di rispetto, inibita a qualsiasi tipo di costruzione, di recinzione, di piantagione, di deposito, osservando le norme determinate dal regolamento in relazione all'ampiezza della curvatura.

2. All'esterno delle curve si osservano le fasce di rispetto stabilite per le strade in rettilineo.

3. Chiunque viola le disposizioni del presente articolo e del regolamento e' soggetto alla sanzione amministrativa del pagamento di una somma ((da € 430 a € 1.731)).

4. La violazione delle suddette disposizioni importa la sanzione amministrativa accessoria dell'obbligo per l'autore della violazione stessa del ripristino dei luoghi a proprie spese, secondo le norme del capo I, sezione II, del titolo VI.

Art. 18.
Fasce di rispetto ed aree di visibilita' nei centri abitati

1. Nei centri abitati, per le nuove costruzioni, ricostruzioni ed ampliamenti, le fasce di rispetto a tutela delle strade, misurate dal confine stradale, non possono avere dimensioni inferiori a quel le indicate nel regolamento in relazione alla tipologia delle strade.

2. In corrispondenza di intersezioni stradali a raso, alle fasce di rispetto indicate nel comma 1 devesi aggiungere l'area di visibilita' determinata dal triangolo avente due lati sugli allineamenti delimitanti le fasce di rispetto, la cui lunghezza misurata a partire dal punto di intersezione degli allineamenti stessi sia pari al doppio delle distanze stabilite nel regolamento a seconda del tipo di strada, e il terzo lato costituito dal segmento congiungente i punti estremi.

3. In corrispondenza di intersezioni stradali a livelli sfalsati e' vietata la costruzione di ogni genere di manufatti in elevazione all'interno dell'area di intersezione che pregiudichino, a giudizio dell'ente proprietario, la funzionalita' dell'intersezione stessa e le fasce di rispetto da associare alle rampe esterne devono essere quelle relative alla categoria di strada di minore importanza tra quelle che si intersecano.

4. Le recinzioni e le piantagioni dovranno essere realizzate in conformita' ai piani urbanistici e di traffico e non dovranno comunque ostacolare o ridurre, a giudizio dell'ente proprietario della strada, il campo visivo necessario a salvaguardare la sicurezza della circolazione.

5. Chiunque viola le disposizioni del presente articolo e del regolamento e' soggetto alla sanzione amministrativa del pagamento di una somma ((da € 173 a € 694)).

6. La violazione delle suddette disposizioni importa la sanzione amministrativa accessoria dell'obbligo per l'autore della violazione stessa del ripristino dei luoghi a proprie spese, secondo le norme del capo I, sezione II, del titolo VI.

Art. 19.
Distanze di sicurezza dalle strade

1. La distanza dalle strade da osservare nella costruzione di tiri a segno, di opifici o depositi di materiale esplosivo, gas o liquidi infiammabili, di cave coltivate mediante l'uso di esplosivo, nonche' di stabilimenti che interessino comunque la sicurezza o la salute pubblica o la regolarita' della circolazione stradale, e' stabilita

dalle relative disposizioni di legge e, in difetto di esse, dal prefetto, previo parere tecnico degli enti proprietari della strada e dei vigili del fuoco.

2. Chiunque viola le disposizioni del presente articolo e' soggetto alla sanzione amministrativa del pagamento di una somma ((da € 866 a € 3.464)).

3. La violazione delle suddette disposizioni importa la sanzione amministrativa accessoria dell'obbligo per l'autore della violazione stessa del ripristino dei luoghi a proprie spese, secondo le norme del capo I, sezione II, del titolo VI.

Art. 20.
Occupazione della sede stradale

1. Sulle strade di tipo A), B), C) e D) e' vietata ogni tipo di occupazione della sede stradale, ivi compresi fiere e mercati, con veicoli, baracche, tende e simili; sulle strade di tipo E) ed F) l'occupazione della carreggiata puo' essere autorizzata a condizione che venga predisposto un itinerario alternativo per il traffico ovvero, nelle zone di rilevanza storico-ambientale, a condizione che essa non determini intralcio alla circolazione.

2. L'ubicazione di chioschi, edicole od altre installazioni, anche a carattere provvisorio, non e' consentita, fuori dei centri abitati, sulle fasce di rispetto previste per le recinzioni dal regolamento.

3. Nei centri abitati, ferme restando le limitazioni e i divieti di cui agli articoli ed ai commi precedenti, l'occupazione di marciapiedi da parte di chioschi, edicole od altre installazioni puo' essere consentita fino ad un massimo della meta' della loro larghezza, purche' in adiacenza ai fabbricati e sempre che rimanga libera una zona per la circolazione dei pedoni non meno di 2 m. Le occupazioni non possono comunque ricadere all'interno dei triangoli di visibilita' delle intersezioni, di cui all'art. 18, comma 2. Nelle zone di rilevanza storico-ambientale, ovvero quando sussistano particolari caratteristiche geometriche della strada, e' ammessa l'occupazione dei marciapiedi a condizione che sia garantita una zona adeguata per la circolazione dei pedoni e delle persone con limitata o impedita capacita' motoria.

4. Chiunque occupa abusivamente il suolo stradale, ovvero, avendo ottenuto la concessione, non ottempera alle relative prescrizioni, e' soggetto alla sanzione amministrativa del pagamento di una somma ((da € 173 a € 694)).

5. La violazione di cui ai commi 2, 3 e 4 importa la sanzione amministrativa accessoria dell' obbligo per l'autore della violazione stessa di rimuovere le opere abusive a proprie spese, secondo le norme del capo I, sezione II, del titolo VI.

Art. 21.
Opere, depositi e cantieri stradali

1. Senza preventiva autorizzazione o concessione della competente autorita' di cui all'articolo 26 e' vietato eseguire opere o depositi e aprire cantieri stradali, anche temporanei, sulle strade e loro pertinenze, nonche' sulle relative fasce di rispetto e sulle aree di visibilita'.

2. Chiunque esegue lavori o deposita materiali sulle aree destinate alla circolazione o alla sosta di veicoli e di pedoni deve adottare gli accorgimenti necessari per la sicurezza e la fluidita' della circolazione e mantenerli in perfetta efficienza sia di giorno che di notte. Deve provvedere a rendere visibile, sia di giorno che di notte, il personale addetto ai lavori esposto al traffico dei veicoli.

3. Il regolamento stabilisce le norme relative alle modalita' ed ai mezzi per la delimitazione e la segnalazione dei cantieri, alla realizzabilita' della visibilita' sia di giorno che di notte del personale addetto ai lavori, nonche' agli accorgimenti necessari per

la regolazione del traffico, nonche' le modalita' di svolgimento dei lavori nei cantieri stradali.

4. Chiunque viola le disposizioni del presente articolo, quelle del regolamento, ovvero le prescrizioni contenute nelle autorizzazioni, e' soggetto alla sanzione amministrativa del pagamento di una somma ((da € 866 a € 3.464)).

5. La violazione delle suddette disposizioni importa la sanzione amministrativa accessoria dell'obbligo della rimozione delle opere realizzate, a carico dell'autore delle stesse e a proprie spese, secondo le norme del capo I, sezione II, del titolo VI.

Art. 22.
Accessi e diramazioni

1. Senza la preventiva autorizzazione dell'ente proprietario della strada non possono essere stabiliti nuovi accessi e nuove diramazioni dalla strada ai fondi o fabbricati laterali, ne' nuovi innesti di strade soggette a uso pubblico o privato.

2. Gli accessi o le diramazioni gia' esistenti, ove provvisti di autorizzazione, devono essere regolarizzati in conformita' alle prescrizioni di cui al presente titolo.

3. I passi carrabili devono essere individuati con l'apposito segnale, previa autorizzazione dell'ente proprietario.

4. Sono vietate trasformazioni di accessi o di diramazioni gia' esistenti e variazioni nell'uso di questi, salvo preventiva autorizzazione dell'ente proprietario della strada.

5. Il regolamento determina i casi in cui l'ente proprietario puo' negare l'autorizzazione di cui al comma 1.

6. Chiunque ha ottenuto l'autorizzazione deve realizzare e mantenere, ove occorre, le opere sui fossi laterali senza alterare la sezione dei medesimi, ne' le caratteristiche plano-altimetriche della sede stradale.

7. Il regolamento indica le modalita' di costruzione e di manutenzione degli accessi e delle diramazioni.

8. Il rilascio dell'autorizzazione di accessi a servizio di insediamenti di qualsiasi tipo e' subordinato alla realizzazione di parcheggi nel rispetto delle normative vigenti in materia.

9. Nel caso di proprieta' naturalmente incluse o risultanti tali a seguito di costruzioni o modifiche di opere di pubblica utilita', nei casi di impossibilita' di regolarizzare in linea tecnica gli accessi esistenti, nonche' in caso di forte densita' degli accessi stessi e ogni qualvolta le caratteristiche plano-altimetriche nel tratto stradale interessato dagli accessi o diramazioni non garantiscano requisiti di sicurezza e fluidita' per la circolazione, l'ente proprietario della strada rilascia l'autorizzazione per l'accesso o la diramazione subordinatamente alla realizzazione di particolari opere quali innesti attrezzati, intersezioni a livelli diversi e strade parallele, anche se le stesse, interessando piu' proprieta', comportino la costituzione di consorzi obbligatori per la costruzione e la manutenzione delle opere stesse.

10. Il Ministro delle infrastrutture e dei trasporti stabilisce con proprio decreto, per ogni strada o per ogni tipo di strada da considerare in funzione del traffico interessante le due arterie intersecantisi, le caratteristiche tecniche da adottare nella realizzazione degli accessi e delle diramazioni, nonche' le condizioni tecniche e amministrative che dovranno dall'ente proprietario essere tenute a base dell'eventuale rilascio dell'autorizzazione. E' comunque vietata l'apertura di accessi lungo le rampe di intersezioni sia a raso che a livelli sfalsati, nonche' lungo le corsie di accelerazione e di decelerazione.

11. Chiunque apre nuovi accessi o nuove diramazioni ovvero li trasforma o ne varia l'uso senza l'autorizzazione dell'ente proprietario, oppure mantiene in esercizio accessi preesistenti privi di autorizzazione, e' soggetto alla sanzione amministrativa del pagamento di una somma ((da € 173 a € 694)). La violazione importa la

sanzione amministrativa accessoria dell'obbligo del ripristino dei
luoghi, a carico dell'autore della violazione stessa e a proprie
spese, secondo le norme del capo I, sezione II, del titolo VI. La
sanzione accessoria non si applica se le opere effettuate possono
essere regolarizzate mediante autorizzazione successiva. Il rilascio
di questa non esime dall'obbligo di pagamento della sanzione
amministrativa pecuniaria.

12. Chiunque viola le altre disposizioni del presente articolo e
del regolamento e' soggetto alla sanzione amministrativa del
pagamento di una somma da € 42 a € 173.

Art. 23.
Pubblicita' sulle strade e sui veicoli

1. Lungo le strade o in vista di esse e' vietato collocare insegne,
cartelli, manifesti, impianti di pubblicita' o propaganda, segni
orizzontali reclamistici, sorgenti luminose, visibili dai veicoli
transitanti sulle strade, che per dimensioni, forma, colori, disegno
e ubicazione possono ingenerare confusione con la segnaletica
stradale, ovvero possono renderne difficile la comprensione o ridurne
la visibilita' o l'efficacia, ovvero arrecare disturbo visivo agli
utenti della strada o distrarne l'attenzione con conseguente pericolo
per la sicurezza della circolazione; in ogni caso, detti impianti non
devono costituire ostacolo o, comunque, impedimento alla circolazione
delle persone invalide. Sono, altresi', vietati i cartelli e gli
altri mezzi pubblicitari rifrangenti, nonche' le sorgenti e le
pubblicita' luminose che possono produrre abbagliamento. Sulle isole
di traffico delle intersezioni canalizzate e' vietata la posa di
qualunque installazione diversa dalla prescritta segnaletica.

2. E' vietata l'apposizione di scritte o insegne pubblicitarie
luminose sui veicoli. E' consentita quella di scritte o insegne
pubblicitarie rifrangenti nei limiti e alle condizioni stabiliti dal
regolamento, purche' sia escluso ogni rischio di abbagliamento o di
distrazione dell'attenzione nella guida per i conducenti degli altri
veicoli.

3. COMMA ABROGATO DAL D.LGS. 22 GENNAIO 2004, N. 42.

4. La collocazione di cartelli e di altri mezzi pubblicitari lungo
le strade o in vista di esse e' soggetta in ogni caso ad
autorizzazione da parte dell'ente proprietario della strada nel
rispetto delle presenti norme. Nell'interno dei centri abitati la
competenza e' dei comuni, salvo il preventivo nulla osta tecnico
dell'ente proprietario se la strada e' statale, regionale o
provinciale.

((4-bis. E' vietata sulle strade e sui veicoli qualsiasi forma di
pubblicita' il cui contenuto proponga messaggi sessisti o violenti o
stereotipi di genere offensivi o messaggi lesivi del rispetto delle
liberta' individuali, dei diritti civili e politici, del credo
religioso o dell'appartenenza etnica oppure discriminatori con
riferimento all'orientamento sessuale, all'identita' di genere o alle
abilita' fisiche e psichiche.

4-ter. Con decreto dell'autorita' di Governo delegata per le pari
opportunita', di concerto con il Ministro delle infrastrutture e
della mobilita' sostenibili e con il Ministro della giustizia, da
emanare entro novanta giorni dalla data di entrata in vigore della
presente disposizione, sono stabilite le modalita' di attuazione
delle disposizioni del comma 4-bis.

4-quater. L'osservanza delle disposizioni del comma 4-bis e'
condizione per il rilascio dell'autorizzazione di cui al comma 4; in
caso di violazione, l'autorizzazione rilasciata e' immediatamente
revocata)).

5. Quando i cartelli e gli altri mezzi pubblicitari collocati su
una strada sono visibili da un'altra strada appartenente ad ente
diverso, l'autorizzazione e' subordinata al preventivo nulla osta di
quest'ultimo. I cartelli e gli altri mezzi pubblicitari posti lungo le
sedi ferroviarie, quando siano visibili dalla strada, sono soggetti

alle disposizioni del presente articolo e la loro collocazione viene autorizzata dall'Ente Ferrovie dello Stato, previo nulla osta dell'ente proprietario della strada.

6. Il regolamento stabilisce le norme per le dimensioni, le caratteristiche, l'ubicazione dei mezzi pubblicitari lungo le strade, le fasce di pertinenza e nelle stazioni di servizio e di rifornimento di carburante. Nell'interno dei centri abitati, nel rispetto di quanto previsto dal comma 1, i comuni hanno la facolta' di concedere deroghe alle norme relative alle distanze minime per il posizionamento dei cartelli e degli altri mezzi pubblicitari, nel rispetto delle esigenze di sicurezza della circolazione stradale

7. E' vietata qualsiasi forma di pubblicita' lungo e in vista degli itinerari internazionali, delle autostrade e delle strade extraurbane principali e relativi accessi. Su dette strade e' consentita la pubblicita' nelle aree di servizio o di parcheggio solo se autorizzata dall'ente proprietario e sempre che non sia visibile dalle stesse. Sono consentiti i segnali indicanti servizi o indicazioni agli utenti purche' autorizzati dall'ente proprietario delle strade. Sono altresi' consentite le insegne di esercizio, con esclusione dei cartelli e delle insegne pubblicitarie e altri mezzi pubblicitari, purche' autorizzate dall'ente proprietario della strada ed entro i limiti e alle condizioni stabilite con decreto del Ministro delle infrastrutture e dei trasporti. Sono inoltre consentiti, purche' autorizzati dall'ente proprietario della strada, nei limiti e alle condizioni stabiliti con il decreto di cui al periodo precedente, cartelli di valorizzazione e promozione del territorio indicanti siti d'interesse turistico e culturale e cartelli indicanti servizi di pubblico interesse. Con il decreto di cui al quarto periodo sono altresi' individuati i servizi di pubblico interesse ai quali si applicano le disposizioni del periodo precedente.

((7-bis. In deroga al divieto di cui al comma 1, terzo periodo, al centro delle rotatorie nelle quali vi e' un'area verde, la cui manutenzione e' affidata a titolo gratuito a societa' private o ad altri enti, e' consentita l'installazione di un cartello indicante il nome dell'impresa o ente affidatari del servizio di manutenzione del verde, fissato al suolo e di dimensioni non superiori a 40 cm per lato. Per l'installazione del cartello di cui al presente comma si applicano in ogni caso le disposizioni del comma 4)).

8. E' parimenti vietata la pubblicita', relativa ai veicoli sotto qualsiasi forma, che abbia un contenuto, significato o fine in contrasto con le norme di comportamento previste dal presente codice. La pubblicita' fonica sulle strade e' consentita agli utenti autorizzati e nelle forme stabilite dal regolamento. Nei centri abitati, per regioni di pubblico interesse, i comuni possono limitarla a determinare ore od a particolari periodi dell'anno.

9. Per l'adattamento alle presenti norme delle forme di pubblicita' attuate all'atto dell'entrata in vigore del presente codice, provvede il regolamento di esecuzione.

10. Il Ministro delle infrastrutture e dei trasporti puo' impartire agli enti proprietari delle strade direttive per l'applicazione delle disposizioni del presente articolo e di quelle attuative del regolamento, nonche' disporre, a mezzo di propri organi, il controllo dell'osservanza delle disposizioni stesse.

11. Chiunque viola le disposizioni del presente articolo e quelle del regolamento e' soggetto alla sanzione amministrativa del pagamento di una somma da € 430 a € 1.731.

12. Chiunque non osserva le prescrizioni indicate nelle autorizzazioni previste dal presente articolo e' soggetto alla sanzione amministrativa del pagamento di una somma da € 1.417 a € 14.168 in via solidale con il soggetto pubblicizzato.

13. Gli enti proprietari, per le strade di rispettiva competenza, assicurano il rispetto delle disposizioni del presente articolo. Per il raggiungimento di tale fine l'ufficio o comando da cui dipende

l'agente accertatore, che ha redatto il verbale di contestazione delle violazioni di cui ai commi 11 e 12, trasmette copia dello stesso al competente ente proprietario della strada.

13-bis. In caso di collocazione di cartelli, insegne di esercizio o altri mezzi pubblicitari privi di autorizzazione o comunque in contrasto con quanto disposto ((dai commi 1, 4-bis e 7-bis)), l'ente proprietario della strada diffida l'autore della violazione e il proprietario o il possessore del suolo privato, nei modi di legge, a rimuovere il mezzo pubblicitario a loro spese entro e non oltre dieci giorni dalla data di comunicazione dell'atto ((; in caso di violazione del comma 4-bis, il termine e' ridotto a cinque giorni e, nei casi piu' gravi, l'ente proprietario puo' disporre l'immediata rimozione del mezzo pubblicitario)). Decorso il suddetto termine, l'ente proprietario provvede ad effettuare la rimozione del mezzo pubblicitario e alla sua custodia ponendo i relativi oneri a carico dell'autore della violazione e, in via tra loro solidale, del proprietario o possessore del suolo; a tal fine tutti gli organi di polizia stradale di cui all'articolo 12 sono autorizzati ad accedere sul fondo privato ove e' collocato il mezzo pubblicitario. Chiunque viola le prescrizioni indicate al presente comma e al comma 7 e' soggetto alla sanzione amministrativa del pagamento di una somma da € 4.833 a € 19.332; nel caso in cui non sia possibile individuare l'autore della violazione, alla stessa sanzione amministrativa e' soggetto chi utilizza gli spazi pubblicitari privi di autorizzazione.

13-ter. PERIODO ABROGATO DAL D.LGS. 22 GENNAIO 2004, N. 42. In caso di inottemperanza al divieto, i cartelli, le insegne di esercizio e gli altri mezzi pubblicitari sono rimossi ai sensi del comma 13-bis. Le regioni possono individuare entro dodici mesi dalla data di entrata in vigore della presente disposizione le strade di interesse panoramico ed ambientale nelle quali i cartelli, le insegne di esercizio ed altri mezzi pubblicitari provocano deturpamento del paesaggio. Entro sei mesi dal provvedimento di individuazione delle strade di interesse panoramico ed ambientale i comuni provvedono alle rimozioni ai sensi del comma 13-bis.

13-quater. Nel caso in cui l'installazione dei cartelli, delle insegne di esercizio o di altri mezzi pubblicitari sia realizzata su suolo demaniale ovvero rientrante nel patrimonio degli enti proprietari delle strade, o nel caso in cui la loro ubicazione lungo le strade e le fasce di pertinenza costituisca pericolo per la circolazione, in quanto in contrasto con le disposizioni contenute nel regolamento, l'ente proprietario esegue senza indugio la rimozione del mezzo pubblicitario. Successivamente alla stessa, l'ente proprietario trasmette la nota delle spese sostenute al prefetto, che emette ordinanza - ingiunzione di pagamento. Tale ordinanza costituisce titolo esecutivo ai sensi di legge.

13-quater.1. In ogni caso, l'ente proprietario puo' liberamente disporre dei mezzi pubblicitari rimossi in conformita' al presente articolo, una volta che sia decorso il termine di sessanta giorni senza che l'autore della violazione, il proprietario o il possessore del terreno ne abbiano richiesto la restituzione. Il predetto termine decorre dalla data della diffida, nel caso di rimozione effettuata ai sensi del comma 13-bis, e dalla data di effettuazione della rimozione, nell'ipotesi prevista dal comma 13-quater.

13-quinquies. COMMA ABROGATO DALLA L. 27 DICEMBRE 2006, N. 296.

Art. 24.
Pertinenze delle strade

1. Le pertinenze stradali sono le parti della strada destinate in modo permanente al servizio o all'arredo funzionale di essa.

2. Le pertinenze stradali sono regolate dalle presenti norme e da quelle del regolamento e si distinguono in pertinenze di esercizio e pertinenze di servizio.

3. Sono pertinenze di esercizio quelle che costituiscono parte integrante della strada o ineriscono permanentemente alla sede

stradale.

4. Sono pertinenze di servizio le aree di servizio, con i relativi manufatti per il rifornimento e la ricarica dei veicoli ed il ristoro degli utenti, le aree di parcheggio, le aree ed i fabbricati per la manutenzione delle strade o comunque destinati dall'ente proprietario della strada in modo permanente ed esclusivo al servizio della strada e dei suoi utenti. Le pertinenze di servizio sono determinate, secondo le modalita' fissate nel regolamento, dall'ente proprietario della strada in modo che non intralcino la circolazione o limitino la visibilita'.

5. Le pertinenze costituite da aree di servizio , da aree per la ricarica dei veicoli , da aree di parcheggio e da fabbricati destinate al ristoro possono appartenere anche a soggetti diversi dall'ente proprietario ovvero essere affidate dall'ente proprietario in concessione a terzi secondo le condizioni stabilite dal regolamento.

5-bis. Per esigenze di sicurezza della circolazione stradale connesse alla congruenza del progetto autostradale, le pertinenze di servizio relative alle strade di tipo A) sono previste, secondo le modalita' fissate dall'Autorita' di regolazione dei trasporti, sentita l'Agenzia per le infrastrutture stradali e autostradali di cui all'articolo 36 del decreto-legge 6 luglio 2011, n. 98, convertito, con modificazioni, dalla legge 15 luglio 2011, n. 111 dai progetti dell'ente proprietario ovvero, se individuato, del concessionario e approvate dal concedente, nel rispetto delle disposizioni in materia di affidamento dei servizi di distribuzione di carbolubrificanti e delle attivita' commerciali e ristorative nelle aree di servizio autostradali di cui al comma 5-ter dell'articolo 11 della legge 23 dicembre 1992, n. 498, e successive modificazioni, ((e delle norme che disciplinano l'installazione e la gestione di stazioni di ricarica elettrica)) e d'intesa con le regioni, esclusivamente per i profili di competenza regionale.

6. Chiunque installa o mette in esercizio impianti od opere non avendo ottenuto il rilascio dello specifico provvedimento dell'autorita' pubblica previsto dalle vigenti disposizioni di legge e indicato nell'art. 26, o li trasforma o ne varia l'uso stabilito in tale provvedimento, e' soggetto alla sanzione amministrativa del pagamento di una somma da € 866 a € 3.464.

7. Chiunque viola le prescrizioni indicate nel provvedimento di cui sopra e' soggetto alla sanzione amministrativa del pagamento di una somma da € 430 a € 1.731.

8. La violazione di cui al comma 6 importa la sanzione amministrativa accessoria della rimozione dell'impianto e delle opere realizzate abusivamente, a carico dell'autore della violazione ed a sue spese, secondo le norme del capo I, sezione II, del titolo VI. La violazione di cui al comma 7 importa la sanzione amministrativa accessoria della sospensione dell'attivita' esercitata fino all'attuazione delle prescrizioni violate, secondo le norme del capo I, sezione II, del titolo VI. L'attuazione successiva non esime dal pagamento della somma indicata nel comma 7.

Art. 25.
Attraversamenti ed uso della sede stradale

1. Non possono essere effettuati, senza preventiva concessione dell'ente proprietario, attraversamenti od uso della sede stradale e relative pertinenze con corsi d'acqua, condutture idriche, linee elettriche e di telecomunicazione, sia aeree che in cavo sotterraneo, sottopassi e soprappassi, teleferiche di qualsiasi specie, gasdotti, serbatoi di combustibili liquidi, o con altri impianti ed opere, che possono comunque interessare la proprieta' stradale. Le opere di cui sopra devono, per quanto possibile, essere realizzate in modo tale che il loro uso e la loro manutenzione non intralci la circolazione dei veicoli sulle strade, garantendo l'accessibilita' dalle fasce di pertinenza della strada.

1-bis. In caso di attraversamento a livelli sfalsati tra due strade appartenenti a enti diversi, ferma restando l'obbligatorieta' della concessione di cui al comma 1, le strutture che realizzano l'opera d'arte principale del sottopasso o sovrappasso, comprese le barriere di sicurezza nei sovrappassi, sono di titolarita' ((, ai fini della loro realizzazione e manutenzione anche straordinaria,)) dell'ente che rilascia la concessione qualora la strada interferita sia di tipo superiore, con riferimento ai tipi definiti dall'articolo 2, comma 2, a quello della strada interferente.

1-ter. Per ragioni di sicurezza e di importanza dei flussi di traffico:

a) le strutture dei sottopassi e sovrappassi di strade di tipo A e B con strade di tipo inferiore, comprese le barriere di sicurezza nei sovrappassi, sono di titolarita' degli enti proprietari delle strade di tipo A e B, anche quando tali enti rilasciano la concessione all'attraversamento;

b) nel caso di attraversamento tra strada di tipo A e strada di tipo B, le strutture dei sottopassi e sovrappassi, comprese le barriere di sicurezza nei sovrappassi, sono di titolarita' dell'ente proprietario della strada di tipo A;

c) nel caso di attraversamento tra strade di tipo A appartenenti a enti diversi, la titolarita' delle strutture dei sottopassi e sovrappassi, comprese le barriere di sicurezza nei sovrappassi, e' indicata nell'atto di concessione di cui al comma 1, che va rinnovato o rilasciato se privo di tale indicazione;

c-bis) nel caso di attraversamento tra strade di tipo B appartenenti a enti diversi, la titolarita' delle strutture dei sottopassi e sovrappassi, comprese le barriere di sicurezza nei sovrappassi, e' indicata, con preferenza per l'ente cui appartiene la strada di interesse nazionale, nell'atto di concessione di cui al comma 1, che va rinnovato o rilasciato se privo di tale indicazione;

d) nel caso di attraversamento tra strade di tipo C appartenenti a enti diversi, la titolarita' delle strutture dei sottopassi e sovrappassi, comprese le barriere di sicurezza nei sovrappassi, e' indicata, con preferenza per l'ente cui appartiene la strada di interesse nazionale, nell'atto di concessione di cui al comma 1, che va rinnovato o rilasciato se privo di tale indicazione.

((1-quater. Fermo restando quanto previsto dai commi 1-bis e 1-ter in relazione agli enti titolari delle strutture delle opere d'arte dei sottopassi e sovrappassi, comprese le barriere di sicurezza nei sovrappassi, gli enti proprietari e i gestori delle strade interessate dall'attraversamento a livello sfalsato provvedono a disciplinare mediante appositi atti convenzionali le modalita' e gli oneri di realizzazione e manutenzione delle predette strutture)).

1-quinquies. In relazione ai sottopassi e sovrappassi stradali esistenti, gli enti proprietari della strada interferita e di quella interferente provvedono, ove necessario anche mediante trasferimento della titolarita' delle opere d'arte da realizzarsi senza nuovi o maggiori oneri a carico della finanza pubblica, a dare attuazione alle previsioni di cui ai commi 1-bis, 1-ter e 1-quater entro sei mesi dalla data di entrata in vigore della presente disposizione. Gli enti proprietari, nonche' i gestori dei medesimi procedono, senza nuovi o maggiori oneri a carico della finanza pubblica, alla formazione e all'aggiornamento degli elenchi dei sottopassi e sovrappassi, di cui risultano o divengano titolari in attuazione dei commi 1-bis, 1-ter e 1-quater.

2. Le concessioni sono rilasciate soltanto in caso di assoluta necessita', previo accertamento tecnico dell'autorita' competente di cui all'art. 26.

3. I cassonetti per la raccolta dei rifiuti solidi urbani di qualsiasi tipo e natura devono essere collocati in modo da non arrecare pericolo od intralcio alla circolazione.

4. Il regolamento stabilisce norme per gli attraversamenti e l'uso della sede stradale.

5. Chiunque realizza un'opera o un impianto di quelli previsti nel

comma 1 o ne varia l'uso o ne mantiene l'esercizio senza concessione e' soggetto alla sanzione amministrativa del pagamento di una somma da € 866 a € 3.464.

6. Chiunque non osserva le prescrizioni indicate nella concessione o nelle norme del regolamento e' soggetto alla sanzione amministrativa del pagamento di una somma da € 430 a € 1.731.

7. La violazione prevista dal comma 5 importa la sanzione amministrativa accessoria dell'obbligo, a carico dell'autore della violazione ed a sue spese, della rimozione delle opere abusivamente realizzate, secondo le norme del capo I, sezione II, del titolo VI. La violazione prevista dal comma 6 importa la sanzione amministrativa accessoria della sospensione di ogni attivita' fino all'attuazione successiva delle prescrizioni violate, secondo le norme del capo I, sezione II, del titolo VI.

Art. 26.
Competenza per le autorizzazioni e le concessioni

1. Le autorizzazioni di cui al presente titolo sono rilasciate dall'ente proprietario della strada o da altro ente da quest'ultimo delegato o dall'ente concessionario della strada in conformita' alle relative convenzioni; l'eventuale delega e' comunicata al Ministero delle infrastrutture e dei trasporti o al prefetto se trattasi di ente locale.

2. Le autorizzazioni e le concessioni di cui al presente titolo sono di competenza dell'ente proprietario della strada e per le strade in concessione si provvede in conformita' alle relative convenzioni.

3. Per i tratti di strade statali, regionali o provinciali, correnti nell'interno di centri abitati con popolazione inferiore a diecimila abitanti, il rilascio di concessioni e di autorizzazioni e' di competenza del comune, previo nulla osta dell'ente proprietario della strada.

((3-bis. Nel caso di interventi finalizzati all'installazione di reti di comunicazione elettronica a banda ultralarga, il nulla osta di cui al comma 3 e' rilasciato nel termine di quindici giorni dalla ricezione della richiesta da parte del comune)).

4. L'impianto su strade e sulle relative pertinenze di linee ferroviarie, tramviarie, di speciali tubazioni o altre condotte comunque destinate a servizio pubblico, o anche il solo attraversamento di strade o relative pertinenze con uno qualsiasi degli impianti di cui sopra, sono autorizzati, in caso di assoluta necessita' e ove non siano possibili altre soluzioni tecniche, con decreto del Ministro delle infrastrutture e dei trasporti, sentiti il Ministero dei trasporti, se trattasi di linea ferroviaria, e l'ente proprietario della strada.

Art. 27.
Formalita' per il rilascio delle autorizzazioni e concessioni

1. Le domande dirette a conseguire le concessioni e le autorizzazioni di cui al presente titolo, se interessano strade o autostrade statali, sono presentate al competente ufficio dell'A.N.A.S e, in caso di strade in concessione, all'ente concessionario che provvede a trasmetterle con il proprio parere al competente ufficio dell'A.N.A.S., ove le convenzioni di concessione non consentono al concessionario di adottare il relativo provvedimento.

2. Le domande rivolte a conseguire i provvedimenti di cui al comma 1 interessanti strade non statali sono presentate all'ente proprietario della strada.

3. Le domande sono corredate dalla relativa documentazione tecnica e dall'impegno del richiedente a sostenere tutte le spese di sopralluogo e di istruttoria, previo deposito di eventuali cauzioni.

4. I provvedimenti di concessione ed autorizzazione previsti dal

presente titolo sono, in ogni caso, accordati senza pregiudizio dei diritti dei terzi e con l'obbligo del titolare di riparare eventuali danni derivanti dalle opere, dalle occupazioni e dai depositi autorizzati.

5. I provvedimenti di concessione ed autorizzazione di cui al presente titolo, che sono rinnovabili alla loro scadenza, indicano le condizioni e le prescrizioni di carattere tecnico o amministrativo alle quali esse sono assoggettate, la somma dovuta per l'occupazione o per l'uso concesso, nonche' la durata, che non potra' comunque eccedere gli anni ventinove. L'autorita' competente puo' revocarli o modificarli in qualsiasi momento per sopravvenuti motivi di pubblico interesse o di tutela della sicurezza stradale, senza essere tenuta a corrispondere alcun indennizzo.

6. La durata dell'occupazione di suolo stradale per l'impianto di pubblici servizi e' fissata in relazione al previsto o comunque stabilito termine per l'ultimazione dei relativi lavori.

7. La somma dovuta per l'uso o l'occupazione delle strade e delle loro pertinenze puo' essere stabilita dall'ente proprietario della strada in annualita' ovvero in unica soluzione.

8. Nel determinare la misura della somma si ha riguardo alle soggezioni che derivano alla strada o autostrada, quando la concessione costituisce l'oggetto principale dell'impresa, al valore economico risultante dal provvedimento di autorizzazione o concessione e al vantaggio che l'utente ne ricava.

9. L'autorita' competente al rilascio dei provvedimenti autorizzatori di cui al presente titolo puo' chiedere un deposito cauzionale.

10. Chiunque intraprende lavori, effettua occupazioni o esegue depositi interessanti le strade o autostrade e le relative pertinenze per le quali siano prescritti provvedimenti autorizzatori deve tenere, nel luogo dei lavori, dell'occupazione o del deposito, il relativo atto autorizzatorio o copia conforme, che e' tenuto a presentare ad ogni richiesta dei funzionari, ufficiali o agenti indicati nell'art. 12.

11. Per la mancata presentazione del titolo di cui al comma 10 il responsabile e' soggetto alla sanzione amministrativa del pagamento di una somma ((da € 87 a € 344)).

12. La violazione del comma 10 importa la sanzione amministrativa accessoria della sospensione dei lavori, secondo le norme del capo I, sezione II, del titolo VI. In ogni caso di rifiuto della presentazione del titolo o accertata mancanza dello stesso, da effettuare senza indugio, la sospensione e' definitiva e ne consegue la sanzione amministrativa accessoria dell'obbligo, a carico dell'autore della violazione, del ripristino a sue spese dei luoghi secondo le norme del capo I, sezione II, del titolo VI.

Art. 28.
Obblighi dei concessionari di determinati servizi

((1. I concessionari di ferrovie, di tranvie, di filovie, di funivie, di teleferiche, di linee elettriche e telefoniche, sia aeree che sotteranee, quelli di servizi di oleodotti, di metanodotti, di distribuzione di acqua potabile o di gas, nonche' quelli di servizi di fognature e quelli di servizi che interessano comunque le strade, hanno l'obbligo di osservare le condizioni e le prescrizioni imposte dall'ente proprietario per la conservazione della strada e per la sicurezza della circolazione. Quando si tratta di impianti inerenti a servizi di trasporto, i relativi provvedimenti sono comunicati al Ministero dei trasporti o alla regione competente. Nel regolamento sono indicate le modalita' di rilascio delle concessioni ed autorizzazioni all'esecuzione dei lavori ed i casi di deroga.))

((2. Qualora per comprovate esigenze della viabilita' si renda necessario modificare o spostare su apposite sedi messe a disposizione dall'ente proprietario della strada, le opere e gli impianti eserciti dai soggetti indicati nel comma 1, l'onere relativo allo spostamento dell'impianto e' a carico del gestore del pubblico servizio; i termini e le modalita' per l'esecuzione dei lavori sono previamente concordati tra le parti, contemperando i rispettivi interessi pubblici perseguiti. In caso di ritardo ingiustificato, il gestore del pubblico servizio e' tenuto a risarcire i danni e a corrispondere le eventuali penali fissate nelle specifiche convenzioni.))

Art. 29.
Piantagioni e siepi

1. I proprietari confinanti hanno l'obbligo di mantenere le siepi in modo da non restringere o danneggiare la strada o l'autostrada e di tagliare i rami delle piante che si protendono oltre il confine stradale e che nascondono la segnaletica o che ne compromettono comunque la leggibilita' dalla distanza e dalla angolazione necessarie.
2. Qualora per effetto di intemperie o per qualsiasi altra causa vengano a cadere sul piano stradale alberi piantati in terreni laterali o ramaglie di qualsiasi specie e dimensioni, il proprietario di essi e' tenuto a rimuoverli nel piu' breve tempo possibile.
3. Chiunque viola le disposizioni del presente articolo e' soggetto alla sanzione amministrativa del pagamento di una somma ((da € 173 a € 694)).
4. Alla violazione delle precedenti disposizioni consegue la sanzione amministrativa accessoria dell'obbligo, per l'autore della stessa, del ripristino a sue spese dei luoghi o della rimozione delle opere abusive secondo le norme del capo I, sezione II, del titolo VI.

Art. 30.
Fabbricati, muri e opere di sostegno

1. I fabbricati ed i muri di qualunque genere fronteggianti le strade devono essere conservati in modo da non compromettere l'incolumita' pubblica e da non arrecare danno alle strade ed alle relative pertinenze.
2. Salvi i provvedimenti che nei casi contingibili ed urgenti possono essere adottati dal sindaco a tutela della pubblica incolumita', il prefetto, sentito l'ente proprietario o concessionario, puo' ordinare la demolizione o il consolidamento a spese dello stesso proprietario dei fabbricati e dei muri che minacciano rovina se il proprietario, nonostante la diffida, non abbia provveduto a compiere le opere necessarie.
3. In caso di inadempienza nel termine fissato, l'autorita' competente ai sensi del comma 2 provvede d'ufficio alla demolizione o al consolidamento, addebitando le spese al proprietario.
4. La costruzione e la riparazione delle opere di sostegno lungo le strade ed autostrade, qualora esse servano unicamente a difendere ed a sostenere i fondi adiacenti, sono a carico dei proprietari dei fondi stessi; se hanno per scopo la stabilita' o la conservazione delle strade od autostrade, la costruzione o riparazione e' a carico dell'ente proprietario della strada.
5. La spesa si divide in ragione dell'interesse quando l'opera abbia scopo promiscuo. Il riparto della spesa e' fatto con decreto del Ministro delle infrastrutture e dei trasporti, su proposta dell'ufficio periferico dell'A.N.A.S., per le strade statali ed autostrade e negli altri casi con decreto del presidente della regione, su proposta del competente ufficio tecnico.
6. La costruzione di opere di sostegno che servono unicamente a difendere e a sostenere i fondi adiacenti, effettuata in sede di costruzione di nuove strade, e' a carico dell'ente cui appartiene la strada, fermo restando a carico dei proprietari dei fondi l'obbligo e l'onere di manutenzione e di eventuale riparazione o ricostruzione di tali opere.
7. In caso di mancata esecuzione di quanto compete ai proprietari

dei fondi si adotta nei confronti degli inadempienti la procedura di cui ai commi 2 e 3.

8. Chiunque non osserva le disposizioni di cui al comma 1 e' soggetto alla sanzione amministrativa del pagamento di una somma ((da € 430 a € 1.731)).

Art. 31.
Manutenzione delle ripe

1. I proprietari devono mantenere le ripe dei fondi laterali alle strade, sia a valle che a monte delle medesime, in stato tale da impedire franamenti o cedimenti del corpo stradale, ivi comprese le opere di sostegno di cui all'art. 30, lo scoscendimento del terreno, l'ingombro delle pertinenze e della sede stradale in modo da prevenire la caduta di massi o di altro materiale sulla strada. Devono altresi' realizzare, ove occorrono, le necessarie opere di mantenimento ed evitare di eseguire interventi che possono causare i predetti eventi.

2. Chiunque viola le disposizioni del presente articolo e' soggetto alla sanzione amministrativa del pagamento di una somma ((da € 159 a € 641)).

3. La violazione suddetta importa a carico dell'autore della violazione la sanzione amministrativa accessoria del ripristino, a proprie spese, dello stato dei luoghi, secondo le norme del capo I, sezione II, del titolo VI.

Art. 32.
Condotta delle acque

1. Coloro che hanno diritto di condurre acque nei fossi delle strade sono tenuti a provvedere alla conservazione del fosso e, in difetto, a corrispondere all'ente proprietario della strada le spese necessarie per la manutenzione del fosso e per la riparazione degli eventuali danni non causati da terzi.

2. Salvo quanto e' stabilito nell'art. 33, coloro che hanno diritto di attraversare le strade con corsi o condotte d'acqua hanno l'obbligo di costruire e di mantenere i ponti e le opere necessari per il passaggio e per la condotta delle acque; devono, altresi', eseguire e mantenere le altre opere d'arte, anche a monte e a valle della strada, che siano o si rendano necessarie per l'esercizio della concessione e per ovviare ai danni che dalla medesima possono derivare alla strada stessa. Tali opere devono essere costruite secondo le prescrizioni tecniche contenute nel disciplinare allegato all'atto di concessione rilasciato dall'ente proprietario della strada e sotto la sorveglianza dello stesso.

3. L'irrigazione dei terreni laterali deve essere regolata in modo che le acque non cadano sulla sede stradale ne' comunque intersechino questa e le sue pertinenze, al fine di evitare qualunque danno al corpo stradale o pericolo per la circolazione. A tale regolamentazione sono tenuti gli aventi diritto sui terreni laterali, sui quali si effettua l'irrigazione.

4. L'ente proprietario della strada, nel caso che i soggetti di cui ai commi 1 e 2 non provvedano a quanto loro imposto, ingiunge ai medesimi l'esecuzione delle opere necessarie per il raggiungimento delle finalita' di cui ai precedenti commi. In caso di inottemperanza vi provvede d'ufficio, addebitando ai soggetti obbligati le relative spese.

5. Parimenti procede il prefetto in ordine agli obblighi indicati nel comma 1, quando non siano ottemperati spontaneamente dall'obbligato.

6. Chiunque viola le norme del presente articolo e' soggetto alla sanzione amministrativa del pagamento di una somma ((da € 173 a € 694)).

Art. 33.
Canali artificiali e manufatti sui medesimi

1. I proprietari e gli utenti di canali artificiali in prossimita' del confine stradale hanno l'obbligo di porre in essere tutte le misure di carattere tecnico idonee ad impedire l'afflusso delle acque sulla sede stradale e ogni conseguente danno al corpo stradale e alle fasce di pertinenza.

2. Gli oneri di manutenzione e rifacimento di manufatti stradali esistenti sopra canali artificiali sono a carico dei proprietari e degli utenti di questi, a meno che ne provino la preesistenza alle strade o abbiano titolo o possesso in contrario.

3. I manufatti a struttura portante in legname esistenti sui canali artificiali che attraversano la strada devono, nel caso di ricostruzione, essere eseguiti con strutture murarie o in cemento armato, in ferro o miste secondo le indicazioni e le prescrizioni tecniche dell'ente proprietario della strada in relazione ai carichi ammissibili per la strada interessata. Non sono comprese in questa disposizione le opere ricadenti in localita' soggette a servitu' militari per le quali si ravvisa l'opportunita' di provvedere diversamente.

4. La ricostruzione dei manufatti in legname con le strutture e con le prescrizioni sopra indicate e' obbligatoria da parte dei proprietari o utenti delle acque ed e' a loro spese:

a) quando occorre spostare o allargare le strade attraversate da canali artificiali;

b) quando, a giudizio dell'ente proprietario, i manufatti presentano condizioni di insufficiente sicurezza.

5. E', altresi', a carico di detti proprietari la manutenzione dei manufatti ricostruiti.

6. In caso di ampliamento dei manufatti di ogni altro tipo, per dar luogo all'allargamento della sede stradale, il relativo costo e' a carico dell'ente proprietario della strada, fermo restando a carico dei proprietari, possessori o utenti delle acque l'onere di manutenzione dell'intero manufatto.

7. Chiunque viola le disposizioni del presente articolo e' soggetto alla sanzione amministrativa del pagamento di una somma ((da € 173 a € 694)).

Art. 34.
Oneri supplementari a carico dei mezzi d'opera per l'adeguamento delle infrastrutture stradali

1. I mezzi d'opera di cui all'art. 54, comma 1, lettera n), devono essere muniti, ai fini della circolazione, di apposito contrassegno comprovante l'avvenuto pagamento di un indennizzo di usura, per un importo pari alla tassa di possesso, da corrispondere contestualmente alla stessa e per la stessa durata.

2. Per la circolazione sulle autostrade dei mezzi d'opera deve essere corrisposta alle concessionarie un'ulteriore somma ad integrazione dell'indennizzo di usura. Tale somma e' equivalente alla tariffa autostradale applicata al veicolo in condizioni normali, maggiorata del 50 per cento, e deve essere versata insieme alla normale tariffa alle porte controllate manualmente.

3. I proventi dell'indennizzo di usura, di cui al comma 1, affluiscono in un apposito capitolo dello stato di previsione dell'entrata del bilancio dello Stato.

4. Il regolamento determina le modalita' di assegnazione dei proventi delle somme di cui al comma 3 agli enti proprietari delle strade a esclusiva copertura delle spese per le opere connesse al rinforzo, all'adeguamento e all'usura delle infrastrutture. (37)

5. Se il mezzo d'opera circola senza il contrassegno di cui al comma 1, il conducente e' soggetto alla sanzione amministrativa del pagamento di una somma ((da € 87 a € 344)). Se non e' stato corrisposto l'indennizzo d'usura previsto dal medesimo comma 1, si

applicano le sanzioni previste dall'art. 1, comma terzo, della legge 24 gennaio 1978, n. 27, e successive modificazioni, a carico del proprietario.

Art. 34-bis
((ARTICOLO ABROGATO DALLA L. 29 LUGLIO 2010, N. 120))

Capo II
ORGANIZZAZIONE DELLA CIRCOLAZIONE E SEGNALETICA STRADALE

Art. 35.
Competenze

1. Il Ministero delle infrastrutture e dei trasporti e' competente ad impartire direttive per l'organizzazione della circolazione e della relativa segnaletica stradale, sentito il Ministero dell'ambiente e della tutela del territorio per gli aspetti di sua competenza, su tutte le strade . Stabilisce, inoltre, i criteri per la pianificazione del traffico cui devono attenersi gli enti proprietari delle strade, coordinando questi ultimi nei casi e nei modi previsti dal regolamento e, comunque, ove si renda necessario.

2. Il Ministro delle infrastrutture e dei trasporti e' autorizzato ad adeguare con propri decreti le norme del regolamento per l'esecuzione del presente codice alle direttive comunitarie ed agli accordi internazionali in materia. Analogamente il Ministro dei trasporti e' autorizzato ad adeguare con propri decreti le norme regolamentari relative alle segnalazioni di cui all'art. 44.

3. L'Ispettorato circolazione e traffico del Ministero delle infrastrutture e dei trasporti assume la denominazione di Ispettorato generale per la circolazione e la sicurezza stradale, che e' posto alle dirette dipendenze del Ministro delle infrastrutture e dei trasporti. All'Ispettorato sono demandate le attribuzioni di cui ai commi 1 e 2, nonche' le altre attribuzioni di competenza del Ministero delle infrastrutture e dei trasporti di cui al presente codice, le quali sono svolte con autonomia funzionale ed operativa.

Art. 36.
Piani urbani del traffico e piani del traffico per la viabilita' extraurbana

1. Ai comuni, con popolazione residente superiore a trentamila abitanti, e' fatto obbligo dell'adozione del piano urbano del traffico .

2. All'obbligo di cui al comma 1 sono tenuti ad adempiere i comuni con popolazione residente inferiore a trentamila abitanti i quali registrino, anche in periodi dell'anno, una particolare affluenza turistica, risultino interessati da elevati fenomeni di pendolarismo o siano, comunque, impegnati per altre particolari ragioni alla soluzione di rilevanti problematiche derivanti da congestione della circolazione stradale. L'elenco dei comuni interessati viene predisposto dalla regione e pubblicato, a cura del ((Ministero delle infrastrutture e dei trasporti)), nella Gazzetta Ufficiale della Repubblica italiana.

3. Le province provvedono, all'adozione di piani del traffico per la viabilita' extraurbana d'intesa con gli altri enti proprietari delle strade interessate . La legge regionale puo' prevedere, ai sensi dell'art. 19 della legge 8 giugno 1990, n. 142, che alla redazione del piano urbano del traffico delle aree, indicate all'art. 17 della stessa, provvedano gli organi della citta' metropolitana.

4. I piani di traffico sono finalizzati ad ottenere il miglioramento delle condizioni di circolazione e della sicurezza

stradale, la riduzione degli inquinamenti acustico ed atmosferico ed il risparmio energetico, in accordo con gli strumenti urbanistici vigenti e con i piani di trasporto e nel rispetto dei valori ambientali, stabilendo le priorita' e i tempi di attuazione degli interventi. Il piano urbano del traffico prevede il ricorso ad adeguati sistemi tecnologici, su base informatica di regolamentazione e controllo del traffico, nonche' di verifica del rallentamento della velocita ' e di dissuasione della sosta, al fine anche di consentire modifiche ai flussi della circolazione stradale che si rendano necessarie in relazione agli obiettivi da perseguire.

5. Il piano urbano del traffico viene aggiornato ogni due anni. Il sindaco o il sindaco metropolitano, ove ricorrano le condizioni di cui al comma 3, sono tenuti a darne comunicazione al ((Ministero delle infrastrutture e dei trasporti)) per l' inserimento nel sistema informativo previsto dall'art. 226, comma 2. Allo stesso adempimento e' tenuto il presidente della provincia quando sia data attuazione alla disposizione di cui al comma 3.

6. La redazione dei piani di traffico deve essere predisposta nel rispetto delle direttive emanate dal ((Ministro delle infrastrutture e dei trasporti)), di concerto con il ((Ministro dell'ambiente e della tutela del territorio)) e il ((Ministro delle infrastrutture e dei trasporti)), sulla base delle indicazioni formulate dal Comitato interministeriale per la programmazione economica nel trasporto. Il piano urbano del traffico viene adeguato agli obiettivi generali della programmazione economico-sociale e territoriale , fissati dalla regione ai sensi dell'art. 3, comma 4, della legge 8 giugno 1990, n. 142.

7. Per il perseguimento dei fini di cui ai commi 1 e 2 e anche per consentire la integrale attuazione di quanto previsto dal comma 3, le autorita' indicate dall'art. 27, comma 3, della legge 8 giugno 1990, n. 142, convocano una conferenza tra i rappresentanti delle amministrazioni, anche statali, interessate.

8. E' istituito, presso il ((Ministero delle infrastrutture e dei trasporti)), l'albo degli esperti in materia di piani di traffico, formato mediante concorso biennale per titoli. Il bando di concorso e' approvato con decreto del ((Ministro delle infrastrutture e dei trasporti)) di concerto con il Ministro dell'universita' e della ricerca scientifica e tecnologica.

9. A partire dalla data di formazione dell'albo degli esperti di cui al comma 8 e' fatto obbligo di conferire l'incarico della redazione dei piani di traffico, oltre che a tecnici specializzati appartenenti al proprio Ufficio tecnico del traffico , agli esperti specializzati inclusi nell'albo stesso.

10. I comuni e gli enti inadempienti sono invitati, su segnalazione del prefetto, dal ((Ministero delle infrastrutture e dei trasporti)) a provvedere entro un termine assegnato, trascorso il quale il Ministero provvede alla esecuzione d'ufficio del piano e alla sua realizzazione.

Art. 37.
Apposizione e manutenzione della segnaletica stradale

1. L'apposizione e la manutenzione della segnaletica, ad eccezione dei casi previsti nel regolamento per singoli segnali, fanno carico:
    a) agli enti proprietari delle strade, fuori dei centri abitati;
    b) ai comuni, nei centri abitati, compresi i segnali di inizio e fine del centro abitato, anche se collocati su strade non comunali;
    c) al comune, sulle strade private aperte all'uso pubblico e sulle strade locali;
    d) nei tratti di strade non di proprieta' del comune all'interno dei centri abitati con popolazione inferiore ai diecimila abitanti, agli enti proprietari delle singole strade limitatamente ai segnali concernenti le caratteristiche strutturali o geometriche della strada. La rimanente segnaletica e' di competenza del comune.
    2. Gli enti di cui al comma 1 autorizzano la collocazione di

segnali che indicano posti di servizio stradali, esclusi i segnali di avvio ai posti di pronto soccorso che fanno carico agli enti stessi. L'apposizione e la manutenzione di detti segnali fanno carico agli esercenti.

2-bis. Gli enti di cui al comma 1 possono utilizzare, nei segnali di localizzazione territoriale del confine del comune, lingue regionali o idiomi locali presenti nella zona di riferimento, in aggiunta alla denominazione nella lingua italiana.

3. ((COMMA ABROGATO DAL D.L. 16 LUGLIO 2020, N. 76, CONVERTITO CON MODIFICAZIONI DALLA L. 11 SETTEMBRE 2020, N. 120)).

Art. 38.
Segnaletica stradale

1. La segnaletica stradale comprende i seguenti gruppi:
   a) segnali verticali;
   b) segnali orizzontali;
   c) segnali luminosi;
   d) segnali ed attrezzature complementari.

2. Gli utenti della strada devono rispettare le prescrizioni rese note a mezzo della segnaletica stradale ancorche' in difformita' con le altre regole di circolazione. Le prescrizioni dei segnali semaforici, esclusa quella lampeggiante gialla di pericolo di cui all'art. 41, prevalgono su quelle date a mezzo dei segnali verticali e orizzontali che regolano la precedenza. Le prescrizioni dei segnali verticali prevalgono su quelle dei segnali orizzontali. In ogni caso prevalgono le segnalazioni degli agenti di cui all'art. 43.

3. E' ammessa la collocazione temporanea di segnali stradali per imporre prescrizioni in caso di emergenza, urgenza e necessita', ivi comprese le attivita' di ispezioni delle reti e degli impianti tecnologici posti al di sotto della piattaforma stradale in deroga a quanto disposto dagli articoli 6 e 7. Gli utenti della strada devono rispettare le prescrizioni rese note a mezzo di tali segnali, anche se appaiono in contrasto con altre regole della circolazione.

4. Quanto stabilito dalle presenti norme, e dal regolamento per la segnaletica stradale fuori dai centri abitati, si applica anche nei centri abitati alle strade sulle quali sia fissato un limite massimo di velocita' pari o superiore a 70 km/h.

5. Nel regolamento sono stabiliti, per ciascun gruppo, i singoli segnali, i dispositivi o i mezzi segnaletici, nonche' la loro denominazione, il significato, i tipi, le caratteristiche tecniche (forma, dimensioni, colori, materiali, rifrangenza, illuminazione), le modalita' di tracciamento, apposizione ed applicazione (distanze ed altezze), le norme tecniche di impiego, i casi di obbligatorieta'. Sono, inoltre, indicate le figure di ogni singolo segnale e le rispettive didascalie costituiscono esplicazione del significato anche ai fini del comportamento dell'utente della strada. I segnali sono, comunque, collocati in modo da non costituire ostacolo o impedimento alla circolazione delle persone invalide.

6. La collocazione della segnaletica stradale risponde a criteri di uniformita' sul territorio nazionale, fissati con decreto del Ministro delle infrastrutture e dei trasporti nel rispetto della normativa comunitaria e internazionale vigente.

7. La segnaletica stradale deve essere sempre mantenuta in perfetta efficienza da parte degli enti o esercenti obbligati alla sua posa in opera e deve essere sostituita o reintegrata o rimossa quando sia anche parzialmente inefficiente o non sia piu' rispondente allo scopo per il quale e' stata collocata.

8. E' vietato apporre su un segnale di qualsiasi gruppo, nonche' sul retro dello stesso e sul suo sostegno, tutto cio' che non e' previsto dal regolamento.

9. Il regolamento stabilisce gli spazi da riservare alla installazione dei complessi segnaletici di direzione, in corrispondenza o prossimita' delle intersezioni stradali.

10. Il campo di applicazione obbligatorio della segnaletica

stradale comprende le strade di uso pubblico e tutte le strade di proprieta' privata aperte all'uso pubblico. Nelle aree private non aperte all'uso pubblico l'utilizzo e la posa in opera della segnaletica, ove adottata, devono essere conformi a quelli prescritti dal regolamento.

11. COMMA ABROGATO DAL D.LGS. 15 MARZO 2010, N. 66.

12. I conducenti dei veicoli su rotaia quando marciano in sede promiscua sono tenuti a rispettare la segnaletica stradale, salvo che sia diversamente disposto dalle presenti norme.

13. I soggetti diversi dagli enti proprietari che violano le disposizioni di cui ai commi 7, 8, 9 e 10 sono soggetti alla sanzione amministrativa del pagamento di una somma ((da € 421 a € 1.691)).

14. Nei confronti degli enti proprietari della strada che non adempiono agli obblighi di cui al presente articolo o al regolamento o che facciano uso improprio delle segnaletiche previste, il Ministero delle infrastrutture e dei trasporti ingiunge di adempiere a quanto dovuto. In caso di inottemperanza nel termine di quindici giorni dall'ingiunzione, provvede il Ministro delle infrastrutture e dei trasporti ponendo a carico dell'ente proprietario della strada le spese relative, con ordinanza-ingiunzione che costituisce titolo esecutivo.

15. Le violazioni da parte degli utenti della strada delle disposizioni del presente articolo sono regolate dall'art. 146.

Art. 39.
Segnali verticali

1. I segnali verticali si dividono nelle seguenti categorie:

A) segnali di pericolo: preavvisano l'esistenza di pericoli, ne indicano la natura e impongono ai conducenti di tenere un comportamento prudente;

B) segnali di prescrizione: rendono noti obblighi, divieti e limitazioni cui gli utenti della strada devono uniformarsi; si suddividono in:

a) segnali di precedenza;
b) segnali di divieto;
c) segnali di obbligo;

C) segnali di indicazione: hanno la funzione di fornire agli utenti della strada informazioni necessarie o utili per la guida e per la individuazione di localita', itinerari, servizi ed impianti; si suddividono in:

a) segnali di preavviso;
b) segnali di direzione;
c) segnali di conferma;
d) segnali di identificazione strade;
e) segnali di itinerario;
f) segnali di localita' e centro abitato;
g) segnali di nome strada;
h) segnali turistici e di territorio;
i) altri segnali che danno informazioni necessarie per la guida dei veicoli;
l) altri segnali che indicano installazioni o servizi.

2. Il regolamento stabilisce forme, dimensioni, colori e simboli dei segnali stradali verticali e le loro modalita' di impiego e di apposizione.

3. Ai soggetti diversi dagli enti proprietari delle strade che non rispettano le disposizioni del presente articolo e del regolamento si applica il comma 13 dell'art. 38.

Art. 40
Segnali orizzontali

1. I segnali orizzontali, tracciati sulla strada, servono per regolare la circolazione, per guidare gli utenti e per fornire prescrizioni od utili indicazioni per particolari comportamenti da

seguire.

2. I segnali orizzontali si dividono in:
- strisce longitudinali;
- strisce trasversali;
- attraversamenti pedonali o ciclabili;
- frecce direzionali;
- iscrizioni e simboli;
- strisce di delimitazione degli stalli di sosta o per la sosta riservata;
- isole di traffico o di presegnalamento di ostacoli entro la carreggiata;
- strisce di delimitazione della fermata dei veicoli in servizio di trasporto pubblico di linea;
- altri segnali stabiliti dal regolamento.

3. Le strisce longitudinali possono essere continue o discontinue. Le continue, ad eccezione di quelle che delimitano le corsie di emergenza, indicano il limite invalicabile di una corsia di marcia o della carreggiata; le discontinue delimitano le corsie di marcia o la carreggiata.

4. Una striscia longitudinale continua puo' affiancarne un'altra discontinua; in tal caso esse indicano ai conducenti, marcianti alla destra di quella discontinua, la possibilita' di oltrepassarle.

5. Una striscia trasversale continua indica il limite prima del quale il conducente ha l'obbligo di arrestare il veicolo per rispettare le prescrizioni semaforiche o il segnale di "fermarsi e dare precedenza" o il segnale di "passaggio a livello" ovvero un segnale manuale del personale che espleta servizio di polizia stradale.

6. Una striscia trasversale discontinua indica il limite prima del quale il conducente ha l'obbligo di arrestare il veicolo, se necessario, per rispettare il segnale "dare precedenza".

7. Nel regolamento sono stabilite norme per le forme, le dimensioni, i colori, i simboli e le caratteristiche dei segnali stradali orizzontali, nonche' le loro modalita' di applicazione.

8. Le strisce longitudinali continue non devono essere oltrepassate; le discontinue possono essere oltrepassate sempre che siano rispettate tutte le altre norme di circolazione. E' vietato valicare le strisce longitudinali continue, tranne che dalla parte dove e' eventualmente affiancata una discontinua.

9. Le strisce di margine continue possono essere oltrepassate solo dai veicoli in attivita' di servizio di pubblico interesse e dai veicoli che debbono effettuare una sosta di emergenza.

10. E' vietata:
    a) la sosta sulle carreggiate i cui margini sono evidenziati da una striscia continua;
    b) la circolazione sopra le strisce longitudinali, salvo che per il cambio di corsia;
    c) la circolazione dei veicoli non autorizzati sulle corsie riservate.

11. In corrispondenza degli attraversamenti pedonali i conducenti dei veicoli devono dare la precedenza ai pedoni ((che si accingono ad attraversare la strada o che hanno iniziato l'attraversamento)); analogo comportamento devono tenere i conducenti dei veicoli nei confronti dei ciclisti in corrispondenza degli attraversamenti ciclabili. Gli attraversamenti pedonali devono essere sempre accessibili anche alle persone non deambulanti su sedie a ruote; a tutela dei non vedenti possono essere collocati segnali a pavimento o altri segnali di pericolo in prossimita' degli attraversamenti stessi.

Art. 41.
Segnali luminosi

1. I segnali luminosi si suddividono nelle seguenti categorie:
    a) segnali luminosi di pericolo e di prescrizione;

b) segnali luminosi di indicazione;

b-bis) tabelloni luminosi rilevatori della velocita' in tempo reale dei veicoli in transito;

c) lanterne semaforiche veicolari normali;

d) lanterne semaforiche veicolari di corsia;

e) lanterne semaforiche per i veicoli di trasporto pubblico;

f) lanterne semaforiche pedonali;

g) lanterne semaforiche per velocipedi;

h) lanterne semaforiche veicolari per corsie reversibili;

i) lanterna semaforica gialla lampeggiante;

l) lanterne semaforiche speciali;

m) segnali luminosi particolari.

2. Le luci delle lanterne semaforiche veicolari normali sono di forma circolare e di colore:

- rosso, con significato di arresto;

- giallo, con significato di preavviso di arresto;

- verde, con significato di via libera.

3. Le luci delle lanterne semaforiche di corsia sono a forma di freccia colorata su fondo nero; i colori sono rosso, giallo e verde; il significato e' identico a quello delle luci di cui al comma 2, ma limitatamente ai veicoli che devono proseguire nella direzione indicata dalla freccia.

4. Le luci delle lanterne semaforiche per i veicoli di trasporto pubblico sono a forma di barra bianca su fondo nero, orizzontale con significato di arresto, verticale o inclinata a destra o sinistra con significato di via libera, rispettivamente diritto, a destra o sinistra, e di un triangolo giallo su fondo nero, con significato di preavviso di arresto.

5. Gli attraversamenti pedonali semaforizzati possono essere dotati di segnalazioni acustiche per non vedenti. Le luci delle lanterne semaforiche pedonali sono a forma di pedone colorato su fondo nero. I colori sono:

a) rosso, con significato di arresto e non consente ai pedoni di effettuare l'attraversamento, ne' di impegnare la carreggiata;

b) giallo, con significato di sgombero dell'attraversamento pedonale e consente ai pedoni che si trovano all'interno dello attraversamento di sgombrarlo il piu' rapidamente possibile e vieta a quelli che si trovano sul marciapiede di impegnare la carreggiata;

c) verde, con significato di via libera e consente ai pedoni l'attraversamento della carreggiata nella sola direzione consentita dalla luce verde.

6. Le luci delle lanterne semaforiche per velocipedi sono a forma di bicicletta colorata su fondo nero; i colori sono rosso, giallo e verde; il significato e' identico a quello delle luci di cui al comma 2, ma limitatamente ai velocipedi provenienti da una pista ciclabile.

7. Le luci delle lanterne semaforiche per corsie reversibili sono rossa a forma di X, con significato di divieto di percorrere la corsia o di impegnare il varco sottostante la luce, e verde a forma di freccia, con significato di consenso a percorrere la corsia o ad impegnare il varco sottostante la luce.

8. Tutti i segnali e dispositivi luminosi previsti dal presente articolo sono soggetti ad omologazione da parte del Ministero delle infrastrutture e dei trasporti, previo accertamento del grado di protezione e delle caratteristiche geometriche, fotometriche, cromatiche e di idoneita' indicati dal regolamento e da specifiche normative.

((8-bis. A decorrere dalla data di entrata in vigore della presente disposizione, nelle lanterne semaforiche, le lampade ad incandescenza, quando necessitino di sostituzione, devono essere sostituite con lampade a basso consumo energetico, ivi comprese le lampade realizzate con tecnologia a LED. Le lampade da utilizzare nelle lanterne semaforiche devono avere marcatura CE e attacco normalizzato E27 e assicurare l'accensione istantanea. La loro sostituzione deve essere eseguita utilizzando la struttura ottica della lanterna semaforica gia' esistente, ove cio' sia tecnicamente possibile senza apportarvi modifiche. Le lampade realizzate con tecnologia a LED, in caso di rottura anche di un solo componente, devono spegnersi automaticamente in modo da garantire l'uniformita' del segnale luminoso durante il loro funzionamento)).

9. Durante il periodo di accensione della luce verde, i veicoli possono procedere verso tutte le direzioni consentite dalla segnaletica verticale ed orizzontale; in ogni caso i veicoli non possono impegnare l'area di intersezione se i conducenti non hanno la certezza di poterla sgombrare prima dell'accensione della luce rossa; i conducenti devono dare sempre la precedenza ai pedoni ed ai ciclisti ai quali sia data contemporaneamente via libera; i conducenti in svolta devono, altresi', dare la precedenza ai veicoli provenienti da destra ed ai veicoli della corrente di traffico nella quale vanno ad immettersi.

10. Durante il periodo di accensione della luce gialla, i veicoli non possono oltrepassare gli stessi punti stabiliti per l'arresto, di cui al comma 11, a meno che vi si trovino cosi' prossimi, al momento dell'accensione della luce gialla, che non possano piu' arrestarsi in condizioni di sufficiente sicurezza; in tal caso essi devono sgombrare sollecitamente l'area di intersezione con opportuna prudenza.

11. Durante il periodo di accensione della luce rossa, i veicoli non devono superare la striscia di arresto; in mancanza di tale striscia i veicoli non devono impegnare l'area di intersezione, ne' l'attraversamento pedonale, ne' oltrepassare il segnale, in modo da poterne osservare le indicazioni.

12. Le luci delle lanterne semaforiche veicolari di corsia o quelle per i veicoli di trasporto pubblico hanno lo stesso significato delle corrispondenti luci delle lanterne semaforiche normali, ma limitatamente ai soli veicoli che devono proseguire nella direzione indicata dalle frecce o dalle barre; di conseguenza, i conducenti di detti veicoli devono attenersi alle stesse disposizioni di cui ai commi 9, 10 e 11.

13. Nel caso in cui la lanterna semaforica pedonale o quella per i velocipedi risulti spenta o presenti indicazioni anomale, il pedone o il ciclista ha l'obbligo di usare particolare prudenza anche in relazione alla possibilita' che verso altre direzioni siano accese luci che consentano il passaggio ai veicoli che interferiscono con la sua traiettoria di attraversamento.

14. Durante il periodo di accensione delle luci verde, giallo o rossa a forma di bicicletta, i ciclisti devono tenere lo stesso comportamento dei veicoli nel caso di lanterne semaforiche veicolari normali di cui rispettivamente ai commi 9, 10 e 11.

15. In assenza di lanterne semaforiche per i velocipedi, i ciclisti sulle intersezioni semaforizzate devono assumere il comportamento dei pedoni.

16. Durante il periodo di accensione delle luci delle lanterne semaforiche per corsie reversibili, i conducenti non possono percorrere la corsia o impegnare il varco sottostanti alla luce rossa a forma di X; possono percorrere la corsia o impegnare il varco sottostanti la luce verde a forma di freccia rivolta verso il basso. E' vietato ai veicoli di arrestarsi comunque dinnanzi alle luci delle lanterne semaforiche per corsie reversibili anche quando venga data l'indicazione della X rossa.

17. In presenza di una luce gialla lampeggiante, di cui al comma 1, lettera i), i veicoli possono procedere purche' a moderata velocita' e con particolare prudenza, rispettando le norme di precedenza.

18. Qualora per avaria o per altre cause una lanterna semaforica veicolare di qualsiasi tipo sia spenta o presenti indicazioni anomale, il conducente ha l'obbligo di procedere a minima velocita' e di usare particolare prudenza anche in relazione alla possibilita' che verso altre direzioni siano accese luci che consentono il passaggio. Se, peraltro, le indicazioni a lui dirette sono ripetute da altre lanterne semaforiche efficienti egli deve tener conto di esse.

19. Il regolamento stabilisce forme, caratteristiche, dimensioni, colori e simboli dei segnali luminosi, nonche' le modalita' di impiego e il comportamento che l'utente della strada deve tenere in rapporto alle varie situazioni segnalate.

Art. 42.
Segnali complementari

1. I segnali complementari sono destinati ad evidenziare o rendere noto:
   a) il tracciato stradale;
   b) particolari curve e punti critici;
   c) ostacoli posti sulla carreggiata o ad essa adiacenti.
2. Sono, altresi', segnali complementari i dispositivi destinati ad impedire la sosta o a rallentare la velocita'.
3. Il regolamento stabilisce forme, dimensioni, colori e simboli dei segnali complementari, le loro caratteristiche costruttive e le modalita' di impiego e di apposizione.

Art. 43.
Segnalazioni degli agenti del traffico

1. Gli utenti della strada sono tenuti ad ottemperare senza indugio alle segnalazioni degli agenti preposti alla regolazione del traffico.
2. Le prescrizioni date mediante segnalazioni eseguite dagli agenti annullano ogni altra prescrizione data a mezzo della segnaletica stradale ovvero delle norme di circolazione.
3. Le segnalazioni degli agenti sono, in particolare, le seguenti:
   a) braccio alzato verticalmente significa: "attenzione, arresto" per tutti gli utenti, ad eccezione dei conducenti che non siano piu' in grado di fermarsi in sufficienti condizioni di sicurezza; se il segnale e' fatto in una intersezione, esso non impone l'arresto ai conducenti che abbiano gia' impegnato l'intersezione stessa;
   b) braccia o braccio tesi orizzontalmente significano: "arresto" per tutti gli utenti, qualunque sia il loro senso di marcia, provenienti da direzioni intersecanti quella indicata dal braccio o dalle braccia e per contro "via libera" per coloro che percorrono la direzione indicata dal braccio o dalle braccia.
4. Dopo le segnalazioni di cui al comma 3, l'agente potra' abbassare il braccio o le braccia; la nuova posizione significa ugualmente "arresto" per tutti gli utenti che si trovano di fronte all'agente o dietro di lui e "via libera" per coloro che si trovano di fianco.
5. Gli agenti, per esigenze connesse con la fluidita' o con la sicurezza della circolazione, possono altresi far accelerare o rallentare la marcia dei veicoli, fermare o dirottare correnti veicolari o singoli veicoli, nonche' dare altri ordini necessari a risolvere situazioni contingenti, anche se in contrasto con la segnaletica esistente, ovvero con le norme di circolazione.
6. Nel regolamento sono precisate altre segnalazioni eventualmente necessarie per la regolazione del traffico, nonche' modalita' e mezzi per rendere facilmente riconoscibili e visibili a distanza, sia di giorno che di notte, gli agenti preposti alla regolazione del traffico e i loro ordini, anche a mezzo di apposito segnale distintivo.

Art. 44.
Passaggi a livello

1. In corrispondenza dei passaggi a livello con barriere puo' essere collocato, a destra della strada, un dispositivo ad una luce rossa fissa, posto a cura e spese dell'esercente la ferrovia, il quale avverta in tempo utile della chiusura delle barriere, integrato da altro dispositivo di segnalazione acustica. I dispositivi,

luminoso e acustico, sono obbligatori qualora trattasi di barriere manovrate a distanza o non visibili direttamente dal posto di manovra. Sono considerate barriere le sbarre, i cancelli e gli altri dispositivi di chiusura equivalenti.

2. In corrispondenza dei passaggi a livello con semibarriere deve essere collocato, sulla destra della strada, a cura e spese dell'esercente la ferrovia, un dispositivo luminoso a due luci rosse lampeggianti alternativamente che entra in funzione per avvertire in tempo utile della chiusura delle semibarriere, integrato da un dispositivo di segnalazione acustica. Le semibarriere possono essere installate solo nel caso che la carreggiata sia divisa nei due sensi di marcia da spartitraffico invalicabile di adeguata lunghezza. I passaggi a livello su strada a senso unico muniti di barriere che sbarrano l'intera carreggiata solo in entrata sono considerati passaggi a livello con semibarriere.

3. Nel regolamento sono stabiliti i segnali verticali ed orizzontali obbligatori di presegnalazione e di segnalazione dei passaggi a livello, le caratteristiche dei segnali verticali, luminosi ed acustici, nonche' la superficie minima rifrangente delle barriere, delle semibarriere e dei cavalletti da collocare in caso di avaria.

4. Le opere necessarie ((per l'adeguamento dei passaggi a livello e quelle)) per assicurare la visibilita' delle strade ferrate hanno carattere di pubblica utilita', nonche' di indifferibilita' e urgenza ai fini dell'applicazione delle leggi sulle espropriazioni per causa di pubblica utilita'.

Art. 45.
Uniformita' della segnaletica, dei mezzi di regolazione e controllo ed omologazioni

1. Sono vietati la fabbricazione e l'impiego di segnaletica stradale non prevista o non conforme a quella stabilita dal presente codice, dal regolamento o dai decreti o da direttive ministeriali, nonche' la collocazione dei segnali e dei mezzi segnaletici in modo diverso da quello prescritto.

2. Il Ministero delle infrastrutture e dei trasporti puo' intimare agli enti proprietari, concessionari o gestori delle strade, ai comuni e alle province, alle imprese o persone autorizzate o incaricate della collocazione della segnaletica, di sostituire, integrare, spostare, rimuovere o correggere, entro un termine massimo di quindici giorni, ogni segnale non conforme, per caratteristiche, modalita' di scelta del simbolo, di impiego, di collocazione, alle disposizioni delle presenti norme e del regolamento, dei decreti e direttive ministeriali, ovvero quelli che possono ingenerare confusione con altra segnaletica, nonche' a provvedere alla collocazione della segnaletica mancante. Per la segnaletica dei passaggi a livello di cui all'art. 44 i provvedimenti vengono presi d'intesa con il Ministero dei trasporti.

3. Decorso inutilmente il tempo indicato nella intimazione, la rimozione, la sostituzione, l'installazione, lo spostamento, ovvero la correzione e quanto altro occorre per rendere le segnalazioni conformi alle norme di cui al comma 2, sono effettuati dal Ministero delle infrastrutture e dei trasporti, che esercita il potere sostitutivo nei confronti degli enti proprietari, concessionari o gestori delle strade, a cura dei dipendenti degli uffici centrali o periferici.

4. Le spese relative sono recuperate dal Ministro delle infrastrutture e dei trasporti, a carico degli enti inadempienti, mediante ordinanza che costituisce titolo esecutivo.

5. Per i segnali che indicano installazioni o servizi, posti in opera dai soggetti autorizzati, l'ente proprietario della strada puo' intimare, ove occorra, ai soggetti stessi di reintegrare, spostare, rimuovere immediatamente e, comunque, non oltre dieci giorni, i segnali che non siano conformi alle norme di cui al comma 2 o che

siano anche parzialmente deteriorati o non piu' corrispondenti alle condizioni locali o che possano disturbare o confondere la visione di altra segnaletica stradale. Decorso inutilmente il termine indicato nella intimazione, l'ente proprietario della strada provvede d'ufficio, a spese del trasgressore. Il prefetto su richiesta dell'ente proprietario ne ingiunge il pagamento con propria ordinanza che costituisce titolo esecutivo.

6. Nel regolamento sono precisati i segnali, i dispositivi, le apparecchiature e gli altri mezzi tecnici di controllo e regolazione del traffico, nonche' quelli atti all'accertamento e al rilevamento automatico delle violazioni alle norme di circolazione, ed i materiali che, per la loro fabbricazione e diffusione, sono soggetti all'approvazione od omologazione da parte del Ministero delle infrastrutture e dei trasporti, previo accertamento delle caratteristiche geometriche, fotometriche, funzionali, di idoneita' e di quanto altro necessario. Nello stesso regolamento sono precisate altresi' le modalita' di omologazione e di approvazione.

7. Chiunque viola le norme del comma 1 e quelle relative del regolamento, e' soggetto alla sanzione amministrativa del pagamento di una somma ((da € 430 a € 1.731)).

8. La fabbricazione dei segnali stradali e' consentita alle imprese autorizzate dall'Ispettorato generale per la circolazione e la sicurezza stradale di cui all'art. 35, comma 3, che provvede, a mezzo di specifico servizio, ad accertare i requisiti tecnico-professionali e la dotazione di adeguate attrezzature che saranno indicati nel regolamento. Nel regolamento sono, altresi', stabiliti i casi di revoca dell'autorizzazione.

9. Chiunque abusivamente costruisce, fabbrica o vende i segnali, dispositivi o apparecchiature, di cui al comma 6, non omologati o comunque difformi dai prototipi omologati o approvati e' soggetto, ove il fatto non costituisca reato, alla sanzione amministrativa del pagamento di una somma ((da € 866 a € 3.464)). A tale violazione consegue la sanzione amministrativa accessoria della confisca delle cose oggetto della violazione, secondo le norme del capo I, sezione II, del titolo VI.

9-bis. E' vietata la produzione, la commercializzazione e l'uso di dispositivi che, direttamente o indirettamente, segnalano la presenza e consentono la localizzazione delle apposite apparecchiature di rilevamento di cui all'articolo 142, comma 6, utilizzate dagli organi di polizia stradale per il controllo delle violazioni.

9-ter. Chiunque produce, commercializza o utilizza i dispositivi di cui al comma 9-bis e' soggetto, ove il fatto non costituisca reato, alla sanzione amministrativa del pagamento di una somma ((da € 825 a € 3.305)). Alla violazione consegue la sanzione amministrativa accessoria della confisca della cosa oggetto della violazione secondo le norme del Capo I, Sezione II, del Titolo VI.

TITOLO III
DEI VEICOLI

Capo I
DEI VEICOLI IN GENERALE

Art. 46.
Nozione di veicolo

1. Ai fini delle norme del presente codice, si intendono per veicoli tutte le macchine di qualsiasi specie, che circolano sulle strade guidate dall'uomo. ((Non rientrano nella definizione di veicolo:

a) le macchine per uso di bambini, le cui caratteristiche non superano i limiti stabiliti dal regolamento;

b) le macchine per uso di invalidi, rientranti tra gli ausili medici secondo le vigenti disposizioni comunitarie, anche se asservite da motore)).

Art. 47.
Classificazione dei veicoli

1. I veicoli si classificano, ai fini del presente codice, come segue:
    a) veicoli a braccia;
    b) veicoli a trazione animale;
    c) velocipedi;
    d) slitte;
    e) ciclomotori;
    f) motoveicoli;
    g) autoveicoli;
    h) filoveicoli;
    i) rimorchi;
    l) macchine agricole;
    m) macchine operatrici;
    n) veicoli con caratteristiche atipiche.
2. I veicoli a motore e i loro rimorchi, di cui al comma 1, lettere e), f), g), h), i) e n) sono altresi' classificati come segue in base alle categorie internazionali:
    a)
    - categoria L1e: veicoli a due ruote la cilindrata del cui motore non supera i 50 cc per i motori a combustione interna ad accensione comandata, la cui potenza del motore elettrico non supera i 4 kW e la cui velocita' massima di costruzione non supera i 45 km/h;
    - categoria L2e: veicoli a tre ruote la cilindrata del cui motore non supera i 50 cc per i motori a combustione interna ad accensione comandata o non supera i 500 cc per i motori a combustione interna ad accensione spontanea, la cui potenza del motore elettrico non supera i 4 kW, la cui massa in ordine di marcia non supera i 270 kg e la cui velocita' massima di costruzione non supera i 45 km/h;
    - categoria L3e: veicoli a due ruote che non possono essere classificati come appartenenti alla categoria ((L1e));
    - categoria L4e: veicoli a tre ruote asimmetriche rispetto all'asse longitudinale mediano, costituiti da veicoli di categoria L3e dotati di sidecar, con un numero massimo di quattro posti a sedere incluso il conducente e con un numero massimo di due posti per passeggeri nel sidecar;
    - categoria L5e: veicoli a tre ruote simmetriche rispetto all'asse longitudinale mediano, la cilindrata del cui motore (se si tratta di motore termico) supera i 50 cc o la cui velocita' massima di costruzione (qualunque sia il sistema di propulsione) supera i 45 km/h;
    - categoria L6e: quadricicli leggeri, la cui massa a vuoto e' inferiore o pari a 350 kg, esclusa la massa delle batterie per i veicoli elettrici, la cui velocita' massima per costruzione e' inferiore o uguale a 45 km/h e la cui cilindrata del motore e' inferiore o pari a 50 cm^3 per i motori ad accensione comandata; o la cui potenza massima netta e' inferiore o uguale a 4 kW per gli altri motori, a combustione interna; o la cui potenza nominale continua massima e' inferiore o uguale a 4 kW per i motori elettrici. Tali veicoli sono conformi alle prescrizioni tecniche applicabili ai ciclomotori a tre ruote della categoria L2e, salvo altrimenti disposto da specifiche disposizioni comunitarie;
    - categoria L7e: i quadricicli, diversi da quelli di cui alla categoria L6e, la cui massa a vuoto e' inferiore o pari a 400 kg (550 kg per i veicoli destinati al trasporto di merci), esclusa la massa delle batterie per i veicoli elettrici, e la cui potenza massima netta del motore e' inferiore o uguale a 15 kW. Tali veicoli sono

considerati come tricicli e sono conformi alle prescrizioni tecniche
applicabili ai tricicli della categoria L5e salvo altrimenti disposto
da specifiche disposizioni comunitarie;
   b)
   - categoria M: veicoli a motore destinati al trasporto di persone
ed aventi almeno quattro ruote;
   - categoria M1: veicoli destinati al trasporto di persone, aventi
al massimo otto posti a sedere oltre al sedile del conducente;
   - categoria M2: veicoli destinati al trasporto di persone, aventi
piu' di otto posti a sedere oltre al sedile del conducente e massa
massima non superiore a 5 t;
   - categoria M3: veicoli destinati al trasporto di persone, aventi
piu' di otto posti a sedere oltre al sedile del conducente e massa
massima superiore a 5 t;
   c)
   - categoria N: veicoli a motore destinati al trasporto di merci,
aventi almeno quattro ruote;
   - categoria N1: veicoli destinati al trasporto di merci, aventi
massa massima non superiore a 3,5 t;
   - categoria N2: veicoli destinati al trasporto di merci, aventi
massa massima superiore a 3,5 t ma non superiore a 12 t;
   - categoria N3: veicoli destinati al trasporto di merci, aventi
massa massima superiore a 12 t;
   d)
   - categoria O : rimorchi (compresi i semirimorchi);
   - categoria O 1 : rimorchi con massa massima non superiore a
0,75t;
   - categoria O 2: rimorchi con massa massima superiore a 0,75 t ma
non superiore a 3,5 t;
   - categoria O 3: rimorchi con massa massima superiore a 3,5 t ma
non superiore a 10 t;
   - categoria O 4: rimorchi con massa massima superiore a 10 t.

Art. 48.
Veicoli a braccia

   1. I veicoli a braccia sono quelli:
      a) spinti o trainati dall'uomo a piedi;
      b) azionati dalla forza muscolare dello stesso conducente.

Art. 49.
Veicoli a trazione animale

   1. I veicoli a trazione animale sono i veicoli trainati da uno o
piu' animali e si distinguono in:
      a) veicoli destinati principalmente al trasporto di persone;
      b) veicoli destinati principalmente al trasporto di cose;
      c) carri agricoli destinati a trasporti per uso esclusivo delle
aziende agricole.
   2. I veicoli a trazione animale muniti di pattini sono denominati
slitte.

Art. 50
Velocipedi

   1. I velocipedi sono i veicoli con due ruote o piu' ruote
funzionanti a propulsione esclusivamente muscolare, per mezzo di
pedali o di analoghi dispositivi, azionati dalle persone che si
trovano sul veicolo; sono altresi' considerati velocipedi le
biciclette a pedalata assistita, dotate di un motore ausiliario
elettrico avente potenza nominale continua massima di 0,25 KW, o di
0,5 KW se adibiti al trasporto di merci, la cui alimentazione e'
progressivamente ridotta ed infine interrotta quando il veicolo
raggiunge i 25 km/h o prima se il ciclista smette di pedalare. I
velocipedi a pedalata assistita possono essere dotati di un pulsante

che permetta di attivare il motore anche a pedali fermi, purche' con questa modalita' il veicolo non superi i 6 km/h.

2. I velocipedi non possono superare 1,30 m di larghezza, 3,5 m di lunghezza e 2,20 m di altezza. I velocipedi adibiti al trasporto di merci devono avere un piano di carico approssimativamente piano e orizzontale, aperto o chiuso, corrispondente al seguente criterio: lunghezza del piano di carico × larghezza del piano di carico ? 0,3 × lunghezza del veicolo × larghezza massima del veicolo.

2-bis. I velocipedi a pedalata assistita non rispondenti ad una o piu' delle caratteristiche o prescrizioni indicate nel comma 1 sono considerati ciclomotori ai sensi e per gli effetti dell'articolo 97.

2-ter. Chiunque fabbrica, produce, pone in commercio o vende velocipedi a pedalata assistita che sviluppino una velocita' superiore a quella prevista dal comma 1 e' soggetto alla sanzione amministrativa del pagamento di una somma da euro 1.084 a euro 4.339. Alla sanzione ((amministrativa del pagamento di una somma)) da euro 845 ad euro 3.382 e' soggetto chi effettua sui velocipedi a pedalata assistita modifiche idonee ad aumentare la potenza nominale continua massima del motore ausiliario elettrico o la velocita' oltre i limiti previsti dal comma 1.

Art. 51.
Slitte

1. La circolazione delle slitte e di tutti i veicoli muniti di pattini, a trazione animale, e' ammessa soltanto quando le strade sono ricoperte di ghiaccio o neve di spessore sufficiente ad evitare il danneggiamento del manto stradale.

2. Chiunque circola con slitte in assenza delle condizioni di cui al comma 1 e' soggetto alla sanzione amministrativa del pagamento di una somma ((da € 26 a € 102)).

Art. 52.
Ciclomotori

1. I ciclomotori sono veicoli a motore a due o tre ruote aventi le seguenti caratteristiche:
    a) motore di cilindrata non superiore a 50 cm, se termico ((, o avente potenza non superiore a 4.000 watt, se ad alimentazione elettrica));
    b) capacita' di sviluppare su strada orizzontale una velocita' fino a 45 Km/h;
    c) LETTERA SOPPRESSA DAL D.LGS. 10 SETTEMBRE 1993, N. 360.

2. I ciclomotori a tre ruote possono, per costruzione, essere destinati al trasporto di merci. La massa e le dimensioni sono stabilite in adempimento delle direttive comunitarie a riguardo, con decreto del Ministro dei trasporti, o, in alternativa, in applicazione delle corrispondenti prescrizioni tecniche contenute nelle raccomandazioni o nei regolamenti emanati dall'ufficio europeo per le Nazioni Unite - Commissione economica per l'Europa, recepiti dal Ministero dei trasporti, ove a cio' non osti il diritto comunitario.

3. Le caratteristiche dei veicoli di cui ai commi 1 e 2 devono risultare per costruzione. Nel regolamento sono stabiliti i criteri per la determinazione delle caratteristiche suindicate e le modalita' per il controllo delle medesime, nonche' le prescrizioni tecniche atte ad evitare l'agevole manomissione degli organi di propulsione.

4. Detti veicoli, qualora superino il limite stabilito per una delle caratteristiche indicate nei commi 1 e 2, sono considerati motoveicoli.

Art. 53.
Motoveicoli

1. I motoveicoli sono veicoli a motore, a due, tre o quattro ruote,

e si distinguono in:

a) motocicli: veicoli a due ruote destinati al trasporto di persone, in numero non superiore a due compreso il conducente;

b) motocarrozzette: veicoli a tre ruote destinati al trasporto di persone, capaci di contenere al massimo quattro posti compreso quello del conducente ed equipaggiati di idonea carrozzeria;

c) motoveicoli per trasporto promiscuo: veicoli a tre ruote destinati al trasporto di persone e cose, capaci di contenere al massimo quattro posti compreso quello del conducente;

d) motocarri: veicoli a tre ruote destinati al trasporto di cose;

e) mototrattori: motoveicoli a tre ruote destinati al traino di semirimorchi ((. Tale classificazione deve essere abbinata a quella di motoarticolato, con la definizione del tipo o dei tipi dei semirimorchi di cui al comma 2, che possono essere abbinati a ciascun mototrattore;));

f) motoveicoli per trasporti specifici: veicoli a tre ruote destinati al trasporto di determinate cose o di persone in particolari condizioni e caratterizzati dall'essere muniti permanentemente di speciali attrezzature relative a tale scopo;

g) motoveicoli per uso speciale: veicoli a tre ruote caratterizzati da particolari attrezzature installate permanentemente sugli stessi; su tali veicoli e' consentito il trasporto del personale e dei materiali connessi con il ciclo operativo delle attrezzature;

h) quadricicli a motore: veicoli a quattro ruote destinati al trasporto di cose con al massimo una persona oltre al conducente nella cabina di guida, ai trasporti specifici e per uso speciale, la cui massa a vuoto non superi le 0,55 t, con esclusione della massa delle batterie se a trazione elettrica, capaci di sviluppare su strada orizzontale una velocita' massima fino a 80 km/h. Le caratteristiche costruttive sono stabilite dal regolamento. Detti veicoli, qualora superino anche uno solo dei limiti stabiliti sono considerati autoveicoli.

2. Sono, altresi', considerati motoveicoli i motoarticolati: complessi di veicoli, costituiti da un mototrattore e da un semirimorchio, destinati al trasporto di cui alle lettere d), f) e g).

3. Nel regolamento sono elencati i tipi di motoveicoli da immatricolare come motoveicoli per trasporti specifici e motoveicoli per uso speciale.

4. I motoveicoli non possono superare 1,60 m di larghezza, 4,00 m di lunghezza e 2,50 m di altezza. La massa complessiva a pieno carico di un motoveicolo non puo' eccedere 2,5 t.

5. I motoarticolati possono raggiungere la lunghezza massima di 5 m.

6. I motoveicoli di cui alle lettere d), e), f) e g) possono essere attrezzati con un numero di posti, per le persone interessate al trasporto, non superiore a due, compreso quello del conducente.

Art. 54.
Autoveicoli

1. Gli autoveicoli sono veicoli a motore con almeno quattro ruote, esclusi i motoveicoli, e si distinguono in:

a) autovetture: veicoli destinati al trasporto di persone, aventi al massimo nove posti, compreso quello del conducente;

b) autobus: veicoli destinati al trasporto di persone equipaggiati con piu' di nove posti compreso quello del conducente;

c) autoveicoli per trasporto promiscuo: veicoli aventi una massa complessiva a pieno carico non superiore a 3,5 t o 4,5 t se a trazione elettrica o a batteria, destinati al trasporto di persone e di cose e capaci di contenere al massimo nove posti compreso quello del conducente;

d) autocarri: veicoli destinati al trasporto di cose e delle persone addette all'uso o al trasporto delle cose stesse;

e) trattori stradali: veicoli destinati esclusivamente al traino di rimorchi o semirimorchi;

f) autoveicoli per trasporti specifici: veicoli destinati al trasporto di determinate cose o di persone in particolari condizioni, caratterizzati dall'essere muniti permanentemente di speciali attrezzature relative a tale scopo;

g) autoveicoli per uso speciale: veicoli caratterizzati dall'essere muniti permanentemente di speciali attrezzature e destinati prevalentemente al trasporto proprio. Su tali veicoli e' consentito il trasporto del personale e dei materiali connessi col ciclo operativo delle attrezzature e di persone e cose connesse alla destinazione d'uso delle attrezzature stesse;

h) autotreni: complessi di veicoli costituiti da due unita' distinte, agganciate, delle quali una motrice. Ai soli fini della applicazione dell'art. 61, commi 1 e 2, costituiscono un'unica unita' gli autotreni caratterizzati in modo permanente da particolari attrezzature per il trasporto di cose determinate nel regolamento. In ogni caso se vengono superate le dimensioni massime di cui all'art. 61, il veicolo o il trasporto e' considerato eccezionale;

i) autoarticolati: complessi di veicoli costituiti da un trattore e da un semirimorchio;

l) autosnodati: autobus composti da due tronconi rigidi collegati tra loro da una sezione snodata. Su questi tipi di veicoli i compartimenti viaggiatori situati in ciascuno dei due tronconi rigidi sono comunicanti. La sezione snodata permette la libera circolazione dei viaggiatori tra i tronconi rigidi. La connessione e la disgiunzione delle due parti possono essere effettuate soltanto in officina;

m) autocaravan: veicoli aventi una speciale carrozzeria ed attrezzati permanentemente per essere adibiti al trasporto e all'alloggio di sette persone al massimo, compreso il conducente.

n) mezzi d'opera: veicoli o complessi di veicoli dotati di particolare attrezzatura per il carico e il trasporto di materiali di impiego o di risulta dell'attivita' edilizia, stradale, di escavazione mineraria e materiali assimilati ovvero che completano, durante la marcia, il ciclo produttivo di specifici materiali per la costruzione edilizia; tali veicoli o complessi di veicoli possono essere adibiti a trasporti in eccedenza ai limiti di massa stabiliti nell'art. 62 e non superiori a quelli di cui all'art. 10, comma 8, e comunque nel rispetto dei limiti dimensionali fissati nell'art. 61. I mezzi d'opera devono essere, altresi', idonei allo specifico impiego nei cantieri o utilizzabili a uso misto su strada e fuori strada.

2. Nel regolamento sono elencati, in relazione alle speciali attrezzature di cui sono muniti, i tipi di autoveicoli da immatricolare come autoveicoli per trasporti specifici ed autoveicoli per usi speciali.

Art. 55.
Filoveicoli

1. I filoveicoli sono veicoli a motore elettrico non vincolati da rotaie e collegati a una linea aerea di contatto per l'alimentazione; sono consentite la installazione a bordo di un motore ausiliario di trazione, non necessariamente elettrico, e l'alimentazione dei motori da una sorgente ausiliaria di energia elettrica.

2. I filoveicoli possono essere distinti, compatibilmente con le loro caratteristiche, nelle categorie previste dall'art. 54 per gli autoveicoli.

Art. 56.
Rimorchi

1. ((Ad eccezione di quanto stabilito dal comma 1, lettera e) e dal comma 2 dell'articolo 53,)) I rimorchi sono veicoli destinati ad essere trainati dagli autoveicoli di cui al comma 1 dell'art. 54 e

dai filoveicoli di cui all'art. 55, con esclusione degli autosnodati. 2. I rimorchi si distinguono in:

a) rimorchi per trasporto di persone, limitatamente ai rimorchi con almeno due assi ed ai semirimorchi;

b) rimorchi per trasporto di cose;

c) rimorchi per trasporti specifici, caratterizzati ai sensi della lettera f) dell'art. 54;

d) rimorchi ad uso speciale, caratterizzati ai sensi delle lettere g) e h) dell'art. 54;

e) caravan: rimorchi ad un asse o a due assi posti a distanza non superiore ad un metro, aventi speciale carrozzeria ed attrezzati per essere adibiti ad alloggio esclusivamente a veicolo fermo;

f) rimorchi per trasporto di attrezzature turistiche e sportive: rimorchi ad un asse o a due assi posti a distanza non superiore ad un metro, muniti di specifica attrezzatura atta al trasporto di attrezzature turistiche e sportive, quali imbarcazioni, alianti od altre.

3. I semirimorchi sono veicoli costruiti in modo tale che una parte di essi si sovrapponga all'unita' motrice e che una parte notevole della sua massa o del suo carico sia sopportata da detta motrice.

4. I carrelli appendice a non piu' di due ruote destinati al trasporto di bagagli, attrezzi e simili, e trainabili da autoveicoli di cui all'art. 54, comma 1, esclusi quelli indicati nelle lettere h), i) ed l), si considerano parti integranti di questi purche' rientranti nei limiti di sagoma e di massa previsti dagli articoli 61 e 62 ((e dal regolamento)).

Art. 57
Macchine agricole

1. Le macchine agricole sono macchine a ruote o a cingoli destinate ad essere impiegate nelle attivita' agricole e forestali e possono, in quanto veicoli, circolare su strada per il proprio trasferimento e per il trasporto per conto delle aziende agricole e forestali di prodotti agricoli e sostanze di uso agrario, nonche' di addetti alle lavorazioni; pospossono, altresi', portare attrezzature destinate alla esecuzione di dette attivita'. ((E' consentito l'uso delle macchine agricole nelle operazioni di manutenzione e tutela del territorio.))

2. Ai fini della circolazione su strada le macchine agricole si distinguono in:

a) SEMOVENTI:

1) trattrici agricole: macchine a motore con o senza piano di carico munite di almeno due assi, prevalentemente atte alla trazione, concepite per tirare, spingere, portare prodotti agricoli e sostanze di uso agrario nonche' azionare determinati strumenti, eventualmente equipaggiate con attrezzature portate o semiportate da considerare parte integrante della trattrice agricola;

2) macchine agricole operatrici a due o piu' assi: macchine munite o predisposte per l'applicazione di speciali apparecchiature per l'esecuzione di operazioni agricole;

3) macchine agricole operatrici ad un asse: macchine guidabili da conducente a terra, che possono essere equipaggiate con carrello separabile destinato esclusivamente al trasporto del conducente. La massa complessiva non puo' superare 0,7 t compreso il conducente;

b) TRAINATE:

1) macchine agricole operatrici: macchine per l'esecuzione di operazioni agricole e per il trasporto di attrezzature e di accessori funzionali per le lavorazioni meccanico-agrarie, trainabili dalle macchine agricole semoventi ad eccezione di quelle di cui alla lettera a), numero 3);

2) rimorchi agricoli: veicoli destinati al carico e trainabili dalle trattrici agricole; possono eventualmente essere muniti di apparecchiature per lavorazioni agricole; qualora la massa complessiva a pieno carico non sia superiore a 1,5 t, sono

considerati parte integrante della trattrice traente.

3. Ai fini della circolazione su strada, le macchine agricole semoventi a ruote pneumatiche o a sistema equivalente non devono essere atte a superare, su strada orizzontale, la velocita' di 40 km/h; le macchine agricole a ruote metalliche, semi pneumatiche o a cingoli metallici, purche' muniti di sovrapattini, nonche' le macchine agricole operatrici ad un asse con carrello per il conducente non devono essere atte a superare, su strada orizzontale, la velocita' di 15 km/h.

4. Le macchine agricole di cui alla lettera a), numeri 1 e 2, e di cui alla lettera b), numero 1, possono essere attrezzate con un numero di posti per gli addetti non superiore a tre, compreso quello del conducente; i rimorchi agricoli possono essere adibiti per il trasporto esclusivo degli addetti, purche' muniti di idonea attrezzatura non permanente.

Art. 58.
Macchine operatrici

1. Le macchine operatrici sono macchine semoventi o trainate, a ruote o a cingoli, destinate ad operare su strada o nei cantieri, equipaggiate, eventualmente, con speciali attrezzature. In quanto veicoli possono circolare su strada per il proprio trasferimento e per lo spostamento di cose connesse con il ciclo operativo della macchina stessa o del cantiere, nei limiti e con le modalita' stabilite dal regolamento di esecuzione.

2. Ai fini della circolazione su strada le macchine operatrici si distinguono in:

a) macchine impiegate per la costruzione e la manutenzione di opere civili o delle infrastrutture stradali o per il ripristino del traffico;

b) macchine sgombraneve, spartineve o ausiliarie quali spanditrici di sabbia e simili;

c) carrelli: veicoli destinati alla movimentazione di cose.

3. Le macchine operatrici semoventi, in relazione alle loro caratteristiche, possono essere attrezzate con un numero di posti, per gli addetti, non superiore a tre, compreso quello del conducente.

4. Ai fini della circolazione su strada le macchine operatrici non devono essere atte a superare, su strada orizzontale, la velocita' di 40 km/h; le macchine operatrici semoventi a ruote non pneumatiche o a cingoli non devono essere atte a superare, su strada orizzontale, la velocita' di 15 km/h.

Art. 59
Veicoli con caratteristiche atipiche

1. Sono considerati atipici i veicoli che per le loro specifiche caratteristiche non rientrano fra quelli definiti nel presente capo.

2. Il Ministro dei trasporti, sentiti i Ministri interessati, stabilisce, con proprio decreto:

a) la categoria, fra quelle individuate nel presente capo, alla quale i veicoli atipici devono essere assimilati ai fini della circolazione e della guida;

b) i requisiti tecnici di idoneita' alla circolazione dei medesimi veicoli individuandoli, con criteri di equivalenza, fra quelli previsti per una o piu' delle categorie succitate.

((2-bis. Chiunque circola con un veicolo atipico per il quale non sono state ancora definite le caratteristiche tecniche e funzionali indicate dal comma 2 e' soggetto alla sanzione amministrativa del pagamento di una somma da euro 200 a euro 800. Alla violazione consegue la sanzione amministrativa accessoria della confisca del veicolo, secondo le norme del titolo VI, capo I, sezione II. Si procede in ogni caso alla sua distruzione)).

Art. 60.
((Motoveicoli, ciclomotori, autoveicoli e macchine agricole d'epoca e di interesse storico e collezionistico iscritti negli appositi registri))

((1. Sono considerati appartenenti alla categoria dei veicoli con caratteristiche atipiche i motoveicoli, i ciclomotori, gli autoveicoli e le macchine agricole d'epoca, nonche' i motoveicoli, gli autoveicoli e le macchine agricole di interesse storico e collezionistico)).

2. ((Rientrano nella categoria dei veicoli d'epoca i motoveicoli, i ciclomotori, gli autoveicoli e le macchine agricole)) cancellati dal P.R.A. perche' destinati alla loro conservazione in musei o locali pubblici e privati, ai fini della salvaguardia delle originarie caratteristiche tecniche specifiche della casa costruttrice, e che non siano adeguati nei requisiti, nei dispositivi e negli equipaggiamenti alle vigenti prescrizioni stabilite per l'ammissione alla circolazione. Tali veicoli sono iscritti in apposito elenco presso il Centro storico del Dipartimento per i trasporti terrestri.

3. I veicoli d'epoca sono soggetti alle seguenti disposizioni:
    a) la loro circolazione puo' essere consentita soltanto in occasione di apposite manifestazioni o raduni autorizzati, limitatamente all'ambito della localita' e degli itinerari di svolgimento delle manifestazioni o raduni. All'uopo i veicoli, per poter circolare, devono essere provvisti di una particolare autorizzazione rilasciata dal competente ufficio del Dipartimento per i trasporti terrestri nella cui circoscrizione e' compresa la localita' sede della manifestazione o del raduno ed al quale sia stato preventivamente presentato, da parte dell'ente organizzatore, l'elenco particolareggiato dei veicoli partecipanti. Nella autorizzazione sono indicati la validita' della stessa, i percorsi stabiliti e la velocita' massima consentita in relazione alla garanzia di sicurezza offerta dal tipo di veicolo;
    b) il trasferimento di proprieta' degli stessi deve essere comunicato alla Dipartimento per i trasporti terrestri, per l'aggiornamento dell'elenco di cui al comma 2.

4. Rientrano nella categoria dei motoveicoli e autoveicoli di interesse storico e collezionistico tutti quelli di cui risulti l'iscrizione in uno dei seguenti registri: ASI, Storico Lancia, Italiano FIAT, Italiano Alfa Romeo, Storico FMI.

5. I veicoli di interesse storico o collezionistico possono circolare sulle strade purche' posseggano i requisiti previsti per questo tipo di veicoli, determinati dal regolamento.

6. Chiunque circola con veicoli d'epoca senza l'autorizzazione prevista dal comma 3, ovvero con veicoli di cui al comma 5 sprovvisti dei requisiti previsti per questo tipo di veicoli dal regolamento, e' soggetto alla sanzione amministrativa del pagamento di una somma da € 87 a € 344 se si tratta di autoveicoli, o da € 42 a € 173 se si tratta di motoveicoli.

Art. 61.
Sagoma limite

1. Fatto salvo quanto disposto nell'art. 10 e nei commi successivi del presente articolo, ogni veicolo compreso il suo carico deve avere:
    a) larghezza massima non eccedente 2,55 m ; nel computo di tale larghezza non sono comprese le sporgenze dovute ai retrovisori, purche' mobili;
    b) altezza massima non eccedente 4 m; per gli autobus e i filobus destinati a servizi pubblici di linea urbani e suburbani circolanti su itinerari prestabiliti e' consentito che tale altezza sia di 4,30 m;
    c) lunghezza totale, compresi gli organi di traino, non eccedente 12 m, con l'esclusione dei semirimorchi, per i veicoli isolati. Nel

computo della suddetta lunghezza non sono considerati i retrovisori purche' mobili. Gli autobus da noleggio, da gran turismo e di linea possono essere dotati di strutture portasci, portabiciclette o portabagagli applicate a sbalzo posteriormente o, per le sole strutture portabiciclette, anche anteriormente secondo direttive stabilite con decreto del Ministero delle infrastrutture e dei trasporti - Dipartimento per i trasporti terrestri. ((I veicoli o complessi di veicoli che sono equipaggiati con cabine allungate o con dispositivi aerodinamici rispondenti ai requisiti di omologazione previsti dalla normativa europea possono superare le lunghezze totali previste dal presente articolo nel rispetto, comunque, di quanto prescritto al comma 5. Tali dispositivi devono essere piegati, ritratti o rimossi, a cura del conducente, ove sia a rischio la sicurezza di altri utenti della strada o del conducente o, su strade urbane ed extraurbane con limite di velocita' inferiore o uguale a 50 km/h, in presenza di altri utenti della strada vulnerabili. L'uso dei dispositivi aerodinamici deve essere comunque compatibile con le operazioni di trasporto intermodali e, in ogni caso, allorche' ritratti o piegati, i dispositivi non devono superare di oltre 20 cm la lunghezza totale del veicolo o del complesso di veicoli privo di tali dispositivi)).

2. Gli autoarticolati e gli autosnodati non devono eccedere la lunghezza totale, compresi gli organi di traino, di 18,75 m, ferma restando l'idoneita' certificata dei rimorchi, o delle unita' di carico ivi caricate, al trasporto intermodale strada-rotaia e strada-mare e, sempre che siano rispettati gli altri limiti stabiliti nel regolamento; gli autosnodati e filosnodati adibiti a servizio di linea per il trasporto di persone destinati a percorrere itinerari prestabiliti possono raggiungere la lunghezza massima di 18 m; gli autotreni e filotreni non devono eccedere la lunghezza massima di 18,75 m in conformita' alle prescrizioni tecniche stabilite dal Ministro delle infrastrutture e dei trasporti.

2-bis Gli autosnodati e i filosnodati destinati a sistemi di trasporto rapido di massa possono raggiungere la lunghezza massima di 24 m su itinerari in corsia riservata autorizzati dal Ministero delle infrastrutture e della mobilita' sostenibili.

3. Le caratteristiche costruttive e funzionali delle autocaravan e dei caravan sono stabilite con decreto del Ministro dei trasporti.

4. La larghezza massima dei veicoli per trasporto di merci deperibili in regime di temperatura controllata (ATP) puo' raggiungere il valore di 2,60 m, escluse le sporgenze dovute ai retrovisori, purche' mobili.

5. Ai fini della inscrivibilita' in curva dei veicoli e dei complessi di veicoli, il regolamento stabilisce le condizioni da soddisfare e le modalita' di controllo.

6. I veicoli che per specifiche esigenze funzionali superano, da soli o compreso il loro carico, i limiti di sagoma stabiliti nei precedenti commi possono essere ammessi alla circolazione come veicoli o trasporti eccezionali se rispondenti alle apposite norme contenute nel regolamento.

7. Chiunque circola con un veicolo o con un complesso di veicoli compreso il carico che supera i limiti di sagoma stabiliti dal presente articolo, salvo che lo stesso costituisca trasporto eccezionale, e' soggetto alla sanzione amministrativa del pagamento di una somma da € 421 a € 1.691. Per la prosecuzione del viaggio si applicano le disposizioni contenute nell'articolo 164, comma 9.

Art. 62.
Massa limite

1. La massa limite complessiva a pieno carico di un veicolo, salvo quanto disposto nell'art. 10 e nei commi 2, 3, 4, 5 e 6 del presente articolo, costituita dalla massa del veiocolo stesso in ordine di marcia e da quella del suo carico, non puo' eccedere 5 t per i veiocli ad un asse, 8 t per quelli a due assi e 10 t. per quelli a 3

o piu' assi.

2. Con esclusione dei semirimorchi, per i rmorchi muniti di pneumatici tali che il carico unitario medio trasmesso all'aerea di impronta sulla strada non sia superiore a 8 da N/cm2, la massa complessiva a pieno carico non puo' eccedere 6 t se ad un asse, con esclusione dell'unita' posteriore dell'autosnodato, 22 t se a due assi e 26 t se tre o piu' assi.

3. Salvo quanto diversamente previsto dall'art. 104, per i veicoli a motore isolati muniti di pneumatici, tali che il carico unitario medio trasmesso all'area di impronta sulla strada non sia superiore a 8 daN/cm2 e quando, se trattasi di veicoli a 3 o piu' assi, la distanza fra due assi contigui non sia inferiore ad 1 m, la massa complessiva a pieno carico del veicolo isolato non puo' eccedere 18 t se si tratta di veicoli a due assi e 25 t se si tratta di veicoli a tre o piu' assi; 26 t e 32 t rispettivamente, se si tratta di veicoli a tre o quattro assi quando l'asse motore e' munito di pneumatici accoppiati e di sospensione penumatiche ovvero riconosciute equivalenti dal Ministero dei trasporti. ((Qualora si tratti di autobus o filobus a due assi, la massa complessiva a pieno carico non deve eccedere 19,5 t)).

4. Nel rispetto delle condizioni prescritte nei commi 2, 3 e 6, la massa complessiva di un autotreno a tre assi non puo' superare 30 t, quella di un autotreno, di un autoarticolato o di un autosnodato non puo' superare 40 t se a quattro assi e 44 t se a cinque o piu' assi.

5. Qualunque sia il tipo di veicolo, la massa gravante sull'asse puo' caricato non deve eccedere 12 t.

6. In corrispondenza di due assi contigui la somma delle masse non deve superare 12 t, se la distanza assiale e' inferiore a 1 m; nel caso in cui la distanza assiale sia pari o superiore a 1 m ed inferiore a 1,3 m, il limite non puo' superare 16 t; nel caso in cui la distanza sia pari o superiore a 1,3 m ed inferiore a 2 m, tale limite non puo' eccedere 20 t.

7. Chiunque circola con un veicolo che supera compreso il carico, salvo quanto disposto dall'art. 167, i limiti di massa stabiliti dal presente articolo e dal regolamento e' soggetto alle sanzioni previste dall'art. 10.

7-bis. COMMA ABROGATO DAL D.L. 24 GENNAIO 2012, N. 1, CONVERTITO, CON MODIFICAZIONI, DALLA L. 24 MARZO 2012, N. 27.

Art. 63.
Traino veicoli

1. Nessun veicolo puo' trainare o essere trainato da piu' di un veicolo, salvo che cio' risulti necessario per l'effettuazione dei trasporti eccezionali di cui all'art. 10 e salvo quanto disposto dall'art. 105.

2. Un autoveicolo puo' trainare un veicolo che non sia rimorchio se questo non e' piu' atto a circolare per avaria o per mancanza di organi essenziali, ovvero nei casi previsti dall'art. 159. La solidita' dell'attacco, le modalita' del traino, la condotta e le cautele di guida devono rispondere alle esigenze di sicurezza della circolazione.

3. Salvo quanto indicato nel comma 2, il Ministero dei trasporti puo' autorizzare, per speciali esigenze, il traino con autoveicoli di veicoli non considerati rimorchi.

4. Nel regolamento sono stabiliti i criteri per la determinazione della massa limite rimorchiabile, nonche' le modalita' e procedure per l'agganciamento.

5. Chiunque viola le disposizioni del presente articolo e' soggetto alla sanzione amministrativa del pagamento di una somma ((da € 87 a € 344)).

Capo II
DEI VEICOLI A TRAZIONE ANIMALE, SLITTE E VELOCIPEDI

Art. 64.
Dispositivi di frenatura dei veicoli a trazione animale e delle slitte

1. I veicoli a trazione animale e le slitte devono essere muniti di un dispositivo di frenatura efficace e disposto in modo da poter essere in qualunque occasione facilmente e rapidamente manovrato.
2. Sono vietati i dispositivi di frenatura che agiscono direttamente sul manto stradale.
3. Chiunque viola le disposizioni del presente articolo e dell'art. 69 e' soggetto alla sanzione amministrativa del pagamento di una somma ((da € 42 a € 173)).

Art. 65.
Dispositivi di segnalazione visiva dei veicoli a trazione animale e delle slitte

1. Nelle ore e nei casi previsti dall'art. 152, comma 1, i veicoli a trazione animale e le slitte devono esser muniti di due fanali anteriori che emettano in avanti luce bianca e di due fanali posteriori che emettano all'indietro luce rossa, disposti sui lati del veicolo. Devono, altresi', essere muniti di due catadiottri bianchi anteriormente, due catadiottri rossi posteriormente e di un catadiottro arancione su ciascun lato.
2. I veicoli di cui al comma 1 devono essere dotati di un segnale mobile di pericolo.
3. Chiunque circola con un veicolo a trazione animale o con una slitta non provvisti di dispositivi di segnalazione visiva, nei casi in cui l'uso dei medesimi e' prescritto, ovvero con dispositivi non conformi alle disposizioni stabilite nel presente articolo e nell'art. 69, e' soggetto alla sanzione amministrativa del pagamento di una somma ((da € 42 a € 173)).

Art. 66.
Cerchioni alle ruote

1. I veicoli a trazione animale, di massa complessiva a pieno carico sino a 6 t, possono essere muniti di cerchioni metallici, sempre che tale massa non superi 0,15 volte la somma della larghezza dei cerchioni, espressa in centimetri. In ogni altro caso i veicoli devono essere muniti di ruote gommate.
2. La larghezza di ciascun cerchione non puo' essere mai inferiore a 50 mm; i bordi del cerchione a contatto della strada devono essere arrotondati con raggio non inferiore allo spessore del cerchione metallico; nella determinazione della larghezza si tiene conto dei raccordi nella misura massima di 5 mm per parte.
3. La superficie di rotolamento della ruota deve essere cilindrica senza spigoli, sporgenze o discontinuita'.
4. I comuni accertano la larghezza dei cerchioni e determinano la massa complessiva a pieno carico consentita per ogni veicolo a trazione animale destinato a trasporto di cose.
5. Chiunque circola con un veicolo a trazione animale non rispondente ai requisiti stabiliti dal presente articolo e' soggetto alla sanzione amministrativa del pagamento di una somma ((da € 42 a € 173)).

Art. 67.
Targhe dei veicoli a trazione animale e delle slitte

1. I veicoli a trazione animale e le slitte devono essere muniti di

una targa contenente le indicazioni del proprietario, del comune di residenza, della categoria di appartenenza, del numero di matricola e, per quelli destinati al trasporto di cose, della massa complessiva a pieno carico, nonche' della larghezza dei cerchioni.

2. La targa deve essere rinnovata solo quando occorre modificare alcuna delle indicazioni prescritte o quando le indicazioni stesse non siano piu' chiaramente leggibili.

3. La fornitura delle targhe e' riservata ai comuni, che le consegnano agli interessati complete delle indicazioni stabilite dal comma 1. Il modello delle targhe e' indicato nel regolamento. Il prezzo che l'interessato corrispondera' al comune e' stabilito con decreto del Ministro delle infrastrutture e dei trasporti.

4. I veicoli a trazione animale e le slitte sono immatricolati in apposito registro del comune di residenza del proprietario.

5. Chiunque circola con un veicolo a trazione animale o con una slitta non munito della targa prescritta, ovvero viola le disposizioni del comma 2, e' soggetto alla sanzione amministrativa del pagamento di una somma da € 42 a € 173.

6. Chiunque abusivamente fabbrica o vende targhe per veicoli a trazione animale o slitte, ovvero usa targhe abusivamente fabbricate, e' soggetto, ove il fatto non costituisca reato, alla sanzione amministrativa del pagamento di una somma ((da € 87 a € 344)).

7. Alle violazioni di cui ai commi 5 e 6 consegue la sanzione amministrativa accessoria della confisca della targa non rispondente ai requisiti indicati o abusivamente fabbricata, secondo le norme del capo I, sezione II, del titolo VI.

Art. 68.
Caratteristiche costruttive e funzionali e dispositivi di equipaggiamento dei velocipedi

1. I velocipedi devono essere muniti di pneumatici, nonche':
   a) per la frenatura: di un dispositivo indipendente per ciascun asse che agisca in maniera pronta ed efficace sulle rispettive ruote;
   b) per le segnalazioni acustiche: di un campanello;
   c) per le segnalazioni visive: anteriormente di luci bianche o gialle, posteriormente di luci rosse e di catadiottri rossi; inoltre, sui pedali devono essere applicati catadiottri gialli ed analoghi dispositivi devono essere applicati sui lati.

((2. I dispositivi di segnalazione di cui alla lettera c) del comma 1 devono essere funzionanti da mezz'ora dopo il tramonto del sole a mezz'ora prima del suo sorgere e anche di giorno nelle gallerie, in caso di nebbia, di caduta di neve, di forte pioggia e in ogni altro caso di scarsa visibilita', durante la marcia sia nei centri abitati che fuori dai centri abitati)).

3. Le disposizioni previste nelle lettere b) e c) del comma 1 non si applicano ai velocipedi quando sono usati durante competizioni sportive.

4. Con decreto del Ministro delle infrastrutture e dei trasporti sono stabilite le caratteristiche costruttive, funzionali nonche' le modalita' di omologazione dei velocipedi a piu' ruote simmetriche che consentono il trasporto di altre persone oltre il conducente.

5. I velocipedi possono essere equipaggiati per il trasporto di un bambino, con idonee attrezzature, le cui caratteristiche sono stabilite dal regolamento.

6. Chiunque circola con un velocipede senza pneumatici o nel quale alcuno dei dispositivi di frenatura o di segnalazione acustica o visiva manchi o non sia conforme alle disposizioni stabilite nel presente articolo e nell'articolo 69, e' soggetto alla sanzione amministrativa del pagamento di una somma da € 26 a € 102.

7. Chiunque circola con un velocipede di cui al comma 4, non omologato, e' soggetto alla sanzione amministrativa del pagamento di un a somma da € 42 a € 173.

8. Chiunque produce o mette in commercio velocipedi o i relativi dispositivi di equipaggiamento non conformi al tipo omologato, ove ne

sia richiesta l'omologazione, e' soggetto, se il fatto non costituisce reato, alla sanzione amministrativa del pagamento di una somma da € 430 a € 1.731.

Art. 69.
Caratteristiche dei dispositivi di segnalazione e di frenatura dei veicoli a trazione animale, delle slitte e dei velocipedi

1. Nel regolamento sono stabiliti, per i veicoli di cui agli articoli 49, 50 e 51, il numero, il colore, le caratteristiche e le modalita' di applicazione dei dispositivi di segnalazione visiva e le caratteristiche e le modalita' di applicazione dei dispositivi di frenatura dei veicoli a trazione animale e dei velocipedi, nonche', limitatamente ai velocipedi, le caratteristiche dei dispositivi di segnalazione acustica.

Art. 70.
Servizio di piazza con veicoli a trazione animale o con slitte

1. I comuni sono autorizzati a rilasciare licenze per il servizio di piazza con veicoli a trazione animale. Tale servizio si svolge nell'area comunale ed i comuni possono determinare i tratti e le zone in cui tali servizi sono consentiti per interessi turistici e culturali. I veicoli a trazione animale destinati a servizi di piazza, oltre alla targa indicata nell'art. 67, devono essere muniti di altra targa con l'indicazione "servizio di piazza". I comuni possono destinare speciali aree, delimitate e segnalate, per lo stazionamento delle vetture a trazione animale per i servizi di piazza.
2. Il regolamento di esecuzione determina:
    a) i tipi di vettura a trazione animale con le quali puo' essere esercitato il servizio di piazza;
    b) le condizioni ed i requisiti per ottenere la licenza per i servizi di piazza con vetture a trazione animale;
    c) le modalita' per la revisione, che deve essere eseguita di regola ogni cinque anni;
    d) le modalita' per il rilascio delle licenze di cui al comma 1.
3. Nelle localita' e nei periodi di tempo in cui e' consentito l'uso delle slitte possono essere destinate slitte al servizio di piazza. Si applicano, in quanto compatibili le norme sul servizio di piazza a trazione animale.
4. Chiunque destina vetture a trazione animale o slitte a servizio pubblico o di piazza senza avere ottenuto la relativa licenza e' soggetto alla sanzione amministrativa del pagamento di una somma ((da € 87 a € 344)). Se la licenza e' stata ottenuta, ma non ne sono osservate le condizioni, la sanzione e' del pagamento di una somma da € 42 a € 173. In tal caso consegue la sanzione amministrativa accessoria del ritiro della licenza.
5. Dalla violazione prevista dal primo periodo del comma 4 consegue la sanzione accessoria della confisca del veicolo, secondo le norme di cui al capo I, sezione II, del titolo VI.

Capo III
VEICOLI A MOTORE E LORO RIMORCHI

Sezione I
Norme costruttive e di equipaggiamento e accertamenti tecnici per la circolazione

Art. 71.
Caratteristiche costruttive e funzionali dei veicoli a motore e loro rimorchi

1. Le caratteristiche generali costruttive e funzionali dei veicoli

a motore e loro rimorchi che interessano sia i vari aspetti della sicurezza della circolazione sia la protezione dell'ambiente da ogni tipo di inquinamento, compresi i sistemi di frenatura, sono soggette ad accertamento e sono indicate nel regolamento.

2. Il Ministro dei trasporti, con propri decreti, di concerto con il Ministro dell'ambiente e della tutela del territorio per gli aspetti di sua competenza e con gli altri Ministri quando interessati, stabilisce periodicamente le particolari caratteristiche costruttive e funzionali cui devono corrispondere i veicoli a motore e i rimorchi per trasporti specifici o per uso speciale, nonche' i veicoli blindati.

3. Il Ministro dei trasporti, con propri decreti, di concerto con gli altri Ministri quando interessati, stabilisce periodicamente le prescrizioni tecniche relative alle caratteristiche di cui ai commi 1 e 2, nonche' le modalita' per il loro accertamento.

4. Qualora i decreti di cui al comma 3 si riferiscano a disposizioni oggetto di direttive comunitarie le prescrizioni tecniche sono quelle contenute nelle predette direttive; in alternativa a quanto prescritto nei richiamati decreti, se a cio' non osta il diritto comunitario, l'omologazione e' effettuata in applicazione delle corrispondenti prescrizioni tecniche contenute nei regolamenti o nelle raccomandazioni emanati dall'Ufficio europeo per le Nazioni unite - Commissione economica per l'Europa, recepiti dal Ministero dei trasporti.

5. Con provvedimento del Ministero dei trasporti - Dipartimento per i trasporti terrestri, sono approvate tabelle e norme di unificazione riguardanti le materie di propria competenza.

6. Chiunque circola con un veicolo a motore o con un rimorchio non conformi alle prescrizioni stabilite dal regolamento e' soggetto alla sanzione amministrativa del pagamento di una somma ((da € 87 a € 344)). Se i veicoli e i rimorchi sono adibiti al trasporto di merci pericolose, la sanzione amministrativa e' ((da € 173 a € 694)).

Art. 72.
Dispositivi di equipaggiamento dei veicoli a motore e loro rimorchi

1. I ciclomotori, i motoveicoli e gli autoveicoli devono essere equipaggiati con:
   a) dispositivi di segnalazione visiva e di illuminazione;
   b) dispositivi silenziatori e di scarico se hanno il motore termico;
   c) dispositivi di segnalazione acustica;
   d) dispositivi retrovisori;
   e) pneumatici o sistemi equivalenti.

2. Gli autoveicoli e i motoveicoli di massa a vuoto superiore a 0,35 t devono essere muniti del dispositivo per la retromarcia. Gli autoveicoli devono altresi' essere equipaggiati con:
   a) dispositivi di ritenuta e dispositivi di protezione, se trattasi di veicoli predisposti fin dall'origine con gli specifici punti di attacco, aventi le caratteristiche indicate, per ciascuna categoria di veicoli, con decreto del Ministro dei trasporti;
   b) segnale mobile di pericolo di cui all'art. 162;
   c) contachilometri aventi le caratteristiche stabilite dal regolamento.

2-bis. Durante la circolazione, gli autoveicoli, i rimorchi ed i semirimorchi adibiti al trasporto di cose, nonche' classificati per uso speciale o per trasporti speciali o per trasporti specifici, immatricolati in Italia con massa complessiva a pieno carico superiore a 3,5 t., devono altresi' essere equipaggiati con strisce posteriori e laterali retroriflettenti. Le caratteristiche tecniche delle strisce retroriflettenti sono definite con decreto del Ministro delle infrastrutture e dei trasporti, in ottemperanza a quanto previsto dal regolamento internazionale ONU/ECE 104. I veicoli di nuova immatricolazione devono essere equipaggiati con i dispositivi del presente comma dal 1° aprile 2005 ed i veicoli in circolazione entro il 31 dicembre 2006.

2-ter. Gli autoveicoli, i rimorchi ed i semirimorchi, abilitati al trasporto di cose, di massa complessiva a pieno carico superiore a 7,5 t, sono equipaggiati con dispositivi, di tipo omologato, atti a ridurre la nebulizzazione dell'acqua in caso di precipitazioni. La prescrizione si applica ai veicoli nuovi immatricolati in Italia a decorrere dal 1° gennaio 2007. Le caratteristiche tecniche di tali dispositivi sono definite con decreto del Ministero delle infrastrutture e dei trasporti.

3. Gli autoveicoli possono essere equipaggiati con apparecchiature per il pagamento automatico di pedaggi anche urbani, oppure per la ricezione di segnali ed informazioni sulle condizioni di viabilita'. Possono altresi' essere equipaggiati con il segnale mobile plurifunzionale di soccorso, le cui caratteristiche e disciplina d'uso sono stabilite nel regolamento.

4. I filoveicoli devono essere equipaggiati con i dispositivi indicati nei commi 1 e 2 e 3, in quanto applicabili a tale tipo di veicolo.

5. I rimorchi devono essere equipaggiati con i dispositivi indicati al comma 1, lettere a) ed e). I veicoli di cui al comma 1 riconosciuti atti al traino di rimorchi ed i rimorchi devono altresi' essere equipaggiati con idonei dispositivi di agganciamento.

6. Il Ministro dei trasporti, sentito il Ministro dell'interno, con propri decreti stabilisce i dispositivi supplementari di cui devono o possono essere equipaggiati i veicoli indicati nei commi 1 e 5 in relazione alla loro particolare destinazione o uso, ovvero in dipendenza di particolari norme di comportamento.

7. Il Ministro dei trasporti, con propri decreti, stabilisce norme specifiche sui dispositivi di equipaggiamento dei veicoli destinati ad essere condotti dagli invalidi ovvero al loro trasporto.

8. I dispositivi di cui ai commi precedenti sono soggetti ad omologazione da parte del Ministero dei trasporti - Dipartimento per i trasporti terrestri, secondo modalita' stabilite con decreti del Ministro dei trasporti, salvo quanto previsto nell'art. 162. Negli stessi decreti e' indicata la documentazione che l'interessato deve esibire a corredo della domanda di omologazione.

9. Nei decreti di cui al comma 8 sono altresi' stabilite, per i dispositivi indicati nei precedenti commi, le prescrizioni tecniche relative al numero, alle caratteristiche costruttive e funzionali e di montaggio, le caratteristiche del contrassegno che indica la conformita' dei dispositivi alle norme del presente articolo ed a quelle attuative e le modalita' dell'apposizione.

10. Qualora le norme di cui al comma 9 si riferiscono a dispositivi oggetto di direttive comunitarie, le prescrizioni tecniche sono quelle contenute nelle predette direttive, salvo il caso dei dispositivi presenti al comma 7; in alternativa a quanto prescritto dai richiamati decreti, l'omologazione e' effettuata in applicazione delle corrispondenti prescrizioni tecniche contenute nei regolamenti o nelle raccomandazioni emanati dall'Ufficio europeo per le Nazioni Unite - Commissione economica per l'Europa, recepiti dal Ministro dei trasporti.

11. L'omologazione rilasciata da uno Stato estero per uno dei dispositivi di cui sopra puo' essere riconosciuta valida in Italia a condizione di reciprocita' e fatti salvi gli accordi internazionali.

12. Con decreto del Ministro dei trasporti puo' essere reso obbligatorio il rispetto di tabelle e norme di unificazione aventi carattere definitivo ed attinenti alle caratteristiche costruttive, funzionali e di montaggio dei dispositivi di cui al presente articolo.

13. Chiunque circola con uno dei veicoli citati nel presente articolo in cui alcuno dei dispositivi ivi prescritti manchi o non sia conforme alle disposizioni stabilite nei previsti provvedimenti e' soggetto alla sanzione amministrativa del pagamento di una somma ((da € 87 a € 344)).

Art. 73.
Veicoli su rotaia in sede promiscua

1. I veicoli su rotaia, per circolare in sede promiscua, devono essere muniti di dispositivi di illuminazione e di segnalazione visiva e acustica analoghi a quelli degli autoveicoli. Inoltre devono essere muniti di dispositivi tali da consentire al conducente l'agevole visibilita' anche a tergo. Negli stessi il campo di visibilita' del conducente, In avanti e lateralmente, deve essere tale da consentirgli di guidare con sicurezza.
2. Con decreto del Ministro dei trasporti sono stabilite le caratteristiche e le modalita' di installazione dei dispositivi di cui al comma 1, nonche' le caratteristiche del campo di visibilita' del conducente.
3. Chiunque circola in sede promiscua con un veicolo su rotaia mancante di alcuno dei dispositivi previsti dal presente articolo o nel quale alcuno dei dispositivi stessi, ivi compreso il campo di visibilita', non sia conforme per caratteristiche o modalita' di installazione e funzionamento a quanto stabilito ai sensi del comma 2 e' soggetto alla sanzione amministrativa del pagamento di una somma ((da € 87 a € 344)).

Art. 74.
Dati di identificazione

1. I ciclomotori, i motoveicoli, gli autoveicoli, i filoveicoli e i rimorchi devono avere per costruzione:
    a) una targhetta di identificazione, solidamente fissata al veicolo stesso;
    b) un numero di identificazione impresso sul telaio, anche se realizzato con una struttura portante o equivalente, riprodotto in modo tale da non poter essere cancellato o alterato.
2. La targhetta e il numero di identificazione devono essere collocati in punti visibili, su una parte del veicolo che normalmente non sia suscettibile di sostituzione durante l'utilizzazione del veicolo stesso.
3. Nel caso in cui il numero di identificazione del telaio o della struttura portante sia contraffatto, alterato, manchi o sia illegibbile, deve essere riprodotto, a cura degli uffici competenti del Dipartimento per i trasporti terrestri, un numero distintivo, preceduto e seguito dal marchio con punzone dell'ufficio stesso.
4. Nel regolamento sono stabilite le caratteristiche, le modalita' di applicazione e le indicazioni che devono contenere le targhette di identificazione, le caratteristiche del numero di identificazione, le caratteristiche e le modalita' di applicazione del numero di ufficio di cui al comma 3.
5. Qualora le norme del regolamento si riferiscano a disposizioni oggetto di direttive comunitarie, le prescrizioni tecniche sono quelle contenute nelle predette direttive; e' fatta salva la facolta' per gli interessati di chiedere, per l'omologazione, l'applicazione delle corrispondenti prescrizioni tecniche contenute nei regolamenti e nelle raccomandazioni emanate dall'Ufficio europeo per le Nazioni Unite - Commissione economica per l'Europa, recepite dal Ministro dei trasporti.
6. Chiunque contraffa', asporta, sostituisce, altera, cancella o rende illeggibile la targhetta del costruttore, ovvero il numero di identificazione del telaio, e' punito, se il fatto non costituisce reato, con la sanzione amministrativa del pagamento di una somma ((da € 2.728 a € 10.913)).

Art. 75
Accertamento dei requisiti di idoneita' alla circolazione e omologazione

1. I ciclomotori, i motoveicoli, gli autoveicoli, i filoveicoli e i

rimorchi, per essere ammessi alla circolazione, sono soggetti all'accertamento dei dati di identificazione e della loro corrispondenza alle prescrizioni tecniche ed alle caratteristiche costruttive e funzionali previste dalle norme del presente codice. Per i ciclomotori costituiti da un normale velocipede e da un motore ausiliario di cilindrata fino a 50 cmfB0123, tale accertamento e' limitato al solo motore.

2. L'accertamento di cui al comma 1 puo' riguardare singoli veicoli o gruppi di esemplari dello stesso tipo di veicolo ed ha luogo mediante visita e prova da parte dei competenti uffici delle direzioni generali territoriali del Dipartimento per i trasporti terrestri e del trasporto intermodale del Ministero delle infrastrutture e dei trasporti, con le modalita' stabilite con decreto dallo stesso Ministero. Con il medesimo decreto e' indicata la documentazione che l'interessato deve esibire a corredo della domanda di accertamento.

3. I veicoli indicati nel comma 1, i loro componenti o entita' tecniche prodotti in serie, sono soggetti all'omologazione del tipo; questa ha luogo a seguito dell'accertamento di cui ai commi 1 e 2, effettuata su un prototipo, secondo le modalita' stabilite con decreto del Ministro dei trasporti. Con lo stesso decreto e' indicata la documentazione che l'interessato deve esibire a corredo della domanda di omologazione.

3-bis. Il Ministro delle infrastrutture e dei trasporti stabilisce con propri decreti norme specifiche per l'approvazione nazionale dei sistemi, componenti ed entita' tecniche, nonche' le idonee procedure per la loro installazione quali elementi di sostituzione o di integrazione di parti dei veicoli, su tipi di autovetture e motocicli nuovi o in circolazione. I sistemi, componenti ed entita' tecniche, per i quali siano stati emanati i suddetti decreti contenenti le norme specifiche per l'approvazione nazionale degli stessi, sono esentati dalla necessita' di ottenere l'eventuale nulla osta della casa costruttrice del veicolo di cui all'articolo 236, secondo comma, del regolamento di cui al decreto del Presidente della Repubblica 16 dicembre 1992, n. 495, salvo che sia diversamente disposto nei decreti medesimi.

3-ter. Qualora le norme di cui al comma 3-bis si riferiscano a sistemi, componenti ed entita' tecniche oggetto di direttive comunitarie, ovvero di regolamenti emanati dall'Ufficio europeo per le Nazioni Unite recepite dal Ministero delle infrastrutture e dei trasporti, le prescrizioni di approvazione nazionale e di installazione sono conformi a quanto previsto dalle predette direttive o regolamenti.

3-quater. Gli accertamenti relativi all'approvazione nazionale di cui al comma 3-bis sono effettuati dai competenti uffici delle direzioni generali territoriali del Dipartimento per i trasporti terrestri e per il trasporto intermodale del Ministero delle infrastrutture e dei trasporti.

((4. Il Ministro delle infrastrutture e dei trasporti individua, con proprio decreto, i veicoli di tipo omologato da adibire a servizio di noleggio con conducente per trasporto di persone di cui all'articolo 85, o a servizio di piazza di cui all'articolo 86, o a servizio di linea per trasporto di persone di cui all'articolo 87, che sono soggetti all'accertamento di cui al comma 2)).

5. Fatti salvi gli accordi internazionali, l'omologazione, totale o parziale, rilasciata da uno Stato estero, puo' essere riconosciuta in Italia a condizione di reciprocita'.

6. L'omologazione puo' essere rilasciata anche a veicoli privi di carrozzeria. Il successivo accertamento sul veicolo carrozzato ha luogo con le modalita' previste nel comma 2.

7. Sono fatte salve le competenze del Ministero dell'ambiente e della tutela del territorio.

Art. 76.
Certificato di approvazione, certificato di origine e dichiarazione di conformita'

1. L'ufficio competente del Dipartimento per i trasporti terrestri che ha proceduto con esito favorevole all'accertamento di cui all'art. 75, comma 2, rilascia al costruttore del veicolo il certificato di approvazione.

2. Alla richiesta di accertamento deve essere unito il certificato di origine del veicolo, rilasciato dal medesimo costruttore. Quando si tratta di veicoli di tipo omologato in uno Stato membro delle Comunita' europee che, a termine dell'art. 75, comma 4, sono soggetti all' accertamento dei requisiti di idoneita' alla circolazione, il certificato di origine e' sostituito dalla dichiarazione di conformita' di cui al comma 6.

3. Il rilascio del certificato di approvazione e' sospeso per i necessari accertamenti qualora emergano elementi che facciano presumere che il veicolo o parte di esso siano di illecita provenienza.

4. Nel regolamento sono stabilite le caratteristiche e il contenuto del certificato di approvazione e del certificato di origine.

5. Il Dipartimento per i trasporti terrestri, visto l'esito favorevole dell'accertamento sul prototipo di cui all'art. 75, comma 3, rilascia al costruttore il certificato di omologazione ed il certificato che contiene la descrizione degli elementi che caratterizzano il veicolo.

6. Per ciascun veicolo costruito conformemente al tipo omologato, il costruttore rilascia all'acquirente la dichiarazione di conformita'. Tale dichiarazione, redatta sul modello approvato dal Ministero dei trasporti per i veicoli di tipo omologato in Italia in base ad omologazione nazionale, attesta che il veicolo e' conforme al tipo omologato. Di tale dichiarazione il costruttore assume la piena responsabilita' ad ogni effetto di legge. Il costruttore deve tenere una registrazione progressiva delle dichiarazioni di conformita' rilasciate.

7. Nel caso di veicoli allestiti o trasformati da costruttori diversi da quello che ha costruito l'autotelaio, ogni costruttore rilascia, per al parte di propria competenza, la certificazione di origine che deve essere accompagnata dalla dichiarazione di conformita', o da certificato di origine relativi all'autotelaio. Nel caso di omologazione in piu' fasi, le relative certificazioni sono costituite dalle dichiarazioni di conformita'. I criteri e le modalita' opertaive per le suddette omologazioni sono stabilite dal Ministro dei trasporti, con proprio decreto.

8. Chiunque rilascia la dichiarazione di conformita' di cui ai commi 6 e 7 per veicoli non conformi al tipo omologato e' soggetto, ove il fatto non costituisca reato, alla sanzione amministrativa del pagamento di una somma ((da € 866 a € 3.464)).

Art. 77.
Controlli di conformita' al tipo omologato

1. Il Ministero dei trasporti ha facolta' di procedere, in qualsiasi momento, all'accertamento della conformita' al tipo omologato dei veicoli a motore, dei rimorchi e dei dispositivi per i quali sia stata rilasciata la relativa dichiarazione di conformita'. Ha facolta', inoltre, di sospendere l'efficacia della omologazione dei veicoli e dei dispositivi o di revocare l'omologazione stessa qualora dai suddetti accertamenti di controllo risulti il mancato rispetto della conformita' al tipo omologato.

2. Con decreto del Ministro dei trasporti, sentiti i Ministeri interessati, sono stabiliti i criteri e le modalita' per gli accertamenti e gli eventuali prelievi di veicoli e dispositivi. I relativi oneri sono a carico del titolare dell'omologazione.

3. Chiunque produce o mette in commercio un veicolo non conforme al

tipo omologato e' soggetto, se il fatto non costituisce reato, alla sanzione amministrativa del pagamento di una somma ((da € 866 a € 3.464)).

3-bis. Chiunque importa, produce per la commercializzazione sul territorio nazionale ovvero commercializza sistemi, componenti ed entita' tecniche senza la prescritta omologazione o approvazione ai sensi dell'articolo 75, comma 3-bis, e' soggetto alla sanzione amministrativa del pagamento di una somma ((da € 168 a € 678)). E' soggetto alla sanzione amministrativa del pagamento di una somma ((da € 845 a € 3.382)) chiunque commetta le violazioni di cui al periodo precedente relativamente a sistemi frenanti, dispositivi di ritenuta ovvero cinture di sicurezza e pneumatici. I componenti di cui al presente comma, ancorche' installati sui veicoli, sono soggetti a sequestro e confisca ai sensi del capo I, sezione II, del titolo VI.

4. Sono fatte salve le competenze del Ministero dell'ambiente e della tutela del territorio.

Art. 78.
Modifiche delle caratteristiche costruttive dei veicoli in circolazione e aggiornamento della carta di circolazione

1. I veicoli a motore ed i loro rimorchi devono essere sottoposti a visita e prova presso i competenti uffici del Dipartimento per i trasporti terrestri quando siano apportate una o piu' modifiche alle caratteristiche costruttive o funzionali, ovvero ai dispositivi d'equipaggiamento indicati negli articoli 71 e 72, oppure sia stato sostituito o modificato il telaio. Con decreto del Ministero delle infrastrutture e dei trasporti, da emanare entro novanta giorni dalla data di entrata in vigore della presente disposizione, sono individuate le tipologie di modifica delle caratteristiche costruttive e funzionali, anche con riferimento ai veicoli con adattamenti per le persone con disabilita', per le quali la visita e prova di cui al primo periodo non sono richieste. Con il medesimo decreto sono stabilite, altresi', le modalita' e le procedure per gli accertamenti e l'aggiornamento della carta di circolazione. Entro sessanta giorni dall'approvazione delle modifiche, gli uffici competenti del Dipartimento per i trasporti terrestri ne danno comunicazione ai competenti uffici del P.R.A. Solo ai fini dei conseguenti adeguamenti fiscali.

2. Nel regolamento sono stabiliti le caratteristiche costruttive e funzionali, nonche' i dispositivi di equipaggiamento che possono essere' modificati solo previa presentazione della documentazione prescritta dal regolamento medesimo. Sono stabilite, altresi', le modalita' per gli accertamenti e l'aggiornamento della carta di circolazione.

3. Chiunque circola con un veicolo al quale siano state apportate modifiche alle caratteristiche indicate nel certificato di omologazione o di approvazione e nella carta di circolazione, oppure con il telaio modificato e che non risulti abbia sostenuto, con esito favorevole, le prescritte visita e prova, ovvero circola con un veicolo al quale sia stato sostituito il telaio in tutto o in parte e che non risulti abbia sostenuto con esito favorevole le prescritte visita e prova, e' soggetto alla sanzione amministrativa del pagamento di una somma ((da € 430 a € 1.731)).

4. Le violazioni suddette importano la sanzione amministrativa accessoria del ritiro della carta di circolazione, secondo le norme del capo I, sezione II, del titolo VI.

Art. 79.
Efficienza dei veicoli a motore e loro rimorchi in circolazione

1. I veicoli a motore ed i loro rimorchi durante la circolazione devono essere tenuti in condizioni di massima efficienza, comunque tale da garantire la sicurezza e da contenere il rumore e l'inquinamento entro i limiti di cui al comma 2.

2. Nel regolamento sono stabilite le prescrizioni tecniche relative alle caratteristiche funzionali ed a quelle dei dispositivi di equipaggiamento cui devono corrispondere i veicoli, particolarmente per quanto riguarda i pneumatici e i sistemi equivalenti, la frenatura, i dispositivi di segnalazione visiva e di illuminazione, la limitazione della rumorosita' e delle emissioni inquinanti.

3. Qualora le norme di cui al comma 2 si riferiscono a disposizioni oggetto di direttive comunitarie, le prescrizioni tecniche sono quelle contenute nelle direttive stesse.

4. Chiunque circola con un veicolo che presenti alterazioni nelle caratteristiche costruttive e funzionali prescritte, ovvero circola con i dispositivi di cui all'art. 72 non funzionanti o non regolarmente installati, ovvero circola con i dispositivi di cui all'articolo 80, comma 1, del presente codice e all'articolo 238 del regolamento non funzionanti, e' soggetto alla sanzione amministrativa del pagamento di una somma ((da € 87 a € 344)). La misura della sanzione e' ((da € 1.208 a € 12.084)) se il veicolo e' utilizzato nelle competizioni previste dagli articoli 9-bis e 9-ter.

Art. 80
Revisioni

1. Il Ministro dei trasporti stabilisce, con propri decreti, i criteri, i tempi e le modalita' per l'effettuazione della revisione generale o parziale delle categorie di veicoli a motore e dei loro rimorchi, al fine di accertare che sussistano in essi le condizioni di sicurezza per la circolazione e di silenziosita' e che i veicoli stessi non producano emanazioni inquinanti superiori ai limiti prescritti; le revisioni, salvo quanto stabilito nei commi 8 e seguenti, sono effettuate a cura degli uffici competenti del Dipartimento per i trasporti terrestri. Nel regolamento sono stabiliti gli elementi su cui deve essere effettuato il controllo tecnico dei dispositivi che costituiscono l'equipaggiamento dei veicoli e che hanno rilevanza ai fini della sicurezza stessa.

2. Le prescrizioni contenute nei decreti emanati in applicazione del comma 1 sono mantenute in armonia con quelle contenute nelle direttive della Comunita' europea relative al controllo tecnico dei veicoli a motore.

3. Per le autovetture, per gli autoveicoli adibiti al trasporto di cose o ad uso speciale di massa complessiva a pieno carico non superiore a 3,5 t e per gli autoveicoli per trasporto promiscuo la revisione deve essere disposta entro quattro anni dalla data di prima immatricolazione e successivamente ogni due anni, nel rispetto delle specifiche decorrenze previste dalle direttive comunitarie vigenti in materia.

4. Per i veicoli destinati al trasporto di persone con numero di posti superiore a 9 compreso quello del conducente, per gli autoveicoli destinati ai trasporti di cose o ad uso speciale di massa complessiva a pieno carico superiore a 3,5 t, per i rimorchi di massa complessiva a pieno carico superiore a 3,5 t, per i taxi, per le autoambulanze, per i veicoli adibiti a noleggio con conducente e per i veicoli atipici la revisione deve essere disposta annualmente, salvo che siano stati gia' sottoposti nell'anno in corso a visita e prova ai sensi dei commi 5 e 6.

5. Gli uffici competenti del Dipartimento per i trasporti terrestri, anche su segnalazione degli organi di polizia stradale di cui all'art. 12, qualora sorgano dubbi sulla persistenza dei requisiti di sicurezza, rumorosita' ed inquinamento prescritti, possono ordinare in qualsiasi momento la revisione di singoli veicoli.

6. I decreti contenenti la disciplina relativa alla revisione limitata al controllo dell'inquinamento acustico ed atmosferico sono emanati sentito il Ministero dell'ambiente e della tutela del territorio.

7. In caso di incidente stradale nel quale i veicoli a motore o

rimorchi abbiano subito gravi danni in conseguenza dei quali possono sorgere dubbi sulle condizioni di sicurezza per la circolazione, gli organi di polizia stradale di cui all'art. 12, commi 1 e 2, intervenuti per i rilievi, sono tenuti a darne notizia al competente ufficio del Dipartimento per i trasporti terrestri per la adozione del provvedimento di revisione singola.

8. Il Ministro dei trasporti, al fine di assicurare in relazione a particolari e contingenti situazioni operative degli uffici competenti del Dipartimento per i trasporti terrestri, il rispetto dei termini previsti per le revisioni periodiche dei veicoli a motore capaci di contenere al massimo 16 persone compreso il conducente, o con massa complessiva a pieno carico fino a 3,5 t, ovvero superiore a 3,5 t se destinati al trasporto di merci non pericolose o non deperibili in regime di temperatura controllata (ATP) e dei relativi rimorchi e semirimorchi, puo' per singole province individuate con proprio decreto affidare in concessione quinquennale le suddette revisioni ad imprese di autoriparazione che svolgono la propria attivita' nel campo della meccanica e motoristica, carrozzeria, elettrauto e gommista ovvero ad imprese che, esercendo in prevalenza attivita' di commercio di veicoli, esercitino altresi', con carattere strumentale o accessorio, l'attivita' di autoriparazione. Tali imprese devono essere iscritte nel registro delle imprese esercenti attivita' di autoriparazione di cui all'art. 2, comma 1, della legge 5 febbraio 1992, n. 122. Le suddette revisioni possono essere altresi' affidate in concessione ai consorzi e alle societa' consortili, anche in forma di cooperativa, appositamente costituiti tra imprese iscritte ognuna almeno in una diversa sezione del medesimo registro, in modo da garantire l'iscrizione in tutte e quattro le sezioni.

9. Le imprese di cui al comma 8 devono essere in possesso di requisiti tecnico-professionali, di attrezzature e di locali idonei al corretto esercizio delle attivita' di verifica e controllo per le revisioni, precisati nel regolamento; il titolare della ditta o, in sua vece, il responsabile tecnico devono essere in possesso dei requisiti personali e professionali precisati nel regolamento. Tali requisiti devono sussistere durante tutto il periodo della concessione. Il Ministro dei trasporti definisce con proprio decreto le modalita' tecniche e amministrative per le revisioni effettuate dalle imprese di cui al comma 8.

10. Il Ministero dei trasporti - Dipartimento per i trasporti terrestri effettua periodici controlli sulle officine delle imprese di cui al comma 8 e controlli, anche a campione, sui veicoli sottoposti a revisione presso le medesime. I controlli periodici sulle officine delle imprese di cui al comma 8 sono effettuati, con le modalita' di cui all'art. 19, commi 1, 2, 3, e 4, della legge 1' dicembre 1986, n. 870, da personale del Dipartimento per i trasporti terrestri in possesso di laurea ad indirizzo tecnico ed inquadrato in qualifiche funzionali e profili professionali corrispondenti alle qualifiche della ex carriera direttiva tecnica, individuati nel regolamento. I relativi importi a carico delle officine dovranno essere versati in conto corrente postale ed affluire alle entrate dello Stato con imputazione al capitolo 3566 del Ministero dei trasporti, la cui denominazione viene conseguentemente modificata dal Ministro dell'economia e delle finanze.

11. Nel caso in cui, nel corso dei controlli, si accerti che l'impresa non sia piu' in possesso delle necessarie attrezzature, oppure che le revisioni siano state effettuate in difformita' dalle prescrizioni vigenti, le concessioni relative ai compiti di revisione sono revocate.

12. Il Ministro dei trasporti con proprio decreto, di concerto con il Ministro dell'economia e delle finanze, stabilisce le tariffe per le operazioni di revisione svolte dalla Dipartimento per i trasporti terrestri e dalle imprese di cui al comma 8, nonche' quelle inerenti ai controlli periodici sulle officine ed ai controlli a campione effettuati dal Ministero dei trasporti - Dipartimento per i trasporti

terrestri, ai sensi del comma 10.

13. Le imprese di cui al comma 8, entro i termini e con le modalita' che saranno stabilite con disposizioni del Ministro dei trasporti, trasmettono all'ufficio provinciale competente del Dipartimento per i trasporti terrestri la carta di circolazione, la certificazione della revisione effettuata con indicazione delle operazioni di controllo eseguite e degli interventi prescritti effettuati, nonche' l'attestazione del pagamento della tariffa da parte dell'utente, al fine della relativa annotazione sulla carta di circolazione cui si dovra' procedere entro e non oltre sessanta giorni dal ricevimento della carta stessa. Effettuato tale adempimento, la carta di circolazione sara' a disposizione presso gli uffici competenti del Dipartimento per i trasporti terrestri per il ritiro da parte delle officine, che provvederanno a restituirla all'utente. Fino alla avvenuta annotazione sulla carta di circolazione la certificazione dell'impresa che ha effettuato la revisione sostituisce a tutti gli effetti la carta di circolazione.

14. Ad esclusionedei casi previsti dall'articolo 176, comma 18, chiunque circola con un veicolo che non sia stato presentato alla prescritta revisione e' soggetto alla sanzione amministrativa del pagamento di una somma da € 173 a € 694. Tale sanzione e' raddoppiabile in caso di revisione omessa per piu' di una volta in relazione alle cadenze previste dalle disposizioni vigenti. L'organo accertatore annota sul documento di circolazione che il veicolo e' sospeso dalla circolazione fino all'effettuazione della revisione. E' consentita la circolazione del veicolo al solo fine di recarsi presso uno dei soggetti di cui al comma 8 ovvero presso il competente ufficio del Dipartimento per i trasporti, la navigazione ed i sistemi informativi e statistici per la prescritta revisione. Al di fuori di tali ipotesi, nel caso in cui si circoli con un veicolo sospeso dalla circolazione in attesa dell'esito della revisione, si applica la sanzione amministrativa del pagamento di una somma da € 1.998 a € 7.993. All'accertamento della violazione di cui al periodo precedente consegue la sanzione amministrativa accessoria del fermo amministrativo del veicolo per novanta giorni, secondo le disposizioni del capo I, sezione II, del titolo VI. In caso di reiterazione delle violazioni, si applica la sanzione accessoria della confisca amministrativa del veicolo.

15. Le imprese di cui al comma 8, nei confronti delle quali sia stato accertato da parte dei competenti uffici competenti del Dipartimento per i trasporti terrestri il mancato rispetto dei termini e delle modalita' stabiliti dal Ministro dei trasporti ai sensi del comma 13, sono soggette alla sanzione amministrativa del pagamento di una somma da € 430 a € 1.731. Se nell'arco di due anni decorrenti dalla prima vengono accertate tre violazioni, l'ufficio competente del Dipartimento per i trasporti terrestri revoca la concessione.

16. L'accertamento della falsita' della certificazione di revisione comporta la cancellazione dal registro di cui al comma 8.

17. Chiunque produce agli organi competenti attestazione di revisione falsa e' soggetto alla sanzione amministrativa del pagamento di una somma da € 430 a € 1.731. Da tale violazione discende la sanzione amministrativa accessoria del ritiro della carta di circolazione, secondo le norme del capo I, sezione II, del titolo VI.

((17-bis. Con decreto del Ministro delle infrastrutture e della mobilita' sostenibili, da emanare entro quarantacinque giorni dalla data di entrata in vigore della presente disposizione, sono stabilite le modalita' di riqualificazione delle bombole approvate in conformita' al regolamento n. 110 della Commissione economica per l'Europa delle Nazioni Unite (UNECE R 110) e sono individuati i soggetti preposti alla riqualificazione, al fine di semplificare l'esecuzione della riqualificazione stessa)).

Art. 81.
Competenze dei funzionari del Ministero dei trasporti
((Dipartimento per i trasporti terrestri))

1. Gli accertamenti tecnici previsti dal presente codice in materia
di veicoli a motore e di quelli da essi trainati sono effettuati da
dipendenti appartenenti ai ruoli ((del Dipartimento per i trasporti
terrestri)) della VI, VII, VIII e IX qualifica funzionale o
dirigenti, muniti di diploma di laurea in ingegneria o architettura,
ovvero diploma di perito industriale, perito nautico, geometra o
maturita' scientifica.
2. I dipendenti di cui al comma 1, muniti di diploma di perito
industriale, perito nautico, geometra o maturita' scientifica,
vengono abilitati all'effettuazione degli accertamenti tecnici a
seguito di apposito corso di qualificazione con esame finale, secondo
le modalita' stabilite con decreto del Ministro dei trasporti.
3. Il regolamento determina i profili professionali che danno
titolo all'effettuazione degli accertamenti tecnici di cui ai commi
precedenti.
4. Con decreto del Ministro dei trasporti vengono fissate le norme
e le modalita' di effettuazione del corso di qualificazione previsto
dal comma 2.

Sezione II
Destinazione ed uso dei veicoli

Art. 82.
Destinazione ed uso dei veicoli

1. Per destinazione del veicolo s'intende la sua utilizzazione in
base alle caratteristiche tecniche.
2. Per uso del veicolo s'intende la sua utilizzazione economica.
3. I veicoli possono essere adibiti a uso proprio o a uso di terzi.
4. Si ha l'uso di terzi quando un veicolo e' utilizzato, dietro
corrispettivo, nell'interesse di persone diverse dall'intestatario
della carta di circolazione. Negli altri casi il veicolo si intende
adibito a uso proprio.
5. L'uso di terzi comprende:
    a) locazione senza conducente;
    b) servizio di noleggio con conducente e servizio di piazza
(taxi) per trasporto di persone;
    c) servizio di linea per trasporto di persone;
    d) servizio di trasporto di cose per conto terzi;
    e) servizio di linea per trasporto di cose;
    f) servizio di piazza per trasporto di cose per conto terzi.
6. Previa autorizzazione dell'ufficio competente del Dipartimento
per i trasporti terrestri, gli autocarri possono essere utilizzati,
in via eccezionale e temporanea, per il trasporto di persone.
L'autorizzazione e' rilasciata in base al nulla osta del prefetto.
Analoga autorizzazione viene rilasciata dall'ufficio competente del
Dipartimento per i trasporti terrestri agli autobus destinati a
servizio di noleggio con conducente, i quali possono essere
impiegati, in via eccezionale secondo direttive emanate dal Ministero
dei trasporti con decreti ministeriali, in servizio di linea e
viceversa.
7. Nel regolamento sono stabilite le caratteristiche costruttive
del veicolo in relazione alle destinazioni o agli usi cui puo' essere
adibito.
8. Ferme restando le disposizioni di leggi speciali, chiunque
utilizza un veicolo per una destinazione o per un uso diversi da
quelli indicati sulla carta di circolazione e' soggetto alla sanzione

amministrativa del pagamento di una somma ((da € 87 a € 344)).

9. Chiunque, senza l'autorizzazione di cui al comma 6, utilizza per il trasporto di persone un veicolo destinato al trasporto di cose e' soggetto alla sanzione amministrativa del pagamento di una somma ((da € 430 a € 1.731)).

10. Dalla violazione dei commi 8 e 9 consegue la sanzione amministrativa accessoria della sospensione della carta di circolazione da uno a sei mesi, secondo le norme del capo I, sezione II, del titolo VI. In caso di recidiva la sospensione e' da sei a dodici mesi.

Art. 83.
Uso proprio

1. Per gli autobus adibiti ad uso proprio e per i veicoli destinati al trasporto specifico di persone ugualmente adibiti a uso proprio, la carta di circolazione puo' essere rilasciata soltanto a enti pubblici, imprenditori, collettivita', per il soddisfacimento di necessita' strettamente connesse con la loro attivita', a seguito di accertamento effettuato dalla Dipartimento per i trasporti terrestri sulla sussistenza di tali necessita', secondo direttive emanate dal Ministero dei trasporti con decreti ministeriali.

2. La carta di circolazione dei veicoli soggetti alla disciplina del trasporto di cose in conto proprio e' rilasciata sulla base della licenza per l'esercizio del trasporto di cose in conto proprio; su detta carta dovranno essere annotati gli estremi della licenza per l'esercizio dell'autotrasporto in conto proprio cosi' come previsto dalla legge 6 giugno 1974, n. 298, e successive modificazioni. Le disposizioni di tale legge non si applicano agli autoveicoli aventi una massa complessiva a pieno carico non superiore a 6 t.

3. Per gli altri documenti di cui deve essere munito il veicolo adibito al trasporto di cose in conto proprio restano salve le disposizioni stabilite dalle norme speciali in materia.

4. Chiunque adibisce ad uso proprio un veicolo per trasporto di persone senza il titolo prescritto oppure violi le condizioni o i limiti stabiliti nella carta di circolazione e' soggetto alla sanzione amministrativa del pagamento di una somma ((da € 173 a € 694)).

5. La violazione di cui al comma 4 importa la sanzione accessoria della sospensione della carta di circolazione per un periodo da due a otto mesi, secondo le norme di cui al capo I, sezione II, del titolo VI.

6. Chiunque adibisce ad uso proprio per trasporto di cose un veicolo senza il titolo prescritto o viola le prescrizioni o i limiti contenuti nella licenza e' punito con le sanzioni amministrative previste dall'art. 46, primo e secondo comma, della legge 6 giugno 1974, n. 298.

Art. 84.
Locazione senza conducente

1. Agli effetti del presente articolo un veicolo si intende adibito a locazione senza conducente quando il locatore, dietro corrispettivo, si obbliga a mettere a disposizione del locatario, per le esigenze di quest'ultimo, il veicolo stesso.

2. E' ammessa, nell' ambito delle disposizioni che regolano i trasporti internazionali tra Stati membri delle Comunita' europee, l'utilizzazione di autocarri, trattori, rimorchi e semirimorchi, autotreni ed autoarticolati locati senza conducente, dei quali risulti locataria un'impresa stabilita in un altro Stato membro delle Comunita' europee, a condizione che i suddetti veicoli risultino immatricolati o messi in circolazione conformemente alla legislazione dello Stato membro.

3. L'impresa italiana iscritta all'albo degli autotrasportatori di cose per conto terzi e titolare di autorizzazioni puo' utilizzare autocarri, rimorchi e semirimorchi, autotreni ed autoarticolati

muniti di autorizzazione, acquisiti in disponibilita' mediante contratto di locazione ed in proprieta' di altra impresa italiana iscritta all'albo degli autotrasportatori e titolare di autorizzazioni.

3-bis. L'impresa esercente attivita' di trasporto di viaggiatori effettuato mediante noleggio di autobus con conducente sopra i 9 posti, iscritta al Registro elettronico nazionale e titolare di autorizzazione, puo' utilizzare i veicoli in proprieta' di altra impresa esercente la medesima attivita' ed iscritta al Registro elettronico nazionale, acquisendone la disponibilita' mediante contratto di locazione.

4. Possono, inoltre, essere destinati alla locazione senza conducente:

a) i veicoli ad uso speciale ed i veicoli destinati al trasporto di cose, la cui massa complessiva a pieno carico non sia superiore a 6 t;

b) i veicoli, aventi al massimo nove posti compreso quello del conducente, destinati al trasporto di persone, i veicoli di cui all'articolo 87, comma 2, adibiti ai servizi di linea di trasporto di persone nonche' i veicoli per il trasporto promiscuo e le autocaravan, le caravan ed i rimorchi destinati al trasporto di attrezzature turistiche e sportive.

5. La carta di circolazione di tali veicoli e' rilasciata sulla base della prescritta licenza.

6. Il Ministro dei trasporti con proprio decreto, d'intesa con il Ministro dell'interno, e' autorizzato a stabilire eventuali criteri limitativi e le modalita' per il rilascio della carta di circolazione.

7. Chiunque adibisce a locazione senza conducente un veicolo non destinato a tale uso e' soggetto alla sanzione amministrativa del pagamento di una somma ((da € 430 a € 1.731)) se trattasi di autoveicoli o rimorchi ovvero da € 42 a € 173 se trattasi di altri veicoli.

8. Alla suddetta violazione consegue la sanzione amministrativa accessoria della sospensione della carta di circolazione per un periodo da due a otto mesi, secondo le norme del capo I, sezione II, del titolo VI.

Art. 85.
Servizio di noleggio con conducente per trasporto di persone

1. Il servizio di noleggio con conducente per trasporto di persone e' disciplinato dalle leggi specifiche che regolano la materia.

2. Possono essere destinati ad effettuare servizio di noleggio con conducente per trasporto di persone:

a) i motocicli con o senza sidecar;

b) i tricicli;

b-bis) i velocipedi;

c) i quadricicli;

d) le autovetture;

e) gli autobus;

f) gli autoveicoli per trasporto promiscuo o per trasporti specifici di persone;

g) i veicoli a trazione animale.

3. La carta di circolazione di tali veicoli e' rilasciata sulla base della licenza comunale d'esercizio.

4. Chiunque adibisce a noleggio con conducente un veicolo non destinato a tale uso ovvero, pur essendo munito di autorizzazione, guida un'autovettura adibita al servizio di noleggio con conducente senza ottemperare alle norme in vigore, ovvero alle condizioni di cui all'autorizzazione, e' soggetto alla sanzione amministrativa del pagamento di una somma ((da € 173 a € 694)) e, se si tratta di autobus, ((da € 430 a € 1.731)). La violazione medesima importa la sanzione amministrativa della sospensione della carta di circolazione per un periodo da due a otto mesi, secondo le norme del capo I,

sezione II, del titolo VI.

4-bis. Chiunque, pur essendo munito di autorizzazione, guida un veicolo di cui al comma 2 senza ottemperare alle norme in vigore ovvero alle condizioni di cui all'autorizzazione medesima e' soggetto alla sanzione amministrativa del pagamento di una somma ((da € 86 a € 338)). Dalla violazione consegue la sanzione amministrativa accessoria del ritiro della carta di circolazione e dell'autorizzazione, ai sensi delle norme di cui al capo I, sezione II, del titolo VI.

Art. 86.
((Servizio di piazza con autovetture, motocicli e velocipedi con conducente o taxi))

1. Il servizio di piazza con autovetture ((, motocicli e velocipedi)) con conducente o taxi e' disciplinato dalle leggi specifiche che regolano il settore.

2. Chiunque, senza avere ottenuto la licenza prevista dall'articolo 8 della legge 15 gennaio 1992, n. 21, adibisce un veicolo a servizio di piazza con conducente o a taxi e' soggetto alla sanzione amministrativa del pagamento di una somma da € 1.812 a € 7.249. Dalla violazione conseguono le sanzioni amministrative accessorie della confisca del veicolo e della sospensione della patente di guida da quattro a dodici mesi, ai sensi delle norme di cui al capo I, sezione II, del titolo VI. Quando lo stesso soggetto e' incorso, in un periodo di tre anni, in tale violazione per almeno due volte, all'ultima di esse consegue la sanzione accessoria della revoca della patente. Le stesse sanzioni si applicano a coloro ai quali e' stata sospesa o revocata la licenza.

3. Chiunque, pur essendo munito di licenza, guida un taxi senza ottemperare alle norme in vigore ovvero alle condizioni di cui alla licenza e' soggetto alla sanzione amministrativa del pagamento di una somma da € 86 a € 338.

Art. 87.
Servizio di linea per trasporto di persone

1. Agli effetti del presente articolo un veicolo si intende adibito al servizio di linea quando l'esercente, comunque remunerato, effettua corse per una destinazione predeterminata su itinerari autorizzati e con offerta indifferenziata al pubblico, anche se questo sia costituito da una particolare categoria di persone.

2. Possono essere destinati ai servizi di linea per trasporto di persone: gli autobus, gli autosnodati, gli autoarticolati, gli autotreni, i filobus, i filosnodati, i filoarticolati e i filotreni destinati a tale trasporto.

3. La carta di circolazione di tali veicoli e' rilasciata sulla base del nulla osta emesso dalle autorita' competenti ad accordare le relative concessioni.

4. I suddetti veicoli possono essere utilizzati esclusivamente sulle linee per le quali l'intestatario della carta di circolazione ha ottenuto il titolo legale, salvo le eventuali limitazioni imposte in detto titolo. Il concedente la linea puo' autorizzare l'utilizzo di veicoli destinati al servizio di linea per quello di noleggio da rimessa, purche' non sia pregiudicata la regolarita' del servizio. A tal fine la carta di circolazione deve essere accompagnata da un documento rilasciato dall'autorita' concedente, in cui sono indicate le linee o i bacini di traffico o il noleggio per i quali i veicoli possono essere utilizzati.

5. I proprietari di autoveicoli immatricolati a uso servizio di linea per trasporto di persone possono locare temporaneamente e in via eccezionale, secondo direttive emanate con decreto del Ministero dei trasporti, ad altri esercenti di servizi di linea per trasporto persone parte dei propri veicoli, con l'autorizzazione delle rispettive autorita' competenti a rilasciare le concessioni.

6. Chiunque utilizza in servizio di linea un veicolo non adibito a tale uso, ovvero impiega un veicolo su linee diverse da quelle per le quali ha titolo legale, e' soggetto alla sanzione amministrativa del pagamento di una somma ((da € 430 a € 1.731)).

7. La violazione di cui al comma 6 importa la sanzione accessoria della sospensione della carta di circolazione da due a otto mesi, secondo le norme del capo I, sezione II, del titolo VI.

Art. 88.
Servizio di trasporto di cose per conto terzi

1. Agli effetti del presente articolo un veicolo si intende adibito al servizio di trasporto di cose per conto terzi quando l'imprenditore si obbliga, dietro corrispettivo, a prestare i servizi di trasporto ordinati dal mittente.

2. La carta di circolazione e' rilasciata sulla base della autorizzazione prescritta per effettuare il servizio ed e' accompagnata dall'apposito documento previsto dalle leggi specifiche che disciplinano la materia, che costituisce parte integrante della carta di circolazione. Le disposizioni della legge 6 giugno 1974, n. 298, non si applicano agli autoveicoli aventi una massa complessiva a pieno carico non superiore a 6 t.

3. Chiunque adibisce al trasporto di cose per conto terzi veicoli non adibiti a tale uso o viola le prescrizioni e i limiti indicati nell'autorizzazione o nella carta di circolazione e' punito ((con le sanzioni amministrative previste dall'art. 46, primo e secondo comma, della legge 6 giugno 1974, n. 298)).

Art. 89.
Servizio di linea per trasporto di cose

1. Il servizio di linea per trasporto di cose e' disciplinato dalle leggi specifiche che regolano la materia.

Art. 90.
Trasporto di cose per conto terzi in servizio di piazza

1. Il servizio di piazza di trasporto di cose per conto terzi e' disciplinato dalle norme specifiche di settore; la carta di circolazione e' rilasciata sulla base della autorizzazione prescritta per effettuare il servizio.

2. Chiunque utilizza per il trasporto di cose per conto terzi in servizio di piazza veicoli non adibiti a tale uso e' soggetto alla sanzione amministrativa del pagamento di una somma ((da € 430 a € 1.731)).

Art. 91.
Locazione senza conducente con facolta' di acquistoleasing e vendita di veicoli con patto di riservato dominio

1. I motoveicoli, gli autoveicoli ed i rimorchi locati con facolta' di acquisto sono immatricolati a nome del locatore, ma con specifica annotazione sulla carta di circolazione del nominativo del locatario e della data di scadenza del relativo contratto. In tale ipotesi, la immatricolazione viene effettuata in relazione all'uso cui il locatario intende adibire il veicolo e a condizione che lo stesso sia in possesso del titolo e dei requisiti eventualmente prescritti dagli articoli da 82 a 90. Nelle medesime ipotesi, si considera intestatario della carta di circolazione anche il locatore. Le indicazioni di cui sopra sono riportate nella iscrizione al P.R.A.

2. Ai fini del risarcimento dei danni prodotti a persone o cose dalla circolazione dei veicoli, il locatario e' responsabile in solido con il conducente ai sensi dell'art. 2054, comma terzo, del codice civile.

3. Nell'ipotesi di vendita di veicolo con patto di riservato

dominio, il veicolo e' immatricolato al nome dell'acquirente, ma con specifica indicazione nella carta di circolazione del nome del venditore e della data di pagamento dell'ultima rata. Le stesse indicazioni sono riportate nella iscrizione al P.R.A.

4. Ai fini delle violazioni amministrative si applica all'utilizzatore a titolo di locazione finanziaria e all'acquirente con patto di riservato dominio l'art. 196, comma 1.

Art. 92.
Estratto dei documenti di circolazione o di guida

1. Quando per ragione d'ufficio i documenti di circolazione, la patente di guida e il certificato di abilitazione professionale, ovvero uno degli altri documenti previsti dall'art. 180, vengono consegnati agli uffici che ne hanno curato il rilascio per esigenze inerenti alle loro rispettive attribuzioni, questi ultimi provvedono a fornire, previo accertamento degli adempimenti prescritti, un estratto del documento che sostituisce a tutti gli effetti l'originale per la durata massima di sessanta giorni.

2. La ricevuta rilasciata dalle imprese di consulenza ai sensi dell'articolo 7, comma 1, della legge 8 agosto 1991, n. 264, e successive modificazioni, sostituisce il documento ad esse consegnato ovvero l'estratto di cui al comma 1 del presente articolo per trenta giorni dalla data di rilascio, che deve essere riportata lo stesso giorno nel registro giornale tenuto dalle predette imprese. Queste devono porre a disposizione dell'interessato, entro i predetti trenta giorni, l'estratto di cui al comma 1 del presente articolo ovvero il documento conseguente all'operazione cui si riferisce la ricevuta. Tale ricevuta non e' rinnovabile ne' reiterabile ed e' valida per la circolazione nella misura in cui ne sussistano le condizioni.

3. Chiunque abusivamente rilascia la ricevuta e' punito con la sanzione amministrativa del pagamento di una somma ((da € 430 a € 1.731)). Alla contestazione di tre violazioni nell'arco di un triennio consegue la revoca dell'autorizzazione di cui all'articolo 3 della legge 8 agosto 1991, n. 264. Ogni altra irregolarita' nel rilascio della ricevuta e' punita con la sanzione amministrativa del pagamento di una somma ((da € 87 a € 344)).

4. Alla violazione di cui al comma 2, secondo periodo, consegue la sanzione amministrativa del pagamento di una somma ((da € 87 a € 344)).

Sezione III
Documenti di circolazione e immatricolazione

Art. 93.
Formalita' necessarie per la circolazione degli autoveicoli, motoveicoli e rimorchi

1. Gli autoveicoli, i motoveicoli e i rimorchi per circolare devono essere muniti di una carta di circolazione e immatricolati presso il Dipartimento per i trasporti terrestri.
1-bis. ((COMMA ABROGATO DALLA L. 23 DICEMBRE 2021, N. 238)).
1-ter. ((COMMA ABROGATO DALLA L. 23 DICEMBRE 2021, N. 238)).
1-quater. ((COMMA ABROGATO DALLA L. 23 DICEMBRE 2021, N. 238)).
1-quinquies. ((COMMA ABROGATO DALLA L. 23 DICEMBRE 2021, N. 238)).
2. L'ufficio competente del Dipartimento per i trasporti terrestri provvede all'immatricolazione e rilascia la carta di circolazione intestandola a chi si dichiara proprietario del veicolo, indicando, ove ricorrano, anche le generalita' dell'usufruttuario o del locatario con facolta' di acquisto o del venditore con patto di riservato dominio, con le specificazioni di cui all'art. 91.

3. La carta di circolazione non puo' essere rilasciata se non sussistono il titolo o i requisiti per il servizio o il trasporto, ove richiesti dalle disposizioni di legge.

4. Il Ministero dei trasporti, con propri decreti, stabilisce le procedure e la documentazione occorrente per l'immatricolazione, il contenuto della carta di circolazione, prevedendo, in particolare per i rimorchi, le annotazioni eventualmente necessarie per consentirne il traino. L'ufficio competente del Dipartimento per i trasporti terrestri, per i casi previsti dal comma 5, da' immediata comunicazione delle nuove immatricolazioni al Pubblico Registro Automobilistico gestito dall'A.C.I. ai sensi della legge 9 luglio 1990, n. 187. L'immatricolazione dei veicoli di interesse storico e collezionistico e' effettuata su presentazione di un titolo di proprieta' e di un certificato attestante le caratteristiche tecniche rilasciato dalla casa costruttrice o da uno degli enti o delle associazioni abilitati indicati dall'articolo 60. In caso di nuova immatricolazione di veicoli che sono gia' stati precedentemente iscritti al Pubblico registro automobilistico e cancellati d'ufficio o su richiesta di un precedente proprietario, ad esclusione dei veicoli che risultano demoliti ai sensi della normativa vigente in materia di contributi statali alla rottamazione, il richiedente ha facolta' di ottenere le targhe e il libretto di circolazione della prima iscrizione al Pubblico registro automobilistico, ovvero di ottenere una targa del periodo storico di costruzione o di circolazione del veicolo, in entrambi i casi conformi alla grafica originale, purche' la sigla alfa-numerica prescelta non sia gia' presente nel sistema meccanografico del Centro elaborazione dati della Motorizzazione civile e riferita a un altro veicolo ancora circolante, indipendentemente dalla difformita' di grafica e di formato di tali documenti rispetto a quelli attuali rispondenti allo standard europeo. Tale facolta' e' concessa anche retroattivamente per i veicoli che sono stati negli anni reimmatricolati o ritargati, purche' in regola con il pagamento degli oneri dovuti. Il rilascio della targa e del libretto di circolazione della prima iscrizione al Pubblico registro automobilistico, nonche' il rilascio di una targa del periodo storico di costruzione o di circolazione del veicolo sono soggetti al pagamento di un contributo, il cui importo e i cui criteri e modalita' di versamento sono stabiliti con decreto dirigenziale del Ministero delle infrastrutture e dei trasporti. I proventi derivanti dal contributo di cui al periodo precedente concorrono al raggiungimento degli obiettivi di finanza pubblica.

5. Per i veicoli soggetti ad iscrizione nel P.R.A., nella carta di circolazione sono annotati i dati attestanti la proprieta' e lo stato giuridico del veicolo.

6. Per gli autoveicoli e i rimorchi indicati nell'art. 10, comma 1, e' rilasciata una speciale carta di circolazione, che deve essere accompagnata dall'autorizzazione, quando prevista dall'articolo stesso. Analogo speciale documento e' rilasciato alle macchine agricole quando per le stesse ricorrono le condizioni di cui all'art. 104, comma 8.

7. Chiuque circola con un veicolo per il quale non sia stata rilasciata la carta di circolazione e' soggetto alla sanzione amministrativa del pagamento di una somma da € 430 a € 1.731. Alla medesima sanzione e' sottoposto separatamente il proprietario del veicolo o l'usufruttuario o il locatario con facolta' di acquisto o l'acquirente con patto di riservato dominio. Dalla violazione consegue la sanzione amministrativa accessoria della confisca del veicolo, secondo le norme di cui al capo I, sezione II, del titolo VI.

7-bis. ((COMMA ABROGATO DALLA L. 23 DICEMBRE 2021, N. 238)).

7-ter. ((COMMA ABROGATO DALLA L. 23 DICEMBRE 2021, N. 238)).

8. Chiunque circola con un rimorchio agganciato ad una motrice le cui caratteristiche non siano indicate, ove prescritto, nella carta di circolazione e' soggetto alla sanzione amministrativa del pagamento di una somma da € 87 a € 344.

9. COMMA SOPPRESSO DAL D.LGS. 29 MAGGIO 2017, N. 98.

10. Le norme suddette non si applicano ai veicoli delle Forze armate di cui all'art. 138, comma 1, ed a quelli degli enti e corpi equiparati ai sensi dell'art. 138, comma 11; a tali veicoli si applicano le disposizioni dell'art. 138.

11. I veicoli destinati esclusivamente all'impiego dei servizi di polizia stradale indicati nell'art. 11 vanno immatricolati dall'ufficio competente del Dipartimento per i trasporti terrestri, su richiesta del corpo, ufficio o comando che utilizza tali veicoli per i servizi di polizia stradale. A siffatto corpo, ufficio o comando viene rilasciata, dall'ufficio competente del Dipartimento per i trasporti terrestri che ha immatricolato il veicolo, la carta di circolazione; questa deve contenere, oltre i dati di cui al comma 4, l'indicazione che il veicolo e' destinato esclusivamente a servizio di polizia stradale. Nel regolamento sono stabilite le caratteristiche di tali veicoli.

12. Fermo restando quanto previsto dal decreto del Presidente della Repubblica 19 settembre 2000, n. 358, istitutivo dello sportello telematico dell'automobilista, gli adempimenti amministrativi previsti dal presente articolo e dagli articoli 94 e 103, comma 1, sono gestiti in via telematica dagli uffici del Dipartimento per i trasporti, la navigazione, gli affari generali e del personale, quale centro unico di servizio, attraverso il sistema informativo del Dipartimento stesso.

Art. 93-bis.
(((Formalita' necessarie per la circolazione degli autoveicoli, motoveicoli e rimorchi immatricolati in uno Stato estero e condotti da residenti in Italia).))

((1. Fuori dei casi di cui al comma 3, gli autoveicoli, i motoveicoli e i rimorchi immatricolati in uno Stato estero di proprieta' di persona che abbia acquisito residenza anagrafica in Italia sono ammessi a circolare sul territorio nazionale a condizione che entro tre mesi dall'acquisizione della residenza siano immatricolati secondo le disposizioni degli articoli 93 e 94.))

((2. A bordo degli autoveicoli, dei motoveicoli e dei rimorchi immatricolati in uno Stato estero, condotti sul territorio nazionale da soggetto avente residenza anagrafica in Italia non coincidente con l'intestatario del veicolo stesso, deve essere custodito un documento, sottoscritto con data certa dall'intestatario, dal quale risultino il titolo e la durata della disponibilita' del veicolo. Quando la disponibilita' del veicolo da parte di persona fisica o giuridica residente o avente sede in Italia supera un periodo di trenta giorni, anche non continuativi, nell'anno solare, il titolo e la durata della disponibilita' devono essere registrati, a cura dell'utilizzatore, in apposito elenco del sistema informativo del P.R.A. di cui all'articolo 94, comma 4-ter. Ogni successiva variazione della disponibilita' del veicolo registrato deve essere annotata entro tre giorni a cura di chiunque cede la disponibilita' del veicolo stesso. In caso di trasferimento della residenza o di sede se si tratta di persona giuridica, all'annotazione provvede chi ha la disponibilita' del veicolo. In mancanza di idoneo documento a bordo del veicolo ovvero di registrazione nell'elenco di cui all'articolo 94, comma 4-ter, la disponibilita' del veicolo si considera in capo al conducente e l'obbligo di registrazione deve essere assolto immediatamente dallo stesso. Ai veicoli immatricolati in uno Stato estero si applicano le medesime disposizioni previste dal presente codice per i veicoli immatricolati in Italia per tutto il tempo in cui risultano registrati nell'elenco dei veicoli di cui all'articolo 94, comma 4-ter.))

((3. Le disposizioni di cui al comma 2 si applicano altresi' ai lavoratori subordinati o autonomi che esercitano un'attivita' professionale nel territorio di uno Stato limitrofo o confinante e che circolano con veicoli di loro proprieta' ivi immatricolati. Tali soggetti hanno obbligo di registrazione entro sessanta giorni dall'acquisizione della proprieta' del veicolo. I veicoli registrati ai sensi del comma 2 possono essere condotti anche dai familiari conviventi dei predetti soggetti che hanno residenza in Italia.

4. Le targhe dei veicoli di cui ai commi 1, 2 e 3 devono essere chiaramente leggibili e contenere il contrassegno di immatricolazione composto da cifre arabe e da caratteri latini maiuscoli, secondo le modalita' da stabilire nel regolamento. Chiunque viola le disposizioni del presente comma e' soggetto alle sanzioni di cui all'articolo 100, commi 11 e 15.

5. Le disposizioni di cui ai commi 1 e 2 non si applicano:

a) ai cittadini residenti nel comune di Campione d'Italia;

b) al personale civile e militare dipendente da pubbliche amministrazioni in servizio all'estero, di cui all'articolo 1, comma 9, lettere a) e b), della legge 27 ottobre 1988, n. 470;

c) al personale delle Forze armate e di polizia in servizio all'estero presso organismi internazionali o basi militari;

d) ai familiari conviventi all'estero con il personale di cui alle lettere b) e c);

e) qualora il proprietario del veicolo, residente all'estero, sia presente a bordo.

6. Le disposizioni di cui al comma 2 non si applicano ai conducenti residenti in Italia da oltre sessanta giorni che si trovano alla guida di veicoli immatricolati nella Repubblica di San Marino e nella disponibilita' di imprese aventi sede nel territorio sammarinese, con le quali sono legati da un rapporto di lavoro subordinato o di collaborazione continuativa.

7. Il proprietario del veicolo che ne consente la circolazione in violazione delle disposizioni di cui ai commi 1 e 3 e' soggetto alla sanzione amministrativa del pagamento di una somma da euro 400 a euro 1.600. L'organo accertatore ritira il documento di circolazione e intima al proprietario di immatricolare il veicolo secondo le disposizioni degli articoli 93 e 94, ovvero, nei casi di cui al comma 3, di provvedere alla registrazione ai sensi del comma 2. Ordina altresi' l'immediata cessazione della circolazione del veicolo e il suo trasporto e deposito in luogo non soggetto a pubblico passaggio. Si applicano, in quanto compatibili, le disposizioni dell'articolo 213. Il documento di circolazione ritirato e' trasmesso all'ufficio della motorizzazione civile competente per territorio. Il veicolo e' restituito all'avente diritto dopo la verifica dell'adempimento dell'intimazione. In alternativa all'immatricolazione o alla registrazione in Italia, l'intestatario del documento di circolazione estero puo' chiedere all'organo accertatore di essere autorizzato a lasciare per la via piu' breve il territorio dello Stato e a condurre il veicolo oltre i transiti di confine. Qualora, entro il termine di trenta giorni decorrenti dalla data della violazione, il veicolo non sia immatricolato o registrato in Italia o, qualora autorizzato, lo stesso non sia condotto oltre i transiti di confine, si applica la sanzione accessoria della confisca amministrativa. Chiunque circola durante il periodo di sequestro amministrativo ovvero violando le prescrizioni imposte dall'autorizzazione rilasciata per condurre il veicolo oltre i transiti di confine e' soggetto alle sanzioni di cui all'articolo 213, comma 8.

8. Chiunque viola le disposizioni di cui al comma 2, primo periodo, e' soggetto alla sanzione amministrativa del pagamento di una somma da euro 250 a euro 1.000. Nel verbale di contestazione e' imposto l'obbligo di esibizione del documento di cui al comma 2 entro il termine di trenta giorni. Il veicolo e' sottoposto alla sanzione accessoria del fermo amministrativo secondo le disposizioni dell'articolo 214 in quanto compatibili ed e' riconsegnato al conducente, al proprietario o al legittimo detentore, ovvero a persona delegata dal proprietario, solo dopo che sia stato esibito il documento di cui al comma 2 o, comunque, decorsi sessanta giorni dall'accertamento della violazione. In caso di mancata esibizione del documento, l'organo accertatore provvede all'applicazione della

sanzione di cui all'articolo 94, comma 3, con decorrenza dei termini per la notificazione dal giorno successivo a quello stabilito per la presentazione dei documenti.

9. Chiunque, nelle condizioni indicate al comma 2, secondo periodo, circola con un veicolo per il quale non abbia effettuato la registrazione ivi prevista ovvero non abbia provveduto a comunicare le successive variazioni di disponibilita' o il trasferimento di residenza o di sede, e' soggetto alla sanzione amministrativa del pagamento di una somma da euro 712 a euro 3.558. Il documento di circolazione e' ritirato immediatamente dall'organo accertatore e restituito solo dopo l'adempimento delle prescrizioni non osservate. Del ritiro e' fatta menzione nel verbale di contestazione. In caso di circolazione del veicolo durante il periodo in cui il documento di circolazione e' ritirato ai sensi del presente comma, si applicano le sanzioni di cui all'articolo 216, comma 6)).

Art. 94.
(Formalita' per il trasferimento di proprieta' degli autoveicoli, motoveicoli e rimorchi e per il trasferimento di residenza dell'intestatario).

1. In caso di trasferimento della proprieta' degli autoveicoli, dei motoveicoli e dei rimorchi o nel caso di costituzione dell'usufrutto o di stipulazione di locazione con facolta' di acquisto, l'ufficio competente del Dipartimento per i trasporti, la navigazione, gli affari generali e del personale, su richiesta avanzata dall'acquirente entro sessanta giorni dalla data in cui la sottoscrizione dell'atto e' stata autenticata o giudizialmente accertata, provvede al rilascio di una nuova carta di circolazione nella quale sono annotati gli intervenuti mutamenti della proprieta' e dello stato giuridico del veicolo. Il competente ufficio del P.R.A. provvede alla relativa trascrizione ovvero, in caso di accertate irregolarita', procede alla ricusazione della formalita' entro tre giorni dal ricevimento delle informazioni e delle documentazioni trasmesse, in via telematica, dall'ufficio del Dipartimento per i trasporti, la navigazione, gli affari generali e del personale.

2. In caso di trasferimento della residenza dell'intestatario della carta di circolazione, o di sede se si tratta di persona giuridica, l'ufficio competente del Dipartimento per i trasporti, la navigazione, gli affari generali e del personale procede all'aggiornamento dell'archivio nazionale dei veicoli di cui agli articoli 225 e 226.

3. Chi non osserva le disposizioni stabilite nel presente articolo e' soggetto alla sanzione amministrativa del pagamento di una somma da € 727 a € 3.629.

4. Chiunque circoli con un veicolo per il quale non e' stato richiesto, nel termine stabilito dal comma 1, l'aggiornamento dei dati presenti nell'archivio nazionale dei veicoli o il rinnovo della carta di circolazione e' soggetto alla sanzione amministrativa del pagamento di una somma da € 363 a € 1.813.

4-bis. Fatto salvo quanto previsto dall'articolo 93, comma 2, gli atti, ancorche' diversi da quelli di cui al comma 1 del presente articolo, da cui derivi una variazione dell'intestatario della carta di circolazione ovvero che comportino la disponibilita' del veicolo, per un periodo superiore a trenta giorni, in favore di un soggetto diverso dall'intestatario stesso, nei casi previsti dal regolamento sono dichiarati dall'avente causa, entro trenta giorni, al Dipartimento per i trasporti, la navigazione ed i sistemi informativi e statistici al fine dell'annotazione sulla carta di circolazione, nonche' della registrazione nell'archivio di cui agli articoli 225, comma 1, lettera b), e 226, comma 5. In caso di omissione si applica la sanzione prevista dal comma 3.

((4-ter. Nel sistema informativo del P.R.A. e' formato ed aggiornato l'elenco dei veicoli immatricolati all'estero per i quali e' richiesta la registrazione ai sensi del comma 2 dell'articolo

93-bis, secondo la medesima disciplina prevista per l'iscrizione dei veicoli ai sensi della legge 9 luglio 1990, n. 187. Tale elenco costituisce una base di dati disponibile per tutte le finalita' previste dall'articolo 51, comma 2-bis, del decreto-legge 26 ottobre 2019, n. 124, convertito, con modificazioni, dalla legge 19 dicembre 2019, n. 157. L'elenco e' pubblico)).

5. La carta di circolazione e' ritirata immediatamente da chi accerta le violazioni previste nei commi 4 e 4-bis ed e' inviata all'ufficio competente del Dipartimento per i trasporti terrestri, che provvede al rinnovo dopo l'adempimento delle prescrizioni omesse.

6. Per gli atti di trasferimento di proprieta' degli autoveicoli, motoveicoli e rimorchi posti in essere fino alla data di entrata in vigore della presente disposizione e' consentito entro novanta giorni procedere, senza l'applicazione di sanzioni, alle necessarie regolarizzazioni.

7. Ai fini dell'esonero dall'obbligo di pagamento delle tasse di circolazione e relative soprattasse e accessori derivanti dalla titolarita' di beni mobili iscritti al Pubblico registro automobilistico, nella ipotesi di sopravvenuta cessazione dei relativi diritti, e' sufficiente produrre ai competenti uffici idonea documentazione attestante la inesistenza del presupposto giuridico per l'applicazione della tassa.

8. In tutti i casi in cui e' dimostrata l'assenza di titolarita' del bene e del conseguente obbligo fiscale, gli uffici di cui al comma 1 procedono all'annullamento delle procedure di riscossione coattiva delle tasse, soprattasse e accessori.

Art. 94-bis.
(Divieto di intestazione fittizia dei veicoli).

1. La carta di circolazione di cui all'articolo 93 e il certificato di circolazione di cui all'articolo 97 non possono essere rilasciati qualora risultino situazioni di intestazione o cointestazione simulate o che eludano o pregiudichino l'accertamento del responsabile civile della circolazione di un veicolo.

2. Salvo che il fatto costituisca reato, chiunque richieda o abbia ottenuto il rilascio dei documenti di cui al comma 1 in violazione di quanto disposto dal medesimo comma 1 e' punito con la sanzione amministrativa del pagamento di una somma ((da € 543 a € 2.170)). La sanzione di cui al periodo precedente si applica anche a chi abbia la materiale disponibilita' del veicolo al quale si riferisce l'operazione, nonche' al soggetto proprietario dissimulato.

3. Il veicolo in relazione al quale sono rilasciati i documenti di cui al comma 1 in violazione del divieto di cui al medesimo comma e' soggetto alla cancellazione d'ufficio dal PRA e dall'archivio di cui agli articoli 225, comma 1, lettera b), e 226, comma 5. In caso di circolazione dopo la cancellazione, si applicano le sanzioni amministrative di cui al comma 7 dell'articolo 93. La cancellazione e' disposta su richiesta degli organi di polizia stradale che hanno accertato le violazioni di cui al comma 2 dopo che l'accertamento e' divenuto definitivo.

4. Con uno o piu' decreti del Ministro delle infrastrutture e dei trasporti, di concerto con i Ministri della giustizia e dell'interno, sono dettate le disposizioni applicative della disciplina recata dai commi 1, 2 e 3, con particolare riferimento all'individuazione di quelle situazioni che, in relazione alla tutela della finalita' di cui al comma 1 o per l'elevato numero dei veicoli coinvolti, siano tali da richiedere una verifica che non ricorrano le circostanze di cui al predetto comma 1.

Art. 95.
Duplicato della carta di circolazione

1. COMMA SOPPRESSO DAL D.LGS. 29 MAGGIO 2017, N. 98.

1-bis. Il Ministero delle infrastrutture e dei trasporti, con decreto dirigenziale, stabilisce il procedimento per il rilascio, attraverso il proprio sistema informatico, del duplicato delle carte di circolazione, con l'obiettivo della massima semplificazione amministrativa, anche con il coinvolgimento dei soggetti di cui alla legge 8 agosto 1991, n. 264.

2. COMMA ABROGATO DAL D.P.R. 9 MARZO 2000, N. 105.

3. COMMA ABROGATO DAL D.P.R. 9 MARZO 2000, N. 105.

4. COMMA ABROGATO DAL D.P.R. 9 MARZO 2000, N. 105.

5. COMMA ABROGATO DAL D.P.R. 9 MARZO 2000, N. 105.

6. COMMA SOPPRESSO DAL D.LGS. 29 MAGGIO 2017, N. 98.

7. Chiunque circola senza avere con se' l'estratto della carta di circolazione e' soggetto alla sanzione amministrativa del pagamento di una somma ((da € 26 a € 102)).

Art. 96.
Adempimenti conseguenti al mancato pagamento della tassa automobilistica

((1. Ferme restando le procedure di recupero degli importi dovuti per le tasse automobilistiche, l'ente impositore, anche per il tramite del soggetto cui e' affidata la riscossione, qualora accerti il mancato pagamento delle stesse per almeno tre anni consecutivi, notifica al proprietario l'avviso dell'avvio del procedimento e, in assenza di giustificato motivo, ove non sia dimostrato l'effettuato pagamento entro trenta giorni dalla data di tale notifica, chiede all'ufficio competente del Dipartimento per i trasporti, la navigazione, gli affari generali e del personale la cancellazione d'ufficio dall'archivio nazionale dei veicoli e dal P.R.A. Il predetto ufficio provvede al ritiro delle targhe e della carta di circolazione tramite gli organi di polizia.))

2. ((COMMA SOPPRESSO DAL D.LGS. 29 MAGGIO 2017, N. 98)).

2-bis. In caso di circolazione dopo la cancellazione si applicano le sanzioni amministrative di cui al comma 7 dell'articolo 93.

Art. 97
Circolazione dei ciclomotori

1. I ciclomotori, per circolare, devono essere muniti di:

a) un certificato di circolazione, contenente i dati di identificazione e costruttivi del veicolo, nonche' quelli della targa e dell'intestatario, rilasciato dal Dipartimento per i trasporti terrestri, ovvero da uno dei soggetti di cui alla legge 8 agosto 1991, n. 264, con le modalita' stabilite con decreto dirigenziale del Ministero delle infrastrutture e dei trasporti, a seguito di aggiornamento dell'Archivio nazionale dei veicoli di cui agli articoli 225 e 226;

b) una targa, che identifica l'intestatario del certificato di circolazione.

2. La targa e' personale e abbinata a un solo veicolo. Il titolare la trattiene in caso di vendita. La fabbricazione e la vendita delle targhe sono riservate allo Stato, che puo' affidarle con le modalita' previste dal regolamento ai soggetti di cui alla legge 8 agosto 1991, n. 264.

3. Ciascun ciclomotore e' individuato nell'Archivio nazionale dei veicoli di cui agli articoli 225 e 226, da una scheda elettronica, contenente il numero di targa, il nominativo del suo titolare, i dati costruttivi e di identificazione di tutti i veicoli di cui, nel tempo, il titolare della targa sia risultato intestatario, con l'indicazione della data e dell'ora di ciascuna variazione d'intestazione. I dati relativi alla proprieta' del veicolo sono inseriti nel sistema informatico del Dipartimento per i trasporti terrestri a fini di sola notizia, per l'individuazione del responsabile della circolazione.

3-bis. In caso di trasferimento di residenza delle persone fisiche intestatarie di certificati di circolazione, l'ufficio competente del

Dipartimento per la mobilita' sostenibile procede all'aggiornamento dell'archivio nazionale dei veicoli (ANV), di cui agli articoli 225 e 226. A tal fine, i comuni danno notizia dell'avvenuto trasferimento di residenza per il tramite ((dell'anagrafe)) nazionale della popolazione residente (ANPR) non appena eseguita la registrazione della variazione anagrafica. In caso di trasferimento della sede delle persone giuridiche intestatarie di certificati di circolazione, l'aggiornamento dell'archivio nazionale dei veicoli e' richiesto dalle medesime persone giuridiche all'ufficio competente del Dipartimento per la mobilita' sostenibile o a uno dei soggetti di cui alla legge 8 agosto 1991, n. 264, abilitati al collegamento telematico con il centro elaborazione dati del Dipartimento stesso entro trenta giorni dal trasferimento.

4. Le procedure e la documentazione occorrente per il rilascio del certificato di circolazione e per la produzione delle targhe sono stabilite con decreto dirigenziale del Ministero delle infrastrutture e dei trasporti, secondo criteri di economicita' e di massima semplificazione.

5. Chiunque fabbrica, produce, pone in commercio o vende ciclomotori che sviluppino una velocita' superiore a quella prevista dall'art. 52 e' soggetto alla sanzione amministrativa del pagamento di una somma da € 1.084 a € 4.339. Alla sanzione da € 845 a € 3.382 e' soggetto chi effettua sui ciclomotori modifiche idonee ad aumentarne la velocita' oltre i limiti previsti dall'articolo 52.

6. Chiunque circola con un ciclomotore non rispondente ad una o piu' delle caratteristiche o prescrizioni indicate nell'art. 52 o nel certificato di circolazione, ovvero che sviluppi una velocita' superiore a quella prevista dallo stesso art. 52, e' soggetto alla sanzione amministrativa del pagamento di una somma da € 421 a € 1.691.

7. Chiunque circola con un ciclomotore per il quale non e' stato rilasciato il certificato di circolazione, quando previsto, e' soggetto alla sanzione amministrativa del pagamento di una somma da € 158 a € 635.

8. Chiunque circola con un ciclomotore sprovvisto di targa e' soggetto alla sanzione amministrativa del pagamento di una somma da € 79 a € 316.

9. Chiunque circola con un ciclomotore munito di targa non propria e' soggetto alla sanzione amministrativa del pagamento di una somma da € 1.871 a € 7.488.

10. Chiunque circola con un ciclomotore munito di una targa i cui dati non siano chiaramente visibili e' soggetto alla sanzione amministrativa del pagamento di una somma da € 85 a € 337.

11. Chiunque fabbrica o vende targhe con caratteristiche difformi da quelle indicate dal regolamento, ovvero circola con un ciclomotore munito delle suddette targhe e' soggetto alla sanzione amministrativa del pagamento di una somma da € 1.871 a € 7.488.

12. Chiunque circola con un ciclomotore per il quale non e' stato richiesto l'aggiornamento del certificato di circolazione per trasferimento della proprieta' secondo le modalita' previste dal regolamento, e' soggetto alla sanzione amministrativa del pagamento di una somma da € 396 a € 1.584. Alla medesima sanzione e' sottoposto chi non comunica la cessazione della circolazione. Il certificato di circolazione e' ritirato immediatamente da chi accerta la violazione ed e' inviato al competente ufficio del Dipartimento per i trasporti terrestri, che provvede agli aggiornamenti previsti dopo l'adempimento delle prescrizioni omesse.

13. L'intestatario che in caso di smarrimento, sottrazione o distruzione del certificato di circolazione o della targa non provvede, entro quarantotto ore, a farne denuncia agli organi di polizia e' soggetto alla sanzione amministrativa del pagamento di una somma da € 79 a € 316. Alla medesima sanzione e' soggetto chi non provvede a chiedere il duplicato del certificato di circolazione entro tre giorni dalla suddetta denuncia.

14. Alle violazioni previste dai commi 5 e 7 consegue la sanzione

amministrativa accessoria della confisca del ciclomotore, secondo le norme di cui al capo I, sezione II, del titolo VI; nei casi previsti dal comma 5 si procede alla distruzione del ciclomotore, fatta salva la facolta' degli enti da cui dipende il personale di polizia stradale che ha accertato la violazione di chiedere tempestivamente che sia assegnato il ciclomotore confiscato, previo ripristino delle caratteristiche costruttive, per lo svolgimento dei compiti istituzionali e fatto salvo l'eventuale risarcimento del danno in caso di accertata illegittimita' della confisca e distruzione. Alla violazione prevista dal comma 6 consegue la sanzione amministrativa accessoria del fermo amministrativo del veicolo per un periodo di sessanta giorni; in caso di reiterazione della violazione, nel corso di un biennio, il fermo amministrativo del veicolo e' disposto per novanta giorni. Alla violazione prevista dai commi 8 e 9 consegue la sanzione accessoria del fermo amministrativo del veicolo per un periodo di un mese o, in caso di reiterazione delle violazioni nel biennio, la sanzione accessoria della confisca amministrativa del veicolo, secondo le norme di cui al capo I, sezione II, del titolo VI.

Art. 98
Circolazione di prova

1. COMMA ABROGATO DAL D.P.R. 24 NOVEMBRE 2001, N. 474.
2. COMMA ABROGATO DAL D.P.R. 24 NOVEMBRE 2001, N. 474.
3. Chiunque adibisce un veicolo in circolazione di prova ad uso diverso e' soggetto alla sanzione amministrativa del pagamento di una somma ((da € 87 a € 344)). La stessa sanzione si applica se il veicolo circola senza che su di esso sia presente il titolare dell'autorizzazione o un suo dipendente munito di apposita delega.
4. Se le violazioni di cui al comma 3 superano il numero di tre, la sanzione amministrativa e' del pagamento di una somma ((da € 173 a € 694)); ne consegue in quest'ultimo caso la sanzione amministrativa accessoria della confisca del veicolo, secondo le norme del capo I, sezione II, del titolo VI.
4-bis. COMMA ABROGATO DAL D.L. 23 OTTOBRE 2008, N. 162, CONVERTITO CON MODIFICAZIONI DALLA L. 22 DICEMBRE 2008, N. 201.

Art. 99
Foglio di via

1. Gli autoveicoli, i motoveicoli e i rimorchi che circolano per le operazioni di accertamento e di controllo della idoneita' tecnica, per recarsi ai transiti di confine per l'esportazione, per partecipare a riviste prescritte dall'autorita' militare, a mostre o a fiere autorizzate di veicoli nuovi ed usati, per i quali non e' stata pagata la tassa di circolazione, devono essere muniti di un foglio di via e di una targa provvisoria rilasciati da un ufficio competente del Dipartimento per i trasporti terrestri.
1-bis. Alle fabbriche costruttrici di veicoli a motore e di rimorchi e' consentito, direttamente o avvalendosi di altri soggetti abilitati, per il tramite di veicoli nuovi di categoria N o O provvisti del foglio di via e della targa provvisoria per recarsi ai transiti di confine per l'esportazione, il trasporto di altri veicoli nuovi di fabbrica destinati anch'essi alla medesima finalita'.
1-ter. E' consentito ai veicoli a motore e rimorchi di categoria N o O, muniti di foglio di via e targa provvisoria per partecipare a riviste prescritte dall'autorita' militare, a mostre o a fiere autorizzate di veicoli nuovi ed usati, di trasportare altri veicoli o loro parti, anch'essi destinati alle medesime finalita'.
2. Il foglio di via deve indicare il percorso, la durata e le eventuali prescrizioni tecniche. La durata non puo' comunque eccedere i giorni sessanta. Tuttavia, per particolari esigenze di sperimentazione di veicoli nuovi non ancora immatricolati, l'ufficio competente del Dipartimento per i trasporti terrestri puo' rilasciare

alla fabbrica costruttrice uno speciale foglio di via, senza limitazioni di percorso, della durata massima di centottanta giorni.

3. Chiunque circola senza avere con se' il foglio di via e/o la targa provvisoria di cui al comma 1 e' soggetto alla sanzione amministrativa del pagamento di una somma da € 26 a € 102.

4. Chiunque circola senza rispettare il percorso o le prescrizioni tecniche del foglio di via e' soggetto alla sanzione amministrativa del pagamento di una somma da € 42 a € 173.

5. Ove le violazioni di cui ai commi 3 e 4 siano compiute per piu' di tre volte, alla successiva la sanzione amministrativa e' del pagamento di una somma ((da € 87 a € 344)) e ne consegue la sanzione amministrativa accessoria della confisca del veicolo, secondo le norme del capo I, sezione II, del titolo VI.

Art. 100.
Targhe di immatricolazione degli autoveicoli, dei motoveicoli e dei rimorchi

1. Gli autoveicoli devono essere muniti, anteriormente e posteriormente, di una targa contenente i dati di immatricolazione.

2. I motoveicoli devono essere muniti posteriormente di una targa contenente i dati di immatricolazione.

3. I rimorchi devono essere muniti di una targa posteriore contenente i dati di immatricolazione.

3-bis. Le targhe di cui ai commi 1, 2 e 3 sono personali, non possono essere abbinate contemporaneamente a piu' di un veicolo e sono trattenute dal titolare in caso di trasferimento di proprieta', costituzione di usufrutto, stipulazione di locazione con facolta' di acquisto, esportazione all'estero e cessazione o sospensione dalla circolazione.

4. I carrelli appendice, quando sono agganciati ad una motrice, devono essere muniti posteriormente di una targa ripetitrice dei dati di immatricolazione della motrice stessa.

5. Le targhe indicate ai commi 1, 2, 3, 4 devono avere caratteristiche rifrangenti.

6. COMMA ABROGATO DAL D.P.R. 24 NOVEMBRE 2001, N. 474.

7. Nel regolamento sono stabiliti i criteri di definizione delle targhe di immatricolazione, ripetitrici e di riconoscimento.

8. Ferma restando la sequenza alfanumerica fissata dal regolamento, l'intestatario della carta di circolazione puo' chiedere, per le targhe di cui ai commi 1 e 2, ai costi fissati con il decreto di cui all'articolo 101, comma 1, e con le modalita' stabilite dal Dipartimento per i trasporti terrestri, una specifica combinazione alfanumerica. Il competente ufficio del Dipartimento per i trasporti terrestri, dopo avere verificato che la combinazione richiesta non sia stata gia' utilizzata, immatricola il veicolo e rilascia la carta di circolazione. Alla consegna delle targhe provvede direttamente l'Istituto Poligrafico dello Stato nel termine di trenta giorni dal rilascio della carta di circolazione. Durante tale periodo e' consentita la circolazione ai sensi dell'articolo 102, comma 3.

9. Il regolamento stabilisce per le targhe di cui al presente articolo:
    - i criteri per la formazione dei dati di immatricolazione;
    - la collocazione e le modalita' di installazione;
    - le caratteristiche costruttive, dimensionali, fotometriche, cromatiche e di leggibilita', nonche' i requisiti di idoneita' per l'accettazione.

10. Sugli autoveicoli, motoveicoli e rimorchi e' vietato apporre iscrizioni, distintivi o sigle che possano creare equivoco nella identificazione del veicolo. ((I motoveicoli impegnati in competizioni motoristiche fuori strada che prevedono trasferimenti su strada possono esporre, limitatamente ai giorni e ai percorsi di gara, in luogo della targa di cui al comma 2, una targa sostitutiva costituita da un pannello auto-costruito che riproduce i dati di immatricolazione del veicolo. Il pannello deve avere fondo giallo,

cifre e lettere nere e caratteristiche dimensionali identiche a quelle della targa che sostituisce ed e' collocato in modo da garantire la visibilita' e la posizione richieste dal regolamento per le targhe di immatricolazione. Sono autorizzati all'utilizzo della targa sostitutiva i partecipanti concorrenti muniti di regolare licenza sportiva della Federazione motociclistica italiana, esclusivamente per la durata della manifestazione e lungo il percorso indicato nel regolamento della manifestazione stessa)).

11. Chiunque viola le disposizioni dei commi 1, 2, 3, 4 e 9, lettera b) e' soggetto alla sanzione amministrativa del pagamento di una somma da € 87 a € 344.

12. Chiunque circola con un veicolo munito di targa non propria o contraffatta e' punito con la sanzione amministrativa del pagamento di una somma da € 2.046 a € 8.186.

13. Chiunque viola le disposizioni dei commi 5 e 10 e' soggetto alla sanzione amministrativa del pagamento di una somma da € 26 a € 102.

14. Chiunque falsifica, manomette o altera targhe automobilistiche ovvero usa targhe manomesse, falsificate o alterate e' punito ai sensi del codice penale.

15. Dalle violazioni di cui ai commi precedenti deriva la sanzione amministrativa accessoria del ritiro della targa non rispondente ai requisiti indicati. Alle violazioni di cui ai commi 11 e 12 consegue la sanzione accessoria del fermo amministrativo del veicolo o, in caso di reiterazione delle violazioni, la sanzione accessoria della confisca amministrativa del veicolo. La durata del fermo amministrativo e' di tre mesi, salvo nei casi in cui tale sanzione accessoria e' applicata a seguito del ritiro della targa. Si osservano le norme di cui al capo I, sezione II, del titolo VI.

Art. 101.
Produzione, distribuzione, restituzione e ritiro delle targhe

1. La produzione e la distribuzione delle targhe dei veicoli a motore o da essi rimorchiati sono riservate allo Stato. Il Ministro dei trasporti con proprio decreto, sentiti il Ministro dell'economia e delle finanze e il Ministro dell'economia e delle finanze, stabilisce il prezzo di vendita delle targhe comprensivo del costo di produzione e di una quota di maggiorazione da destinare esclusivamente alle attivita' previste dall'art. 208, comma 2. Il Ministro dei trasporti con proprio decreto, di concerto con i Ministri dell'economia e delle finanze e delle infrastrutture e dei trasporti, assegna annualmente i proventi derivanti dalla quota di maggiorazione al Ministero delle infrastrutture e dei trasporti nella misura del venti per cento e alla Dipartimento per i trasporti terrestri nella misura dell'ottanta per cento. Il Ministro dell'economia e delle finanze e' autorizzato ad adottare, con propri decreti, le necessarie variazioni di bilancio. (48)

2. Le targhe sono consegnate agli intestatari dall' ufficio competente del Dipartimento per i trasporti terrestri all'atto dell'immatricolazione dei veicoli.

3. Le targhe del veicolo e il relativo documento di circolazione devono essere restituiti all'ufficio competente del Dipartimento per i trasporti terrestri in caso che l'interessato non ottenga l'iscrizione al P.R.A. entro tre giorni dal rilascio del documento stesso.

4. Nel caso di mancato adempimento degli obblighi di cui al comma 3, l'ufficio competente del Dipartimento per i trasporti terrestri, provvede, tramite gli organi di polizia, al ritiro delle targhe e della carta di circolazione.

5. Chiunque abusivamente produce o distribuisce targhe per autoveicoli, motoveicoli e rimorchi e' soggetto, se il fatto non costituisce reato, alla sanzione amministrativa del pagamento di una somma ((da € 430 a € 1.731)).

6. La violazione di cui al comma 5 importa la sanzione

amministrativa accessoria della confisca delle targhe, secondo le norme di cui al capo I, sezione II, del titolo VI.

Art. 102.
Smarrimento, sottrazione, deterioramento e distruzione di targa

1. In caso di smarrimento, sottrazione o distruzione di una delle targhe di cui all'art. 100, l'intestatario della carta di circolazione deve, entro quarantotto ore, farne denuncia agli organi di polizia, che ne prendono formalmente atto e ne rilasciano ricevuta.

2. Trascorsi quindici giorni dalla presentazione della denuncia di smarrimento o sottrazione anche di una sola delle targhe, senza che queste siano state rinvenute, l'intestatario deve richiedere al Dipartimento per i trasporti terrestri. Una nuova immatricolazione del veicolo, con le procedure indicate dall'art. 93.

3. Durante il periodo di cui al comma 2 e' consentita la circolazione del veicolo previa apposizione sullo stesso, a cura dell'intestatario, di un pannello a fondo bianco riportante le indicazioni contenute nella targa originaria; la posizione e la dimensione del pannello, nonche' i caratteri di iscrizione devono essere corrispondenti a quelli della targa originaria.

4. I dati di immatricolazione indicati nelle targhe devono essere sempre leggibili. Quando per deterioramento tali dati non siano piu' leggibili, l'intestatario della carta di circolazione deve richiedere all'ufficio competente del Dipartimento per i trasporti terrestri. Una nuova immatricolazione del veicolo, con le procedure indicate nell'art. 93.

5. Nei casi di distruzione di una delle targhe di cui all'art. 100, comma 1, l'intestatario della carta di circolazione sulla base della ricevuta di cui al comma 1 deve richiedere una nuova immatricolazione del veicolo.

6. L'intestatario della carta di circolazione che in caso di smarrimento, sottrazione o distruzione anche di una sola delle targhe di immatricolazione o della targa per veicoli in circolazione di prova non provvede agli adempimenti di cui al comma 1, ovvero circola con il pannello di cui al comma 3 senza aver provveduto agli adempimenti di cui ai commi 1 e 2, e' soggetto alla sanzione amministrativa del pagamento di una somma ((da € 87 a € 344)).

7. Chiunque circola con targa non chiaramente e integralmente leggibile e' soggetto alla sanzione amministrativa del pagamento di una somma da € 42 a € 173.

Art. 103
Obblighi conseguenti alla cessazione della circolazione dei veicoli a motore e dei rimorchi

1. Per esportare definitivamente all'estero autoveicoli, motoveicoli o rimorchi, l'intestatario o l'avente titolo chiede all'ufficio competente del Dipartimento per i trasporti, la navigazione, gli affari generali e del personale la cancellazione dall'archivio nazionale dei veicoli e dal P.R.A., restituendo le relative targhe e la carta di circolazione, secondo le procedure stabilite dal Dipartimento stesso nel rispetto delle vigenti norme comunitarie in materia. La cancellazione e' disposta a condizione che il veicolo sia in regola con gli obblighi di revisione o sia stato sottoposto, nell'anno in cui ricorre l'obbligo della revisione, a visita e prova per l'accertamento dell'idoneita' alla circolazione ai sensi dell'articolo 75, e che non sia pendente un provvedimento di revisione singola ai sensi dell'articolo 80, comma 7. Per raggiungere i transiti di confine per l'esportazione il veicolo cancellato puo' circolare su strada solo se munito del foglio di via e della targa provvisoria prevista dall'articolo 99.

2. Le targhe ed i documenti di circolazione vengono, ritirati

d'ufficio tramite gli organi di polizia, che ne curano la consegna al competente ufficio del Dipartimento per i trasporti, la navigazione, gli affari generali e del personale, nel caso che trascorsi centottanta giorni dalla rimozione del veicolo dalla circolazione, ai sensi dell'art. 159, non sia stata denunciata la sua sottrazione ovvero il veicolo stesso non sia stato reclamato dall'intestatario dei documenti anzidetti o dall'avente titolo o venga demolito o alienato ai sensi dello stesso articolo. Il predetto ufficio provvede alla cancellazione dall'archivio nazionale dei veicoli e ne da' notizia al competente ufficio del P.R.A. per la cancellazione dal pubblico registro automobilistico.

3. IL D.LGS. 3 APRILE 2006, N. 152 HA CONFERMATO L'ABROGAZIONE DEL PRESENTE COMMA.

4. IL D.LGS. 3 APRILE 2006, N. 152 HA CONFERMATO L'ABROGAZIONE DEL PRESENTE COMMA.

5. Chiunque viola le disposizioni di cui al comma 1 e' soggetto alla sanzione amministrativa del pagamento di una somma ((da € 173 a € 694)). IL D.LGS. 3 APRILE 2006, N. 152 HA CONFERMATO L'ABROGAZIONE DEL PRESENTE PERIODO.

Capo IV
CIRCOLAZIONE SU STRADA DELLE MACCHINE AGRICOLE E DELLE MACCHINE OPERATRICI

Art. 104.
Sagome e masse limite delle macchine agricole

1. Alle macchine agricole semoventi e a quelle trainate che circolano su strada si applicano per la sagoma limite le norme stabilite dall'art. 61 rispettivamente per i veicoli in genere e per i rimorchi.

2. Salvo quanto diversamente disposto dall'art. 57, la massa complessiva a pieno carico delle macchine agricole su ruote non puo' eccedere 5 t se a un asse, 8 t se a due assi e 10 t se a tre o piu' assi.

3. Per le macchine agricole semoventi e per quelle trainate munite di pneumatici, tali che il carico unitario medio trasmesso dall'area di impronta sulla strada non sia superiore a 8 daN/cm2 e quando, se trattasi di veicoli a tre o piu' assi, la distanza fra due assi contigui non sia inferiore a 1,20 m, le masse complessive di cui al comma 2 non possono superare rispettivamente 6 t, 14 t e 20 t.

4. La massa massima sull'asse piu' caricato non puo' superare 10 t; quella su due assi contigui a distanza inferiore a 1,20 m non puo' superare 11 t e, se a distanza non inferiore a 1,20 m, 14 t.

5. Qualunque sia la condizione di carico della macchina agricola semovente, la massa trasmessa alla strada dall'asse di guida in condizioni statiche non deve essere inferiore al 20% della massa della macchina stessa in ordine di marcia. Tale valore non deve essere inferiore al 15% per le macchine con velocita' inferiore a 15 km/h, ridotto al 13% per le macchine agricole semicingolate.

6. La massa complessiva delle macchine agricole cingolate non puo' eccedere 16 t.

7. Le trattrici agricole per circolare su strada con attrezzature di tipo portato o semiportato devono rispondere alle seguenti prescrizioni:

a) lo sbalzo anteriore del complesso non deve risultare superiore al 60% della lunghezza della trattrice non zavorrata;

b) lo sbalzo posteriore del complesso non deve risultare superiore al 90% della lunghezza della trattrice non zavorrata;

c) la lunghezza complessiva dell'insieme, data dalla somma dei due sbalzi e del passo della trattrice agricola, non deve superare il doppio di quella della trattrice non zavorrata;

d) la sporgenza laterale non deve eccedere di 1,60 m dal piano mediano verticale longitudinale della trattrice;

e) la massa del complesso trattrice e attrezzi comunque portati non deve superare la massa ammissibile accertata nel rispetto delle norme stabilite dal regolamento, nei limiti delle masse fissati nei commi precedenti;

f) il bloccaggio tridimensionale degli attacchi di supporto degli attrezzi deve impedire, durante il trasporto, qualsiasi oscillazione degli stessi rispetto alla trattrice, a meno che l'attrezzatura sia equipaggiata con una o piu' ruote liberamente orientabili intorno ad un asse verticale rispetto al piano di appoggio.

8. Le macchine agricole che per necessita' funzionali hanno sagome e masse eccedenti quelle previste nei commi dall'1 al 6 e le trattrici equipaggiate con attrezzature di tipo portato o semiportato, che non rientrano nei limiti stabiliti nel comma 7, sono considerate macchine agricole eccezionali e devono essere munite, per circolare su strada, dell'autorizzazione valida per due anni e rinnovabile, rilasciata dal compartimento A.N.A.S. di partenza per le strade statali e dalla regione di partenza per la rimanente rete stradale.

9. Nel regolamento sono stabilite posizioni, caratteristiche fotometriche, colorimetriche e modalita' di applicazione di pannelli e dispositivi di segnalazione visiva, atti a segnalare gli ingombri dati dalle macchine agricole indicate nei commi 7 e 8; nel regolamento saranno indicate le condizioni e le cautele da osservare durante la marcia su strada.

10. Chiunque circola su strada con una macchina agricola che supera le sagome o le masse fissate e' soggetto alla sanzione amministrativa del pagamento di una somma ((da € 430 a € 1.731)).

11. Chiunque circola su strada con una macchina agricola eccezionale in violazione delle norme di bloccaggio degli attrezzi, sui pannelli e dispositivi di segnalazione visiva di cui al comma 9 oppure senza osservare le prescrizioni stabilite nell'autorizzazione e' soggetto alla sanzione amministrativa del pagamento di una somma ((da € 173 a € 694)).

12. Chiunque circola su strada con una macchina agricola eccezionale senza avere con se' l'autorizzazione e' soggetto alla sanzione amministrativa del pagamento di una somma da € 42 a € 173. Il viaggio potra' proseguire solo dopo la esibizione dell'autorizzazione; questa non sana l'obbligo di corrispondere la somma dovuta a titolo di sanzione pecuniaria.

13. Dalle violazioni di cui ai commi 10 e 11 consegue la sanzione amministrativa accessoria prevista dai commi 24 e 25 dell'art. 10.

Art. 105.
Traino di macchine agricole

1. I convogli formati da macchine agricole semoventi e macchine agricole trainate non possono superare la lunghezza di ((18,75 m. I convogli che per specifiche necessita' funzionali superano, da soli o compreso il loro carico, il limite di lunghezza di 18,75 m possono essere ammessi alla circolazione come trasporti eccezionali; a tali convogli si applicano le norme previste dall'articolo 104, comma 8)).

2. Nel limite di cui al comma 1 le trattrici agricole possono trainare un solo rimorchio agricolo o non piu' di due macchine operatrici agricole, se munite di dispositivi di frenatura comandati dalla trattrice.

3. Alle trattrici agricole con attrezzi portati anteriormente e' fatto divieto di traino di macchine agricole rimorchiate sprovviste di disposivo di frenatura, anche se considerate parte integrante del veicolo traente.

4. Chiunque viola le disposizioni del presente articolo e' soggetto alla sanzione amministrativa del pagamento di una somma da € 173 a € 694)).

Art. 106.
Norme costruttive e dispositivi di equipaggiamento delle macchine agricole

1. Le macchine agricole indicate nell'art. 57, comma 2, devono essere costruite in modo che, ai fini della circolazione stradale, garantiscano sufficiente stabilita' sia quando circolano isolatamente, sia quando effettuano il traino, se previsto, sia, infine, quando sono equipaggiate con attrezzi portati o semiportati dei quali deve essere garantito il bloccaggio tridimensionale. Le macchine agricole semoventi devono essere inoltre costruite in modo da consentire un idoneo campo di visibilita', anche quando sono equipaggiate con cabina di guida chiusa, con dispositivi di protezione del conducente e con attrezzi portati o semiportati. Il sedile del conducente deve essere facilmente accessibile e confortevole ed i comandi adeguatamente agibili.

2. Le macchine agricole semoventi indicate nell'art. 57, comma 2, lettera a), escluse quelle di cui al punto 3), devono essere munite di:
   a) dispositivi per la segnalazione visiva e per l'illuminazione;
   b) dispositivi per la frenatura;
   c) dispositivo di sterzo;
   d) dispositivo silenziatore del rumore emesso dal motore;
   e) dispositivo per la segnalazione acustica;
   f) dispositivo retrovisore;
   g) ruote o cingoli idonei per la marcia su strada;
   h) dispositivi amovibili per la protezione dalle parti pericolose;
   i) dispositivi di agganciamento, anche amovibili, se predisposte per il traino;
   l) superfici trasparenti di sicurezza e dispositivo tergivetro del parabrezza.

3. Le macchine agricole semoventi indicate nell'art. 57, comma 2, lettera a), punto 3), devono essere munite, con riferimento all'elencazione del comma 2, dei dispositivi di cui alle lettere b), c), d), g) ed h); devono inoltre essere munite dei dispositivi di cui alla lettera a), anche se amovibili; nel limite di massa di 0,3 t possono essere sprovviste dei dispositivi di cui alla lettera b).

4. Le macchine agricole trainate indicate nell'art. 57, comma 2, lettera b), devono essere munite dei dispositivi di cui al comma 2, lettere a), b), g), h) ed i); le macchine agricole trainate di cui all'art. 57, comma 2, lettera b), punto 1, se di massa complessiva inferiore od uguale a quella rimorchiabile riconosciuta alla macchina agricola traente per macchine operatrici trainate prive di freni, possono essere sprovviste dei dispositivi di cui alla lettera b) del comma 2. Sulle macchine agricole trainate, esclusi i rimorchi agricoli, e' consentito che i dispositivi di cui alla lettera a) siano amovibili.

5. Le prescrizioni tecniche relative alle caratteristiche costruttive delle macchine agricole e ai dispositivi di cui le stesse devono essere munite, quando non espressamente previste dal regolamento, sono stabilite con decreto del Ministro dei trasporti, di concerto con il ((Ministro delle politiche agricole e forestali)), fatte salve le competenze del ((Ministro dell'ambiente e della tutela del territorio)) in materia di emissioni inquinanti e di rumore. Con lo stesso strumento possono essere stabilite caratteristiche, numero e modalita' di applicazione dei dispositivi di cui al presente articolo.

6. Le macchine agricole indicate nell'art. 57, comma 2, devono inoltre rispondere alle disposizioni relative ai mezzi e sistemi di difesa previsti dalle normative per la sicurezza e igiene del lavoro, nonche' per la protezione dell'ambiente da ogni tipo di inquinamento.

7. Qualora i decreti di cui al comma 5 si riferiscano a disposizioni oggetto di direttive del Consiglio o della Commissione delle Comunita' Europee, le prescrizioni tecniche sono quelle

contenute nelle predette direttive; per l'omologazione si fa salva la facolta', per gli interessati, di richiedere l'applicazione delle corrispondenti prescrizioni tecniche contenute nei regolamenti o nelle raccomandazioni emanate dall'ufficio europeo per le Nazioni unite - Commissione economica per l'Europa, accettati dal Ministero competente per la materia.

8. Con gli stessi decreti puo' essere reso obbligatorio il rispetto di norme di unificazione attinenti alle disposizioni dei commi 1, 2, 3, 4, 5 e 6.

Art. 107.
Accertamento dei requisiti di idoneita' delle macchine agricole

1. Le macchine agricole di cui all'art. 57, comma 2, sono soggette all'accertamento dei dati di identificazione, della potenza del motore quando ricorre e della corrispondenza alle prescrizioni tecniche ed alle caratteristiche disposte a norma di legge. Il regolamento stabilisce le categorie di macchine agricole operatrici trainate che sono escluse dall'accertamento di cui sopra.

2. L'accertamento di cui al comma 1 ha luogo mediante visita e prova da parte degli uffici competenti del Dipartimento per i trasporti terrestri ((o da parte di strutture o Enti aventi i requisiti stabiliti con decreto del Ministro delle infrastrutture e dei trasporti di concerto con il Ministro delle politiche agricole, alimentari e forestali)) , secondo modalita' stabilite con decreto del Ministero dei trasporti, di concerto con i Ministri delle politiche agricole e forestali e del del lavoro e delle politiche sociali, fatte salve le competenze del Ministro dell'ambiente e della tutela del territorio in materia di emissioni inquinanti e di rumore.

3. Per le macchine agricole di cui al comma 1, i loro componenti o entita' tecniche, prodotte in serie, l'accertamento viene effettuato su un prototipo mediante omologazione del tipo, secondo modalita' stabilite con decreto del Ministro dei trasporti, sentito il Comitato interministeriale per le macchine agricole (C.I.M.A.), fatte salve le competenze del Ministro dell'ambiente e della tutela del territorio in materia di emissioni inquinanti e di rumore. Fatti salvi gli accordi internazionali, l'omologazione totale o parziale rilasciata da uno stato estero puo' essere riconosciute valida in Italia a condizione di reciprocita'.

Art. 108.
Rilascio del certificato di idoneita' tecnica alla circolazione e della carta di circolazione delle macchine agricole

1. Per essere immesse in circolazione le macchine agricole, con le esclusioni previste dall'art. 107, comma 1, devono essere munite di un certificato di idoneita' tecnica alla circolazione ovvero di una carta di circolazione.

2. Il certificato di idoneita' tecnica alla circolazione , la carta di circolazione ovvero il certificato di approvazione sono rilasciati a seguito dell'esito favorevole dell'accertamento di cui all'art. 107, comma 1, sulla base di documentazione idonea a stabilire l'origine della macchina agricola. Nel regolamento sono stabiliti il contenuto e le caratteristiche del certificato di idoneita' tecnica e della carta di circolazione.

3. Per le macchine agricole non prodotte in serie, compresi i prototipi, la documentazione di origine e' costituita dal certificato di origine dell'esemplare rilasciato dalla fabbrica costruttrice o da chi ha proceduto alla costruzione del medesimo. Qualora gli accertamenti siano richiesti per macchine agricole costruite con parti staccate, deve essere inoltre esibita la documentazione relativa alla provenienza delle parti impiegate.

4. Per le macchine agricole di tipo omologato prodotte in serie il costruttore o il suo legale rappresentante rilascia all'acquirente una formale dichiarazione, redatta su modello approvato dal Ministero

dei trasporti, attestante che la macchina agricola, in tutte le sue parti, e' conforme al tipo omologato. Di tale dichiarazione il costruttore assume la piena responsabilita' a tutti gli effetti di legge. La dichiarazione di conformita', quando ne sia ammesso il rilascio, ha anche valore di certificato di origine.

5. Per le macchine agricole di tipo omologato il certificato di idoneita' tecnica alla circolazione ovvero la carta di circolazione vengono rilasciati sulla base della dichiarazione di conformita', senza ulteriori accertamenti.

6. Chiunque rilascia la dichiarazione di conformita' per macchine agricole non conformi al tipo omologato e' soggetto alla sanzione amministrativa del pagamento di una somma ((da € 430 a € 1.731)).

7. Il rilascio del certificato di idoneita' tecnica o della carta di circolazione e' sospeso qualora emergano elementi che facciano ritenere la possibilita' della sussistenza di un reato perseguibile ai sensi delle leggi penali.

Art. 109.
Controlli di conformita' al tipo omologato delle macchine agricole

1. Le macchine agricole ed i relativi dispositivi di tipo omologato sono identificati ai sensi dell'art. 74.

2. Il Ministero dei trasporti ha facolta' di prelevare e di sottoporre in qualsiasi momento ad accertamenti di controllo della conformita' al tipo omologato le macchine agricole non ancora immatricolate e i relativi dispositivi destinati al mercato nazionale e identificati a norma del comma 1. Con decreto del Ministro dei trasporti, emesso di concerto con i Ministri delle politiche agricole e forestali e del lavoro e delle politiche sociali, fatte salve le competenze del Ministro dell'ambiente e della tutela del territorio in materia di emissioni inquinanti e di rumore, sono stabiliti i criteri e le modalita' per gli accertamenti e gli eventuali prelievi, nonche' i relativi oneri a carico del titolare dell'omologazione.

3. Con lo stesso decreto sono stabilite le modalita' da seguire fino alla sospensione dell'efficacia dell'omologazione o alla revoca dell'omologazione stessa, qualora in seguito al controllo di cui al comma 2 risulti il mancato rispetto della conformita' della serie al tipo omologato.

4. Chiunque produce o mette in vendita una macchina agricola o dispositivi non conformi ai tipi omologati e' soggetto alla sanzione amministrativa del pagamento di una somma ((da € 430 a € 1.731)).

5. Chiunque produce o mette in vendita una macchina agricola omologata, rilasciando la relativa dichiarazione di conformita' non munita dei dati di identificazione a norma del comma 1, e' soggetto alla sanzione amministrativa del pagamento di una somma da € 42 a € 173.

Art. 110.
Immatricolazione, carta di circolazione e certificato di idoneita' tecnica alla circolazione delle macchine agricole

1. Le macchine agricole indicate nell'art. 57, comma 2, lettera a), punto 1) e punto 2), e lettera b), punto 2, esclusi i rimorchi agricoli di massa complessiva non superiore a 1,5 t ed aventi le altre caratteristiche fissate dal regolamento, per circolare su strada sono soggette all'immatricolazione ed al rilascio della carta di circolazione. Quelle invece indicate nello stesso comma 2, lettera a), punto 3), e lettera b), punto 1), con le esclusioni previste all'art. 107, comma 1, ed i rimorchi agricoli di massa complessiva non superiore a 1,5 t ed aventi le altre caratteristiche fissate dal regolamento per circolare su strada sono soggette al rilascio di un certificato di idoneita' tecnica alla circolazione.

2. La carta di circolazione ovvero il certificato di idoneita' tecnica alla circolazione sono rilasciati dall'ufficio competente del Dipartimento per i trasporti terrestri competente per territorio; il

medesimo ufficio provvede alla immatricolazione delle macchine agricole indicate nell'art. 57, comma 2, lettera a), punto 1) e punto 2), e lettera b), punto 2), ad esclusione dei rimorchi agricoli di massa complessiva non superiore a 1,5 t ed aventi le altre caratteristiche fissate dal regolamento, a nome di colui che dichiari di essere titolare di impresa agricola o forestale ovvero di impresa che effettua lavorazioni agromeccaniche o locazione di macchine agricole, nonche' a nome di enti e consorzi pubblici. 3. Il trasferimento di proprieta' delle macchine agricole soggette all'immatricolazione, nonche' il trasferimento di sede ovvero di residenza ed abitazione del titolare devono essere comunicati entro trenta giorni, unitamente alla prescritta documentazione ed alla carta di circolazione, all'ufficio competente del Dipartimento per i trasporti terrestri rispettivamente dal nuovo titolare e dall'intestatario della carta di circolazione. Detto ufficio annota le relative variazioni sul certificato di circolazione stessa. Qualora il titolo presentato per la trascrizione del trasferimento di proprieta' consista in un atto unilaterale, lo stesso ufficio dovra' acquisire anche la dichiarazione di assunzione di responsabilita' e provvedere alla comunicazione al nuovo titolare secondo le modalita' indicate nell'art. 95, comma 4, in quanto applicabili e commercianti di macchine agricole e, limitatamente alle macchine agricole indicate dall'articolo 57, comma 2, lettera a), numeri 1) e 2), aventi massa massima a pieno carico tecnicamente ammissibile non superiore a 6 t, e ai rimorchi agricoli di cui all'articolo 57, comma 2, lettera b), numero 2), aventi massa complessiva non superiore a 6 t, a nome di colui che si dichiara proprietario.

2-bis. Al fine di promuovere lo sviluppo delle reti di imprese di cui all'articolo 3 del decreto-legge 10 febbraio 2009, n. 5, convertito, con modificazioni, dalla legge 9 aprile 2009, n. 33, e all'articolo 6-bis, comma 2, del decreto-legge 24 giugno 2014, n. 91, convertito, con modificazioni, dalla legge 11 agosto 2014, n. 116, alle reti costituite da imprenditori agricoli, singoli o associati, di cui all'articolo 2135 del codice civile, finalizzate anche all'acquisto di macchine agricole, e' consentita l'immatricolazione ai sensi del comma 2 del presente articolo a nome della rete di imprese, identificata dal codice fiscale, richiesto dalle imprese partecipanti, e dal contratto di rete, redatto e iscritto ai sensi del citato articolo 3 del decreto-legge n. 5 del 2009, da cui risultino la sede, la denominazione e il programma della rete, previa individuazione di un'impresa della rete incaricata di svolgere le funzioni amministrative attribuite dalla legge al proprietario del veicolo.

3. Il trasferimento di proprieta' delle macchine agricole soggette all'immatricolazione, nonche' il trasferimento di sede ovvero di residenza ed abitazione del titolare devono essere comunicati entro trenta giorni, unitamente alla prescritta documentazione ed alla carta di circolazione, all'ufficio della Direzione generale della M.C.T.C. rispettivamente dal nuovo titolare e dall'intestatario della carta di circolazione. Detto ufficio annota le relative variazioni sul certificato di circolazione stessa. Qualora il titolo presentato per la trascrizione del trasferimento di proprieta' consista in un atto unilaterale, lo stesso ufficio dovra' acquisire anche la dichiarazione di assunzione di responsabilita' e provvedere alla comunicazione al nuovo titolare secondo le modalita' indicate nell'art. 95, comma 4, in quanto applicabili.

4. L'annotazione del trasferimento di proprieta' e' condizionata dal possesso da parte del nuovo titolare dei requisiti richiesti al comma 2.

5. Il regolamento stabilisce il contenuto e le caratteristiche della carta di circolazione e del certificato di idoneita' tecnica, nonche' le modalita' ((di svolgimento, in via esclusivamente telematica, degli adempimenti previsti ai commi 2, 2-bis e 3)).

((5-bis. Le operazioni di cui ai commi 2, 2-bis e 3 sono svolte dall'Ufficio della motorizzazione civile anche per il tramite dei soggetti di cui alla legge 8 agosto 1991, n. 264, attraverso il collegamento telematico con il centro elaborazione dati del Dipartimento per la mobilita' sostenibile secondo le modalita' stabilite con decreto del Ministero delle infrastrutture e della mobilita' sostenibili)).

6. Chiunque circola su strada con una macchina agricola per la quale non e' stata rilasciata la carta di circolazione, ovvero il certificato di idoneita' tecnica alla circolazione, e' soggetto alla sanzione amministrativa del pagamento di una somma da € 173 a € 694.

7. Chiunque circola su strada con una macchina agricola non osservando le prescrizioni contenute nella carta di circolazione ovvero nel certificato di idoneita' tecnica, e' soggetto alla sanzione amministrativa del pagamento di una somma da € 87 a € 344.

8. Chiunque omette di comunicare il trasferimento di proprieta', di sede o di residenza ed abitazione nel termine stabilito e' soggetto alla sanzione amministrativa del pagamento di una somma da € 42 a € 173. Dalla violazione consegue la sanzione amministrativa accessoria del ritiro della carta di circolazione o del certificato di idoneita' tecnica alla circolazione, secondo le norme di cui al capo I, sezione II, del titolo VI.

Art. 111.
Revisione delle macchine agricole in circolazione

1. Al fine di garantire adeguati livelli di sicurezza nei luoghi di lavoro e nella circolazione stradale, il Ministro delle infrastrutture e dei trasporti, di concerto con il Ministro delle politiche agricole alimentari e forestali, con decreto da adottare entro e non oltre il 30 giugno 2015, dispone la revisione obbligatoria delle macchine agricole soggette ad immatricolazione a norma dell'articolo 110, al fine di accertarne lo stato di efficienza e la permanenza dei requisiti minimi di idoneita' per la sicurezza della circolazione. Con il medesimo decreto e' disposta, a far data dal 30 giugno 2016, la revisione obbligatoria delle macchine agricole in circolazione soggette ad immatricolazione in ragione del relativo stato di vetusta' e con precedenza per quelle immatricolate antecedentemente al 1° gennaio 2009, e sono stabiliti, d'intesa con la Conferenza permanente per i rapporti tra lo Stato, le regioni e le province autonome di Trento e di Bolzano, i criteri, le modalita' ed i contenuti della formazione professionale per il conseguimento dell'abilitazione all'uso delle macchine agricole, in attuazione di quanto disposto dall'articolo 73 del decreto legislativo 9 aprile 2008, n. 81.

2. Gli uffici competenti del Dipartimento per i trasporti terrestri, qualora sorgano dubbi sulla persistenza dei requisiti di cui al comma 1, possono ordinare in qualsiasi momento la revisione di singole macchine agricole.

3. Nel regolamento sono stabilite le procedure, i tempi e le modalita' delle revisioni di cui al presente articolo, nonche', ove ricorrano, i criteri per l'accertamento dei requisiti minimi d'idoneita' cui devono corrispondere le macchine agricole in circolazione e del loro stato di efficienza.

4. Il Ministro dei trasporti, con decreto emesso di concerto con il Ministro delle politiche agricole e forestali, puo' modificare la normativa prevista dal presente articolo in relazione a quanto stabilito in materia da disposizioni della Comunita' economica europea.

5. Alle macchine agricole, di cui al comma 1 si applicano le disposizioni dell'art. 80, comma 7.

6. Chiunque circola su strada con una macchina agricola che non e' stata presentata alla revisione e' soggetto alla sanzione amministrativa del pagamento di una somma ((da € 87 a € 344)). Da tale violazione discende la sanzione amministrativa accessoria del ritiro della carta di circolazione o del certificato di idoneita' tecnica, secondo le norme del capo I, sezione II, del titolo VI.

Art. 112.
Modifiche dei requisiti di idoneita' delle macchine agricole in circolazione e aggiornamento del documento di circolazione

1. Le macchine agricole soggette all'accertamento dei requisiti ai sensi dell'art. 107 non devono presentare difformita' rispetto alle caratteristiche indicate nella carta di circolazione ovvero nel certificato di idoneita' tecnica alla circolazione, ne' alterazioni o danneggiamenti dei dispositivi prescritti.
2. Gli uffici competenti del Dipartimento per i trasporti terrestri, su richiesta dell'interessato, sottopongono alla visita e prova di accertamento prevista all'art. 107, comma 2, la macchina agricola alla quale siano state modificate una o piu' caratteristiche oppure uno o piu' dispositivi indicati nel documento di circolazione; a seguito dell'esito favorevole dell'accertamento i predetti uffici provvedono all'aggiornamento del documento stesso.
3. Alle macchine agricole soggette all'immatricolazione ed al rilascio della carta di circolazione si applicano le disposizioni contenute negli articoli 93, 94, 95, 98 e 103 in quanto applicabili.
4. Chiunque circola su strada con una macchina agricola difforme nelle caratteristiche indicate nel comma 1, nonche' con i dispositivi, prescritti a norma di legge, alterati, danneggiati o mancanti e' soggetto alla sanzione amministrativa del pagamento di una somma ((da € 87 a € 344)), salvo che il fatto costituisca reato. Da tale violazione discende la sanzione amministrativa accessoria del ritiro della carta di circolazione, secondo le norme del capo I, sezione II, del titolo VI.

Art. 113.
Targhe delle macchine agricole

1. Le macchine agricole semoventi di cui all'art. 57, comma 2, lettera a), punti 1) e 2), per circolare su strada devono essere munite posteriormente di una targa contenente i dati di immatricolazione. PERIODO SOPPRESSO DAL D.LGS. 10 SETTEMBRE 1993, N. 360.
2. L'ultimo elemento del convoglio di macchine agricole deve essere individuato con la targa ripetitrice della macchina agricola traente, quando sia occultata la visibilita' della targa d'immatricolazione di quest'ultima.
3. I rimorchi agricoli, esclusi quelli di massa complessiva non superiore a 1,5 t, devono essere muniti di una speciale targa contenente i dati di immatricolazione del rimorchio stesso.
4. La targatura e' disciplinata dalle disposizioni degli articoli 99, 100 e 102, in quanto applicabili. Per la produzione, distribuzione e restituzione delle targhe si applica l'art. 101.
5. Chiunque viola le disposizioni del presente articolo ((e' soggetto alle sanzioni amministrative, comprese quelle accessorie,)) stabilite dagli articoli 100, 101 e 102.
6. Il Ministro dei trasporti stabilisce, con proprio decreto, le modalita' per l'applicazione di quanto previsto al comma 4.

Art. 114.
Circolazione su strada delle macchine operatrici

1. Le macchine operatrici per circolare su strada devono rispettare per le sagome e masse le norme stabilite negli articoli 61 e 62 e per le norme costruttive ed i dispositivi di equipaggiamento quelle stabilite dall'art. 106.
2. Le macchine operatrici per circolare su strada sono soggette ad immatricolazione presso gli uffici competenti del Dipartimento per i trasporti terrestri, che rilasciano la carta di circolazione a colui che dichiari di essere il proprietario del veicolo.
2-bis. Le prescrizioni di cui al comma 2 non si applicano ai carrelli di cui all'articolo 58, comma 2, lettera c), qualora circolino su strada per brevi e saltuari spostamenti a vuoto o a

carico. Con decreto del Ministero delle infrastrutture e dei trasporti, da emanare entro tre mesi dalla data di entrata in vigore della presente disposizione, sono stabilite le relative prescrizioni tecniche per l'immissione in circolazione.

3. Le macchine operatrici per circolare su strada sono soggette altresi' alla disciplina prevista dagli articoli 99, 107, 108, 109, 111 e 112. Le macchine operatrici che per necessita' funzionali hanno sagome e massa eccedenti quelle previste dagli articoli 61 e 62 sono considerate macchine operatrici eccezionali; ad esse si applicano le norme previste dall'art. 104, comma 8, salvo che l'autorizzazione per circolare ivi prevista e' valida per un anno e rinnovabile.

4. Le macchine operatrici semoventi per circolare su strada devono essere munite di una targa contenente i dati di immatricolazione; le macchine operatrici trainate devono essere munite di una speciale targa di immatricolazione.

5. La modalita' per gli adempimenti di cui ai commi 2 e 3, nonche' per quelli riguardanti le modificazioni nella titolarita' del veicolo ed il contenuto e le caratteristiche della carta di circolazione sono stabilite con decreto del Ministro dei trasporti.

6. Le modalita' per l' immatricolazione ((, gestite esclusivamente in via telematica,)) e la targatura sono stabilite dal regolamento.

((6-bis. Le operazioni di cui al comma 2 sono svolte dall'Ufficio della motorizzazione civile anche per il tramite dei soggetti di cui alla legge 8 agosto 1991, n. 264, attraverso il collegamento telematico con il centro elaborazione dati del Dipartimento per la mobilita' sostenibile secondo le modalita' stabilite con decreto del Ministero delle infrastrutture e della mobilita' sostenibili)).

7. Chiunque viola le disposizioni del presente articolo e' soggetto alle medesime sanzioni amministrative, comprese quelle accessorie, previste per le analoghe violazioni commesse con macchine agricole.

TITOLO IV
GUIDA DEI VEICOLI E CONDUZIONE DEGLI ANIMALI

Art. 115.
Requisiti per la guida dei veicoli e la conduzione di animali

1. Fatte salve le disposizioni specifiche in materia di carta di qualificazione del conducente, chi guida veicoli o conduce animali deve essere idoneo per requisiti fisici e psichici e aver compiuto:
    a) anni quattordici per guidare:
        1) veicoli a trazione animale o condurre animali da tiro, da soma o da sella, ovvero armenti, greggi o altri raggruppamenti di animali;
        2) sul territorio nazionale, veicoli cui abilita la patente di guida della categoria AM, purche' non trasportino altre persone oltre al conducente;
    b) anni sedici per guidare:
        1) veicoli cui abilita la patente di guida della categoria AM;
        2) veicoli cui abilita la patente di guida della categoria A1;
        3) veicoli cui abilita la patente di guida della categoria B1;
    c) anni diciotto per guidare:
        1) NUMERO ABROGATO DALLA L. 29 LUGLIO 2015, N. 115;
        2) veicoli cui abilita la patente di guida della categoria A2;
        3) veicoli cui abilita la patente di guida delle categorie B e BE;
        4) veicoli cui abilita la patente di guida delle categorie C1 e C1E;
    d) anni venti per guidare:
        1) veicoli cui abilita la patente di guida della categoria A, a condizione che il conducente sia titolare della patente di guida della categoria A2 da almeno due anni;
    e) anni ventuno per guidare:

1) tricicli cui abilita la patente di guida della categoria A;

2) veicoli cui abilita la patente di guida delle categorie C e CE;

3) veicoli cui abilita la patente di guida delle categorie D1 e D1E;

4) veicoli per i quali e' richiesto un certificato di abilitazione professionale di tipo KA o KB nonche' i veicoli che circolano in servizio di emergenza, di cui all'articolo 177;

f) anni ventiquattro per guidare:

1) veicoli cui abilita la patente di guida della categoria A;

2) veicoli cui abilita la patente di guida delle categorie D e DE.

1-bis. Ai minori che hanno compiuto diciassette anni e che sono titolari di patente di guida di categoria A1 o B1, e' consentita, a fini di esercitazione, la guida di autoveicoli di massa complessiva a pieno carico non superiore a 3,5 t, con esclusione del traino di qualunque tipo di rimorchio, e comunque nel rispetto dei limiti di potenza specifica riferita alla tara di cui all'articolo 117, comma 2-bis, purche' accompagnati da un conducente titolare di patente di guida di categoria B o superiore da almeno dieci anni, previo rilascio di un'apposita autorizzazione da parte del competente ufficio del Dipartimento per i trasporti, la navigazione ed i sistemi informativi e statistici, su istanza presentata al medesimo ufficio dal genitore o dal legale rappresentante del minore.

1-ter. Il minore autorizzato ai sensi del comma 1-bis puo' procedere alla guida accompagnato da uno dei soggetti indicati al medesimo comma solo dopo aver effettuato almeno dieci ore di corso pratico di guida, delle quali almeno quattro in autostrada o su strade extraurbane e due in condizione di visione notturna, presso un'autoscuola con istruttore abilitato e autorizzato.

1-quater. Nelle ipotesi di guida di cui al comma 1-bis, sul veicolo non puo' prendere posto, oltre al conducente, un'altra persona che non sia l'accompagnatore. Il veicolo adibito a tale guida deve essere munito di un apposito contrassegno recante le lettere alfabetiche "GA". Chiunque viola le disposizioni del presente comma e' punito con la sanzione amministrativa pecuniaria di cui al comma 9 dell'articolo 122.

1-quinquies. Nelle ipotesi di guida di cui al comma 1-bis si applicano le disposizioni di cui al comma 2 dell'articolo 117 e, in caso di violazioni, la sanzione amministrativa pecuniaria di cui al comma 5 del medesimo articolo. L'accompagnatore e' responsabile del pagamento delle sanzioni amministrative pecuniarie in solido con il genitore o con chi esercita l'autorita' parentale o con il tutore del conducente minorenne autorizzato ai sensi del citato comma 1-bis.

1-sexies. Nelle ipotesi di guida di cui al comma 1-bis, se il minore autorizzato commette violazioni per le quali, ai sensi delle disposizioni del presente codice, sono previste le sanzioni amministrative accessorie di cui agli articoli 218 e 219, e' sempre disposta la revoca dell'autorizzazione alla guida accompagnata. Per la revoca dell'autorizzazione si applicano le disposizioni dell'articolo 219, in quanto compatibili. Nell'ipotesi di cui al presente comma il minore non puo' conseguire di nuovo l'autorizzazione di cui al comma 1-bis.

1-septies. Nelle ipotesi di guida di cui al comma 1-bis, se il minore non ha a fianco l'accompagnatore indicato nell'autorizzazione, si applicano le sanzioni amministrative previste dall'articolo 122, comma 8, primo e secondo periodo. Si applicano altresi' le disposizioni del comma 1-sexies del presente articolo.

2. Chi guida veicoli a motore non puo' aver superato:

a) anni sessantacinque per guidare autotreni ed autoarticolati la cui massa complessiva a pieno carico sia superiore a 20 t. Tale limite puo' essere elevato, anno per anno, fino a sessantotto anni qualora il conducente consegua uno specifico attestato sui requisiti fisici e psichici a seguito di visita medica specialistica annuale, con oneri a carico del richiedente, secondo le modalita' stabilite nel regolamento;

b) anni sessanta per guidare autobus, autocarri, autotreni, autoarticolati, autosnodati, adibiti al trasporto di persone. Tale limite puo' essere elevato, anno per anno, fino a sessantotto anni qualora il conducente consegua uno specifico attestato sui requisiti fisici e psichici a seguito di visita medica specialistica annuale, con oneri a carico del richiedente, secondo le modalita' stabilite nel regolamento.

2-bis. COMMA ABROGATO DAL D.L. 9 FEBBRAIO 2012, N. 5, CONVERTITO CON MODIFICAZIONI DALLA L. 4 APRILE 2012, N. 35.

3. Fatto salvo quanto previsto dall'articolo 126, comma 12, chiunque guida veicoli o conduce animali e non si trovi nelle condizioni richieste dal presente articolo e' soggetto, salvo quanto disposto nei successivi commi, alla sanzione amministrativa del pagamento di una somma ((da € 87 a € 344)). Qualora trattasi di veicoli di cui al comma 1, lettera e), numero 4), ovvero di veicoli per la cui guida e' richiesta la carta di qualificazione del conducente, e' soggetto alla sanzione amministrativa del pagamento di una somma ((da € 158 a € 638)).

4. COMMA ABROGATO DALLA L. 29 LUGLIO 2015, N. 115.

5. Chiunque, avendo la materiale disponibilita' di veicoli o di animali, ne affida o ne consente la condotta a persone che non si trovino nelle condizioni richieste dal presente articolo e' soggetto alla sanzione amministrativa del pagamento di una somma da € 42 a € 173 se si tratta di veicolo o alla sanzione amministrativa del pagamento di una somma da € 26 a € 102.

6. Le violazioni alle disposizioni che precedono, quando commesse con veicoli a motore, importano la sanzione accessoria del fermo amministrativo del veicolo per giorni trenta, secondo le norme di cui al capo I, sezione II, del titolo VI.

Art. 116
(Patente e abilitazioni professionali per la guida di veicoli a motore).

1. Non si possono guidare ciclomotori, motocicli, tricicli, quadricicli e autoveicoli senza aver conseguito la patente di guida ed, ove richieste, le abilitazioni professionali. Tali documenti sono rilasciati dal competente ufficio del Dipartimento per i trasporti, la navigazione e i sistemi informativi e statistici a soggetti che hanno la residenza in Italia ai sensi dell'articolo 118-bis.

2. Per sostenere gli esami di idoneita' per la patente di guida occorre presentare apposita domanda al competente ufficio del Dipartimento per i trasporti, la navigazione ed i sistemi informativi e statistici ed essere in possesso dei requisiti fisici e psichici prescritti. Il Ministero delle infrastrutture e dei trasporti, con decreti dirigenziali, stabilisce il procedimento per il rilascio, l'aggiornamento e il duplicato, attraverso il proprio sistema informatico, delle patenti di guida e delle abilitazioni professionali, con l'obiettivo della massima semplificazione amministrativa, anche con il coinvolgimento dei medici di cui all'articolo 119, dei comuni, delle autoscuole di cui all'articolo 123 e dei soggetti di cui alla legge 8 agosto 1991, n. 264.

3. La patente di guida, conforme al modello UE, si distingue nelle seguenti categorie ed abilita alla guida dei veicoli per ciascuna di esse indicati:

a) AM:

1) ciclomotori a due ruote (categoria L1e) con velocita' massima di costruzione non superiore a 45 km/h, la cui cilindrata e' inferiore o uguale a 50 cm³ se a combustione interna, oppure la cui potenza nominale continua massima e' inferiore o uguale a 4 kW per i motori elettrici;

2) veicoli a tre ruote (categoria L2e) aventi una velocita' massima per costruzione non superiore a 45 km/h e caratterizzati da un motore, la cui cilindrata e' inferiore o uguale a 50 cm³ se ad

accensione comandata, oppure la cui potenza massima netta e' inferiore o uguale a 4 kW per gli altri motori a combustione interna, oppure la cui potenza nominale continua massima e' inferiore o uguale a 4kW per i motori elettrici;

3) quadricicli leggeri la cui massa a vuoto e' inferiore o pari a 350 kg (categoria L6e), esclusa la massa delle batterie per i veicoli elettrici, la cui velocita' massima per costruzione e' inferiore o uguale a 45 km/h e la cui cilindrata del motore e' inferiore o pari a 50 cm³ per i motori ad accensione comandata; o la cui potenza massima netta e' inferiore o uguale a 4 kW per gli altri motori, a combustione interna; o la cui potenza nominale continua massima e' inferiore o uguale a 4 kW per i motori elettrici;

b) A1:

1) motocicli di cilindrata massima di 125 cm³, di potenza massima di 11 kW e con un rapporto potenza/peso non superiore a 0,1 kW/kg;

2) tricicli di potenza non superiore a 15 kW;

c) A2: motocicli di potenza non superiore a 35 kW con un rapporto potenza/peso non superiore a 0,2 kW/kg e che non siano derivati da una versione che sviluppa oltre il doppio della potenza massima;

d) A:

1) motocicli, ossia veicoli a due ruote, senza carrozzetta (categoria L3e) o con carrozzetta (categoria L4e), muniti di un motore con cilindrata superiore a 50 cm³ se a combustione interna e/o aventi una velocita' massima per costruzione superiore a 45 km/h;

2) tricicli di potenza superiore a 15 kW, fermo restando quanto previsto dall'articolo 115, comma 1, lettera e), numero 1);

e) B1: quadricicli diversi da quelli di cui alla lettera a), numero 3), la cui massa a vuoto e' inferiore o pari a 400 kg (categoria L7e) (550 kg per i veicoli destinati al trasporto di merci), esclusa la massa delle batterie per i veicoli elettrici, e la cui potenza massima netta del motore e' inferiore o uguale a 15 kW. Tali veicoli sono considerati come tricicli e sono conformi alle prescrizioni tecniche applicabili ai tricicli della categoria L5e salvo altrimenti disposto da specifiche disposizioni comunitarie;

((f) B:

1) autoveicoli la cui massa massima autorizzata non supera 3500 kg e progettati e costruiti per il trasporto di non piu' di otto persone oltre al conducente; ai veicoli di questa categoria puo' essere agganciato un rimorchio avente una massa massima autorizzata non superiore a 750 kg. Agli autoveicoli di questa categoria puo' essere agganciato un rimorchio la cui massa massima autorizzata superi 750 kg, purche' la massa massima autorizzata di tale combinazione non superi 4250 kg. Qualora tale combinazione superi 3500 kg, e' richiesto il superamento di una prova di capacita' e comportamento su veicolo specifico. In caso di esito positivo, e' rilasciata una patente di guida che, con un apposito codice europeo, indica che il titolare puo' condurre tali complessi di veicoli;

2) veicoli senza rimorchio adibiti al trasporto di merci, alimentati con combustibili alternativi di cui all'articolo 2 della direttiva 96/53/CE del Consiglio, del 25 luglio 1996, e con una massa autorizzata massima superiore a 3500 kg ma non superiore a 4250 kg, a condizione che la massa superiore a 3500 kg non determini aumento della capacita' di carico in relazione allo stesso veicolo e sia dovuta esclusivamente all'eccesso di massa del sistema di propulsione in relazione al sistema di propulsione di un veicolo delle stesse dimensioni dotato di un motore convenzionale a combustione interna ad accensione comandata o ad accensione a compressione. In tali casi, la patente di guida deve essere conseguita da almeno due anni));

g) BE: complessi di veicoli composti di una motrice della categoria B e di un rimorchio o semirimorchio: questi ultimi devono avere massa massima autorizzata non superiore a 3500 kg;

h) C1: autoveicoli diversi da quelli delle categorie D1 o D la cui massa massima autorizzata e' superiore a 3500 kg, ma non superiore a 7500 kg, progettati e costruiti per il trasporto di non piu' di otto passeggeri, oltre al conducente; agli autoveicoli di questa categoria puo' essere agganciato un rimorchio la cui massa massima autorizzata non sia superiore a 750 kg;

    i) C1E:

    1) complessi di veicoli composti di una motrice rientrante nella categoria C1 e di un rimorchio o di un semirimorchio la cui massa massima autorizzata e' superiore a 750 kg, sempre che la massa autorizzata del complesso non superi 12000 kg;

    2) complessi di veicoli composti di una motrice rientrante nella categoria B e di un rimorchio o di un semirimorchio la cui massa autorizzata e' superiore a 3500 kg, sempre che la massa autorizzata del complesso non superi 12000 kg.

    l) C: autoveicoli diversi da quelli delle categorie D1 o D la cui massa massima autorizzata e' superiore a 3500 kg e progettati e costruiti per il trasporto di non piu' di otto passeggeri, oltre al conducente; agli autoveicoli di questa categoria puo' essere agganciato un rimorchio la cui massa massima autorizzata non superi 750 kg;

    m) CE: complessi di veicoli composti di una motrice rientrante nella categoria C e di un rimorchio o di un semirimorchio la cui massa massima autorizzata superi 750 kg;

    n) D1: autoveicoli progettati e costruiti per il trasporto di non piu' di 16 persone, oltre al conducente, e aventi una lunghezza massima di 8 metri; agli autoveicoli di questa categoria puo' essere agganciato un rimorchio la cui massa massima autorizzata non superi 750 kg;

    o) D1E: complessi di veicoli composti da una motrice rientrante nella categoria D1 e da un rimorchio la cui massa massima autorizzata e' superiore a 750 kg;

    p) D: autoveicoli progettati e costruiti per il trasporto di piu' di otto persone oltre al conducente; a tali autoveicoli puo' essere agganciato un rimorchio la cui massa massima autorizzata non superi 750 kg;

    q) DE: complessi di veicoli composti da una motrice rientrante nella categoria D e da un rimorchio la cui massa massima autorizzata supera 750 kg.

    4. I mutilati ed i minorati fisici, anche se affetti da piu' minorazioni, possono conseguire la patente speciale delle categorie AM, A1, A2, A, B1, B, ((BE, C1, C1E, C, CE, D1, D1E, D, DE)). Le suddette patenti possono essere limitate alla guida di veicoli di particolari tipi e caratteristiche, e possono indicare determinate prescrizioni in relazione all'esito degli accertamenti di cui all'articolo 119, comma 4. Le limitazioni devono essere riportate sulla patente utilizzando i codici comunitari armonizzati, ovvero i codici nazionali stabiliti dal Dipartimento per i trasporti, la navigazione e i sistemi informativi e statistici. Ai titolari di patente B speciale e' vietata la guida di autoambulanze.

    5. La patente di guida conseguita sostenendo la prova pratica su veicolo munito di cambio di velocita' automatico consente di condurre solo veicoli muniti di tale tipo di cambio. Per veicolo dotato di cambio automatico si intende un veicolo nel quale non e' presente il pedale della frizione o la leva manuale per la frizione, per le categorie A, A2 A1.

    6. La validita' della patente puo' essere estesa dal competente ufficio del Dipartimento per i trasporti, la navigazione ed i sistemi informativi e statistici, previo accertamento dei requisiti fisici e psichici ed esame, a categorie di patente diversa da quella posseduta.

    7. Si puo' essere titolari di un'unica patente di guida rilasciata da uno Stato membro dell'Unione europea o dello Spazio economico europeo.

    8. Ai fini del servizio di noleggio con conducente per trasporto di persone, di cui all'articolo 85, comma 2, lettere a), b) c) e d), e di servizio di piazza con autovetture con conducente, di cui all'articolo 86, i conducenti, di eta' non inferiore a ventuno anni,

conseguono un certificato di abilitazione professionale di tipo KA, se per la guida del veicolo adibito ai predetti servizi e' richiesta la patente di guida di categoria A1, A2 o A, ovvero di tipo KB, se per la guida del veicolo adibito ai predetti servizi e' richiesta la patente di guida di categoria B1 o B.

9. I certificati di abilitazione professionale di cui al comma 8 sono rilasciati dal competente ufficio del Dipartimento per i trasporti, la navigazione ed i sistemi informativi e statistici, sulla base dei requisiti, delle modalita' e dei programmi di esame stabiliti nel regolamento. Ai fini del conseguimento del certificato di abilitazione professionale di tipo KA e' necessario che il conducente abbia la patente di categoria A1, A2 o A, nonche' l'attestazione di avere frequentato con profitto un corso di formazione di primo soccorso anche presso un'autoscuola di cui all'articolo 123. Ai fini del conseguimento del certificato di abilitazione professionale di tipo KB e' necessario che il conducente abbia almeno la patente di categoria B1, nonche' l'attestazione di avere frequentato con profitto un corso di formazione di primo soccorso anche presso un'autoscuola di cui all'articolo 123. Con decreto del Ministro della salute sono stabilite le modalita' con cui anche gli istituti dedicati all'educazione stradale possono erogare la formazione sulle nozioni di primo soccorso prevista per i soggetti che intendono conseguire i certificati di abilitazione professionale di cui al secondo e al terzo periodo.

10. I mutilati ed i minorati fisici, qualora in possesso almeno delle patenti speciali corrispondenti a quelle richieste dal comma 9, possono conseguire i certificati di abilitazione professionale di tipo KA e KB, previa verifica della sussistenza dei requisiti di idoneita' fisica e psichica da parte della commissione medica locale, di cui all'articolo 119, comma 4, sulla base delle indicazioni alla stessa fornite dal comitato tecnico, ai sensi dell'articolo 119, comma 10.

11. Quando richiesto dalle disposizioni comunitarie, come recepite nell'ordinamento interno, i conducenti titolari di patente di guida di categoria ((C1, C, C1E e CE, anche speciale)), conseguono la carta di qualificazione del conducente per il trasporto di cose ed i conducenti titolari di patente di guida di categoria D1, D1E, D e DE ((, anche speciale,)) conseguono la carta di qualificazione del conducente per il trasporto di persone. Quest'ultima e' sempre richiesta nel caso di trasporto di scolari.

12. Nei casi previsti dagli accordi internazionali cui l'Italia abbia aderito, per la guida di veicoli adibiti a determinati trasporti professionali, i titolari di patente di guida valida per la prescritta categoria devono inoltre conseguire il relativo certificato di abilitazione, idoneita', capacita' o formazione professionale, rilasciato dal competente ufficio del Dipartimento per i trasporti, la navigazione ed i sistemi informativi e statistici. Tali certificati non possono essere rilasciati ai mutilati e ai minorati fisici.

13. L'annotazione del trasferimento di residenza da uno ad un altro comune o il cambiamento di abitazione nell'ambito dello stesso comune, viene effettuata dal competente ufficio centrale del Dipartimento per i trasporti, la navigazione e i sistemi informativi e statistici che aggiorna il dato nell'anagrafe nazionale degli abilitati alla guida. A tale fine, i comuni trasmettono al suddetto ufficio, per via telematica o su supporto magnetico secondo i tracciati record prescritti dal Dipartimento per i trasporti, la navigazione e i sistemi informativi e statistici, notizia dell'avvenuto trasferimento di residenza, nel termine di un mese decorrente dalla data di registrazione della variazione anagrafica.

14. Chiunque, avendo la materiale disponibilita' di un veicolo, lo affida o ne consente la guida a persona che non abbia conseguito la corrispondente patente di guida, o altra abilitazione prevista ai commi 8, 10, 11 e 12, se prescritta, e' soggetto alla sanzione amministrativa del pagamento di una somma da € 397 a € 1.592.

15. Chiunque conduce veicoli senza aver conseguito la corrispondente patente di guida e' punito con l'ammenda da 2.257 euro a 9.032 euro; la stessa sanzione si applica ai conducenti che guidano senza patente perche' revocata o non rinnovata per mancanza dei requisiti fisici e psichici. Nell'ipotesi di recidiva nel biennio si applica altresi' la pena dell'arresto fino ad un anno. Per le violazioni di cui al presente comma e' competente il tribunale in composizione monocratica.

15-bis. Il titolare di patente di guida di categoria A1 che guida veicoli per i quali e' richiesta la patente di categoria A2, il titolare di patente di guida di categoria A1 o A2 che guida veicoli per i quali e' richiesta la patente di categoria A, ovvero titolare di patente di guida di categoria B1, C1 o D1 che guida veicoli per i quali e' richiesta rispettivamente la patente di categoria B, C o D, e' soggetto alla sanzione amministrativa del pagamento di una somma da € 1.021 a € 4.084. Si applica la sanzione accessoria della sospensione della patente di guida posseduta da quattro a otto mesi, secondo le norme del capo I, sezione II, del titolo VI.

16. Fermo restando quando previsto da specifiche disposizioni, chiunque guida veicoli essendo munito della patente di guida ma non di altra abilitazione di cui ai commi 8, 10, 11 e 12, quando prescritta, e' soggetto alla sanzione amministrativa del pagamento di una somma da € 408 a € 1.634.

17. Alle violazioni di cui al comma 15 consegue la sanzione accessoria del fermo amministrativo del veicolo per un periodo di tre mesi, o in caso di recidiva delle violazioni, la sanzione accessoria della confisca amministrativa del veicolo. Quando non e' possibile disporre il fermo amministrativo o la confisca del veicolo, si applica la sanzione accessoria della sospensione della patente di guida eventualmente posseduta per un periodo da tre a dodici mesi. Si osservano le norme di cui al capo II, sezione II, del titolo VI.

18. Le violazioni delle disposizioni di cui al comma 16 importano la sanzione accessoria del fermo amministrativo del veicolo per giorni sessanta, secondo le norme del capo I, sezione II, del titolo VI.

Art. 116-bis
(((Rete dell'Unione europea delle patenti di guida).))

((1. Lo scambio di informazioni con gli altri Stati dell'Unione europea e dello Spazio economico europeo, relative al rilascio, alla conversione, ai duplicati, ai rinnovi di validita' e alle revoche delle patenti avviene mediante la rete dell'Unione europea delle patenti di guida, di seguito "rete".

2. La rete puo' essere utilizzata anche per lo scambio di informazioni per finalita' di controllo previste dalla legislazione dell'Unione.

3. L'accesso alla rete e' protetto. Lo scambio di informazioni sulla rete dell'Unione europea si conforma alle norme vigenti in materia di protezione dei dati personali e l'accesso alla stessa e' consentita esclusivamente alle autorita' competenti responsabili per il rilascio, la gestione ed il controllo e delle patenti di guida e delle qualificazioni dei conducenti professionali.))

Art. 117
Limitazioni nella guida

1. COMMA ABROGATO DAL D.LGS. 18 APRILE 2011, N. 59.

2. Per i primi tre anni dal conseguimento della patente di categoria A2, A, B1 e B non e' consentito il superamento della velocita' di 100 km/h per le autostrade e di 90 km/h per le strade extraurbane principali.

2-bis. Ai titolari di patente di guida di categoria B, per il primo anno dal rilascio non e' consentita la guida di autoveicoli aventi una potenza specifica, riferita alla tara, superiore a 55 kW/t. Nel caso di veicoli di categoria M1, ai fini di cui al precedente periodo si applica un ulteriore limite di potenza massima pari a 70 kW. ((Per le autovetture elettriche o ibride plug-in, il limite di potenza specifica e' di 65 kW/t compreso il peso della batteria.)) Le limitazioni di cui al presente comma non si applicano ai veicoli adibiti al servizio di persone invalide, autorizzate ai sensi dell'articolo 188, purche' la persona invalida sia presente sul veicolo. Le limitazioni di cui al presente comma non si applicano, inoltre, se a fianco del conducente si trova, in funzione di istruttore, persona di eta' non superiore a sessantacinque anni, munita di patente valida per la stessa categoria, conseguita da almeno dieci anni, ovvero valida per la categoria superiore. Fatto salvo quanto previsto dall'articolo 120 del presente codice, alle persone destinatarie del divieto di cui all'articolo 75, comma 1, lettera a), del testo unico di cui al decreto del Presidente della Repubblica 9 ottobre 1990, n. 309, il divieto di cui al presente comma ha effetto per i primi tre anni dal rilascio della patente di guida.

3. Nel regolamento saranno stabilite le modalita' per l'indicazione sulla carta di circolazione dei limiti di cui ai commi 2 e 2-bis. Analogamente sono stabilite norme per i veicoli in circolazione alla data di entrata in vigore del presente codice.

4. Le limitazioni alla guida e alla velocita' sono automatiche e decorrono dalla data di superamento dell'esame di cui all'articolo 121. PERIODO SOPPRESSO DAL D.L. 1 APRILE 1995, N. 98, CONVERTITO, CON MODIFICAZIONI, DALLA L. 30 MAGGIO 1995, N. 204.

5. Il titolare di patente di guida italiana che, viola le disposizioni di cui ai commi 2 e 2-bis e' soggetto alla sanzione amministrativa del pagamento di una somma da € 165 a € 660. La violazione importa la sanzione amministrativa accessoria della sospensione della validita' della patente da due ad otto mesi, secondo le norme del capo I, sezione II, del titolo VI.

Art. 118.
Patente e certificato di idoneita' per la guida di filoveicoli

1. Non si possono guidare filoveicoli senza avere conseguito la patente di guida per autoveicoli , la carta di qualificazione del conducente per il trasporto di persone nel caso della guida di filoveicoli per trasporto di persone e un certificato di idoneita' rilasciato dal competente ufficio del Dipartimento per i trasporti terrestri, su proposta della azienda interessata.

2. La categoria della patente di guida e la carta di qualificazione del conducente per il trasporto di persone di cui devono essere muniti i conducenti di veicoli filoviari devono essere gli stessi di quelli prescritti per i corrispondenti autoveicoli.

3. Il certificato di idoneita' si consegue mediante esame che deve essere preceduto da un periodo di esercitazioni nella condotta di un veicolo filoviario da effettuarsi con la assistenza di un guidatore gia' autorizzato e sotto il controllo di un funzionario tecnico della azienda che intende adibire il candidato alla funzione di guidatore di filobus.

4. Nel regolamento sono stabiliti i requisiti, le modalita' ed i programmi di esame per il conseguimento del suddetto certificato di idoneita'.

5. I candidati che hanno sostenuto gli esami con esito non favorevole possono ripresentarsi ad un successivo esame solo dopo che abbiano ripetuto il periodo di esercitazioni e siano trascorsi almeno trenta giorni.

6. L'ufficio competente rilascia ai candidati che hanno superato gli esami un certificato di idoneita' alle funzioni di guidatore di filobus, che e' valido solo se accompagnato dalla patente per autoveicoli di cui al comma 2 e dalla carta di qualificazione del conducente per il trasporto di persone. Il certificato di idoneita'

abilita a condurre le vetture filoviarie presso qualsiasi azienda.

7. La validita' nel tempo del certificato di idoneita' e' la stessa della patente di guida in possesso dell'interessato ai sensi del comma 2. Quando la patente viene confermata di validita' a norma dell'art. 126, l'ufficio competente provvede ad analoga conferma per anni cinque del certificato di idoneita'. Se la validita' della patente non viene confermata, il certificato di idoneita' deve essere ritirato a cura dell'ufficio che lo ha rilasciato.

8. I competenti uffici del Dipartimento per i trasporti terrestri possono disporre che siano sottoposti a visita medica o ad esame di idoneita' i titolari del certificato di idoneita' alla guida di vetture filoviarie quando sorgano dubbi sulla persistenza dei requisiti fisici o psichici prescritti o della idoneita'.

9. Le disposizioni relative alla sospensione e alla revoca della patente di guida di cui agli articoli 129 e 130 si applicano anche ai certificati di idoneita' alla guida dei filoveicoli per fatti derivanti dalla guida degli stessi.

10. Avverso i provvedimenti di sospensione o revoca del certificato di idoneita' alla guida di filoveicoli e' ammesso ricorso al Ministro dei trasporti.

11. Chiunque, avendo la materiale disponibilita' di un filoveicolo, ne affida o ne consente la guida a persone che non siano munite della patente di guida per autoveicoli, della carta di qualificazione del conducente per il trasporto di persone, o del certificato di idoneita' e' soggetto alla sanzione amministrativa del pagamento di una somma ((da € 173 a € 694)).

12. Chiunque guida filoveicoli senza essere munito della patente di guida e della carta di qualificazione del conducente per il trasporto di persone, e' soggetto alla sanzione amministrativa del pagamento di una somma ((da € 173 a € 694)).

13. Chiunque, munito di patente di guida, guida filoveicoli senza essere munito del certificato di idoneita' e' soggetto alla sanzione amministrativa del pagamento di una somma ((da € 87 a € 344)).

14. Alle violazioni suddette consegue la sanzione accessoria del fermo amministrativo del veicolo per sei mesi, secondo le norme di cui al capo I, sezione II, del titolo VI.

Art. 118-bis
(Requisito della residenza normale per il rilascio della patente di guida e delle abilitazioni professionali).

((1. Ai fini del rilascio di una patente di guida o di una delle abilitazioni professionali di cui all'articolo 116, nonche' dell'applicazione delle disposizioni di cui all'articolo 126, per residenza si intende la residenza normale in Italia di cittadini di Stati membri dell'Unione europea o dello Spazio economico europeo)).

2. Per residenza normale in Italia si intende il luogo, sul territorio nazionale, in cui una persona dimora abitualmente, vale a dire per almeno centottantacinque giorni all'anno, per interessi personali e professionali o, nel caso di una persona che non abbia interessi professionali, per interessi personali, che rivelino stretti legami tra la persona e il luogo in cui essa abita. Si intende altresi' per residenza normale il luogo, sul territorio nazionale, in cui una persona, che ha interessi professionali in altro Stato comunitario o dello Spazio economico europeo, ha i propri interessi personali, a condizione che vi ritorni regolarmente. Tale condizione non e' necessaria se la persona effettua un soggiorno in Italia per l'esecuzione di una missione a tempo determinato. La frequenza di corsi universitari e scolastici non implica il trasferimento della residenza normale.

3. Ai fini dell'applicazione delle disposizioni del presente codice, e' equiparato alla residenza normale il possesso della qualifica di studente nel territorio nazionale, per almeno sei mesi all'anno.

Art. 119.
Requisiti fisici e psichici per il conseguimento della patente di guida

1. Non puo' ottenere la patente di guida o l'autorizzazione ad esercitarsi alla guida di cui all'art. 122, comma 2, chi sia affetto da malattia fisica o psichica, deficienza organica o minorazione psichica, anatomica o funzionale tale da impedire di condurre con sicurezza veicoli a motore.

2. L'accertamento dei requisiti fisici e psichici, tranne per i casi stabiliti nel comma 4, e' effettuato dall'ufficio della unita' sanitaria locale territorialmente competente, cui sono attribuite funzioni in materia medico-legale. L'accertamento suindicato puo' essere effettuato altresi' da un medico responsabile dei servizi di base del distretto sanitario ovvero da un medico appartenente al ruolo dei medici del Ministero della salute, o da un ispettore medico delle Ferrovie dello Stato o da un medico militare in servizio permanente effettivo o in quiescenza o da un medico del ruolo professionale dei sanitari della Polizia di Stato o da un medico del ruolo sanitario del Corpo nazionale dei vigili del fuoco o da un ispettore medico del Ministero del lavoro e delle politiche sociali. L'accertamento puo' essere effettuato dai medici di cui al periodo precedente, anche dopo aver cessato di appartenere alle amministrazioni e ai corpi ivi indicati, purche' abbiano svolto l'attivita' di accertamento negli ultimi dieci anni o abbiano fatto parte delle commissioni di cui al comma 4 per almeno cinque anni. In tutti i casi tale accertamento deve essere effettuato nei gabinetti medici.

2-bis. L'accertamento dei requisiti psichici e fisici nei confronti dei soggetti affetti da diabete per il conseguimento, la revisione o la conferma delle patenti di categoria A, B, BE e sottocategorie, e' effettuato dai medici specialisti nell'area della diabetologia e malattie del ricambio dell'unita' sanitaria locale che indicheranno l'eventuale scadenza entro la quale effettuare il successivo controllo medico cui e' subordinata la conferma o la revisione della patente di guida.

2-ter. Ai fini dell'accertamento dei requisiti psichici e fisici per il primo rilascio della patente di guida di qualunque categoria, ovvero di certificato di abilitazione professionale di tipo KA o KB, l'interessato deve esibire apposita certificazione da cui risulti il non abuso di sostanze alcoliche e il non uso di sostanze stupefacenti o psicotrope, rilasciata sulla base di accertamenti clinicotossicologici le cui modalita' sono individuate con decreto del Ministero della salute, di concerto con il Ministero delle infrastrutture e dei trasporti, sentito il Dipartimento per le politiche antidroga della Presidenza del Consiglio dei ministri. Con il medesimo provvedimento sono altresi' individuate le strutture competenti ad effettuare gli accertamenti prodromici alla predetta certificazione ed al rilascio della stessa. La predetta certificazione deve essere esibita dai soggetti di cui all'articolo 186-bis, comma 1, lettere b), c) e d), e dai titolari del certificato CFP o patentino filoviario, in occasione della revisione o della conferma di validita' delle patenti possedute, nonche' da coloro che siano titolari di certificato professionale di tipo KA o KB, quando il rinnovo di tale certificato non coincida con quello della patente. Le relative spese sono a carico del richiedente.

3. L'accertamento di cui ai commi 2 e 2-ter deve risultare da certificazione di data non anteriore a tre mesi dalla presentazione della domanda per sostenere l'esame di guida. PERIODO ABROGATO DAL D.P.R. 19 APRILE 1994, N. 575. La certificazione deve tener conto dei precedenti morbosi del richiedente dichiarati da un certificato medico rilasciato da un medico di fiducia.

4. L'accertamento dei requisiti psichici e fisici e' effettuato da commissioni mediche locali, costituite dai competenti organi regionali ovvero dalle province autonome di Trento e di Bolzano che provvedono altresi' alla nomina dei rispettivi presidenti, nei

riguardi:

a) dei mutilati e minorati fisici. Nel caso in cui il giudizio di idoneita' non possa essere formulato in base ai soli accertamenti clinici si dovra' procedere ad una prova pratica di guida su veicolo adattato in relazione a particolari esigenze. ((Qualora, all'esito della visita di cui al precedente periodo, la commissione medica locale certifichi che il conducente presenti situazioni di mutilazione o minorazione fisica stabilizzate e non suscettibili di aggravamento ne' di modifica delle prescrizioni o delle limitazioni in atto, i successivi rinnovi di validita' della patente di guida posseduta potranno essere esperiti secondo le procedure di cui al comma 2 e secondo la durata di cui all'articolo 126, commi 2, 3 e 4.));

b) di coloro che abbiano superato i sessantacinque anni di eta' ed abbiano titolo a guidare autocarri di massa complessiva, a pieno carico, superiore a 3,5 t, autotreni ed autoarticolati adibiti al trasporto di cose, la cui massa complessiva, a pieno carico, non sia superiore a 20 t, macchine operatrici;

b-bis) LETTERA SOPPRESSA DAL D.L. 9 FEBBRAIO 2012, N. 5, CONVERTITO CON MODIFICAZIONI DALLA L. 4 APRILE 2012, N. 35;

c) di coloro per i quali e' fatta richiesta dal prefetto o dall'ufficio competente del Dipartimento per i trasporti terrestri;

d) di coloro nei confronti dei quali l'esito degli accertamenti clinici, strumentali e di laboratorio faccia sorgere al medico di cui al comma 2 dubbi circa l'idoneita' e la sicurezza della guida.

d-bis) dei soggetti affetti da diabete per il conseguimento, la revisione o la conferma delle patenti C, D, CE, DE e sottocategorie. In tal caso la commissione medica e' integrata da un medico specialista diabetologo, sia ai fini degli accertamenti relativi alla specifica patologia sia ai fini dell'espressione del giudizio finale.

5. Le commissioni di cui al comma 4 comunicano il giudizio di temporanea o permanente inidoneita' alla guida al competente ufficio della motorizzazione civile che adotta il provvedimento di sospensione o revoca della patente di guida ai sensi degli articoli 129 e 130 del presente codice. Le commissioni comunicano altresi' all'ufficio della motorizzazione civile eventuali riduzioni della validita' della patente, anche con riferimento ai veicoli che la stessa abilita a guidare ovvero ad eventuali adattamenti, ai fini del rilascio del duplicato che tenga conto del nuovo termine di validita' ovvero delle diverse prescrizioni delle commissioni mediche locali. I provvedimenti di sospensione o di revoca ovvero la riduzione del termine di validita' della patente o i diversi provvedimenti, che incidono sulla categoria di veicolo alla cui guida la patente abilita o che prescrivono eventuali adattamenti, possono essere modificati dai suddetti uffici della motorizzazione civile in autotutela, qualora l'interessato produca, a sua richiesta e a sue spese, una nuova certificazione medica rilasciata dagli organi sanitari periferici della societa' Rete Ferroviaria Italiana Spa dalla quale emerga una diversa valutazione. E' onere dell'interessato produrre la nuova certificazione medica entro i termini utili alla eventuale proposizione del ricorso giurisdizionale al tribunale amministrativo regionale competente ovvero del ricorso straordinario al Presidente della Repubblica. La produzione del certificato oltre tali termini comporta decadenza dalla possibilita' di esperire tali ricorsi.

6. I provvedimenti di sospensione e revoca della patente di guida emanati dagli uffici del Dipartimento per i trasporti terrestri a norma dell'articolo 129, comma 2, e dell'articolo 130, comma 1, nei casi in cui sia accertato il difetto con carattere temporaneo o permanente dei requisiti fisici e psichici prescritti, sono atti definitivi.

7. Per esprimersi sui ricorsi inoltrati dai richiedenti di cui al comma 4, lettera a), il Ministro dei trasporti si avvale della collaborazione di medici appartenenti ai servizi territoriali della riabilitazione.

8. Nel regolamento di esecuzione sono stabiliti:

a) i requisiti fisici e psichici per conseguire e confermare le patenti di guida;

b) le modalita' di rilascio ed i modelli dei certificati medici;

c) la composizione e le modalita' di funzionamento delle commissioni mediche di cui al comma 4, delle quali dovra' far parte un medico appartenente ai servizi territoriali della riabilitazione, qualora vengano sottoposti a visita aspiranti conducenti di cui alla lettera a) del citato comma 4. In questa ipotesi, dovra' farne parte un ingegnere del ruolo del Dipartimento per i trasporti terrestri. Qualora siano sottoposti a visita aspiranti conducenti che manifestano comportamenti o sintomi associabili a patologie alcoolcorrelate, le commissioni mediche sono integrate con la presenza di un medico dei servizi per lo svolgimento delle attivita' di prevenzione, cura, riabilitazione e reinserimento sociale dei soggetti con problemi e patologie alcoolcorrelati. Puo' intervenire, ove richiesto dall'interessato, un medico di sua fiducia.

d) i tipi e le caratteristiche dei veicoli che possono essere guidati con le patenti speciali di categorie A, B. C e D.

9. I medici di cui al comma 2 o, nei casi previsti, le commissioni mediche di cui al comma 4, possono richiedere, qualora lo ritengano opportuno, che l'accertamento dei requisiti fisici e psichici sia integrato da specifica valutazione psicodiagnostica effettuata da psicologi abilitati all'esercizio della professione ed iscritti all'albo professionale.

10. Con decreto del Ministro dei trasporti, di concerto con il Ministro della salute, e' istituito un apposito comitato tecnico che ha il compito di fornire alle Commissioni mediche locali informazioni sul progresso tecnico - scientifico che ha riflessi sulla guida dei veicoli a motore da parte dei mutilati e minorati fisici.

Art. 120
Requisiti ((soggettivi)) per ottenere il rilascio della patente di guida e disposizioni sull'interdizione alla conduzione di velocipedi a pedalata assistita

1. Non possono conseguire la patente di guida i delinquenti abituali, professionali o per tendenza e coloro che sono o sono stati sottoposti a misure di sicurezza personali o alle misure di prevenzione previste dalla legge 27 dicembre 1956, n. 1423, ad eccezione di quella di cui all'articolo 2, e dalla legge 31 maggio 1965, n. 575, le persone condannate per i reati di cui agli articoli 73 e 74 del testo unico di cui al decreto del Presidente della Repubblica 9 ottobre 1990, n. 309, fatti salvi gli effetti di provvedimenti riabilitativi, nonche' i soggetti destinatari dei divieti di cui agli articoli 75, comma 1, lettera a), e 75-bis, comma 1, lettera f), del medesimo testo unico di cui al decreto del Presidente della Repubblica n. 309 del 1990 per tutta la durata dei predetti divieti. Non possono di nuovo conseguire la patente di guida le persone a cui sia applicata per la seconda volta, con sentenza di condanna per il reato di cui al terzo periodo del comma 2 dell'articolo 222, la revoca della patente ai sensi del quarto periodo del medesimo comma.

2. Fermo restando quanto previsto dall'articolo 75, comma 1, lettera a), del citato testo unico di cui al decreto del Presidente della Repubblica n. 309 del 1990, se le condizioni soggettive indicate al primo periodo del comma 1 del presente articolo intervengono in data successiva al rilascio, il prefetto provvede alla revoca della patente di guida. La revoca non puo' essere disposta se sono trascorsi piu' di tre anni dalla data di applicazione delle misure di prevenzione, o di quella del passaggio in giudicato della sentenza di condanna per i reati indicati al primo periodo del medesimo comma 1.

3. La persona destinataria del provvedimento di revoca di cui al comma 2 non puo' conseguire una nuova patente di guida prima che siano trascorsi almeno tre anni.

4. Avverso i provvedimenti di diniego di cui al comma 1 e i provvedimenti di cui al comma 2 e' ammesso il ricorso al Ministro dell'interno il quale decide, entro sessanta giorni, di concerto con il Ministro delle infrastrutture e dei trasporti.

5. Con decreto del Ministro dell'interno e del Ministro delle infrastrutture e dei trasporti sono stabilite le modalita' necessarie per l' adeguamento del collegamento telematico tra il sistema informativo del Dipartimento per i trasporti terrestri e il trasporto intermodale e quello del Dipartimento per le politiche del personale dell'amministrazione civile e per le risorse strumentali e finanziarie, in modo da consentire la trasmissione delle informazioni necessarie ad impedire il rilascio dei titoli abilitativi di cui al comma 1 e l'acquisizione dei dati relativi alla revoca dei suddetti titoli intervenuta ai sensi del comma 2.

6. Salvo che il fatto costituisca reato, chiunque, in violazione delle disposizioni di cui ai commi 1 e 3, provvede al rilascio dei titoli abilitativi di cui all'articolo 116 e' punito con la sanzione amministrativa pecuniaria da € 1.084 a € 3.253.

6-bis. Nei confronti dei soggetti indicati dal comma 1, il giudice con la sentenza di condanna o con l'applicazione di una misura di sicurezza o di prevenzione, ovvero il prefetto con l'irrogazione dei divieti di cui agli articoli 75, comma 1, lettera a), e 75-bis, comma 1, lettera f), del testo unico di cui al decreto del Presidente della Repubblica n. 309 del 1990, puo' disporre l'interdizione dalla conduzione dei velocipedi a pedalata assistita di cui all'articolo 50, comma 1, fatti salvi gli effetti di provvedimenti riabilitativi e, per i soggetti destinatari dei predetti divieti, per tutta la loro durata. Nell'ipotesi di cui al comma 2, il prefetto con il provvedimento di revoca della patente di guida puo' disporre l'applicazione dell'ulteriore misura dell'interdizione dalla conduzione dei predetti velocipedi. Avverso il provvedimento interdittivo del prefetto e' ammesso ricorso ai sensi del comma 4. La violazione della misura interdittiva di cui al presente comma e' punita con la sanzione amministrativa pecuniaria da euro 2.000 a euro 7.000 ed e' disposta la confisca del mezzo.

Art. 121.
Esame di idoneita'

1. L'idoneita' tecnica necessaria per il rilascio della patente di guida si consegue superando una prova di verifica delle capacita' e dei comportamenti ed una prova di controllo delle cognizioni.

2. Gli esami di cui al comma 1 sono effettuati secondo direttive, modalita' e programmi stabiliti con decreto del Ministro dei trasporti sulla base delle direttive della Comunita' Europea e con il ricorso a sussidi audiovisivi, questionari d'esame e quant'altro necessario per una uniforme formulazione del giudizio.

3. Gli esami per la patente di guida, per le abilitazioni professionali di cui all'articolo 116 e del certificato di idoneita' professionale di cui all'articolo 118, sono effettuati da dipendenti del ((Ministero delle infrastrutture e della mobilita' sostenibili)), a seguito della frequenza di corso di qualificazione iniziale, secondo le disposizioni di cui ai commi 5 e 5-bis, ed esame di abilitazione. Il permanere nell'esercizio della funzione di esaminatore e' subordinato alla frequenza di corsi di formazione periodica, secondo le disposizioni di cui ai commi 5 e 5-bis.

4. Nel regolamento sono determinati i profili professionali dei dipendenti del ((Ministero delle infrastrutture e della mobilita' sostenibili)) che danno titolo all'effettuazione degli esami di cui al comma 3.

5. Con decreto del Ministro dei trasporti sono determinate le norme e modalita' di effettuazione dei corsi di qualificazione iniziale, di formazione periodica e degli esami per l'abilitazione del personale di cui al comma 3, adibito alla funzione di esaminatore nelle prove di controllo delle cognizioni.

5-bis. I contenuti del corso di qualificazione iniziale del personale di cui al comma 3, adibito alla funzione di esaminatore nelle prove di verifica delle capacita' e dei comportamenti, e delle competenze a cui gli stessi sono finalizzati, sono definiti con decreto del ((Ministro delle infrastrutture e della mobilita' sostenibili)). Con lo stesso decreto sono altresi' disciplinate le condizioni soggettive necessarie per la frequenza dei suddetti corsi nonche' i contenuti e le procedure dell'esame finale. ((La Direzione generale del personale, del bilancio, degli affari generali e della gestione sostenibile del Ministero delle infrastrutture e della mobilita' sostenibili provvede a un controllo di qualita' sul predetto personale e a una formazione periodica dello stesso, secondo modalita' e programmi indicati dal Dipartimento per la mobilita' sostenibile.))

6. L'esame di coloro che hanno frequentato una autoscuola puo' svolgersi presso la stessa se dotata di locali riconosciuti dal competente ufficio del Dipartimento per i trasporti terrestri idonei allo scopo o presso centri di istruzione da questa formati e legalmente costituiti.

7. Le prove d'esame sono pubbliche.

8. La prova pratica di guida non puo' essere sostenuta prima che sia trascorso un mese dalla data del rilascio dell'autorizzazione per esercitarsi alla guida, ai sensi del comma 1 dell'articolo 122.

9. La prova pratica di guida, con esclusione di quella per il conseguimento di patente di categoria AM, A1, A2 ed A, va in ogni caso effettuata su veicoli muniti di doppi comandi.

10. Tra una prova d'esame sostenuta con esito sfavorevole ed una successiva prova deve trascorrere almeno un mese.

11. Gli esami possono essere sostenuti, previa prenotazione da inoltrarsi non oltre il quinto giorno precedente la data della prova, entro il termine di validita' dell'autorizzazione per l'esercitazione di guida. Nel limite di detta validita' e' consentito ripetere, per non piu' di due volte, la prova pratica di guida.

12. Contestualmente al superamento con esito favorevole dell'esam di guida, il competente ufficio competente del Dipartimento per i trasporti terrestri rilascia la patente di guida a chi ne ha fatto richiesta ai sensi dell'art. 116.

Art. 122.
Esercitazioni di guida

1. A chi ha fatto domanda per sostenere l'esame per la patente di guida ovvero per l'estensione di validita' della patente ad altre categorie di veicoli ed e' in possesso dei requisiti fisici e psichici prescritti e' rilasciata un' autorizzazione per esercitarsi alla guida, previo superamento della prova di controllo delle cognizioni di cui al comma 1 dell'articolo 121, che deve avvenire entro sei mesi dalla data di presentazione della domanda per il conseguimento della patente. Entro il termine di cui al periodo precedente non sono consentite piu' di due prove.

2. L'autorizzazione consente all'aspirante di esercitarsi su veicoli delle categorie per le quali e' stata richiesta la patente o l'estensione di validita' della medesima, purche' al suo fianco si trovi, in funzione di istruttore, persona di eta' non superiore a sessantacinque anni, munita di patente valida per la stessa categoria, conseguita da almeno dieci anni, ovvero valida per la categoria superiore; l'istruttore deve, a tutti gli effetti, vigilare sulla marcia del veicolo, intervenendo tempestivamente ed efficacemente in caso di necessita'. PERIODO SOPPRESSO DAL D.L. 9 FEBBRAIO 2012, N. 5, CONVERTITO CON MODIFICAZIONI DALLA L. 4 APRILE 2012, N. 35.

((3. Agli aspiranti autorizzati a esercitarsi per conseguire le patenti di categoria AM, A1, A2 e A, quando utilizzano veicoli nei quali non puo' prendere posto, a fianco del conducente, altra persona in funzione di istruttore, non si applicano le disposizioni del comma

2)).

4. Gli autoveicoli per le esercitazioni e gli esami di guida devono essere muniti di appositi contrassegni recanti la lettera alfabetica "P". Tale contrassegno e' sostituito per i veicoli delle autoscuole con la scritta "scuola guida". Le caratteristiche di tali contrassegni e le modalita' di applicazione saranno determinate nel regolamento.

5. ((COMMA ABROGATO DAL D.L. 10 SETTEMBRE 2021, N. 121, CONVERTITO CON MODIFICAZIONI DALLA L. 9 NOVEMBRE 2021, N. 156)).

5-bis. L'aspirante al conseguimento della patente di guida di categoria B deve effettuare esercitazioni in autostrada o su strade extraurbane e in condizione di visione notturna presso un'autoscuola con istruttore abilitato e autorizzato. Con decreto del Ministro delle infrastrutture e dei trasporti sono stabilite la disciplina e le modalita' di svolgimento delle esercitazioni di cui al presente comma.

6. L'autorizzazione e' valida per ((dodici mesi)).

7. Chiunque guida senza l'autorizzazione per l'esercitazione, ma avendo a fianco, in funzione di istruttore, persona provvista di patente di guida ai sensi del comma 2, e' soggetto alla sanzione amministrativa del pagamento di una somma da € 430 a € 1.731. La stessa sanzione si applica alla persona che funge da istruttore.

((8. Chiunque, essendo autorizzato per l'esercitazione, guida senza avere a fianco, ove previsto, in funzione di istruttore, persona provvista di patente valida ai sensi del comma 2 e' soggetto alla sanzione amministrativa del pagamento di una somma da euro 430 a euro 1.731. Alla violazione consegue la sanzione accessoria del fermo amministrativo del veicolo per tre mesi, secondo le norme del capo I, sezione II, del titolo VI)).

9. Chiunque viola le disposizioni di cui al comma 4 e' soggetto alla sanzione amministrativa del pagamento di una somma da € 87 a € 344.

Art. 123.
Autoscuole

1. Le scuole per l'educazione stradale, l'istruzione e la formazione dei conducenti sono denominate autoscuole.

2. Le autoscuole sono soggette a vigilanza amministrativa e tecnica da parte delle province, alle quali compete inoltre l'applicazione delle sanzioni di cui al comma 11-bis.

3. I compiti delle province in materia di dichiarazioni di inizio attivita' e di vigilanza amministrativa sulle autoscuole sono svolti sulla base di apposite direttive emanate dal Ministro dei trasporti, nel rispetto dei principi legislativi ed in modo uniforme per la vigilanza tecnica sull'insegnamento.

4. Le persone fisiche o giuridiche, le societa', gli enti possono presentare l'apposita dichiarazione di inizio attivita'. Il titolare deve avere la proprieta' e gestione diretta, personale, esclusiva e permanente dell'esercizio, nonche' la gestione diretta dei beni patrimoniali dell'autoscuola, rispondendo del suo regolare funzionamento nei confronti del concedente; nel caso di apertura di ulteriori sedi per l'esercizio dell'attivita' di autoscuola, per ciascuna deve essere dimostrato il possesso di tutti i requisiti prescritti, ad eccezione della capacita' finanziaria che deve essere dimostrata per una sola sede, e deve essere preposto un responsabile didattico, in organico quale dipendente o collaboratore familiare ovvero anche, nel caso di societa' di persone o di capitali, quale rispettivamente socio o amministratore, che sia in possesso dei requisiti di cui al comma 5, ad eccezione della capacita' finanziaria. PERIODO SOPPRESSO DAL D.L. 31 GENNAIO 2007, N. 7, CONVERTITO CON MODIFICAZIONI DALLA L. 2 APRILE 2007, N. 40.

5. La dichiarazione puo' essere presentata da chi abbia compiuto gli anni ventuno, risulti di buona condotta e sia in possesso di adeguata capacita' finanziaria, di diploma di istruzione di secondo

grado e di abilitazione quale insegnante di teoria e istruttore di guida con almeno un'esperienza biennale, maturata negli ultimi cinque anni. Per le persone giuridiche i requisiti richiesti dal presente comma, ad eccezione della capacita' finanziaria che deve essere posseduta dalla persona giuridica, sono richiesti al legale rappresentante.

6. La dichiarazione non puo' essere presentata dai delinquenti abituali, professionali o per tendenza e da coloro che sono sottoposti a misure amministrative di sicurezza personali o alle misure di prevenzione previste dall'art. 120, comma 1.

7. L'autoscuola deve svolgere l'attivita' di formazione dei conducenti per il conseguimento di patente di qualsiasi categoria, possedere un'adeguata attrezzatura tecnica e didattica e disporre di insegnanti ed istruttori riconosciuti idonei dal Ministero dei trasporti, che rilascia specifico attestato di qualifica professionale. Qualora piu' scuole autorizzate si consorzino e costituiscano un centro di istruzione automobilistica, riconosciuto dall'ufficio competente del Dipartimento per i trasporti terrestri. Secondo criteri uniformi fissati con decreto del Ministro dei trasporti, le medesime autoscuole possono demandare, integralmente o parzialmente, al centro di istruzione automobilistica la formazione dei conducenti per il conseguimento delle patenti di categoria A, BS, BE, C, D, CE e DE e dei documenti di abilitazione e di qualificazione professionale. In caso di applicazione del periodo precedente, le dotazioni complessive, in personale e in attrezzature, delle singole autoscuole consorziate possono essere adeguatamente ridotte. ((Il corso di formazione, presso un'autoscuola, frequentato da parte del titolare di patente A1 o A2 e svolto ai sensi dell'articolo 7, paragrafo 1, lettera c), della direttiva 2006/126/CE del Parlamento europeo e del Consiglio, del 20 dicembre 2006, concernente la patente di guida, nelle condizioni ivi previste, consente il conseguimento, rispettivamente, della patente A2 o A senza il sostenimento di un esame di guida)).

((7-bis. L'avvio di attivita' di un'autoscuola avviene tramite segnalazione certificata di inizio di attivita' ai sensi dell'articolo 19-bis, comma 3, della legge 7 agosto 1990, n. 241, trasmessa per via telematica allo Sportello unico delle attivita' produttive istituito presso il comune territorialmente competente in ragione della sede dell'autoscuola stessa. Ai fini delle verifiche preventive relative alla disponibilita' del parco veicolare ai sensi del comma 7, per ciascuno Sportello unico delle attivita' produttive e' assicurata una specifica funzionalita' di accesso e consultazione dell'archivio nazionale dei veicoli di cui all'articolo 226, commi 5, 6 e 7)).

8. L'attivita' dell'autoscuola e' sospesa per un periodo da uno a tre mesi quando:
    a) l'attivita' dell'autoscuola non si svolga regolarmente;
    b) il titolare non provveda alla sostituzione degli insegnanti o degli istruttori che non siano piu' ritenuti idonei dal competente ufficio del Dipartimento per i trasporti terrestri;
    c) il titolare non ottemperi alle disposizioni date dall'ufficio competente del Dipartimento per i trasporti terrestri ai fini del regolare funzionamento dell'autoscuola.

9. L'esercizio dell'autoscuola e' revocato quando:
    a) siano venuti meno la capacita' finanziaria e i requisiti morali del titolare;
    b) venga meno l'attrezzatura tecnica e didattica dell'autoscuola;
    c) siano stati adottati piu' di due provvedimenti di sospensione in un quinquennio.

9-bis. In caso di revoca per sopravvenuta carenza dei requisiti morali del titolare, a quest'ultimo e' parimenti revocata l'idoneita' tecnica. L'interessato potra' conseguire una nuova idoneita' trascorsi cinque anni dalla revoca o a seguito di intervenuta riabilitazione.

10. Il Ministro dei trasporti stabilisce, con propri decreti: i

requisiti minimi di capacita' finanziaria; i requisiti di idoneita', i corsi di formazione iniziale e periodica, con i relativi programmi, degli insegnanti e degli istruttori delle autoscuole per conducenti; le modalita' di svolgimento delle verifiche di cui al comma 7-bis; i criteri per l'accreditamento da parte delle regioni e delle province autonome dei soggetti di cui al comma 10-bis, lettera b); le prescrizioni sui locali e sull'arredamento didattico, anche al fine di consentire l'eventuale svolgimento degli esami, nonche' la durata dei corsi; i programmi di esame per l'accertamento della idoneita' tecnica degli insegnanti e degli istruttori, cui si accede dopo la citata formazione iniziale; i programmi di esame per il conseguimento della patente di guida.

10-bis. I corsi di formazione degli insegnanti e degli istruttori delle autoscuole, di cui al comma 10, sono organizzati:

a) dalle autoscuole che svolgono l'attivita' di formazione dei conducenti per il conseguimento di qualsiasi categoria di patente ovvero dai centri di istruzione automobilistica riconosciuti per la formazione integrale;

b) da soggetti accreditati dalle regioni o dalle province autonome di Trento e di Bolzano, sulla base della disciplina quadro di settore definita con l'intesa stipulata in sede di Conferenza permanente per i rapporti tra lo Stato, le regioni e le province autonome di Trento e di Bolzano il 20 marzo 2008, pubblicata nella Gazzetta Ufficiale n. 18 del 23 gennaio 2009, nonche' dei criteri specifici dettati con il decreto del Ministro delle infrastrutture e dei trasporti di cui al comma 10.

11. Chiunque gestisce un'autoscuola senza la dichiarazione di inizio attivita' o i requisiti prescritti e' soggetto alla sanzione amministrativa del pagamento di una somma da € 11.108 a € 16.661. Dalla violazione consegue la sanzione amministrativa accessoria dell'immediata chiusura dell'autoscuola e di cessazione della relativa attivita', ordinata dal competente ufficio secondo le norme di cui al capo I, sezione II, del titolo VI.

11-bis. L'istruzione o la formazione dei conducenti impartita in forma professionale o, comunque, a fine di lucro al di fuori di quanto disciplinato dal presente articolo costituisce esercizio abusivo dell'attivita' di autoscuola. Chiunque esercita o concorre ad esercitare abusivamente l'attivita' di autoscuola e' soggetto alla sanzione amministrativa del pagamento di una somma da € 11.108 a € 16.661. Si applica inoltre il disposto del comma 9-bis del presente articolo.

11-ter. Lo svolgimento dei corsi di formazione di insegnanti e di istruttori di cui al comma 10 e' sospeso dalla regione territorialmente competente o dalle province autonome di Trento e di Bolzano, in relazione alla sede del soggetto che svolge i corsi:

a) per un periodo da uno a tre mesi, quando il corso non si tiene regolarmente;

b) per un periodo da tre a sei mesi, quando il corso si tiene in carenza dei requisiti relativi all'idoneita' dei docenti, alle attrezzature tecniche e al materiale didattico;

c) per un ulteriore periodo da sei a dodici mesi nel caso di reiterazione, nel triennio, delle ipotesi di cui alle lettere a) e b).

11-quater. La regione territorialmente competente o le province autonome di Trento e di Bolzano dispongono l'inibizione alla prosecuzione dell'attivita' per i soggetti a carico dei quali, nei due anni successivi all'adozione di un provvedimento di sospensione ai sensi della lettera c) del comma 11-ter, e' adottato un ulteriore provvedimento di sospensione ai sensi delle lettere a) e b) del medesimo comma.

12. Chiunque insegna teoria nelle autoscuole o istruisce alla guida su veicoli delle autoscuole, senza essere a cio' abilitato ed autorizzato, e' soggetto alla sanzione amministrativa del pagamento di una somma da € 173 a € 694.

13. Nel regolamento saranno stabilite le modalita' per la dichiarazione di inizio attivita', fermo restando quanto previsto dal comma 7-bis. Con lo stesso regolamento saranno dettate norme per lo svolgimento, da parte degli enti pubblici non economici, dell'attivita' di consulenza, secondo la legge 8 agosto 1991, n. 264.

Art. 124.
(([Testo applicabile dal 19 gennaio 2013]
Guida delle macchine agricole e delle macchine operatrici))

((1. Per guidare macchine agricole, escluse quelle con conducente a terra, nonche' macchine operatrici, escluse quelle a vapore, che circolano su strada, occorre avere ottenuto una delle patenti di cui all'articolo 116, comma 3, e precisamente:
    a) della categoria A1, per la guida delle macchine agricole o dei loro complessi che non superino i limiti di sagoma e di peso stabiliti dall'articolo 53, comma 4, e che non superino la velocita' di 40 km/h;
    b) della categoria B, per la guida delle macchine agricole, diverse da quelle di cui alla lettera a), nonche' delle macchine operatrici;
    c) della categoria C1, per le macchine operatrici eccezionali.
2. Con decreto del Ministro delle infrastrutture e dei trasporti sono stabiliti i tipi e le caratteristiche dei veicoli di cui al comma 1, lettere a) e b) che, eventualmente adattati, possono essere guidati da mutilati e minorati fisici con patenti speciali delle categorie A1 e B, previste dall'articolo 116, comma 3, lettere b) ed f).
3. Qualora non sia necessario prescrivere adattamenti, lo stesso decreto di cui al comma 2 stabilisce i tipi e le caratteristiche dei veicoli di cui al comma 1 che possono essere guidati da mutilati e minorati fisici.
4. Chiunque guida macchine agricole o macchine operatrici senza essere munito della patente e' punito ai sensi dell'articolo 116, commi 15 e 17. All'incauto affidamento si applica la disposizione di cui all'articolo 116, comma 14.))

Art. 125
1. Il rilascio della patente di guida e' subordinato alle seguenti condizioni:
    a) la patente per le categorie C1, C, D1 o D puo' essere rilasciata unicamente ai conducenti gia' in possesso di patente di categoria B;
    b) la patente per le categorie BE, C1E, CE, D1E e DE puo' essere rilasciata unicamente ai conducenti gia' in possesso di patente rispettivamente delle categorie B, C1, C, D1 o D.
2. La validita' della patente di guida e' fissata come segue:
    a) la patente rilasciata per le categorie C1E, CE, D1E, o DE e' valida per i complessi di veicoli della categoria BE;
    b) la patente rilasciata per la categoria CE e' valida per la categoria DE, purche' il relativo titolare sia gia' in possesso di patente per la categoria D;
    c) la patente rilasciata per le categorie CE e DE e' valida per i complessi di veicoli, rispettivamente, delle categoria C1E e D1E;
    d) la patente rilasciata per una qualsiasi categoria e' valida per i veicoli della categoria AM;
    e) la patente rilasciata per la categoria A2 e' valida anche per la categoria A1;
    f) la patente rilasciata per le categorie A, B, C o D e' valida, rispettivamente, per le categorie A1 e A2, B1, C1 o D1;
    g) la patente speciale di guida delle categorie AM, A1, A2, A, B1, B, C1, C, D1 e D rilasciata a mutilati o minorati fisici e' valida soltanto per la guida dei veicoli aventi le caratteristiche indicate nella patente stessa;
    h) la patente di guida della categoria B e' valida, sul

territorio nazionale, per condurre i tricicli di potenza superiore a 15 kW, purche' il titolare abbia almeno 21 anni, nonche' i veicoli della categoria A1.

3. Fermo restando quanto previsto dal comma 4, chiunque, munito di patente di guida recante un codice unionale o nazionale relativo a "MODIFICHE DEL VEICOLO", conduce un veicolo o circola in condizioni diverse da quelle indicate dai predetti codici, e' soggetto alla sanzione amministrativa del pagamento di una somma ((da € 158 a € 638)).

3-bis. Fermo restando quanto previsto dal comma 4, chiunque, munito di patente di guida recante un codice unionale o nazionale relativo a "CONDUCENTE (motivi medici)" conduce un veicolo o circola in condizioni diverse da quelle indicate dai predetti codici, e' soggetto alla sanzione di cui all'articolo 173, comma 3.

4. Chiunque, munito di patente speciale, guida un veicolo diverso da quello indicato e specialmente adattato in relazione alla sua mutilazione o minorazione, ovvero con caratteristiche diverse da quella indicate nella patente posseduta, e' soggetto alla sanzione amministrativa del pagamento di una somma ((da 80 euro a 317 euro)).

5. Dalle violazioni di cui ai commi 3 e 4 consegue la sanzione amministrativa accessoria della sospensione della patente da uno a sei mesi, secondo le norme del capo I, sezione II, del titolo VI.

Art. 126
(Durata e conferma della validita' della patente di guida).

1. Fermo restando quanto previsto dall'articolo 119, la durata della validita' delle patenti di guida e dei certificati di abilitazione professionale di cui all'articolo 116, commi 8 e 10, e' regolata dalle disposizioni del presente articolo. La conferma della validita' delle patenti di guida e dei certificati di abilitazione professionale di cui all'articolo 116, commi 8 e 10, e' subordinata alla permanenza dei requisiti fisici e psichici di idoneita' alla guida.

2. Le patenti di guida delle categorie AM, A1, A2, A, B1, B e BE sono valide per dieci anni; qualora siano rilasciate o confermate a chi ha superato il cinquantesimo anno di eta' sono valide per cinque anni ed a chi ha superato il settantesimo anno di eta' sono valide per tre anni.

3. Le patenti di guida delle categorie C1, C1E, C e CE, sono valide per cinque anni fino al compimento del sessantacinquesimo anno di eta' e, oltre tale limite di eta', per due anni, previo accertamento dei requisiti fisici e psichici in commissione medica locale. Fatto salvo quanto previsto dall'articolo 115, comma 2, lettera a), al compimento del sessantacinquesimo anno di eta', le patenti di categoria C e CE abilitano alla guida di autotreni ed autoarticolati di massa complessiva a pieno carico non superiore a 20 t.

4. Le patenti di guida delle categorie D1, D1E, D e DE sono valide per cinque anni e per tre anni a partire dal settantesimo anno di eta'. Fatto salvo quanto previsto dall'articolo 115, comma 2, lettera b), al compimento del sessantesimo anno di eta', le patenti di guida di categoria D1 o D, ovvero di categoria D1E o DE abilitano alla guida solo di veicoli per i quali e' richiesto rispettivamente il possesso delle patenti di categoria B o BE. E' fatta salva la possibilita' per il titolare di richiedere la riclassificazione della patente D1 o D, ovvero, D1E o DE rispettivamente in patente di categoria B o BE.

5. Le patenti di guida speciali, rilasciate a mutilati e minorati fisici, delle categorie AM, A1, A2, A, B1 e B sono valide per cinque anni; qualora siano rilasciate o confermate a chi ha superato il settantesimo anno di eta' sono valide per tre anni. Alle patenti di guida speciali delle categorie C1, C, D1 e D si applicano le disposizioni dei commi 3 e 4.

6. I titolari delle patenti di guida di cui ai commi 2, 3, 4 e 5, al compimento dell'ottantesimo anno di eta', rinnovano la validita'

della patente posseduta ogni due anni.

7. L'accertamento dei requisiti fisici e psichici per il rinnovo di validita' dei certificati di abilitazione professionale di tipo KA e KB e' effettuato ogni cinque anni e comunque in occasione del rinnovo di validita' della patente di guida.

8. Fatto salvo quanto previsto dal comma 8-ter, la validita' della patente e' confermata dal competente ufficio centrale del Dipartimento per la mobilita' sostenibile, che trasmette per posta al titolare della patente di guida un duplicato della patente medesima, con l'indicazione del nuovo termine di validita'. A tal fine i sanitari indicati nell'articolo 119, comma 2, sono tenuti a trasmettere al suddetto ufficio del Dipartimento per la mobilita' sostenibile, nel termine di cinque giorni decorrente dalla data di effettuazione della visita medica, i dati e ogni altro documento utile ai fini dell'emissione del duplicato della patente di cui al primo periodo. Analogamente procedono le commissioni di cui all'articolo 119, comma 4. Non possono essere sottoposti alla visita medica i conducenti che non dimostrano, previa esibizione delle ricevute, di avere effettuato i versamenti in conto corrente postale degli importi dovuti per la conferma di validita' della patente di guida. Il personale sanitario che effettua la visita e' responsabile in solido dell'omesso pagamento. Il titolare della patente, dopo aver ricevuto il duplicato, deve provvedere alla distruzione della patente scaduta di validita'.

8-bis. Al titolare di patente di guida che si sottopone, presso la commissione medica locale di cui all'articolo 119, comma 4, agli accertamenti per la verifica della persistenza dei requisiti di idoneita' psicofisica richiesti per il rinnovo di validita' della patente di guida, la commissione stessa rilascia, per una sola volta, un permesso provvisorio di guida, valido fino all'esito finale della procedura di rinnovo. Il rilascio del permesso provvisorio di guida e' subordinato alla verifica dell'insussistenza di condizioni di ostativita' presso l'anagrafe nazionale degli abilitati alla guida di cui all'articolo 226, comma 10. Il permesso provvisorio di guida non e' rilasciato ai titolari di patente di guida che devono sottoporsi agli accertamenti previsti dagli articoli 186, comma 8, e 187, comma 6.

8-ter. Qualora una patente di guida sia scaduta da piu' di cinque anni, la conferma della validita' e' subordinata anche all'esito positivo di un esperimento di guida finalizzato a comprovare il permanere dell'idoneita' tecnica alla guida del titolare. A tal fine, gli uffici periferici del Dipartimento per la mobilita' sostenibile rilasciano, previa acquisizione della certificazione medica di cui al comma 8 e su richiesta del conducente, una ricevuta di prenotazione dell'esperimento di guida, valida per condurre il veicolo fino al giorno della prova. L'esperimento di guida consiste nell'esecuzione di almeno una delle manovre e almeno tre dei comportamenti di guida nel traffico previsti per la prova di verifica delle capacita' e dei comportamenti per il conseguimento della patente della medesima categoria di quella posseduta. ((In caso di esito negativo dell'esperimento di guida, la patente e' revocata con decorrenza dal giorno stesso della prova. In caso di assenza del titolare, la patente e' sospesa fino all'esito positivo di un ulteriore esperimento di guida che dovra' essere richiesto dall'interessato. La sospensione decorre dal giorno successivo a quello fissato per la prova senza necessita' di emissione di un ulteriore provvedimento da parte degli uffici periferici del Dipartimento per la mobilita' sostenibile)).

9. Per i titolari di patente italiana, residenti o dimoranti in un altro Stato per un periodo di almeno sei mesi, la validita' della patente e' altresi' confermata, tranne per i casi previsti nell'articolo 119, commi 2-bis e 4, dalle autorita' diplomatico-consolari italiane presenti negli Stati medesimi, che rilasciano, previo accertamento dei requisiti fisici e psichici da parte di medici fiduciari delle ambasciate o dei consolati italiani,

una specifica attestazione che per il periodo di permanenza all'estero fa fede dell'avvenuta verifica del permanere dei requisiti di idoneita' psichica e fisica. Chi ha rinnovato la patente di guida presso un'autorita' diplomatico-consolare italiana in uno Stato non appartenente all'Unione europea o allo Spazio economico europeo ha l'obbligo, entro sei mesi dalla riacquisizione della residenza in Italia, di rinnovare la patente stessa secondo la procedura ordinaria prevista al comma 8. Si applicano le disposizioni di cui al comma 8-ter.

10. L'autorita' sanitaria, nel caso che dagli accertamenti di cui al comma 8 rilevi che siano venute a mancare le condizioni per la conferma della validita' della patente, comunica al competente ufficio della Direzione generale per la motorizzazione per i servizi ai cittadini ed alle imprese in materia di trasporti e di navigazione del Dipartimento per la mobilita' sostenibile l'esito dell'accertamento stesso per i provvedimenti di cui agli articoli 129, comma 2, e 130.

10-bis. La commissione medica locale di cui all'articolo 119, comma 4, che, a seguito di accertamento dell'idoneita' psicofisica, valuta che il conducente debba procedere al declassamento della patente di guida, trasmette, per via informatica, i dati del conducente all'Ufficio centrale operativo, che provvede alla stampa e alla spedizione della nuova patente di guida. Contenuti e modalita' di trasmissione dei dati della commissione medica locale all'Ufficio centrale operativo del Dipartimento per i trasporti, la navigazione, gli affari generali ed il personale sono fissati con decreto del Ministero delle infrastrutture e della mobilita' sostenibili.

11. Chiunque guida con patente o con altra abilitazione professionale di cui all'articolo 116, commi 8, 10, 11 e 12, scaduti di validita' e' soggetto alla sanzione amministrativa del pagamento di una somma da € 158 a € 638. Alla violazione consegue la sanzione amministrativa accessoria del ritiro della patente, del certificato di abilitazione professionale di tipo KA o KB o della carta di qualificazione del conducente rilasciata ad un conducente titolare di patente di guida emessa da altro Stato, secondo le norme del capo I, sezione II, del titolo VI. Al conducente titolare di patente di guida italiana che, nell'esercizio dell'attivita' professionale di autotrasporto per la quale e' richiesta l'abilitazione di cui all'articolo 116, comma 11, guida con tale abilitazione scaduta, si applicano le sanzioni di cui all'articolo 216, comma 6.

12. Chiunque viola le disposizioni del comma 3, secondo periodo, e' punito con le sanzioni di cui all'articolo 116, comma 15-bis. Le medesime sanzioni si applicano a chiunque viola le disposizioni del comma 4, secondo periodo.

Art. 126-bis.
Patente a punti

1. All'atto del rilascio della patente viene attribuito un punteggio di venti punti. Tale punteggio, annotato nell'anagrafe nazionale degli abilitati alla guida di cui agli articoli 225 e 226, subisce decurtazioni, nella misura indicata nella tabella allegata, a seguito della comunicazione all'anagrafe di cui sopra della violazione di una delle norme per le quali e' prevista la sanzione amministrativa accessoria della sospensione della patente ovvero di una tra le norme di comportamento di cui al titolo V, indicate nella tabella medesima. L'indicazione del punteggio relativo ad ogni violazione deve risultare dal verbale di contestazione.

1-bis. Qualora vengano accertate contemporaneamente piu' violazioni delle norme di cui al comma 1 possono essere decurtati un massimo di quindici punti. Le disposizioni del presente comma non si applicano nei casi in cui e' prevista la sospensione o la revoca della patente.

2. L'organo da cui dipende l'agente che ha accertato la violazione che comporta la perdita di punteggio, ne da' notizia, entro trenta giorni dalla definizione della contestazione effettuata, all'anagrafe

nazionale degli abilitati alla guida. La contestazione si intende definita quando sia avvenuto il pagamento della sanzione amministrativa pecuniaria o siano conclusi i procedimenti dei ricorsi amministrativi e giurisdizionali ammessi ovvero siano decorsi i termini per la proposizione dei medesimi. Il predetto termine di trenta giorni decorre dalla conoscenza da parte dell'organo di polizia dell'avvenuto pagamento della sanzione, della scadenza del termine per la proposizione dei ricorsi, ovvero dalla conoscenza dell'esito dei ricorsi medesimi. La comunicazione deve essere effettuata a carico del conducente quale responsabile della violazione; nel caso di mancata identificazione di questi, il proprietario del veicolo, ovvero altro obbligato in solido ai sensi dell'art. 196, deve fornire all'organo di polizia che procede, entro sessanta giorni dalla data di notifica del verbale di contestazione, i dati personali e della patente del conducente al momento della commessa violazione. Se il proprietario del veicolo risulta una persona giuridica, il suo legale rappresentante o un suo delegato e' tenuto a fornire gli stessi dati, entro lo stesso termine, all'organo di polizia che procede. Il proprietario del veicolo, ovvero altro obbligato in solido ai sensi dell'articolo 196, sia esso persona fisica o giuridica, che omette, senza giustificato e documentato motivo, di fornirli e' soggetto alla sanzione amministrativa del pagamento di una somma da € 291 a € 1.166. La comunicazione al Dipartimento per i trasporti terrestri avviene per via telematica.

((3. Ogni variazione di punteggio e' comunicata tramite il portale dell'automobilista con le modalita' indicate dal Dipartimento per la mobilita' sostenibile - Direzione generale per la motorizzazione e per i servizi ai cittadini e alle imprese in materia di trasporti e navigazione del Ministero delle infrastrutture e della mobilita' sostenibili)).

4. Fatti salvi i casi previsti dal comma 5 e purche' il punteggio non sia esaurito, la frequenza ai corsi di aggiornamento, organizzati dalle autoscuole ovvero da soggetti pubblici o privati a cio' autorizzati dal Dipartimento per i trasporti terrestri, consente di riacquistare sei punti. Per i titolari di certificato di abilitazione professionale e unitamente al patente B, C, C+E, D, D+E, la frequenza di specifici corsi di aggiornamento consente di recuperare 9 punti. La riacquisizione di punti avviene all'esito di una prova di esame. A tale fine, l'attestato di frequenza al corso deve essere trasmesso all'ufficio del Dipartimento per i trasporti terrestri competente per territorio, per l'aggiornamento dell'anagrafe nazionale dagli abilitati alla guida. Con decreto del Ministro delle infrastrutture e dei trasporti sono stabiliti i criteri per il rilascio dell'autorizzazione, i programmi e le modalita' di svolgimento dei corsi di aggiornamento.

5. Salvo il caso di perdita totale del punteggio di cui al comma 6, la mancanza, per il periodo di due anni, di violazioni di una norma di comportamento da cui derivi la decurtazione del punteggio, determina l'attribuzione del completo punteggio iniziale, entro il limite dei venti punti. Per i titolari di patente con almeno venti punti, la mancanza, per il periodo di due anni, della violazione di una norma di comportamento da cui derivi la decurtazione del punteggio, determina l'attribuzione di un credito di due punti, fino a un massimo di dieci punti.

6. Alla perdita totale del punteggio, il titolare della patente deve sottoporsi all'esame di idoneita' tecnica di cui all'articolo 128. Al medesimo esame deve sottoporsi il titolare della patente che, dopo la notifica della prima violazione che comporti una perdita di almeno cinque punti, commetta altre due violazioni non contestuali, nell'arco di dodici mesi dalla data della prima violazione, che comportino ciascuna la decurtazione di almeno cinque punti. Nelle ipotesi di cui ai periodi precedenti, l'ufficio del Dipartimento per i trasporti terrestri competente per territorio, su comunicazione dell'anagrafe nazionale degli abilitati alla guida, dispone la revisione della patente di guida. PERIODO SOPPRESSO DALLA L. 29

LUGLIO 2010, N. 120. Qualora il titolare della patente non si sottoponga ai predetti accertamenti entro trenta giorni dalla notifica del provvedimento di revisione, la patente di guida e' sospesa a tempo indeterminato, con atto definitivo, dal competente ufficio del Dipartimento per i trasporti terrestri. Il provvedimento di sospensione e' notificato al titolare della patente a cura degli organi di polizia stradale di cui all'articolo 12, che provvedono al ritiro ed alla conservazione del documento.

6-bis. Per le violazioni penali per le quali e' prevista una diminuzione di punti riferiti alla patente di guida, il cancelliere del giudice che ha pronunciato la sentenza o il decreto divenuti irrevocabili ai sensi dell'articolo 648 del codice di procedura penale, nel termine di quindici giorni, ne trasmette copia autentica all'organo accertatore, che entro, trenta giorni dal ricevimento ne da' notizia all'anagrafe nazionale degli abilitati alla guida.

Art. 127.
((ARTICOLO ABROGATO DAL D.P.R. 9 MARZO 2000, N. 104))

Art. 128.
Revisione della patente di guida

1. Gli uffici competenti del Dipartimento per i trasporti terrestri, nonche' il prefetto nei casi previsti dagli articoli 186 e 187, possono disporre che siano sottoposti a visita medica presso la commissione medica locale di cui all'art. 119, comma 4, o ad esame di idoneita' i titolari di patente di guida qualora sorgano dubbi sulla persistenza nei medesimi dei requisiti fisici e psichici prescritti o dell'idoneita' tecnica. L'esito della visita medica o dell'esame di idoneita' sono comunicati ai competenti uffici competenti del Dipartimento per i trasporti terrestri per gli eventuali provvedimenti di sospensione o revoca della patente.

1-bis. I responsabili delle unita' di terapia intensiva o di neurochirurgia sono obbligati a dare comunicazione dei casi di coma di durata superiore a 48 ore agli uffici provinciali del Dipartimento per i trasporti, la navigazione ed i sistemi informativi e statistici. In seguito a tale comunicazione i soggetti di cui al periodo precedente sono tenuti alla revisione della patente di guida. La successiva idoneita' alla guida e' valutata dalla commissione medica locale di cui al comma 4 dell'articolo 119, sentito lo specialista dell'unita' riabilitativa che ha seguito l'evoluzione clinica del paziente.

1-ter. E' sempre disposta la revisione della patente di guida di cui al comma 1 quando il conducente sia stato coinvolto in un incidente stradale se ha determinato lesioni gravi alle persone e a suo carico sia stata contestata la violazione di una delle disposizioni del presente codice da cui consegue l'applicazione della sanzione amministrativa accessoria della sospensione della patente di guida.

1-quater. E' sempre disposta la revisione della patente di guida di cui al comma 1 quando il conducente minore degli anni diciotto sia autore materiale di una violazione delle disposizioni del presente codice da cui consegue l'applicazione della sanzione amministrativa accessoria della sospensione della patente di guida.

1-quinquies. Si procede ai sensi del comma 1-bis anche nel caso in cui i medici di cui all'articolo 119, comma 2, anche in sede di accertamenti medico-legali diversi da quelli di cui al predetto articolo, accertino la sussistenza, in soggetti gia' titolari di patente, di patologie incompatibili con l'idoneita' alla guida ai sensi della normativa vigente.

1-sexies. Puo' essere disposta la revisione della patente di guida nei confronti delle persone a cui siano state applicate le misure amministrative di cui all'articolo 75 del decreto del Presidente della Repubblica 9 ottobre 1990, n. 309. Il prefetto dispone la revisione con il provvedimento di cui all'articolo 75, comma 4, del decreto del Presidente della Repubblica 9 ottobre 1990, n. 309.

2. Nei confronti del titolare di patente di guida che non si sottoponga, nei termini prescritti, agli accertamenti di cui ai commi da 1 a 1-quater e' sempre disposta la sospensione della patente di guida fino al superamento degli accertamenti stessi con esito favorevole. La sospensione decorre dal giorno successivo allo scadere del termine indicato nell'invito a sottoporsi ad accertamento ai fini della revisione, senza necessita' di emissione di un ulteriore provvedimento da parte degli uffici provinciali o del prefetto. Chiunque circola durante il periodo di sospensione della patente di guida e' soggetto alla sanzione amministrativa del pagamento di una somma ((da € 168 a € 678)) e alla sanzione amministrativa accessoria della revoca della patente di guida di cui all'articolo 219. Le disposizioni del presente comma si applicano anche a chiunque circoli dopo essere stato dichiarato temporaneamente inidoneo alla guida, a seguito di un accertamento sanitario effettuato ai sensi dei citati commi da 1 a 1-quater.

3. COMMA ABROGATO DALLA L. 29 LUGLIO 2010, N. 120.

Art. 129.
Sospensione della patente di guida

1. La patente di guida e' sospesa, per la durata stabilita nel provvedimento di interdizione alla guida adottato quale sanzione amministrativa accessoria, quando il titolare sia incorso nella violazione di una delle norme di comportamento indicate o richiamate nel titolo V, per il periodo di tempo da ciascuna di tali norme indicato.

2. COMMA SOPPRESSO DAL D.LGS. 10 SETTEMBRE 1993, N. 360.

2. La patente di guida e' sospesa a tempo indeterminato qualora, in sede di accertamento sanitario per la conferma di validita' o per la revisione disposta ai sensi dell'art. 128, risulti la temporanea perdita dei requisiti fisici e psichici di cui all'art. 119. In tal caso la patente e' sospesa fintanto che l'interessato non produca la certificazione della Commissione medica locale attestante il recupero dei prescritti requisiti psichici e fisici. PERIODO ABROGATO DAL D.P.R. 19 APRILE 1994, N. 575.

3. Nei casi previsti dal precedente comma, la patente di guida e' sospesa dai competenti uffici del Dipartimento per i trasporti terrestri. Nei restanti casi la patente di guida e' sospesa dal prefetto del luogo di residenza del titolare . Dei provvedimenti adottati, il prefetto da' immediata comunicazione ai competenti uffici competenti del Dipartimento per i trasporti terrestri per il tramite del collegamento informatico integrato gia' esistente tra i sistemi informativi del Dipartimento per i trasporti terrestri e della Direzione generale dell'amministrazione generale e per gli affari del personale del Ministero dell'interno.

4. Il provvedimento di sospensione della patente di cui al comma 2 e' atto definitivo.

Art. 130.
Revoca della patente di guida

1. La patente di guida e' revocata dai competenti uffici competenti del Dipartimento per i trasporti terrestri:

a) quando il titolare non sia in possesso, con carattere permanente, dei requisiti fisici e psichici prescritti;

b) quando il titolare, sottoposto alla revisione ai sensi dell'art. 128, risulti non piu' idoneo;

c) quando il titolare abbia ottenuto la sostituzione della propria patente con altra rilasciata da uno Stato estero.

2. Allorche' siano cessati i motivi che hanno determinato il provvedimento di revoca della patente di guida, l'interessato puo' direttamente conseguire, per esame e con i requisiti psichici e fisici previsti per la conferma di validita', una patente di guida di

categoria non superiore a quella della patente revocata, senza che siano operanti i criteri di propedeuticita' previsti dall'art. 116 per il conseguimento delle patenti delle categorie C, D ed E. Le limitazioni di cui all'art. 117 si applicano con riferimento alla data di rilascio della patente revocata.

((2-bis. Il provvedimento di revoca della patente disposto ai sensi del comma 1 nell'ipotesi in cui risulti la perdita, con carattere permanente, dei requisiti psichici e fisici prescritti, e' atto definitivo. Negli altri casi di revoca di cui al comma 1, e' ammesso ricorso al Ministro delle infrastrutture e dei trasporti. Il provvedimento del Ministro e' comunicato all'interessato e ai competenti uffici del Dipartimento dei trasporti terrestri. Se il ricorso e' accolto, la patente e' restituita all'interessato)).

Art. 130-bis
((ARTICOLO ABROGATO DALLA L. 29 LUGLIO 2010, N. 120))

Art. 131.
Agenti diplomatici esteri

1. Le violazioni alle disposizioni del presente codice commesse da agenti diplomatici e consolari accreditati in Italia, o da altre persone che, con riguardo a tali violazioni, godano, nei limiti previsti dalle norme internazionali, delle immunita' spettanti agli agenti suddetti, sono segnalate dagli uffici o comandi dai quali dipendono coloro che le hanno accertate al Ministero degli affari esteri, per le comunicazioni da effettuarsi per via diplomatica.

2. Per le autovetture e gli autoveicoli adibiti ad uso promiscuo appartenenti agli agenti diplomatici, agli agenti consolari di carriera e alle altre persone indicate nel comma 1, il Ministero dei trasporti, su richiesta del Ministero degli affari esteri, rilascia ai sensi delle vigenti norme, previe visita e prova, quando prescritte, la carta di circolazione e provvede all'immatricolazione, assegnando speciali targhe di riconoscimento, nei tipi e nelle caratteristiche determinate con decreto del Ministro dei trasporti, di concerto con il Ministro degli affari esteri.

3. Le violazioni commesse alla guida di veicoli muniti delle targhe speciali di cui al comma 1 da soggetti diversi da quelli indicati nel comma 1 sono perseguite nei modi ordinari di legge, oltre alla segnalazione per via diplomatica nei confronti del titolare dell'autoveicolo.

4. La validita' delle speciali targhe di riconoscimento e delle carte di circolazione rilasciate a norma del comma 2 scade al momento in cui cessa lo status diplomatico di colui al quale il veicolo appartiene. La relativa restituzione deve aver luogo non oltre il termine di novanta giorni dalla scadenza.

5. Le disposizioni del presente articolo si applicano a condizione di reciprocita', salvo gli accordi speciali con le organizzazioni internazionali.

Art. 132.
(((Circolazione dei veicoli immatricolati in uno Stato estero condotti da non residenti in Italia).))

((1. Fuori dei casi di cui all'articolo 93-bis, gli autoveicoli, i motoveicoli e i rimorchi immatricolati in uno Stato estero e per i quali si sia gia' adempiuto alle formalita' doganali o a quelle di cui all'articolo 53, comma 2, del decreto-legge 30 agosto 1993, n. 331, convertito, con modificazioni, dalla legge 29 ottobre 1993, n. 427, se prescritte, sono ammessi a circolare in Italia per la durata massima di un anno, in base al certificato di immatricolazione dello Stato di origine, in conformita' alle Convenzioni internazionali ratificate dall'Italia.

2. Gli autoveicoli, i motoveicoli e i rimorchi immatricolati in uno Stato estero, per i quali si sia adempiuto alle formalita' doganali o

a quelle di cui all'articolo 53, comma 2, del citato decreto-legge 30 agosto 1993, n. 331, se prescritte, di proprieta' del personale straniero o dei familiari conviventi, in servizio presso organismi o basi militari internazionali aventi sede in Italia, sono ammessi a circolare per la durata del mandato.

3. Le targhe dei veicoli di cui ai commi 1 e 2 devono essere chiaramente leggibili e contenere il contrassegno di immatricolazione composto da cifre arabe e da caratteri latini maiuscoli, secondo le modalita' da stabilire nel regolamento. Chiunque viola le disposizioni del presente comma e' soggetto alle sanzioni di cui all'articolo 100, commi 11 e 15.

4. Il mancato rispetto delle disposizioni di cui al comma 1 comporta l'interdizione all'accesso sul territorio nazionale.

5. Chiunque viola le disposizioni di cui ai commi 1 e 2 e' soggetto alle sanzioni di cui al comma 7 dell'articolo 93-bis)).

Art. 133.
Sigla distintiva dello Stato di immatricolazione

1. Gli autoveicoli, motoveicoli e rimorchi immatricolati in uno Stato estero, quando circolano in Italia, devono essere muniti posteriormente della sigla distintiva dello Stato di origine.

2. La sigla deve essere conforme alle disposizioni delle convenzioni internazionali.

3. Sugli autoveicoli, motoveicoli e rimorchi sia nazionali che stranieri che circolano in Italia e' vietato l'uso di sigla diversa da quella dello Stato di immatricolazione del veicolo.

4. Chiunque viola le disposizioni del presente articolo e' soggetto alla sanzione amministrativa del pagamento di una somma ((da € 87 a € 344)).

Art. 134
Circolazione di autoveicoli e motoveicoli appartenenti a cittadini italiani residenti all'estero o a stranieri

1. Agli autoveicoli, motoveicoli e rimorchi importati temporaneamente o nuovi di fabbrica acquistati per l'esportazione, che abbiano gia' adempiuto alle formalita' doganali, se prescritte, e appartengano a cittadini italiani residenti all'estero o a stranieri che sono di passaggio, sono rilasciate una carta di circolazione della durata massima di un anno, salvo eventuale proroga, e una speciale targa di riconoscimento, come stabilito nel regolamento.

1-bis. Al di fuori dei casi previsti dal comma 1, gli autoveicoli, motoveicoli e rimorchi immatricolati in uno Stato estero o acquistati in Italia ed appartenenti a cittadini italiani residenti all'estero ed iscritti all'Anagrafe italiani residenti all'estero (A.I.R.E.) e gli autoveicoli, motoveicoli e rimorchi immatricolati in uno Stato dell'Unione europea o acquistati in Italia ed appartenenti a cittadini comunitari o persone giuridiche costituite in uno dei Paesi dell'Unione europea che abbiano, comunque, un rapporto stabile con il territorio italiano, sono immatricolati, a richiesta, secondo le norme previste dall'articolo 93, a condizione che al momento dell'immatricolazione l'intestatario dichiari un domicilio legale presso una persona fisica residente in Italia o presso uno dei soggetti di cui alla legge 8 agosto 1991, n. 264.

2. Chiunque circola con la carta di circolazione di cui al comma 1 scaduta di validita' e' soggetto alla sanzione amministrativa del pagamento di una somma ((da € 83 a € 332)). Dalla violazione consegue la sanzione amministrativa accessoria della confisca del veicolo, secondo le norme del capo I, sezione II, del titolo VI. La sanzione accessoria non si applica qualora al veicolo, successivamente all'accertamento, venga rilasciata la carta di circolazione, ai sensi dell'articolo 93.

Art. 135
(Circolazione con patenti di guida rilasciate da Stati non appartenenti all'Unione europea o allo Spazio economico europeo).

1. Fermo restando quanto previsto in convenzioni internazionali, i titolari di patente di guida rilasciata da uno Stato non appartenente all'Unione europea o allo Spazio economico europeo possono condurre sul territorio nazionale veicoli alla cui guida la patente posseduta li abilita, a condizione che non siano residenti in Italia da oltre un anno e che, unitamente alla medesima patente, abbiano un permesso internazionale ovvero una traduzione ufficiale in lingua italiana della predetta patente. La patente di guida ed il permesso internazionale devono essere in corso di validita'.

2. Il permesso internazionale e' emesso dall'autorita' competente che ha rilasciato la patente ed e' conforme a quanto stabilito in convenzioni internazionali cui l'Italia abbia aderito.

3. I conducenti muniti di patente rilasciata da uno Stato non appartenente all'Unione europea o allo Spazio economico europeo nel quale, per la guida di determinati veicoli, e' prescritto il possesso di un certificato di abilitazione professionale o di altri titoli abilitativi, oltre che della patente rilasciata dallo Stato stesso, devono essere muniti, per la guida dei suddetti veicoli, dei necessari titoli abilitativi di cui sopra, concessi dall'autorita' competente dello Stato ove e' stata rilasciata la patente.

4. I conducenti muniti di patente di guida rilasciata da uno Stato non appartenente all'Unione europea o allo Spazio economico europeo, sono tenuti all'osservanza di tutte le disposizioni e le norme di comportamento stabilite nel presente codice; ai medesimi, fatto salvo quanto previsto dai commi 5 e 6, si applicano le sanzioni previste per i titolari di patente italiana.

5. Qualora il titolare di patente di guida, rilasciata da uno Stato non appartenente all'Unione europea o allo Spazio economico europeo, commette una violazione dalla quale, ai sensi del presente codice, derivi la sanzione amministrativa accessoria della sospensione della patente di guida, il documento e' ritirato, contestualmente alla violazione, dall'organo accertatore ed inviato, entro i cinque giorni successivi, al prefetto del luogo della commessa violazione, che nei quindici giorni successivi emette un provvedimento di inibizione alla guida sul territorio nazionale per un periodo pari alla durata della sospensione prevista per la violazione commessa. Il titolare richiede la restituzione della patente trascorso il predetto termine. Ferma restando l'efficacia del provvedimento di inibizione alla guida nel territorio nazionale, qualora, anche prima della scadenza del predetto termine, il titolare della patente ritirata dichiari di lasciare il territorio nazionale, puo' richiedere la restituzione della patente stessa al prefetto. Il prefetto da' comunicazione del provvedimento di inibizione alla guida, entro quindici giorni dalla sua adozione, all'Autorita' che ha emesso la patente. Il provvedimento di inibizione alla guida sul territorio nazionale e' notificato all'interessato nelle forme di cui all'articolo 201 ed ha efficacia dal momento della notifica del provvedimento ovvero dal ritiro del documento, se questo e' stato disposto contestualmente all'accertamento della violazione. In tale ultimo caso, il conducente non residente in Italia e' invitato ad eleggere un domicilio sul territorio nazionale, ai fini della notifica del predetto provvedimento.

6. Qualora il titolare di patente di guida, rilasciata da uno Stato non appartenente all'Unione europea o allo Spazio economico europeo, commette una violazione dalla quale, ai sensi del presente codice, derivi la sanzione amministrativa accessoria della revoca della patente di guida, il documento e' ritirato, contestualmente alla violazione, dall'organo accertatore ed inviato, entro i cinque giorni successivi, al prefetto del luogo della commessa violazione, che nei quindici giorni successivi emette un provvedimento di inibizione alla guida sul territorio nazionale per un periodo di due anni, ovvero per

tre anni quando e' prevista la revoca per violazione delle disposizioni di cui agli articoli 186, 186-bis o 187. Si applicano le procedure del comma 5.

7. Qualora un conducente circoli in violazione del provvedimento emesso ai sensi del comma 5, si procede ai sensi del comma 6. Qualora il conducente circoli in violazione del provvedimento emesso ai sensi del comma 6, si applicano le sanzioni dell'articolo 116, commi 15 e 17.

8. Il titolare di patente di guida rilasciata da uno Stato non appartenente all'Unione europea o allo Spazio economico europeo che circoli sul territorio nazionale senza il permesso internazionale ovvero la traduzione ufficiale, di cui al comma 1, e' soggetto alla sanzione amministrativa pecuniaria del pagamento di una somma ((da € 408 a € 1.634)).

9. Chiunque viola le disposizioni del comma 2 e' soggetto alla sanzione amministrativa del pagamento di una somma ((da 80 euro a 317 euro)).

10. Chiunque guida munito della patente di guida ma non del certificato di abilitazione professionale o di idoneita' quando prescritto, e' soggetto alla sanzione amministrativa del pagamento di una somma ((da € 408 a € 1.634)).

11. Ai titolari di patente di guida rilasciata da uno Stato non appartenente alla Unione europea o allo Spazio economico europeo che, trascorso piu' di un anno dal giorno dell'acquisizione della residenza anagrafica in Italia, guidano con patente non piu' in corso di validita' si applicano le sanzioni previste dall'articolo 116, commi 15 e 17.

12. Ai titolari di patente di guida in corso di validita', rilasciata da uno Stato non appartenente alla Unione europea o allo Spazio economico europeo, che, trascorso piu' di un anno dal giorno dell'acquisizione della residenza anagrafica in Italia, guidano con l' abilitazione professionale eventualmente richiesta non piu' in corso di validita', si applicano le sanzioni previste dall'articolo 116, commi 16 e 18.

13. Il titolare di patente di guida rilasciata da uno Stato non appartenente alla Unione europea o allo Spazio economico europeo che, avendo acquisito la residenza anagrafica in Italia da non oltre un anno, guida con patente, scaduta di validita', e' soggetto alla sanzione amministrativa pecuniaria di cui all'articolo 126, comma 11. La medesima sanzione si applica al titolare di patente di guida, rilasciata da uno Stato non appartenente all'Unione europea o dello Spazio economico europeo, non residente in Italia, che circola con il predetto documento scaduto di validita'. La patente e' ritirata, contestualmente alla violazione, dall'organo accertatore ed inviata, entro i cinque giorni successivi, al prefetto del luogo della commessa violazione che, entro i quindici giorni successivi, la trasmette all'autorita' dello Stato che l'ha emessa. Le disposizioni precedenti si applicano anche nel caso di guida con abilitazione professionale, ove richiesta, scaduta di validita'.

14. Il titolare di patente di guida rilasciata da uno Stato non appartenente alla Unione europea o allo Spazio economico europeo che, trascorso piu' di un anno dal giorno dell'acquisizione della residenza in Italia, guida con patente in corso di validita', e' soggetto alla sanzione amministrativa pecuniaria di cui all'articolo 126, comma 11. Il documento e' ritirato, contestualmente alla violazione, dall'organo accertatore ed inviato, entro i cinque giorni successivi, al prefetto del luogo della commessa violazione che, entro i quindici giorni successivi, lo trasmette all'ufficio della motorizzazione civile competente in ragione della residenza del titolare dei documenti predetti, ai fini della conversione. Qualora la patente posseduta non sia convertibile, il prefetto la trasmette all'autorita' dello Stato che l'ha rilasciata.

Art. 136
(((Conversioni di patenti rilasciate da uno Stato non appartenente all'Unione europea o allo Spazio economico europeo).))

((1. Fermo restando quanto previsto da accordi internazionali, il titolare di patente di guida in corso di validita', rilasciata da uno Stato non appartenente all'Unione europea o allo Spazio economico europeo, che abbia acquisito residenza anagrafica in Italia, puo' richiedere, la conversione della patente posseduta in patente di guida italiana senza sostenere l'esame di idoneita' di cui all'articolo 121, se consentito in specifiche intese bilaterali, a condizioni di reciprocita'. La patente di guida italiana e' rilasciata previo controllo del possesso da parte del richiedente dei requisiti fisici e psichici stabiliti dall'articolo 119. La patente convertita e' ritirata e restituita, da parte dell'ufficio della motorizzazione che ha provveduto alla conversione, all'autorita' dello Stato che l'ha rilasciata, precisandone i motivi. Le medesime disposizioni si applicano per le abilitazioni professionali, senza peraltro provvedere al ritiro dell'eventuale documento abilitativo a se' stante.
2. Qualora si proceda ai sensi del comma 1, sulla patente di guida italiana convertita e' annotata l'avvenuta conversione, sia in sede di rilascio che in sede di rinnovo o di duplicazione, e, se del caso, sulla stessa e' disposto provvedimento di revisione ai sensi dell'articolo 128.
3. Non si procede alla conversione di patente di guida comunitaria, derivante da patente rilasciata da Stati non appartenenti all'Unione europea o allo Spazio economico europeo, con i quali lo Stato italiano non ha concluso intese bilaterali.
4. Nel caso in cui e' richiesta la conversione di patente di guida rilasciata da uno Stato non appartenente alla Unione europea o allo Spazio economico europeo, derivante da precedente patente italiana, e' rilasciata una patente di categoria non superiore a quella originaria.))

Art. 136-bis
(Disposizioni in materia di patenti di guida e di abilitazioni professionali rilasciate da Stati dell'Unione europea o dello Spazio economico europeo).

1. Le patenti di guida rilasciate dagli Stati membri dell'Unione europea e dello Spazio economico europeo sono equiparate alle corrispondenti patenti di guida italiane. I conducenti muniti di patente di guida rilasciata da uno Stato appartenente all'Unione europea o allo Spazio economico europeo, sono tenuti all'osservanza di tutte le disposizioni e le norme di comportamento stabilite nel presente codice; ai medesimi si applicano le sanzioni previste per i titolari di patente italiana.
2. Il titolare di patente di guida in corso di validita', rilasciata da uno Stato dell'Unione europea o dello Spazio economico europeo, che abbia acquisito residenza in Italia ai sensi dell'articolo 118-bis, puo' richiedere il riconoscimento della medesima da parte dello Stato italiano. Alle patenti di guida rilasciate da Stati dell'Unione europea o dello Spazio economico europeo riconosciute dall'autorita' italiana, si applica la disciplina dell'articolo 126-bis.
3. Il titolare di patente di guida in corso di validita', rilasciata da uno Stato dell'Unione europea o dello Spazio economico europeo, che abbia acquisito residenza in Italia ai sensi dell'articolo 118-bis, puo' richiedere la conversione della patente posseduta in patente di guida italiana, valida per le stesse categorie alle quali e' abilitato, senza sostenere l'esame di idoneita' di cui all'articolo 121. L'ufficio della motorizzazione provvede a tale fine a verificare per quale categoria la patente posseduta sia effettivamente in corso di validita'. La patente

convertita e' ritirata e restituita, da parte dell'ufficio della motorizzazione che ha provveduto alla conversione, all'autorita' dello Stato che l'ha rilasciata, precisandone i motivi. Le medesime disposizioni si applicano per le abilitazioni professionali, senza peraltro provvedere al ritiro dell'eventuale documento abilitativo a se' stante. Il titolare di patente di guida, senza limiti di validita' amministrativa, trascorsi due anni dall'acquisizione della residenza normale, deve procedere alla conversione della patente posseduta.

4. Nei confronti dei titolari di patente di guida rilasciata da uno Stato dell'Unione europea o dello Spazio economico europeo, che abbiano acquisito residenza in Italia ai sensi dell'articolo 118-bis si applicano le disposizioni di cui all'articolo 128. A tale fine e' fatto obbligo al titolare di procedere al riconoscimento o alla conversione della patente posseduta prima di sottoporsi alla revisione.

5. Le disposizioni di cui ai commi 2 e 3 non si applicano quando la patente di guida della quale si chiede il riconoscimento o la conversione e' sospesa o revocata dallo Stato che la ha rilasciata.

6. Il titolare di patente di guida in corso di validita', rilasciata da uno Stato dell'Unione europea o dello Spazio economico europeo, che abbia acquisito residenza in Italia ai sensi dell'articolo 118-bis, puo' ottenere da un ufficio della motorizzazione il rilascio di un duplicato della patente posseduta, qualora questa sia stata smarrita o sottratta. L'ufficio della motorizzazione procede al rilascio del duplicato in base alle informazioni in proprio possesso o, se del caso, in base alle informazioni acquisite presso le autorita' competenti dello Stato che ha rilasciato la patente originaria.

7. Il titolare di patente di guida rilasciata da uno Stato dell'Unione europea o dello Spazio economico europeo che guidi veicoli senza la prescritta abilitazione professionale, e' soggetto alle sanzioni di cui all'articolo 116, commi 16 e 18.

8. Il titolare di patente di guida o altra abilitazione professionale, rilasciata da uno Stato dell'Unione europea o dello Spazio economico europeo, residente in Italia ai sensi dell'articolo 118-bis, che circola con i predetti documenti scaduti di validita', e' soggetto alla sanzione amministrativa pecuniaria di cui all'articolo 126, comma 11. Alla violazione consegue la sanzione amministrativa accessoria del ritiro del documento scaduto di validita', secondo le norme del capo I, sezione II, del titolo VI. Le medesime sanzioni si applicano nell'ipotesi di violazione delle disposizioni del comma 3, ultimo periodo.

9. Il titolare di patente di guida o altra abilitazione professionale, rilasciata da uno Stato dell'Unione europea o dello Spazio economico europeo, non residente in Italia ai sensi dell'articolo 118-bis, che circola con i predetti documenti scaduti di validita', e' soggetto alla sanzione amministrativa pecuniaria di cui all'articolo 126, comma 11. Si applicano le disposizioni ((dell'articolo 135, comma 13, terzo periodo)).

Art. 136-ter
(((Provvedimenti inerenti il diritto a guidare adottati nei confronti di titolari di patente di guida rilasciata da Stati dell'Unione europea o dello Spazio economico europeo).))

((1. Qualora il titolare di patente di guida, rilasciata da uno Stato dell'Unione europea o dello Spazio economico europeo, commetta una violazione dalla quale, ai sensi del presente codice, derivi la sanzione amministrativa accessoria della sospensione della patente di guida, si applicano le disposizioni dell'articolo 135, comma 5.

2. Qualora il titolare di patente di guida, rilasciata da uno Stato dell'Unione europea o dello Spazio economico europeo, commetta una violazione dalla quale, ai sensi del presente codice, derivi la sanzione amministrativa accessoria della revoca della patente di

guida, si applicano le disposizioni dell'articolo 135, comma 6.

3. Qualora un conducente circoli in violazione del provvedimento emanato ai sensi del comma 1, si procede ai sensi del comma 2. Qualora il conducente circoli in violazione del provvedimento emanato ai sensi del comma 2, si applicano le sanzioni dell'articolo 116, commi 15 e 17.))

Art. 137.
Certificati internazionali per autoveicoli, motoveicoli, rimorchi e permessi internazionali di guida

1. I certificati internazionali per autoveicoli, motoveicoli e rimorchi necessari per circolare negli stati nei quali, ai sensi delle convenzioni internazionali, tali documenti siano richiesti, sono rilasciati dagli ((uffici competenti del Dipartimento per i trasporti terrestri)), previa esibizione dei documenti di circolazione nazionali.

2. I competenti ((uffici competenti del Dipartimento per i trasporti terrestri)) rilasciano i permessi internazionali di guida, previa esibizione della patente.

Art. 138
Veicoli e conducenti delle Forze armate

1. Le Forze armate provvedono direttamente nei riguardi dei veicoli di loro dotazione agli accertamenti tecnici, all'immatricolazione militare, al rilascio dei documenti di circolazione e delle targhe di riconoscimento.

2. I veicoli delle Forze armate, qualora eccedono i limiti di cui agli articoli 61 e 62, devono essere muniti, per circolare sulle strade non militari, di una autorizzazione speciale che viene rilasciata dal comando militare sentiti gli enti competenti, conformemente a quanto previsto dall'art. 10, comma 6. All'eventuale scorta provvede il predetto comando competente.

3. Le Forze armate provvedono direttamente nei riguardi del personale in servizio:
a) all'addestramento, all'individuazione e all'accertamento dei requisiti necessariper la guida, all'esame di idoneita' e al rilascio della patente militare di guida, che abilita soltanto alla guida dei veicoli comunque in dotazione delle Forze armate;
b) al rilascio dei certificati di abilitazione alle mansioni di insegnante di teoria e di istruttore di scuola guida, relativi all'addestramento di cui alla lettera a).

4. Gli insegnanti, gli istruttori e i conducenti di cui al comma 3 non sono soggetti alle disposizioni del presente titolo.

5. Coloro che sono muniti di patente militare possono ottenere, senza sostenere l'esame di idoneita', la patente di guida per veicoli delle corrispondenti categorie, secondo la tabella di equipollenza stabilita dal Ministero dei trasporti, di concerto con il Ministero della difesa, sempreche' la richiesta venga presentata per il tramite dell'autorita' dalla quale dipendono durante il servizio o non oltre un anno dalla data del congedo o dalla cessazione dal servizio.

6. Il personale provvisto di abilitazione ad istruttore di guida militare puo' ottenere la conversione in analogo certificato di abilitazione ad istruttore di guida civile senza esame e secondo le modalita' stabilite dal Ministero dei trasporti, purche' gli interessati ne facciano richiesta entro un anno dalla data del congedo o dalla cessazione dal servizio.

7. I veicoli alienati dalle Forze armate possono essere reimmatricolati con targa civile previo accertamento dei prescritti requisiti.

8. Le caratteristiche delle targhe di riconoscimento dei veicoli a motore o da essi trainati in dotazione alle Forze armate sono stabilite d'intesa tra il Ministero dal quale dipendono l'arma o il corpo e il Ministero dei trasporti.

9. Le Forze armate provvedono direttamente al trasporto stradale di materie radioattive e fissili speciali, mettendo in atto tutte le prescrizioni tecniche e le misure di sicurezza previste dalle norme vigenti in materia.

10. In ragione della pubblica utilita' del loro impiego in servizi di istituto, i mezzi di trasporto collettivo militare, appartenenti alle categorie M2 e M3, sono assimilati ai mezzi adibiti al trasporto pubblico.

11. Le disposizioni del presente articolo si applicano anche ai veicoli e ai conducenti della Polizia di Stato della Guardia di finanza, del Corpo di Polizia penitenziaria, del Corpo nazionale dei vigili del fuoco, dei Corpi dei vigili del fuoco delle province autonome di Trento e di Bolzano, della regione Valle d'Aosta, della Croce rossa italiana, del Corpo forestale dello Stato, dei Corpi forestali operanti nelle regioni a statuto speciale e nelle province autonome di Trento e di Bolzano e della Protezione civile nazionale, della regione Valle d'Aosta e delle province autonome di Trento e di Bolzano.

((11-bis. I veicoli in dotazione alla Protezione civile nazionale, alla protezione civile della Regione Valle d'Aosta e delle Province autonome di Trento e di Bolzano, agli enti locali e agli enti del Terzo settore, comunque immatricolati, utilizzati per fini istituzionali e servizi di pubblica utilita', possono essere dotati di rimorchio destinato al trasporto di cose, di larghezza massima superiore alla larghezza del veicolo trainante, fermi restando i limiti di cui agli articoli 61 e 62)).

12. Chiunque munito di patente militare, ovvero munito di patente rilasciata ai sensi del comma 11, guida un veicolo immatricolato con targa civile e' soggetto alle sanzioni previste dall'art. 125, comma 3. La patente di guida e' sospesa dall'autorita' che l'ha rilasciata, secondo le procedure e la disciplina proprie dell'amministrazione di appartenenza.

12-bis. I soggetti muniti di patente militare o di servizio rilasciata ai sensi dell'articolo 139 possono guidare veicoli delle corrispondenti categorie immatricolati con targa civile purche' i veicoli stessi siano adibiti ai servizi istituzionali dell'amministrazione dello Stato.

Art. 139.
(((Patente di servizio per il personale abilitato allo svolgimento di compiti di polizia stradale).))

((1. Ai soggetti gia' in possesso di patente di guida e abilitati allo svolgimento di compiti di polizia stradale indicati dai commi 1 e 3, lettera a), dell'articolo 12 e' rilasciata apposita patente di servizio la cui validita' e' limitata alla guida di veicoli adibiti all'espletamento di compiti istituzionali dell'amministrazione di appartenenza.

2. Con decreto del Ministro delle infrastrutture e dei trasporti, di concerto con il Ministro dell'interno, sono stabiliti i requisiti e le modalita' per il rilascio della patente di cui al comma 1.))

TITOLO V
NORME DI COMPORTAMENTO

Art. 140.
Principio informatore della circolazione

1. Gli utenti della strada devono comportarsi in modo da non costituire pericolo o intralcio per la circolazione ed in modo che sia in ogni caso salvaguardata la sicurezza stradale.

2. I singoli comportamenti, oltre quanto gia' previsto nei precedenti titoli, sono fissati dalle norme che seguono.

Art. 141.
Velocita'

1. E' obbligo del conducente regolare la velocita' del veicolo in modo che, avuto riguardo alle caratteristiche, allo stato ed al carico del veicolo stesso, alle caratteristiche e alle condizioni della strada e del traffico e ad ogni altra circostanza di qualsiasi natura, sia evitato ogni pericolo per la sicurezza delle persone e delle cose ed ogni altra causa di disordine per la circolazione.

2. Il conducente deve sempre conservare il controllo del proprio veicolo ed essere in grado di compiere tutte le manovre necessarie in condizione di sicurezza, specialmente l'arresto tempestivo del veicolo entro i limiti del suo campo di visibilita' e dinanzi a qualsiasi ostacolo prevedibile.

3. In particolare, il conducente deve regolare la velocita' nei tratti di strada a visibilita' limitata, nelle curve, in prossimita' delle intersezioni e delle scuole o di altri luoghi frequentati da fanciulli indicati dagli appositi segnali, nelle forti discese, nei passaggi stretti o ingombrati, nelle ore notturne, nei casi di insufficiente visibilita' per condizioni atmosferiche o per altre cause, nell'attraversamento degli abitati o comunque nei tratti di strada fiancheggiati da edifici.

4. Il conducente deve, altresi', ridurre la velocita' e, occorrendo, anche fermarsi quando riesce malagevole l'incrocio con altri veicoli, in prossimita' degli attraversamenti pedonali e, in ogni caso, quando i pedoni che si trovino sul percorso tardino a scansarsi o diano segni di incertezza e quando, al suo avvicinarsi, gli animali che si trovino sulla strada diano segni di spavento.

5. Il conducente non deve gareggiare in velocita'.

6. Il conducente non deve circolare a velocita' talmente ridotta da costituire intralcio o pericolo per il normale flusso della circolazione.

7. All'osservanza delle disposizioni del presente articolo e' tenuto anche il conducente di animali da tiro, da soma e da sella.

8. Chiunque viola le disposizioni del comma 3 e' soggetto alla sanzione amministrativa del pagamento di una somma ((da € 87 a € 344)).

9. Salvo quanto previsto dagli articoli 9-bis e 9-ter, chiunque viola la disposizione del comma 5 e' soggetto alla sanzione amministrativa del pagamento di una somma ((da € 173 a € 694)). PERIODO SOPPRESSO DAL D.L. 27 GIUGNO 2003, N. 151, CONVERTITO CON MODIFICAZIONI DALLA L. 1 AGOSTO 2003, N. 214. PERIODO SOPPRESSO DAL D.L. 27 GIUGNO 2003, N. 151, CONVERTITO CON MODIFICAZIONI DALLA L. 1 AGOSTO 2003, N. 214.

10. Se si tratta di violazioni commesse dal conducente di cui al comma 7 la sanzione amministrativa e' del pagamento di una somma da € 26 a € 102.

11. Chiunque viola le altre disposizioni del presente articolo e' soggetto alla sanzione amministrativa del pagamento di una somma da € 42 a € 173.

Art. 142
Limiti di velocita'

1. Ai fini della sicurezza della circolazione e della tutela della vita umana la velocita' massima non puo' superare i 130 km/h per le autostrade, i 110 km/h per le strade extraurbane principali, i 90 km/h per le strade extraurbane secondarie e per le strade extraurbane locali, ed i 50 km/h per le strade nei centri abitati, con la possibilita' di elevare tale limite fino ad un massimo di 70 km/h per le strade urbane le cui caratteristiche costruttive e funzionali lo consentano, previa installazione degli appositi segnali. Sulle autostrade a tre corsie piu' corsia di emergenza per ogni senso di marcia, dotate di apparecchiature debitamente omologate per il calcolo della velocita' media di percorrenza su tratti determinati,

gli enti proprietari o concessionari possono elevare il limite massimo di velocita' fino a 150 km/h sulla base delle caratteristiche progettuali ed effettive del tracciato, previa installazione degli appositi segnali, sempreche' lo consentano l'intensita' del traffico, le condizioni atmosferiche prevalenti ed i dati di incidentalita' dell'ultimo quinquennio. In caso di precipitazioni atmosferiche di qualsiasi natura, la velocita' massima non puo' superare i 110 km/h per le autostrade ed i 90 km/h per le strade extraurbane principali.

2. Entro i limiti massimi suddetti, gli enti proprietari della strada possono fissare, provvedendo anche alla relativa segnalazione, limiti di velocita' minimi e limiti di velocita' massimi, diversi da quelli fissati al comma 1, in determinate strade e tratti di strada quando l'applicazione al caso concreto dei criteri indicati nel comma 1 renda opportuna la determinazione di limiti diversi, seguendo le direttive che saranno impartite dal Ministro delle infrastrutture e dei trasporti. Gli enti proprietari della strada hanno l'obbligo di adeguare tempestivamente i limiti di velocita' al venir meno delle cause che hanno indotto a disporre limiti particolari. Il Ministro delle infrastrutture e dei trasporti puo' modificare i provvedimenti presi dagli enti proprietari della strada, quando siano contrari alle proprie direttive e comunque contrastanti con i criteri di cui al comma 1. Lo stesso Ministro puo' anche disporre l'imposizione di limiti, ove non vi abbia provveduto l'ente proprietario; in caso di mancato adempimento, il Ministro delle infrastrutture e dei trasporti puo' procedere direttamente alla esecuzione delle opere necessarie, con diritto di rivalsa nei confronti dell'ente proprietario.

3. Le seguenti categorie di veicoli non possono superare le velocita' sottoindicate:

a) ciclomotori: 45 km/h;

b) autoveicoli o motoveicoli utilizzati per il trasporto delle merci pericolose rientranti nella classe 1 figurante in allegato all'accordo di cui all'articolo 168, comma 1, quando viaggiano carichi: 50 km/h fuori dei centri abitati; 30 km/h nei centri abitati;

c) macchine agricole e macchine operatrici: 40 km/h se montati su pneumatici o su altri sistemi equipollenti; 15 km/h in tutti gli altri casi;

d) quadricicli: 80 km/h fuori dei centri abitati;

e) treni costituiti da un autoveicolo e da un rimorchio di cui alle lettere h), i) e l) dell'art. 54, comma 1: 70 km/h fuori dei centri abitati; 80 km/h sulle autostrade;

f) autobus e filobus di massa complessiva a pieno carico superiore a 8 t: 80 km/h fuori dei centri abitati; 100 km/h sulle autostrade;

g) autoveicoli destinati al trasporto di cose o ad altri usi, di massa complessiva a pieno carico superiore a 3,5 t e fino a 12 t: 80 km/h fuori dei centri abitati; 100 km/h sulle autostrade;

h) autoveicoli destinati al trasporto di cose o ad altri usi, di massa complessiva a pieno carico superiore a 12 t: 70 km/h fuori dei centri abitati; 80 km/h sulle autostrade;

i) autocarri di massa complessiva a pieno carico superiore a 5 t se adoperati per il trasporto di persone ai sensi dell'art. 82, comma 6: 70 km/h fuori dei centri abitati; 80 km/h sulle autostrade;

l) mezzi d'opera quando viaggiano a pieno carico: 40 km/h nei centri abitati; 60 km/h fuori dei centri abitati.

4. Nella parte posteriore dei veicoli di cui al comma 3, ad eccezione di quelli di cui alle lettere a) e b), devono essere indicate le velocita' massime consentite. Qualora si tratti di complessi di veicoli, l'indicazione del limite va riportata sui rimorchi ovvero sui semirimorchi. Sono comunque esclusi da tale obbligo gli autoveicoli militari ricompresi nelle lettere c), g), h) ed i) del comma 3, quando siano in dotazione alle Forze armate, ovvero ai Corpi ed organismi indicati nell'articolo 138, comma 11.

5. In tutti i casi nei quali sono fissati limiti di velocita' restano fermi gli obblighi stabiliti dall'art. 141.

6. Per la determinazione dell'osservanza dei limiti di velocita' sono considerate fonti di prova le risultanze di apparecchiature debitamente omologate, anche per il calcolo della velocita' media di percorrenza su tratti determinati, nonche' le registrazioni del cronotachigrafo e i documenti relativi ai percorsi autostradali, come precisato dal regolamento.

6-bis. Le postazioni di controllo sulla rete stradale per il rilevamento della velocita' devono essere preventivamente segnalate e ben visibili, ricorrendo all'impiego di cartelli o di dispositivi di segnalazione luminosi, conformemente alle norme stabilite nel regolamento di esecuzione del presente codice. Le modalita' di impiego sono stabilite con decreto del Ministro dei trasporti, di concerto con il Ministro dell'interno.

7. Chiunque non osserva i limiti minimi di velocita', ovvero supera i limiti massimi di velocita' di non oltre 10 km/h, e' soggetto alla sanzione amministrativa del pagamento di una somma da € 42 a € 173.

8. Chiunque supera di oltre 10 km/h e di non oltre 40 km/h i limiti massimi di velocita' e' soggetto alla sanzione amministrativa del pagamento di una somma da € 173 a € 694.

9. Chiunque supera di oltre 40 km/h ma di non oltre 60 km/h i limiti massimi di velocita' e' soggetto alla sanzione amministrativa del pagamento di una somma da € 543 a € 2.170. Dalla violazione consegue la sanzione amministrativa accessoria della sospensione della patente di guida da uno a tre mesi.

9-bis. Chiunque supera di oltre 60 km/h i limiti massimi di velocita' e' soggetto alla sanzione amministrativa del pagamento di una somma da € 845 a € 3.382. Dalla violazione consegue la sanzione amministrativa accessoria della sospensione della patente di guida da sei a dodici mesi, ai sensi delle norme di cui al capo I, sezione II, del titolo VI.

10. Chiunque viola le disposizioni di cui al comma 4 e' soggetto alla sanzione amministrativa del pagamento di una somma da € 26 a € 102.

11. Se le violazioni di cui ai commi 7, 8, 9 e 9-bis sono commesse alla guida di uno dei veicoli indicati al comma 3, lettere b), e), f), g), h), i) e l) le sanzioni amministrative pecuniarie e quelle accessorie ivi previste sono raddoppiate. L'eccesso di velocita' oltre il limite al quale e' tarato il limitatore di velocita' di cui all'articolo 179 comporta, nei veicoli obbligati a montare tale apparecchio, l'applicazione delle sanzioni amministrative pecuniarie previste dai commi 2-bis e 3 del medesimo articolo 179, per il caso di limitatore non funzionante o alterato. E' sempre disposto l'accompagnamento del mezzo presso un'officina autorizzata, per i fini di cui al comma 6-bis del citato articolo 179.

12. Quando il titolare di una patente di guida sia incorso, in un periodo di due anni, in una ulteriore violazione del comma 9, la sanzione amministrativa accessoria e' della sospensione della patente da otto a diciotto mesi, ai sensi delle norme di cui al capo I, sezione II, del titolo VI. Quando il titolare di una patente di guida sia incorso, in un periodo di due anni, in una ulteriore violazione del comma 9-bis, la sanzione amministrativa accessoria e' la revoca della patente, ai sensi delle norme di cui al capo I, sezione II, del titolo VI.

12-bis. I proventi delle sanzioni derivanti dall'accertamento delle violazioni dei limiti massimi di velocita' stabiliti dal presente articolo, attraverso l'impiego di apparecchi o di sistemi di rilevamento della velocita' ovvero attraverso l'utilizzazione di dispositivi o di mezzi tecnici di controllo a distanza delle violazioni ai sensi dell'articolo 4 del decreto-legge 20 giugno 2002, n. 121, convertito, con modificazioni, dalla legge 1° agosto 2002, n. 168, e successive modificazioni, sono attribuiti, in misura pari al 50 per cento ciascuno, all'ente proprietario della strada su cui e' stato effettuato l'accertamento o agli enti che esercitano le relative funzioni ai sensi dell'articolo 39 del decreto del Presidente della Repubblica 22 marzo 1974, n. 381, e all'ente da cui dipende l'organo accertatore, alle condizioni e nei limiti di cui ai commi 12-ter e 12-quater. Le disposizioni di cui al periodo precedente non si applicano alle strade in concessione. Gli enti di cui al presente comma diversi dallo Stato utilizzano la quota dei proventi ad essi destinati nella regione nella quale sono stati effettuati gli accertamenti.

12-ter. Gli enti di cui al comma 12-bis destinano le somme derivanti dall'attribuzione delle quote dei proventi delle sanzioni amministrative pecuniarie di cui al medesimo comma alla realizzazione di interventi di manutenzione e messa in sicurezza delle infrastrutture stradali, ivi comprese la segnaletica e le barriere, e dei relativi impianti, nonche' al potenziamento delle attivita' di controllo e di accertamento delle violazioni in materia di circolazione stradale, ivi comprese le spese relative al personale, nel rispetto della normativa vigente relativa al contenimento delle spese in materia di pubblico impiego e al patto di stabilita' interno.

12-quater. Ciascun ente locale trasmette in via informatica al Ministero delle infrastrutture e dei trasporti ed al Ministero dell'interno, entro il 31 maggio di ogni anno, una relazione in cui sono indicati, con riferimento all'anno precedente, l'ammontare complessivo dei proventi di propria spettanza di cui al comma 1 dell'articolo 208 e al comma 12-bis del presente articolo, come risultante da rendiconto approvato nel medesimo anno, e gli interventi realizzati a valere su tali risorse, con la specificazione degli oneri sostenuti per ciascun intervento. ((Ciascun ente locale pubblica la relazione di cui al primo periodo in apposita sezione del proprio sito internet istituzionale entro trenta giorni dalla trasmissione al Ministero delle infrastrutture e della mobilita' sostenibili e al Ministero dell'interno. A decorrere dal 1° luglio 2022, il Ministero dell'interno, entro sessanta giorni dalla ricezione, pubblica in apposita sezione del proprio sito internet istituzionale le relazioni pervenute ai sensi del primo periodo)). La percentuale dei proventi spettanti ai sensi del comma 12-bis e' ridotta del 90 per cento annuo nei confronti dell'ente che non trasmetta la relazione ((di cui al primo periodo)), ovvero che utilizzi i proventi di cui al primo periodo in modo difforme da quanto previsto dal comma 4 dell'articolo 208 e dal comma 12-ter del presente articolo, per ciascun anno per il quale sia riscontrata una delle predette inadempienze. Le inadempienze di cui al periodo precedente rilevano ai fini della responsabilita' disciplinare e per danno erariale e devono essere segnalate tempestivamente al procuratore regionale della Corte dei conti.

Art. 143.
Posizione dei veicoli sulla carreggiata

1. I veicoli devono circolare sulla parte destra della carreggiata e in prossimita' del margine destro della medesima, anche quando la strada e' libera.

2. I veicoli sprovvisti di motore e gli animali devono essere tenuti il piu' vicino possibile al margine destro della carreggiata.

3. La disposizione del comma 2 si applica anche agli altri veicoli quando si incrociano ovvero percorrono una curva o un raccordo convesso, a meno che circolino su strade a due carreggiate separate o su una carreggiata ad almeno due corsie per ogni senso di marcia o su una carreggiata a senso unico di circolazione.

4. Quando una strada e' divisa in due carreggiate separate, si deve percorrere quella di destra; quando e' divisa in tre carreggiate separate, si deve percorrere quella di destra o quella centrale, salvo diversa segnalazione.

5. Salvo diversa segnalazione, quando una carreggiata e' a due o piu' corsie per senso di marcia, si deve percorrere la corsia piu' libera a destra; la corsia o le corsie di sinistra sono riservate al sorpasso.

6. COMMA SOPPRESSO DAL D.LGS. 15 GENNAIO 2002, N. 9.

7. All'interno dei centri abitati, salvo diversa segnalazione, quando una carreggiata e' a due o piu' corsie per senso di marcia, si deve percorrere la corsia libera piu' a destra; la corsia o le corsie di sinistra sono riservate al sorpasso. Tuttavia i conducenti, qualunque sia l'intensita' del traffico, possono impegnare la corsia piu' opportuna in relazione alla direzione che essi intendono prendere alla successiva intersezione; i conducenti stessi non possono peraltro cambiare corsia se non per predisporsi a svoltare a destra o a sinistra, o per fermarsi, in conformita' delle norme che regolano queste manovre, ovvero per effettuare la manovra di sorpasso che in tale ipotesi e' consentita anche a destra.

8. Nelle strade con binari tramviari a raso, i veicoli possono procedere sui binari stessi purche', compatibilmente con le esigenze della circolazione, non ostacolino o rallentino la marcia dei tram, salva diversa segnalazione.

9. Nelle strade con doppi binari tramviari a raso, entrambi su di un lato della carreggiata, i veicoli possono marciare a sinistra della zona interessata dai binari, purche' rimangano sempre entro la parte della carreggiata relativa al loro senso di circolazione.

10. Ove la fermata dei tram o dei filobus sia corredata da apposita isola salvagente posta a destra dell'asse della strada, i veicoli, salvo diversa segnalazione che imponga il passaggio su un lato determinato, possono transitare indifferentemente a destra o a sinistra del salvagente, purche' rimangano entro la parte della carreggiata relativa al loro senso di circolazione e purche' non comportino intralcio al movimento dei viaggiatori.

11. Chiunque circola contromano e' soggetto alla sanzione amministrativa del pagamento di una somma ((da € 167 a € 665)).

12. Chiunque circola contromano in corrispondenza delle curve, dei raccordi convessi o in ogni altro caso di limitata visibilita', ovvero percorre la carreggiata contromano, quando la strada sia divisa in piu' carreggiate separate, e' soggetto alla sanzione amministrativa del pagamento di una somma ((da € 327 a € 1.308)). Dalla violazione prevista dal presente comma consegue la sanzione amministrativa accessoria della sospensione della patente da uno a tre mesi, ai sensi del capo I, sezione II, del titolo VI. In casi di recidiva la sospensione e' da due a sei mesi.

13. Chiunque viola le altre disposizioni del presente articolo e' soggetto alla sanzione amministrativa del pagamento di una somma da € 42 a € 173.

Art. 144.
Circolazione dei veicoli per file parallele

1. La circolazione per file parallele e' ammessa nelle carreggiate ad almeno due corsie per ogni senso di marcia, quando la densita' del traffico e' tale che i veicoli occupano tutta la parte della carreggiata riservata al loro senso di marcia e si muovono ad una velocita' condizionata da quella dei veicoli che precedono, ovvero in tutti i casi in cui gli agenti del traffico la autorizzano. E' ammessa, altresi', lungo il tronco stradale adducente a una intersezione controllata da segnali luminosi o manuali; in tal caso, al segnale di via libera, essa deve continuare anche nell'area di manovra dell'intersezione stessa.

2. Nella circolazione per file parallele e' consentito ai conducenti di veicoli, esclusi i veicoli non a motore ed i ciclomotori, di non mantenersi presso il margine della carreggiata, pur rimanendo in ogni caso nella corsia prescelta.

3. Il passaggio da una corsia all'altra e' consentito, previa la necessaria segnalazione, soltanto quando si debba raggiungere la prima corsia di destra per svoltare a destra, o l'ultima corsia di sinistra per svoltare a sinistra, ovvero per effettuare una riduzione di velocita' o una volontaria sospensione della marcia al margine della carreggiata, quando cio' non sia vietato. I conducenti che si

trovano nella prima corsia di destra possono, inoltre, spostarsi da detta corsia quando devono superare un veicolo senza motore o comunque assai lento, sempre previa la necessaria segnalazione.

4. Chiunque viola le disposizioni del presente articolo e' soggetto alla sanzione amministrativa del pagamento di una somma ((da € 42 a € 173)).

Art. 145.
Precedenza

1. I conducenti, approssimandosi ad una intersezione, devono usare la massima prudenza al fine di evitare incidenti.

2. Quando due veicoli stanno per impegnare una intersezione, ovvero laddove le loro traiettorie stiano comunque per intersecarsi, si ha l'obbligo di dare la precedenza a chi proviene da destra, salvo diversa segnalazione.

3. Negli attraversamenti di linee ferroviarie e tramviarie i conducenti hanno l'obbligo di dare la precedenza ai veicoli circolanti su rotaie, salvo diversa segnalazione.

4. I conducenti devono dare la precedenza agli altri veicoli nelle intersezioni nelle quali sia cosi' stabilito dall'autorita' competente ai sensi dell'art. 37 e la prescrizione sia resa nota con apposito segnale.

4-bis. I conducenti degli altri veicoli hanno l'obbligo di dare la precedenza ai velocipedi che transitano sulle strade urbane ciclabili o vi si immettono, anche da luogo non soggetto a pubblico passaggio.

4-ter. Lungo le strade urbane i conducenti degli altri veicoli hanno l'obbligo di dare la precedenza ai velocipedi che circolano sulle corsie ciclabili.

5. I conducenti sono tenuti a fermarsi in corrispondenza della striscia di arresto, prima di immettersi nella intersezione, quando sia cosi' stabilito dall'autorita' competente ai sensi dell'art. 37 e la prescrizione sia resa nota con apposito segnale.

6. Negli sbocchi su strada da luoghi non soggetti a pubblico passaggio i conducenti hanno l'obbligo di arrestarsi e dare la precedenza a chi circola sulla strada.

7. E' vietato impegnare una intersezione o un attraversamento di linee ferroviarie o tramviarie quando il conducente non ha la possibilita' di proseguire e sgombrare in breve tempo l'area di manovra in modo da consentire il transito dei veicoli provenienti da altre direzioni.

8. Negli sbocchi su strada di sentieri, tratturi, mulattiere e piste ciclabili e' fatto obbligo al conducente di arrestarsi e dare la precedenza a chi circola sulla strada. L'obbligo sussiste anche se le caratteristiche di dette vie variano nell'immediata prossimita' dello sbocco sulla strada.

9. I conducenti di veicoli su rotaia devono rispettare i segnali negativi della precedenza.

10. Chiunque viola le disposizioni di cui al presente articolo e' soggetto alla sanzione amministrativa del pagamento di una somma ((da € 167 a € 665)).

11. Quando lo stesso soggetto sia incorso, in un periodo di due anni, in una delle violazioni di cui al comma 10 per almeno due volte, all'ultima infrazione consegue la sanzione amministrativa accessoria della sospensione della patente da uno a tre mesi, ai sensi del capo I, sezione II, del titolo VI.

Art. 146.
Violazione della segnaletica stradale

1. L'utente della strada e' tenuto ad osservare i comportamenti imposti dalla segnaletica stradale e dagli agenti del traffico a norma degli articoli da 38 a 43 e delle relative norme del regolamento.

2. Chiunque non osserva i comportamenti indicati dalla segnaletica

stradale o nelle relative norme di regolamento, ovvero dagli agenti del traffico, e' soggetto alla sanzione amministrativa del pagamento di una somma da € 42 a € 173. Sono fatte salve le particolari sanzioni previste dagli articoli 6 e 7 nonche' dall'articolo 191, comma 4.

3. Il conducente del veicolo che prosegue la marcia, nonostante che le segnalazioni del semaforo o dell'agente del traffico vietino la marcia stessa, e' soggetto alla sanzione amministrativa del pagamento di una somma ((da € 167 a € 665)).

3-bis. Quando lo stesso soggetto sia incorso, in un periodo di due anni, in una delle violazioni di cui al comma 3 per almeno due volte, all'ultima infrazione consegue la sanzione amministrativa accessoria della sospensione della patente da uno a tre mesi, ai sensi del capo I, sezione II, del titolo VI.

Art. 147.
Comportamento ai passaggi a livello

1. Gli utenti della strada, approssimandosi ad un passaggio a livello, devono usare la massima prudenza al fine di evitare incidenti e devono osservare le segnalazioni indicate nell'art. 44.

2. Prima di impegnare un passaggio a livello senza barriere o semibarriere, gli utenti della strada devono assicurarsi, in prossimita' delle segnalazioni previste nel regolamento di cui all'art. 44, comma 3, che nessun treno sia in vista e in caso affermativo attraversare rapidamente i binari; in caso contrario devono fermarsi senza impegnarli.

3. Gli utenti della strada non devono attraversare un passaggio a livello quando:

a) siano chiuse o stiano per chiudersi le barriere o le semibarriere;

b) siano in movimento di apertura le semibarriere;

c) siano in funzione i dispositivi di segnalazione luminosa o acustica previsti dall'art. 44, comma 2,e dal regolamento, di cui al comma 3 dello stesso articolo;

d) siano in funzione i mezzi sostitutivi delle barriere o semibarriere previsti dal medesimo articolo.

((3-bis. Il mancato rispetto di quanto stabilito dal comma 3 puo' essere rilevato anche tramite appositi dispositivi per l'accertamento e il rilevamento automatico delle violazioni, conformi alle caratteristiche specificate dall'articolo 192 del regolamento)).

4. Gli utenti della strada devono sollecitamente sgombrare il passaggio a livello. In caso di arresto forzato del veicolo il conducente deve cercare di portarlo fuori dei binari o, in caso di materiale impossibilita', deve fare tutto quanto gli e' possibile per evitare ogni pericolo per le persone, nonche' fare in modo che i conducenti dei veicoli su rotaia siano avvisati in tempo utile dell'esistenza del pericolo.

5. Chiunque viola la disposizione del presente articolo e' soggetto alla sanzione amministrativa del pagamento di una somma da € 87 a € 344.

6. Quando lo stesso soggetto sia incorso, in un periodo di due anni, in una violazione di cui al comma 5 per almeno due volte, all'ultima violazione consegue la sanzione amministrativa accessoria della sospensione della patente di guida da uno a tre mesi, ai sensi del capo I, sezione II, del titolo VI.

((6-bis. I dispositivi di cui al comma 3-bis possono essere installati anche dal gestore dell'infrastruttura ferroviaria a sue spese)).

Art. 148.
Sorpasso

1. Il sorpasso e' la manovra mediante la quale un veicolo supera un altro veicolo un animale o un pedone in movimento o fermi sulla

corsia o sulla parte della carreggiata destinata normalmente alla circolazione.

2. Il conducente che intende sorpassare deve preventivamente accertarsi:

a) che la visibilita' sia tale da consentire la manovra e che la stessa possa compiersi senza costituire pericolo o intralcio;

b) che il conducente che lo precede nella stessa corsia non abbia segnalato di voler compiere analoga manovra;

c) che nessun conducente che segue sulla stessa carreggiata o semicarreggiata, ovvero sulla corsia immediatamente alla propria sinistra, qualora la carreggiata o semicarreggiata siano suddivise in corsie, abbia iniziato il sorpasso;

d) che la strada sia libera per uno spazio tale da consentire la completa esecuzione del sorpasso, tenuto anche conto della differenza tra la propria velocita' e quella dell'utente da sorpassare, nonche' della presenza di utenti che sopraggiungono dalla direzione contraria o che precedono l'utente da sorpassare.

3. Il conducente che sorpassa un veicolo o altro utente della strada che lo precede sulla stessa corsia, dopo aver fatto l'apposita segnalazione, deve portarsi sulla sinistra dello stesso, superarlo rapidamente tenendosi da questo ad una adeguata distanza laterale e riportarsi a destra appena possibile, senza creare pericolo o intralcio. Se la carreggiata o semicarreggiata sono suddivise in piu' corsie, il sorpasso deve essere effettuato sulla corsia immediatamente alla sinistra del veicolo che si intende superare.

4. L'utente che viene sorpassato deve agevolare la manovra e non accelerare. Nelle strade ad una corsia per senso di marcia, lo stesso utente deve tenersi il piu' vicino possibile al margine destro della carreggiata.

5. Quando la larghezza, il profilo o lo stato della carreggiata, tenuto anche conto della densita' della circolazione in senso contrario, non consentono di sorpassare facilmente e senza pericolo un veicolo lento, ingombrante o obbligato a rispettare un limite di velocita', il conducente di quest'ultimo veicolo deve rallentare e, se necessario, mettersi da parte appena possibile, per lasciar passare i veicoli che seguono. Nei centri abitati non sono tenuti all'osservanza di quest'ultima disposizione i conducenti di veicoli in servizio pubblico di linea per trasporto di persone.

6. Sulle carreggiate ad almeno due corsie per ogni senso di marcia il conducente che, dopo aver eseguito un sorpasso, sia indotto a sorpassare un altro veicolo o animale, puo' rimanere sulla corsia impegnata per il primo sorpasso a condizione che la manovra non sia di intralcio ai veicoli piu' rapidi che sopraggiungono da tergo.

7. Il sorpasso deve essere effettuato a destra quando il conducente del veicolo che si vuole sorpassare abbia segnalato che intende svoltare a sinistra ovvero, in una carreggiata a senso unico, che intende arrestarsi a sinistra, e abbia iniziato dette manovre.

8. Il sorpasso dei tram, qualora gli stessi non circolino in sede stradale riservata, deve effettuarsi a destra quando la larghezza della carreggiata a destra del binario lo consenta; se si tratta di carreggiata a senso unico di circolazione il sorpasso si puo' effettuare su ambo i lati.

9. Qualora il tram o il filobus siano fermi in mezzo alla carreggiata per la salita e la discesa dei viaggiatori e non esista un salvagente, il sorpasso a destra e' vietato.

9. COMMA SOPPRESSO DAL D.LGS. 10 SETTEMBRE 1993, N. 360.

9-bis. Lungo le strade urbane ciclabili il conducente di un autoveicolo che effettui il sorpasso di un velocipede e' tenuto ad usare particolari cautele al fine di assicurare una maggiore distanza laterale di sicurezza in considerazione della minore stabilita' e della probabilita' di ondeggiamenti e deviazioni da parte del velocipede stesso. Prima di effettuare il sorpasso di un velocipede, il conducente dell'autoveicolo valuta l'esistenza delle condizioni predette per compiere la manovra in completa sicurezza per entrambi i veicoli, riducendo particolarmente la velocita', ove necessario, affinche' la manovra di sorpasso sia compiuta a ridottissima velocita' qualora le circostanze lo richiedano. Chiunque viola le disposizioni del presente comma e' soggetto alle sanzioni amministrative di cui al comma 16, primo periodo.

10. E' vietato il sorpasso in prossimita' o in corrispondenza delle curve o dei dossi e in ogni altro caso di scarsa visibilita'; in tali casi il sorpasso e' consentito solo quando la strada e' a due carreggiate separate o a carreggiata a senso unico o con almeno due corsie con lo stesso senso di marcia e vi sia tracciata apposita segnaletica orizzontale.

11. E' vietato il sorpasso di un veicolo che ne stia sorpassando un altro, nonche' il superamento di veicoli fermi o in lento movimento ai passaggi a livello, ai semafori o per altre cause di congestione della circolazione, quando a tal fine sia necessario spostarsi nella parte della carreggiata destinata al senso opposto di marcia.

12. E' vietato il sorpasso in prossimita' o in corrispondenza delle intersezioni. Esso e', pero', consentito:

a) quando il conducente del veicolo che si vuole sorpassare abbia segnalato che intende svoltare a sinistra e abbia iniziato detta manovra;

b) quando avvenga su strada a precedenza, purche' a due carreggiate separate o a senso unico o ad almeno due corsie con lo stesso senso di marcia e le corsie siano delimitate dall'apposita segnaletica orizzontale;

c) quando il veicolo che si sorpassa e' a due ruote non a motore, sempre che non sia necessario spostarsi sulla parte della carreggiata destinata al senso opposto di marcia;

d) quando la circolazione sia regolata da semafori o da agenti del traffico.

13. E' vietato il sorpasso in prossimita' o in corrispondenza dei passaggi a livello senza barriere, salvo che la circolazione stradale sia regolata da semafori, nonche' il sorpasso di un veicolo che si sia arrestato o abbia rallentato in corrispondenza di un attraversamento pedonale per consentire ai pedoni di attraversare la carreggiata.

14. E' vietato il sorpasso ai conducenti di veicoli di massa a pieno carico superiore a 3,5 t, oltre che nei casi sopraprevisti, anche nelle strade o tratti di essa in cui il divieto sia imposto dall'apposito segnale.

15. Chiunque sorpassa a destra, eccetto i casi in cui cio' sia consentito, ovvero compia un sorpasso senza osservare le disposizioni dei commi 2, 3 e 8 e' soggetto alla sanzione amministrativa del pagamento di una somma ((da € 83 a € 332)). Alla stessa sanzione soggiace chi viola le disposizioni 4, 5 e 7. Quando lo stesso soggetto sia incorso, in un periodo di due anni, in una delle violazioni di cui al comma 3 per almeno due volte, all'ultima infrazione consegue la sanzione amministrativa accessoria della sospensione della patente da uno a tre mesi, ai sensi del capo I, sezione II, del titolo VI.

16. Chiunque non osservi i divieti di sorpasso posti dai commi 9, 10, 11, 12 e 13 e' soggetto alla sanzione amministrativa del pagamento di una somma ((da € 167 a € 665)). Quando non si osservi il divieto di sorpasso di cui al comma 14, la sanzione amministrativa e' del pagamento di una somma ((da € 327 a € 1.308)). Dalle violazioni di cui al presente comma consegue la sanzione amministrativa accessoria della sospensione della patente di guida da uno a tre mesi, ai sensi delle norme di cui al capo I, sezione II, del titolo VI. Quando si tratti del divieto di cui al comma 14, la sospensione della patente e' da due a sei mesi. Se le violazioni sono commesse da un conducente in possesso della patente di guida da meno di tre anni, la sospensione della stessa e' da tre a sei mesi.

Art. 149.
Distanza di sicurezza tra veicoli

1. Durante la marcia i veicoli devono tenere, rispetto al veicolo che precede, una distanza di sicurezza tale che sia garantito in ogni caso l'arresto tempestivo e siano evitate collisioni con i veicoli che precedono.
2. Fuori dei centri abitati, quando sia stabilito un divieto di sorpasso solo per alcune categorie di veicoli, tra tali veicoli deve essere mantenuta una distanza non inferiore a 100 m. Questa disposizione non si osserva nei tratti di strada con due o piu' corsie per senso di marcia.
3. Quando siano in azione macchine sgombraneve o spargitrici, i veicoli devono procedere con la massima cautela. La distanza di sicurezza rispetto a tali macchine non deve essere comunque inferiore a 20 m. I veicoli che procedono in senso opposto sono tenuti, se necessario, ad arrestarsi al fine di non intralciarne il lavoro.
4. Chiunque viola le disposizioni del presente articolo e' soggetto alla sanzione amministrativa del pagamento di una somma da € 42 a € 173.
5. Quando dall'inosservanza delle disposizioni di cui al presente articolo deriva una collisione con grave danno ai veicoli e tale da determinare l'applicazione della revisione di cui all'art. 80, comma 7, la sanzione amministrativa e' del pagamento di una somma ((da € 87 a € 344)). Ove il medesimo soggetto, in un periodo di due anni, sia incorso per almeno due volte in una delle violazioni di cui al presente comma, all'ultima violazione consegue la sanzione amministrativa accessoria della sospensione della patente da uno a tre mesi, ai sensi del capo I, sezione II, del titolo VI.
6. Se dalla collisione derivano lesioni gravi alle persone, il conducente e' soggetto alla sanzione amministrativa del pagamento di una somma ((da € 430 a € 1.731)), salva l'applicazione delle sanzioni penali per i delitti di lesioni colpose o di omicidio colposo. Si applicano le disposizioni del capo II, sezione I e II, del titolo VI.

Art. 150.
Incrocio tra veicoli nei passaggi ingrombati o su strade di montagna

1. Quando l'incrocio non sia possibile a causa di lavori, veicoli fermi o altri ostacoli, il conducente, il cui senso di marcia e' ostacolato e non puo' tenersi vicino al margine destro della carreggiata, deve arrestarsi per lasciar passare i veicoli che provengono in senso inverso.
2. Sulle strade di montagna o comunque a forte pendenza, se l'incrocio con altri veicoli e' malagevole o impossibile, il conducente che procede in discesa deve arrestarsi e accostarsi quanto piu' possibile al margine destro della carreggiata o spostarsi sulla piazzola, ove esista. Tuttavia, se il conducente che procede in salita dispone di una piazzola deve arrestarsi su di essa, se la strada e' tanto stretta da rendere altrimenti necessaria la manovra di retromarcia.
((2-bis. Lungo le strade urbane a senso unico, in cui e' consentita la circolazione a doppio senso ciclabile di cui all'articolo 7, comma 1, lettera i-bis), qualora risulti non agevole l'incrocio, i conducenti degli altri veicoli devono dare la precedenza ai velocipedi che circolano sulla corsia ciclabile per doppio senso ciclabile)).
3. Quando la manovra di retromarcia si rende necessaria, i complessi di veicoli hanno la precedenza rispetto agli altri veicoli; i veicoli di massa complessiva a pieno carico superiore a 3,5 t rispetto a quelli di massa complessiva a pieno carico fino a 3,5 t; gli autobus rispetto agli autocarri. Se si tratta di veicoli appartenenti entrambi alla medesima categoria tra quelle suddette, la retromarcia deve essere eseguita dal conducente del veicolo che pro- cede in discesa, a meno che non sia manifestamente piu' agevole per

il conducente del veicolo che procede in salita, in particolare se quest'ultimo si trovi in prossimita' di una piazzola.

4. Chiunque viola le disposizioni del presente articolo e' soggetto alla sanzione amministrativa del pagamento di una somma da € 42 a € 173.

5. Alla violazione delle disposizioni del presente articolo si applica l'art. 149, commi 5 e 6.

Art. 151.
Definizioni relative alle segnalazioni visive e all'illuminazione dei veicoli a motore e dei rimorchi

1. Ai fini del presente titolo si intende per:
   a) proiettore di profondita': il dispositivo che serve ad illuminare in profondita' la strada antistante il veicolo;
   b) proiettore anabbagliante: il dispositivo che serve ad illuminare la strada antistante il veicolo senza abbagliare;
   c) proiettore fendinebbia anteriore: il dispositivo che serve a migliorare l'illuminazione della strada in caso di nebbia, caduta di neve, pioggia o nubi di polvere;
   d) proiettore di retromarcia: il dispositivo che serve ad illuminare la strada retrostante al veicolo e ad avvertire gli altri utenti della strada che il veicolo effettua o sta per effettuare la retromarcia;
   e) indicatore luminoso di direzione a luci intermittenti: il dispositivo che serve a segnalare agli altri utenti della strada che il conducente intende cambiare direzione verso destra o verso sinistra;
   f) segnalazione luminosa di pericolo: il funzionamento simultaneo di tutti gli indicatori luminosi di direzione;
   g) dispositivo d'illuminazione della targa posteriore: il dispositivo che serve ad illuminare la targa posteriore;
   ((h) luci di posizione anteriore, posteriore e laterale: i dispositivi che servono a segnalare contemporaneamente la presenza e la larghezza del veicolo viste dalla parte anteriore, posteriore e laterale;))
   i) luce posteriore per nebbia: il dispositivo singolo o doppio che serve a rendere piu' visibile il veicolo dalla parte posteriore in caso di forte nebbia, di pioggia intensa o di fitta nevicata in atto;
   l) luce di sosta: il dispositivo che serve a segnalare la presenza di un veicolo in sosta in un centro abitato. In tal caso sostituisce le luci di posizione;
   m) luce d'ingombro: il dispositivo destinato a completare le luci di posizione del veicolo, per segnalare le particolari dimensioni del suo ingombro;
   n) luce di arresto: il dispositivo che serve ad indicare agli altri utenti che il conducente aziona il freno di servizio;
   o) catadiottro: il dispositivo a luce riflessa destinato a segnalare la presenza del veicolo;
   ((p) pannello retroriflettente e fluorescente: il dispositivo a luce retro-riflessa e fluorescente destinato a segnalare particolari categorie di veicoli;
   p-bis) strisce retroriflettenti: il dispositivo a luce riflessa destinato a segnalare particolari categorie di veicoli;
   p-ter) luci di marcia diurna: il dispositivo rivolto verso l'avanti destinato a rendere piu' facilmente visibile un veicolo durante la circolazione diurna;
   p-quater) luci d'angolo: le luci usate per fornire illuminazione supplementare a quella parte della strada situata in prossimita' dell'angolo anteriore del veicolo dal lato presso il quale esso e' in procinto di curvare;
   p-quinquies) proiettore di svolta: una funzione di illuminazione destinata a fornire una migliore illuminazione in curva, che puo' essere espletata per mezzo di dispositivi aggiuntivi o mediante

modificazione della distribuzione luminosa del proiettore anabbagliante;

p-sexies) segnalazione visiva a luce lampeggiante blu: il dispositivo supplementare installato sui motoveicoli e sugli autoveicoli di cui all'articolo 177;

p-septies) segnalazione visiva a luce lampeggiante gialla o arancione: il dispositivo supplementare installato sui veicoli eccezionali o per trasporti in condizioni di eccezionalita', sui mezzi d'opera, sui veicoli adibiti alla rimozione o al soccorso, sui veicoli utilizzati per la raccolta di rifiuti solidi urbani, per la pulizia della strada e la manutenzione della strada, sulle macchine agricole ovvero operatrici, sui veicoli impiegati in servizio di scorta tecnica.))

Art. 152
(Segnalazione visiva e illuminazione dei veicoli).

1. I veicoli a motore durante la marcia fuori dei centri abitati ed i ciclomotori, motocicli, tricicli e quadricicli, quali definiti rispettivamente dall'articolo 1, paragrafo 2, lettere a), b) e c), e paragrafo 3, lettera b), della direttiva 2002/24/CE del Parlamento europeo e del Consiglio, del 18 marzo 2002, anche durante la marcia nei centri abitati, hanno l'obbligo di usare le luci di posizione, i proiettori anabbaglianti e, se prescritte, le luci della targa e le luci d'ingombro. Fuori dei casi indicati dall'articolo 153, comma 1, in luogo dei dispositivi di cui al periodo precedente possono essere utilizzate, se il veicolo ne e' dotato, le luci di marcia diurna. Fanno eccezione all'obbligo di uso dei predetti dispositivi i veicoli di interesse storico e collezionistico.

2. Chiunque viola le disposizioni del presente articolo e' soggetto alla sanzione amministrativa del pagamento di una somma ((da € 42 a € 173)).

Art. 153
Uso dei dispositivi di segnalazione visiva e di illuminazione dei veicoli a motore e dei rimorchi

1. Da mezz'ora dopo il tramonto del sole a mezz'ora prima del suo sorgere ed anche di giorno nelle gallerie, in caso di nebbia, di caduta di neve, di forte pioggia e in ogni altro caso di scarsa visibilita', durante la marcia dei veicoli a motore e dei veicoli trainati, si devono tenere accese le luci di posizione, le luci della targa e, se prescritte, le luci di ingombro. In aggiunta a tali luci, sui veicoli a motore, si devono tenere accesi anche i proiettori anabbaglianti. Salvo quanto previsto dal comma 3 i proiettori di profondita' possono essere utilizzati fuori dei centri abitati quando l'illuminazione esterna manchi o sia insufficiente. Peraltro, durante le brevi interruzioni della marcia connesse con le esigenze della circolazione, devono essere usati i proiettori anabbaglianti.

2. I proiettori di profondita ' non devono essere usati fuori dei casi rispettivamente previsti nel comma 1. Di giorno, in caso di nebbia, fumo, foschia, nevicata in atto, pioggia intensa, i proiettori anabbaglianti e quelli di profondita' possono essere sostituiti da proiettori fendinebbia anteriori. Inoltre sui veicoli che trasportano feriti o ammalati gravi si devono tenere accesi i proiettori anabbaglianti di giorno in ogni caso e nelle ore e nei casi indicati dal comma 1 nei centri abitati anche se l'illuminazione pubblica sia sufficiente.

3. I conducenti devono spegnere i proiettori di profondita' passando a quelli anabbaglianti nei seguenti casi:

a) quando stanno per incrociare altri veicoli, effettuando la commutazione delle luci alla distanza necessaria affinche' i conducenti dei veicoli incrociati possano continuare la loro marcia agevolmente e senza pericolo;

b) quando seguono altro veicolo a breve distanza, salvo che l'uso dei proiettori di profondita' avvenga brevemente in modo intermittente per segnalare al veicolo che precede l'intenzione di sorpassare;

c) in qualsiasi altra circostanza se vi sia pericolo di abbagliare gli altri utenti della strada ovvero i conducenti dei veicoli circolanti su binari, su corsi d'acqua o su altre strade contigue.

4. E' consentito l'uso intermittente dei proiettori di profondita' per dare avvertimenti utili al fine di evitare incidenti e per segnalare al veicolo che precede l'intenzione di sorpassare. Tale uso e' consentito durante la circolazione notturna e diurna e, in deroga al comma 1, anche all'interno dei centri abitati.

5. Nei casi indicati dal comma 1, ad eccezione dei velocipedi e dei ciclomotori a due ruote e dei motocicli, l'uso dei dispositivi di segnalazione visiva e' obbligatorio anche durante la fermata o la sosta, a meno che il veicolo sia reso pienamente visibile dall'illuminazione pubblica o venga collocato fuori dalla carreggiata. Tale obbligo sussiste anche se il veicolo si trova sulle corsie di emergenza.

6. Nei centri abitati e nelle ore e nei casi indicati nel comma 1, durante la sosta al margine della carreggiata, i veicoli a motore, e loro rimorchi se agganciati, aventi lunghezza non superiore a 6 metri e larghezza non superiore a 2 metri possono essere segnalati, utilizzando in luogo delle luci di posizione, le luci di sosta poste dalla parte del traffico.

7. I conducenti dei veicoli a motore devono azionare la segnalazione luminosa di pericolo:

a) nei casi di ingombro della carreggiata;

b) durante il tempo necessario a collocare e riprendere il segnale mobile di pericolo ove questo sia necessario;

c) quando per avaria il veicolo e' costretto a procedere a velocita' particolarmente ridotta;

d) quando si verifichino improvvisi rallentamenti o incolonnamenti;

e) in tutti i casi in cui la fermata di emergenza costituisce pericolo anche momentaneo per gli altri utenti della strada.

8. In caso di nebbia con visibilita' inferiore a 50 metri, di pioggia intensa o di fitta nevicata in atto deve essere usata la luce posteriore per nebbia, qualora il veicolo ne sia dotato.

9. E' vietato l'uso di dispositivi o di altre fonti luminose diversi da quelli indicati nell'art. 151.

10. Chiunque viola la disposizione del comma 3 e' soggetto alla sanzione amministrativa del pagamento di una somma ((da € 87 a € 344)).

11. Chiunque viola le altre disposizioni del presente articolo ovvero usa impropriamente i dispositivi di segnalazione luminosa e' soggetto alla sanzione amministrativa del pagamento di una somma da € 42 a € 173.

Art. 154.
Cambiamento di direzione o di corsia o altre manovre

1. I conducenti che intendono eseguire una manovra per immettersi nel flusso della circolazione, per cambiare direzione o corsia, per invertire il senso di marcia, per fare retromarcia, per voltare a destra o a sinistra, per impegnare un'altra strada, o per immettersi in un luogo non soggetto a pubblico passaggio, ovvero per fermarsi, devono:

a) assicurarsi di poter effettuare la manovra senza creare pericolo o intralcio agli altri utenti della strada, tenendo conto della posizione, distanza, direzione di essi;

b) segnalare con sufficiente anticipo la loro intenzione.

2. Le segnalazioni delle manovre devono essere effettuate servendosi degli appositi indicatori luminosi di direzione. Tali segnalazioni devono continuare per tutta la durata della manovra e devono cessare allorche' essa e' stata completata. Con gli stessi

dispositivi deve essere segnalata anche l'intenzione di rallentare per fermarsi. Quando i detti dispositivi manchino, il conducente deve effettuare le segnalazioni a mano, alzando verticalmente il braccio qualora intenda fermarsi e sporgendo, lateralmente, il braccio destro o quello sinistro, qualora intenda voltare.

3. I conducenti devono, altresi':

a) per voltare a destra, tenersi il piu' vicino possibile sul margine destro della carreggiata;

b) per voltare a sinistra, anche per immettersi in luogo non soggetto a pubblico passaggio, accostarsi il piu' possibile all'asse della carreggiata e, qualora si tratti di intersezione, eseguire la svolta in prossimita' del centro della intersezione e a sinistra di questo, salvo diversa segnalazione, ovvero quando si trovino su una carreggiata a senso unico di circolazione, tenersi il piu' possibile sul margine sinistro della carreggiata. In entrambi i casi i conducenti non devono imboccare l'altra strada contromano e devono usare la massima prudenza;

c) nelle manovre di retromarcia e di immissione nel flusso della circolazione, dare la precedenza ai veicoli in marcia normale.

4. E' vietato usare impropriamente le segnalazioni di cambiamento di direzione.

5. Nell'esecuzione delle manovre i conducenti non devono eseguire brusche frenate o rallentare improvvisamente.

6. L'inversione del senso di marcia e' vietata in prossimita' o in corrispondenza delle intersezioni, delle curve e dei dossi.

7. Chiunque viola la disposizione del comma 6 e' soggetto alla sanzione amministrativa del pagamento di una somma ((da € 87 a € 344)).

8. Chiunque viola le altre disposizioni del presente articolo e' soggetto alla sanzione amministrativa del pagamento di una somma da € 42 a € 173.

Art. 155.
Limitazione dei rumori

1. Durante la circolazione si devono evitare rumori molesti causati sia dal modo di guidare i veicoli, specialmente se a motore, sia dal modo in cui e' sistemato il carico e sia da altri atti connessi con la circolazione stessa.

2. Il dispositivo silenziatore, qualora prescritto, deve essere tenuto in buone condizioni di efficienza e non deve essere alterato.

3. Nell'usare apparecchi radiofonici o di riproduzione sonora a bordo dei veicoli non si devono superare i limiti sonori massimi di accettabilita' fissati dal regolamento.

4. I dispositivi di allarme acustico antifurto installati sui veicoli devono limitare l'emissione sonora ai tempi massimi previsti dal regolamento e, in ogni caso, non devono superare i limiti massimi di esposizione al rumore fissati dal decreto del Presidente del Consiglio dei Ministri 1 marzo 1991.

5. Chiunque viola le disposizioni del presente articolo e' soggetto alla sanzione amministrativa del pagamento di una somma ((da € 42 a € 173)).

Art. 156.
Uso dei dispositivi di segnalazione acustica

1. Il dispositivo di segnalazione acustica deve essere usato con la massima moderazione e solamente ai fini della sicurezza stradale. La segnalazione deve essere la piu' breve possibile.

2. Fuori dei centri abitati l'uso del dispositivo di segnalazione acustica e' consentito ogni qualvolta le condizioni ambientali o del traffico lo richiedano al fine di evitare incidenti, in particolare durante le manovre di sorpasso. Durante le ore notturne ovvero di giorno, se ne ricorre la necessita', il segnale acustico puo' essere sostituito da segnali luminosi a breve intermittenza mediante i

proiettori di profondita', nei casi in cui cio' non sia vietato.

3. Nei centri abitati le segnalazioni acustiche sono vietate, salvo i casi di effettivo e immediato pericolo. Nelle ore notturne, in luogo delle segnalazioni acustiche, e' consentito l'uso dei proiettori di profondita' a breve intermittenza.

4. In caso di necessita', i conducenti dei veicoli che trasportano feriti o ammalati gravi sono esentati dall'obbligo di osservare divieti e limitazioni sull'uso dei dispositivi di segnalazione acustica.

5. Chiunque viola le disposizioni del presente articolo e' soggetto alla sanzione amministrativa del pagamento di una somma ((da € 42 a € 173)).

Art. 157.
Arresto, fermata e sosta dei veicoli

1. Agli effetti delle presenti norme:
    a) per arresto si intende l'interruzione della marcia del veicolo dovuta ad esigenze della circolazione;
    b) per fermata si intende la temporanea sospensione della marcia anche se in area ove non sia ammessa la sosta, per consentire la salita o la discesa delle persone, ovvero per altre esigenze di brevissima durata. Durante la fermata, che non deve comunque arrecare intralcio alla circolazione, il conducente deve essere presente e pronto a riprendere la marcia;
    c) per sosta si intende la sospensione della marcia del veicolo protratta nel tempo, con possibilita' di allontanamento da parte del conducente;
    d) per sosta di emergenza si intende l'interruzione della marcia nel caso in cui il veicolo e' inutilizzabile per avaria ovvero deve arrestarsi per malessere fisico del conducente o di un passeggero.

2. Salvo diversa segnalazione, ovvero nel caso previsto dal comma 4, in caso di fermata o di sosta il veicolo deve essere collocato il piu' vicino possibile al margine destro della carreggiata, parallelamente ad esso e secondo il senso di marcia. Qualora non esista marciapiede rialzato, deve essere lasciato uno spazio sufficiente per il transito dei pedoni, comunque non inferiore ad un metro. Durante la sosta, il veicolo deve avere il motore spento.

3. Fuori dei centri abitati, i veicoli in sosta o in fermata devono essere collocati fuori della carreggiata, ma non sulle piste per velocipedi ne', salvo che sia appositamente segnalato, sulle banchine. In caso di impossibilita', la fermata e la sosta devono essere effettuate il piu' vicino possibile al margine destro della carreggiata, parallelamente ad esso e secondo il senso di marcia. Sulle carreggiate delle strade con precedenza la sosta e' vietata.

4. Nelle strade urbane a senso unico di marcia la sosta e' consentita anche lungo il margine sinistro della carreggiata, purche' rimanga spazio sufficiente al transito almeno di una fila di veicoli e comunque non inferiore a tre metri di larghezza.

5. Nelle zone di sosta all'uopo predisposte i veicoli devono essere collocati nel modo prescritto dalla segnaletica.

6. Nei luoghi ove la sosta e' permessa per un tempo limitato e' fatto obbligo ai conducenti di segnalare, in modo chiaramente visibile, l'orario in cui la sosta ha avuto inizio. Ove esiste il dispositivo di controllo della durata della sosta e' fatto obbligo di porlo in funzione.

7. E' fatto divieto a chiunque di aprire le porte di un veicolo, di discendere dallo stesso, nonche' di lasciare aperte le porte, senza essersi assicurato che cio' non costituisca pericolo o intralcio per gli altri utenti della strada.

7-bis. E' fatto divieto di tenere il motore acceso, durante la sosta del veicolo, allo scopo di mantenere in funzione l'impianto di condizionamento d'aria nel veicolo stesso; dalla violazione consegue la sanzione amministrativa del pagamento di una somma ((da € 223 a € 444)).

8. Fatto salvo quanto disposto dal comma 7-bis, chiunque viola le disposizioni di cui al presente articolo e' soggetto alla sanzione amministrativa del pagamento di una somma da € 42 a € 173.

Art. 158.
Divieto di fermata e di sosta dei veicoli

1. La fermata e la sosta sono vietate:
a) in corrispondenza o in prossimita' dei passaggi a livello e sui binari di linee ferroviarie o tramviarie o cosi' vicino ad essi da intralciarne la marcia;
b) nelle gallerie, nei sottovia, sotto i sovrapassaggi, sotto i fornici e i portici, salvo diversa segnalazione;
c) sui dossi e nelle curve e, fuori dei centri abitati e sulle strade urbane di scorrimento, anche in loro prossimita';
d) in prossimita' e in corrispondenza di segnali stradali verticali e semaforici in modo da occultarne la vista, nonche' in corrispondenza dei segnali orizzontali di preselezione e lungo le corsie di canalizzazione;
e) fuori dei centri abitati, sulla corrispondenza e in prossimita' delle aree di intersezione;
f) nei centri abitati, sulla corrispondenza delle aree di intersezione e in prossimita' delle stesse a meno di 5 metri dal prolungamento del bordo piu' vicino della carreggiata trasversale, salvo diversa segnalazione;
g) sui passaggi e attraversamenti pedonali e sui passaggi per ciclisti, nonche' sulle piste ciclabili e agli sbocchi delle medesime;
h) sui marciapiedi, salvo diversa segnalazione;
((h-bis) negli spazi riservati alla fermata e alla sosta dei veicoli elettrici;
h-ter) negli spazi riservati alla ricarica dei veicoli elettrici. Tale divieto e' previsto anche per i veicoli elettrici che non effettuano l'operazione di ricarica o che permangono nello spazio di ricarica oltre un'ora dopo il completamento della fase di ricarica. Tale limite temporale non trova applicazione dalle ore 23,00 alle ore 7,00, a eccezione dei punti di ricarica di potenza elevata di cui all'articolo 2, comma 1, lettera e), del decreto legislativo 16 dicembre 2016, n. 257)).
2. La sosta di un veicolo e' inoltre vietata:
a) allo sbocco dei passi carrabili;
b) dovunque venga impedito di accedere ad un altro veicolo regolarmente in sosta, oppure lo spostamento di veicoli in sosta;
c) in seconda fila, salvo che si tratti di veicoli a due ruote;
d) negli spazi riservati allo stazionamento e alla fermata degli autobus, dei filobus e dei veicoli circolanti su rotaia e, ove questi non siano delimitati, a una distanza dal segnale di fermata inferiore a 15 m, nonche' negli spazi riservati allo stazionamento dei veicoli in servizio di piazza;
d-bis) negli spazi riservati allo stazionamento e alla fermata dei veicoli adibiti al trasporto scolastico;
e) sulle aree destinate al mercato e ai veicoli per il carico e lo scarico di cose, nelle ore stabilite;
f) sulle banchine, salvo diversa segnalazione;
g) negli spazi riservati alla fermata o alla sosta dei veicoli per persone invalide di cui all'art. 188 e in corrispondenza degli scivoli o dei raccordi tra i marciapiedi, rampe o corridoi di transito e la carreggiata utilizzati dagli stessi veicoli;
g-bis) negli spazi riservati alla sosta dei veicoli a servizio delle donne in stato di gravidanza o di genitori con un bambino di eta' non superiore a due anni muniti di permesso rosa;
h) nelle corsie o carreggiate riservate ai mezzi pubblici;
i) nelle aree pedonali urbane;
l) nelle zone a traffico limitato per i veicoli non autorizzati;
m) negli spazi asserviti ad impianti o attrezzature destinate a

servizi di emergenza o di igiene pubblica indicati dalla apposita segnaletica;

n) davanti ai cassonetti dei rifiuti urbani o contenitori analoghi;

o) limitatamente alle ore di esercizio, in corrispondenza dei distributori di carburante ubicati sulla sede stradale ed in loro prossimita' sino a 5 m prima e dopo le installazioni destinate all'erogazione;

o-bis) nelle aree riservate ai veicoli per il carico e lo scarico di merci, nelle ore stabilite.

3. Nei centri abitati e' vietata la sosta dei rimorchi quando siano staccati dal veicolo trainante, salvo diversa segnalazione.

4. Durante la sosta e la fermata il conducente deve adottare le opportune cautele atte a evitare incidenti ed impedire l'uso del veicolo senza il suo consenso.

4-bis. Chiunque viola le disposizioni di cui al comma 2, lettera g), e' soggetto alla sanzione amministrativa del pagamento di una somma da euro 80 ad euro 328 per i ciclomotori e i motoveicoli a due ruote e da euro 165 ad euro 660 per i restanti veicoli.

5. Chiunque viola le disposizioni del comma 1 e delle lettere d), h) e i) del comma 2 e' soggetto alla sanzione amministrativa del pagamento di una somma da € 41 a € 168 per i ciclomotori e i motoveicoli a due ruote e da € 87 a € 344 per i restanti veicoli.

6. Chiunque viola le altre disposizioni del presente articolo e' soggetto alla sanzione amministrativa del pagamento di una somma da € 25 a € 100 per i ciclomotori e i motoveicoli a due ruote e da € 42 a € 173 per i restanti veicoli.

7. Le sanzioni di cui al presente articolo si applicano per ciascun giorno di calendario per il quale si protrae la violazione.

Art. 159.
Rimozione e blocco dei veicoli

1. Gli organi di polizia, di cui all'art. 12, dispongono la rimozione dei veicoli:

a) nelle strade e nei tratti di esse in cui con ordinanza dell'ente proprietario della strada sia stabilito che la sosta dei veicoli costituisce grave intralcio o pericolo per la circolazione stradale e il segnale di divieto di sosta sia integrato dall'apposito pannello aggiuntivo;

b) nei casi di cui agli articoli 157, comma 4 , e 158, commi 1, 2 e 3;

c) in tutti gli altri casi in cui la sosta sia vietata e costituisca pericolo o grave intralcio alla circolazione;

d) quando il veicolo sia lasciato in sosta in violazione alle disposizioni emanate dall'ente proprietario della strada per motivi di manutenzione o pulizia delle strade e del relativo arredo.

2. Gli enti proprietari della strada sono autorizzati a concedere il servizio della rimozione dei veicoli stabilendone le modalita' nel rispetto alle norme regolamentari. I veicoli adibiti alla rimozione devono avere le caratteristiche prescritte nel regolamento. Con decreto del Ministro dei trasporti puo' provvedersi all'aggiornamento delle caratteristiche costruttive e funzionali dei veicoli adibiti alla rimozione, in relazione ad esigenze determinate dall'evoluzione della tecnica di realizzazione dei veicoli o di sicurezza della circolazione.

3. In alternativa alla rimozione e' consentito, anche previo spostamento del veicolo, il blocco dello stesso con attrezzo a chiave applicato alle ruote, senza onere di custodia, le cui caratteristiche tecniche e modalita' di applicazione saranno stabilite nel regolamento. L'applicazione di detto attrezzo non e' consentita ogni qual volta il veicolo in posizione irregolare costituisca intralcio o pericolo alla circolazione.

4. La rimozione dei veicoli o il blocco degli stessi costituiscono sanzione amministrativa accessoria alle sanzioni amministrative

pecuniarie previste per la violazione dei comportamenti di cui al comma 1, ai sensi delle norme del capo I, sezione II, del titolo VI.

5. Gli organi di polizia possono, altresi', procedere alla rimozione dei veicoli in sosta, ove per il loro stato o per altro fondato motivo si possa ritenere che siano stati abbandonati. Alla rimozione puo' provvedere anche l'ente proprietario della strada, sentiti preventivamente gli organi di polizia. Si applica in tal caso l'art. 15 del decreto del Presidente della Repubblica 10 settembre 1982, n. 915.

((5-bis. Nelle aree portuali e marittime come definite dalla legge 28 gennaio 1994, n. 84, e' autorizzato il sequestro conservativo degli automezzi in sosta vietata che ostacolano la regolare circolazione viaria e ferroviaria o l'operativita' delle strutture portuali.))

Art. 160.
Sosta degli animali

1. Salvo quanto disposto nell'art. 672 del codice penale, nei centri urbani il conducente deve vigilare affinche' gli animali in sosta, con o senza attacco, a lui affidati, siano sempre perfettamente assicurati mediante appositi dispositivi o sostegni fissi e legati in modo tale da non arrecare intralcio o pericolo alla circolazione dei veicoli e dei pedoni. Durante le ore notturne gli animali potranno sostare soltanto in luoghi sufficientemente illuminati. Fuori dei centri abitati e' vietata la sosta degli animali sulla carreggiata.

2. Chiunque viola le disposizioni del presente articolo e' soggetto alla sanzione amministrativa del pagamento di una somma ((da € 26 a € 102)).

Art. 161.
Ingombro della carreggiata

1. Nel caso di ingombro della carreggiata per avaria del veicolo, per caduta del carico o per qualsiasi altra causa, il conducente, al fine di evitare ogni pericolo per il traffico sopraggiungente, deve sollecitamente rendere libero per quanto possibile il transito provvedendo a rimuovere l'ingombro e a spingere il veicolo fuori della carreggiata o, se cio' non e' possibile, a collocarlo sul margine destro della carreggiata e parallelamente all'asse di essa.

2. Chiunque non abbia potuto evitare la caduta o lo spargimento di materie viscide, infiammabili o comunque atte a creare pericolo o intralcio alla circolazione deve provvedere immediatamente ad adottare le cautele necessarie per rendere sicura la circolazione e libero il transito.

3. Nei casi previsti dal presente articolo, l'utente deve provvedere a segnalare il pericolo o l'intralcio agli utenti mediante il segnale di cui all'art. 162 o in mancanza con altri mezzi idonei, nonche' informare l'ente proprietario della strada od un organo di polizia.

4. Chiunque viola le disposizioni del presente articolo e' soggetto alla sanzione amministrativa del pagamento di una somma ((da € 42 a € 173)).

Art. 162.
Segnalazione di veicolo fermo

1. Fatti salvi gli obblighi di cui all'art. 152, fuori dei centri abitati i veicoli, esclusi i velocipedi, i ciclomotori a due ruote e i motocicli, che per qualsiasi motivo siano fermi sulla carreggiata, di notte quando manchino o sianoinefficienti le luci posteriori di posizione o di emergenza e, in ogni caso, anche di giorno, quando non possono essere scorti a sufficiente distanza da coloro che sopraggiungono da tergo, devono essere presegnalati con il segnale

mobile di pericolo, di cui i veicoli devono essere dotati. Il segnale deve essere collocato alla distanza prevista dal regolamento.

2. Il segnale mobile di pericolo e' di forma triangolare, rivestito di materiale retroriflettente e munito di un apposito sostegno che ne consenta l'appoggio sul piano stradale in posizione pressoche' verticale in modo da garantirne la visibilita'.

3. Nel regolamento sono stabilite le caratteristiche e le modalita' di approvazione del segnale. Il triangolo deve essere conforme al modello approvato e riportare gli estremi dell'approvazione.

4. Qualora il veicolo non sia dotato dell'apposito segnale mobile di pericolo, il conducente deve provvedere in altro modo a presegnalare efficacemente l'ostacolo.

4-bis. Nei casi indicati al comma 1 durante le operazioni di presegnalazione con il segnale mobile di pericolo devono essere utilizzati dispositivi retroriflettenti di protezione individuale per rendere visibile il soggetto che opera. Con decreto del Ministero delle infrastrutture e dei trasporti sono stabilite le caratteristiche tecniche e le modalita' di approvazione di tali dispositivi.

4-ter. A decorrere dal 1 aprile 2004, nei casi indicati al comma 1 e' fatto divieto al conducente di scendere dal veicolo e circolare sulla strada senza avere indossato giubbotto o bretelle retroriflettenti ad alta visibilita'. Tale obbligo sussiste anche se il veicolo si trova sulle corsie di emergenza o sulle piazzole di sosta. Con decreto del Ministro delle infrastrutture e dei trasporti, da emanare entro il 31 ottobre 2003, sono stabilite le caratteristiche dei giubbotti e delle bretelle.

5. Chiunque viola le disposizioni del presente articolo e' soggetto alla sanzione amministrativa del pagamento di una somma ((da € 42 a € 173)).

Art. 163.
Convogli militari, cortei e simili

1. E' vietato interrompere convogli di veicoli militari, delle forze di polizia o di mezzi di soccorso segnalati come tali; e' vietato altresi' inserirsi tra i veicoli che compongono tali convogli.

2. E' vietato interrompere colonne di truppe o di scolari, cortei e processioni.

3. Chiunque viola le disposizioni del presente articolo e' soggetto alla sanzione amministrativa del pagamento di una somma ((da € 42 a € 173)).

Art. 164.
Sistemazione del carico sui veicoli

1. Il carico dei veicoli deve essere sistemato in modo da evitare la caduta o la dispersione dello stesso; da non diminuire la visibilita' al conducente ne' impedirgli la liberta' dei movimenti nella guida; da non compromettere la stabilita' del veicolo; da non mascherare dispositivi di illuminazione e di segnalazione visiva ne' le targhe di riconoscimento e i segnali fatti col braccio.

2. Il carico non deve superare i limiti di sagoma stabiliti dall'art. 61 e non puo' sporgere longitudinalmente dalla parte anteriore del veicolo; puo' sporgere longitudinalmente dalla parte posteriore, se costituito da cose indivisibili, fino ai 3/10 della lunghezza del veicolo stesso, purche' nei limiti stabiliti dall'art. 61.

2-bis. Nel caso di autobus da noleggio, da gran turismo e di linea, in deroga al comma 2, e' consentito l'utilizzo di strutture portabiciclette applicate a sbalzo anteriormente; tale struttura puo' sporgere longitudinalmente dalla parte anteriore fino ad un massimo di 80 cm dalla sagoma propria del mezzo.

3. Fermi restando i limiti massimi di sagoma di cui all'art. 61,

comma 1, possono essere trasportate cose che sporgono lateralmente fuori della sagoma del veicolo, purche' la sporgenza da ciascuna parte non superi centimetri 30 di distanza dalle luci di posizione anteriori e posteriori. Pali, sbarre, lastre o carichi simili difficilmente percepibili, collocati orizzontalmente, non possono comunque sporgere lateralmente oltre la sagoma propria del veicolo.

4. Gli accessori mobili non devono sporgere nelle oscillazioni al di fuori della sagoma propria del veicolo e non devono strisciare sul terreno.

5. E' vietato trasportare o trainare cose che striscino sul terreno, anche se in parte sostenute da ruote.

6. Se il carico sporge oltre la sagoma propria del veicolo, devono essere adottate tutte le cautele idonee ad evitare pericolo agli altri utenti della strada. In ogni caso la sporgenza longitudinale deve essere segnalata mediante uno o due speciali pannelli quadrangolari, rivestiti di materiale retroriflettente, posti alle estremita' della sporgenza in modo da risultare costantemente normali all'asse del veicolo.

7. Nel regolamento sono stabilite le caratteristiche e le modalita' di approvazione dei pannelli. Il pannello deve essere conforme al modello approvato e riportare gli estremi dell'approvazione.

8. Chiunque viola le disposizioni dei commi precedenti e' soggetto alla sanzione amministrativa del pagamento di una somma ((da € 87 a € 344)).

9. Il veicolo non puo' proseguire il viaggio se il conducente non abbia provveduto a sistemare il carico secondo le modalita' stabilite dal presente articolo. Percio' l'organo accertatore, nel caso che trattasi di veicolo a motore, oltre all'applicazione della sanzione di cui al comma 8, procede al ritiro immediato della carta di circolazione e della patente di guida, provvedendo con tutte le cautele che il veicolo sia condotto in luogo idoneo per la detta sistemazione; del ritiro e' fatta menzione nel verbale di contestazione della violazione. I documenti sono restituiti all'avente diritto allorche' il carico sia stato sistemato in conformita' delle presenti norme. Le modalita' della restituzione sono fissate dal regolamento.

Art. 165.
Traino di veicoli in avaria

1. Al di fuori dei casi previsti dall'art. 63, il traino, per incombente situazione di emergenza, di un veicolo da parte di un altro deve avvenire attraverso un solido collegamento tra i veicoli stessi, da effettuarsi mediante aggancio con fune, catena, cavo, barra rigida od altro analogo attrezzo, purche' idoneamente segnalati in modo tale da essere avvistati e risultare chiaramente percepibili da parte degli altri utenti della strada.

2. Durante le operazioni di traino il veicolo trainato deve mantenere attivato il dispositivo luminoso a luce intermittente di cui all'art. 151, lettera f), oppure, in mancanza di tale segnalazione, mantenere esposto sul lato rivolto alla circolazione il pannello di cui all'art. 164, comma 6, ovvero il segnale mobile di cui all'art. 162. Il veicolo trainante, ove ne sia munito, deve mantenere attivato l'apposito dispositivo a luce gialla prescritto dal regolamento per i veicoli di soccorso stradale.

3. Chiunque viola le disposizioni del presente articolo e' soggetto alla sanzione amministrativa del pagamento di una somma ((da € 87 a € 344)).

Art. 166.
Trasporto di cose su veicoli a trazione animale

1. Sui veicoli a trazione animale il trasporto di cose non puo' superare la massa complessiva a pieno carico indicata nella targa.

2. Chiunque circola con un veicolo che supera la massa complessiva

a pieno carico indicato nella targa, ove non ricorra alcuna delle
ipotesi di violazione di cui all'art. 62, e' soggetto alla sanzione
amministrativa del pagamento di una somma ((da € 26 a € 102)).

Art. 167.
Trasporti di cose su veicoli a motore e sui rimorchi

1. I veicoli a motore ed i rimorchi non possono superare la massa
complessiva indicata sulla carta di circolazione.

((1-bis. Nel rilevamento della massa dei veicoli effettuato con gli
strumenti di cui al comma 12 si applica una riduzione pari al 5 per
cento del valore misurato, mentre nel caso di utilizzo di strumenti
di cui al comma 12-bis si applica una riduzione pari al 10 per cento
del valore misurato)).

((2. Chiunque circola con un veicolo la cui massa complessiva a
pieno carico risulta essere superiore a quella indicata nella carta
di circolazione, quando detta massa e' superiore a 10 t, e' soggetto
alla sanzione amministrativa del pagamento di una somma:

    a) da euro 42 a euro 173, se l'eccedenza non supera 1 t;
    b) da euro 87 a euro 345, se l'eccedenza non supera le 2 t;
    c) da euro 173 a euro 695, se l'eccedenza non supera le 3 t;
    d) da euro 431 a euro 1.734, se l'eccedenza supera le 3 t)).

((2-bis. I veicoli di cui al comma 2, se ad alimentazione esclusiva
o doppia a metano, GPL, elettrica e ibrida e dotati di controllo
elettronico della stabilita', possono circolare con una massa
complessiva a pieno carico che non superi quella indicata nella carta
di circolazione piu' una tonnellata. Si applicano le sanzioni di cui
al comma 2)).

((3. Per i veicoli di massa complessiva a pieno carico non
superiore a 10 t, le sanzioni amministrative previste nel comma 2
sono applicabili allorche' l'eccedenza non superi rispettivamente il
5, il 15, il 25 per cento, oppure superi il 25 per cento della massa
complessiva)).

3-bis. I veicoli di cui al comma 3, se ad alimentazione esclusiva o
doppia a metano, GPL, elettrica e ibrida e dotati di controllo
elettronico della stabilita', possono circolare con una massa
complessiva a pieno carico che non superi del ((10 per cento)) quella
indicata nella carta di circolazione. Si applicano le sanzioni di cui
al comma 3.

4. Gli autoveicoli adibiti al trasporto di veicoli di cui all'art.
10, comma 3, lettera d), possono circolare con il loro carico
soltanto sulle autostrade o sulle strade con carreggiata non
inferiore a 6,50 m e con altezza libera delle opere di sottovia che
garantisca un franco minimo rispetto all'intradosso delle opere
d'arte non inferiore a 20 cm. I veicoli di cui all'art. 10, comma 3,
lettera e) e g), possono circolare con il loro carico sulle strade
che abbiano altezza libera delle opere di sottovia che garantisca un
franco minimo rispetto all'intradosso delle opere d'arte non
inferiore a 30 cm.

((5. Chiunque circola con un autotreno o con un autoarticolato la
cui massa complessiva a pieno carico risulti superiore a quella
indicata nella carta di circolazione e' soggetto ad un'unica sanzione
amministrativa uguale a quella prevista nel comma 2. La medesima
sanzione si applica anche nel caso in cui un autotreno o un
articolato sia costituito da un veicolo trainante di cui al comma
2-bis; in tal caso l'eccedenza di massa e' calcolata separatamente
tra i veicoli del complesso, applicando le tolleranze di cui al comma
2-bis per il veicolo trattore)).

6. La sanzione di cui al comma 5 si applica anche nell'ipotesi di
eccedenze di massa di uno solo dei veicoli, anche se non ci sia di
eccedenza di massa nel complesso.

7. Chiunque circola in violazione delle disposizioni di cui al
comma 4 e' soggetto alla sanzione amministrativa del pagamento di una
somma da € 173 a € 694, ferma restando la responsabilita' civile di
cui all'art. 2054 del codice civile.

8. Agli effetti delle sanzioni amministrative previste dal presente articolo le masse complessive a pieno carico indicate nelle carte di circolazione, nonche' i valori numerici ottenuti mediante l'applicazione di qualsiasi percentuale, si devono considerare arrotondati ai cento chilogrammi superiori.

9. Le sanzioni amministrative previste nel presente articolo si applicano sia al conducente che al proprietario del veicolo, nonche' al committente, quando si tratta di trasporto eseguito per suo conto esclusivo. L'intestatario della carta di circolazione del veicolo e' tenuto a corrispondere agli enti proprietari delle strade percorse l'indennizzo di cui all'art. 10, comma 10, commisurato all'eccedenza rispetto ai limiti di massa di cui all'art. 62.

10. Quando e' accertata una eccedenza di massa superiore al ((5 per cento)) della massa complessiva a pieno carico indicata nella carta di circolazione, la continuazione del viaggio e' subordinata alla riduzione del carico entro i limiti consentiti.

10-bis. Per i veicoli di cui al comma 2-bis l'eccedenza di massa ai fini dell'applicazione delle disposizioni di cui al comma 10 e' pari al ((5 per cento)) piu' una tonnellata della massa complessiva a pieno carico indicata sulla carta di circolazione.

((11. Le sanzioni amministrative previste nel presente articolo sono applicabili anche ai trasporti ed ai veicoli eccezionali, definiti all'articolo 10, quando venga superata la massa complessiva massima indicata nell'autorizzazione. La prosecuzione del viaggio e' subordinata al rilascio di una nuova autorizzazione)).

12. Costituiscono fonti di prova per il controllo del carico le risultanze degli strumenti di pesa ((di tipo statico)) in regola con le verifiche di legge e di quelli in dotazione agli organi di polizia, nonche' i documenti di accompagnamento previsti da disposizioni di legge. Le spese per l' accertamento sono a carico dei soggetti di cui al comma 9 in solido.

((12-bis. Costituiscono altresi' fonti di prova per il controllo del carico le risultanze degli strumenti di pesa di tipo dinamico in dotazione agli organi di polizia, omologati o approvati dal Ministero delle infrastrutture e della mobilita' sostenibili. Le spese per l'accertamento sono a carico dei soggetti di cui al comma 9 in solido)).

13. Ai veicoli immatricolati all'estero si applicano tutte le norme previste dal presente articolo.

Art. 168.
Disciplina del trasporto su strada dei materiali pericolosi

1. Ai fini del trasporto su strada sono considerati materiali pericolosi quelli appartenenti alle classi indicate negli allegati all'accordo auropeo relativo al trasporto internazionale su strada di merci pericolose di cui alla legge 12 agosto 1962, n. 1839, e successive modificazioni e integrazioni.

2. La circolazione dei veicoli che trasportano merci pericolose ammesse al trasporto su strada, nonche' le prescrizioni relative all'etichettaggio, all'imballaggio, al carico, allo scarico ed allo stivaggio sui veicoli stradali e' regolata dagli allegati all'accordo di cui al comma 1 recepiti nell'ordinamento in conformita' alle norme vigenti.

3. Le merci pericolose, il cui trasporto internazionale su strada e' ammesso dagli accordi internazionali, possono essere trasportate su strada, all'interno dello Stato, alle medesime condizioni stabilite per i predetti trasporti internazionali. Per le merci che presentino pericolo di esplosione e per i gas tossici resta salvo l'obbligo per gli interessati di munirsi delle licenze e dei permessi di trasporto qualora previsti dalle vigenti disposizioni.

4. Il Ministro delle infrastrutture e dei trasporti, di concerto con i Ministri dell'interno, dell'ambiente e della tutela del territorio e del mare e dello sviluppo economico, con decreti previamente

notificati alla commissione europea ai fini dell'autorizzazione, puo' prescrivere, esclusivamente per motivi inerenti alla sicurezza durante il trasporto, disposizioni piu' rigorose per la disciplina del trasporto nazionale di merci pericolose effettuato da veicoli, purche' non relative alla costruzione degli stessi. Con decreti del Ministro delle infrastrutture e dei trasporti, di concerto con i Ministri dell'interno, dello sviluppo economico e della salute, possono essere altresi' classificate merci pericolose, ai fini del trasporto su strada, materie ed oggetti non compresi tra quelli di cui al comma 1, ma che siano ad essi assimilabili. Negli stessi decreti sono indicate le condizioni nel rispetto delle quali le singole merci elencate possono essere ammesse al trasporto; per le merci assimilabili puo' altresi' essere imposto l'obbligo della autorizzazione del singolo trasporto, precisando l'autorita' competente, nonche' i criteri e le modalita' da seguire.

4-bis. A condizione che non sia pregiudicata la sicurezza, il Ministero delle infrastrutture e dei trasporti, di concerto con i Ministri dell'interno, della salute e dell'ambiente e della tutela del territorio e del mare, rilascia autorizzazioni individuali per operazioni di trasporto di merci pericolose sul territorio nazionale che sono proibite o effettuate in condizioni diverse da quelle stabilite dalle disposizioni di cui al comma 2. Le autorizzazioni sono definite e limitate nel tempo e possono essere concesse solo quando ricorrono particolari esigenze di ordine tecnico ovvero di tutela della sicurezza pubblica.

5. Per il trasporto delle materie fissili o radioattive si applicano le norme dell'art. 5 della legge 31 dicembre 1962, n. 1860, modificato dall'art. 2 del decreto del Presidente della Repubblica 30 dicembre 1965, n. 1704, e successive modifiche.

6. A condizione che non sia pregiudicata la sicurezza e previa notifica alla Commissione europea, ai fini dell'autorizzazione, il Ministero delle infrastrutture e dei trasporti, di concerto con i Ministri dell'interno, della salute, dell'ambiente e della tutela del territorio e del mare e dello sviluppo economico, puo' derogare le condizioni poste dalle norme di cui al comma 2 per:

a) il trasporto nazionale di piccole quantita' di merce, purche' non relative a materie a media o alta radioattivita';

b) merci pericolose destinate al trasporto locale su brevi distanze.

7. Chiunque circola con un veicolo o con un complesso di veicoli adibiti al trasporto di merci pericolose, la cui massa complessiva a pieno carico risulta superiore a quella indicata sulla carta di circolazione, e' soggetto alle sanzioni amministrative previste nell'art. 167, comma 2, in misura doppia.

8. Chiunque trasporta merci pericolose senza regolare autorizzazione, quando sia prescritta, ovvero non rispetta le condizioni imposte, a tutela della sicurezza, negli stessi provvedimenti di autorizzazione e' punito con la sanzione amministrativa del pagamento di una somma ((da € 2.046 a € 8.186)).

8-bis. Alle violazioni di cui al comma 8 conseguono le sanzioni accessorie della sospensione della carta di circolazione e della sospensione della patente di guida per un periodo da due a sei mesi. In caso di reiterazione delle violazioni consegue anche la sanzione accessoria della confisca amministrativa del veicolo. Si osservano le norme di cui al capo I, sezione II, del titolo VI.

9. Chiunque viola le prescrizioni fissate dal comma 2, ovvero le condizioni di trasporto di cui ai commi 3 e 4, relative all'idoneita' tecnica dei veicoli o delle cisterne che trasportano merci pericolose, ai dispositivi di equipaggiamento e protezione dei veicoli, alla presenza o alla corretta sistemazione dei pannelli di segnalazione e alle etichette di pericolo collocate sui veicoli, sulle cisterne, sui contenitori e sui colli che contengono merci pericolose, ovvero che le hanno contenute se non ancora bonificati, alla sosta dei veicoli, alle operazioni di carico, scarico e trasporto in comune delle merci pericolose, e' soggetto alla sanzione

amministrativa del pagamento di una somma ((da € 414 a € 1.665)). A
tali violazioni, qualora riconducibili alle responsabilita' del
trasportatore, cosi' come definite nell'accordo di cui al comma 1,
ovvero del conducente, consegue la sanzione amministrativa accessoria
della sospensione della patente di guida del conducente e della carta
di circolazione del veicolo con il quale e' stata commessa la
violazione per un periodo da due a sei mesi, a norma del capo I,
sezione II, del titolo VI. A chiunque violi le disposizioni del comma
4, primo periodo, si applicano la sanzione amministrativa pecuniaria
di cui al comma 8, nonche' le disposizioni del periodo precedente.
   9-bis. Chiunque viola le prescrizioni fissate dal comma 2, ovvero
le condizioni di trasporto di cui ai commi 3 e 4, relative ai
dispositivi di equipaggiamento e protezione dei conducenti o
dell'equipaggio, alla compilazione e tenuta dei documenti di
trasporto o delle istruzioni di sicurezza, e' soggetto alla sanzione
amministrativa del pagamento di una somma ((da € 414 a € 1.665)).
   9-ter. Chiunque, fuori dai casi previsti dai commi 8, 9 e 9-bis,
viola le altre prescrizioni fissate o recepite con i decreti
ministeriali di cui al comma 2, ovvero le condizioni di trasporto di
cui ai commi 3 e 4, e' soggetto alla sanzione amministrativa del
pagamento di una somma ((da € 167 a € 665)).
   10. Alle violazioni di cui ai precedenti commi si applicano le
disposizioni dell'art. 167, comma 9.

Art. 169
Trasporto di persone, animali e oggetti sui veicoli a motore

   1. In tutti i veicoli il conducente deve avere la piu' ampia
liberta' di movimento per effettuare le manovre necessarie per la
guida.
   2. Il numero delle persone che possono prendere posto sui veicoli,
esclusi quelli di cui al comma 5, anche in relazione all'ubicazione
dei sedili, non puo' superare quello indicato nella carta di
circolazione.
   3. Il numero delle persone che possono prendere posto, sedute o in
piedi, sugli autoveicoli e filoveicoli destinati a trasporto di
persone, escluse le autovetture, nonche' il carico complessivo del
veicolo non possono superare i corrispondenti valori massimi indicati
nella carta di circolazione; tali valori sono fissati dal regolamento
in relazione ai tipi ed alle caratteristiche di detti veicoli.
   4. Tutti i passeggeri dei veicoli a motore devono prendere posto in
modo da non limitare la liberta' di movimento del conducente e da non
impedirgli la visibilita'. Inoltre, su detti veicoli, esclusi i
motocicli e i ciclomotori a due ruote, il conducente e il passeggero
non devono determinare sporgenze dalla sagoma trasversale del
veicolo.
   5. Fino all'8 maggio 2009 sulle autovetture e sugli autoveicoli
adibiti al trasporto promiscuo di persone e cose e' consentito il
trasporto in soprannumero sui posti posteriori di due bambini di eta'
inferiore a dieci anni, a condizione che siano accompagnati da almeno
un passeggero di eta' non inferiore ad anni sedici.
   6. Sui veicoli diversi da quelli autorizzati a norma dell'art. 38
del decreto del Presidente della Repubblica 8 febbraio 1954, n. 320,
e' vietato il trasporto di animali domestici in numero superiore a
uno e comunque in condizioni da costituire impedimento o pericolo per
la guida. E' consentito il trasporto di soli animali domestici, anche
in numero superiore, purche' custoditi in apposita gabbia o
contenitore o nel vano posteriore al posto di guida appositamente
diviso da rete od altro analogo mezzo idoneo che, se installati in
via permanente, devono essere autorizzati dal competente ufficio
competente del Dipartimento per i trasporti terrestri.
   7. Chiunque guida veicoli destinati a trasporto di persone, escluse
le autovetture, che hanno un numero di persone e un carico
complessivo superiore ai valori massimi indicati nella carta di
circolazione, ovvero trasporta un numero di persone superiore a

quello indicato nella carta di circolazione, e' soggetto alla sanzione amministrativa del pagamento di una somma ((da € 173 a € 694)).

8. Qualora le violazioni di cui al comma 7 sono commesse adibendo abusivamente il veicolo ad uso di terzi, si applica la sanzione amministrativa del pagamento di una somma ((da € 430 a € 1.731)), nonche' la sanzione amministrativa accessoria della sospensione della carta di circolazione da uno a sei mesi, a norma del capo I, sezione II, del titolo VI.

9. Qualora le violazioni di cui al comma 7 siano commesse alla guida di una autovettura, il conducente e' soggetto alla sanzione amministrativa del pagamento di una somma da € 42 a € 173.

10. Chiunque viola le altre disposizioni di cui al presente articolo e' soggetto alla sanzione amministrativa del pagamento di una somma ((da € 87 a € 344)).

Art. 170.
Trasporto di persone, animali e oggetti sui veicoli a motore a due ruote

1. Sui motocicli e sui ciclomotori a due ruote il conducente deve avere libero uso delle braccia, delle mani e delle gambe, deve stare seduto in posizione corretta e deve reggere il manubrio con ambedue le mani, ovvero con una mano in caso di necessita' per le opportune manovre o segnalazioni. Non deve procedere sollevando la ruota anteriore.

1-bis. Sui veicoli di cui al comma 1 e' vietato il trasporto di minori di anni cinque.

2. Sui ciclomotori e' vietato il trasporto di altre persone oltre al conducente, salvo che il posto per il passeggero sia espressamente indicato nel certificato di circolazione e che il conducente abbia eta' superiore a sedici anni.

3. Sui veicoli di cui al comma 1 l'eventuale passeggero deve essere seduto in modo stabile ed equilibrato, nella posizione determinata dalle apposite attrezzature del veicolo.

4. E' vietato ai conducenti dei veicoli di cui al comma 1 di trainare o farsi trainare da altri veicoli.

5. Sui veicoli di cui al comma 1 e' vietato trasportare oggetti che non siano solidamente assicurati, che sporgano lateralmente rispetto all'asse del veicolo o longitudinalmente rispetto alla sagoma di esso oltre i cinquanta centimetri, ovvero impediscano o limitino la visibilita' al conducente. Entro i predetti limiti, e' consentito il trasporto di animali purche' custoditi in apposita gabbia o contenitore.

6. Chiunque viola le disposizioni di cui al presente articolo e' soggetto alla sanzione amministrativa del pagamento di una somma ((da € 83 a € 332)).

6-bis. Chiunque viola le disposizioni del comma 1-bis e' soggetto alla sanzione amministrativa del pagamento di una somma ((da € 165 a € 660)).

7. Alle violazioni previste dal comma 1 e, se commesse da conducente minore di sedici anni, dal comma 2, alla sanzione pecuniaria amministrativa consegue il fermo amministrativo del veicolo per sessanta giorni, ai sensi del capo I, sezione II, del titolo VI; quando, nel corso di un biennio, con un ciclomotore o un motociclo sia stata commessa, per almeno due volte, una delle violazioni previste dai commi 1 e 2, il fermo amministrativo del veicolo e' disposto per novanta giorni.

Art. 171.
Uso del casco protettivo per gli utenti di veicoli a due ruote

1. Durante la marcia, ai conducenti e agli eventuali passeggeri di ciclomotori e motoveicoli e' fatto obbligo di indossare e di tenere regolarmente allacciato un casco protettivo conforme ai tipi

omologati, in conformita' con i regolamenti emanati dall'Ufficio europeo per le Nazioni Unite - Commissione economica per l'Europa e con la normativa comunitaria.

1-bis. Sono esenti dall'obbligo di cui al comma 1 i conducenti e i passeggeri:

a) di ciclomotori e motoveicoli a tre o a quattro ruote dotati di carrozzeria chiusa;

b) di ciclomotori e motocicli a due o a tre ruote dotati di cellula di sicurezza a prova di crash, nonche' di sistemi di ritenuta e di dispositivi atti a garantire l'utilizzo del veicolo in condizioni di sicurezza, secondo le disposizioni del regolamento.

2. Chiunque viola le presenti norme e' soggetto alla sanzione amministrativa del pagamento di una somma da € 83 a € 332. Quando il mancato uso del casco riguarda un trasportato, della violazione risponde ((anche)) il conducente.

3. Alla sanzione pecuniaria amministrativa prevista dal comma 2 consegue il fermo amministrativo del veicolo per sessanta giorni ai sensi del capo I, sezione II, del titolo VI. Quando, nel corso di un biennio, con un ciclomotore o un motociclo sia stata commessa, per almeno due volte, una delle violazioni previste dal comma 1, il fermo del veicolo e' disposto per novanta giorni. La custodia del veicolo e' affidata al proprietario dello stesso.

4. Chiunque importa o produce per la commercializzazione sul territorio nazionale e chi commercializza caschi protettivi per motocicli, motocarrozzette o ciclomotori di tipo non omologato e soggetto alla sanzione amministrativa del pagamento di una somma da € 866 a € 3.464.

5. I caschi di cui al comma 4, ancorche' utilizzati, sono soggetti al sequestro ed alla relativa confisca, ai sensi delle norme di cui al capo I, sezione II, del titolo VI.

Art. 172
(Uso delle cinture di sicurezza e dei sistemi di ritenuta e sicurezza per bambini).

1. Il conducente e i passeggeri dei veicoli della categoria L6e, dotati di carrozzeria chiusa, di cui all'articolo 4, paragrafo 2, lettera f), del regolamento (UE) n. 168/2013 del Parlamento europeo e del Consiglio, del 15 gennaio 2013, e dei veicoli delle categorie M1, N1, N2 e N3, di cui all'articolo 47, comma 2, del presente codice, muniti di cintura di sicurezza, hanno l'obbligo di utilizzarle in qualsiasi situazione di marcia. I bambini di statura inferiore a 1,50 m devono essere assicurati al sedile con un sistema di ritenuta per bambini, adeguato al loro peso, di tipo omologato secondo le normative stabilite dal Ministero delle infrastrutture e dei trasporti, conformemente ai regolamenti della Commissione economica per l'Europa delle Nazioni Unite o alle equivalenti direttive comunitarie.

1-bis. Il conducente dei veicoli delle categorie M1, N1, N2 e N3 immatricolati in Italia, o immatricolati all'estero e condotti da residenti in Italia, quando trasporta un bambino di eta' inferiore a quattro anni assicurato al sedile con il sistema di ritenuta di cui al comma 1, ha l'obbligo di utilizzare apposito dispositivo di allarme volto a prevenire l'abbandono del bambino, rispondente alle specifiche tecnico-costruttive e funzionali stabilite con decreto del Ministero delle infrastrutture e dei trasporti.

2. Il conducente del veicolo e' tenuto ad assicurarsi della persistente efficienza dei dispositivi di cui al comma 1.

3. Sui veicoli delle categorie M1, N1, N2 ed N3 sprovvisti di sistemi di ritenuta:

a) i bambini di eta' fino a tre anni non possono viaggiare;

b) i bambini di eta' superiore ai tre anni possono occupare un sedile anteriore solo se la loro statura supera 1,50 m.

4. I bambini di statura non superiore a 1,50 m, quando viaggiano negli autoveicoli per il trasporto di persone in servizio pubblico di

piazza o negli autoveicoli adibiti al noleggio con conducente, possono non essere assicurati al sedile con un sistema di ritenuta per bambini, a condizione che non occupino un sedile anteriore e siano accompagnati da almeno un passeggero di eta' non inferiore ad anni sedici.

5. I bambini non possono essere trasportati utilizzando un seggiolino di sicurezza rivolto all'indietro su un sedile passeggeri protetto da airbag frontale, a meno che l'airbag medesimo non sia stato disattivato anche in maniera automatica adeguata.

6. Tutti gli occupanti, di eta' superiore a tre anni, dei veicoli in circolazione delle categorie M2 ed M3 devono utilizzare, quando sono seduti, i sistemi di sicurezza di cui i veicoli stessi sono provvisti. I bambini devono essere assicurati con sistemi di ritenuta per bambini, eventualmente presenti sui veicoli delle categorie M2 ed M3, solo se di tipo omologato secondo quanto previsto al comma 1.

7. I passeggeri dei veicoli delle categorie M2 ed M3 devono essere informati dell'obbligo di utilizzare le cinture di sicurezza, quando sono seduti ed il veicolo e' in movimento, mediante cartelli o pittogrammi, conformi al modello figurante nell'allegato alla direttiva 2003/20/CE, apposti in modo ben visibile su ogni sedile. Inoltre, la suddetta informazione puo' essere fornita dal conducente, dal bigliettaio, dalla persona designata come capogruppo o mediante sistemi audiovisivi quale il video.

8. Sono esentati dall'obbligo di uso delle cinture di sicurezza e dei sistemi di ritenuta per bambini:

a) gli appartenenti alle forze di polizia e ai corpi di polizia municipale e provinciale nell'espletamento di un servizio di emergenza;

b) i conducenti e gli addetti dei veicoli del servizio antincendio e sanitario in caso di intervento di emergenza;

b-bis) i conducenti dei veicoli con allestimenti specifici per la raccolta e per il trasporto di rifiuti e dei veicoli ad uso speciale, quando sono impiegati in attivita' di igiene ambientale nell'ambito dei centri abitati, comprese le zone industriali e artigianali;

c) gli appartenenti ai servizi di vigilanza privati regolarmente riconosciuti che effettuano scorte;

d) gli istruttori di guida quando esplicano le funzioni previste dall'articolo 122, comma 2;

e) le persone che risultino, sulla base di certificazione rilasciata dalla unita' sanitaria locale o dalle competenti autorita' di altro Stato membro delle Comunita' europee, affette da patologie particolari o che presentino condizioni fisiche che costituiscono controindicazione specifica all'uso dei dispositivi di ritenuta. Tale certificazione deve indicare la durata di validita', deve recare il simbolo previsto nell'articolo 5 della direttiva 91/671/CEE e deve essere esibita su richiesta degli organi di polizia di cui all'articolo 12;

f) le donne in stato di gravidanza sulla base della certificazione rilasciata dal ginecologo curante che comprovi condizioni di rischio particolari conseguenti all'uso delle cinture di sicurezza;

g) i passeggeri dei veicoli M2 ed M3 autorizzati al trasporto di passeggeri in piedi ed adibiti al trasporto locale e che circolano in zona urbana;

h) gli appartenenti alle forze armate nell'espletamento di attivita' istituzionali nelle situazioni di emergenza.

9. Fino all'8 maggio 2009, sono esentati dall'obbligo di cui al comma 1 i bambini di eta' inferiore ad anni dieci trasportati in soprannumero sui posti posteriori delle autovetture e degli autoveicoli adibiti al trasporto promiscuo di persone e cose, di cui dell'articolo 169, comma 5, a condizione che siano accompagnati da almeno un passeggero di eta' non inferiore ad anni sedici.

10. Chiunque non fa uso dei dispositivi di ritenuta, cioe' delle cinture di sicurezza e dei sistemi di ritenuta per bambini, o del dispositivo di allarme di cui al comma 1-bis e' soggetto alla

sanzione amministrativa del pagamento di una somma ((da € 83 a € 332)). Quando il mancato uso riguarda il minore, della violazione risponde il conducente ovvero, se presente sul veicolo al momento del fatto, chi e' tenuto alla sorveglianza del minore stesso. Quando il conducente sia incorso, in un periodo di due anni, in una delle violazioni di cui al presente comma per almeno due volte, all'ultima infrazione consegue la sanzione amministrativa accessoria della sospensione della patente da quindici giorni a due mesi, ai sensi del capo II, sezione II, del titolo VI.

11. Chiunque, pur facendo uso dei dispositivi di ritenuta, ne altera od ostacola il normale funzionamento degli stessi e' soggetto alla sanzione amministrativa del pagamento di una somma da € 41 a € 167.

12. Chiunque importa o produce per la commercializzazione sul territorio nazionale e chi commercializza dispositivi di ritenuta di tipo non omologato e' soggetto alla sanzione amministrativa del pagamento di una somma ((da € 866 a € 3.464)).

13. I dispositivi di ritenuta di cui al comma 12, ancorche' installati sui veicoli, sono soggetti al sequestro ed alla relativa confisca, ai sensi delle norme di cui al capo I, sezione II, del titolo VI.

Art. 173
Uso di lenti o di determinati apparecchi durante la guida

1. Il titolare di patente di guida al quale, in sede di rilascio o rinnovo della patente stessa, sia stato prescritto di integrare le proprie deficienze organiche e minorazioni anatomiche o funzionali per mezzo di lenti o di determinati apparecchi, ha l'obbligo di usarli durante la guida.

2. E' vietato al conducente di far uso durante la marcia di apparecchi radiotelefonici ((, smartphone, computer portatili, notebook, tablet e dispositivi analoghi che comportino anche solo temporaneamente l'allontanamento delle mani dal volante)) ovvero di usare cuffie sonore, fatta eccezione per i conducenti dei veicoli delle forze armate e dei Corpi di cui all'articolo 138, comma 11, e di polizia. E' consentito l'uso di apparecchi a viva voce o dotati di auricolare purche' il conducente abbia adeguate capacita' uditive ad entrambe le orecchie che non richiedono per il loro funzionamento l'uso delle mani.

3. Chiunque viola le disposizioni di cui al comma 1 e' soggetto alla sanzione amministrativa del pagamento di una somma da € 83 a € 332.

3-bis. Chiunque viola le disposizioni di cui al comma 2 e' soggetto alla sanzione amministrativa del pagamento di una somma da € 165 a € 660. Si applica la sanzione amministrativa accessoria della sospensione della patente di guida da uno a tre mesi, qualora lo stesso soggetto compia un'ulteriore violazione nel corso di un biennio.

Art. 174.
(Durata della guida degli autoveicoli adibiti al trasporto di persone o di cose).

1. La durata della guida degli autoveicoli adibiti al trasporto di persone o di cose e i relativi controlli sono disciplinati dalle norme previste dal regolamento (CE) n. 561/2006 del Parlamento europeo e del Consiglio, del 15 marzo 2006.

2. I registri di servizio, gli estratti del registro e le copie dell'orario di servizio di cui al regolamento (CE) n. 561/2006 devono essere esibiti, per il controllo, al personale cui sono stati affidati i servizi di polizia stradale ai sensi dell'articolo 12 del presente codice. I registri di servizio di cui al citato regolamento (CE), conservati dall'impresa, devono essere esibiti, per il controllo, anche ai funzionari del Dipartimento per i trasporti, la

navigazione ed i sistemi informativi e statistici e agli ispettori della direzione provinciale del lavoro.

3. Le violazioni delle disposizioni di cui al presente articolo possono essere sempre accertate attraverso le risultanze o le registrazioni dei dispositivi di controllo installati sui veicoli, nonche' attraverso i documenti di cui al comma 2.

4. Il conducente che supera la durata dei periodi di guida prescritti dal regolamento (CE) n. 561/2006 e' soggetto alla sanzione amministrativa del pagamento di una somma da € 41 a € 165. Si applica la sanzione ((da € 218 a € 868)) al conducente che non osserva le disposizioni relative ai periodi di riposo giornaliero di cui al citato regolamento (CE).

5. Quando le violazioni di cui al comma 4 hanno durata superiore al 10 per cento rispetto al limite giornaliero massimo di durata dei periodi di guida prescritto dal regolamento (CE) n. 561/2006, si applica la sanzione amministrativa del pagamento di una somma ((da € 325 a € 1.301)). Si applica la sanzione ((da € 379 a € 1.519)) se la violazione di durata superiore al 10 per cento riguarda il tempo minimo di riposo prescritto dal citato regolamento.

6. Quando le violazioni di cui al comma 4 hanno durata superiore al 20 per cento rispetto al limite giornaliero massimo di durata dei periodi di guida, ovvero minimo del tempo di riposo, prescritti dal regolamento (CE) n. 561/2006 si applica la sanzione amministrativa del pagamento di una somma ((da € 433 a € 1.735)).

7. Il conducente che non rispetta per oltre il 10 per cento il limite massimo di durata dei periodi di guida settimanale prescritti dal regolamento (CE) n. 561/2006 e' soggetto alla sanzione amministrativa del pagamento di una somma' ((da € 271 a € 1.084)). Il conducente che non rispetta per oltre il 10 per cento il limite minimo dei periodi di riposo settimanale prescritti dal predetto regolamento e' soggetto alla sanzione amministrativa del pagamento di una somma ((da € 379 a € 1.519)). Se i limiti di cui ai periodi precedenti non sono rispettati per oltre il 20 per cento, si applica la sanzione amministrativa del pagamento di una somma ((da € 408 a € 1.634)).

8. Il conducente che durante la guida non rispetta le disposizioni relative alle interruzioni di cui al regolamento (CE) n. 561/ 2006 e' soggetto alla sanzione amministrativa del pagamento di una somma ((da € 168 a € 672)).

9. Il conducente che e' sprovvisto dell'estratto del registro di servizio o della copia dell'orario di servizio di cui al regolamento (CE) n. 561/2006 e' soggetto alla sanzione amministrativa del pagamento di una somma' ((da € 333 a € 1.331)). La stessa sanzione si applica a chiunque non ha con se' o tiene in modo incompleto o alterato l'estratto del registro di servizio o copia dell'orario di servizio, fatta salva l'applicazione delle sanzioni previste dalla legge penale ove il fatto costituisca reato.

10. Le sanzioni di cui ai commi 4, 5, 6, 7, 8 e 9 si applicano anche agli altri membri dell'equipaggio che non osservano le prescrizioni previste dal regolamento (CE) n. 561/ 2006.

11. Nei casi previsti dai commi 4, 5, 6 e 7 l'organo accertatore, oltre all'applicazione delle sanzioni amministrative pecuniarie, provvede al ritiro temporaneo dei documenti di guida, intima al conducente del veicolo di non proseguire il viaggio se non dopo aver effettuato i prescritti periodi di interruzione o di riposo e dispone che, con le cautele necessarie, il veicolo sia condotto in un luogo idoneo per la sosta, ove deve permanere per il periodo necessario; del ritiro dei documenti di guida e dell'intimazione e' fatta menzione nel verbale di contestazione. Nel verbale e' indicato anche il comando o l'ufficio da cui dipende l'organo accertatore, presso il quale, completati le interruzioni o i riposi prescritti, il conducente e' autorizzato a recarsi per ottenere la restituzione dei documenti in precedenza ritirati; a tale fine il conducente deve seguire il percorso stradale espressamente indicato nel medesimo verbale. Il comando o l'ufficio restituiscono la patente e la carta

di circolazione del veicolo dopo avere constatato che il viaggio puo' essere ripreso nel rispetto delle condizioni prescritte dal presente articolo. Chiunque circola durante il periodo in cui gli e' stato intimato di non proseguire il viaggio e' punito con la sanzione amministrativa del pagamento di una somma ((da € 1.919 a € 7.679)), nonche' con il ritiro immediato della patente di guida.

12. Per le violazioni della normativa comunitaria sui tempi di guida, di interruzione e di riposo commesse in un altro Stato membro dell'Unione europea, se accertate in Italia dagli organi di cui all'articolo 12, si applicano le sanzioni previste dalla normativa italiana vigente in materia, salvo che la contestazione non sia gia' avvenuta in un altro Stato membro; a tale fine, per l'esercizio dei ricorsi previsti dagli articoli 203 e 204-bis, il luogo della commessa violazione si considera quello dove e' stato operato l'accertamento in Italia.

13. Per le violazioni delle norme di cui al presente articolo, l'impresa da cui dipende il lavoratore al quale la violazione si riferisce e' obbligata in solido con l'autore della violazione al pagamento della somma da questo dovuta.

14. L'impresa che nell'esecuzione dei trasporti non osserva le disposizioni contenute nel regolamento (CE) n. 561/2006, ovvero non tiene i documenti prescritti o li tiene scaduti, incompleti o alterati, e' soggetta alla sanzione amministrativa del pagamento di una somma ((da € 333 a € 1.331)) per ciascun dipendente cui la violazione si riferisce, fatta salva l'applicazione delle sanzioni previste dalla legge penale ove il fatto costituisca reato.

15. Nel caso di ripetute inadempienze, tenuto conto anche della loro entita' e frequenza, l'impresa che effettua il trasporto di persone ovvero di cose in conto proprio ai sensi dell'articolo 83 incorre nella sospensione, per un periodo da uno a tre mesi, del titolo abilitativo o dell'autorizzazione al trasporto riguardante il veicolo cui le infrazioni si riferiscono se, a seguito di diffida rivoltaledall'autorita' competente a regolarizzare in un congruo termine la sua posizione, non vi abbia provveduto.

16. Qualora l'impresa di cui al comma 15, malgrado il provvedimento adottato a suo carico, continui a dimostrare una costante recidivita' nel commettere infrazioni, anche nell'eventuale esercizio di altri servizi di trasporto, essa incorre nella decadenza o nella revoca del provvedimento che la abilita o la autorizza al trasporto cui le ripetute infrazioni maggiormente si riferiscono.

17. La sospensione, la decadenza o la revoca di cui al presente articolo sono disposte dall'autorita' che ha rilasciato il titolo che abilita al trasporto. I provvedimenti di revoca e di decadenza sono atti definitivi.

18. Quando le ripetute inadempienze di cui ai commi 15 e 16 del presente articolo sono commesse con veicoli adibiti al trasporto di persone o di cose in conto terzi, si applicano le disposizioni del comma 6 dell'articolo 5 del decreto legislativo 22 dicembre 2000, n. 395.

Art. 175.
Condizioni e limitazioni della circolazione sulle autostrade e sulle strade extraurbane principali

1. Le norme del presente articolo e dell'art. 176 si applicano ai veicoli ammessi a circolare sulle autostrade, sulle strade extraurbane principali e su altre strade , individuate con decreto del Ministro delle infrastrutture e dei trasporti, su proposta dell'ente proprietario, e da indicare con apposita segnaletica d'inizio e fine.

2. E' vietata la circolazione dei seguenti veicoli sulle autostrade e sulle strade di cui al comma 1:

((a) velocipedi, ciclomotori, motocicli di cilindrata inferiore a 150 centimetri cubici se a motore termico, ovvero di potenza inferiore a 11 kW se a motore elettrico, e motocarrozzette di cilindrata inferiore a 250 centimetri cubici se a motore termico));

b) altri motoveicoli di massa a vuoto fino a 400 kg o di massa complessiva fino a 1300 kg , ad eccezione dei tricicli, di cilindrata non inferiore a 250 cm^3 se a motore termico e comunque di potenza non inferiore a 15 kW, destinati al trasporto di persone e con al massimo un passeggero oltre al conducente;

c) veicoli non muniti di pneumatici;

d) macchine agricole e macchine operatrici;

e) veicoli con carico disordinato e non solidamente assicurato o sporgente oltre i limiti consentiti;

f) veicoli a tenuta non stagna e con carico scoperto, se trasportano materie suscettibili di dispersione;

g) veicoli il cui carico o dimensioni superino i limiti previsti dagli articoli 61 e 62, ad eccezione dei casi previsti dall'art. 10;

h) veicoli le cui condizioni di uso, equipaggiamento e gommatura possono costituire pericolo per la circolazione;

i) veicoli con carico non opportunamente sistemato e fissato.

3. Le esclusioni di cui al comma 2 non si applicano ai veicoli appartenenti agli enti proprietari o concessionari dell'autostrada o da essi autorizzati. L'esclusione di cui al comma 2, lettera d), relativamente alle macchine operatrici-gru come individuate dalla carta di circolazione, non si applica sulle strade extraurbane principali.

4. Nel regolamento sono fissati i limiti minimi di velocita' per l'ammissione alla circolazione sulle autostrade e sulle strade extraurbane principali di determinate categorie di veicoli.

5. Con decreto del Ministro delle infrastrutture e dei trasporti, da pubblicare nella Gazzetta Ufficiale della Repubblica italiana, fermi restando i poteri di ordinanza degli enti proprietari di cui all'art. 6, possono essere escluse dal transito su talune autostrade, o tratti di esse, anche altre determinate categorie di veicoli o trasporti, qualora le esigenze della circolazione lo richiedano. Ove si tratti di autoveicoli destinati a servizi pubblici di linea, il provvedimento e' adottato di concerto con il Ministro dei trasporti mentre per quelli appartenenti alle Forze armate il concerto e' realizzato con il Ministro della difesa.

6. E' vietata la circolazione di pedoni e animali, eccezion fatta per le aree di servizio e le aree di sosta. In tali aree gli animali possono circolare solo se debitamente custoditi. Lungo le corsie di emergenza e' consentito il transito dei pedoni solo per raggiungere i punti per le richieste di soccorso.

7. Sulle carreggiate, sulle rampe, sugli svincoli, sulle aree di servizio o di parcheggio e in ogni altra pertinenza autostradale e' vietato:

a) trainare veicoli che non siano rimorchi;

b) richiedere o concedere passaggi;

c) svolgere attivita' commerciali o di propaganda sotto qualsiasi forma; esse sono consentite nelle aree di servizio o di parcheggio se autorizzate dall'ente proprietario;

d) campeggiare, salvo che nelle aree all'uopo destinate e per il periodo stabilito dall'ente proprietario o concessionario.

8. Nelle zone attigue alle autostrade o con esse confinanti e' vietato, anche a chi sia munito di licenza o di autorizzazione, svolgere attivita' di propaganda sotto qualsiasi forma ovvero attivita' commerciali con offerta di vendita agli utenti delle autostrade stesse.

9. Nelle aree di servizio e di parcheggio, nonche' in ogni altra pertinenza autostradale e' vietato lasciare in sosta il veicolo per un tempo superiore alle ventiquattro ore, ad eccezione che nei parcheggi riservati agli alberghi esistenti nell'ambito autostradale o in altre aree analogamente attrezzate.

10. Decorso il termine indicato al comma 9, il veicolo puo' essere rimosso coattivamente; si applicano le disposizioni di cui all'art. 159.

11. Gli organi di polizia stradale provvedono alla rimozione dei

veicoli in sosta che per il loro stato o per altro fondato motivo possano ritenersi abbandonati, nonche' al loro trasporto in uno dei centri di raccolta autorizzati a norma dell'art. 15 del decreto del Presidente della Repubblica 10 settembre 1982, n. 915. Per tali operazioni i predetti organi di polizia possono incaricare l'ente proprietario.

12. Il soccorso stradale e la rimozione dei veicoli sono consentiti solo agli enti e alle imprese autorizzati, anche preventivamente, dall'ente proprietario. Sono esentati dall'autorizzazione le Forze armate e di polizia.

13. Chiunque viola le disposizioni del comma 2, lettere e) ed f), e' soggetto alla sanzione amministrativa del pagamento di una somma da € 430 a € 1.731.

14. Chiunque viola le disposizioni del comma 7, lettere a), b) e d), e' soggetto alla sanzione amministrativa del pagamento di una somma da € 42 a € 173, salvo l'applicazione delle norme della legge 28 marzo 1991, n. 112.

15. Chiunque viola le disposizioni dei commi 7, lettera c), e 8 e' soggetto alla sanzione amministrativa del pagamento di una somma da € 430 a € 1.731. Dalla detta violazione consegue la sanzione amministrativa accessoria del fermo amministrativo del veicolo per giorni sessanta, secondo le disposizioni di cui al capo I, sezione II, del titolo VI.

16. Chiunque viola le altre disposizioni del presente articolo e' soggetto alla sanzione amministrativa del pagamento di una somma da € 42 a € 173. Se la violazione riguarda le disposizioni di cui al comma 6 la sanzione e' da € 26 a € 102.

17. Accertate le violazioni di cui ai commi 2 e 4, gli organi di polizia impongono ai conducenti di abbandonare con i veicoli stessi l'autostrada, dando la necessaria assistenza per il detto abbandono. Nelle ipotesi di cui al comma 2, lettere e) ed f), la norma si applica solo nel caso in cui non sia possibile riportare il carico nelle condizioni previste dalle presenti norme.

Art. 176.
Comportamenti durante la circolazione sulle autostrade e sulle strade extraurbane principali

1. Sulle carreggiate, sulle rampe e sugli svincoli delle strade di cui all'art. 175, comma 1, e' vietato:

a) invertire il senso di marcia e attraversare lo spartitraffico, anche all'altezza dei varchi, nonche' percorrere la carreggiata o parte di essa nel senso di marcia opposto a quello consentito;

b) effettuare la retromarcia, anche sulle corsie per la sosta di emergenza, fatta eccezione per le manovre necessarie nelle aree di servizio o di parcheggio;

c) circolare sulle corsie per la sosta di emergenza se non per arrestarsi o riprendere la marcia;

d) circolare sulle corsie di variazione di velocita' se non per entrare o uscire dalla carreggiata.

2. E' fatto obbligo:

a) di impegnare la corsia di accelerazione per immettersi sulla corsia di marcia, nonche' di dare la precedenza ai veicoli in circolazione su quest'ultima corsia;

b) di impegnare tempestivamente, per uscire dalla carreggiata, la corsia di destra, immettendosi quindi nell'apposita corsia di decelerazione sin dal suo inizio;

c) di segnalare tempestivamente nei modi indicati nell'art. 154 il cambiamento di corsia.

3. In occasione di arresto della circolazione per ingorghi o comunque per formazione di code, qualora la corsia per la sosta di emergenza manchi o sia occupata da veicoli in sosta di emergenza o non sia sufficiente alla circolazione dei veicoli di polizia e di soccorso, i veicoli che occupano la prima corsia di destra devono essere disposti il piu' vicino possibile alla striscia di sinistra.

4. In caso di ingorgo e' consentito transitare sulla corsia per la sosta di emergenza al solo fine di uscire dall'autostrada a partire dal cartello di preavviso di uscita posto a cinquecento metri dallo svincolo.

5. Sulle carreggiate, sulle rampe e sugli svincoli e' vietato sostare o solo fermarsi, fuorche' in situazioni d'emergenza dovute a malessere degli occupanti del veicolo o ad inefficienza del veicolo medesimo; in tali casi, il veicolo deve essere portato nel piu' breve tempo possibile sulla corsia per la sosta di emergenza o, mancando questa, sulla prima piazzola nel senso di marcia, evitando comunque qualsiasi ingombro delle corsie di scorrimento.

6. La sosta d'emergenza non deve eccedere il tempo strettamente necessario per superare l'emergenza stessa e non deve, comunque, protrarsi oltre le tre ore. Decorso tale termine il veicolo puo' essere rimosso coattivamente e si applicano le disposizioni di cui all'art. 175, comma 10.

7. Fermo restando il disposto dell'art. 162, durante la sosta e la fermata di notte, in caso di visibilita' limitata, devono sempre essere tenute accese le luci di posizione, nonche' gli altri dispositivi prescritti dall'art. 153, comma 5.

8. Qualora la natura del guasto renda impossibile spostare il veicolo sulla corsia per la sosta di emergenza o sulla piazzola d'emergenza, oppure allorche' il veicolo sia costretto a fermarsi su tratti privi di tali appositi spazi, deve essere collocato, posteriormente al veicolo e alla distanza di almeno 100 m dallo stesso, l'apposito segnale mobile. Lo stesso obbligo incombe al conducente durante la sosta sulla banchina di emergenza, di notte o in ogni altro caso di limitata visibilita', qualora siano inefficienti le luci di posizione.

9. Nelle autostrade con carreggiate a tre o piu' corsie, salvo diversa segnalazione, e' vietato ai conducenti di veicoli adibiti al trasporto merci, la cui massa a pieno carico supera le 5 t, ed ai conducenti di veicoli o complessi veicolari di lunghezza totale superiore ai 7 m di impegnare altre corsie all'infuori delle due piu' vicine al bordo destro della carreggiata.

10. Fermo restando quando disposto dall'art. 144 per la marcia per file parallele e' vietato affiancarsi ad altro veicolo nella stessa corsia.

11. Sulle autostrade e strade per il cui uso sia dovuto il pagamento di un pedaggio, l'esazione puo' essere effettuata mediante modalita' manuale o automatizzata, anche con sistemi di telepedaggio con o senza barriere. I conducenti devono corrispondere il pedaggio secondo le modalita' e le tariffe vigenti. Ove previsto e segnalato, i conducenti devono arrestarsi in corrispondenza delle apposite barriere ed incolonnarsi secondo le indicazioni date dalle segnalazioni esistenti o dal personale addetto. I servizi di polizia stradale di cui all'articolo 11, comma 1, lettera a), relativi alla prevenzione e accertamento delle violazioni dell'obbligo di pagamento del pedaggio possono essere effettuati, previo superamento dell'esame di qualificazione di cui all'articolo 12, comma 3, anche dal personale dei concessionari autostradali e stradali e dei loro affidatari del servizio di riscossione, limitatamente alle violazioni commesse sulle autostrade oggetto della concessione nonche', previo accordo con i concessionari competenti, alle violazioni commesse sulle altre autostrade.

11-bis. Al pagamento del pedaggio di cui al comma 11, quando esso e' dovuto, e degli oneri di accertamento dello stesso, sono obbligati solidamente sia il conducente sia il proprietario del veicolo, come stabilito dall'articolo 196.

12. I conducenti dei veicoli adibiti ai servizi dell'autostrada, purche' muniti di specifica autorizzazione dell'ente proprietario, sono esentati, quando sussistano effettive esigenze di servizio, dall'osservanza delle norme del presente articolo relative al divieto di effettuare: a) la manovra di inversione del senso di marcia; b) la marcia, la retromarcia e la sosta in banchina di emergenza; c) il

traino dei veicoli in avaria. Sono esonerati dall'osservanza del divieto di attraversare i varchi in contromano in prossimita' delle stazioni di uscita o di entrata in autostrada i veicoli e/o trasporti eccezionali purche' muniti di autorizzazione dell'ente proprietario della strada.

13. I conducenti di cui al comma 12, nell'effettuare le manovre, che devono essere eseguite con la massima prudenza e cautela, devono tenere in funzione sui veicoli il dispositivo supplementare di segnalazione visiva a luce gialla lampeggiante.

14. Sono esonerati dall'osservanza del divieto di effettuare le manovre di cui al comma 12 anche i conducenti degli autoveicoli e motoveicoli adibiti a servizi di polizia, antincendio e delle autoambulanze, che tengano in funzione il dispositivo supplementare di segnalazione visiva a luce blu lampeggiante.

15. Il personale in servizio sulle autostrade e loro pertinenze e' esonerato, in caso di effettive esigenze di servizio e con l'adozione di opportune cautele, dall'osservanza del divieto di circolazione per i pedoni.

16. Per l'utente di autostrada a pedaggio sprovvisto del titolo di entrata, o che impegni gli impianti di controllo in maniera impropria rispetto al titolo in suo possesso, il pedaggio da corrispondere e' calcolato dalla piu' lontana stazione di entrata per la classe del suo veicolo. All'utente e' data la facolta' di prova in ordine alla stazione di entrata.

17. Chiunque transita senza fermarsi in corrispondenza delle stazioni, creando pericolo per la circolazione, nonche' per la sicurezza individuale e collettiva, ovvero ponga in essere qualsiasi atto al fine di eludere in tutto o in parte il pagamento del pedaggio, e' soggetto, salvo che il fatto costituisca reato, alla sanzione amministrativa del pagamento di una somma ((da € 430 a € 1.731)).

18. Parimenti il conducente che circola sulle autostrade con veicolo non in regola con la revisione prevista dall'art. 80, ovvero che non l'abbia superata con esito favorevole, e' soggetto alla sanzione amministrativa del pagamento di una somma ((da € 173 a € 694)). E' sempre disposto il fermo amministrativo del veicolo che verra' restituito al conducente, proprietario o legittimo detentore, ovvero a persona delegata dal proprietario, solo dopo la prenotazione per la visita di revisione. Si applicano le norme dell'art. 214.

19. Chiunque viola le disposizioni del comma 1, lettera a), quando il fatto sia commesso sulle carreggiate, sulle rampe o sugli svincoli, e' punito con la sanzione amministrativa ((da € 2.046 a € 8.186)).

20. Chiunque viola le disposizioni del comma 1, lettere b), c) e d), e dei commi 6 e 7 e' soggetto alla sanzione amministrativa del pagamento di una somma ((da € 430 a € 1.731)).

21. Chiunque viola le altre disposizioni del presente articolo e' soggetto alla sanzione amministrativa del pagamento di una somma ((da € 87 a € 344)).

22. Alle violazioni di cui al comma 19 consegue la sanzione accessoria della revoca della patente di guida e del fermo amministrativo del veicolo per un periodo di tre mesi. In caso di reiterazione delle violazioni, in luogo del fermo amministrativo, consegue la sanzione accessoria della confisca amministrativa del veicolo. Si osservano le norme di cui al capo I, sezione II, del titolo VI. Quando si tratti di violazione delle disposizioni del comma 1, lettere c) e d), alla sanzione amministrativa pecuniaria consegue la sanzione amministrativa accessoria della sospensione della patente di guida per un periodo da due a sei mesi.

Art. 177.
Circolazione degli autoveicoli e dei motoveicoli adibiti a servizi di polizia o antincendio, di protezione civile e delle autoambulanze

1. L'uso del dispositivo acustico supplementare di allarme e,

qualora i veicoli ne siano muniti, anche del dispositivo supplementare di segnalazione visiva a luce lampeggiante blu e' consentito ai conducenti degli autoveicoli e motoveicoli adibiti a servizi di polizia o antincendio e di protezione civile come individuati dal Ministero delle infrastrutture e dei trasporti su proposta del Dipartimento della protezione civile della Presidenza del Consiglio dei Ministri, a quelli del Corpo nazionale soccorso alpino e speleologico del Club alpino italiano, nonche' degli organismi equivalenti, esistenti nella regione Valle d'Aosta e nelle province autonome di Trento e di Bolzano a quelli delle autoambulanze e veicoli assimilati adibiti al trasporto di plasma ed organi, solo per l'espletamento di servizi urgenti di istituto. ((L'uso dei predetti dispositivi e' consentito altresi' ai conducenti dei motoveicoli impiegati in interventi di emergenza sanitaria e, comunque, solo per l'espletamento di servizi urgenti di istituto. Entro sessanta giorni dalla data di entrata in vigore della presente disposizione, con decreto del Ministero delle infrastrutture e della mobilita' sostenibili, sono definite le tipologie di motoveicoli di cui al secondo periodo e le relative caratteristiche tecniche e sono individuati i servizi urgenti di istituto per i quali possono essere impiegati i dispositivi)). I predetti veicoli assimilati devono avere ottenuto il riconoscimento di idoneita' al servizio da parte del Dipartimento per i trasporti terrestri. L'uso dei predetti dispositivi e' altresi' consentito ai conducenti delle autoambulanze, dei mezzi di soccorso anche per il recupero degli animali o di vigilanza zoofila, nell'espletamento dei servizi urgenti di istituto, individuati con decreto del Ministro delle infrastrutture e dei trasporti. Con il medesimo decreto sono disciplinate le condizioni alle quali il trasporto di un animale in gravi condizioni di salute puo' essere considerato in stato di necessita', anche se effettuato da privati, nonche' la documentazione che deve essere esibita, eventualmente successivamente all'atto di controllo da parte delle autorita' di polizia stradale di cui all'articolo 12, comma 1. Agli incroci regolati, gli agenti del traffico provvederanno a concedere immediatamente la via libera ai veicoli suddetti.

2. I conducenti dei veicoli di cui al comma 1, nell'espletamento di servizi urgenti di istituto, qualora usino congiuntamente il dispositivo acustico supplementare di allarme e quello di segnalazione visiva a luce lampeggiante blu, non sono tenuti a osservare gli obblighi, i divieti e le limitazioni relativi alla circolazione, le prescrizioni della segnaletica stradale e le norme di comportamento in genere, ad eccezione delle segnalazioni degli agenti del traffico e nel rispetto comunque delle regole di comune prudenza e diligenza.

3. Chiunque si trovi sulla strada percorsa dai veicoli di cui al comma 1, o sulle strade adiacenti in prossimita' degli sbocchi sulla prima, appena udito il segnale acustico supplemetare di allarme, ha l'obbligo di lasciare libero il passo e, se necessario, di fermarsi. E' vietato seguire da presso tali veicoli avvantaggiandosi nella progressione di marcia.

4. Chiunque, al di fuori dei casi di cui al comma 1, fa uso dei dispositivi supplementari ivi indicati e' soggetto alla sanzione amministrativa del pagamento di una somma da € 87 a € 344.

5. Chiunque viola le disposizioni del comma 3 e' soggetto alla sanzione amministrativa del pagamento di una somma da € 42 a € 173.

Art. 178.
(Documenti di viaggio per trasporti professionali con veicoli non muniti di cronotachigrafo).

1. La durata della guida degli autoveicoli adibiti al trasporto di persone o di cose non muniti dei dispositivi di controllo di cui all'articolo 179 e' disciplinata dalle disposizioni dell'accordo europeo relativo alle prestazioni lavorative degli equipaggi dei veicoli addetti ai trasporti internazionali su strada (AETR),

concluso a Ginevra il 1° luglio 1970, reso esecutivo dalla legge 6 marzo 1976, n. 112. Al rispetto delle disposizioni dello stesso accordo sono tenuti i conducenti dei veicoli di cui al paragrafo 3 dell'articolo 2 del regolamento (CE) n. 561/2006 del Parlamento europeo e del Consiglio, del 15 marzo 2006.

2. I registri di servizio, i libretti individuali, gli estratti del registro di servizio e le copie dell'orario di servizio di cui all'accordo indicato al comma 1 del presente articolo devono essere esibiti, per il controllo, agli organi di polizia stradale di cui all'articolo 12. I libretti individuali conservati dall'impresa e i registri di servizio devono essere esibiti, per il controllo, anche ai funzionari del Dipartimento per i trasporti, la navigazione ed i sistemi informativi e statistici.

3. Le violazioni delle disposizioni di cui al presente articolo possono essere sempre accertate attraverso le risultanze o le registrazioni dei dispositivi di controllo installati sui veicoli, nonche' attraverso i documenti di cui al comma 2.

4. Il conducente che supera la durata dei periodi di guida prescritti dall'accordo di cui al comma 1 e' soggetto alla sanzione amministrativa del pagamento di una somma da € 41 a € 165. Si applica la sanzione ((da € 218 a € 868)) al conducente che non osserva le disposizioni relative ai periodi di riposo giornaliero.

5. Quando le violazioni di cui al comma 4 hanno durata superiore al 10 per cento rispetto al limite giornaliero massimo di durata dei periodi di guida prescritto dalle disposizioni dell'accordo di cui al comma 1, si applica la sanzione amministrativa del pagamento di una somma ((da € 325 a € 1.301)). Si applica la sanzione ((da € 379 a € 1.519)) se la violazione di durata superiore al 10 per cento riguarda il tempo minimo di riposo prescritto dal citato accordo.

6. Quando le violazioni di cui al comma 4 hanno durata superiore al 20 per cento rispetto al limite giornaliero massimo di durata dei periodi di guida, ovvero minimo del tempo di riposo, prescritti dall'accordo di cui al comma 1, si applica la sanzione amministrativa del pagamento di una somma ((da € 433 a € 1.735)).

7. Il conducente che non rispetta per oltre il 10 per cento il limite massimo di durata dei periodi di guida settimanale prescritti dall'accordo di cui al comma 1 e' soggetto alla sanzione amministrativa del pagamento di una somma ((da € 271 a € 1.084)). Il conducente che non rispetta per oltre il 10 per cento il limite minimo dei periodi di riposo settimanale prescritti dal predetto accordo e' soggetto alla sanzione amministrativa del pagamento di una somma ((da € 379 a € 1.519)). Se i limiti di durata di cui ai periodi precedenti non sono rispettati per oltre il 20 per cento, si applica la sanzione amministrativa del pagamento di una somma ((da € 433 a € 1.735)).

8. Il conducente che, durante la guida, non rispetta le disposizioni relative alle interruzioni previste dall'accordo di cui al comma 1 e' soggetto alla sanzione amministrativa del pagamento di una somma ((da € 271 a € 1.084)).

9. Il conducente che e' sprovvisto del libretto individuale di controllo, dell'estratto del registro di servizio o della copia dell'orario di servizio previsti dall'accordo di cui al comma 1 e' soggetto alla sanzione amministrativa del pagamento di una somma ((da € 333 a € 1.331)). La stessa sanzione si applica a chiunque non ha con se' o tiene in modo incompleto o alterato il libretto individuale di controllo, l'estratto del registro di servizio o copia dell'orario di servizio, fatta salva l'applicazione delle sanzioni previste dalla legge penale ove il fatto costituisca reato.

10. Le sanzioni di cui ai commi 4, 5, 6, 7, 8 e 9 si applicano anche agli altri membri dell'equipaggio che non osservano le prescrizioni previste dall'accordo di cui al comma 1.

11. Nei casi previsti dai commi 4, 5, 6 e 7 del presente articolo si applicano le disposizioni di cui al comma 11 dell'articolo 174.

12. Per le violazioni delle norme di cui al presente articolo, l'impresa da cui dipende il lavoratore al quale la violazione si

riferisce e' obbligata in solido con l'autore della violazione al pagamento della somma da questo dovuta.

13. L'impresa che nell'esecuzione dei trasporti non osserva le disposizioni contenute nell'accordo di cui al comma 1, ovvero non tiene i documenti prescritti o li tiene scaduti, incompleti o alterati, e' soggetta alla sanzione amministrativa del pagamento di una somma ((da € 333 a € 1.331)) per ciascun dipendente cui la violazione si riferisce, fatta salva l'applicazione delle sanzioni previste dalla legge penale ove il fatto costituisca reato.

14. In caso di ripetute inadempienze si applicano le disposizioni di cui ai commi 15, 16, 17 e 18 dell'articolo 174. Quando le ripetute violazioni sono commesse alla guida di veicoli immatricolati in Stati non facenti parte dell'Unione europea o dello Spazio economico europeo, la sospensione, la decadenza o la revoca di cui ai medesimi commi 15, 16, 17 e 18 dell'articolo 174 si applicano all'autorizzazione o al diverso titolo, comunque denominato, che consente di effettuare trasporti internazionali.

Art. 179.
Cronotachigrafo e limitatore di velocita'

1. Nei casi previsti dal regolamento (CEE) n. 3821/85 e successive modificazioni, i veicoli devono circolare provvisti di cronotachigrafo, con le caratteristiche e le modalita' d'impiego stabilite nel regolamento stesso. Nei casi e con le modalita' previste dalle direttive comunitarie, i veicoli devono essere dotati altresi' di limitatore di velocita'.

2. Chiunque circola con un autoveicolo non munito di cronotachigrafo, nei casi in cui esso e' previsto, ovvero circola con autoveicolo munito di un cronotachigrafo avente caratteristiche non rispondenti a quelle fissate nel regolamento o non funzionante, oppure non inserisce il foglio di registrazione o la scheda del conducente, e' soggetto alla sanzione amministrativa del pagamento di una somma ((da € 866 a € 3.464)). La sanzione amministrativa pecuniaria e' raddoppiata nel caso che l'infrazione riguardi la manomissione dei sigilli o l'alterazione del cronotachigrafo.

2-bis. Chiunque circola con un autoveicolo non munito di limitatore di velocita' ovvero circola con un autoveicolo munito di un limitatore di velocita' avente caratteristiche non rispondenti a quelle fissate o non funzionante, e' soggetto alla sanzione amministrativa del pagamento di una somma ((da € 967 a € 3.867)). La sanzione amministrativa pecuniaria e' raddoppiata nel caso in cui l'infrazione riguardi l'alterazione del limitatore di velocita'.

3. Il titolare della licenza o dell'autorizzazione al trasporto di cose o di persone che mette in circolazione un veicolo sprovvisto di limitatore di velocita' o cronotachigrafo e dei relativi fogli di registrazione, ovvero con limitatore di velocita' o cronotachigrafo manomesso oppure non funzionante, e' soggetto alla sanzione amministrativa del pagamento di una somma ((da € 831 a € 3.328)).

4. Qualora siano accertate nel corso di un anno tre violazioni alle norme di cui al comma 3, l'ufficio competente del Dipartimento per i trasporti terrestri applica la sanzione accessoria della sospensione della licenza o autorizzazione, relativa al veicolo con il quale le violazioni sono state commesse, per la durata di un anno. La sospensione si cumula alle sanzioni pecuniarie previste.

5. Se il conducente del veicolo o il datore di lavoro e il titolare della licenza o dell'autorizzazione al trasporto di cose su strada sono la stessa persona, le sanzioni previste sono applicate una sola volta nella misura stabilita per la sanzione piu' grave.

6. Per le violazioni di cui al comma 3, le violazioni accertate devono essere comunicate all'ufficio competente del Dipartimento per i trasporti terrestri presso il quale il veicolo risulta immatricolato.

6-bis. Quando si abbia fondato motivo di ritenere che il cronotachigrafo o il limitatore di velocita' siano alterati, manomessi ovvero comunque non funzionanti, gli organi di Polizia stradale di cui all'articolo 12, anche scortando il veicolo o facendolo trainare in condizioni di sicurezza presso la piu' vicina officina autorizzata per l'installazione o riparazione, possono disporre che sia effettuato l'accertamento della funzionalita' dei dispositivi stessi. Le spese per l'accertamento ed il ripristino della funzionalita' del limitatore di velocita' o del cronotachigrafo sono in ogni caso a carico del proprietario del veicolo o del titolare della licenza o dell'autorizzazione al trasporto di cose o di persone in solido.

7. Ferma restando l'applicazione delle sanzioni previste dai commi precedenti, il funzionario o l'agente che ha accertato la circolazione di veicolo con limitatore di velocita' o cronotachigrafo mancante, manomesso o non funzionante diffida il conducente con annotazione sul verbale a regolarizzare la strumentazione entro un termine di dieci giorni. Qualora il conducente ed il titolare della licenza od autorizzazione non siano la stessa persona, il predetto termine decorre dalla data di ricezione della notifica del verbale, da effettuare al piu' presto.

8. Decorso inutilmente il termine di dieci giorni dalla diffida di cui al comma 7, durante i quali trova applicazione l'articolo 16 del regolamento CEE n. 3821/85, e' disposto, in caso di circolazione del veicolo, il fermo amministrativo dello stesso. Il veicolo verra' restituito dopo un mese al proprietario o all'intestatario della carta di circolazione.

8-bis. In caso di incidente con danno a persone o a cose, il comando dal quale dipende l'agente accertatore segnala il fatto all'autorita' competente, che dispone la verifica presso la sede del titolare della licenza o dell'autorizzazione al trasporto o dell'iscrizione all'albo degli autotrasportatori di cose per l'esame dei dati sui tempi di guida e di riposo relativi all'anno in corso.

9. Alle violazioni di cui ai commi 2 e 2-bis consegue la sanzione amministrativa accessoria della sospensione della patente di guida da quindici giorni a tre mesi, secondo le norme del capo I, sezione II, del titolo VI. Nel caso in cui la violazione relativa al comma 2-bis riguardi l'alterazione del limitatore di velocita', alla sanzione amministrativa pecuniaria consegue la sanzione amministrativa accessoria della revoca della patente secondo le norme del capo I, sezione II del titolo VI.

10. Gli articoli 15, 16 e 20 della legge 13 novembre 1978, n. 727, sono abrogati. Per le restanti norme della legge 13 novembre 1978, n. 727, e successive modificazioni, si applicano le disposizioni del titolo VI. Nel caso di accertamento di violazioni alle disposizioni di cui ai commi 2 e 3, il verbale deve essere inviato all'ufficio metrico provinciale per le necessarie verifiche del ripristino della regolarita' di funzionamento dell'apparecchio cronotachigrafo.

Art. 180.
Possesso dei documenti di circolazione e di guida

1. Per poter circolare con veicoli a motore il conducente deve avere con se' i seguenti documenti:
    a) la carta di circolazione, il certificato di idoneita' tecnica alla circolazione o il certificato di circolazione, a seconda del tipo di veicolo condotto;
    b) la patente di guida valida per la corrispondente categoria del veicolo, nonche' lo specifico attestato sui requisiti fisici e psichici, qualora ricorrano le ipotesi di cui all'articolo 115, comma 2;
    c) l'autorizzazione per l'esercitazione alla guida per la corrispondente categoria del veicolo in luogo della patente di guida di cui alla lettera b), nonche' un documento personale di riconoscimento;
    d) il certificato di assicurazione obbligatoria.
2. La persona che funge da istruttore durante le esercitazioni di

guida deve avere con se' la patente di guida prescritta; se trattasi di istruttore di scuola guida deve aver con se' anche l'attestato di qualifica professionale di cui all'art. 123, comma 7.

3. Il conducente deve, altresi', avere con se' l'autorizzazione o la licenza quando il veicolo e' impiegato in uno degli usi previsti dall'art. 82.

4. Quando l'autoveicolo sia adibito ad uso diverso da quello risultante dalla carta di circolazione ovvero quando il veicolo sia in circolazione di prova, il conducente deve avere con se' la relativa autorizzazione. Per i rimorchi e i semirimorchi di massa complessiva a pieno carico superiore a 3,5 t, Per i veicoli adibiti a servizio pubblico di trasporto di persone e per quelli adibiti a locazione senza conducente , ovvero con facolta' di acquisto in leasing, la carta di circolazione puo' essere sostituita da fotocopia autenticata dallo stesso proprietario con sottoscrizione del medesimo.

5. Il conducente deve avere con se' il certificato di abilitazione o di formazione professionale, la carta di qualificazione del conducente e il certificato di idoneita', quando prescritti.

6. COMMA ABROGATO DAL D.LGS. 18 APRILE 2011, N. 59.

7. Chiunque viola le disposizioni del presente articolo e' soggetto alla sanzione amministrativa del pagamento di una somma da € 42 a € 173. Quando si tratta di ciclomotori la sanzione e' da € 26 a € 102.

8. Chiunque senza giustificato motivo non ottempera all'invito dell'autorita' di presentarsi, entro il termine stabilito nell'invito medesimo, ad uffici di polizia per fornire informazioni o esibire documenti ai fini dell'accertamento delle violazioni amministrative previste dal presente codice, e' soggetto alla sanzione amministrativa del pagamento di una somma da € 430 a € 1.731. Alla violazione di cui al presente comma consegue l'applicazione, da parte dell'ufficio dal quale dipende l'organo accertatore, della sanzione prevista per la mancanza del documento da presentare, con decorrenza dei termini per la notificazione dal giorno successivo a quello stabilito per la presentazione dei documenti. ((L'invito a presentarsi per esibire i documenti di cui al presente articolo non si applica nel caso in cui l'esistenza e la validita' della documentazione richiesta possano essere accertate tramite consultazione di banche di dati o archivi pubblici o gestiti da amministrazioni dello Stato accessibili da parte degli organi di polizia stradale, ad eccezione delle ipotesi in cui l'accesso a tali banche di dati o archivi pubblici non sia tecnicamente possibile al momento della contestazione)).

Art. 181.
Esposizione dei contrassegni per la circolazione

1. E' fatto obbligo di esporre sugli autoveicoli e motoveicoli, esclusi i motocicli, nella parte anteriore o sul vetro parabrezza, il contrassegno attestante il pagamento della tassa automobilistica e quello relativo all'assicurazione obbligatoria.

2. I conducenti di motocicli e ciclomotori sono esonerati dall'obbligo di cui al comma 1 purche' abbiano con se' i contrassegni stessi.

3. Chiunque viola le disposizioni del presente articolo e' soggetto alla sanzione amministrativa del pagamento di una somma ((da € 26 a € 102)). Si applica la disposizione del comma 8 dell'art. 180.

Art. 182.
Circolazione dei velocipedi

1. I ciclisti devono procedere su unica fila in tutti i casi in cui le condizioni della circolazione lo richiedano e, comunque, mai affiancati in numero superiore a due; quando circolano fuori dai centri abitati devono sempre procedere su unica fila, salvo che uno di essi sia minore di anni dieci e proceda sulla destra dell'altro.

((1-bis. Le disposizioni del comma 1 non si applicano alla circolazione dei velocipedi sulle strade urbane ciclabili)).

2. I ciclisti devono avere libero l'uso delle braccia e delle mani e reggere il manubrio almeno con una mano; essi devono essere in grado in ogni momento di vedere liberamente davanti a se', ai due lati e compiere con la massima liberta', prontezza e facilita' le manovre necessarie.

3. Ai ciclisti e' vietato trainare veicoli, salvo nei casi consentiti dalle presenti norme, condurre animali e farsi trainare da altro veicolo.

4. I ciclisti devono condurre il veicolo a mano quando, per le condizioni della circolazione, siano di intralcio o di pericolo per i pedoni. In tal caso sono assimilati ai pedoni e devono usare la comune diligenza e la comune prudenza.

5. E' vietato trasportare altre persone sul velocipede a meno che lo stesso non sia appositamente costruito e attrezzato. E' consentito tuttavia al conducente maggiorenne il trasporto di un bambino fino a otto anni di eta', opportunamente assicurato con le attrezzature, di cui all'articolo 68, comma 5.

6. I velocipedi appositamente costruiti ed omologati per il trasporto di altre persone oltre al conducente devono essere condotti, se a piu' di due ruote simmetriche, solo da quest'ultimo. PERIODO SOPPRESSO DAL D.LGS. 10 SETTEMBRE 1993, N. 360.

7. Sui veicoli di cui al comma 6 non si possono trasportare piu' di quattro persone adulte compresi i conducenti; e' consentito anche il trasporto contemporaneo di due bambini fino a dieci anni di eta'.

8. Per il trasporto di oggetti e di animali si applica l'art. 170.

((9. I velocipedi devono transitare sulle piste loro riservate ovvero sulle corsie ciclabili o sulle corsie ciclabili per doppio senso ciclabile, quando esistono, salvo il divieto per particolari categorie di essi, con le modalita' stabilite nel regolamento. Le norme previste dal regolamento per la circolazione sulle piste ciclabili si applicano anche alla circolazione sulle corsie ciclabili e sulle corsie ciclabili per doppio senso ciclabile)).

9-bis. Il conducente di velocipede che circola fuori dai centri abitati da mezz'ora dopo il tramonto del sole a mezz'ora prima del suo sorgere e il conducente di velocipede che circola nelle gallerie hanno l'obbligo di indossare il giubbotto o le bretelle retroriflettenti ad alta visibilita', di cui al comma 4-ter dell'articolo 162.

9-ter. Nelle intersezioni semaforizzate, sulla base di apposita ordinanza adottata ai sensi dell'articolo 7, comma 1, previa valutazione delle condizioni di sicurezza, sulla soglia dell'intersezione puo' essere realizzata la casa avanzata, estesa a tutta la larghezza della carreggiata o della semicarreggiata. La casa avanzata puo' essere realizzata lungo le strade con velocita' consentita inferiore o uguale a 50 km/h, anche se fornite di piu' corsie per senso di marcia, ed e' posta a una distanza pari almeno a 3 metri rispetto alla linea di arresto stabilita per il flusso veicolare. ((L'area delimitata e' accessibile attraverso una corsia o da una pista ciclabile di lunghezza pari almeno a 5 metri, situata sul lato destro in prossimita' dell'intersezione)).

10. Chiunque viola le disposizioni del presente articolo e' soggetto alla sanzione amministrativa del pagamento di una somma da € 26 a € 102. La sanzione e' da € 42 a € 173 quando si tratta di velocipedi di cui al comma 6.

Art. 183.
Circolazione dei veicoli a trazione animale

1. Ogni veicolo a trazione animale deve essere guidato da un conducente che non deve mai abbandonare la guida durante la marcia e deve avere costantemente il controllo degli animali.

2. Un veicolo adibito al trasporto di persone o di cose non puo' essere trainato da piu' di due animali se a due ruote o da piu' di

quattro se a quattro ruote. Fanno eccezione i trasporti funebri.

3. I veicoli adibiti al trasporto di cose, quando devono superare forti pendenze o per altre comprovate necessita', possono essere trainati da un numero di animali superiore a quello indicato nel comma 2 previa autorizzazione dell'ente proprietario della strada. Nei centri abitati l'autorizzazione e' rilasciata in ogni caso dal sindaco.

4. I veicoli trainati da piu' di tre animali devono avere due conducenti.

5. Chiunque viola le disposizioni del presente articolo e' soggetto alla sanzione amministrativa del pagamento di una somma ((da € 26 a € 102)).

Art. 184.
Circolazione degli animali, degli armenti e delle greggi

1. Per ogni due animali da tiro, quando non siano attaccati ad un veicolo, da soma o da sella, e per ogni animale indomito o pericoloso occorre almeno un conducente, il quale deve avere costantemente il controllo dei medesimi e condurli in modo da evitare intralcio e pericolo per la circolazione.

2. La disposizione del comma 1 si applica anche agli altri animali isolati o in piccoli gruppi, a meno che la strada attraversi una zona destinata al pascolo, segnalata con gli appositi segnali di pericolo.

3. Nelle ore e nei casi previsti dall'art. 152, ad eccezione per le strade sufficientemente illuminate o interne ai centri abitati, i conducenti devono tenere acceso un dispositivo di segnalazione che proietti in orizzontale luce arancione in tutte le direzioni, esposto in modo che risulti visibile sia dalla parte anteriore che dalla parte posteriore.

4. A tergo dei veicoli a trazione animale possono essere legati non piu' di due animali senza obbligo di conducente e delle luci di cui al comma 3. Tuttavia nei casi previsti dall'art. 152 tali animali non dovranno ostacolare la visibilita' delle luci previste per il veicolo a cui sono legati.

5. Gli armenti, le greggi e qualsiasi altre moltitudini di animali quando circolano su strada devono essere condotti da un guardiano fino al numero di cinquanta e da non meno di due per un numero superiore.

6. I guardiani devono regolare il transito degli animali in modo che resti libera sulla sinistra almeno la meta' della carreggiata. Sono, altresi', tenuti a frazionare e separare i gruppi di animali superiori al numero di cinquanta ad opportuni intervalli al fine di assicurare la regolarita' della circolazione.

7. Le moltitudini di animali di cui al comma 5 non possono sostare sulle strade e, di notte, devono essere precedute da un guardiano e seguite da un altro; ambedue devono tenere acceso un dispositivo di segnalazione che proietti in orizzontale luce arancione in tutte le direzioni, esposto in modo che risulti visibile sia dalla parte anteriore che da quella posteriore.

8. Chiunque viola le disposizioni del presente articolo e' soggetto alla sanzione amministrativa del pagamento di una somma ((da € 42 a € 173)).

Art. 185.
Circolazione e sosta delle auto-caravan

1. I veicoli di cui all'art. 54, comma 1, lettera m), ai fini della circolazione stradale in genere ed agli effetti dei divieti e limitazioni previsti negli articoli 6 e 7, sono soggetti alla stessa disciplina prevista per gli altri veicoli.

2. La sosta delle auto-caravan, dove consentita, sulla sede stradale non costituisce campeggio, attendamento e simili se l'autoveicolo non poggia sul suolo salvo che con le ruote, non emette deflussi propri, salvo quelli del propulsore meccanico, e non occupa

comunque la sede stradale in misura eccedente l'ingombro proprio dell'autoveicolo medesimo.

3. Nel caso di sosta o parcheggio a pagamento, alle auto-caravan si applicano tariffe maggiorate del 50% rispetto a quelle praticate per le autovetture in analoghi parcheggi della zona.

4. E' vietato lo scarico dei residui organici e delle acque chiare e luride su strade ed aree pubbliche al di fuori di appositi impianti di smaltimento igienico-sanitario.

5. Il divieto di cui al comma 4 e' esteso anche agli altri autoveicoli dotati di appositi impianti interni di raccolta.

6. Chiunque viola le disposizioni dei commi 4 e 5 e' soggetto alla sanzione amministrativa del pagamento di una somma ((da € 87 a € 344)).

7. Nel regolamento sono stabiliti i criteri per la realizzazione, lungo le strade e autostrade, nelle aree attrezzate riservate alla sosta e al parcheggio delle auto-caravan e nei campeggi, di impianti igienico-sanitari atti ad accogliere i residui organici e le acque chiare e luride, raccolti negli appositi impianti interni di detti veicoli, le tariffe per l'uso degli impianti igienico-sanitari, nonche' i criteri per l'istituzione da parte dei comuni di analoghe aree attrezzate nell' ambito dei rispettivi territori e l'apposito segnale stradale col quale deve essere indicato ogni impianto.

8. Con decreto del Ministro della salute, di concerto con il Ministro dell'ambiente e della tutela del territorio, sono determinate le caratteristiche dei liquidi e delle sostanze chimiche impiegati nel trattamento dei residui organici e delle acque chiare e luride fatti defluire negli impianti igienico-sanitari di cui al comma 4.

Art. 186
(Guida sotto l'influenza dell'alcool).

1. E' vietato guidare in stato di ebbrezza in conseguenza dell'uso di bevande alcoliche.

2. Chiunque guida in stato di ebbrezza e' punito, ove il fatto non costituisca piu' grave reato:

a) con la sanzione amministrativa del pagamento di una somma ((da € 543 a € 2.170)), qualora sia stato accertato un valore corrispondente ad un tasso alcolemico superiore a 0,5 e non superiore a 0,8 grammi per litro (g/l). All'accertamento della violazione consegue la sanzione amministrativa accessoria della sospensione della patente di guida da tre a sei mesi;

b) con l'ammenda da euro 800 a euro 3.200 e l'arresto fino a sei mesi, qualora sia stato accertato un valore corrispondente ad un tasso alcolemico superiore a 0,8 e non superiore a 1,5 grammi per litro (g/l). All'accertamento del reato consegue in ogni caso la sanzione amministrativa accessoria della sospensione della patente di guida da sei mesi ad un anno;

c) con l'ammenda da euro 1.500 a euro 6.000, l'arresto da sei mesi ad un anno, qualora sia stato accertato un valore corrispondente ad un tasso alcolemico superiore a 1,5 grammi per litro (g/l). All'accertamento del reato consegue in ogni caso la sanzione amministrativa accessoria della sospensione della patente di guida da uno a due anni. Se il veicolo appartiene a persona estranea al reato, la durata della sospensione della patente di guida e' raddoppiata. La patente di guida e' sempre revocata, ai sensi del capo II, sezione II, del titolo VI, in caso di recidiva nel biennio. Con la sentenza di condanna ovvero di applicazione della pena su richiesta delle parti, anche se e' stata applicata la sospensione condizionale della pena, e' sempre disposta la confisca del veicolo con il quale e' stato commesso il reato, salvo che il veicolo stesso appartenga a persona estranea al reato. Ai fini del sequestro si applicano le disposizioni di cui all'articolo 224-ter.

2-bis. Se il conducente in stato di ebbrezza provoca un incidente stradale, le sanzioni di cui al comma 2 del presente articolo e al comma 3 dell'articolo 186-bis sono raddoppiate ed e' disposto il fermo amministrativo del veicolo per centottanta giorni, salvo che il veicolo appartenga a persona estranea all'illecito. Qualora per il conducente che provochi un incidente stradale sia stato accertato un valore corrispondente ad un tasso alcolemico superiore a 1,5 grammi per litro (g/1), fatto salvo quanto previsto dal quinto e sesto periodo della lettera c) del comma 2 del presente articolo, la patente di guida e' sempre revocata ai sensi del capo II, sezione II, del titolo VI. E' fatta salva in ogni caso l'applicazione dell'articolo 222.

2-ter. Competente a giudicare dei reati di cui al presente articolo e' il tribunale in composizione monocratica.

2-quater. Le disposizioni relative alle sanzioni accessorie di cui ai commi 2 e 2-bis si applicano anche in caso di applicazione della pena su richiesta delle parti.

2-quinquies. Salvo che non sia disposto il sequestro ai sensi del comma 2, il veicolo, qualora non possa essere guidato da altra persona idonea, puo' essere fatto trasportare fino al luogo indicato dall'interessato o fino alla piu' vicina autorimessa e lasciato in consegna al proprietario o al gestore di essa con le normali garanzie per la custodia. Le spese per il recupero ed il trasporto sono interamente a carico del trasgressore.

2-sexies. L'ammenda prevista dal comma 2 e' aumentata da un terzo alla meta' quando il reato e' commesso dopo le ore 22 e prima delle ore 7.

2-septies. Le circostanze attenuanti concorrenti con l'aggravante di cui al comma 2-sexies non possono essere ritenute equivalenti o prevalenti rispetto a questa. Le diminuzioni di pena si operano sulla quantita' della stessa risultante dall'aumento conseguente alla predetta aggravante.

2-octies. Una quota pari al venti per cento dell'ammenda irrogata con la sentenza di condanna che ha ritenuto sussistente l'aggravante di cui al comma 2-sexies e' destinata ad alimentare il Fondo contro l'incidentalita' notturna di cui all'articolo 6-bis del decreto-legge 3 agosto 2007, n. 117, convertito, con modificazioni, dalla legge 2 ottobre 2007, n. 160, e successive modificazioni.

3. Al fine di acquisire elementi utili per motivare l'obbligo di sottoposizione agli accertamenti di cui al comma 4, gli organi di Polizia stradale di cui all'articolo 12, commi 1 e 2, secondo le direttive fornite dal Ministero dell'interno, nel rispetto della riservatezza personale e senza pregiudizio per l'integrita' fisica, possono sottoporre i conducenti ad accertamenti qualitativi non invasivi o a prove, anche attraverso apparecchi portatili.

4. Quando gli accertamenti qualitativi di cui al comma 3 hanno dato esito positivo, in ogni caso d'incidente ovvero quando si abbia altrimenti motivo di ritenere che il conducente del veicolo si trovi in stato di alterazione psicofisica derivante dall'influenza dell'alcool, gli organi di Polizia stradale di cui all'articolo 12, commi 1 e 2, anche accompagnandolo presso il piu' vicino ufficio o comando, hanno la facolta' di effettuare l'accertamento con strumenti e procedure determinati dal regolamento.

5. Per i conducenti coinvolti in incidenti stradali e sottoposti alle cure mediche, l'accertamento del tasso alcoolemico viene effettuato, su richiesta degli organi di Polizia stradale di cui all'articolo 12, commi 1 e 2, da parte delle strutture sanitarie di base o di quelle accreditate o comunque a tali fini equiparate. Le strutture sanitarie rilasciano agli organi di Polizia stradale la relativa certificazione, estesa alla prognosi delle lesioni accertate, assicurando il rispetto della riservatezza dei dati in base alle vigenti disposizioni di legge. Copia della certificazione di cui al periodo precedente deve essere tempestivamente trasmessa, a cura dell'organo di polizia che ha proceduto agli accertamenti, al prefetto del luogo della commessa violazione per gli eventuali provvedimenti di competenza. Si applicano le disposizioni del comma

5-bis dell'articolo 187.

6. Qualora dall'accertamento di cui ai commi 4 o 5 risulti un valore corrispondente ad un tasso alcoolemico superiore a 0,5 grammi per litro (g/l), l'interessato e' considerato in stato di ebbrezza ai fini dell'applicazione delle sanzioni di cui al comma 2.

7. Salvo che il fatto costituisca piu' grave reato, in caso di rifiuto dell'accertamento di cui ai commi 3, 4 o 5, il conducente e' punito con le pene di cui al comma 2, lettera c). La condanna per il reato di cui al periodo che precede comporta la sanzione amministrativa accessoria della sospensione della patente di guida per un periodo da sei mesi a due anni e della confisca del veicolo con le stesse modalita' e procedure previste dal comma 2, lettera c), salvo che il veicolo appartenga a persona estranea alla violazione. Con l'ordinanza con la quale e' disposta la sospensione della patente, il prefetto ordina che il conducente si sottoponga a visita medica secondo le disposizioni del comma 8. Se il fatto e' commesso da soggetto gia' condannato nei due anni precedenti per il medesimo reato, e' sempre disposta la sanzione amministrativa accessoria della revoca della patente di guida ai sensi del capo I, sezione II, del titolo VI.

8. Con l'ordinanza con la quale viene disposta la sospensione della patente ai sensi dei commi 2 e 2-bis, il prefetto ordina che il conducente si sottoponga a visita medica ai sensi dell'articolo 119, comma 4, che deve avvenire nel termine di sessanta giorni. Qualora il conducente non vi si sottoponga entro il termine fissato, il prefetto puo' disporre, in via cautelare, la sospensione della patente di guida fino all'esito della visita medica.

9. Qualora dall'accertamento di cui ai commi 4 e 5 risulti un valore corrispondente ad un tasso alcoolemico superiore a 1,5 grammi per litro, ferma restando l'applicazione delle sanzioni di cui ai commi 2 e 2-bis, il prefetto, in via cautelare, dispone la sospensione della patente fino all'esito della visita medica di cui al comma 8.

9-bis. Al di fuori dei casi previsti dal comma 2-bis del presente articolo, la pena detentiva e pecuniaria puo' essere sostituita, anche con il decreto penale di condanna, se non vi e' opposizione da parte dell'imputato, con quella del lavoro di pubblica utilita' di cui all'articolo 54 del decreto legislativo 28 agosto 2000, n. 274, secondo le modalita' ivi previste e consistente nella prestazione di un'attivita' non retribuita a favore della collettivita' da svolgere, in via prioritaria, nel campo della sicurezza e dell'educazione stradale presso lo Stato, le regioni, le province, i comuni o presso enti o organizzazioni di assistenza sociale e di volontariato, o presso i centri specializzati di lotta alle dipendenze. Con il decreto penale o con la sentenza il giudice incarica l'ufficio locale di esecuzione penale ovvero gli organi di cui all'articolo 59 del decreto legislativo n. 274 del 2000 di verificare l'effettivo svolgimento del lavoro di pubblica utilita'. In deroga a quanto previsto dall'articolo 54 del decreto legislativo n. 274 del 2000, il lavoro di pubblica utilita' ha una durata corrispondente a quella della sanzione detentiva irrogata e della conversione della pena pecuniaria ragguagliando 250 euro ad un giorno di lavoro di pubblica utilita'. In caso di svolgimento positivo del lavoro di pubblica utilita', il giudice fissa una nuova udienza e dichiara estinto il reato, dispone la riduzione alla meta' della sanzione della sospensione della patente e revoca la confisca del veicolo sequestrato. La decisione e' ricorribile in cassazione. Il ricorso non sospende l'esecuzione a meno che il giudice che ha emesso la decisione disponga diversamente. In caso di violazione degli obblighi connessi allo svolgimento del lavoro di pubblica utilita', il giudice che procede o il giudice dell'esecuzione, a richiesta del pubblico ministero o di ufficio, con le formalita' di cui all'articolo 666 del codice di procedura penale, tenuto conto dei motivi, della entita' e delle circostanze della violazione, dispone la revoca della pena sostitutiva con ripristino di quella sostituita e della sanzione

amministrativa della sospensione della patente e della confisca. Il
lavoro di pubblica utilita' puo' sostituire la pena per non piu' di
una volta.

Art. 186-bis
(Guida sotto l'influenza dell'alcool per conducenti di eta' inferiore
a ventuno anni, per i neo-patentati e per chi esercita
professionalmente l'attivita' di trasporto di persone o di cose).

1. E' vietato guidare dopo aver assunto bevande alcoliche e sotto
l'influenza di queste per:
    a) i conducenti di eta' inferiore a ventuno anni e i conducenti
nei primi tre anni dal conseguimento della patente di guida di
categoria B;
    b) i conducenti che esercitano l'attivita' di trasporto di
persone, di cui agli articoli 85, 86 e 87;
    c) i conducenti che esercitano l'attivita' di trasporto di cose,
di cui agli articoli 88, 89 e 90;
    d) i conducenti di autoveicoli di massa complessiva a pieno
carico superiore a 3,5 t, di autoveicoli trainanti un rimorchio che
comporti una massa complessiva totale a pieno carico dei due veicoli
superiore a 3,5 t, di autobus e di altri autoveicoli destinati al
trasporto di persone il cui numero di postia sedere, escluso quello
del conducente, e' superiore a otto, nonche' di autoarticolati e di
autosnodati.
    2. I conducenti di cui al comma 1 che guidino dopo aver assunto
bevande alcoliche e sotto l'influenza di queste sono puniti con la
sanzione amministrativa del pagamento di una somma ((da € 168 a €
672)), qualora sia stato accertato un valore corrispondente ad un
tasso alcolemico superiore a 0 (zero) e non superiore a 0,5 grammi
per litro (gli). Nel caso in cui il conducente, nelle condizioni di
cui al periodo precedente, provochi un incidente, le sanzioni di cui
al medesimo periodo sono raddoppiate.
    3. Per i conducenti di cui al comma 1 del presente articolo, ove
incorrano negli illeciti di cui all'articolo 186, comma 2, lettera
a), le sanzioni ivi previste sono aumentate di un terzo; ove
incorrano negli illeciti di cui all'articolo 186, comma 2, lettere b)
e c), le sanzioni ivi previste sono aumentate da un terzo alla meta'.
    4. Le circostanze attenuanti concorrenti con le aggravanti di cui
al comma 3 non possono essere ritenute equivalenti o prevalenti
rispetto a queste. Le diminuzioni di pena si operano sulla quantita'
della stessa risultante dall'aumento conseguente alla predetta
aggravante.
    5. La patente di guida e' sempre revocata, ai sensi del capo II,
sezione II, del titolo VI, qualora sia stato accertato un valore
corrispondente ad un tasso alcolemico superiore a 1,5 grammi per
litro (g/l) per i conducenti di cui alla lettera d) del comma 1,
ovvero in caso di recidiva nel triennio per gli altri conducenti di
cui al medesimo comma. E' fatta salva l'applicazione delle
disposizioni di cui al quinto e al sesto periodo della lettera c) del
comma 2 dell'articolo 186.
    6. Si applicano le disposizioni di cui ai commi da 3 a 6, 8 e 9
dell'articolo 186. Salvo che il fatto costituisca piu' grave reato,
in caso di rifiuto dell'accertamento di cui ai commi 3, 4 o 5
dell'articolo 186, il conducente e' punito con le pene previste dal
comma 2, lettera c), del medesimo articolo, aumentate da un terzo
alla meta'. La condanna per il reato di cui al periodo precedente
comporta la sanzione amministrativa accessoria della sospensione
della patente di guida per un periodo da sei mesi a due anni e della
confisca del veicolo con le stesse modalita' e procedure previste dal
citato articolo 186, comma 2, lettera c), salvo che il veicolo
appartenga a persona estranea al reato. Se il veicolo appartiene a
persona estranea al reato, la durata della sospensione della patente
di guida e' raddoppiata. Con l'ordinanza con la quale e' disposta la
sospensione della patente di guida, il prefetto ordina che il

conducente si sottoponga a visita medica secondo le disposizioni del comma 8 del citato articolo 186. Se il fatto e' commesso da soggetto gia' condannato nei due anni precedenti per il medesimo reato, e' sempre disposta la sanzione amministrativa accessoria della revoca della patente di guida ai sensi del capo II, sezione II, del titolo VI.

7. Il conducente di eta' inferiore a diciotto anni, per il quale sia stato accertato un valore corrispondente ad un tasso alcolemico superiore a O (zero) e non superiore a 0,5 grammi per litro (g/l), non puo' conseguire la patente di guida di categoria B prima del compimento del diciannovesimo anno di eta'. Il conducente di eta' inferiore a diciotto anni, per il quale sia stato accertato un valore corrispondente ad un tasso alcolemico superiore a 0,5 grammi per litro (g/l), non puo' conseguire la patente di guida di categoria B prima del compimento del ventunesimo anno di eta'". Il conducente di eta' inferiore a diciotto anni, per il quale sia stato accertatoun valore corrispondente ad un tasso alcolemico superiore a 0,5 grammi per litro (g/l), non puo' conseguire la patente di guida di categoria B prima del compimento del ventunesimo anno di eta'.

Art. 187
(Guida in stato di alterazione psico-fisica per uso di sostanze stupefacenti).

1. Chiunque guida in stato di alterazione psico-fisica dopo aver assunto sostanze stupefacenti o psicotrope e' punito con l'ammenda da euro 1.500 a euro 6.000 e l'arresto ((da sei mesi ad un anno. All'accertamento del reato consegue in ogni caso la sanzione amministrativa accessoria della sospensione della patente di guida da uno a due anni. Se il veicolo appartiene a persona estranea al reato, la durata della sospensione della patente e' raddoppiata. Per i conducenti di cui al comma 1 dell'articolo 186-bis, le sanzioni di cui al primo e al secondo periodo del presente comma sono aumentate da un terzo alla meta'. Si applicano le disposizioni del comma 4 dell'articolo 186-bis. La patente di guida e' sempre revocata, ai sensi del capo II, sezione II, del titolo VI, quando il reato e' commesso da uno dei conducenti di cui alla lettera d) del citato comma 1 dell'articolo 186-bis, ovvero in caso di recidiva nel triennio. Con la sentenza di condanna ovvero di applicazione della pena a richiesta delle parti, anche se e' stata applicata la sospensione condizionale della pena, e' sempre disposta la confisca del veicolo con il quale e' stato commesso il reato, salvo che il veicolo stesso appartenga a persona estranea al reato. Ai fini del sequestro si applicano le disposizioni di cui all'articolo 224-ter)).

1-bis. Se il conducente in stato di alterazione psico-fisica dopo aver assunto sostanze stupefacenti o psicotrope provoca un incidente stradale, le pene di cui al comma 1 sono raddoppiate ((e, fatto salvo quanto previsto dal settimo e dall'ottavo periodo del comma 1, la patente di guida e' sempre revocata ai sensi del capo II, sezione II, del titolo VI. E' fatta salva in ogni caso l'applicazione dell'articolo 222)).

1-ter. Competente a giudicare dei reati di cui al presente articolo e' il tribunale in composizione monocratica. Si applicano le disposizioni dell'articolo 186, comma 2-quater.

1-quater. L'ammenda prevista dal comma 1 e' aumentata da un terzo alla meta' quando il reato e' commesso dopo le ore 22 e prima delle ore 7. Si applicano le disposizioni di cui all'articolo 186, commi 2-septies e 2-octies.

2. Al fine di acquisire elementi utili per motivare l'obbligo di sottoposizione agli accertamenti di cui al comma 3, gli organi di Polizia stradale di cui all'articolo 12, commi 1 e 2, secondo le direttive fornite dal Ministero dell'interno, nel rispetto della riservatezza personale e senza pregiudizio per l'integrita' fisica, possono sottoporre i conducenti ad accertamenti qualitativi non invasivi o a prove, anche attraverso apparecchi portatili.

((2-bis. Quando gli accertamenti di cui al comma 2 forniscono esito positivo ovvero quando si ha altrimenti ragionevole motivo di ritenere che il conducente del veicolo si trovi sotto l'effetto conseguente all'uso di sostanze stupefacenti o psicotrope, i conducenti, nel rispetto della riservatezza personale e senza pregiudizio per l'integrita' fisica, possono essere sottoposti ad accertamenti clinico-tossicologici e strumentali ovvero analitici su campioni di mucosa del cavo orale prelevati a cura di personale sanitario ausiliario delle forze di polizia. Con decreto del Ministro delle infrastrutture e dei trasporti, di concerto con i Ministri dell'interno, della giustizia e della salute, sentiti la Presidenza del Consiglio dei ministri - Dipartimento per le politiche antidroga e il Consiglio superiore di sanita', da adottare entro sessanta giorni dalla data di entrata in vigore della presente disposizione, sono stabilite le modalita', senza nuovi o maggiori oneri a carico del bilancio dello Stato, di effettuazione degli accertamenti di cui al periodo precedente e le caratteristiche degli strumenti da impiegare negli accertamenti medesimi. Ove necessario a garantire la neutralita' finanziaria di cui al precedente periodo, il medesimo decreto puo' prevedere che gli accertamenti di cui al presente comma siano effettuati, anziche' su campioni di mucosa del cavo orale, su campioni di fluido del cavo orale)).

((3. Nei casi previsti dal comma 2-bis, qualora non sia possibile effettuare il prelievo a cura del personale sanitario ausiliario delle forze di polizia ovvero qualora il conducente rifiuti di sottoporsi a tale prelievo, gli agenti di polizia stradale di cui all'articolo 12, commi 1 e 2, fatti salvi gli ulteriori obblighi previsti dalla legge, accompagnano il conducente presso strutture sanitarie fisse o mobili afferenti ai suddetti organi di polizia stradale ovvero presso le strutture sanitarie pubbliche o presso quelle accreditate o comunque a tali fini equiparate, per il prelievo di campioni di liquidi biologici ai fini dell'effettuazione degli esami necessari ad accertare la presenza di sostanze stupefacenti o psicotrope. Le medesime disposizioni si applicano in caso di incidenti, compatibilmente con le attivita' di rilevamento e di soccorso)).

4. Le strutture sanitarie di cui al comma 3, su richiesta degli organi di Polizia stradale di cui all'articolo 12, commi 1 e 2, effettuano altresi' gli accertamenti sui conducenti coinvolti in incidenti stradali e sottoposti alle cure mediche, ai fini indicati dal comma 3; essi possono contestualmente riguardare anche il tasso alcoolemico previsto nell'articolo 186.

5. Le strutture sanitarie rilasciano agli organi di Polizia stradale la relativa certificazione, estesa alla prognosi delle lesioni accertate, assicurando il rispetto della riservatezza dei dati in base alle vigenti disposizioni di legge. ((PERIODO SOPPRESSO DALLA L. 29 LUGLIO 2010, N. 120)). Copia del referto sanitario positivo deve essere tempestivamente trasmessa, a cura dell'organo di Polizia che ha proceduto agli accertamenti, al prefetto del luogo della commessa violazione per gli eventuali provvedimenti di competenza.

5-bis. Qualora l'esito degli accertamenti di cui ai commi 3, 4 e 5 non sia immediatamente disponibile e gli accertamenti di cui al comma 2 abbiano dato esito positivo, se ricorrono fondati motivi per ritenere che il conducente si trovi in stato di alterazione psico-fisica dopo l'assunzione di sostanze stupefacenti o psicotrope, gli organi di polizia stradale possono disporre il ritiro della patente di guida fino all'esito degli accertamenti e, comunque, per un periodo non superiore a dieci giorni. Si applicano le disposizioni dell'articolo 216 in quanto compatibili. La patente ritirata e' depositata presso l'ufficio o il comando da cui dipende l'organo accertatore.

6. Il prefetto, sulla base ((dell'esito degli accertamenti analitici di cui al comma 2-bis, ovvero)) della certificazione rilasciata dai centri di cui al comma 3, ordina che il conducente si

sottoponga a visita medica ai sensi dell'articolo 119 e dispone la
sospensione, in via cautelare, della patente fino all'esito
dell'esame di revisione che deve avvenire nel termine e con le
modalita' indicate dal regolamento.

7. COMMA ABROGATO DAL D.L. 3 AGOSTO 2007, N. 117, CONVERTITO CON
MODIFICAZIONI DALLA L. 2 OTTOBRE 2007, N. 160.

8. Salvo che il fatto costituisca reato, in caso di rifiuto
dell'accertamento ((di cui ai commi 2, 2-bis, 3 o 4)), il conducente
e' soggetto alle sanzioni di cui all'articolo 186, comma 7. Con
l'ordinanza con la quale e' disposta la sospensione della patente, il
prefetto ordina che il conducente si sottoponga a visita medica ai
sensi dell'articolo 119.

((8-bis. Al di fuori dei casi previsti dal comma 1-bis del presente
articolo, la pena detentiva e pecuniaria puo' essere sostituita,
anche con il decreto penale di condanna, se non vi e' opposizione da
parte dell'imputato, con quella del lavoro di pubblica utilita' di
cui all'articolo 54 del decreto legislativo 28 agosto 2000, n. 274,
secondo le modalita' ivi previste e consistente nella prestazione di
un'attivita' non retribuita a favore della collettivita' da svolgere,
in via prioritaria, nel campo della sicurezza e dell'educazione
stradale presso lo Stato, le regioni, le province, i comuni o presso
enti o organizzazioni di assistenza sociale e di volontariato,
nonche' nella partecipazione ad un programma terapeutico e
socio-riabilitativo del soggetto tossicodipendente come definito ai
sensi degli articoli 121 e 122 del testo unico di cui al decreto del
Presidente della Repubblica 9 ottobre 1990, n. 309. Con il decreto
penale o con la sentenza il giudice incarica l'ufficio locale di
esecuzione penale ovvero gli organi di cui all'articolo 59 del
decreto legislativo n. 274 del 2000 di verificare l'effettivo
svolgimento del lavoro di pubblica utilita'. In deroga a quanto
previsto dall'articolo 54 del decreto legislativo n. 274 del 2000, il
lavoro di pubblica utilita' ha una durata corrispondente a quella
della sanzione detentiva irrogata e della conversione della pena
pecuniaria ragguagliando 250 euro ad un giorno di lavoro di pubblica
utilita'. In caso di svolgimento positivo del lavoro di pubblica
utilita', il giudice fissa una nuova udienza e dichiara estinto il
reato, dispone la riduzione alla meta' della sanzione della
sospensione della patente e revoca la confisca del veicolo
sequestrato. La decisione e' ricorribile in cassazione. Il ricorso
non sospende l'esecuzione a meno che il giudice che ha emesso la
decisione disponga diversamente. In caso di violazione degli obblighi
connessi allo svolgimento del lavoro di pubblica utilita', il giudice
che procede o il giudice dell'esecuzione, a richiesta del pubblico
ministero o di ufficio, con le formalita' di cui all'articolo 666 del
codice di procedura penale, tenuto conto dei motivi, della entita' e
delle circostanze della violazione, dispone la revoca della pena
sostitutiva con ripristino di quella sostituita e della sanzione
amministrativa della sospensione della patente e della confisca. Il
lavoro di pubblica utilita' puo' sostituire la pena per non piu' di
una volta)).

Art. 188.
Circolazione e sosta dei veicoli al servizio di persone invalide

1. Per la circolazione e la sosta dei veicoli al servizio delle
persone invalide gli enti proprietari della strada sono tenuti ad
allestire e mantenere apposite strutture, nonche' la segnaletica
necessaria, per consentire ed agevolare la mobilita' di esse, secondo
quanto stabilito nel regolamento.

2. I soggetti legittimati ad usufruire delle strutture di cui al
comma 1 sono autorizzati dal sindaco del comune di residenza nei casi
e con limiti determinati dal regolamento e con le formalita' nel
medesimo indicate.

3. I veicoli al servizio di persone invalide autorizzate a norma
del comma 2 non sono tenuti all'obbligo del rispetto dei limiti di
tempo se lasciati in sosta nelle aree di parcheggio a tempo

determinato.

((3-bis. Ai veicoli al servizio di persone con disabilita', titolari del contrassegno speciale ai sensi dell'articolo 381, comma 2, del regolamento, e' consentito sostare gratuitamente nelle aree di sosta o parcheggio a pagamento, qualora risultino gia' occupati o indisponibili gli stalli a loro riservati)).

4. Chiunque usufruisce delle strutture di cui al comma 1, senza avere l'autorizzazione prescritta dal comma 2 o ne faccia uso improprio, e' soggetto alla sanzione amministrativa del pagamento di una somma da euro 168 ad euro 672.

5. Chiunque usa delle strutture di cui al comma 1, pur avendone diritto, ma non osservando le condizioni ed i limiti indicati nell'autorizzazione prescritta dal comma 2 e' soggetto alla sanzione amministrativa del pagamento di una somma da euro 87 ad euro 344.

Art. 188-bis.
(Sosta dei veicoli al servizio delle donne in stato di gravidanza o di genitori con un bambino di eta' non superiore a due anni).

1. Per la sosta dei veicoli al servizio delle donne in stato di gravidanza o di genitori con un bambino di eta' non superiore a due anni gli enti proprietari della strada possono allestire spazi per la sosta, mediante la segnaletica necessaria, per consentire ed agevolare la mobilita' di tali soggetti secondo le modalita' stabilite nel regolamento.

2. Per usufruire delle strutture di cui al comma 1, le donne in stato di gravidanza o i genitori con un bambino di eta' non superiore a due anni sono autorizzati dal comune di residenza, nei casi e con le modalita', relativi al rilascio del permesso rosa, stabiliti dal regolamento.

3. Chiunque usufruisce delle strutture di cui al comma 1, senza avere l'autorizzazione prescritta dal comma 2 ((, o ne fa uso improprio)) e' soggetto alla sanzione amministrativa del pagamento di una somma da euro 87 a euro 344.

4. Chiunque, pur avendone diritto, usa delle strutture di cui al comma 1 non osservando le condizioni ed i limiti indicati nell'autorizzazione prescritta dal comma 2, e' soggetto alla sanzione amministrativa del pagamento di una somma da euro 42 a euro 173.

Art. 189
Comportamento in caso di incidente

1. L'utente della strada, in caso di incidente comunque ricollegabile al suo comportamento, ha l'obbligo di fermarsi e di prestare l'assistenza occorrente a coloro che, eventualmente, abbiano subito danno alla persona.

2. Le persone coinvolte in un incidente devono porre in atto ogni misura idonea a salvaguardare la sicurezza della circolazione e, compatibilmente con tale esigenza, adoperarsi affinche' non venga modificato lo stato dei luoghi e disperse le tracce utili per l'accertamento delle responsabilita'.

3. Ove dall'incidente siano derivati danni alle sole cose, i conducenti e ogni altro utente della strada coinvolto devono inoltre, ove possibile, evitare intralcio alla circolazione, secondo le disposizioni dell'art. 161. Gli agenti in servizio di polizia stradale, in tali casi, dispongono l'immediata rimozione di ogni intralcio alla circolazione, salva soltanto l'esecuzione, con assoluta urgenza, degli eventuali rilievi necessari per appurare le modalita' dell'incidente.

4. In ogni caso i conducenti devono, altresi', fornire le proprie generalita', nonche' le altre informazioni utili, anche ai fini risarcitori, alle persone danneggiate o, se queste non sono presenti, comunicare loro nei modi possibili gli elementi sopraindicati.

5. Chiunque, nelle condizioni di cui al comma 1, non ottempera all'obbligo di fermarsi in caso di incidente, con danno alle sole

cose, e' soggetto alla sanzione amministrativa del pagamento di una somma ((da € 302 a € 1.208)). In tale caso, se dal fatto deriva un grave danno ai veicoli coinvolti tale da determinare l'applicazione della revisione di cui all'articolo 80, comma 7, si applica la sanzione amministrativa accessoria della sospensione della patente di guida da quindici giorni a due mesi, ai sensi del capo I, sezione II, del titolo VI.

6. Chiunque, nelle condizioni di cui comma 1, in caso di incidente con danno alle persone, non ottempera all'obbligo di fermarsi, e' punito con la reclusione da sei mesi a tre anni. Si applica la sanzione amministrativa accessoria della sospensione della patente di guida da uno a tre anni, ai sensi del capo II, sezione II, del titolo VI. Nei casi di cui al presente comma sono applicabili le misure previste dagli articoli 281, 282, 283 e 284 del codice di procedura penale, anche al di fuori dei limiti previsti dall'articolo 280 del medesimo codice, ed e' possibile procedere all'arresto, ai sensi dell'articolo 381 del codice di procedura penale, anche al di fuori dei limiti di pena ivi previsti.

7. Chiunque, nelle condizioni di cui al comma 1, non ottempera all'obbligo di prestare l'assistenza occorrente alle persone ferite, e' punito con la reclusione da un anno a tre anni. Si applica la sanzione amministrativa accessoria della sospensione della patente di guida per un periodo non inferiore ad un anno e sei mesi e non superiore a cinque anni, ai sensi del capo II, sezione II, del titolo VI.

8. Il conducente che si fermi e, occorrendo, presti assistenza a coloro che hanno subito danni alla persona, mettendosi immediatamente a disposizione degli organi di polizia giudiziaria, quando dall'incidente derivi il delitto di lesioni personali colpose, non e' soggetto all'arresto stabilito per il caso di flagranza di reato.

8-bis. Nei confronti del conducente che, entro le ventiquattro ore successive al fatto di cui al comma 6, si mette a disposizione degli organi di polizia giudiziaria, non si applicano le disposizioni di cui al terzo periodo del comma 6.

9. Chiunque non ottempera alle disposizioni di cui ai commi 2, 3 e 4 e' soggetto alla sanzione amministrativa del pagamento di una somma ((da € 87 a € 344)).

9-bis. L'utente della strada, in caso di incidente comunque ricollegabile al suo comportamento, da cui derivi danno a uno o piu' animali d'affezione, da reddito o protetti, ha l'obbligo di fermarsi e di porre in atto ogni misura idonea ad assicurare un tempestivo intervento di soccorso agli animali che abbiano subito il danno. Chiunque non ottempera agli obblighi di cui al periodo precedente e' punito con la sanzione amministrativa del pagamento di una somma ((da € 421 a € 1.691)). Le persone coinvolte in un incidente con danno a uno o piu' animali d'affezione, da reddito o protetti devono porre in atto ogni misura idonea ad assicurare un tempestivo intervento di soccorso. Chiunque non ottempera all'obbligo di cui al periodo precedente e' soggetto alla sanzione amministrativa del pagamento di una somma ((da € 85 a € 337)).

Art. 190.
Comportamento dei pedoni

1. I pedoni devono circolare sui marciapiedi, sulle banchine, sui viali e sugli altri spazi per essi predisposti; qualora questi manchino, siano ingombri, interrotti o insufficienti, devono circolare sul margine della carreggiata opposto al senso di marcia dei veicoli in modo da causare il minimo intralcio possibile alla circolazione. Fuori dei centri abitati i pedoni hanno l'obbligo di circolare in senso opposto a quello di marcia dei veicoli sulle carreggiate a due sensi di marcia e sul margine destro rispetto alla direzione di marcia dei veicoli quando si tratti di carreggiata a senso unico di circolazione. Da mezz'ora dopo il tramonto del sole a mezz'ora prima del suo sorgere, ai pedoni che circolano sulla

carreggiata di strade esterne ai centri abitati, prive di illuminazione pubblica, e' fatto obbligo di marciare su unica fila.

2. I pedoni, per attraversare la carreggiata, devono servirsi degli attraversamenti pedonali, dei sottopassaggi e dei soprapassaggi. Quando questi non esistono, o distano piu' di cento metri dal punto di attraversamento, i pedoni possono attraversare la carreggiata solo in senso perpendicolare, con l'attenzione necessaria ad evitare situazioni di pericolo per se' o per altri.

3. E' vietato ai pedoni attraversare diagonalmente le intersezioni; e' inoltre vietato attraversare le piazze e i larghi al di fuori degli attraversamenti pedonali, qualora esistano, anche se sono a distanza superiore a quella indicata nel comma 2.

4. E' vietato ai pedoni sostare o indugiare sulla carreggiata, salvo i casi di necessita'; e', altresi', vietato, sostando in gruppo sui marciapiedi, sulle banchine o presso gli attraversamenti pedonali, causare intralcio al transito normale degli altri pedoni.

5. I pedoni che si accingono ad attraversare la carreggiata in zona sprovvista di attraversamenti pedonali devono dare la precedenza ai conducenti.

6. E' vietato ai pedoni effettuare l'attraversamento stradale passando anteriormente agli autobus, filoveicoli e tram in sosta alle fermate.

7. Le macchine per uso di bambini o di persone invalide, anche se asservite da motore, con le limitazioni di cui all'articolo 46, possono circolare sulle parti della strada riservate ai pedoni, secondo le modalita' stabilite dagli enti proprietari delle strade ai sensi degli articoli 6 e 7. ((Le macchine per uso di persone con disabilita' possono, altresi', circolare sui percorsi ciclabili e sugli itinerari ciclopedonali, nonche', se asservite da motore, sulle piste ciclabili, sulle corsie ciclabili, sulle corsie ciclabili per doppio senso ciclabile e sulle strade urbane ciclabili.))

8. La circolazione mediante tavole, pattini od altri acceleratori di andatura e' vietata sulla carreggiata delle strade.

9. E' vietato effettuare sulle carreggiate giochi, allenamenti e manifestazioni sportive non autorizzate. Sugli spazi riservati ai pedoni e' vietato usare tavole, pattini od altri acceleratori di andatura che possano creare situazioni di pericolo per gli altri utenti.

10. Chiunque viola le disposizioni del presente articolo e' soggetto alla sanzione ammnistrativa del pagamento di una somma da € 26 a € 102.

Art. 191
Comportamento dei conducenti nei confronti dei pedoni

((1. Quando il traffico non e' regolato da agenti o da semafori, i conducenti devono dare la precedenza, rallentando gradualmente e fermandosi, ai pedoni che transitano sugli attraversamenti pedonali o si trovano nelle loro immediate prossimita'. I conducenti che svoltano per inoltrarsi in un'altra strada al cui ingresso si trova un attraversamento pedonale devono dare la precedenza, rallentando gradualmente e fermandosi, ai pedoni che transitano sull'attraversamento medesimo o si trovano nelle sue immediate prossimita', quando a essi non sia vietato il passaggio. Resta fermo per i pedoni il divieto di cui all'articolo 190, comma 4)).

2. Sulle strade sprovviste di attraversamenti pedonali i conducenti devono consentire al pedone, che abbia gia' iniziato l'attraversamento impegnando la carreggiata, di raggiungere il lato opposto in condizioni di sicurezza.

3. I conducenti devono fermarsi quando una persona invalida con ridotte capacita' motorie o su carrozzella, o munita di bastone bianco, o accompagnata da cane guida, o munita di bastone bianco-rosso in caso di persona sordo-cieca, o comunque altrimenti riconoscibile, attraversa la carreggiata o si accinge ad attraversarla e devono comunque prevenire situazioni di pericolo che

possano derivare da comportamenti scorretti o maldestri di bambini o di anziani, quando sia ragionevole prevederli in relazione alla situazione di fatto.

4. Chiunque viola le disposizioni del presente articolo e' soggetto alla sanzione amministrativa da € 167 a € 665.

Art. 192.
Obblighi verso funzionari, ufficiali e agenti

1. Coloro che circolano sulle strade sono tenuti a fermarsi all'invito dei funzionari, ufficiali ed agenti ai quali spetta l'espletamento dei servizi di polizia stradale, quando siano in uniforme o muniti dell'apposito segnale distintivo.

2. I conducenti dei veicoli sono tenuti ad esibire, a richiesta dei funzionari, ufficiali e agenti indicati nel comma 1, il documento di circolazione e la patente di guida, se prescritti, e ogni altro documento che, ai sensi delle norme in materia di circolazione stradale, devono avere con se'.

3. I funzionari, ufficiali ed agenti, di cui ai precedenti commi, possono:
- procedere ad ispezioni del veicolo al fine di verificare l'osservanza delle norme relative alle caratteristiche e all'equipaggiamento del veicolo medesimo;
- ordinare di non proseguire la marcia al conducente di un veicolo, qualora i dispositivi di segnalazione visiva e di illuminazione o i pneumatici presentino difetti o irregolarita' tali da determinare grave pericolo per la propria e altrui sicurezza, tenuto anche conto delle condizioni atmosferiche o della strada;
- ordinare ai conducenti dei veicoli sprovvisti di mezzi antisdrucciolevoli, quando questi siano prescritti, di fermarsi o di proseguire la marcia con l'osservanza di specifiche cautele.

4. Gli organi di polizia giudiziaria e di pubblica sicurezza possono, per controlli necessari ai fini dell'espletamento del loro servizio, formare posti di blocco e, in tal caso, usare mezzi atti ad assicurare, senza pericolo di incidenti, il graduale arresto dei veicoli che non si fermino nonostante l'ordine intimato con idonei segnali. Le caratteristiche di detti mezzi, nonche' le condizioni e le modalita' del loro impiego, sono stabilite con decreto del Ministro dell'interno, di concerto con i Ministri delle infrastrutture e dei trasporti e della giustizia.

5. I conducenti devono ottemperare alle segnalazioni che il personale militare, anche non coadiuvato dal personale di polizia stradale di cui all'art. 12, comma 1, impartisce per consentire la progressione del convoglio militare.

6. Chiunque viola gli obblighi di cui ai commi 1, 2, 3 e 5 e' soggetto alla sanzione amministrativa del pagamento di una somma ((da € 87 a € 344)).

7. Chiunque viola le disposizioni di cui al comma 4, ove il fatto non costituisca reato, e' punito con la sanzione amministrativa del pagamento di una somma ((da € 1.362 a € 5.456)).

Art. 193.
Obbligo dell'assicurazione di responsabilita' civile

1. I veicoli a motore senza guida di rotaie, compreso i filoveicoli e i rimorchi, non possono essere posti in circolazione sulla strada senza la copertura assicurativa a norma delle vigenti disposizioni di legge sulla responsabilita' civile verso terzi.

2. Chiunque circola senza la copertura dell'assicurazione e' soggetto alla sanzione amministrativa del pagamento di una somma ((da € 866 a € 3.464)). Nei casi indicati dal comma 2-bis, la sanzione amministrativa pecuniaria e' raddoppiata.

2-bis. Quando lo stesso soggetto sia incorso, in un periodo di due anni, in una delle violazioni di cui al comma 2 per almeno due volte, all'ultima infrazione consegue altresi' la sanzione amministrativa accessoria della sospensione della patente da uno a due mesi, ai sensi del titolo VI, capo I, sezione II. In tali casi, in deroga a quanto previsto dal comma 4, quando e' stato effettuato il pagamento della sanzione in misura ridotta ai sensi dell'articolo 202 e corrisposto il premio di assicurazione per almeno sei mesi, il veicolo con il quale e' stata commessa la violazione non e' immediatamente restituito ma e' sottoposto alla sanzione amministrativa accessoria del fermo amministrativo per quarantacinque giorni, secondo le disposizioni del titolo VI, capo I, sezione II, decorrenti dal giorno del pagamento della sanzione prevista. La restituzione del veicolo e' in ogni caso subordinata al pagamento delle spese di prelievo, trasporto e custodia sostenute per il sequestro del veicolo e per il successivo fermo, se ricorrenti, limitatamente al caso in cui il conducente coincide con il proprietario del veicolo.

3. La sanzione amministrativa di cui al comma 2 e' ridotta alla meta' quando l'assicurazione del veicolo per la responsabilita' verso i terzi sia comunque resa operante nei quindici giorni successivi al termine di cui all'art. 1901, secondo comma, del codice civile. La sanzione amministrativa di cui al comma 2 e' altresi' ridotta alla meta' quando l'interessato entro trenta giorni dalla contestazione della violazione, previa autorizzazione dell'organo accertatore, esprime la volonta' e provvede alla demolizione e alle formalita' di radiazione del veicolo. In tale caso l'interessato ha la disponibilita' del veicolo e dei documenti relativi esclusivamente per le operazioni di demolizione e di radiazione del veicolo previo versamento presso l'organo accertatore di una cauzione pari all'importo della sanzione minima edittale previsto dal comma 2. Ad avvenuta demolizione certificata a norma di legge, l'organo accertatore restituisce la cauzione, decurtata dell'importo previsto a titolo di sanzione amministrativa pecuniaria.

4. Si applica l'articolo 13, terzo comma, della legge 24 novembre 1981, n. 689. L'organo accertatore ordina che la circolazione sulla strada del veicolo sia fatta immediatamente cessare e che il veicolo stesso sia in ogni caso prelevato, trasportato e depositato in luogo non soggetto a pubblico passaggio, individuato in via ordinaria dall'organo accertatore o, in caso di particolari condizioni, concordato con il trasgressore. Quando l'interessato effettua il pagamento della sanzione in misura ridotta ai sensi dell'articolo 202, corrisponde il premio di assicurazione per almeno sei mesi e garantisce il pagamento delle spese di prelievo, trasporto e custodia del veicolo sottoposto a sequestro, l'organo di polizia che ha accertato la violazione dispone la restituzione del veicolo all'avente diritto, dandone comunicazione al prefetto. Quando nei termini previsti non e' stato proposto ricorso e non e' avvenuto il pagamento in misura ridotta, l'ufficio o comando da cui dipende l'organo accertatore invia il verbale al prefetto. Il verbale stesso costituisce titolo esecutivo ai sensi dell'articolo 203, comma 3, e il veicolo e' confiscato ai sensi dell'articolo 213.

4-bis. Salvo che debba essere disposta confisca ai sensi dell'articolo 240 del codice penale, e' sempre disposta la confisca amministrativa del veicolo intestato al conducente sprovvisto di copertura assicurativa quando sia fatto circolare con documenti assicurativi falsi o contraffatti. Nei confronti di colui che abbia falsificato o contraffatto i documenti assicurativi di cui al precedente periodo e' sempre disposta la sanzione amministrativa accessoria della sospensione della patente di guida per un anno. Si applicano le disposizioni dell'articolo 213 del presente codice.

4-ter. L'accertamento della mancanza di copertura assicurativa obbligatoria del veicolo puo' essere effettuato anche mediante il raffronto dei dati relativi alle polizze emesse dalle imprese assicuratrici con quelli provenienti dai dispositivi o apparecchiature di cui alle lettere e), f) e g) del comma 1-bis dell'articolo 201, omologati ovvero approvati per il funzionamento in modo completamente automatico e gestiti direttamente dagli organi di polizia stradale di cui all'articolo 12, comma 1.

4-quater. Qualora, in base alle risultanze del raffronto dei dati di cui al comma 4- ter, risulti che al momento del rilevamento un veicolo munito di targa di immatricolazione fosse sprovvisto della copertura assicurativa obbligatoria, l'organo di polizia procedente invita il proprietario o altro soggetto obbligato in solido a produrre il certificato di assicurazione obbligatoria, ai sensi e per gli effetti dell'articolo 180, comma 8.

4-quinquies. La documentazione fotografica prodotta dai dispositivi o apparecchiature di cui al comma 4-ter, costituisce atto di accertamento, ai sensi e per gli effetti dell'articolo 13 della legge 24 novembre 1981, n. 689, in ordine alla circostanza che al momento del rilevamento un determinato veicolo, munito di targa di immatricolazione, stava circolando sulla strada.

TITOLO VI
DEGLI ILLECITI PREVISTI DAL PRESENTE CODICE E DELLE RELATIVE SANZIONI

Capo I
DEGLI ILLECITI AMMINISTRATIVI E DELLE RELATIVE SANZIONI
Sezione I

Degli illeciti amministrativi importanti sanzioni amministrative pecuniarie ed applicazione di queste ultime

Art. 194.
Disposizioni di carattere generale

1. In tutte le ipotesi in cui il presente codice prevede che da una determinata violazione consegua una sanzione amministrativa pecuniaria, si applicano le disposizioni generali contenute nelle Sezioni I e II del capo I della legge 24 novembre 1981, n. 689, salve le modifiche e le deroghe previste dalle norme del presente capo.

Art. 195.
Applicazione delle sanzioni amministrative pecuniarie

1. La sanzione amministrativa pecuniaria consiste nel pagamento di una somma di danaro tra un limite minimo ed un limite massimo fissato dalla singola norma, sempre entro il limite minimo generale di lire trentamila ed il limite massimo generale di lire diciotto milioni. Tale limite massimo generale puo' essere superato solo quando si tratti di sanzioni proporzionali, ovvero di piu' violazioni ai sensi dell'art. 198, ovvero nelle ipotesi di aggiornamento di cui al comma 3.

2. Nella determinazione della sanzione amministrativa pecuniaria fissata dal presente codice, tra un limite minimo ed un limite massimo, si ha riguardo alla gravita' della violazione, all'opera svolta dall'agente per l'eliminazione o attenuazione delle conseguenze della violazione, nonche' alla personalita' del trasgressore e alle sue condizioni economiche.

2-bis. Le sanzioni amministrative pecuniarie previste dagli articoli 141, 142, 145, 146, 149, 154, 174, 176, commi 19 e 20, e 178 sono aumentate di un terzo quando la violazione e' commessa dopo le ore 22 e prima delle ore 7; tale incremento della sanzione quando la violazione e' accertata da uno dei soggetti di cui all'articolo 208, comma 1, primo periodo, e' destinato ad alimentare il Fondo di cui all'articolo 6-bis del decreto-legge 3 agosto 2007, n. 117, convertito, con modificazioni, dalla legge 2 ottobre 2007, n. 160, e successive modificazioni.

3. La misura delle sanzioni amministrative pecuniarie e' aggiornata ogni due anni in misura pari all'intera variazione, accertata

dall'ISTAT, dell'indice dei prezzi al consumo per le famiglie di operai e impiegati (media nazionale) verificatisi nei due anni precedenti. All'uopo, entro il 1 dicembre di ogni biennio, il Ministro della giustizia, di concerto con i Ministri dell'economia e delle finanze, delle infrastrutture e dei trasporti, fissa, seguendo i criteri di cui sopra, i nuovi limiti delle sanzioni amministrative pecuniarie, che si applicano dal 1 gennaio dell'anno successivo. Tali limiti possono superare quelli massimi di cui al comma 1.

3-bis. A decorrere dal 1 gennaio 2005, la misura delle sanzioni amministrative pecuniarie, aggiornata ai sensi del comma 3, e' oggetto di arrotondamento all'unita' di euro, per eccesso se la frazione decimale e' pari o superiore a 50 centesimi di euro, ovvero per difetto se e' inferiore a detto limite.

Art. 196.
Principio di solidarieta'

1. Per le violazioni punibili con la sanzione amministrativa pecuniaria il proprietario del veicolo ovvero del rimorchio, nel caso di complesso di veicoli, o, in sua vece, l'usufruttuario, l'acquirente con patto di riservato dominio o l'utilizzatore a titolo di locazione finanziaria, e' obbligato in solido con l'autore della violazione al pagamento della somma da questi dovuta, se non prova che la circolazione del veicolo e' avvenuta contro la sua volonta'. Nelle ipotesi di cui all'articolo 84 il locatario, in vece del proprietario, risponde solidalmente con l'autore della violazione o, per i ciclomotori, con l'intestatario del contrassegno di identificazione; in quelle di cui all'articolo 94, comma 4-bis, risponde solidalmente l'intestatario temporaneo del veicolo. ((Nei casi indicati dall'articolo 93-bis, delle violazioni commesse risponde solidalmente la persona residente in Italia che abbia a qualunque titolo la disponibilita' del veicolo, risultante dal documento di cui al comma 2 del medesimo articolo 93-bis, se non prova che la circolazione del veicolo e' avvenuta contro la sua volonta')).

2. Se la violazione e' commessa da persona capace di intendere e di volere, ma soggetta all'altrui autorita', direzione o vigilanza, la persona rivestita dell'autorita' o incaricata della direzione o della vigilanza e' obbligata, in solido con l'autore della violazione, al pagamento della somma da questi dovuta, salvo che provi di non aver potuto impedire il fatto.

3. Se la violazione e' commessa dal rappresentante o dal dipendente di una persona giuridica o di un ente o associazione privi di personalita' giuridica o comunque da un imprenditore, nell'esercizio delle proprie funzioni o incombenze, la persona giuridica o l'ente o associazione o l'imprenditore e' obbligato, in solido con l'autore della violazione, al pagamento della somma da questi dovuta.

4. Nei casi di cui ai commi 1, 2 e 3, chi ha versato la somma stabilita per la violazione ha diritto di regresso per l'intero nei confronti dell'autore della violazione stessa.

Art. 197.
Concorso di persone nella violazione

1. Quando piu' persone concorrono in una violazione, per la quale e' stabilita una sanzione amministrativa pecuniaria, ciascuno soggiace alla sanzione per la violazione prevista, salvo che la legge disponga diversamente.

Art. 198.
Piu' violazioni di norme che prevedono sanzioni amministrative pecuniarie

1. Salvo che sia diversamente stabilito dalla legge, chi con una azione od omissione viola diverse disposizioni che prevedono sanzioni

amministrative pecuniarie, o commette piu' violazioni della stessa disposizione, soggiace alla sanzione prevista per la violazione piu' grave aumentata fino al triplo.

2. In deroga a quanto disposto nel comma 1, nell'ambito delle aree pedonali urbane e nelle zone a traffico limitato, il trasgressore ai divieti di accesso e agli altri singoli obblighi e divieti o limitazioni soggiace alle sanzioni previste per ogni singola violazione.

Art. 198-bis.
(((Disposizioni in materia di illeciti reiterati e relative sanzioni).))

((1. La violazione, anche in tempi diversi, della medesima norma relativa alla circolazione di un veicolo non avente i requisiti tecnici o amministrativi richiesti dalla legge e' considerata, ove ricorrano le condizioni di cui ai commi 2 e 3 e ai fini dell'applicazione della sanzione prevista dal comma 4, come un'unica infrazione. Resta fermo che le condotte commesse successivamente alla prima notificazione ovvero alla contestazione immediata costituiscono nuove violazioni.

2. Nel caso di accertamento di piu' violazioni senza contestazione immediata ai sensi dell'articolo 201, l'illecito amministrativo oggetto della prima notifica assorbe quelli accertati nei novanta giorni antecedenti alla medesima notifica e non ancora notificati.

3. Fuori dei casi di cui al comma 2, l'illecito amministrativo oggetto di contestazione immediata assorbe le violazioni accertate, in assenza di contestazione ai sensi dell'articolo 201, nei novanta giorni antecedenti alla predetta contestazione e non ancora notificate. Nel rispetto delle condizioni di sicurezza della circolazione e fatti salvi i divieti posti da altre disposizioni, l'organo accertatore puo' autorizzare il trasgressore a completare il viaggio o a raggiungere il luogo di destinazione per la via piu' breve e nel piu' breve tempo possibile.

4. Nei casi di cui ai commi 2 e 3, fermo restando il pagamento delle spese di accertamento e notificazione relative a ciascuna violazione, ove ricorrano le condizioni per il pagamento in misura ridotta ai sensi dell'articolo 202, si applica la sanzione del pagamento di una somma pari al triplo del minimo edittale previsto per la disposizione violata, se piu' favorevole.

5. In deroga all'articolo 202, il pagamento della somma di cui al comma 4 puo' essere effettuato entro cento giorni dalla prima notificazione o dalla contestazione immediata di cui al comma 6. Qualora, nei termini indicati dall'articolo 202, sia stato gia' effettuato il pagamento in misura ridotta previsto per la specifica violazione, entro il suddetto termine di cento giorni puo' essere effettuata l'integrazione del pagamento da corrispondere all'organo di polizia stradale che ha effettuato la prima notificazione o la contestazione immediata, secondo le modalita' indicate dallo stesso.

6. Il pagamento della somma prevista al comma 4, effettuato all'organo di polizia stradale che ha curato la prima notificazione o la contestazione immediata, con contestuale pagamento delle spese di accertamento e notificazione per la violazione da esso accertata, costituisce il presupposto per l'istanza di archiviazione, di cui al comma 7, delle violazioni assorbite ai sensi dei commi 2 e 3.

7. L'istanza di archiviazione deve essere presentata dall'interessato all'ufficio o comando da cui dipende chi ha accertato ciascuna violazione assorbita ai sensi del comma 6, a pena di decadenza, entro centoventi giorni dalla data della prima notificazione o della contestazione immediata. L'istanza e' corredata da copia dell'attestazione del pagamento di cui al comma 6 e dall'attestazione del pagamento delle spese di accertamento e notificazione relativa alla violazione o alle violazioni accertate dall'ufficio o al comando cui la stessa e' presentata. L'archiviazione e' disposta dal responsabile dell'ufficio o del

comando da cui dipende chi ha accertato la violazione)).

Art. 199.
Non trasmissibilita' dell'obbligazione

1. L'obbligazione di pagamento a titolo di sanzione amministrativa pecuniaria non si trasmette agli eredi.

Art. 200.
Contestazione e verbalizzazione delle violazioni

1. ((Fuori dei casi di cui all'articolo 201, comma 1-bis, la violazione, quando e' possibile, deve essere)) immediatamente contestata tanto al trasgressore quanto alla persona che sia obbligata in solido al pagamento della somma dovuta.
((2. Dell'avvenuta contestazione deve essere redatto verbale contenente anche le dichiarazioni che gli interessati chiedono vi siano inserite. Il verbale, che puo' essere redatto anche con l'ausilio di sistemi informatici, contiene la sommaria descrizione del fatto accertato, gli elementi essenziali per l'identificazione del trasgressore e la targa del veicolo con cui e' stata commessa la violazione. Nel regolamento sono determinati i contenuti del verbale)).
3. Copia del verbale deve essere consegnata al trasgressore e, se presente, alla persona obbligata in solido.
4. Copia del verbale e' consegnata immediatamente all'ufficio o comando da cui dipende l'agente accertatore.

Art. 201
Notificazione delle violazioni

1. Qualora la violazione non possa essere immediatamente contestata, il verbale, con gli estremi precisi e dettagliati della violazione e con la indicazione dei motivi che hanno reso impossibile la contestazione immediata, deve, entro novanta giorni dall'accertamento, essere notificato all'effettivo trasgressore o, quando questi non sia stato identificato e si tratti di violazione commessa dal conducente di un veicolo a motore, munito di targa, ad uno dei soggetti indicati nell'art. 196, quale risulta dall'archivio nazionale dei veicoli e dal P.R.A. alla data dell'accertamento. Se si tratta di ciclomotore la notificazione deve essere fatta all'intestatario del contrassegno di identificazione. Nel caso di accertamento della violazione nei confronti dell'intestatario del veicolo che abbia dichiarato il domicilio legale ai sensi dell'articolo 134, comma 1-bis, la notificazione del verbale e' validamente eseguita quando sia stata effettuata presso il medesimo domicilio legale dichiarato dall'interessato. Qualora l'effettivo trasgressore od altro dei soggetti obbligati sia identificato successivamente alla commissione della violazione la notificazione puo' essere effettuata agli stessi entro novanta giorni dalla data in cui risultino dal P.R.A. o nell'archivio nazionale dei veicoli l'intestazione del veicolo e le altre indicazioni identificative degli interessati o comunque dalla data in cui la pubblica amministrazione e' posta in grado di provvedere alla loro identificazione. Quando la violazione sia stata contestata immediatamente al trasgressore, il verbale deve essere notificato ad uno dei soggetti individuati ai sensi dell'articolo 196 entro cento giorni dall'accertamento della violazione. Per i residenti all'estero la notifica deve essere effettuata entro trecentosessanta giorni dall'accertamento.
1-bis. Fermo restando quanto indicato dal comma 1, nei seguenti casi la contestazione immediata non e' necessaria e agli interessati sono notificati gli estremi della violazione nei termini di cui al comma 1:
a) impossibilita' di raggiungere un veicolo lanciato ad eccessiva

velocita';

    b) attraversamento di un incrocio con il semaforo indicante la luce rossa;

    c) sorpasso vietato;

    d) accertamento della violazione in assenza del trasgressore e del proprietario del veicolo;

    e) accertamento della violazione per mezzo di appositi apparecchi di rilevamento direttamente gestiti dagli organi di Polizia stradale e nella loro disponibilita' che consentono la determinazione dell'illecito in tempo successivo poiche' il veicolo oggetto del rilievo e' a distanza dal posto di accertamento o comunque nell'impossibilita' di essere fermato in tempo utile o nei modi regolamentari;

    f) accertamento effettuato con i dispositivi di cui all'articolo 4 del decreto-legge 20 giugno 2002, n. 121, convertito, con modificazioni, dalla legge 1 agosto 2002, n. 168, e successive modificazioni;

    g) rilevazione degli accessi di veicoli non autorizzati ai centri storici, alle zone a traffico limitato, alle aree pedonali, alle piazzole di carico e scarico di merci, o della circolazione sulle corsie e sulle strade riservate ((o con accesso o transito vietato, attraverso dispositivi omologati ai sensi di apposito regolamento emanato con decreto del Ministro delle infrastrutture e dei trasporti. Con il medesimo regolamento sono definite le condizioni per l'installazione e l'esercizio dei dispositivi di controllo, al fine di consentire la rilevazione delle violazioni dei divieti di circolazione, in ingresso, all'interno ed in uscita nelle corsie, strade, aree e zone di cui al periodo precedente, nonche' il controllo della durata di permanenza all'interno delle medesime zone));

    g-bis) accertamento delle violazioni di cui agli articoli 80, 141, 143, commi 11 e 12, 146, 167, 170, 171, 193, 213 e 214, per mezzo di appositi dispositivi o apparecchiature di rilevamento.

    g-ter) accertamento, per mezzo di appositi dispositivi o apparecchiature di rilevamento, della violazione dell'obbligo dell'assicurazione per la responsabilita' civile verso terzi, effettuato mediante il confronto dei dati rilevati riguardanti il luogo, il tempo e l'identificazione dei veicoli con quelli risultanti dall'elenco dei veicoli a motore che non risultano coperti dall'assicurazione per la responsabilita' civile verso terzi, di cui all'articolo 31, comma 2, del decreto-legge 24 gennaio 2012, n. 1, convertito, con modificazioni, dalla legge 24 marzo 2012, n. 27.

    1-ter. Nei casi diversi da quelli di cui al comma 1-bis nei quali non o' avvenuta la contestazione immediata, il verbale notificato agli interessati deve contenere anche l'indicazione dei motivi che hanno reso impossibile la contestazione immediata. Nei casi previsti alle lettere b), f) e g) del comma 1-bis non e' necessaria la presenza degli organi di polizia stradale qualora l'accertamento avvenga mediante rilievo con dispositivi o apparecchiature che sono stati omologati ovvero approvati per il funzionamento in modo completamente automatico. Tali strumenti devono essere gestiti direttamente dagli organi di polizia stradale di cui all'articolo 12, comma 1.

    1-quater. In occasione della rilevazione delle violazioni di cui al comma 1-bis, lettera g-bis), non e' necessaria la presenza degli organi di polizia stradale qualora l'accertamento avvenga mediante dispositivi o apparecchiature che sono stati omologati ovvero approvati per il funzionamento in modo completamente automatico. Tali strumenti devono essere gestiti direttamente dagli organi di polizia stradale di cui all'articolo 12, comma 1, e fuori dei centri abitati possono essere installati ed utilizzati solo sui tratti di strada individuati dai prefetti, secondo le direttive fornite dal Ministero dell'interno, sentito il Ministero delle infrastrutture e dei trasporti. I tratti di strada di cui al periodo precedente sono individuati tenendo conto del tasso di incidentalita' e delle condizioni strutturali, plano-altimetriche e di traffico.

1-quinquies. In occasione della rilevazione delle violazioni di cui al comma 1-bis, lettera g-ter), non e' necessaria la presenza degli organi di polizia stradale qualora l'accertamento avvenga mediante dispositivi o apparecchiature che sono stati omologati ovvero approvati per il funzionamento in modo completamente automatico. Tali strumenti devono essere gestiti direttamente dagli organi di polizia stradale di cui all'articolo 12, comma 1, del presente codice. La documentazione fotografica prodotta costituisce atto di accertamento, ai sensi e per gli effetti dell'articolo 13 della legge 24 novembre 1981, n. 689, in ordine alla circostanza che al momento del rilevamento un determinato veicolo, munito di targa di immatricolazione, stava circolando sulla strada. Qualora, in base alle risultanze del raffronto dei dati di cui al citato comma 1-bis, lettera g-ter), risulti che al momento del rilevamento un veicolo munito di targa di immatricolazione fosse sprovvisto della copertura assicurativa obbligatoria, si applica la sanzione amministrativa ai sensi dell'articolo 193.

2. Qualora la residenza, la dimora o il domicilio del soggetto cui deve essere effettuata la notifica non siano noti, la notifica stessa non e' obbligatoria nei confronti di quel soggetto e si effettua agli altri soggetti di cui al comma 1.

2-bis. Le informazioni utili ai fini della notifica del verbale all'effettivo trasgressore ed agli altri soggetti obbligati possono essere assunte anche dall'Anagrafe tributaria.

3. Alla notificazione si provvede a mezzo degli organi indicati nell'art. 12, dei messi comunali o di un funzionario dell'amministrazione che ha accertato la violazione, con le modalita' previste dal codice di procedura civile, ovvero a mezzo della posta, secondo le norme sulle notificazioni a mezzo del servizio postale. Nelle medesime forme si effettua la notificazione dei provvedimenti di revisione, sospensione e revoca della patente di guida e di sospensione della carta di circolazione. Comunque, le notificazioni si intendono validamente eseguite quando siano fatte alla residenza, domicilio o sede del soggetto, risultante dalla carta di circolazione o dall'archivio nazionale dei veicoli istituito presso il Dipartimento per i trasporti terrestri o dal P.R.A. o dalla patente di guida del conducente.

4. Le spese di accertamento e di notificazione sono poste a carico di chi e' tenuto al pagamento della sanzione amministrativa pecuniaria.

5. L'obbligo di pagare la somma dovuta per la violazione, a titolo di sanzione amministrativa pecuniaria, si estingue nei confronti del soggetto a cui la notificazione non sia stata effettuata nel termine prescritto.

5-bis. Nel caso di accertamento di violazione per divieto di fermata e di sosta ovvero di violazione del divieto di accesso o transito nelle zone a traffico limitato, nelle aree pedonali o in zone interdette alla circolazione, mediante apparecchi di rilevamento a distanza, quando dal pubblico registro automobilistico o dal registro della motorizzazione il veicolo risulta intestato a soggetto pubblico istituzionale, individuato con decreto del Ministro dell'interno, il comando o l'ufficio che procede interrompe la procedura sanzionatoria per comunicare al soggetto intestatario del veicolo l'inizio del procedimento al fine di conoscere, tramite il responsabile dell'ufficio da cui dipende il conducente del veicolo, se lo stesso, in occasione della commessa violazione, si trovava in una delle condizioni previste dall'articolo 4 della legge 24 novembre 1981, n. 689. In caso di sussistenza dell'esclusione della responsabilita', il comando o l'ufficio procedente trasmette gli atti al prefetto ai sensi dell'articolo 203 per l'archiviazione. In caso contrario, si procede alla notifica del verbale al soggetto interessato ai sensi dell'articolo 196, comma 1; dall'interruzione della procedura fino alla risposta del soggetto intestatario del veicolo rimangono sospesi i termini per la notifica.

Art. 202.
Pagamento in misura ridotta

1. Per le violazioni per le quali il presente codice stabilisce una sanzione amministrativa pecuniaria ferma restando l'applicazione delle eventuali sanzioni accessorie, il trasgressore e' ammesso a pagare, entro sessanta giorni dalla contestazione o dalla notificazione, una somma pari al minimo fissato dalle singole norme. Tale somma e' ridotta del 30 per cento se il pagamento e' effettuato entro cinque giorni dalla contestazione o dalla notificazione. La riduzione di cui al periodo precedente non si applica alle violazioni del presente codice per cui e' prevista la sanzione accessoria della confisca del veicolo, ai sensi del comma 3 dell'articolo 210, e la sanzione amministrativa accessoria della sospensione della patente di guida.

2. Il trasgressore puo' corrispondere la somma dovuta presso l'ufficio dal quale dipende l'agente accertatore oppure a mezzo di versamento in conto corrente postale, oppure, se l'amministrazione lo prevede, a mezzo di conto corrente bancario ovvero mediante strumenti di pagamento elettronico. All'uopo, nel verbale contestato o notificato devono essere indicate le modalita' di pagamento, con il richiamo delle norme sui versamenti in conto corrente postale, o, eventualmente, su quelli in conto corrente bancario ovvero mediante strumenti di pagamento elettronico.

2.1. Qualora l'agente accertatore sia munito di idonea apparecchiatura il conducente, in deroga a quanto previsto dal comma 2, e' ammesso ad effettuare immediatamente, nelle mani dell'agente accertatore medesimo, il pagamento mediante strumenti di pagamento elettronico, nella misura ridotta di cui al secondo periodo del comma 1. L'agente trasmette il verbale al proprio comando o ufficio e rilascia al trasgressore una ricevuta della somma riscossa, facendo menzione del pagamento nella copia del verbale che consegna al trasgressore medesimo.

2-bis. In deroga a quanto previsto dal comma 2, quando la violazione degli articoli 142, commi 9 e 9-bis, 148, 167, in tutte le ipotesi di eccedenza del carico superiore al 10 per cento della massa complessiva a pieno carico, 174, commi 5, 6 e 7, e 178, commi 5, 6 e 7, e' commessa da un conducente titolare di patente di guida di categoria C, C+E, D o D+E nell'esercizio dell'attivita' di autotrasporto di persone o cose, il conducente e' ammesso ad effettuare immediatamente, nelle mani dell'agente accertatore, il pagamento in misura ridotta di cui al comma 1. L'agente trasmette al proprio comando o ufficio il verbale e la somma riscossa e ne rilascia ricevuta al trasgressore, facendo menzione del pagamento nella copia del verbale che consegna al trasgressore medesimo. Qualora l'agente accertatore sia dotato di idonea apparecchiatura, il conducente puo' effettuare il pagamento anche mediante strumenti di pagamento elettronico.

2-ter. Qualora il trasgressore non si avvalga della facolta' di cui al comma 2-bis, e' tenuto a versare all'agente accertatore, a titolo di cauzione, una somma pari al minimo della sanzione pecuniaria prevista per la violazione. Del versamento della cauzione e' fatta menzione nel verbale di contestazione della violazione. La cauzione e' versata al comando o ufficio da cui l'agente accertatore dipende.

2-quater. In mancanza del versamento della cauzione di cui al comma 2-ter, e' disposto il fermo amministrativo del veicolo fino a quando non sia stato adempiuto il predetto onere e, comunque, per un periodo non superiore a sessanta giorni. Il veicolo sottoposto a fermo amministrativo e' affidato in custodia, a spese del responsabile della violazione, ad uno dei soggetti individuati ai sensi del comma 1 dell'articolo 214-bis.

3. Il pagamento in misura ridotta non e' consentito quando il trasgressore non abbia ottemperato all'invito a fermarsi ovvero, trattandosi di conducente di veicolo a motore, si sia rifiutato di esibire il documento di circolazione, la patente di guida o qualsiasi

altro documento che, ai sensi delle presenti norme, deve avere con se'; in tal caso il verbale di contestazione della violazione deve essere trasmesso al prefetto entro dieci giorni dall'identificazione.

3-bis. Il pagamento in misura ridotta non e' inoltre consentito per le violazioni previste dagli articoli 83, comma 6; 88, comma 3; 97, comma 9; 100, comma 12; 113, comma 5; 114, comma 7; 116, comma 13; 124, comma 4; 136, comma 6; 168, comma 8; 176, comma 19; 216, comma 6; 217, comma 6; 218, comma 6. Per tali violazioni il verbale di contestazione e' trasmesso al prefetto del luogo della commessa violazione entro dieci giorni.

Art. 202-bis
(((Rateazione delle sanzioni pecuniarie).))

((1. I soggetti tenuti al pagamento di una sanzione amministrativa pecuniaria per una o piu' violazioni accertate contestualmente con uno stesso verbale, di importo superiore a 200 euro, che versino in condizioni economiche disagiate, possono richiedere la ripartizione del pagamento in rate mensili.

2. Puo' avvalersi della facolta' di cui al comma 1 chi e' titolare di un reddito imponibile ai fini dell'imposta sul reddito delle persone fisiche, risultante dall'ultima dichiarazione, non superiore a euro 10.628,16. Ai fini di cui al presente comma, se l'interessato convive con il coniuge o con altri familiari, il reddito e' costituito dalla somma dei redditi conseguiti nel medesimo periodo da ogni componente della famiglia, compreso l'istante, e i limiti di reddito di cui al periodo precedente sono elevati di euro 1.032,91 per ognuno dei familiari conviventi.

3. La richiesta di cui al comma 1 e' presentata al prefetto, nel caso in cui la violazione sia stata accertata da funzionari, ufficiali e agenti di cui al primo periodo del comma 1 dell'articolo 208. E' presentata al presidente della giunta regionale, al presidente della giunta provinciale o al sindaco, nel caso in cui la violazione sia stata accertata da funzionari, ufficiali e agenti, rispettivamente, delle regioni, delle province o dei comuni.

4. Sulla base delle condizioni economiche del richiedente e dell'entita' della somma da pagare, l'autorita' di cui al comma 3 dispone la ripartizione del pagamento fino ad un massimo di dodici rate se l'importo dovuto non supera euro 2.000, fino ad un massimo di ventiquattro rate se l'importo dovuto non supera euro 5.000, fino ad un massimo di sessanta rate se l'importo dovuto supera euro 5.000. L'importo di ciascuna rata non puo' essere inferiore a euro 100. Sulle somme il cui pagamento e' stato rateizzato si applicano gli interessi al tasso previsto dall'articolo 21, primo comma, del decreto del Presidente della Repubblica 29 settembre 1973, n. 602, e successive modificazioni.

5. L'istanza di cui al comma 1 deve essere presentata entro trenta giorni dalla data di contestazione o di notificazione della violazione. La presentazione dell'istanza implica la rinuncia ad avvalersi della facolta' di ricorso al prefetto di cui all'articolo 203 e di ricorso al giudice di pace di cui all'articolo 204-bis. L'istanza e' comunicata dall'autorita' ricevente all'ufficio o comando da cui dipende l'organo accertatore. Entro novanta giorni dalla presentazione dell'istanza l'autorita' di cui al comma 3 del presente articolo adotta il provvedimento di accoglimento o di rigetto. Decorso il termine di cui al periodo precedente, l'istanza si intende respinta.

6. La notificazione all'interessato dell'accoglimento dell'istanza, con la determinazione delle modalita' e dei tempi della rateazione, ovvero del provvedimento di rigetto e' effettuata con le modalita' di cui all'articolo 201. Con le modalita' di cui al periodo precedente e' notificata la comunicazione della decorrenza del termine di cui al quarto periodo del comma 5 del presente articolo e degli effetti che ne derivano ai sensi del medesimo comma. L'accoglimento dell'istanza, il rigetto o la decorrenza del termine di cui al citato quarto

periodo del comma 5 sono comunicati al comando o ufficio da cui dipende l'organo accertatore.

7. In caso di accoglimento dell'istanza, il comando o ufficio da cui dipende l'organo accertatore provvede alla verifica del pagamento di ciascuna rata. In caso di mancato pagamento della prima rata o, successivamente, di due rate, il debitore decade automaticamente dal beneficio della rateazione. Si applicano le disposizioni del comma 3 dell'articolo 203.

8. In caso di rigetto dell'istanza, il pagamento della sanzione amministrativa pecuniaria deve avvenire entro trenta giorni dalla notificazione del relativo provvedimento ovvero dalla notificazione di cui al secondo periodo del comma 6.

9. Con decreto del Ministro dell'interno, di concerto con i Ministri dell'economia e delle finanze, del lavoro e delle politiche sociali e delle infrastrutture e dei trasporti, sono disciplinate le modalita' di attuazione del presente articolo.

10. Con decreto del Ministro dell'economia e delle finanze, di concerto con i Ministri dell'interno, del lavoro e delle politiche sociali e delle infrastrutture e dei trasporti, sono aggiornati ogni due anni gli importi di cui ai commi 1, 2 e 4 in misura pari all'intera variazione, accertata dall'ISTAT, dell'indice dei prezzi al consumo per le famiglie di operai e impiegati verificatisi nei due anni precedenti. Il decreto di cui al presente comma e' adottato entro il 1° dicembre di ogni biennio e gli importi aggiornati si applicano dal 1° gennaio dell'anno successivo)).

Art. 203.
Ricorso al prefetto

1. Il trasgressore o gli altri soggetti indicati nell'art. 196, nel termine di giorni sessanta dalla contestazione o dalla notificazione, qualora non sia stato effettuato il pagamento in misura ridotta nei casi in cui e' consentito, possono proporre ricorso al prefetto del luogo della commessa violazione, da presentarsi all'ufficio o comando cui appartiene l'organo accertatore ovvero da inviarsi agli stessi con raccomandata con ricevuta di ritorno o per via telematica, a mezzo di posta elettronica certificata o di altro servizio elettronico di recapito certificato qualificato, secondo le modalita' previste dall'articolo 65 del codice dell'amministrazione digitale, di cui al decreto legislativo 7 marzo 2005, n. 82. Con il ricorso possono essere presentati i documenti ritenuti idonei e puo' essere richiesta l'audizione personale. PERIODO SOPPRESSO DAL D.LGS. 10 SETTEMBRE 1993, N. 360.

1 bis. Il ricorso di cui al comma 1 puo' essere presentato direttamente al prefetto mediante lettera raccomandata con avviso di ricevimento o trasmesso per via telematica, a mezzo di posta elettronica certificata o di altro servizio elettronico di recapito certificato qualificato, secondo le modalita' previste dall'articolo 65 del codice di cui al decreto legislativo 7 marzo 2005, n. 82. In tale caso, per la necessaria istruttoria, il prefetto trasmette all'ufficio o comando cui appartiene l'organo accertatore il ricorso, corredato dei documenti allegati dal ricorrente, nel termine di trenta giorni dalla sua ricezione.

2. Il responsabile dell'ufficio o del comando cui appartiene l'organo accertatore, e' tenuto a trasmettere gli atti al prefetto nel termine di sessanta giorni dal deposito o dal ricevimento del ricorso nei casi di cui al comma 1 e dal ricevimento degli atti da parte del prefetto nei casi di cui al comma 1-bis. Gli atti, corredati dalla prova della avvenuta contestazione o notificazione, devono essere altresi' corredati dalle deduzioni tecniche dell'organo accertatore utili a confutare o confermare le risultanze del ricorso.

3. Qualora nei termini previsti non sia stato proposto ricorso e non sia avvenuto il pagamento in misura ridotta, il verbale, in deroga alle disposizioni di cui all'art. 17 della legge 24 novembre 1981, n. 689, costituisce titolo esecutivo per una somma pari alla

meta' del massimo della sanzione amministrativa edittale e per le spese di procedimento.

((3-bis. Quando il veicolo con cui e' stata commessa la violazione e' immatricolato all'estero e non e' possibile, per difficolta' oggettive, procedere all'iscrizione al ruolo ovvero avviare altre procedure di riscossione coattiva nei confronti del conducente o del proprietario o di altro soggetto obbligato in solido, la riscossione coattiva puo' essere attivata, nei cinque anni successivi, nei confronti di chi e' trovato alla guida del veicolo stesso. In tali casi, si applicano le disposizioni dell'articolo 207. Con provvedimento del Ministero delle infrastrutture e della mobilita' sostenibili, di concerto con il Ministero dell'interno, sono determinate le procedure di riscossione e di attribuzione delle somme riscosse ai soggetti a cui, secondo l'articolo 208, spettano i proventi delle sanzioni)).

Art. 204
Provvedimenti del prefetto

1. Il prefetto, esaminati il verbale e gli atti prodotti dall'ufficio o comando accertatore, nonche' il ricorso e i documenti allegati, sentiti gli interessati che ne abbiano fatta richiesta, se ritiene fondato l'accertamento ((adotta, entro centoventi giorni decorrenti dalla data di ricezione degli atti da parte dell'ufficio accertatore, secondo quanto stabilito al comma 2 dell'articolo 203)), ordinanza motivata con la quale ingiunge il pagamento di una somma determinata, nel limite non inferiore al doppio del minimo edittale per ogni singola violazione, secondo i criteri dell'articolo 195, comma 2. L'ingiunzione comprende anche le spese ed e' notificata all'autore della violazione ed alle altre persone che sono tenute al pagamento ai sensi del presente titolo. Ove, invece, non ritenga fondato l'accertamento, il prefetto, nello stesso termine , emette ordinanza motivata di archiviazione degli atti, comunicandola integralmente all'ufficio o comando cui appartiene l'organo accertatore, il quale ne da' notizia ai ricorrenti.

((1-bis. I termini di cui ai commi 1-bis e 2 dell'articolo 203 e al comma 1 del presente articolo sono perentori e si cumulano tra loro ai fini della considerazione di tempestivita' dell'adozione dell'ordinanza-ingiunzione. Decorsi detti termini senza che sia stata adottata l'ordinanza del prefetto, il ricorso si intende accolto.

1-ter. Quando il ricorrente ha fatto richiesta di audizione personale, il termine di cui al comma 1 si interrompe con la notifica dell'invito al ricorrente per la presentazione all'audizione. Detto termine resta sospeso fino alla data di espletamento dell'audizione o, in caso di mancata presentazione del ricorrente, comunque fino alla data fissata per l'audizione stessa. Se il ricorrente non si presenta alla data fissata per l'audizione, senza allegare giustificazione della sua assenza, il prefetto decide sul ricorso, senza ulteriori formalita'.))

2. ((L'ordinanza-ingiunzione di pagamento della sanzione amministrativa pecuniaria deve essere notificata, nel termine di centocinquanta giorni dalla sua adozione, nelle forme previste dall'articolo 201)). Il pagamento della somma ingiunta e delle relative spese deve essere effettuato, entro il termine di trenta giorni dalla notificazione, all'ufficio del registro o al diverso ufficio indicato nella stessa ingiunzione. L'ufficio del registro che ha ricevuto il pagamento, entro trenta giorni dalla sua effettuazione, ne da' comunicazione al prefetto e all'ufficio o comando accertatore.

3. L'ordinanza-ingiunzione, trascorso il termine per il pagamento della sanzione amministrativa pecuniaria, costituisce titolo esecutivo per l'ammontare della somma ingiunta e delle relative spese.

Art. 204-bis
(((Ricorso in sede giurisdizionale))).
((1. Alternativamente alla proposizione del ricorso di cui all'articolo 203, il trasgressore o gli altri soggetti indicati nell'articolo 196, qualora non sia stato effettuato il pagamento in misura ridotta nei casi in cui e' consentito, possono proporre opposizione davanti all'autorita' giudiziaria ordinaria. L'opposizione e' regolata dall'articolo 7 del decreto legislativo 1° settembre 2011, n. 150.))

Art. 205.
(((Opposizione all'ordinanza-ingiunzione).))
((1. Contro l'ordinanza-ingiunzione di pagamento di una sanzione amministrativa pecuniaria gli interessati possono proporre opposizione davanti all'autorita' giudiziaria ordinaria. L'opposizione e' regolata dall'articolo 6 del decreto legislativo 1° settembre 2011, n. 150.))

Art. 206.
Riscossione dei proventi delle sanzioni amministrative pecuniarie

1. Se il pagamento non e' effettuato nei termini previsti dagli articoli 202 e 204, salvo quanto disposto dall'ultimo comma dell'art. 22 della legge 24 novembre 1981, n. 689, la riscossione delle somme dovute a titolo di sanzione amministrativa pecuniaria e' regolata dall'art. 27 della stessa legge 24 novembre 1981, n. 689.
2. I ruoli per i titoli esecutivi, i cui proventi spettano allo Stato, sono predisposti dal prefetto competente per territorio della commessa violazione. Se i proventi spettano ad ente diverso, i ruoli sono predisposti dalle amministrazioni da cui dipende l'organo accertatore.
3. I ruoli di cui al comma 2 sono trasmessi dal prefetto o dall'ente all'intendente di finanza competente, il quale da' in carico all'esattore il ruolo per la riscossione in unica soluzione.

Art. 207
Veicoli immatricolati all'estero o muniti di targa EE

1. Quando con un veicolo immatricolato all'estero o munito di targa EE viene violata una disposizione del presente codice da cui consegue una sanzione amministrativa pecuniaria, il trasgressore e' ammesso ad effettuare immediatamente, nelle mani dell'agente accertatore, il pagamento in misura ridotta previsto dall'art. 202. L'agente trasmette al proprio comando od ufficio il verbale e la somma riscossa e ne rilascia ricevuta al trasgressore, facendo menzione del pagamento nella copia del verbale che consegna al trasgressore medesimo.
2. Qualora il trasgressore non si avvalga, per qualsiasi motivo, della facolta' prevista del pagamento di misura ridotta, egli deve versare all'agente accertatore, a titolo di cauzione, una somma pari alla meta' del massimo della sanzione pecuniaria prevista per la violazione. PERIODO SOPPRESSO DAL D.L. 27 GIUGNO 2003, N. 151, CONVERTITO CON MODIFICAZIONI DALLA L. 1 AGOSTO 2003, N. 214. Del versamento della cauzione e' fatta menzione nel verbale di contestazione della violazione. La cauzione e' versata al comando od ufficio da cui l'accertatore dipende.
2-bis. Qualora il veicolo sia immatricolato in uno Stato membro dell'Unione europea o aderente all'Accordo sullo spazio economico europeo, la somma da versare a titolo di cauzione, di cui al comma 2, e' pari alla somma richiesta per il pagamento in misura ridotta previsto dall'articolo 202.
3. In mancanza del versamento della cauzione di cui ai commi 2 e 2-bis viene disposto il fermo amministrativo del veicolo fino a quando non sia stato adempiuto il predetto onere e, comunque, per un periodo non superiore a sessanta giorni. ((Il veicolo sottoposto a

fermo amministrativo e' affidato in custodia, a spese del responsabile della violazione, ad uno dei soggetti individuati ai sensi del comma 1 dell'articolo 214-bis)).

4. Le disposizioni del presente articolo non si applicano ai veicoli di proprieta' dei cittadini italiani residenti nel comune di Campione d'Italia.

4-bis. ((COMMA ABROGATO DALLA L. 29 LUGLIO 2010, N. 120)).

Art. 208
Proventi delle sanzioni amministrative pecuniarie

1. I proventi delle sanzioni amministrative pecuniarie per violazioni previste dal presente codice sono devoluti allo Stato, quando le violazioni siano accertate da funzionari, ufficiali ed agenti dello Stato, nonche' da funzionari ed agenti dell'ente Ferrovie dello Stato o delle ferrovie e tramvie in concessione. I proventi stessi sono devoluti alle regioni, province e comuni, quando le violazioni siano accertate da funzionari, ufficiali ed agenti, rispettivamente, delle regioni, delle province e dei comuni.

2. I proventi di cui al comma 1, spettanti allo Stato, sono destinati: a) fermo restando quanto previsto dall'articolo 32, comma 4, della legge 17 maggio 1999, n. 144, per il finanziamento delle attivita' connesse all'attuazione del Piano nazionale della sicurezza stradale, al Ministero delle infrastrutture e dei trasporti - Ispettorato generale per la circolazione e la sicurezza stradale, nella misura dell'80 per cento del totale annuo, definito a norma dell'articolo 2, lettera x), della legge 13 giugno 1991, n. 190, per studi, ricerche e propaganda ai fini della sicurezza stradale, attuata anche attraverso il Centro di coordinamento delle informazioni sul traffico, sulla viabilita' e sulla sicurezza stradale (CCISS), istituito con legge 30 dicembre 1988, n. 556, per finalita' di educazione stradale, sentito, occorrendo, il Ministero dell'istruzione, dell'universita' e della ricerca e per l'assistenza e previdenza del personale della Polizia di Stato, dell'Arma dei carabinieri, della Guardia di finanza, della Polizia penitenziaria e del Corpo forestale dello Stato e per iniziative ed attivita' di promozione della sicurezza della circolazione; b) al Ministero delle infrastrutture e dei trasporti - Dipartimento per i trasporti terrestri, nella misura del 20 per cento del totale annuo sopra richiamato, per studi, ricerche e propaganda sulla sicurezza del veicolo; c) al Ministero dell'istruzione, dell'universita' e della ricerca - Dipartimento per i servizi per il territorio, nella misura del 7,5 per cento del totale annuo, al fine di favorire l'impegno della scuola pubblica e privata nell'insegnamento dell'educazione stradale e per l'organizzazione dei corsi per conseguire il certificato di idoneita' alla conduzione dei ciclomotori.

2-bis. Gli incrementi delle sanzioni amministrative pecuniarie di cui all'articolo 195, comma 2-bis, sono versati in un apposito capitolo di entrata del bilancio dello Stato, di nuova istituzione, per essere riassegnati al Fondo contro l'incidentalita' notturna di cui all'articolo 6-bis del decreto-legge 3 agosto 2007, n. 117, convertito, con modificazioni, dalla legge 2 ottobre 2007, n. 160, con provvedimento del Ministero dell'economia e delle finanze adottato sulla base delle rilevazioni trimestrali del Ministero dell'interno. Tali rilevazioni sono effettuate con le modalita' fissate con decreto del Ministero dell'interno, di concerto con i Ministeri dell'economia e delle finanze, della giustizia e delle infrastrutture e dei trasporti. Con lo stesso decreto sono stabilite le modalita' di trasferimento della percentuale di ammenda di cui agli articoli 186, comma 2-octies, e 187, comma 1-quater, destinata al Fondo.

3. Il Ministro delle infrastrutture e dei trasporti, di concerto con i Ministri dell'economia e delle finanze, dell'interno e dell'istruzione, dell'universita' e della ricerca, determina annualmente le quote dei proventi da destinarsi alle suindicate

finalita'. Il Ministro dell'economia e delle finanze e' autorizzato ad adottare, con propri decreti, le necessarie variazioni di bilancio, nel rispetto delle quote come annualmente determinate.

3-bis. Il Ministro delle infrastrutture e dei trasporti, il Ministro dell'interno e il Ministro dell'istruzione, dell'universita' e della ricerca trasmettono annualmente al Parlamento, entro il 31 marzo, una relazione sull'utilizzo delle quote dei proventi di cui al comma 2 effettuato nell'anno precedente.

4. Una quota pari al 50 per cento dei proventi spettanti agli enti di cui al secondo periodo del comma 1 e' destinata:

a) in misura non inferiore a un quarto della quota, a interventi di sostituzione, di ammodernamento, di potenziamento, dimessa a norma e di manutenzione della segnaletica delle strade di proprieta' dell'ente;

b) in misura non inferiore a un quarto della quota, al potenziamento delle attivita' di controllo e di accertamento delle violazioni in materia di circolazione stradale, anche attraverso l'acquisto di automezzi, mezzi e attrezzature dei Corpi e dei servizi di polizia provinciale e di polizia municipale di cui alle lettere d-bis) ed e) del comma 1 dell'articolo 12;

c) ad altre finalita' connesse al miglioramento della sicurezza stradale, relative alla manutenzione delle strade di proprieta' dell'ente, all'installazione, all' ammodernamento, al potenziamento, alla messa a norma e alla manutenzione delle barriere e alla sistemazione del manto stradale delle medesime strade, alla redazione dei piani di cui all'articolo 36, a interventi per la sicurezza stradale a tutela degli utenti ((vulnerabili)), quali bambini, anziani, disabili, pedoni e ciclisti, allo svolgimento, da parte degli organi di polizia locale, nelle scuole di ogni ordine e grado, di corsi didattici finalizzati all'educazione stradale, a misure di assistenza e di previdenza per il personale di cui alle lettere d-bis) ed e) del comma 1 dell'articolo 12, alle misure di cui al comma 5-bis del presente articolo e a interventi a favore della mobilita' ciclistica.

5. Gli enti di cui al secondo periodo del comma 1 determinano annualmente, con delibera della giunta, le quote da destinare alle finalita' di cui al comma 4. Resta facolta' dell'ente destinare in tutto o in parte la restante quota del 50 per cento dei proventi alle finalita' di cui al citato comma 4.

5-bis. La quota dei proventi di cui alla lettera c) del comma 4 puo' anche essere destinata ad assunzioni stagionali a progetto nelle forme di contratti a tempo determinato e a forme flessibili di lavoro, ovvero al finanziamento di progetti di potenziamento dei servizi di controllo finalizzati alla sicurezza urbana e alla sicurezza stradale, nonche' a progetti di potenziamento dei servizi notturni e di prevenzione delle violazioni di cui agli articoli 186, 186-bis e 187 e all'acquisto di automezzi, mezzi e attrezzature dei Corpi e dei servizi di polizia provinciale e di polizia municipale di cui alle lettere d-bis) ed e) del comma 1 dell'articolo 12, destinati al potenziamento dei servizi di controllo finalizzati alla sicurezza urbana e alla sicurezza stradale, o all'acquisto di automezzi, mezzi e attrezzature per finalita' di protezione civile di competenza dell'ente interessato.

Art. 209.
Prescrizione

1. La prescrizione del diritto a riscuotere le somme dovute a titolo di sanzioni amministrative pecuniarie per violazioni previste dal presente codice e' regolata dall'art. 28 della legge 24 novembre 1981, n. 689.

Sezione   II
Delle sanzioni amministrative accessorie a sanzioni amministrative pecuniarie

Art. 210.
Sanzioni amministrative accessorie a sanzioni amministrative
pecuniarie in generale

1. Quando le norme del presente codice dispongono che ad una sanzione amministrativa pecuniaria consegua una sanzione accessoria non pecuniaria, quest'ultima si applica di diritto, secondo le norme che seguono.

2. Le sanzioni amministrative accessorie non pecuniarie comminate nel presente codice si distinguono in:

a) sanzioni relative ad obblighi di compiere una determinata attivita' o di sospendere o cessare una determinata attivita';

b) sanzioni concernenti il veicolo;

c) sanzioni concernenti i documenti di circolazione e la patente di guida.

3. Nei casi in cui e' prevista l'applicazione della sanzione accessoria della confisca del veicolo, non e' ammesso il pagamento in misura ridotta della sanzione amministrativa pecuniaria cui accede. In tal caso il verbale di contestazione della violazione deve essere trasmesso al prefetto ((del luogo della commessa violazione)) entro dieci giorni.

4. Dalla intrasmissibilita' dell'obbligazione di pagamento a titolo di sanzione amministrativa pecuniaria consegue anche l'intrasmissibilita' di qualsiasi obbligo relativo alla sanzione accessoria. Alla morte dell'obbligato, si estingue ogni procedura in corso per la sua esecuzione. Se vi e' stato sequestro del veicolo o ritiro della carta di circolazione o della patente, l'organo competente dispone il dissequestro o la restituzione su istanza degli eredi.

Art. 211.
Sanzione accessoria dell'obbligo di ripristino dello stato dei luoghi
o di rimozione di opere abusive

1. Nel caso in cui le norme del presente codice dispongono che da una violazione consegua la sanzione accessoria dell'obbligo di ripristino dei luoghi, ovvero l'obbligo di rimozione di opere abusive, l'agente accertatore ne fa menzione nel verbale di contestazione da redigere ai sensi dell'art. 200 o, in mancanza, nella notificazione prescritta dall'art. 201. Il verbale cosi' redatto costituisce titolo anche per l'applicazione della sanzione accessoria.

2. Il ricorso al prefetto contro la sanzione amministrativa pecuniaria si estende alla sanzione accessoria. Si applicano le disposizioni dei commi 1 e 2 dell'art. 203. Nel caso di mancato ricorso, l'ufficio o comando da cui dipende l'agente accertatore trasmette copia del verbale al prefetto per l'emissione dell'ordinanza di cui al comma 3, entro trenta giorni dalla scadenza del termine per ricorrere.

3. Il prefetto, nell'ingiungere al trasgressore il pagamento della sanzione pecuniaria, gli ordina l'adempimento del suo obbligo di ripristino dei luoghi o di rimozione delle opere abusive, nel termine fissato in relazione all'entita' delle opere da eseguire ed allo stato dei luoghi; l'ordinanza costituisce titolo esecutivo. Nel caso di mancato ricorso, l'ordinanza suddetta e' emanata dal prefetto entro trenta giorni dalla ricezione della comunicazione dell'ufficio o comando di cui al comma 2. L'esecuzione delle opere si effettua sotto il controllo dell'ente proprietario o concessionario della strada. Eseguite le opere, l'ente proprietario della strada ne avverte immediatamente il prefetto, il quale emette ordinanza di estinzione del procedimento per adempimento della sanzione accessoria. L'ordinanza e' comunicata al trasgressore ed all'ente proprietario della strada.

4. Ove il trasgressore non compia nel termine le opere cui e' obbligato, il prefetto, su comunicazione dell'ente proprietario o

concessionario della strada, da' facolta' a quest'ultimo di compiere le opere suddette. Successivamente al compimento, l'ente proprietario trasmette la nota delle spese sostenute ed il prefetto emette ordinanza-ingiunzione di pagamento. Tale ordinanza costituisce titolo esecutivo ai sensi di legge.

5. Nell'ipotesi in cui il prefetto non ritenga fondato l'accertamento, l'ordinanza di archiviazione si estende alla sanzione accessoria.

((6. Nei casi di immediato pericolo per la circolazione e nella ipotesi di impossibilita' a provvedere da parte del trasgressore, l'agente accertatore trasmette, senza indugio, al prefetto il verbale di contestazione. In tal caso il prefetto puo' disporre l'esecuzione degli interventi necessari a cura dell' ente proprietario, con le modalita' di cui al comma 4.))

((7.)) L'opposizione di cui all'art. 205 si estende alla sanzione accessoria.

Art. 212.
Sanzione accessoria dell'obbligo di sospendere una determinata attivita'

1. Nell'ipotesi in cui le norme del presente codice dispongono che da una violazione consegua la sanzione accessoria dell'obbligo di sospendere o di cessare da una determinata attivita', l'agente accertatore ne fa menzione nel verbale di contestazione da redigere ai sensi dell'art. 200 o nella notificazione da effettuare secondo l'art. 201. Il verbale cosi' redatto costituisce titolo anche per l'applicazione della sanzione accessoria. Questa, quando le circostanze lo esigano, deve essere adempiuta immediatamente, altrimenti l'inizio dell'esecuzione deve avvenire nei cinque giorni dal verbale o dalla sua notificazione. L'esecuzione avviene sotto il controllo dell'ufficio o comando da cui dipende l'agente accertatore.

2. Il ricorso al prefetto contro la sanzione amministrativa pecuniaria si estende alla sanzione accessoria. Si applicano le disposizioni dell'art. 203, commi 1 e 2. Quando il prefetto rigetta il ricorso, nell'ordinanza-ingiunzione da' atto della sanzione accessoria e della sua esecuzione. Quando invece ritenga infondato l'accertamento, l'ordinanza di archiviazione si estende alla sanzione accessoria.

3. L'opposizione prevista dall'art. 205 si estende alla sanzione accessoria.

4. Quando il trasgressore non esegua il suo obbligo in applicazione e nei termini di cui al comma 1, l'ufficio o comando summenzionato provvede alla denuncia del trasgressore per il reato di cui all'art. 650 del codice penale e, previa notifica al trasgressore medesimo, provvede, con i suoi agenti od organi, all'esecuzione coattiva dell'obbligo. Di tale esecuzione viene redatto verbale, che deve essere comunicato al prefetto e al trasgressore. Le spese eventualmente sostenute per la esecuzione coattiva sono a carico del trasgressore ed al riguardo provvede il prefetto con ordinanza-ingiunzione che costituisce titolo esecutivo.

5. Ove trattasi di attivita' continuativa sottoposta dal presente codice a determinate condizioni, il trasgressore puo' successivamente porre in essere le condizioni suddette; in tal caso egli presenta istanza all'ufficio o comando di cui al comma 1 e questo, accertato il venir meno degli impedimenti, consente a che l'attivita' sospesa sia ripresa o continuata. Di cio' e' data comunicazione al prefetto.

Art. 213
(Misura cautelare del sequestro e sanzione accessoria della confisca amministrativa).

1. Nell'ipotesi in cui il presente codice prevede la sanzione accessoria della confisca amministrativa, l'organo di polizia che accerta la violazione provvede al sequestro del veicolo o delle altre

cose oggetto della violazione facendone menzione nel verbale di contestazione della violazione.

2. Nelle ipotesi di cui al comma 1, il proprietario o, in caso di sua assenza, il conducente del veicolo o altro soggetto obbligato in solido, e' sempre nominato custode con l'obbligo di depositare il veicolo in un luogo di cui abbia la disponibilita' o di custodirlo, a proprie spese, in un luogo non sottoposto a pubblico passaggio, provvedendo al trasporto in condizioni di sicurezza per la circolazione stradale. Il documento di circolazione e' trattenuto presso l'ufficio di appartenenza dell'organo di polizia che ha accertato la violazione. Il veicolo deve recare segnalazione visibile dello stato di sequestro con le modalita' stabilite nel regolamento. Di cio' e' fatta menzione nel verbale di contestazione della violazione.

3. Nelle ipotesi di cui al comma 5, qualora il soggetto che ha eseguito il sequestro non appartenga ad una delle Forze di polizia di cui all'articolo 16 della legge 1° aprile 1981, n. 121, le spese di custodia sono anticipate dall'amministrazione di appartenenza. La liquidazione delle somme dovute alla depositeria spetta alla prefettura-ufficio territoriale del Governo. Divenuto definitivo il provvedimento di confisca, la liquidazione degli importi spetta all'Agenzia del demanio, a decorrere dalla data di ricezione del provvedimento adottato dal prefetto.

4. E' sempre disposta la confisca del veicolo in tutti i casi in cui questo sia stato adoperato per commettere un reato, diverso da quelli previsti nel presente codice, sia che il reato sia stato commesso da un conducente maggiorenne, sia che sia stato commesso da un conducente minorenne.

5. All'autore della violazione o ad uno dei soggetti con il medesimo solidalmente obbligati che rifiutino ovvero omettano di trasportare o custodire, a proprie spese, il veicolo, secondo le prescrizioni fornite dall'organo di polizia, si applica la sanzione amministrativa del pagamento di una somma da euro 1.814 a euro 7.261, nonche' la sanzione amministrativa accessoria della sospensione della patente di guida da uno a tre mesi. In caso di violazione commessa da minorenne, il veicolo e' affidato in custodia ai genitori o a chi ne fa le veci o a persona maggiorenne appositamente delegata, previo pagamento delle spese di trasporto e custodia. Quando i soggetti sopra indicati si rifiutino di assumere la custodia del veicolo o non siano comunque in grado di assumerla, l'organo di polizia dispone l'immediata rimozione del veicolo e il suo trasporto presso uno dei soggetti di cui all'articolo 214-bis. Di cio' e' fatta menzione nel verbale di contestazione della violazione. Il veicolo e' trasferito in proprieta' al soggetto a cui e' consegnato, senza oneri per l'erario, quando, decorsi cinque giorni dalla comunicazione di cui al periodo seguente, l'avente diritto non ne abbia assunto la custodia, pagando i relativi oneri di recupero e trasporto. Del deposito del veicolo e' data comunicazione mediante pubblicazione nel sito internet istituzionale della prefettura-ufficio territoriale del Governo competente; la medesima comunicazione reca altresi' l'avviso che, se l'avente diritto non assumera' la custodia del veicolo nei successivi cinque giorni, previo pagamento dei relativi oneri di recupero e custodia, il veicolo sara' alienato anche ai soli fini della sua rottamazione. La somma ricavata dall'alienazione e' depositata, sino alla definizione del procedimento in relazione al quale e' stato disposto il sequestro, in un autonomo conto fruttifero presso la tesoreria dello Stato. In caso di confisca, questa ha ad oggetto la somma depositata; in ogni altro caso la medesima somma e' restituita all'avente diritto. Nel caso di veicoli sequestrati in assenza dell'autore della violazione, per i quali non sia stato possibile rintracciare contestualmente il proprietario o altro obbligato in solido, e affidati a uno dei soggetti di cui all'articolo 214-bis, il verbale di contestazione, unitamente a quello di sequestro recante l'avviso ad assumerne la custodia, e' notificato senza ritardo dall'organo di polizia che ha eseguito il

sequestro. Contestualmente, il medesimo organo di polizia provvede altresi' a dare comunicazione del deposito del veicolo presso il soggetto di cui all'articolo 214-bis mediante pubblicazione di apposito avviso nell'albo pretorio del comune ove e' avvenuto l'accertamento della violazione. Qualora, per comprovate difficolta' oggettive, non sia stato possibile eseguire la notifica e il veicolo risulti ancora affidato a uno dei soggetti di cui all'articolo 214-bis, la notifica si ha per eseguita nel trentesimo giorno successivo a quello di pubblicazione della comunicazione di deposito del veicolo nell'albo pretorio del comune ove e' avvenuto l'accertamento della violazione.

6. Fuori dei casi indicati al comma 5, entro i trenta giorni successivi alla data in cui, esauriti i ricorsi anche giurisdizionali proposti dall'interessato o decorsi inutilmente i termini per la loro proposizione, e' divenuto definitivo il provvedimento di confisca, il custode del veicolo trasferisce il mezzo, a proprie spese e in condizioni di sicurezza per la circolazione stradale, presso il luogo individuato dal prefetto ai sensi delle disposizioni dell'articolo 214-bis. Decorso inutilmente il suddetto termine, il trasferimento del veicolo e' effettuato a cura dell'organo accertatore e a spese del custode, fatta salva l'eventuale denuncia di quest'ultimo all'autorita' giudiziaria qualora si configurino a suo carico estremi di reato. Le cose confiscate sono contrassegnate dal sigillo dell'ufficio cui appartiene il pubblico ufficiale che ha proceduto al sequestro. Con decreto dirigenziale, di concerto fra il Ministero dell'interno e l'Agenzia del demanio, sono stabilite le modalita' di comunicazione, tra gli uffici interessati, dei dati necessari all'espletamento delle procedure di cui al presente articolo.

7. Avverso il provvedimento di sequestro e' ammesso ricorso al prefetto ai sensi dell'articolo 203. Nel caso di rigetto del ricorso, il sequestro e' confermato. La declaratoria di infondatezza dell'accertamento si estende alla misura cautelare ed importa il dissequestro del veicolo ovvero, nei casi indicati al comma 5, la restituzione della somma ricavata dall'alienazione. Quando ne ricorrono i presupposti, il prefetto dispone la confisca con l'ordinanza ingiunzione di cui all'articolo 204, ovvero con distinta ordinanza, stabilendo, in ogni caso, le necessarie prescrizioni relative alla sanzione accessoria. Il prefetto dispone la confisca del veicolo ovvero, nel caso in cui questo sia stato alienato, della somma ricavata. Il provvedimento di confisca costituisce titolo esecutivo anche per il recupero delle spese di trasporto e di custodia del veicolo.

8. Il soggetto che ha assunto la custodia il quale, durante il periodo in cui il veicolo e' sottoposto al sequestro, circola abusivamente con il veicolo stesso o consente che altri vi circolino abusivamente e' punito con la sanzione amministrativa del pagamento di una somma da euro 1.984 a euro 7.937. Si applica la sanzione amministrativa accessoria della revoca della patente. L'organo di polizia dispone l'immediata rimozione del veicolo e il suo trasporto presso uno dei soggetti di cui all'articolo 214-bis. Il veicolo e' trasferito in proprieta' al soggetto a cui e' consegnato, senza oneri per l'erario.

9. La sanzione stabilita nel comma 1 non si applica se il veicolo appartiene a persone estranee alla violazione amministrativa.

10. Il provvedimento con il quale e' stata disposta la confisca del veicolo e' comunicato dal prefetto al P.R.A. per l'annotazione nei propri registri.

10-bis. Il provvedimento con il quale e' disposto il sequestro del veicolo e' comunicato dall'organo di polizia procedente ai competenti uffici del Dipartimento per la mobilita' sostenibile di cui al comma 10 per l'annotazione al PRA. In caso di dissequestro, il medesimo organo di polizia provvede alla comunicazione per la cancellazione dell'annotazione nell'Archivio nazionale dei veicoli e al PRA.

Art. 214
(Fermo amministrativo del veicolo).

1. Nelle ipotesi in cui il presente codice prevede che all'accertamento della violazione consegua l'applicazione della sanzione accessoria del fermo amministrativo del veicolo, il proprietario, nominato custode, o, in sua assenza, il conducente o altro soggetto obbligato in solido, fa cessare la circolazione e provvede alla collocazione del veicolo in un luogo di cui abbia la disponibilita' ovvero lo custodisce, a proprie spese, in un luogo non sottoposto a pubblico passaggio. Sul veicolo deve essere collocato un sigillo, secondo le modalita' e con le caratteristiche definite con decreto del Ministero dell'interno, che, decorso il periodo di fermo amministrativo, e' rimosso a cura dell'ufficio da cui dipende l'organo di polizia che ha accertato la violazione ovvero di uno degli organi di polizia stradale di cui all'articolo 12, comma 1. Il documento di circolazione e' trattenuto presso l'organo di polizia, con menzione nel verbale di contestazione. All'autore della violazione o ad uno dei soggetti con il medesimo solidalmente obbligati che rifiuti di trasportare o custodire, a proprie spese, il veicolo, secondo le prescrizioni fornite dall'organo di polizia si applica la sanzione amministrativa del pagamento di una somma da euro 774 a euro 3.105, nonche' la sanzione amministrativa accessoria della sospensione della patente di guida da uno a tre mesi. L'organo di polizia che procede al fermo dispone la rimozione del veicolo ed il suo trasporto in un apposito luogo di custodia, individuato ai sensi delle disposizioni dell'articolo 214-bis, secondo le modalita' previste dal regolamento. Di cio' e' fatta menzione nel verbale di contestazione della violazione. Si applicano, in quanto compatibili, le norme sul sequestro dei veicoli, ivi comprese quelle di cui all'articolo 213, comma 5, e quelle per il pagamento ed il recupero delle spese di custodia.
2. Nei casi di cui al comma 1, il veicolo e' affidato in custodia all'avente diritto o, in caso di violazione commessa da minorenne, ai genitori o a chi ne fa le veci o a persona maggiorenne appositamente delegata, previo pagamento delle spese di trasporto e custodia.
3. Se l'autore della violazione e' persona diversa dal proprietario del veicolo, o da chi ne ha la legittima disponibilita', e risulta altresi' evidente all'organo di polizia che la circolazione e' avvenuta contro la volonta' di costui, il veicolo e' immediatamente restituito all'avente titolo. Della restituzione e' redatto verbale, copia del quale viene consegnata all'interessato.
4. Avverso il provvedimento di fermo amministrativo del veicolo e' ammesso ricorso al prefetto a norma dell'articolo 203.
5. Salvo che il veicolo non sia gia' stato trasferito in proprieta', quando il ricorso sia accolto e l'accertamento della violazione dichiarato infondato l'ordinanza estingue la sanzione accessoria ed importa la restituzione del veicolo dall'organo di polizia indicato nel comma 1. La somma ricavata dall'alienazione e' depositata, sino alla definizione del procedimento in relazione al quale e' stato disposto il ((fermo amministrativo)), in un autonomo conto fruttifero presso la tesoreria dello Stato.
6. Quando sia stata presentata opposizione ai sensi dell'articolo 205, la restituzione non puo' avvenire se non dopo il provvedimento dell'autorita' giudiziaria che rigetta il ricorso.
7. E' sempre disposto il fermo amministrativo del veicolo per uguale durata nei casi in cui a norma del presente codice e' previsto il provvedimento di sospensione della carta di circolazione. Per l'esecuzione provvedono gli organi di polizia di cui all'articolo 12, comma 1. Nel regolamento sono stabilite le modalita' e le forme per eseguire detta sanzione accessoria.
8. Il soggetto che ha assunto la custodia il quale, durante il periodo in cui il veicolo e' sottoposto al fermo, circola abusivamente con il veicolo stesso o consente che altri vi circolino abusivamente e' punito con la sanzione amministrativa del pagamento

di una somma da euro 1.984 a euro 7.937. Si applicano le sanzioni amministrative accessorie della revoca della patente e della confisca del veicolo. L'organo di polizia dispone l'immediata rimozione del veicolo e il suo trasporto presso uno dei soggetti di cui all'articolo 214-bis. Il veicolo e' trasferito in proprieta' al soggetto a cui e' consegnato, senza oneri per l'erario.

Art. 214-bis
(Alienazione dei veicoli nei casi di sequestro amministrativo, fermo e confisca).

1. Ai fini del trasferimento della proprieta', ai sensi degli articoli 213, ((comma 5)), e 214, comma 1, ultimo periodo, dei veicoli sottoposti a sequestro amministrativo o a fermo, nonche' dell'alienazione dei veicoli confiscati a seguito di sequestro amministrativo, l'individuazione del custode-acquirente avviene, secondo criteri oggettivi riferibili al luogo o alla data di esecuzione del sequestro o del fermo, nell'ambito dei soggetti che hanno stipulato apposita convenzione con il Ministero dell'interno e con l'Agenzia del demanio all'esito dello svolgimento di gare ristrette, ciascuna relativa ad ambiti territoriali infraregionali. La convenzione ha ad oggetto l'obbligo ad assumere la custodia dei veicoli sottoposti a sequestro amministrativo o a fermo e di quelli confiscati a seguito del sequestro e ad acquistare i medesimi veicoli nelle ipotesi di trasferimento di proprieta', ai sensi degli articoli 213, ((comma 5)), e 214, comma 1, ultimo periodo, e di alienazione conseguente a confisca. Ai fini dell'aggiudicazione delle gare le amministrazioni procedenti tengono conto delle offerte economicamente piu' vantaggiose per l'erario, con particolare riguardo ai criteri ed alle modalita' di valutazione del valore dei veicoli da acquistare ed all'ammontare delle tariffe per la custodia. I criteri oggettivi per l'individuazione del custode-acquirente, indicati nel primo periodo del presente comma, sono definiti, mediante protocollo d'intesa, dal Ministero dell'interno e dalla Agenzia del demanio.
2. Fermo quanto previsto dagli articoli 213, ((comma 5)), e 214, comma 1, ultimo periodo, in relazione al trasferimento della proprieta' dei veicoli sottoposti a sequestro amministrativo o a fermo, per i veicoli confiscati l'alienazione si perfeziona con la notifica al custode-acquirente, individuato ai sensi del comma 1, del provvedimento dal quale risulta la determinazione all'alienazione da parte dell'Agenzia del demanio. Il provvedimento notificato e' comunicato all'ufficio competente del Dipartimento per i trasporti, la navigazione, gli affari generali e del personale per l'aggiornamento delle iscrizioni al P.R.A..
3. Le disposizioni del presente articolo si applicano all'alienazione dei veicoli confiscati a seguito di sequestro amministrativo in deroga alle norme di cui al decreto del Presidente della Repubblica 13 febbraio 2001, n. 189.
3-bis. Tutte le trascrizioni ed annotazioni nei pubblici registri relative agli atti posti in essere in attuazione delle operazioni previste dal presente articolo e dagli articoli 213 e 214 sono esenti, per le amministrazioni dello Stato, da qualsiasi tributo ed emolumento.

Art. 214-ter
(Destinazione dei veicoli confiscati).

1. I veicoli acquisiti dallo Stato a seguito di provvedimento definitivo di confisca adottato ai sensi degli articoli 186, commi 2, lettera c), 2-bis e 7, 186-bis, comma 6, e 187, commi 1 e 1-bis, sono assegnati agli organi di polizia che ne facciano richiesta, prioritariamente per attivita' finalizzate a garantire la sicurezza della circolazione stradale, ovvero ad altri organi dello Stato o ad altri enti pubblici non economici che ne facciano richiesta per finalita' di giustizia, di protezione civile o di tutela ambientale.

Qualora gli organi o enti di cui al periodo precedente non presentino richiesta di assegnazione, i beni sono posti in vendita. Se la procedura di vendita e' antieconomica, con provvedimento del dirigente del competente ufficio del Ministero dell'economia e delle finanze e' disposta la cessione gratuita o la distruzione del bene. Il provvedimento e' comunicato ((all'ufficio competente del Dipartimento per i trasporti, la navigazione, gli affari generali e del personale per l'aggiornamento delle iscrizioni al P.R.A.)). Si applicano le disposizioni del comma 3-bis dell' articolo 214-bis.

2. Si applicano, in quanto compatibili, l'articolo 2-undecies della legge 31 maggio 1965, n. 575, e successive modificazioni, e l'articolo 301-bis del testo unico delle disposizioni legislative in materia doganale, di cui al decreto del Presidente della Repubblica 23 gennaio 1973, n. 43, e successive modificazioni, concernenti la gestione, la vendita o la distruzione dei beni mobili registrati.

Art. 215.
Sanzione accessoria della rimozione o blocco del veicolo

1. Quando, ai sensi del presente codice, e' prevista la sanzione amministrativa della rimozione del veicolo, questa e' operata dagli organi di polizia che accertano la violazione, i quali provvedono a che il veicolo, secondo le norme di cui al regolamento di esecuzione, sia trasportato e custodito in luoghi appositi. L'applicazione della sanzione accessoria e' indicata nel verbale di contestazione notificato a termine dell'art. 201.

2. I veicoli rimossi ai sensi del comma 1 sono restituiti all'avente diritto, previo rimborso delle spese di intervento, rimozione e custodia, con le modalita' previste dal regolamento di esecuzione. Alle dette spese si applica il comma 3 dell'art. 2756 del codice civile.

3. Nell'ipotesi in cui e' consentito il blocco del veicolo, questo e' disposto dall'organo di polizia che accerta la violazione, secondo le modalita' stabilite dal regolamento. Dell'eseguito blocco e' fatta menzione nel verbale di contestazione notificato ai sensi dell'art. 201. La rimozione del blocco e' effettuata a richiesta dell'avente diritto, previo pagamento delle spese di intervento, bloccaggio e rimozione del blocco, secondo le modalita' stabilite nel regolamento. Alle dette spese si applica il comma 3 dell'art. 2756 del codice civile.

4. Trascorsi centottanta giorni dalla notificazione del verbale contenente la contestazione della violazione e l'indicazione della effettuata rimozione o blocco, senza che il proprietario o l'intestatario del documento di circolazione si siano presentati all'ufficio o comando da cui dipende l'organo che ha effettuata la rimozione o il blocco, il veicolo puo' essere alienato o demolito secondo le modalita' stabilite dal regolamento. Nell'ipotesi di alienazione, il ((ricavato)) serve alla soddisfazione della sanzione pecuniaria se non versata, nonche' delle spese di rimozione, di custodia e di blocco. L'eventuale residuo viene restituito all'avente diritto.

((5. Avverso la sanzione amministrativa accessoria della rimozione o del blocco del veicolo e' ammesso ricorso al prefetto, a norma dell'articolo 203.))

Art. 215-bis
(Censimento dei veicoli sequestrati, fermati, dissequestrati e confiscati).

1. I prefetti, con cadenza semestrale, provvedono a censire, sentiti anche gli organi accertatori per quanto di competenza, i veicoli giacenti da oltre sei mesi presso le depositerie di cui all'articolo 8 del decreto del Presidente della Repubblica 29 luglio 1982, n. 571, a seguito dell'applicazione, ai sensi del presente codice, di misure di sequestro e fermo, nonche' per effetto di

provvedimenti amministrativi di confisca non ancora definitivi e di dissequestro. Di tali veicoli, individuati secondo il tipo, il modello e il numero di targa o di telaio, indipendentemente dalla documentazione dello stato di conservazione, e' formato apposito elenco, pubblicato nel sito internet istituzionale della prefettura-ufficio territoriale del Governo competente per territorio.

2. Nei trenta giorni successivi alla pubblicazione dell'elenco di cui al comma 1, il proprietario o uno degli altri soggetti indicati all'articolo 196 puo' assumere la custodia del veicolo, provvedendo contestualmente alla liquidazione delle somme dovute alla depositeria, con conseguente estinzione del debito maturato nei confronti dello Stato allo stesso titolo. Di tale facolta' e' data comunicazione in sede di pubblicazione dell'elenco di cui al comma 1, con l'avviso che in caso di mancata assunzione della custodia i veicoli oggetto di fermo, sequestro e dissequestro sono da ritenersi abbandonati, mentre quelli oggetto di confisca non ancora definitiva sono da ritenersi definitivamente confiscati. Di tale confisca e' data comunicazione a cura del prefetto al pubblico registro automobilistico per l'annotazione nei propri registri. La prefettura-ufficio territoriale del Governo informa dell'inutile decorso dei predetti termini l'Agenzia del demanio, che provvede a gestire tali veicoli, anche ai soli fini della rottamazione nel caso di grave danneggiamento o deterioramento, secondo le procedure e le modalita' dettate dal regolamento di cui al decreto del Presidente della Repubblica 13 febbraio 2001, n. 189. La liquidazione delle relative spese compete alla medesima Agenzia a decorrere dalla data di ricezione dell'informativa di cui al periodo precedente.

3. La somma ricavata dall'alienazione e' depositata, sino alla definizione del procedimento in relazione al quale e' stato disposto il sequestro o il fermo, in un autonomo conto fruttifero presso la tesoreria dello Stato. In caso di confisca, questa ha a oggetto la somma depositata; in ogni altro caso la somma depositata e' restituita all'avente diritto.

4. Con decreto dirigenziale, di concerto fra il Ministero dell'interno e l'Agenzia del demanio, sono stabilite le modalita' di ((attuazione delle disposizioni del)) presente articolo.

Art. 216
Sanzione accessoria del ritiro dei documenti di circolazione, della targa, della patente di guida o della carta di qualificazione del conducente

Nell'ipotesi in cui, ai sensi del presente codice, e' stabilita la sanzione amministrativa accessoria del ritiro della carta di circolazione e del certificato di idoneita' tecnica per le macchine agricole o di autorizzazioni o licenze nei casi in cui sono previste, ovvero della targa, ovvero della patente di guida o della carta di qualificazione del conducente, il documento e' ritirato, contestualmente all'accertamento della violazione, dall'organo accertatore ed inviato, entro i cinque giorni successivi, al competente ufficio del Dipartimento per i trasporti terrestri se si tratta della carta di circolazione, del certificato di idoneita' tecnica per le macchine agricole, delle autorizzazioni, licenze o della targa, ovvero alla prefettura se si tratta della patente; la competenza territoriale di detti uffici e' determinata con riferimento al luogo della commessa violazione. Il prefetto competente da' notizia dei procedimenti e dei provvedimenti adottati sulla patente al prefetto del luogo di residenza del trasgressore. Del ritiro e' fatta menzione nel verbale di contestazione della violazione. Nel regolamento sono stabilite le modalita' per consentire il viaggio fino al luogo di custodia. Nei casi di ritiro della targa, si procede al fermo amministrativo del veicolo ai sensi dell'art. 214.

2. La restituzione del documento puo' essere chiesta

dall'interessato soltanto quando ha adempiuto alla prescrizione
omessa. La restituzione viene effettuata dagli enti di cui al comma
1, previo accertamento del compimento delle prescrizioni suddette.

3. Il ritiro e la successiva restituzione sono annotate nella carta
di circolazione o nel certificato di idoneita' tecnica per le
macchine agricole o nella patente.

4. Il ricorso al prefetto presentato ai sensi dell'art. 203 si
estende anche alla sanzione accessoria. In caso di rigetto del
ricorso, la sanzione accessoria e' confermata. In caso di
declaratoria di infondatezza dell'accertamento, questa si estende
alla sanzione accessoria e l'interessato puo' chiedere immediatamente
all'ente indicato nel comma 1 la restituzione del documento.

5. L'opposizione di cui all'art. 205 si estende alla sanzione
accessoria.

6. Chiunque, durante il periodo in cui il documento di circolazione
e' ritirato, circola abusivamente con lo stesso veicolo cui il ritiro
si riferisce ovvero guida un veicolo quando la patente gli sia stata
ritirata, e' punito con la sanzione amministrativa del pagamento di
una somma ((da € 2.046 a € 8.186)). Si applica la sanzione accessoria
del fermo amministrativo del veicolo o, in caso di reiterazione delle
violazioni, la sanzione accessoria della confisca amministrativa del
veicolo. La durata del fermo amministrativo e' di tre mesi, salvo i
casi in cui tale sanzione accessoria e' applicata a seguito del
ritiro della targa.

Art. 217.
Sanzione accessoria della sospensione della carta di circolazione

1. Nell'ipotesi in cui il presente codice prevede la sanzione
accessoria della sospensione della validita' della carta di
circolazione, questa e' ritirata dall'agente od organo di polizia che
accerta la violazione; del ritiro e' fatta menzione nel verbale di
contestazione. L'agente accertatore rilascia permesso provvisorio di
circolazione limitatamente al periodo di tempo necessario a condurre
il veicolo nel luogo di custodia indicato dall'interessato, con
annotazione sul verbale di contestazione.

2. L'organo che ha ritirato la carta di circolazione la invia,
unitamente a copia del verbale, nel termine di cinque giorni,
all'ufficio competente del Dipartimento per i trasporti terrestri,
che, nei quindici giorni successivi, emana l'ordinanza di
sospensione, indicando il periodo cui questa si estende. Tale
periodo, nei limiti minimo e massimo fissati dalla singola norma, e'
determinato in relazione alla gravita' della violazione commessa,
all' entita' del danno apportato ed al pericolo che l'ulteriore
circolazione potrebbe apportare. L'ordinanza e' notificata
all'interessato e comunicata al prefetto. Il periodo di sospensione
inizia dal giorno in cui il documento e' ritirato a norma del comma
1. Qualora l'ordinanza di sospensione non sia emanata nel termine di
quindici giorni, il titolare puo' ottenerne la restituzione da parte
dell'ufficio competente del Dipartimento per i trasporti terrestri.
Qualora si tratti di carta di circolazione rilasciata da uno Stato
estero, il competente ufficio del Dipartimento per i trasporti
terrestri ne sospende la validita' ai fini della circolazione sul
territorio nazionale per un determinato periodo, con le stesse
modalita'. L'interdizione alla circolazione e' comunicata
all'autorita' competente dello Stato che ha rilasciato la carta di
circolazione e viene annotata sulla stessa.

3. Al termine del periodo fissato la carta di circolazione viene
restituita all'interessato dall'ufficio competente del Dipartimento
per i trasporti terrestri. Della restituzione e' data comunicazione
al prefetto ed all'ufficio del P.R.A. per l'iscrizione nei propri
registri. Le modalita' per la restituzione del documento agli
stranieri sono stabilite dal regolamento.

4. Avverso l'ordinanza di cui al comma 2 l'interessato puo'
proporre ricorso al prefetto. Il prefetto, se ritiene fondato

l'accertamento, applica la sanzione accessoria; se lo ritiene infondato, dispone l'immediata restituzione.

5. L'opposizione di cui all'art. 205 si estende alla sanzione accessoria.

6. Chiunque, durante il periodo di sospensione della carta di circolazione, circola abusivamente con lo stesso veicolo e' punito con la sanzione amministrativa del pagamento di una somma ((da € 2.046 a € 8.186)). Si applica la sanzione amministrativa accessoria della sospensione della patente da tre a dodici mesi e, in caso di reiterazione delle violazioni, la confisca amministrativa del veicolo.

Art. 218.
Sanzione accessoria della sospensione della patente

1. Nell'ipotesi in cui il presente codice prevede la sanzione amministrativa accessoria della sospensione della patente di guida per un periodo determinato, la patente e' ritirata dall'agente od organo di polizia che accerta la violazione; del ritiro e' fatta menzione nel verbale di contestazione della violazione. L'agente accertatore rilascia permesso provvisorio di guida limitatamente al periodo necessario a condurre il veicolo nel luogo di custodia indicato dall'interessato, con annotazione sul verbale di contestazione.

2. L'organo che ha ritirato la patente di guida la invia, unitamente a copia del verbale, entro cinque giorni dal ritiro, alla prefettura del luogo della commessa violazione. Entro il termine di cui al primo periodo, il conducente a cui e' stata sospesa la patente, solo nel caso in cui dalla commessa violazione non sia derivato un incidente, puo' presentare istanza al prefetto intesa ad ottenere un permesso di guida, per determinate fasce orarie, e comunque di non oltre tre ore al giorno, adeguatamente motivato e documentato per ragioni di lavoro, qualora risulti impossibile o estremamente gravoso raggiungere il posto di lavoro con mezzi pubblici o comunque non propri, ovvero per il ricorrere di una situazione che avrebbe dato diritto alle agevolazioni di cui all'articolo 33 della legge 5 febbraio 1992, n. 104. Il prefetto, nei quindici giorni successivi, emana l'ordinanza di sospensione, indicando il periodo al quale si estende la sospensione stessa. Tale periodo, nei limiti minimo e massimo fissati da ogni singola norma, e' determinato in relazione all'entita' del danno apportato, alla gravita' della violazione commessa, nonche' al pericolo che l'ulteriore circolazione potrebbe cagionare. Tali due ultimi elementi, unitamente alle motivazioni dell'istanza di cui al secondo periodo ed alla relativa documentazione, sono altresi' valutati dal prefetto per decidere della predetta istanza. Qualora questa sia accolta, il periodo di sospensione e' aumentato di un numero di giorni pari al doppio delle complessive ore per le quali e' stata autorizzata la guida, arrotondato per eccesso. L'ordinanza, che eventualmente reca l'autorizzazione alla guida, determinando espressamente fasce orarie e numero di giorni, e' notificata immediatamente all'interessato, che deve esibirla ai fini della guida nelle situazioni autorizzate. L'ordinanza e' altresi' comunicata, per i fini di cui all'articolo 226, comma 11, all'anagrafe degli abilitati alla guida. Il periodo di durata fissato decorre dal giorno del ritiro. Qualora l'ordinanza di sospensione non sia emanata nel termine di quindici giorni, il titolare della patente puo' ottenerne la restituzione da parte della prefettura. Il permesso di guida in costanza di sospensione della patente puo' essere concesso una sola volta.

3. Quando le norme del presente codice dispongono che la durata della sospensione della patente di guida e' aumentata a seguito di piu' violazioni della medesima disposizione di legge, l'organo di polizia che accerta l'ultima violazione e che dall'interrogazione dell'anagrafe nazionale degli abilitati alla guida constata la sussistenza delle precedenti violazioni procede ai sensi del comma 1,

indicando, anche nel verbale, la disposizione applicata ed il numero delle sospensioni precedentemente disposte; si applica altresi' il comma 2. Qualora la sussistenza delle precedenti sospensioni risulti successivamente, l'organo od ufficio che ne viene a conoscenza informa immediatamente il prefetto, che provvede a norma del comma 2.

4. Al termine del periodo di sospensione fissato, la patente viene restituita dal prefetto. L'avvenuta restituzione e' comunicata all'anagrafe nazionale degli abilitati alla guida.

5. Avverso il provvedimento di sospensione della patente e' ammessa opposizione ai sensi dell'articolo 205.

6. Chiunque, durante il periodo di sospensione della validita' della patente, circola abusivamente, anche avvalendosi del permesso di guida di cui al comma 2 in violazione dei limiti previsti dall'ordinanza del prefetto con cui il permesso e' stato concesso, e' punito con la sanzione amministrativa del pagamento di una somma ((da € 2.046 a € 8.186)). Si applicano le sanzioni accessorie della revoca della patente e del fermo amministrativo del veicolo per un periodo di tre mesi. In caso di reiterazione delle violazioni, in luogo del fermo amministrativo, si applica la confisca amministrativa del veicolo.

Art. 218-bis.
(Applicazione della sospensione della patente per i neo-patentati).

1. Salvo che sia diversamente disposto dalle norme del titolo V, nei primi tre anni dalla data di conseguimento della patente di categoria B, quando e' commessa una violazione per la quale e' prevista l'applicazione della sanzione amministrativa accessoriadella sospensione della patente, di cui all'articolo 218, la durata della sospensione e' aumentata di un terzo alla prima violazione ed e' raddoppiata per le violazioni successive.

2. Qualora, nei primi tre anni dalla data di conseguimento della patente di categoria B, il titolare abbia commesso una violazione per la quale e' prevista l'applicazione della sanzione amministrativa accessoria della sospensione della patente per un periodo superiore a tre mesi, le disposizioni del comma 1 si applicano per i primi cinque anni dalla data di conseguimento della patente.

3. Le disposizioni di cui ai commi 1 e 2 si applicano anche al conducente titolare di patente ((di categorie A1, A2 o A)), qualora non abbia gia' conseguito anche la patente di categoria B. Se la patente di categoria B e' conseguita successivamente al rilascio della patente ((di categorie A1, A2 o A)), le disposizioni di cui ai citati commi 1 e 2 si applicano dalla data di conseguimento della patente di categoria B.

Art. 219.
Revoca della patente di guida

1. Quando, ai sensi del presente codice, e' prevista la revoca della patente di guida, il provvedimento e' emesso dal competente ufficio competente del Dipartimento per i trasporti terrestri, nei casi previsti dall'art. 130, comma 1, e dal prefetto del luogo della commessa violazione quando la stessa revoca costituisce sanzione amministrativa accessoria, nonche' nei casi previsti dall'art. 120, comma 1.

2. Nell'ipotesi che la revoca della patente costituisca sanzione accessoria l'organo, l'ufficio o comando, che accerta l'esistenza di una delle condizioni per le quali la legge la prevede, entro i cinque giorni successivi, ne da' comunicazione al prefetto del luogo della commessa violazione. Questi, previo accertamento delle condizioni predette, emette l'ordinanza di revoca e consegna immediata della patente alla prefettura, anche tramite l'organo di Polizia incaricato dell'esecuzione. Dell'ordinanza si da' comunicazione al competente ufficio del Dipartimento per i trasporti terrestri.

3. Il provvedimento di revoca della patente previsto dal presente

articolo nonche' quello disposto ai sensi dell'art. 130, comma 1, nell'ipotesi in cui risulti la perdita, con carattere permanente, dei requisiti psichici e fisici prescritti, e' atto definitivo.

3-bis. L'interessato non puo' conseguire una nuova patente se non dopo che siano trascorsi almeno due anni dal momento in cui e' divenuto definitivo il provvedimento di cui al comma 2. PERIODO SOPPRESSO DAL D.LGS. 18 APRILE 2011, N. 59.

3-ter. Quando la revoca della patente di guida e' disposta a seguito delle violazioni di cui agli articoli 186, 186-bis e 187, non e' possibile conseguire una nuova patente di guida prima di tre anni a decorrere dalla data di accertamento del reato ((, fatto salvo quanto previsto dai commi 3-bis e 3-ter dell'articolo 222)).

3-quater. La revoca della patente di guida ad uno dei conducenti di cui all'articolo 186-bis, comma 1, lettere b), c) e d), che consegue all'accertamento di uno dei reati di cui agli articoli 186, comma 2, lettere b) e c), e 187, costituisce giusta causa di licenziamento ai sensi dell'articolo 2119 del codice civile.

Art. 219-bis
(((Inapplicabilita' delle sanzioni amministrative accessorie del ritiro, della sospensione e della revoca della patente ai conducenti minorenni).))

((1. Nell'ipotesi in cui, ai sensi del presente codice, e' disposta la sanzione amministrativa accessoria del ritiro della sospensione o della revoca della patente di guida e la violazione da cui discende e' commessa da un conducente minorenne in luogo delle predette sanzioni si applicano le disposizioni dell'articolo 128, commi 1-ter e 2.))

Capo II
DEGLI ILLECITI PENALI

Sezione I
Disposizioni generali in tema di reati e relative sanzioni

Art. 220.
Accertamento e cognizione dei reati previsti dal presente codice

1. Per le violazioni che costituiscono reato, l'agente od organo accertatore e' tenuto, senza ritardo, a dare notizia del reato al pubblico ministero, ai sensi dell'art. 347 del codice di procedura penale.

2. La sentenza o il decreto definitivi sono comunicati dal cancelliere al prefetto ((del luogo di residenza)). La sentenza o il decreto definitivi di condanna sono annotati a cura della prefettura sulla patente del trasgressore.

3. Quando da una violazione prevista dal presente codice derivi un reato contro la persona, l'agente od organo accertatore deve dare notizia al pubblico ministero, ai sensi del comma 1.

4. L'autorita' giudiziaria, in tutte le ipotesi in cui ravvisa solo una violazione amministrativa, rimette gli atti all'ufficio o comando che ha comunicato la notizia di reato, perche' si proceda contro il trasgressore ai sensi delle disposizioni del capo I del presente titolo. In tali casi i termini ivi previsti decorrono dalla data della ricezione degli atti da parte dell'ufficio o comando suddetti.

Art. 221.
Connessione obiettiva con un reato

1. Qualora l'esistenza di un reato dipenda dall'accertamento di una violazione non costituente reato e per questa non sia stato

effettuato il pagamento in misura ridotta, il giudice penale competente a conoscere del reato e' anche competente a decidere sulla predetta violazione e ad applicare con la sentenza di condanna la sanzione stabilita dalla legge per la violazione stessa.

2. La competenza del giudice penale in ordine alla violazione amministrativa cessa se il procedimento penale si chiude per estinzione del reato o per difetto di una condizione di procedibilita'. Si applica la disposizione di cui al comma 4 dell'art. 220.

Sezione II
Sanzioni amministrative accessorie a sanzioni penali

Art. 222
Sanzioni amministrative accessorie all'accertamento di reati

1. Qualora da una violazione delle norme di cui al presente codice derivino danni alle persone, il giudice applica con la sentenza di condanna le sanzioni amministrative pecuniarie previste, nonche' le sanzioni amministrative accessorie della sospensione o della revoca della patente.

2. Quando dal fatto derivi una lesione personale colposa la sospensione della patente e' da quindici giorni a tre mesi. Quando dal fatto derivi una lesione personale colposa grave o gravissima la sospensione della patente e' fino a due anni. Nel caso di omicidio colposo la sospensione e' fino a quattro anni. Alla condanna, ovvero all'applicazione della pena su richiesta delle parti a norma dell'articolo 444 del codice di procedura penale, per i reati di cui agli articoli 589-bis e 590-bis del codice penale consegue la revoca della patente di guida. La disposizione del quarto periodo si applica anche nel caso in cui sia stata concessa la sospensione condizionale della pena. Il cancelliere del giudice che ha pronunciato la sentenza divenuta irrevocabile ai sensi dell'articolo 648 del codice di procedura penale, nel termine di quindici giorni, ne trasmette copia autentica al prefetto competente per il luogo della commessa violazione, che emette provvedimento di revoca della patente e di inibizione alla guida sul territorio nazionale, per un periodo corrispondente a quello per il quale si applica la revoca della patente, nei confronti del soggetto contro cui e' stata pronunciata la sentenza.

2-bis. La sanzione amministrativa accessoria della sospensione della patente fino a quattro anni e' diminuita fino a un terzo nel caso di applicazione della pena ai sensi degli articoli 444 e seguenti del codice di procedura penale.

2-bis. La sanzione amministrativa accessoria della sospensione della patente fino a quattro anni e' diminuita fino a un terzo nel caso di applicazione della pena ai sensi degli articoli 444 e seguenti del codice di procedura penale.

3. Il giudice puo' applicare la sanzione amministrativa accessoria della revoca della patente nell'ipotesi di recidiva reiterata specifica verificatasi entro il periodo di cinque anni a decorrere dalla data della condanna definitiva per la prima violazione.

3-bis. Nel caso di applicazione della sanzione accessoria di cui al quarto periodo del comma 2 del presente articolo per i reati di cui all'articolo 589-bis, secondo, terzo e quarto comma, del codice penale, l'interessato non puo' conseguire una nuova patente prima che siano decorsi quindici anni dalla revoca; per il reato di cui all'articolo 589-bis, quinto comma, del codice penale, l'interessato non puo' conseguire una nuova patente prima che siano decorsi dieci anni dalla revoca. Tale termine e' elevato a venti anni nel caso in cui l'interessato sia stato in precedenza condannato per i reati di cui all'articolo 186, commi 2, lettere b) e c), e 2-bis, ovvero di cui all'articolo 187, commi 1 e 1-bis, del presente codice. Il termine e' ulteriormente aumentato sino a trenta anni nel caso in cui l'interessato non abbia ottemperato agli obblighi di cui all'articolo 189, comma 1, del presente codice, e si sia dato alla fuga.

3-ter. Nel caso di applicazione della sanzione accessoria di cui al quarto periodo del comma 2 del presente articolo per i reati di cui agli articoli 589-bis, primo comma, e 590-bis del codice penale, l'interessato non puo' conseguire una nuova patente di guida prima che siano decorsi cinque anni dalla revoca. Tale termine e' raddoppiato nel caso in cui l'interessato sia stato in precedenza condannato per i reati di cui all'articolo 186, commi 2, lettere b) e c), e 2-bis, ovvero di cui all'articolo 187, commi 1 e 1-bis, del presente codice. Il termine e' ulteriormente aumentato sino a dodici anni nel caso in cui l'interessato non abbia ottemperato agli obblighi di cui all'articolo 189, comma 1, e si sia dato alla fuga.

3-quater. Per i titolari di patente di guida rilasciata da uno Stato estero, il prefetto del luogo della commessa violazione adotta un provvedimento di inibizione alla guida sul territorio nazionale valido per il medesimo periodo previsto dal sesto periodo del comma 2. L'inibizione alla guida sul territorio nazionale e' annotata nell'anagrafe nazionale degli abilitati alla guida di cui all'articolo 225 del presente codice per il tramite del collegamento informatico integrato di cui al comma 7 dell'articolo 403 del regolamento di cui al decreto del Presidente della Repubblica 16 dicembre 1992, n. 495.

Art. 223.
(Ritiro della patente di guida in conseguenza di ipotesi di reato).

1. Nelle ipotesi di reato per le quali e' prevista la sanzione amministrativa accessoria della sospensione o della revoca della patente di guida, l'agente o l'organo accertatore della violazione ritira immediatamente la patente e la trasmette, unitamente al rapporto, entro dieci giorni, tramite il proprio comando o ufficio, alla prefettura-ufficio territoriale del Governo del luogo della commessa violazione. Il prefetto, ricevuti gli atti, dispone la sospensione provvisoria della validita' della patente di guida, fino ad un massimo di due anni. Il provvedimento, per i fini di cui all'articolo 226, comma 11, e' comunicato all'anagrafe nazionale degli abilitati alla guida.

2. Le disposizioni del comma 1 del presente articolo si applicano anche nelle ipotesi di reato di cui all'articolo 222, commi 2 e 3 ((, nonche' nei casi previsti dagli articoli 589-bis, secondo, terzo, quarto e quinto comma, e 590-bis del codice penale)). La trasmissione della patente di guida, unitamente a copia del rapporto e del verbale di contestazione, e' effettuata dall'agente o dall'organo che ha proceduto al rilevamento del sinistro. Il prefetto, ricevuti gli atti, dispone, ove sussistano fondati elementi di un'evidente responsabilita', la sospensione provvisoria della validita' della patente di guida fino ad un massimo di tre anni. ((Nei casi di cui agli articoli 589-bis, secondo, terzo, quarto e quinto comma, e 590-bis del codice penale il prefetto, ricevuti gli atti, dispone, ove sussistano fondati elementi di un'evidente responsabilita', la sospensione provvisoria della validita' della patente di guida fino ad un massimo di cinque anni. In caso di sentenza di condanna non definitiva, la sospensione provvisoria della validita' della patente di guida puo' essere prorogata fino ad un massimo di dieci anni)).

((2-bis. Qualora la sospensione di cui al comma 2, quarto periodo, sia disposta nei confronti di titolare di patente di guida rilasciata da uno Stato estero, il prefetto del luogo della commessa violazione, ricevuti gli atti, nei quindici giorni successivi emette un provvedimento di inibizione alla guida sul territorio nazionale valido per il medesimo periodo previsto dal comma 2, quarto periodo. L'inibizione alla guida sul territorio nazionale e' annotata nell'anagrafe nazionale degli abilitati alla guida di cui all'articolo 225 del presente codice per il tramite del collegamento

informatico integrato di cui al comma 7 dell'articolo 403 del
regolamento di cui al decreto del Presidente della Repubblica 16
dicembre 1992, n. 495)).

3. Il cancelliere del giudice che ha pronunciato la sentenza o il
decreto divenuti irrevocabili ai sensi dell'articolo 648 del codice
di procedura penale, nel termine di quindici giorni, ne trasmette
copia autentica al prefetto indicato nei commi 1 e 2 del presente
articolo.

4. Avverso il provvedimento di sospensione della patente, di cui ai
commi 1 e 2 del presente articolo, e' ammessa opposizione, ai sensi
dell'articolo 205.

Art. 224.
Procedimento di applicazione delle sanzioni amministrative accessorie della sospensione e della revoca della patente

1. Quando la sentenza penale o il decreto di accertamento del reato
e di condanna sono irrevocabili, anche a pena condizionalmente
sospesa, il prefetto, se e' previsto dal presente codice che da esso
consegua la sanzione amministrativa accessoria della sospensione
della patente, adotta il relativo provvedimento per la durata
stabilita dall'autorita' giudiziaria e ne da' comunicazione al
competente ufficio competente del Dipartimento per i trasporti
terrestri.

2. Quando la sanzione amministrativa accessoria e' costituita dalla
revoca della patente, il prefetto, entro quindici giorni dalla
comunicazione della sentenza o del decreto di condanna irrevocabile,
adotta il relativo provvedimento di revoca comunicandolo
all'interessato e all'ufficio competente del Dipartimento per i
trasporti terrestri.

3. La declaratoria di estinzione del reato per morte dell'imputato
importa l'estinzione della sanzione amministrativa accessoria. Nel
caso di estinzione del reato per altra causa, il prefetto procede
all'accertamento della sussistenza o meno delle condizioni di legge
per l'applicazione della sanzione amministrativa accessoria e procede
ai sensi degli articoli 218 e 219 nelle parti compatibili.
L'estinzione della pena successiva alla sentenza irrevocabile di
condanna non ha effetto sulla applicazione della sanzione
amministrativa accessoria.

4. Salvo quanto previsto dal comma 3, nel caso di sentenza
irrevocabile di proscioglimento, il prefetto, ricevuta la
comunicazione della cancelleria, ordina la restituzione della patente
all'intestatario. L'ordinanza di estinzione e' comunicata
all'interessato e all'ufficio competente del Dipartimento per i
trasporti terrestri. Essa e' iscritta nella patente.

Art. 224-bis
(((Obblighi del condannato).))

((1. Nel pronunciare sentenza di condanna alla pena della
reclusione per un delitto colposo commesso con violazione delle norme
del presente codice, il giudice puo' disporre altresi' la sanzione
amministrativa accessoria del lavoro di pubblica utilita' consistente
nella prestazione di attivita' non retribuita in favore della
collettivita' da svolgere presso lo Stato, le regioni, le province, i
comuni o presso enti o organizzazioni di assistenza sociale e di
volontariato.

2. Il lavoro di pubblica utilita' non puo' essere inferiore a un
mese ne' superiore a sei mesi. In caso di recidiva, ai sensi
dell'articolo 99, secondo comma, del codice penale, il lavoro di
pubblica utilita' non puo' essere inferiore a tre mesi.

3. Le modalita' di svolgimento del lavoro di pubblica utilita' sono
determinate dal Ministro della giustizia con proprio decreto d'intesa
con la Conferenza unificata di cui all'articolo 8 del decreto
legislativo 28 agosto 1997, n. 281.

4. L'attivita' e' svolta nell'ambito della provincia in cui risiede il condannato e comporta la prestazione di non piu' di sei ore di lavoro settimanale da svolgere con modalita' e tempi che non pregiudichino le esigenze di lavoro, di studio, di famiglia e di salute del condannato. Tuttavia, se il condannato lo richiede, il giudice puo' ammetterlo a svolgere il lavoro di pubblica utilita' per un tempo superiore alle sei ore settimanali.

5. La durata giornaliera della prestazione non puo' comunque oltrepassare le otto ore.

6. In caso di violazione degli obblighi di cui al presente articolo si applicano le disposizioni di cui all'articolo 56 del decreto legislativo 28 agosto 2000, n. 274)).

Art. 224-ter
(Procedimento di applicazione delle sanzioni amministrative accessorie della confisca amministrativa e del fermo amministrativo in conseguenza di ipotesi di reato).

1. Nelle ipotesi di reato per le quali e' prevista la sanzione amministrativa accessoria della, confisca del veicolo, l'agente o l'organo accertatore della violazione procede al sequestro ai sensi delle disposizioni dell'articolo 213, in quanto compatibili. Copia del verbale di sequestro e' trasmessa, unitamente al rapporto, entro dieci giorni, dall'agente o dall'organo accertatore, tramite il proprio comando o ufficio, alla prefettura-ufficio territoriale del Governo del luogo della commessa violazione. Il veicolo sottoposto a sequestro e' affidato ai soggetti di cui all'articolo 214-bis.

2. Nei casi previsti dal comma 1 del presente articolo, il cancelliere del giudice che ha pronunciato la sentenza o il decreto divenuti irrevocabili ai sensi dell'articolo 648 del codice di procedura penale, nel termine diquindici giorni, ne trasmette copia autentica al prefetto affinche' disponga la confisca amministrativa ai sensi delle disposizioni dell'articolo 213 del presente codice, in quanto compatibili.

3. Nelle ipotesi di reato per le quali e' prevista la sanzione amministrativa accessoria del fermo amministrativo del veicolo, l'agente o l'organo accertatore della violazione dispone il fermo amministrativo provvisorio del veicolo per trenta giorni, secondo la procedura di cui all'articolo 214, in quanto compatibile.

4. Quando la sentenza penale o il decreto di accertamento del reato e di condanna sono irrevocabili, anche se e' stata applicata la sospensione della pena, il cancelliere del giudice che ha pronunciato la sentenza o il decreto, nel termine di quindici giorni, ne trasmette copia autentica all'organo di polizia competente affinche' disponga il fermo amministrativo del veicolo ai sensi delle disposizioni dell'articolo 214, in quanto compatibili.

5. Avverso il sequestro di cui al comma 1 e avverso il fermo amministrativo di cui al comma 3 del presente articolo e' ammessa opposizione ai sensi dell'articolo 205.

6. La declaratoria di estinzione del reato per morte dell'imputato importa l'estinzione della sanzione amministrativa accessoria. Nel caso di estinzione del reato per altra causa, il prefetto, ovvero, in caso di fermo, l'ufficio o il comando da cui dipende l'agente o l'organo accertatore della violazione, verifica la sussistenza o meno delle condizioni di legge per l'applicazione della sanzione amministrativa accessoria e procede ai sensi degli articoli 213 e 214, in quanto compatibili. L'estinzione della pena successiva alla sentenza irrevocabile di condanna non ha effetto sull'applicazione della sanzione amministrativa accessoria.

7. Nel caso di sentenza irrevocabile di proscioglimento, il prefetto, ovvero, nei casi di cui al comma 3, l'ufficio o il comando da cui dipende l'agente o l'organo accertatore della violazione, ricevuta la comunicazione della cancelleria, ordina la restituzione del veicolo all'intestatario. Fino a tale ordine, sono fatti salvi gli effetti del fermo amministrativo provvisorio disposto ai sensi

del citato comma 3.

TITOLO VII
DISPOSIZIONI FINALI E TRANSITORIE

Capo I
DISPOSIZIONI FINALI

Art. 225.
Istituzione di archivi ed anagrafe nazionali

1. Ai fini della sicurezza stradale e per rendere possibile l'acquisizione dei dati inerenti allo stato delle strade, dei veicoli e degli utenti e dei relativi mutamenti, sono istituiti:
    a) presso il ((Ministero delle infrastrutture e dei trasporti)) un archivio nazionale delle strade;
    b) presso ((il Dipartimento per i trasporti terrestri)) un archivio nazionale dei veicoli;
    c) presso ((il Dipartimento per i trasporti terrestri)) una anagrafe nazionale degli abilitati alla guida, che include anche incidenti e violazioni.

Art. 226.
Organizzazione degli archivi e dell'anagrafe nazionale

1. Presso il Ministero delle infrastrutture e dei trasporti e' istituito l'archivio nazionale delle strade, che comprende tutte le strade distinte per categorie, come indicato nell'art. 2.
2. Nell'archivio nazionale, per ogni strada, devono essere indicati i dati relativi allo stato tecnico e giuridico della strada, al traffico veicolare, agli incidenti e allo stato di percorribilita' anche da parte dei veicoli classificati mezzi d'opera ai sensi dell'art. 54, comma 1, lettera n), che eccedono i limiti di massa stabiliti nell'art. 62 e nel rispetto dei limiti di massa stabiliti nell'art. 10, comma 8.
3. La raccolta dei dati avviene attraverso gli enti proprietari della strada, che sono tenuti a trasmettere all'Ispettorato generale per la circolazione e la sicurezza stradale tutti i dati relativi allo stato tecnico e giuridico delle singole strade, allo stato di percorribilita' da parte dei veicoli classificati mezzi d'opera ai sensi dell'art. 54, comma 1, lettera n), nonche' i dati risultanti dal censimento del traffico veicolare, e attraverso il Dipartimento per i trasporti terrestri, che e' tenuta a trasmettere al suindicato Ispettorato tutti i dati relativi agli incidenti registrati nell'anagrafe di cui al comma 10.
4. In attesa della attivazione dell'archivio nazionale delle strade, la circolazione dei mezzi d'opera che eccedono i limiti di massa stabiliti nell'art. 62 potra' avvenire solo sulle strade o tratti di strade non comprese negli elenchi delle strade non percorribili, che annualmente sono pubblicati a cura del Ministero delle infrastrutture e dei trasporti nella Gazzetta Ufficiale sulla base dei dati trasmessi dalle societa' concessionarie, per le autostrade in concessione, dall'A.N.A.S., per le autostrade e le strade statali, dalle regioni, per la rimanente viabilita'. Il regolamento determina i criteri e le modalita' per la formazione, la trasmissione, l'aggiornamento e la pubblicazione degli elenchi.
5. Presso il Dipartimento per i trasporti terrestri e' istituito l'archivio nazionale dei veicoli contenente i dati relativi ai veicoli di cui all'art. 47, comma 1, lettere e), f), g), h), i), l), m) e n).
6. Nell'archivio nazionale per ogni veicolo devono essere indicati i dati relativi alle caratteristiche di costruzione e di identificazione, all'emanazione della carta di circolazione e

a tutte le successive vicende tecniche e giuridiche del veicolo, agli
incidenti in cui il veicolo sia stato coinvolto. Previa apposita
istanza, gli uffici del Dipartimento per i trasporti terrestri
rilasciano, a chi ne abbia qualificato interesse, certificazione
relativa ai dati tecnici ed agli intestatari dei ciclomotori,
macchine agricole e macchine operatrici; i relativi costi sono a
totale carico del richiedente e vengono stabiliti con decreto del
Ministro delle infrastrutture e dei trasporti di concerto con il
Ministro dell'economia e delle finanze.

7. L'archivio e' completamente informatizzato; e' popolato ed
aggiornato con i dati raccolti dal Dipartimento per i trasporti
terrestri, dagli organi addetti all'espletamento dei servizi
di polizia stradale di cui all'art. 12, dalle compagnie di
assicurazione, che sono tenuti a trasmettere i dati, con le modalita'
e nei tempi di cui al regolamento, al C.E.D. del Dipartimento per i
trasporti terrestri.

8. Nel regolamento sono specificate le sezioni componenti
l'archivio nazionale dei veicoli.

9. Le modalita' di accesso all'archivio sono stabilite nel
regolamento.

10. Presso il Dipartimento per i trasporti terrestri e' istituita
l'anagrafe nazionale degli abilitati alla guida ai fini della
sicurezza stradale.

11. Nell'anagrafe nazionale devono essere indicati, per ogni
conducente, i dati relativi al procedimento di rilascio della
patente, nonche' a tutti i procedimenti successivi, come quelli di
rinnovo, di revisione, di sospensione, di revoca, nonche' i dati
relativi alle violazioni previste dal presente codice e dalla legge 6
giugno 1974, n. 298 che comportano l'applicazione delle sanzioni
accessorie e alle infrazioni commesse alla guida di un determinato
veicolo, che comportano decurtazione del punteggio di cui
all'articolo 126-bis agli incidenti che si siano verificati durante
la circolazione ed alle sanzioni comminate.

12. L'anagrafe nazionale e' completamente informatizzata; e'
popolata ed aggiornata con i dati raccolti dalla Dipartimento per i
trasporti terrestri, dalle prefetture, dagli organi addetti
all'espletamento dei servizi di polizia stradale di cui all'art. 12,
dalle compagnie di assicurazione, che sono tenuti a trasmettere i
dati, con le modali ta' e nei tempi di cui al regolamento, al C.E.D.
del Dipartimento per i trasporti terrestri.

13. Nel regolamento per l'esecuzione delle presenti norme saranno
altresi' specificati i contenuti, le modalita' di impianto, di tenuta
e di aggiornamento degli archivi e dell'anagrafe di cui al presente
articolo.

Art. 227.
Servizio e dispositivi di monitoraggio

1. Nell' ambito dell'intero sistema viario devono essere installati
dispositivi di monitoraggio per il rilevamento della circolazione, i
cui dati sono destinati alla costituzione e all'aggiornamento
dell'archivio nazionale delle strade di cui all'art. 226, comma 1, e
per la individuazione dei punti di maggiore congestione del traffico.

2. Gli enti proprietari delle strade sono tenuti ad installare i
dispositivi di cui al comma 1 e contestualmente, ove ritenuto
necessario, quelli per il rilevamento dell'inquinamento acustico e
atmosferico, in conformita', per tali ultimi, alle direttive
impartite dal ((Ministero dell'ambiente e della tutela del
territorio)), sentito il ((Ministero delle infrastrutture e dei
trasporti)).

3. Gli enti proprietari delle strade inadempienti sono invitati, su
segnalazione del prefetto, dal ((Ministero delle infrastrutture e dei
trasporti)) a provvedere entro un termine assegnato, trascorso il
quale il Ministero provvede alla installazione d'ufficio dei
dispositivi di monitoraggio.

Art. 228.

Regolamentazione dei diritti dovuti dagli interessati per l'attuazione delle prescrizioni contenute nelle norme del presente codice.

1. Con il regolamento sono adeguati e aggiornati gli importi previsti nella tabella 3 allegata alla legge 1 dicembre 1986, n. 870, relativi alle tariffe per le applicazioni in materia di motorizzazione di competenza degli uffici ((del Dipartimento per i trasporti terrestri)).

2. La destinazione degli importi prevista dall'art. 16 della legge 1 dicembre 1986, n. 870, e' integrata dalla seguente lettera: d) fino al 10 per cento, per le spese relative al procedimento centralizzato di conferma di validita' della patente di guida di cui all'art. 126. Rimane identica la destinazione degli importi prevista dall'art. 19 della medesima legge. Con il regolamento di cui al comma 1 potranno essere, altresi', aggiornati i limiti di destinazione degli importi medesimi alle singole voci contemplate nei richiamati articoli 16 e 19.

3. Gli importi relativi ai diritti per le operazioni tecniche e tecnico-amministrative di competenza del ((Ministero delle infrastrutture e dei trasporti)) sono destinati alle seguenti spese:

a) per l'acquisto delle attrezzature tecniche necessarie per i servizi del ((Ministero delle infrastrutture e dei trasporti)), nonche' per il funzionamento e la manutenzione delle attrezzature stesse;

b) per la effettuazione di corsi di qualificazione e aggiornamento o di specializzazione post-laurea del personale del suindicato Dicastero, in merito all'applicazione del presente codice, nonche' per la partecipazione del personale stesso ai corsi anzidetti;

c) per le diverse operazioni riguardanti gare, collaudi, omologazioni, sopralluoghi, fornitura e provvista di materiali e stampati vari, necessari per l'espletamento di tutti i servizi di competenza del ((Ministero delle infrastrutture e dei trasporti)), magazzinaggio, distribuzione e spedizione dei materiali e stampati suddetti;

d) per la formazione e l'aggiornamento periodico dell'archivio nazionale delle strade e dei censimenti di traffico di cui all'art. 226.

4. Il ((Ministro dell'economia e delle finanze)) e' autorizzato ad adottare, con propri decreti, le necessarie variazioni di bilancio, accreditando gli importi versati nei capitoli del ((Ministero delle infrastrutture e dei trasporti)).

5. Con il regolamento sono stabilite le tabelle degli importi relativi ai diritti per le operazioni tecniche e tecnico-amministrative, nonche' per gli oneri di concessione, autorizzazione, licenze e permessi, dovuti agli enti proprietari delle strade, salvo quanto stabilito per i concessionari di strade nelle convenzioni di concessione.

6. Gli importi di cui al comma 5 sono destinati alle seguenti spese:

a) per l'acquisto delle attrezzature tecniche necessarie per i servizi, nonche' per il funzionamento e la manutenzione delle attrezzature stesse;

b) per la effettuazione di corsi di qualificazione e aggiornamento del personale o di specializzazione post-laurea, in merito all'applicazione del presente codice, nonche' per la partecipazione del personale stesso ai corsi anzidetti;

c) per la formazione e l'aggiornamento periodico dell'archivio nazionale delle strade di propria competenza e dei censimenti della circolazione.

Art. 229.
Attuazione di direttive comunitarie

1. Salvo i casi di attuazione disposti dalla legge comunitaria ai sensi dell'art. 4 della legge 9 marzo 1989, n. 86, le direttive comunitarie, nelle materie disciplinate dal presente codice, sono recepite con decreti dei Ministri della Repubblica, secondo le competenze loro attribuite, da emanarsi entro i termini dalle stesse indicati o, comunque, non oltre dodici mesi da'lla loro pubblicazione nella Gazzetta Ufficiale della Comunita' europea.

Art. 230
Educazione stradale

1. Allo scopo di promuovere la formazione dei giovani in materia di comportamento stradale e di sicurezza del traffico e della circolazione, nonche' per promuovere ed incentivare l'uso della bicicletta come mezzo di trasporto, ((il Ministro dell'istruzione, dell'universita' e della ricerca, con proprio decreto, da emanare di concerto con i Ministri delle infrastrutture e dei trasporti, dell'interno e dell'ambiente e della tutela del territorio e del mare, sentita la Conferenza Stato-citta' ed autonomie locali, avvalendosi dell'Automobile Club d'Italia, predispone)) appositi programmi, corredati dal relativo piano finanziario, da svolgere come attivita' obbligatoria nelle scuole di ogni ordine e grado, ivi compresi gli istituti di istruzione artistica e le scuole materne, che concernano la conoscenza dei principi della sicurezza stradale, nonche' delle strade, della relativa segnaletica, delle norme generali per la condotta dei veicoli, con particolare riferimento all'uso della bicicletta, e delle regole di comportamento degli utenti, con particolare riferimento all'informazione sui rischi conseguenti all'assunzione di sostanze psicotrope, stupefacenti e di bevande alcoliche.
2. Il Ministro dell'istruzione, dell'universita' e della ricerca, con propria ordinanza, disciplina le modalita' di svolgimento dei predetti programmi nelle scuole, anche con l'ausilio degli appartenenti ai corpi di polizia municipale, nonche' di personale esperto appartenente alle predette istituzioni pubbliche e private; l'ordinanza puo' prevedere l'istituzione di appositi corsi per i docenti che collaborano all'attuazione dei programmi stessi. Le spese eventualmente occorrenti sono reperite nell'ambito degli ordinari stanziamenti di bilancio delle amministrazioni medesime.
2-bis. Il Ministro delle infrastrutture e dei trasporti predispone annualmente un programma informativo sulla sicurezza stradale, sottoponendolo al parere delle Commissioni parlamentari competenti alle quali riferisce sui risultati ottenuti.

Art. 231
Abrogazione di norme precedentemente in vigore

1. Sono abrogate dalla data di entrata in vigore del presente codice, salvo quanto diversamente previsto dalle disposizioni del capo II del presente titolo, le seguenti disposizioni:
    - regio decreto 8 dicembre 1933, n. 1740, nella parte rimasta in vigore ai sensi dell'art. 145 del decreto del Presidente della Repubblica 15 giugno 1959, n. 393;
    - il regio decreto legge 16 dicembre 1935, n. 2771, modificato dalla legge 24 dicembre 1951, n. 1583, articolo 3;
    - legge 12 febbraio 1958, n. 126, ad eccezione dell'art. 14;
    - decreto del Presidente della Repubblica 15 giugno 1959, n. 393;
    - decreto del Presidente della Repubblica 30 giugno 1959, n. 420;
    - legge 7 febbraio 1961, n. 59, art. 25, lettera n);
    - legge 24 luglio 1961, n. 729, art. 9, sesto comma;
    - legge 12 dicembre 1962, n. 1702;
    - legge 3 febbraio 1963, n. 74;

- legge 11 febbraio 1963, n. 142;
- legge 26 giugno 1964, n. 434;
- legge 15 febbraio 1965, n. 106;
- legge 14 maggio 1965, n. 576;
- legge 4 maggio 1966, n. 263;
- legge 1° giugno 1966, n. 416;
- legge 20 giugno 1966, n. 599;
- legge 13 luglio 1966, n. 615, limitatamente al Capo VI ;
- decreto-legge 21 dicembre 1966, n. 1090, convertito dalla legge 16 febbraio 1967, n. 14;
- legge 9 luglio 1967, n. 572;
- legge 4 gennaio 1968, n. 14;
- legge 13 agosto 1969, n. 613;
- legge 24 dicembre 1969, n. 990, art. 32, limitatamente ai veicoli;
- legge 10 luglio 1970, n. 579;
- decreto del Presidente della Repubblica 22 febbraio 1971, n. 323;
- legge 31 marzo 1971, n. 201;
- legge 3 giugno 1971, n. 437;
- legge 22 febbraio 1973, n. 59;
- decreto-legge 23 novembre 1973, n. 741, convertito della legge 22 dicembre 1973, n. 842;
- legge 27 dicembre 1973, n. 942;
- legge 14 febbraio 1974, n. 62;
- legge 15 febbraio 1974, n. 38;
- legge 14 agosto 1974, n. 394;
- decreto-legge 11 agosto 1975, n. 367, convertito della legge 10 ottobre 1975, n. 486;
- legge 10 ottobre 1975, n. 486;
- legge 25 novembre 1975, n. 707;
- legge 7 aprile 1976, n. 125;
- legge 5 maggio 1976, n. 313;
- legge 8 agosto 1977, n. 631;
- legge 18 ottobre 1978, n. 625, art. 4, terzo comma;
- legge 24 marzo 1980, n. 85;
- legge 24 novembre 1981 n. 689 art. 16 secondo comma, per la parte relativa al testo unico delle norme sulla circolazione stradale, approvato con decreto del Presidente della Repubblica 15 giugno 1959, n. 393;
- legge 10 febbraio 1982, n. 38;
- legge 16 ottobre 1984, n. 719;
- legge 11 gennaio 1986, n. 3;
- decreto-legge 6 febbraio 1987, n. 16, convertito della legge 30 marzo 1987, n. 132, articoli 8, 9, 14, 15, 16;
- legge 14 febbraio 1987, n. 37;
- legge 18 marzo 1988, n. 111;
- legge 24 marzo 1988, n. 112;
- legge 24 marzo 1989, n. 122, titolo IV;
- legge 22 aprile 1989, n. 143;
- decreto-legge 24 giugno 1989, n. 238, convertito della legge 4 agosto 1989, n. 284;
- legge 23 marzo 1990, n. 67;
- legge 2 agosto 1990, n. 229;
- legge 15 dicembre 1990, n. 399;
- legge 8 agosto 1991, n. 264, art. 7, comma 3;
- legge 14 ottobre 1991, n. 336;
- legge 8 novembre 1991, n. 376;
- legge 5 febbraio 1992, n. 122, art. 12.

2. Sono inoltre abrogate tutte le disposizioni comunque contrarie o incompatibili con le norme del presente codice.

3. ((In deroga a quanto previsto dal capo I del titolo II, si applicano le disposizioni di cui al capo V del titolo II del codice delle comunicazioni elettroniche, di cui al decreto legislativo 1° agosto 2003, n. 259, e successive modificazioni)). Restano, comunque,

in vigore le disposizioni di cui alla legge 24 gennaio 1978, n. 27.

Capo II
DISPOSIZIONI TRANSITORIE

Art. 232.
((Norme regolamentari e decreti ministeriali di esecuzione e di attuazione))

1. In tutti i casi in cui, ai sensi delle norme del presente codice, e' demandata ai Ministri competenti l'emanazione di norme regolamentari di esecuzione o di attuazione nei limiti delle proprie competenze, le relative disposizioni sono emanate nel termine di ((dodici)) mesi dalla data di entrata in vigore del presente codice, salvi i diversi termini fissati dal medesimo.
2. I decreti di cui al comma 1, nonche' quelli previsti dall'art. 3 ((, comma 2,)) della legge delega 13 giugno 1991, n. 190, entrano in vigore dopo sei mesi dalla loro ((pubblicazione)).
3. Fino alla scadenza del termine di applicazione, rimangono in vigore nelle singole materie le disposizioni regolamentari previgenti, salvo quanto diversamente stabilito dagli articoli da 233 a 239.

Art. 233.
Norme transitorie relative al titolo I

1. La regolamentazione dei parcheggi ai sensi dell'art. 7 deve essere effettuata nel termine di mesi sei dall'entrata in vigore del presente codice. Fino a quella data si applicano le disposizioni previgenti.
2. Le disposizioni di cui all'art. 9 si applicano alle competizioni sportive su strada che avranno luogo dal 1 gennaio 1994. Fino a quella data si applicano le disposizioni previgenti.
((3. Restano ferme le disposizioni contenute nell'articolo 14, comma 2, del decreto-legge 29 marzo 1993, n. 82, convertito, con modificazioni, dalla legge 27 maggio 1993, n. 162.))

Art. 234.
Norme transitorie relative al titolo II

((1. Per gli adeguamenti conseguenti alle disposizioni dell'articolo 20 i comuni stabiliranno un periodo transitorio durante il quale restano consentiti le occupazioni, le installazioni e gli accessi al momento esistenti)).
2. Le norme relative al rilascio di autorizzazioni e concessioni previste dal titolo II ed alle relative formalita' di cui agli articoli 26 e 27 si applicano dopo sei mesi dall'entrata in vigore del presente codice. I lavori e le prescrizioni tecniche fissati nelle autorizzazioni e concessioni rilasciate anteriormente al detto termine devono essere iniziati entro tre mesi ed ultimati entro un anno dalla data dell'autorizzazione o concessione, fatti salvi i diversi termini eventualmente stabiliti nei rispettivi di sciplinari di autorizzazione o di concessione.
3. Entro sei mesi dall'entrata in vigore del presente codice devono essere emanate le direttive di cui all'art. 36, comma 6; entro un anno dall' emanazione di tali direttive devono essere adottati i piani di traffico di cui ai commi 1, 2 e 3 dello stesso articolo, da attuare nell'anno successivo.
4. Entro un anno dall'entrata in vigore del presente codice la segnaletica di pericolo e di prescrizione permanente deve essere adattata alle norme del presente codice e del regolamento; la restante segnaletica deve essere adeguata entro tre anni. In caso di sostituzione, i nuovi segnali devono essere conformi alle norme del

presente codice e del regolamento. Fino a tale data e' consentito il permanere della segnaletica attualmente esistente. Entro lo stesso termine devono essere realizzate le opere necessarie per l' adeguamento dei passaggi a livello di cui all'articolo 44 .

5. Le norme di cui agli articoli 16, 17 e 18 si applicano successivamente alla delimitazione dei centri abitati prevista dall'articolo 4 ed alla classificazione delle strade prevista dall'articolo 2, comma 2. Fino all'attuazione di tali adempimenti si applicano le previgenti disposizioni in materia.

Art. 235
Norme transitorie relative al titolo III

1. Le disposizioni concernenti le nuove classificazioni dei veicoli e la determinazione delle relative caratteristiche di cui al capo I del titolo III si applicano dal 1 ottobre 1993, salvo che per l'attuazione sia prevista l'emanazione di appositi decreti. I decreti attuativi sono emanati entro il 31 marzo 1994 ed entrano in vigore dopo sei mesi dalla pubblicazione, restando salva la facolta' di applicazione immediata a richiesta dei soggetti interessati.

2. Le disposizioni del Capo II del Titolo III relative ai veicoli a trazione animale, slitte e velocipedi si applicano a decorrere dal 1 ottobre 1993, salvo che, per l' attuazione, sia prevista l'emanazione di appositi decreti. I decreti attuativi sono emanati entro il 31 marzo 1994 ed entrano in vigore dopo sei mesi dalla pubblicazione. A decorrere dal 1 aprile 1995 non possono piu' essere immessi in circolazione veicoli non rispondenti alle disposizioni stabilite dalle presenti norme.

3. Le disposizioni della sezione I del capo III del titolo III si applicano a decorrere dal 1 ottobre 1993, salvo che, per l'attuazione, sia prevista l' emanazione di appositi decreti. I decreti attuativi sono emanati entro il 31 marzo 1994 ed entrano in vigore dopo sei mesi dalla pubblicazione, restando salva la facolta' di applicazione immediata, a richiesta dei soggetti interessati. A decorrere dal 1 aprile 1995 non possono piu' essere immessi in circolazione veicoli non rispondenti alle disposizioni stabilite dalle presenti norme.

4. Il Ministro per i trasporti puo', con propri decreti, disporre che determinati requisiti o caratteristiche tecniche o funzionali siano applicati in tempi piu' brevi di quelli stabiliti nel presente articolo, in relazione anche all'incidenza di tali requisiti o caratteristiche sulla sicurezza stradale.

5. Le disposizioni della sezione II del capo III del titolo III (Destinazione ed uso dei veicoli) si applicano a decorrere dal 1 ottobre 1993. Fino a tale data la destinazione e l'uso delle varie categorie di veicoli sono disciplinate dalle norme gia' in vigore.

6. Le norme del presente codice relative alle carte di circolazione, alle loro caratteristiche ed al loro rilascio, alle formalita' relative al trasferimento di proprieta' degli autoveicoli e al rilascio della carta provvisoria di circolazione di cui agli articoli 93, 94 e 95, nonche' a tutti gli adempidenti conseguenziali di cui agli articoli 96, 97, 98, 99 e 103, si applicano a partire dal 1 ottobre 1993. Le procedure per il rilascio e le annotazioni in corso, secondo le norme gia' vigenti, continuano e la carta di circolazione rilasciata secondo esse conserva piena validita'. Parimenti conservano piena validita' le carte di circolazione tuttora esistenti, fino alla prima annotazione che si effettui successivamente alla data di decorrenza dei suddetti decreti; in tale momento la carta deve essere adeguata alle norme del presente codice. Analoga disposizione si applica al certificato di proprieta', salvo che per l'attuazione sia prevista l'emanazione di appositi decreti. I decreti attuativi sono emanati entro il 31 marzo 1994, ed entrano in vigore il giorno della pubblicazione.

7. Le disposizioni sulle targhe di cui agli articoli 100, 101 e 102 si applicano a partire dal 1 ottobre 1993. Fino a tale data le

targhe, il loro rilascio e la loro disciplina sono regolate dalle norme gia' vigore.

8. Alle macchine agricole e alle macchine operatrici di cui al capo IV, titolo III (Circolazione su strada delle macchine agricole e delle macchine operatrici), sia in merito alle caratteristiche che alla costruzione ed omologazione, alla circolazione, alla revisione ed alla targatura, si applicano in quanto compatibili le disposizioni del presente articolo. Le omologazioni gia' rilasciate entro la data di entrata in vigore dei decreti attuativi previsti nel presente articolo conservano, ai fini della immissione in circolazione delle macchine agricole e delle macchine operatrici, la validita' fino alla scadenza temporale; per le omologazioni prive di scadenza temporale questa e' fissata al compimento del quinto anno dalla data di entrata in vigore dei predetti decreti attuativi.Fanno eccezione le motoagricole di cui alle previgenti disposizioni in materia, che possono essere immesse in circolazione senza necessita' di successivi adeguamenti, con la classificazione prevista dalle disposizioni citate, fino alla scadenza temporale dell'omologazione del tipo gia' concessa, e comunque non oltre il 30 settembre 1997. Per i complessi costituiti da trattrici e attrezzi comunque portati, di cui all'articolo 104, comma 7, lettera e), immessi in circolazione alla data di entrata in vigore del presente codice, si applicano le disposizioni previgenti.

Art. 236.
Norme transitorie relative al titolo IV

1. Le disposizioni del presente codice sulle patenti di guida si applicano alle nuove patenti relative a qualsiasi tipo di veicolo che siano rilasciate successivamente al 30 settembre 1993 ((; le disposizioni dell'articolo 117 si applicano alle patenti rilasciate a seguito di esame superato successivamente al 30 settembre 1993.)). Le procedure in corso a quel momento sono osservate e le patenti rilasciate secondo le norme gia'vigenti conservano la loro validita'. Parimenti conservano validita' le patenti gia' rilasciate alla predetta data. Tale validita' dura fino alla prima conferma di validita' o revisione che si effettua, ai sensi dell'art. 126 o 128, dopo la detta scadenza; in tal caso si procedera', all' atto della conferma o della revisione, a conformare la patente alle nuove norme. ((Sono fatti salvi i diritti acquisiti dai titolari di patenti di categoria B o superiore, rilasciate anteriormente al 26 aprile 1988, per la guida dei motocicli.))

2. Le autoscuole attualmente esistenti dovranno essere adeguate alle norme del presente codice entro un anno dalla sua entrata in vigore. Fino a tale data le autoscuole sono regolate dalle disposizioni previgenti.

Art. 237.
Norme transitorie relative al titolo V

1. Gli utenti della strada sono tenuti ad osservare i comportamenti imposti dal presente codice dalla data della sua entrata in vigore. ((Per i ciclomotori e le macchine agricole l'obbligo di assicurazione sulla responsabilita' civile di cui all'articolo 193 decorre dal 1 ottobre 1993. Dalla stessa data e' abrogato l'articolo 5 della legge 24 dicembre 1969, n. 990. Il contratto di assicurazione per la responsabilita' civile derivante dalla circolazione delle macchine agricole puo' essere stipulato, in relazione alla effettiva circolazione delle macchine sulla strada, anche per periodi infraannuali, non inferiori ad un bimestre)).

2. Per le violazioni commesse prima della data di cui al comma 1 continuano ad applicarsi le ((le sanzioni amministrative principali)) ed accessorie e ad osservarsi le disposizioni concernenti le procedure di accertamento e di applicazione, rispettivamente previste dalle disposizioni previgenti.

Art. 238.
Norme transitorie relative al titolo VI

1. Le disposizioni del titolo VI, capo I si applicano dal 1 gennaio 1993.

2. Le sanzioni amministrative accessorie all'accertamento di reati previsti dal presente codice sono applicate ai reati commessi dopo la sua entrata in vigore.

3. Sono decise dal pretore, secondo le norme anteriormente vigenti, le cause pendenti dinanzi a tale organo alla data di entrata in vigore della legge 21 novembre 1991, n. 374, anche se attribuite dal presente codice alla competenza del giudice di pace.

Art. 239.
Norme transitorie relative al titolo VII

1. Gli archivi e l'anagrafe nazionali previsti dagli articoli 225 e 226 sono impiantati a partire dal 1 ottobre 1993. Da tale data iniziera' l'invio dei dati necessari da parte degli enti ed amministrazioni interessati.

L'impianto degli archivi e dell'anagrafe dovra' essere completato nell'anno successivo.

2. Il servizio ed i dispositivi di monitoraggio di cui all'art. 227 sono installati a partire dal 1 ottobre 1993 e devono essere completati ((nel triennio successivo)).

Art. 240.
Entrata in vigore delle norme del presente codice

1. Le norme del presente codice entrano in vigore il 1 gennaio 1993.

TABELLA DEI PUNTEGGI PREVISTI ALL'ART. 126-BIS

```
=================================================================
                    Norma violata              Punti
-----------------------------------------------------------------
Art. 141 Comma 8                                  5
         Comma 9, terzo periodo                  10
-----------------------------------------------------------------
Art. 142 Comma 8                                  3
         Comma 9                                  6
         Comma 9-bis                             10
-----------------------------------------------------------------
Art. 143 Comma 11                                 4
         Comma 12                                10
         Comma 13, con riferimento al comma 5     4
-----------------------------------------------------------------
Art. 145 Comma 5                                  6
         Comma 10, con riferimento ai
         commi 2, 3, 4, 6, 7, 8 e 9               5
-----------------------------------------------------------------
Art. 146 Comma 2, ad eccezione dei segnali
         stradali di divieto di sosta e
         fermata                                  2
         Comma 3                                  6
-----------------------------------------------------------------
Art. 147 Comma 5                                  6
-----------------------------------------------------------------
Art. 148 Comma 15, con riferimento al comma 2     3
         Comma 15, con riferimento al comma 3     5
         Comma 15, con riferimento al comma 8     2
         Comma 16, terzo periodo                 10
-----------------------------------------------------------------
Art. 149 Comma 4                                  3
         Comma 5, secondo periodo                 5
         Comma 6                                  8
-----------------------------------------------------------------
Art. 150 Comma 5, con riferimento all'articolo
         149, comma 5                             5
         Comma 5, con riferimento all'articolo
         149, comma 6                             8
-----------------------------------------------------------------
Art. 152 Comma 3                                  1
-----------------------------------------------------------------
Art. 153 Comma 10                                 3
         Comma 11                                 1
-----------------------------------------------------------------
Art. 154 Comma 7                                  8
         Comma 8                                  2
-----------------------------------------------------------------
Art. 158 Comma 2, (( lettere  d) e h) ))          2
         ((Comma 2, lettera g)                   4))
-----------------------------------------------------------------
Art. 161 Commi 1 e 3                              2
         Comma 2                                  4
-----------------------------------------------------------------
Art. 162 Comma 5                                  2
-----------------------------------------------------------------
Art. 164 Comma 8                                  3
-----------------------------------------------------------------
Art. 165 Comma 3                                  2
-----------------------------------------------------------------
Art. 167 Commi 2, 5 e 6, con riferimento a:
         a) eccedenza non superiore a 1t          1
         b) eccedenza non superiore a 2t          2
         c) eccedenza non superiore a 3t          3
```

```
        d) eccedenza superiore a 3t                      4
        Commi 3, 5 e 6, con riferimento a:
        a) eccedenza non superiore al 10 per cento    1
        b) eccedenza non superiore al 20 per cento    2
        c) eccedenza non superiore al 30 per cento    3
        d) eccedenza superiore al 30 per cento        4
        Comma 7                                        3
------------------------------------------------------------------
Art. 168 Comma 7                                      4
         Comma 8                                     10
         Comma 9                                     10
         Comma 9-bis                                  2
------------------------------------------------------------------
Art. 169 Comma 8                                      4
         Comma 9                                      2
         Comma 10                                     1
------------------------------------------------------------------
Art. 170 Comma 6                                      1
------------------------------------------------------------------
Art. 171 Comma 2                                      5
------------------------------------------------------------------
Art. 172 Commi 10 e 11                                5
------------------------------------------------------------------
Art. 173 Commi 3 e 3-bis                              5
------------------------------------------------------------------
Art. 174 Comma 5    per violazione dei tempi
         di guida                                     2
         Comma 5    per violazione dei tempi
         di riposo                                    5
         Comma 6                                     10
         Comma 7    primo periodo                     1
         Comma 7    secondo periodo                   3
         Comma 7    terzo periodo per violazione dei
         tempi di guida                               2
         Comma 7    terzo periodo per violazione dei
         tempi di riposo                              5
         Comma 8                                      2
------------------------------------------------------------------
Art. 175 Comma 13                                     4
         Comma 14, con riferimento al comma 7,
         lettera a)                                   2
         Comma 16                                     2
------------------------------------------------------------------
Art. 176 Comma 20, con riferimento al comma 1,
         lettera b)                                  10
         Comma 20, con riferimento al comma 1,
         lettere c) e d)                             10
         Comma 21                                     2
------------------------------------------------------------------
Art. 177 Comma 5                                      2
------------------------------------------------------------------
Art. 178 Comma 5    per violazione dei tempi
                    di guida                          2
         Comma 5    per violazione dei tempi di
                    riposo                            5
         Comma 6                                     10
         Comma 7    primo periodo                     1
         Comma 7    secondo periodo                   3
         Comma 7    terzo periodo per violazione
                    dei tempi di guida                2
         Comma 7    terzo periodo per violazione
                    dei tempi di riposo               5
         Comma 8                                      2
```

```
---------------------------------------------------------------
Art. 179 Commi 2 e 2-bis                          10
---------------------------------------------------------------
Art. 186 Commi 2 e 7                              10
---------------------------------------------------------------
Art.186-bis Comma 2                                5
---------------------------------------------------------------
Art. 187 Commi 1 e 8                              10
---------------------------------------------------------------
((Art. 188 Comma 4                                 6
          Comma 5                                  3))
---------------------------------------------------------------
Art. 189 Comma 5, primo periodo                    4
          Comma 5, secondo periodo                10
          Comma 6                                 10
          Comma 9                                  2
---------------------------------------------------------------
Art. 191 Comma 1                                   8
          Comma 2                                  4
          Comma 3                                  8


---------------------------------------------------------------
Art. 192 Comma 6                                   3
          Comma 7                                 10


---------------------------------------------------------------
Art. 193 Comma 2                                   5
===============================================================
```

Per le patenti rilasciate successivamente al 1 ottobre 2003 a soggetti che non siano gia' titolari di altra patente di categoria B o superiore, i punti riportati nella presente tabella, per ogni singola violazione, sono raddoppiati qualora le violazioni siano commesse entro i primi tre anni dal rilascio. Per gli stessi tre anni, la mancanza di violazioni di una norma di comportamento da cui derivi la decurtazione del punteggio determina l'attribuzione, fermo restando quanto previsto dal comma 5, di un punto all'anno fino ad un massimo di tre punti.

REGOLAMENTO DI ESECUZIONE E DI ATTUAZIONE DEL NUOVO CODICE DELLA STRADA

(DECRETO DEL PRESIDENTE DELLA REPUBBLICA 16 dicembre 1992 , n. 495)

Titolo I
DISPOSIZIONI GENERALI

● 1. DEFINIZIONI E CLASSIFICAZIONI DI CARATTERE GENERALE
(Artt. 1-3 Codice della Strada)

Art. 1 (Art. 1 Cod. Str.)
(Relazione annuale)

1. La relazione annuale, predisposta dalla Presidenza del Consiglio sulla base di specifici rapporti e indagini, riguardanti i diversi profili sociali, ambientali ed economici della circolazione e della sicurezza stradale e' trasmessa alla Presidenza del Senato della Repubblica e della Camera dei deputati entro il 30 giugno. I rapporti e le indagini sono elaborati dai ministeri, anche avvalendosi dell'apporto di studi e ricerche effettuati da istituzioni, pubbliche e private, particolarmente qualificate nel settore.

2. La relazione annuale di cui al comma 1 viene trasmessa entro il 30 aprile al Consiglio nazionale dell'economia e del lavoro, che fa conoscere il suo parere entro quarantacinque giorni dall'invio.

Art. 2 (Art. 2 Cod. Str.)
(Classificazione delle strade)

((1. Il decreto del Ministro dei lavori pubblici, di cui all'articolo 2, comma 8, del codice, per la classificazione amministrativa delle strade statali esistenti alla data del 1 gennaio 1993, e' predisposto dall'Ispettorato generale per la circolazione e la sicurezza stradale, sulla base degli elenchi previsti dalla legge 21 aprile 1962, n. 181, modificati ed aggiornati secondo i criteri di cui all'articolo 2, commi 5, 6 e 7, del codice. Le strade statali costruite successivamente all'entrata in vigore del codice, sono classificate con decreto del Ministro dei lavori pubblici - Ispettorato generale per la circolazione e la sicurezza stradale, secondo i medesimi criteri.

2. Per la classificazione amministrativa delle strade statali esistenti, l'Ispettorato generale per la circolazione e la sicurezza stradale, riceve dall'Azienda Nazionale Autonoma delle Strade (A.N.A.S.) i dati necessari, predispone l'elenco aggiornato delle strade statali esistenti alla data del 1 gennaio 1993 e trasmette lo stesso agli enti tenuti al parere, ai sensi dell'articolo 2, comma 8, del codice, entro ventiquattro mesi dalla data di entrata in vigore del codice. Gli enti suddetti trasmettono il loro parere all'Ispettorato generale per la circolazione e la sicurezza stradale nei sei mesi successivi. Il decreto di cui al comma 1, e' pubblicato nella Gazzetta Ufficiale della Repubblica e le strade dallo stesso individuate sono inserite nell'archivio nazionale delle strade di cui all'articolo 226 del codice. Le strade gia' comprese negli elenchi previsti dalla legge 21 aprile 1962, n. 181, e non ricomprese nel decreto di classificazione amministrativa delle strade statali, sono classificate tra le strade non statali .

3. Per le strade statali di nuova costruzione viene rispettata la procedura indicata dal comma 2; i termini previsti, ridotti rispettivamente ad un mese ed a due mesi, decorrono dalla

trasmissione della documentazione da parte dell'A.N.A.S. all'Ispettorato generale per la circolazione e la sicurezza stradale. Tale trasmissione e' effettuata entro un mese dalla definizione del collaudo della strada. Prima che siano completate le procedure di classificazione, l'A.N.A.S. puo' prendere in carico la strada, sempreche' sia intervenuta la definizione del collaudo, previa classificazione amministrativa provvisoria effettuata dal Ministero dei lavori pubblici - Ispettorato generale per la circolazione e la sicurezza stradale, secondo i criteri di cui all'articolo 2, commi 5, 6 e 7, del codice)).

4. Per le strade non statali, i decreti di classificazione ((amministrativa)) relativi a strade esistenti e di nuova costruzione di interesse regionale ai sensi del decreto del Presidente della Repubblica 24 luglio 1977, n. 616, articolo 87 e dell'articolo 2, ((comma 5)) , del codice, sono emanati dagli organi regionali competenti. Il Presidente della Regione procede alla trasmissione del decreto di classificazione entro ((un mese)) dalla pubblicazione nel Bollettino regionale al Ministero dei lavori pubblici - Ispettorato generale per la circolazione e la sicurezza stradale, che provvede all'aggiornamento dell'archivio nazionale di cui all'articolo 226 del codice. L'Ispettorato generale per la circolazione e la sicurezza stradale puo' formulare osservazioni, previo parere del Consiglio Superiore dei lavori pubblici.

5. La classificazione ((amministrativa)) delle strade provinciali, esistenti e di nuova costruzione, e' effettuata dagli organi regionali competenti. Viene rispettata la ulteriore procedura prevista dal comma 4.

6. La classificazione ((amministrativa)) delle strade comunali, esistenti e di nuova costruzione, e' effettuata dagli organi regionali competenti. Viene rispettata la ulteriore procedura prevista dal comma 4.

7. I provvedimenti di classificazione hanno effetto dall'inizio del secondo mese successivo a quello nel quale essi sono pubblicati nella Gazzetta Ufficiale della Repubblica e, negli altri casi, nel Bollettino regionale.

8. Nelle more degli adempimenti di cui ((all'articolo 13, comma 5,)) del codice, le disposizioni relative alla sicurezza della circolazione connesse alla classificazione ((tecnico-funzionale)) delle strade di cui all'articolo 2, comma 2, del codice, si applicano alle strade esistenti che hanno caratteristiche corrispondenti a quelle individuate dall'articolo 2, comma 3, del codice per ciascuna classe di strada.

9. Nella attuazione dell'articolo 2, comma 8, del codice si applica, per quanto compatibile, la legge 29 novembre 1980, n. 922 ed i relativi decreti di attuazione. La classificazione prevista dalla legge sopracitata individua gli itinerari internazionali ed e' aggiuntiva rispetto a quella di cui all'articolo 2, ((comma 5)) , del codice.

((10. I divieti e le prescrizioni, previste dal codice e dal presente regolamento per le strade inserite negli itinerari internazionali, si applicano unicamente a quelle gia' in possesso delle caratteristiche richieste dagli accordi internazionali per tale classificazione.))

Art. 3 (Art. 2 Cod. Str.)
(Declassificazione delle strade)

((1. Successivamente alla classificazione di tutte le strade statali e non statali, effettuata con le procedure previste all'articolo 2, qualora alcune di esse rientrino nei casi previsti dall'articolo 2, comma 9, del codice, si provvede alla declassificazione delle stesse, intendendosi come tale il passaggio da una all'altra delle classi previste dall'articolo 2, comma 6, del codice.

2. Per le strade statali la declassificazione e' disposta con decreto del Ministro dei lavori pubblici, su proposta dell'A.N.A.S. o

della regione interessata per territorio, secondo le procedure individuate all'articolo 2, comma 2. A seguito del decreto di declassificazione, il Presidente della regione, sulla base dei pareri gia' espressi nella procedura di declassificazione, provvede, con decreto, ad una nuova classificazione della strada, secondo le procedure individuate all'articolo 2, commi 4, 5 e 6. La decorrenza di attuazione e' la medesima per entrambi i provvedimenti.

3. Per le strade non statali la declassificazione e' disposta con decreto del Presidente della regione, su proposta dei competenti organi regionali o delle province o dei comuni interessati per territorio, secondo le procedure indicate all'articolo 2, commi 4, 5 e 6, in relazione alla classifica della strada. Con il medesimo decreto il Presidente della regione, sulla base dei pareri gia' espressi nella procedura di declassificazione, provvede alla nuova classificazione della strada. Il provvedimento ha effetto dall'inizio del secondo mese successivo a quello nel quale esso e' pubblicato.

4. I provvedimenti di cui ai commi precedenti sono pubblicati nella Gazzetta Ufficiale della Repubblica o nel Bollettino regionale, e trasmessi entro un mese all'Ispettorato generale per la circolazione e la sicurezza stradale, che li registra nell'archivio nazionale delle strade di cui all'articolo 226 del codice.

5. I provvedimenti di declassificazione hanno effetto dall'inizio del secondo mese successivo a quello nel quale essi sono pubblicati nella Gazzetta Ufficiale della Repubblica o nel Bollettino regionale.

6. Per le strade militari si applicano le procedure di declassificazione previste per le strade statali, mediante emanazione di decreto da parte del Ministro della difesa su proposta del Comando Regione Militare territoriale, previo parere dell'organo tecnico militare competente.))

Art. 4 (Art. 2 Cod. Str.)
(Passaggi di proprieta' fra enti proprietari delle strade)

1. Qualora per variazioni di itinerario o per varianti alle strade esistenti, , si rende necessario il trasferimento di strade, o di tronchi di esse, fra gli enti proprietari, fatto salvo quanto previsto all'articolo 3, si provvede a norma dei commi seguenti.

2. L'assunzione e la dismissione di strade statali o di singoli tronchi avvengono con decreto del Ministro dei lavori pubblici, su proposta ((di uno degli enti interessati, previo parere degli altri enti competenti)) , sentiti il Consiglio superiore dei lavori pubblici e il Consiglio di amministrazione dell'ANAS. Per le strade non statali il decreto e' emanato dal Presidente della regione competente su proposta degli enti proprietari interessati, con le modalita' previste dall'articolo 2, commi 4, 5, e 6. ((Le variazioni di classifica conseguenti all'emanazione dei decreti precedenti, da pubblicarsi sulla Gazzetta Ufficiale della Repubblica o sul Bollettino regionale, sono comunicate all'archivio nazionale delle strade di cui all'articolo 226 del codice.))

3. In deroga alla procedura di cui al comma 2, i tratti di strade statali dismessi a seguito di varianti, che non alterano i capisaldi del tracciato della strada, perdono di diritto la classifica di strade statali e, ove siano ancora utilizzabili, sono obbligatoriamente trasferiti alla provincia o al comune.

((4. I tratti di strade statali, regionali o provinciali, che attraversano i centri abitati con popolazione superiore a diecimila abitanti, individuati a seguito della delimitazione del centro abitato prevista dall'articolo 4 del codice, sono classificati quali strade comunali con la stessa deliberazione della giunta municipale con la quale si procede alla delimitazione medesima.

5. Successivamente all'emanazione dei provvedimenti di classificazione e di declassificazione delle strade previsti agli articoli 2 e 3, all'emanazione dei decreti di passaggio di proprieta' ed alle deliberazioni di cui ai commi precedenti, si provvede alla consegna delle strade o dei tronchi di strade fra gli enti proprietari.

6. La consegna all'ente nuovo proprietario della strada e' oggetto di apposito verbale da redigersi in tempo utile per il rispetto dei termini previsti dal comma 7 dell'articolo 2 ed entro sessanta giorni dalla delibera della giunta municipale per i tratti di strade interni ai centri abitati con popolazione superiore a diecimila abitanti.))

((7.)) Qualora l'amministrazione che deve prendere in consegna la strada, o tronco di essa, non interviene nel termine fissato, l'amministrazione cedente e' autorizzata a redigere il relativo verbale di consegna alla presenza di due testimoni, a notificare all'amministrazione inadempiente, mediante ufficiale giudiziario, il verbale di consegna e ad apporre agli estremi della strada dismessa, o dei tronchi di essa, appositi cartelli sui quali vengono riportati gli estremi del verbale richiamato.

6. ((COMMA SOPPRESSO DAL D.P.R. 16 SETTEMBRE 1996, N. 610)).

Art. 5 (((Artt. 3 e 4 Cod. Str.)))
(Altre definizioni stradali e di traffico; ((delimitazione del centro abitato)))

1. Le altre definizioni stradali e di traffico di specifico rilievo tecnico di cui all'articolo 3, comma 2, del codice sono contenute nelle singole disposizioni del presente regolamento riguardanti le varie materie.

2. Le definizioni di barriere architettoniche e di accessibilita' anche per persone con ridotta o impedita capacita' motoria o sensoriale sono quelle contenute nel decreto del Ministro dei lavori pubblici 14 giugno 1989, n. 236.

((3. La delimitazione del centro abitato, come definito all'articolo 3, comma 1, punto 8, del codice, e' finalizzata ad individuare l'ambito territoriale in cui, per le interrelazioni esistenti tra le strade e l'ambiente circostante, e' necessaria da parte dell'utente della strada, una particolare cautela nella guida, e sono imposte particolari norme di comportamento. La delimitazione del centro abitato individua pertanto i limiti territoriali di applicazione delle diverse discipline previste dal codice e dal presente regolamento all'interno ed all'esterno del centro abitato. La delimitazione del centro abitato individua altresi', lungo le strade statali, regionali e provinciali, che attraversano i centri medesimi, i tratti di strada che:

a) per i centri con popolazione non superiore a diecimila abitanti costituiscono "i tratti interni";

b) per i centri con popolazione superiore a diecimila abitanti costituiscono "strade comunali", ed individua, pertanto, i limiti territoriali di competenza e di responsabilita' tra il comune e gli altri enti proprietari di strade.

4. Nel caso in cui l'intervallo tra due contigui insediamenti abitativi, aventi ciascuno le caratteristiche di centro abitato, risulti, anche in relazione all'andamento planoaltimetrico della strada, insufficiente per un duplice cambiamento di comportamento da parte dell'utente della strada, si provvede alla delimitazione di un unico centro abitato, individuando ciascun insediamento abitativo con il segnale di localita'. Nel caso in cui i due insediamenti ricadano nell'ambito di comuni diversi si provvede a delimitazioni separate, anche se contigue, apponendo sulla stessa sezione stradale il segnale di fine del primo centro abitato e di inizio del successivo centro abitato.

5. I segnali di inizio e fine centro abitato sono collocati esattamente sul punto di delimitazione del centro abitato indicato sulla cartografia allegata alla deliberazione della giunta municipale ed individuato, in corrispondenza di ciascuna strada di accesso al centro stesso, in modo tale da permettere il rispetto degli spazi di avvistamento previsti dall'articolo 79, comma 1. I segnali di inizio e fine centro abitato, relativi allo stesso punto di delimitazione, se posizionati separatamente ai lati della carreggiata, rispettivamente nella direzione di accesso e di uscita del centro medesimo, sono, di norma, collocati sulla stessa sezione stradale.

Ove si renda necessario per garantire gli spazi di avvistamento, e' ammesso lo slittamento, verso l'esterno del centro abitato, del segnale di fine centro abitato, riportando tale diversa collocazione sulla cartografia. In tal caso, la diversa collocazione del segnale di fine centro abitato rispetto al punto di delimitazione dello stesso ha valenza per le norme di comportamento da parte dell'utente della strada, ma non per le competenze degli enti proprietari della strada.

6. La delimitazione del centro abitato e' aggiornata periodicamente in relazione alle variazioni delle condizioni in base alle quali si e' provveduto alle delimitazioni stesse. A tale aggiornamento consegue l'aggiornamento dei "tratti interni" e delle "strade comunali" di cui al comma 1.

7. Nei casi in cui la delimitazione del centro abitato interessi strade non comunali, la deliberazione della giunta municipale, prevista dall'articolo 4, comma 1, del codice, con la relativa cartografia allegata, e' inviata all'ente proprietario della strada interessata, prima della pubblicazione all'albo pretorio, indicando la data di inizio di quest'ultima. Entro il termine di pubblicazione l'ente stesso puo' inviare al comune osservazioni o proposte in merito. Su esse si esprime definitivamente la giunta municipale con deliberazione che e' pubblicata all'albo pretorio per dieci giorni consecutivi e comunicata all'ente interessato entro questo stesso termine. Contro tale provvedimento e' ammesso ricorso ai sensi dell'articolo 37, comma 3, del codice.))

● 2. DISPOSIZIONI GENERALI SULLA CIRCOLAZIONE
(Artt. 5 - 6 Codice della Strada)

Art. 6 (Art. 5 Cod. Str.)
(((Modalita' e procedura per l'esercizio della diffida da parte del Ministro dei lavori pubblici. Sostituzione in caso di inadempienza).

1. Il potere di diffida di cui all'articolo 5, comma 2, del codice, e' esercitato dal Ministro dei lavori pubblici, in tutti i casi in cui sia accertata l'inosservanza, da parte dell'ente proprietario della strada, delle disposizioni del codice e del presente regolamento nonche' delle leggi o degli atti aventi forza di legge da essi richiamate.

2. Il Ministero dei lavori pubblici - Ispettorato generale per la circolazione e la sicurezza stradale, per i fini di cui al comma 1, si avvale di informazioni, segnalazioni e denunce che siano pervenute dagli organi di cui all'articolo 12 del codice, da qualsiasi persona e da associazioni senza scopo di lucro che perseguano finalita' di salvaguardia dell'ambiente.

3. Per assicurare l'attuazione operativa del servizio di cui all'articolo 11, comma 1, lettera e) del codice, gli organi di polizia stradale che, per ragioni di istituto, rilevano casi di inosservanza delle norme di cui al comma 1, sono tenuti a trasmettere specifico rapporto al capo del Compartimento dell'ANAS territorialmente competente. Il rapporto, cui viene allegata dettagliata relazione da parte dell'indicato ufficio statale periferico, viene trasmesso entro trenta giorni al Ministero dei lavori pubblici - Ispettorato generale per la circolazione e la sicurezza stradale.

4. L'esercizio del potere di diffida nei riguardi dell'ente proprietario della strada puo' essere esercitato dal Ministro dei lavori pubblici, quando non ricorrano le condizioni, anche d'ufficio.

5. Il provvedimento di diffida, predisposto dal competente ufficio dell'Ispettorato generale per la circolazione e la sicurezza stradale, puo' essere emanato, su delega del Ministro dei lavori pubblici, dal dirigente preposto all'Ispettorato generale.

6. Il provvedimento di diffida deve indicare i casi accertati di

inosservanza, senza che sia necessario specificare la fonte di informazione o la denuncia, le prescrizioni normative che si ritengono violate e gli interventi ritenuti necessari per ovviarvi. E' fissato il termine, che non puo' essere, in genere, inferiore ai sessanta giorni, entro il quale l'ente proprietario deve ottemperare alla stessa. In caso di grave situazione di pericolo, il termine indicato puo' essere motivatamente ridotto.

7. Il provvedimento di diffida deve essere notificato all'ente proprietario della strada inadempiente secondo le vigenti disposizioni di legge.

8. Trascorso inutilmente il termine fissato nel provvedimento di diffida, il Ministro dei lavori pubblici ordina, con provvedimento notificato all'ente proprietario inadempiente, la immediata esecuzione delle opere necessarie incaricando chi deve provvedervi e le modalita' di essa.

9. Ultimata l'esecuzione delle opere, il Ministro dei lavori pubblici emette ordinanza-ingiunzione, a carico dell'ente diffidato, di rivalere completamente il Ministero dei lavori pubblici di tutte le somme erogate per l'esecuzione delle stesse, fissando il termine per il pagamento; in caso di inadempienza nel termine fissato, l'ordinanza-ingiunzione acquista immediata efficacia esecutiva ai sensi delle disposizioni di legge vigenti.))

Art. 7
(Art. 6 Cod. Str.)
(Limitazioni alla circolazione. Condizioni e deroghe)

1. Il decreto del Ministro dei lavori pubblici, contenente le direttive ai prefetti, di cui all'articolo 6, comma 1, del codice, viene emanato entro il 30 ottobre e contiene le prescrizioni applicabili per l'anno o fino ad un triennio successivi. Il decreto e' pubblicato nella Gazzetta Ufficiale della Repubblica entro trenta giorni dalla emanazione; eventuali rettifiche o modificazioni devono essere pubblicate nella Gazzetta Ufficiale della Repubblica e comunicate tempestivamente all'utenza a mezzo del CCISS di cui all'articolo 73 del presente regolamento.

2. Con il decreto di cui al comma 1, riguardante la circolazione sulle strade fuori dei centri abitati, sono indicati i giorni nei quali e' vietata, nel rispetto delle condizioni e delle deroghe indicate nei provvedimenti di cui ai commi 4 e 5, la circolazione dei veicoli per il trasporto di cose indicati dal comma 3; tra detti giorni sono compresi:

a) i giorni festivi;

b) altri particolari giorni, ((in aggiunta a quelli festivi, da individuarsi in modo da contemperare le esigenze di sicurezza stradale, connesse con le prevedibili condizioni di traffico, con gli effetti che i divieti determinano sulla attivita' di autotrasporto nonche' sul sistema economico produttivo nel suo complesso.))

c) ((LETTERA ABROGATA DAL D.L. 9 FEBBRAIO 2012, N. 5, CONVERTITO CON MODIFICAZIONI DALLA L. 4 APRILE 2012, N. 35)).

3. Il decreto di cui al comma 1 prescrive:

a) le fasce di orario, differenziate in relazione ai giorni indicati al comma 2, durante le quali vige il divieto di circolazione fuori dei centri abitati dei veicoli, per il trasporto di cose, aventi massa complessiva massima autorizzata superiore a 7,5 t, dei veicoli eccezionali e di quelli adibiti a trasporto eccezionale nonche' dei veicoli che trasportano merci pericolose di cui all'articolo 168, commi 1 e 4 del codice;

b) il termine massimo di tolleranza, rispetto alle fasce orarie di cui alla lettera precedente, che consente di circolare ai veicoli per il trasporto di cose, aventi massa complessiva massima autorizzata superiore a 7,5 t, provenienti dall'estero e dalla Sardegna o diretti all'estero ed alla Sardegna, purche' muniti di idonea documentazione attestante l'origine e la destinazione del viaggio.

4. Con i provvedimenti previsti il Ministro dei lavori pubblici disciplina la facolta' di deroga esercitabile dai prefetti al divieto di cui al comma 3, al fine di garantire le fondamentali esigenze di vita delle comunita', sia nazionale che locali, nel rispetto delle migliori condizioni di sicurezza della circolazione stradale.

5. Con il decreto di cui al comma 1 sono individuati i veicoli che trasportano cose o merci destinate a servizi pubblici essenziali o che soddisfano primarie esigenze della collettivita', ivi comprese quelle legate alle attivita' agricole, da escludere dal divieto di circolazione; sono altresi' escluse dal divieto i veicoli, appartenenti al servizio di polizia e della pubblica amministrazione circolanti per motivi di servizio.

Art. 8 (Art. 6 Cod. Str.)
(Aree interne ai porti e aeroporti)
1. Ai fini delle competenze previste dall'articolo 6, comma 7, del codice, sono considerate aree interne ai porti e agli aeroporti quelle poste entro le recinzioni di confine: i confini sono definiti con appositi atti amministrativi emanati dalle competenti autorita' marittime e aeroportuali, resi noti con idonee indicazioni.

● 3. VEICOLI ECCEZIONALI E VEICOLI ADIBITI A TRASPORTI ECCEZIONALI (Art. 10 Codice della Strada)

Art. 9 (Art. 10 Cod. Str.)
(Veicoli eccezionali e veicoli adibiti a trasporti eccezionali)
1. Le caratteristiche costruttive e funzionali dei veicoli eccezionali e di quelli adibiti al trasporto eccezionale, eccedenti i limiti previsti dall'articolo 62 del codice, sono quelle indicate nell'appendice I al presente titolo.

2. Le norme di cui al comma 1 non si applicano ai veicoli, sia a motore (abilitati o non al traino) che rimorchiati, destinati esclusivamente a servizi di trasporto o di movimentazione negli ambiti degli scali aerei o dei porti e a quelli per uso speciale o per trasporto specifico, ai quali si applicano le prescrizioni dettate, con specifico provvedimento, dal ((Ministero delle infrastrutture e dei trasporti - Direzione generale per la motorizzazione)).

3. Le caratteristiche costruttive e funzionali dei veicoli eccezionali e di quelli adibiti al trasporto eccezionale, eccedenti i soli limiti previsti dall'articolo 61 del codice, sono quelle indicate nell'appendice II al presente titolo.

((3-bis. Salvo quanto previsto dall'articolo 10, comma 2, lettera b), comma 3 e comma 6 del codice, un trasporto in condizioni di eccezionalita' e' consentito quando anche una sola delle cose trasportate, indivisibile ai sensi dell'articolo 10, comma 4, del codice, determina eccedenze rispetto ai limiti di sagoma o di massa fissati dagli articoli 61 e 62 del codice, o entrambi, e non e' possibile eseguirlo in condizioni ordinarie.))

Art. 10 (Art. 10 Cod. Str.)
(Veicoli qualificati mezzi d'opera)
1. Le caratteristiche costruttive e funzionali dei veicoli qualificati mezzi d'opera, di cui all'articolo 10, comma 16, e all'articolo 54, comma 1, lettera n), del codice, sono determinate dalle disposizioni indicate nell'appendice III al presente titolo.

2. Le norme di cui al comma 1 possono essere modificate od integrate dal Ministero dei trasporti e della navigazione - Direzione generale della M.C.T.C., in relazione a specifiche esigenze determinate dall'evoluzione della tecnica di realizzazione dei veicoli mezzi d'opera.

Art. 11 (Art. 10 Cod. Str.)
(Dispositivi di segnalazione visiva)

1. I trasporti eccezionali e i veicoli eccezionali, ivi compresi i mezzi d'opera, devono essere muniti di dispositivi supplementari di segnalazione visiva, ad integrazione di quelli di cui devono essere dotati in base alle disposizioni del presente regolamento.

2. I dispositivi supplementari devono essere a luce lampeggiante gialla o arancione e devono essere di tipo approvato dal Ministero dei trasporti e della navigazione - Direzione generale della M.C.T.C. o conformi a Direttive CEE o a regolamenti ECE-ONU recepiti dal Ministero dei trasporti e della navigazione. Il numero e' quello necessario per garantire il rispetto, anche per veicoli a pieno carico, degli angoli di visibilita' di cui all'articolo 266.

3. Tali dispositivi possono essere fissati alla struttura del veicolo oppure essere rimovibili. Essi devono essere accesi anche quando non e' prescritto l'uso di dispositivi di segnalazione visiva e di illuminazione ai sensi dell'articolo 152 del codice.

4. I veicoli eccezionali, ivi compresi i mezzi d'opera, nonche' quelli destinati ad effettuare trasporti eccezionali, devono essere altresi' equipaggiati con la segnalazione luminosa di pericolo, costituita dal funzionamento simultaneo di tutti gli indicatori di direzione.

5. I complessi destinati al trasporto di carri ferroviari devono essere dotati, fermo restando quanto prescritto in generale sui dispositivi di segnalazione visiva e di illuminazione:

   a) sul veicolo trattore, di due dispositivi supplementari di cui al comma 2, posti su uno stesso piano trasversale ortogonale all'asse longitudinale del veicolo, la cui distanza deve poter essere variata in modo da assumere sempre la massima larghezza del complesso, aumentata di 0,10 m per lato;

   b) di dispositivi posteriori di segnalazione visiva posizionati o ripetuti in corrispondenza del limite posteriore del carro ferroviario.

6. Con provvedimento del Ministero dei trasporti e della navigazione - Direzione generale della M.C.T.C. sono determinati i tipi, le modalita' di applicazione, le dimensioni e le caratteristiche tecniche dei pannelli retroriflettenti, nonche' i veicoli eccezionali o adibiti a trasporti eccezionali, sui quali tali pannelli devono essere applicati.

Art. 12 (Artt. 10-159 Cod. Str.)
(Autoveicoli adibiti al soccorso o alla rimozione di veicoli)

1. Gli autoveicoli di cui agli articoli 10, comma 12, e 159, comma 2, del codice, adibiti al soccorso o alla rimozione di veicoli, sono denominati autoveicoli ad uso speciale per il soccorso stradale. Le loro caratteristiche costruttive e funzionali sono indicate nell'appendice IV al presente titolo.

2. Non costituisce trasporto eccezionale il traino di soccorso o di rimozione eseguito con autoveicoli ad uso speciale per il soccorso stradale, quando ciascuno dei veicoli costituenti il complesso, indipendentemente dai valori assunti dallo stesso, rispetti i limiti fissati dagli articoli 61 e 62 del codice. Non costituisce altresi' trasporto eccezionale il traino di soccorso o di rimozione eseguito con autoveicoli non classificati per il soccorso stradale, ma comunque idonei per una massa rimorchiabile non inferiore alla massa complessiva del veicolo trainato, qualora, oltre i singoli veicoli, anche il complesso da loro formato rispetti i limiti predetti.

3. Le caratteristiche indicate al comma 1 possono essere modificate od integrate dal Ministero dei trasporti e della navigazione - Direzione generale della M.C.T.C. in relazione a specifiche esigenze determinate dall'evoluzione della tecnica di realizzazione dei veicoli o correlate all'efficienza del servizio di soccorso o rimozione di veicoli.

Art. 13 (Art. 10 Cod. Str.)
(Tipi di autorizzazioni alla circolazione per veicoli e trasporti eccezionali)

1. Le autorizzazioni alla circolazione per i veicoli e i trasporti eccezionali, di cui all'articolo 10, comma 6, del codice, sono dei seguenti tipi:

a) periodiche, valide per un numero indefinito di viaggi da effettuarsi ((entro dodici mesi dalla data di rilascio));

b) multiple, valide per un numero definito di viaggi da effettuarsi ((entro sei mesi dalla data di rilascio));

((c) singole, valide per un unico viaggio da effettuarsi entro tre mesi dalla data di rilascio.))

((1-bis. In relazione al tipo di autorizzazione richiesta, e alle esigenze del trasporto, per viaggio si intende sia la sola andata, sia l'andata ed il ritorno, con veicolo, o complesso di veicoli, a carico o a vuoto. Per percorso si intende un itinerario collegante sempre la stessa origine e la stessa destinazione, come individuato dai richiedenti, e che puo' essere modificato dagli enti proprietari secondo le esigenze di viabilita'. Il percorso si intende ripetitivo quando mantiene fisse le tratte stradali comprese tra origine e destinazione.))

2. L'autorizzazione periodica:

A) E' rilasciata quando ricorrono congiuntamente le seguenti condizioni:

((a) i veicoli o i trasporti siano eccezionali solamente ai sensi dell'articolo 61 del codice, e la massa complessiva a pieno carico del veicolo o del complesso di veicoli, quale risulta dalla carta di circolazione, non superi i limiti di cui all'articolo 62;))

((b) il carico del trasporto eccezionale non sporga anteriormente e l'eventuale sporgenza posteriore non superi i quattro decimi della lunghezza del veicolo con il quale il trasporto stesso viene effettuato;))

c) durante tutto il periodo di validita' dell'autorizzazione, gli elementi oggetto del trasporto siano costituiti sempre da materiale della stessa natura e siano riconducibili sempre ad una stessa tipologia;

d) su tutto il percorso sia garantito, in qualunque condizione planoaltimetria, un franco minimo del veicolo e del suo carico rispetto ai limiti di corsia, misurato su ciascun lato, non inferiore a 0,20 m;

e) ((LETTERA SOPPRESSA DAL D.P.R. 12 FEBBRAIO 2013, N. 31));

f) ((i veicoli o i trasporti)) eccezionali rientrino entro i limiti delle combinazioni dimensionali che sono fissate, per ciascuna strada o tratto di strada, dagli enti proprietari delle stesse, in relazione alle caratteristiche del tracciato stradale e che comunque non possono essere superiori alle seguenti:

1) altezza 4,30 m, larghezza 3 m, lunghezza 20 m;

2) altezza 4,30 m, ((larghezza 2,55 m)), lunghezza 25 m. Tali valori costituiscono peraltro i limiti delle combinazioni ammissibili per le strade classificate di tipo A e B ai sensi dell'articolo 2, comma 2, del codice. In attesa della classificazione si applicano le disposizioni dell'articolo 2, comma 8.

((B) E' altresi' rilasciata per le seguenti categorie di veicoli e di trasporti eccezionali, in considerazione delle loro specificita' e purche' siano riconducibili sempre alla medesima tipologia:

a) veicoli per uso speciale individuati agli articoli 203, comma 2, lettere b), c), h), i), j), bb), cc) e ii), 204, comma 2, lettere a) e b), e veicoli eccezionali al seguito dei veicoli di cui all'articolo 203, comma 2, lettera h), adibiti al trasporto esclusivo di attrezzature ad essi complementari;

b) autotreni ed autoarticolati con rimorchio o semirimorchio destinato al trasporto esclusivo di macchine operatrici da cantiere, anche se superano le dimensioni prescritte dall'articolo 61 del codice, ma sono comunque compresi entro i limiti fissati dall'ente che rilascia l'autorizzazione, in relazione alla configurazione della rete stradale interessata, di massa complessiva a pieno carico non superiore a 72 t, ovvero 56 t se formati con motrice classificata mezzo d'opera o dichiarata idonea a formare autoarticolati mezzi d'opera;

c) veicoli adibiti al trasporto di carri ferroviari;

d) veicoli che trasportano, in quanto adeguatamente e permanentemente allestiti, pali per linee elettriche, telefoniche e di pubblica illuminazione, purche' non eccedenti con il carico le dimensioni in larghezza ed altezza di cui all'articolo 61 del codice, ed aventi lunghezza massima di 14 m. Le parti a sbalzo devono essere efficacemente segnalate ai fini della sicurezza della circolazione; la parte a sbalzo anteriore non deve eccedere 2,50 m misurati dal centro dell'asse anteriore;

e) veicoli adibiti al trasporto di blocchi di pietra naturale a condizione che il trasporto venga effettuato senza sovrapporre i blocchi gli uni sugli altri;

f) veicoli adibiti al trasporto di elementi prefabbricati composti e di apparecchiature industriali complesse per l'edilizia, per i quali il trasporto, compatibilmente con le caratteristiche dei percorsi richiesti, rientri nei limiti dimensionali e ponderali seguenti: altezza 4,30 m, larghezza 2,55 m, lunghezza 35 m, massa complessiva 108 t;

g) veicoli adibiti al trasporto di coils e laminati grezzi;

h) veicoli adibiti al trasporto di attrezzature per spettacoli viaggianti, che non eccedano i limiti di massa fissati dall'articolo 62 del codice e i seguenti limiti dimensionali: altezza 4,30 m, larghezza 2,60 m, lunghezza 23 m.

L'autorizzazione periodica e' rilasciata su percorsi anche diversi o su elenchi di strade; non e' consentita per i veicoli di cui alle lettere e), f) e g) per il transito sulle strade classificate di tipo A, ai sensi dell'articolo 2, comma 2, del codice.))

3. L'autorizzazione multipla e' rilasciata a condizione che, in ciascun viaggio, rimangono invariati ((il percorso)) e tutte le caratteristiche del trasporto, salvo quanto disposto al successivo comma 7, per veicoli o per trasporti che risultano eccezionali sia solamente ai sensi dell'articolo 61 del codice, nei casi non rientranti fra le ipotesi di cui al comma 2, sia solamente ai sensi dell'articolo 62 del codice, sia congiuntamente ai sensi degli articoli 61 e 62 del codice.

4. Nei casi nei quali non sussistono le condizioni di cui ai commi 2 e 3 e' rilasciata unicamente autorizzazione di tipo singolo.

5. Per le autorizzazioni di tipo periodico ((di cui al comma 2, punto A),)) e' ammessa la facolta' di variare le dimensioni degli elementi oggetto del trasporto o il posizionamento degli stessi, in maniera tale da variare le dimensioni del trasporto o del veicolo, nei casi ed entro i limiti ammessi dalla carta di circolazione ovvero dalla documentazione rilasciata dalla ((Direzione generale per la motorizzazione)) tra i limiti superiori fissati dalla autorizzazione ed i limiti fissati dall'articolo 61 del codice. E' consentito rientrare anche entro i limiti stessi, a condizione che sia garantito il rispetto, in qualunque condizione di carico, di tutte le altre prescrizioni di cui all'articolo 16 e di tutti i limiti di massa fissati dall'articolo 62 del codice ((; in tal caso viene meno l'obbligo della scorta, qualora imposta)).

6. Alla domanda di autorizzazione periodica deve essere allegata una dichiarazione di responsabilita', sottoscritta dal legale rappresentante della ditta che esegue il trasporto, che attesti il rispetto, in qualunque condizione di carico, di tutte le altre prescrizioni di cui all'articolo 16 e, nell'ipotesi di cui al comma 2, punto A), dei limiti di massa fissati dall'articolo 62 del codice. Nell'autorizzazione e' riportata solo l'indicazione dei limiti dimensionali superiori del trasporto.

((7. Per le autorizzazioni di tipo singolo o multiplo, e per i trasporti eccezionali di cui al comma 2, punto B), e' ammessa la facolta' di ridurre, anche congiuntamente, le dimensioni o la massa degli elementi oggetto del trasporto o il loro posizionamento o il loro numero, a condizione che:

a) permangano le condizioni che impongono la scorta, ove la stessa e' prescritta;

b) sia garantito il rispetto, in qualunque condizione di carico, delle prescrizioni di cui all'articolo 16;

c) siano rispettati i limiti di massa fissati dall'autorizzazione o, in mancanza, dall'articolo 62 del codice;

d) rimanga inalterata la natura del materiale e la tipologia degli elementi.

Resta fermo l'indennizzo gia' corrisposto ai sensi dell'articolo 18, ove dovuto.

Per i trasporti eccezionali solamente in lunghezza, ai sensi dell'articolo 61 del codice, e per i quali nel provvedimento di autorizzazione non e' prescritta la scorta, e' ammessa anche la facolta' di ridurre la dimensione longitudinale del trasporto, anche con eventuale riduzione di massa, fino al limite fissato dall'articolo 61 del codice, potendo rientrare anche entro il limite stesso.))

8. Nei casi in cui per il transito di un veicolo o di un trasporto eccezionale siano necessari particolari accorgimenti tecnici o particolari cautele atte a salvaguardare le opere stradali, l'ente proprietario della strada puo' prescrivere un servizio di assistenza tecnica i cui compiti sono limitati ad interventi di carattere tecnico sulle opere stradali con esclusione di qualunque intervento di regolazione della circolazione e di scorta dei veicoli. Detto servizio deve essere di norma svolto con personale e attrezzature dell'ente proprietario della strada. Nel caso in cui lo stesso non abbia la possibilita' di prestare in proprio detto servizio, puo' affidarne lo svolgimento ad una impresa esterna, anche su indicazione del richiedente l'autorizzazione, la quale deve documentare il possesso del personale e delle attrezzature idonee allo svolgimento del servizio che deve, comunque, essere sempre condotto sotto la sorveglianza e la responsabilita' di un tecnico dell'ente proprietario della strada. Gli oneri economici del servizio di assistenza tecnica sono a carico del soggetto richiedente.

9. Qualora il trasporto riguardi piu' cose indivisibili la o le eccedenze rispetto ai limiti di sagoma stabiliti dall'articolo 61 del codice non possono derivare dall'affiancamento, sovrapposizione o abbinamento longitudinale delle cose stesse.

10. Qualora la sistemazione del carico determini una sporgenza anteriore oltre la sagoma limite del veicolo, tale sporgenza non deve diminuire la visibilita' da parte del conducente. ((L'impiego di specifiche attrezzature non deve determinare eccedenze superiori a 4,20 m in altezza. Nel caso di autotreni, non si configura l'abbinamento longitudinale delle cose indivisibili qualora l'eccedenza in lunghezza si verifichi posteriormente per il solo rimorchio.))

Art. 14
(((Art. 10 Codice della strada)))

((1. Le domande per ottenere l'autorizzazione alla circolazione per i veicoli eccezionali o per i trasporti in condizione di eccezionalita' devono essere presentate su carta resa legale, ai sensi del decreto del Presidente della Repubblica 30 dicembre 1982, n. 955, all'ente proprietario o concessionario per le autostrade, strade statali e militari ed alle regioni per la rimanente rete viaria. Le regioni possono delegare alle province le competenze relative all'autorizzazione alla circolazione di cui all'articolo 10, comma 6, del codice. In tale caso ciascuna provincia ha competenza a rilasciare l'autorizzazione sull'intero territorio regionale, previo nulla osta delle altre province. Ai fini della massima semplificazione e della gestione in tempo reale delle domande, gli enti proprietari di strade o i loro concessionari adottano apposite procedure telematiche, con imposta di bollo corrisposta in modo virtuale; gli stessi possono costituire consorzi o stipulare convenzioni tra loro al fine di istituire sportelli unici per l'accettazione, la gestione delle domande ed il rilascio delle relative autorizzazioni; a fini di coordinamento e di scambio di informazioni, possono, inoltre, richiedere l'interconnessione con i rispettivi sistemi informativi e con quelli della Direzione generale per la motorizzazione.

2. La domanda deve essere presentata almeno quindici giorni prima della data fissata per il viaggio o della data di decorrenza del periodo di autorizzazione richiesto. L'autorizzazione deve essere rilasciata entro quindici giorni dalla presentazione della domanda. Il divieto di autorizzazione o la necessita' di procrastinare il rilascio a date successive a quelle richieste nella domanda, deve essere espressamente motivato. I termini di rilascio e quelli di presentazione possono essere ridotti per ragioni di pubblico interesse dichiarate dalle competenti autorita', ovvero per esigenze di esportazione o trasferimento, o per documentati motivi d'urgenza; possono essere, altresi', ridotti, per veicoli gia' in possesso di autorizzazione, in caso di trasferimento presso officine di riparazione su percorsi diversi da quelli gia' autorizzati, ovvero in caso di soccorso o rimozione con i veicoli di cui all'articolo 12. La richiesta di riduzione dei termini deve essere motivata; se, su istanza, la domanda e' evasa nel termine massimo di tre giorni lavorativi, l'ente rilasciante ha facolta' di richiedere i diritti d'urgenza.

3. Nelle domande relative alle autorizzazioni di tipo singolo o multiplo, possono essere indicati, con annotazione a parte, sia per il veicolo trainante che per quello trainato, ammettendo tutte le loro possibili combinazioni, anche incrociate, fino ad un massimo di cinque veicoli, costituenti riserva di quelli scelti per il trasporto, a condizione che:

a) sia documentata l'abbinabilita' di ciascuno dei complessi di veicoli eccezionali scelti per il trasporto, ai sensi dell'articolo 219, comma 3;

b) nel caso di veicoli o trasporti eccezionali per massa, rimangano invariati i carichi massimi trasmessi a terra da ciascun asse, in relazione alle condizioni di carico autorizzate e gli interassi varino entro una tolleranza del 20% e che, comunque, si determini una differenza non superiore a 0,50 m;

c) la massa complessiva a pieno carico di ciascun veicolo o complesso di veicoli di riserva non sia superiore a quella del primo veicolo o complesso di veicoli.

4. Nelle domande relative alle autorizzazioni di tipo periodico, deve essere indicato un unico veicolo trattore, mentre per i rimorchi ed i semirimorchi possono essere indicati fino ad un massimo di cinque veicoli di riserva, purche' di documentata abbinabilita', ai sensi dell'articolo 219, comma 3, e tali da rispettare in ogni combinazione tutti i limiti di massa ed i limiti dimensionali fissati dall'autorizzazione.

5. Il veicolo o trasporto eccezionale con altezza superiore a 4,30 m, che debba attraversare passaggi a livello su linee ferroviarie elettrificate, deve ottenere anche l'autorizzazione del gestore della rete ferroviaria, cui deve essere inoltrata istanza. Detta autorizzazione contiene le prescrizioni a garanzia della continuita' del servizio ferroviario e della sicurezza dell'attraversamento.

6. Fermo restando l'obbligo di verifica da parte dell'ente rilasciante l'autorizzazione, per i veicoli o i trasporti eccedenti in altezza i richiedenti devono, altresi', dichiarare di aver verificato che sull'intero percorso non esistono linee elettriche che determinano un franco inferiore a 0,40 m ed opere d'arte con franco inferiore a 0,20 m rispetto all'intradosso. Ove non sussistano tali condizioni, l'ente proprietario ha la facolta' di rilasciare l'autorizzazione, previa adozione di specifiche misure prescrittive e di controllo.

7. Nella domanda di autorizzazione, oltre a tutti i dati necessari ad identificare il richiedente, il veicolo o complesso di veicoli e la dotazione dei mezzi tecnici di supporto eventualmente necessari per effettuare il trasporto, devono essere di norma indicati:

A) per le autorizzazioni di tipo periodico:

a) una descrizione del carico, compresa la natura del materiale in cui e' realizzato e la tipologia degli elementi che lo costituiscono, nonche' dell'eventuale imballaggio, per i trasporti eccezionali di cui all'articolo 13, comma 2, punto B);

b) lo schema grafico longitudinale, trasversale e planimetrico, riportante: il veicolo o complesso di veicoli compresi quelli eventuali di riserva, con carico nella configurazione prevista di massimo ingombro; i limiti dimensionali massimi per i quali si richiede l'autorizzazione, rientranti comunque entro i limiti consentiti dall'ente proprietario o concessionario della strada; la massa totale e la distribuzione del carico sugli assi a pieno carico nella configurazione di massimo ingombro prevista nonche' i limiti di massa complessiva e per asse ammissibili ai sensi dell'articolo 62 del codice;

c) i percorsi o gli elenchi di strade interessate al transito;

d) il periodo di tempo per il quale si richiede l'autorizzazione;

B) per le autorizzazioni di tipo multiplo o singolo:

a) una precisa descrizione del carico e del suo eventuale imballaggio;

b) lo schema grafico longitudinale, trasversale e planimetrico riportante: la configurazione del veicolo o complesso di veicoli, compresi quelli eventuali di riserva, con il suo carico; il limite superiore delle dimensioni, della massa totale e la distribuzione del carico sugli assi sia a vuoto che a pieno carico nella configurazione corrispondente al limite superiore di dimensioni e di massa. Qualora ci sia eccedenza rispetto a quanto previsto dall'articolo 62 del codice, devono essere indicati la pressione di gonfiaggio dei pneumatici e il baricentro del carico complessivo, allegando dichiarazione sostitutiva di atto di notorieta', sottoscritta dal committente ai sensi delle vigenti norme in materia, attestante la massa del carico;

c) il percorso interessato al transito;

d) la data del viaggio o dei viaggi con cui si realizza il trasporto o il periodo di tempo nel quale si effettuano il viaggio o i viaggi.

8. La domanda di autorizzazione deve essere corredata da copia del documento di circolazione o del documento sostitutivo rilasciato dalla Direzione generale per la motorizzazione, dal quale risultino le dimensioni e le masse massime riconosciute ammissibili e, nel caso di complessi, l'abbinabilita' della motrice con il rimorchio o semirimorchio ove prevista. Qualora non risultino dai documenti citati i carichi massimi per asse, questi devono essere certificati da un documento della casa costruttrice o della Direzione generale per la motorizzazione. Deve, inoltre, essere presentata la ricevuta attestante il pagamento, ove previsto, dell'indennizzo di cui all'articolo 18 e delle spese di cui all'articolo 19, ad eccezione delle voci di spesa che possono essere contabilizzate ed addebitate soltanto a consuntivo. Tale ricevuta deve essere consegnata, in originale o in copia, secondo i casi, all'ente rilasciante prima del ritiro dell'autorizzazione, salvo che l'ente stesso non acquisisca altrimenti l'informazione dell'avvenuto pagamento, purche' tale modalita' sia uniforme per tutta la rete viaria dell'ente rilasciante ovvero degli enti consorziati o operanti in regime di convenzione ai sensi del comma 1. Alla domanda di autorizzazione devono, altresi', essere allegati: copia dell'autorizzazione di cui al comma 5, ove prevista; la dichiarazione sulla verifica delle linee elettriche di cui al comma 6, ove prevista; la dichiarazione di cui all'articolo 13, comma 6, ove prevista; una dichiarazione sulla percorribilita', da parte del veicolo o complesso, dei percorsi o elenchi di strade richiesti, a firma del titolare o legale rappresentante della ditta,

con particolare riferimento all'inscrivibilita' in curva, in caso di eccedenza rispetto a quanto previsto dall'articolo 61 del codice. E' ammessa la facolta' di formulare le dichiarazioni previste in calce alla domanda di autorizzazione.

9. La domanda di autorizzazione presentata dalle imprese concessionarie del servizio di trasporto su strada di carri ferroviari e' corredata dalla copia della carta di circolazione del trattore e dei rimorchi autorizzati da parte del competente ufficio della Direzione generale per la motorizzazione, ad essere agganciati al medesimo, fino ad un massimo di dieci rimorchi; l'autorizzazione e' rilasciata per i complessi che possono cosi' formarsi.

10. Per i casi previsti dagli articoli 98 e 99 del codice, possono essere rilasciate, secondo i casi, le autorizzazioni di cui all'articolo 13, comma 1, lettere b) o c); le domande di autorizzazione, in luogo della documentazione relativa al veicolo, possono essere corredate da una dichiarazione, sottoscritta dal legale rappresentante della ditta costruttrice, contenente le medesime specifiche tecniche ed identificative di cui al comma 7, ed un disegno di insieme del veicolo. Tale documentazione deve essere completata dalla copia del certificato della targa di prova o del foglio di via che accompagna la targa provvisoria di cui all'articolo 255. Per la circolazione ai sensi dell'articolo 98 del codice le domande di autorizzazione possono essere presentate da parte dei soggetti e per le finalita' di cui all'articolo 1, comma 1, del decreto del Presidente della Repubblica 24 novembre 2001, n. 474. Per i soli veicoli di cui all'articolo 13, comma 2, punto B), lettera a), e' consentito il rilascio delle autorizzazioni di cui all'articolo 13, comma 1, lettera a). In tal caso, l'autorizzazione deve riportare il numero di assi e i limiti dimensionali e ponderali entro i quali il veicolo e' ammesso a circolare, e deve essere accompagnata, volta per volta, dalla copia della carta di circolazione, se trattasi di veicolo eccezionale gia' immatricolato, del certificato di approvazione o di omologazione di cui all'articolo 76, commi 1 e 6, del codice, se trattasi di veicolo eccezionale non ancora immatricolato, o da dichiarazione sostitutiva del costruttore, se trattasi di prototipo sperimentale, nonche' dal disegno d'insieme del veicolo nella sua effettiva configurazione di marcia.

11. Le domande di autorizzazione devono essere sottoscritte, ai sensi delle vigenti norme in materia di dichiarazioni sostitutive di atto di notorieta', dal legale rappresentante della societa' o impresa di trasporto o da altro soggetto munito di delega o dal proprietario del veicolo o dal suo locatario ai sensi dell'articolo 91 del codice che, nel caso di trasporto per conto terzi, deve anche dichiarare di avere tutti gli specifici requisiti e autorizzazioni di cui alla legge 6 giugno 1974, n. 298, e successive modificazioni. Per i soggetti di cui al comma 10, tale dichiarazione non e' necessaria. Nei casi di trasferimento per riparazione, soccorso o rimozione la domanda puo' essere sottoscritta anche dall'esercente l'officina di riparazione, in possesso di targa prova ai sensi dell'articolo 98 del codice e dell'articolo 1, comma 1, del decreto del Presidente della Repubblica 24 novembre 2001, n. 474, ovvero dall'esercente l'attivita' di soccorso o di rimozione, oppure corredata da dichiarazione di questi attestante lo stato di necessita'.

12. I vettori esteri che intendono circolare sul territorio nazionale con veicoli o complessi eccezionali, immatricolati all'estero, oppure effettuare trasporti eccezionali devono produrre copia dei documenti di circolazione e un documento tecnico rilasciato dalla Direzione generale per la motorizzazione, a richiesta dell'interessato, secondo un modello fissato dal Ministero delle infrastrutture e dei trasporti. L'abbinabilita' dei complessi deve essere documentata ai sensi dell'articolo 219, comma 3, ovvero con analoga attestazione dello stato d'origine, ovvero producendo copia di un'autorizzazione da questo rilasciata e in corso di validita'.

13. La copia del documento di circolazione o del documento sostitutivo di cui ai commi 8, 9 e 12, deve essere relativa ad un

documento valido e presentata in forma semplice; deve essere esibito, contestualmente, l'originale del documento stesso, ovvero la copia deve essere dichiarata dall'interessato conforme all'originale, ai sensi delle vigenti norme in materia di dichiarazioni sostitutive di atto di notorieta'. L'ente rilasciante l'autorizzazione attesta sulla copia, se del caso, la presa visione del documento originale. I soggetti che presentano piu' domande di autorizzazione presso lo stesso ente e per lo stesso veicolo possono fornire, per tutte le domande successive alla prima, nell'arco temporale di un anno, gli estremi della medesima e dichiarando che, dalla data della prima presentazione, il documento di circolazione o il documento sostitutivo non hanno subito modifiche ed hanno mantenuto validita' per la circolazione.))

Art. 15
(((Art.10 Codice della strada)))

((1. Le autorizzazioni in scadenza o scadute sono rinnovabili su domanda, per non piu' di tre volte, per un periodo di validita' complessiva dell'autorizzazione non superiore a tre anni, quando tutti i dati, riferiti sia al veicolo o complesso di veicoli che al suo carico, e il percorso stradale sono rimasti invariati.
2. La domanda per il rinnovo delle autorizzazioni, da presentarsi in carta semplice entro i trenta giorni antecedenti o successivi alla scadenza, deve essere sottoscritta da uno dei soggetti di cui all'articolo 14, commi 10 e 11, e corredata da:
    a) estremi identificativi del provvedimento di autorizzazione rilasciato e da rinnovare;
    b) dichiarazione sottoscritta, nelle forme di legge, dal legale rappresentante della ditta che esegue il trasporto, attestante il permanere di tutti i requisiti che hanno determinato il rilascio dell'autorizzazione;
    c) ricevuta, in originale o in copia secondo i casi, salvo che non sia altrimenti acquisita dall'ente stesso, attestante il pagamento dell'indennizzo di cui all'articolo 18, ove previsto, e delle spese di cui all'articolo 19, aggiornati all'anno in cui avviene il rinnovo;
    d) copia del documento di circolazione o del documento sostitutivo, presentata con le modalita' previste all'articolo 14, comma 13.
3. Le autorizzazioni di tipo singolo o multiplo, non ancora scadute, possono a domanda dell'interessato essere prorogate una sola volta per un periodo di validita' non superiore a quello originariamente concesso. La domanda di proroga, da presentarsi in carta semplice prima della scadenza, e da evadere entro sette giorni lavorativi dalla presentazione, deve essere corredata da una dichiarazione attestante la necessita' della proroga, dalla dichiarazione sottoscritta dal legale rappresentante che il trasporto o i trasporti per i quali si chiede la proroga non sono stati effettuati e dalla dichiarazione del permanere di tutti i requisiti che hanno determinato il rilascio della autorizzazione stessa.
4. All'atto del rinnovo o della proroga dell'autorizzazione l'ente proprietario o concessionario delle strade ha facolta' di integrare o modificare le prescrizioni contenute nell'autorizzazione originaria.
5. Le domande di modifiche ovvero integrazioni ad autorizzazioni gia' rilasciate ed in corso di validita' devono essere presentate con le modalita' previste dal comma 2, e devono essere evase nei termini previsti dal comma 3.))

Art. 16
(Art. 10 Cod. Str.)
Provvedimento di autorizzazione

((1. Nel provvedimento di autorizzazione sono stabilite le prescrizioni ritenute opportune per la tutela del patrimonio stradale e la sicurezza della circolazione quali, ad esempio, gli eventuali percorsi da seguire o da evitare, i limiti di velocita' da rispettare, la necessita' o meno della scorta tecnica da parte del personale abilitato di cui all'articolo 12, comma 3-bis, del codice, gli eventuali periodi temporali, orari e giornalieri, di non validita' delle autorizzazioni, le modalita' inerenti la marcia, la sosta o il ricovero del veicolo o del complesso, l'eventuale obbligo di comunicare il transito nel caso sia prescritta la scorta ovvero si eccedano i limiti previsti dall'articolo 62 del codice. Il provvedimento deve, altresi', contenere la prescrizione che, in caso di neve, ghiaccio, nebbia o scarsa visibilita', sia diurna che notturna, il veicolo deve essere tempestivamente allontanato dalla sede stradale e condotto alla piu' vicina area disponibile. I vari enti proprietari interessati dal transito, previo coordinamento tra loro secondo le facolta' di cui all'articolo 14, comma 1, qualora le situazioni e condizioni locali lo consentano, si adoperano perche' le prescrizioni siano il piu' possibile uniformi.))

2. Sulle strade, anche temporaneamente ad una corsia per senso di marcia, nel caso di trasporto o veicolo eccezionale avente larghezza superiore a quella della corsia, nonche' sui tratti di strada in curva, ove il trasporto con il suo ingombro superi la larghezza della corsia, deve essere prescritta la circolazione a senso unico alternato per brevi tratti di strada regolamentata con specifiche segnalazioni, con il pilotaggio del traffico ovvero con altri interventi di regolazione del traffico da effettuarsi a cura dei soggetti di cui all'articolo 12, commi 1 o 3-bis, del codice.

3. La scorta e' prescritta, qualora si verifichi anche una sola delle seguenti condizioni:

a) la larghezza della corsia sia inferiore a 3,50 m per i veicoli o i trasporti che sono eccezionali anche in larghezza ed a 3,00 m per i veicoli o i trasporti che non sono eccezionali in larghezza;

b) la fascia di ingombro del veicolo o del trasporto eccezionale sia superiore alla larghezza della corsia di marcia, decurtata di 20 cm in relazione all'andamento planimetrico del percorso;

c) il veicolo o trasporto eccezionale abbia larghezza superiore a 3 m o a 3,20 m, nel caso di veicoli classificati o utilizzati come sgombraneve o in caso di trasporto di carri ferroviari;

d) il veicolo o trasporto eccezionale abbia lunghezza superiore a 25 m;

e) la velocita' consentita sia inferiore a 40 km/h sulle strade di tipo A e B, a 30 km/h sulle altre strade;

f) il carico presenti una sporgenza posteriore superiore ai 4/10 della lunghezza del veicolo;

g) il carico presenti una sporgenza anteriore superiore a 2,50 m rispetto al limite anteriore del veicolo. Per i veicoli ed i trasporti eccezionali che rispettano tutti i limiti dell'articolo 61 del codice, le condizioni di cui sopra si intendono soddisfatte, fatta salva la verifica della condizione di cui alla lettera e).

((4. Ferme restando le condizioni di cui al comma 3 e le facolta' di cui all'articolo 13, commi 5 e 7, se nel provvedimento di autorizzazione e' prescritta la scorta tecnica a cura del personale abilitato di cui all'articolo 12, comma 3-bis, del codice, il capo-scorta dovra' attenersi alle indicazioni del disciplinare di cui al comma 6, e alle eventuali indicazioni fornite, ai sensi del comma 5, dagli organi di polizia stradale di cui all'articolo 12, comma 1, del codice. Prima dell'inizio del viaggio il capo-scorta deve darne comunicazione agli organi di polizia stradale competenti per territorio di cui all'articolo 12, comma 1, del codice:

a) con preavviso di ventiquattro ore, quando il viaggio deve essere effettuato sulle strade o tratti di strade di tipo A e B, ai sensi dell'articolo 2, comma 2, del codice, e sulle altre strade extraurbane con almeno due corsie per senso di marcia, per veicoli o trasporti eccezionali di larghezza superiore a 4,5 m o di lunghezza superiore a 38 m;

b) con preavviso di tre giorni, quando il viaggio deve essere effettuato sulle altre strade o tratti di strade diverse da quelle indicate alla lettera a) per i veicoli o trasporti eccezionali di larghezza superiore a 4 m o lunghezza superiore a 35 m, ai fini dell'eventuale intervento, prima della partenza, di una pattuglia di Polizia stradale, per il controllo tecnico documentale sul trasporto da eseguire;

c) con preavviso di cinque giorni, quando e' necessaria l'adozione di provvedimenti di chiusura completa al transito della strada con deviazione del traffico su itinerari alternativi, ai sensi dell'articolo 10, comma 9, del codice, ovvero la chiusura del tratto stradale interessato ha durata prevedibile superiore ad un'ora.

La comunicazione, che deve essere fornita con le modalita' indicate con direttive del Ministero dell'interno, deve precisare la data e l'ora d'inizio del viaggio e le generalita' del capo-scorta designato.

5. Gli organi di polizia stradale competenti per territorio di cui all'articolo 12, comma 1, del codice, secondo le direttive fornite dal Ministero dell'interno, e conformemente alle disposizioni del disciplinare tecnico di cui al comma 6, possono:

a) nei casi indicati dal comma 4, lettere a) e b), se le circostanze lo richiedono, imporre all'impresa autorizzata o ai soggetti di cui al comma 6-bis, che effettuano la scorta tecnica, ulteriori modalita' operative ovvero fornire indicazioni sul numero di ulteriori veicoli o persone abilitate di scorta;

b) nel caso indicato dal comma 4, lettera c), se le circostanze lo consentono, autorizzare il personale della scorta tecnica a coadiuvare il personale di polizia o ad eseguire direttamente, in luogo di esso, le necessarie operazioni.

6. La scorta tecnica puo' essere svolta direttamente da una delle imprese interessate al trasporto con autoveicoli di cui abbia la disponibilita' o puo' essere affidata a imprese specializzate. In entrambi i casi le imprese devono essere munite di autorizzazione allo svolgimento del servizio di scorta tecnica e le persone incaricate della scorta tecnica devono essere munite di apposita abilitazione. Con disciplinare tecnico approvato con decreto del Ministro delle infrastrutture e dei trasporti, di concerto con il Ministro dell'interno, da pubblicare nella Gazzetta Ufficiale della Repubblica, sono stabiliti i requisiti e le modalita' per l'autorizzazione delle imprese allo svolgimento del servizio di scorta tecnica e per l'abilitazione delle persone atte ad eseguire la scorta tecnica. Con lo stesso disciplinare tecnico sono stabiliti i dispositivi supplementari di cui devono essere dotati gli autoveicoli adibiti al servizio di scorta tecnica, le modalita' di svolgimento della stessa, nonche' le eventuali ulteriori comunicazioni. L'autorizzazione allo svolgimento del servizio di scorta tecnica da parte dell'impresa e l'abilitazione del personale incaricato sono rilasciati da parte del Ministero dell' interno.))

6-bis. I concessionari di pubblici servizi, di cui all'articolo 28 del codice, possono effettuare la scorta tecnica per i veicoli nella loro disponibilita' ed per i trasporti di proprio interesse, utilizzando personale dipendente e veicoli di cui abbiano la disponibilita'. Il personale che effettua la scorta deve essere munito di abilitazione rilasciata secondo le disposizioni del disciplinare tecnico di cui al comma 6 ed i veicoli utilizzati devono essere attrezzati secondo le disposizioni dello stesso disciplinare. Deve essere in ogni caso garantito il rispetto delle modalita' di svolgimento della scorta dettate dal medesimo disciplinare tecnico. ((Per i veicoli eccezionali ovvero per i trasporti in condizioni di eccezionalita' nella disponibilita' o sotto il diretto controllo delle Forze armate, la scorta tecnica puo' essere effettuata dal personale dell'amministrazione della difesa. Parimenti, le amministrazioni assimilate alle Forze armate di cui all'articolo 138, comma 11, del codice, potranno effettuare la scorta tecnica con proprio personale. L'abilitazione del personale di scorta tecnica ai predetti veicoli o trasporti eccezionali e' rilasciata dal Comando militare competente o dall'autorita' assimilata ai sensi dell'articolo 138, comma 11, del codice. Le disposizioni del disciplinare tecnico approvato con decreto del Ministro delle infrastrutture e dei trasporti, di concerto con il Ministro dell'interno di cui al comma 6, si applicano, limitatamente alle modalita' di effettuazione della scorta, anche per la circolazione dei veicoli e trasporti eccezionali nella disponibilita' o sotto il diretto controllo dei soggetti di cui all'articolo 138, comma 11, del codice.))

((7. Per le scorte assicurate dalla specialita' Polizia Stradale della Polizia di Stato, ovvero dai corpi di polizia municipale o provinciale ai sensi dell'articolo 21, comma 2, nel rispetto del regolamento di amministrazione e di contabilita' dell'Amministrazione della Pubblica Sicurezza, ovvero della competente amministrazione, sono a carico del richiedente le spese e gli oneri relativi, fissati con provvedimento del Ministero dell'interno, di concerto con il Ministero dell'economia e delle finanze.))

8. Il conducente o il responsabile dell'eventuale scorta, sono tenuti ad accertare che il transito del trasporto o del veicolo eccezionale per massa su opere d'arte avvenga in modo tale che non sia presente, su ciascuna opera d'arte o singola campata del viadotto, un altro veicolo o trasporto eccezionale.

9. In ogni caso l'efficacia del provvedimento di autorizzazione e' subordinata al pieno rispetto, durante il transito, degli obblighi e delle limitazioni localmente imposti e risultanti dalla segnaletica stradale e dalle disposizioni localmente in vigore.

((10. Sulle autorizzazioni singole e multiple, qualora sia dovuto l'indennizzo d'usura, devono essere annotati, prima di iniziare il viaggio, l'ora e il giorno di effettuazione di ciascun viaggio e l'autorizzazione, al termine del suo uso o alla sua scadenza, deve essere restituita all'ente che ha rilasciato l'autorizzazione stessa. Deve, inoltre, essere allegata copia della dichiarazione sostitutiva e dello schema di carico di cui all'articolo 14, comma 7, punto B), lettera b).

11. Nel caso in cui nella domanda si sia fatto riferimento a veicoli di riserva, conformemente a quanto disposto all'articolo 14, comma 3, qualora sia dovuto l'indennizzo d'usura, prima dell'inizio del viaggio devono essere comunicati i numeri delle targhe del veicolo isolato o del complesso di veicoli da utilizzare per il trasporto. Le comunicazioni devono essere allegate all'autorizzazione e sostituiscono l'annotazione di cui al comma 10. La comunicazione puo' essere effettuata dalla ditta che esegue la scorta ovvero dal capo-scorta.

12. Se l'annotazione prevista nel comma 10 non risulta iscritta sul documento di autorizzazione e se la comunicazione di cui al comma 11 non risulta effettuata, il trasporto eccezionale deve ritenersi non autorizzato. Pertanto, in caso di accertamento da parte degli organi di polizia stradale, lo stesso e' soggetto a tutte le conseguenze previste per la mancata autorizzazione. Alla fine del viaggio, durante il quale e' stata accertata la inadempienza, l'autorizzazione deve essere restituita all'ufficio che l'ha rilasciata. Se la comunicazione, ancorche' effettuata, non risulta allegata, il trasporto eccezionale e' invece soggetto a tutte le conseguenze previste per il mancato rispetto delle prescrizioni.))

13. I documenti di autorizzazione in originale, da conservarsi in buono stato, devono accompagnare sempre il veicolo durante la sua circolazione in regime di trasporto eccezionale e non devono essere in alcun modo manomessi, pena la immediata decadenza. ((Le comunicazioni possono essere effettuate in qualunque modalita' purche' suscettibile di riscontro. Secondo le facolta' di cui all'articolo 14, comma 1, annotazioni, comunicazioni e rilievi possono essere formulati in forma digitale.))

14. Sui documenti di autorizzazione devono essere formulati, da parte degli organi di polizia stradale di cui all'articolo 12, commi 1, 2 e 3 del codice, rilievi circa le accertate inadempienze alle

prescrizioni imposte nell'autorizzazione stessa o violazioni al codice della strada, dalle quali consegue la sospensione della patente fin dal primo accertamento, da parte del trasportatore. I predetti organi di polizia stradale informano di cio' gli enti proprietari della strada e la segreteria del comitato centrale dell'albo degli autotrasportatori. Il titolare dell'autorizzazione deve, nei casi suddetti, restituire con effetto immediato all'ente proprietario della strada l'autorizzazione.

14-bis. Sui documenti di autorizzazione di tipo multiplo o singolo, gli organi di polizia stradale di cui all'articolo 12, commi 1 o 3-bis, del codice che effettuano la scorta devono annotare, rispettivamente prima dell'inizio dell'attivita' ed immediatamente dopo la fine della stessa, la data e l'ora di inizio e di fine della scorta.

15. Il trasporto eccezionale effettuato con complessi costituiti da uno o piu' trattori con due o piu' rimorchi puo' essere autorizzato, sempre che l'ammissibilita' alla circolazione di tali complessi sia attestata da apposito documento tecnico degli uffici competenti della ((Direzione generale per la motorizzazione)).

16. I trasporti eccezionali per massa possono essere autorizzati soltanto nei limiti di massa massima, complessiva o per asse, ammessa per ciascun veicolo, quale risulta dalla documentazione rilasciata dalla ((Direzione generale per la motorizzazione)), ovvero dalla carta di circolazione, nonche', nei casi di complessi, con unita' il cui abbinamento risulti annotato sui predetti documenti.

17. Disposizioni particolari, fatto salvo quanto previsto dall'articolo 138, comma 2, del codice, possono essere stabilite con provvedimento del ((Ministro delle infrastrutture e dei trasporti)) per quanto riguarda i trasporti eccezionali o con veicoli eccezionali militari su richiesta dell'ente militare competente in accordo con l'ente proprietario, ovvero per quanto riguarda i trasporti eccezionali o con veicoli eccezionali effettuati dal Servizio nazionale della Protezione civile in caso di emergenza.

.

Art. 17 (Art. 10 Cod. Str.)
(Durata delle autorizzazioni)

((1. Le autorizzazioni di tipo singolo e multiplo non possono essere rilasciate per un periodo superiore rispettivamente a mesi tre ed a mesi sei.))

((2. Le autorizzazioni di tipo periodico non possono essere rilasciate per un periodo superiore a mesi dodici.))

3. ((COMMA SOPPRESSO DAL D.P.R. 12 FEBBRAIO 2013, N. 31)).

4. E' facolta' dell'amministrazione concedente revocare o sospendere l'efficacia di ciascuna autorizzazione, in qualunque momento, quando risulti incompatibile con la conservazione delle sovrastrutture stradali, con la stabilita' dei manufatti e con la sicurezza della circolazione.

5. E' fatto obbligo al titolare dell'autorizzazione di accertarsi, prima dell'inizio di ciascun viaggio, della percorribilita' delle strade o tratti di strada oggetto dell'autorizzazione.

Art. 18 (Art. 10 Cod. Str.)
(Indennizzo)

1. La misura dell'indennizzo dovuto agli enti che rilasciano l'autorizzazione per la maggiore usura della strada in relazione al transito dei veicoli e dei trasporti eccezionali eccedenti le masse stabilite dall'articolo 62 del codice, si calcola con le modalita' di cui alle tabelle I.1, I.2, I.3 che fanno parte integrante del presente regolamento. Detta misura, a partire dal 1 gennaio 1994, e' adeguata automaticamente, per ciascun anno solare, alle variazioni degli indici ISTAT relativi ai prezzi al consumo per le famiglie degli operai ed impiegati (media nazionale), con arrotondamento alle mille lire inferiori per importi fino a cinquecento lire, ed alle mille lire superiori per importi oltre le cinquecento lire. Per gli

indici ISTAT di riferimento, si assumono gli ultimi pubblicati nella Gazzetta Ufficiale, entro il 1 dicembre dell'anno precedente a quello in cui devono essere applicati gli adeguamenti.

((2. Dell'effettuato versamento fa fede la ricevuta riportante gli estremi identificativi del veicolo o complesso di veicoli, da allegare, in originale o in copia secondo i casi, alla domanda di autorizzazione, salvo che l'ente stesso non acquisisca altrimenti l'informazione dell'avvenuto pagamento. Nei casi in cui l'ente rilasciante non sia proprietario o concessionario della strada interessata al transito, si effettua tempestivo trasferimento delle somme percepite a favore del competente ente. Il riscontro del pagamento deve essere annotato sull'autorizzazione. Secondo le facolta' di cui all'articolo 14, comma 1, l'annotazione puo' essere effettuata in forma digitale.))

3. Nei casi di percorsi autostradali ripetitivi e non controllabili con esazioni di ingresso-uscita, l'indennizzo e' calcolato assumendo come valore "L" (elle) che figura nel calcolo di "I" - giusta tabelle I.1, I.2, I.3, - la meta' della lunghezza del percorso autostradale non controllabile.

4. E' consentita la valutazione convenzionale dell'indennizzo per la maggiore usura, ove dovuto, per i veicoli o i trasporti, di cui all'articolo 13, comma 2, punto B), qualora, all'atto della domanda di autorizzazione periodica, il richiedente non sia in grado di precisare il chilometraggio da effettuare complessivamente ne' i singoli itinerari richiesti, ne' l'effettivo carico del singolo trasporto.

((5. La valutazione convenzionale riferita al periodo di un anno e alla massa complessiva del veicolo, quale risulta dalla relativa carta di circolazione, e' effettuata come segue:

a) veicoli e trasporti di cui all'articolo 13, comma 2, punto B), lettere a), b) se diversi dai mezzi d'opera, e), f) e g):

1) sino a 20 t, euro 510,26;
2) da oltre 20 t a 33 t, euro 850,09;
3) da oltre 33 t a 56 t, euro 1.445,05.

Per la massa superiore a 56 t, gli importi aumentano di euro 25,31 per ogni t in piu';

b) veicoli e trasporti di cui all'articolo 13, comma 2, punto B), lettere b), e), f) e g), qualora il numero di assi sia superiore a otto, ovvero lettera b), limitatamente al rimorchio o alla massa gravante al suolo del semirimorchio quale risulta dalla relativa carta di circolazione, se mezzi d'opera:

1) sino a 20 t, euro 169,91;
2) da oltre 20 t a 33 t, euro 297,48;
3) da oltre 33 t a 56 t, euro 510,26;
4) da oltre 56 t a 70 t, euro 850,09.

Per la massa superiore a 70 t, gli importi aumentano di euro 25,31 per ogni t in piu';

c) veicoli e trasporti di cui all'articolo 13, comma 2, punto B), lettera c):

1) euro 1,03 per viaggio, per i complessi adibiti al trasporto di carri ferroviari a due assi aventi massa massima di 40 t e euro 6,71 per viaggio, per i complessi adibiti al trasporto di carri ferroviari a quattro assi, aventi massa massima di 80 t. I richiedenti devono, all'atto della domanda, versare a titolo di acconto per ogni trimestre, le somme di euro 92,96 o di euro 604,25, rispettivamente per i carri ferroviari a due o a quattro assi. Tali somme sono conguagliate, entro il primo mese successivo al trimestre, sulla base della documentazione dei viaggi effettuati nel trimestre stesso. Tale documentazione e' convalidata dal gestore del trasporto ferroviario.))

6. Gli importi conseguenti alle valutazioni convenzionali di cui al comma 5, lettere a) e b), su domanda del richiedente l'autorizzazione, possono essere versati in soluzioni non inferiori a 1/3 di quella annuale; in tal caso, l'autorizzazione ha il valore temporale corrispondente all'entita' della soluzione versata.((Nel

caso di complessi mezzi d'opera, per il cui veicolo trainante sia stato versato l'indennizzo d'usura di cui all'articolo 34, comma 1, del codice, la durata dell'autorizzazione e' commisurata a quella della tassa di possesso. Per i veicoli e i trasporti di cui all'articolo 10, comma 2, lettera b), del codice, nelle condizioni di cui all'articolo 10, comma 2-bis, del codice, l'indennizzo per la maggiore usura e' corrisposto in misura forfettaria come indicato nello stesso comma, e la durata dell'autorizzazione non puo' essere superiore al periodo di frazionamento della tassa di possesso; nelle diverse condizioni di cui al comma 4, per i medesimi veicoli e trasporti, l'indennizzo e' corrisposto in maniera convenzionale, e gli importi sono determinati ai sensi del comma 5.))

7. Gli importi, come determinati nel comma 5, sono versati, nei casi di itinerari interessanti sia le strade statali che la viabilita' minore, in ragione di 7/10 alle amministrazioni regionali e di 3/10 al compartimento A.N.A.S. competente per territorio operativo e le ricevute dei relativi versamenti sono allegate alle rispettive domande di autorizzazione. Nel caso di veicoli e trasporti eccezionali che impegnano la rete viaria di piu' regioni, la quota di indennizzo che compete a ciascuna regione e' ripartita in proporzione alla lunghezza dei relativi percorsi indicati nelle rispettive autorizzazioni.

8. Il pagamento dell'indennizzo per i veicoli di cui al comma 5 e' effettuato nella misura di "X"/12 rispetto a quanto dovuto per l'intero anno, in conformita' dei mesi "X" di validita' dell'autorizzazione.

9. Gli importi come definiti al comma 5, a partire dal 1 gennaio del 1993, sono adeguati automaticamente, per ciascun anno solare, alle variazioni degli indici ISTAT, di cui al comma 1.

10. Le disposizioni di cui al presente articolo, ad eccezione dei commi 1, 2 e 3, non si applicano alle autorizzazioni rilasciate dagli enti concessionari di autostrade.

Art. 19 (Art. 10 Cod. Str.)
(Oneri a carico del richiedente)
((1. Sono poste a carico del richiedente l'autorizzazione le eventuali spese inerenti i sopralluoghi, gli accertamenti riguardanti l'agibilita' del percorso e le eventuali opere di rafforzamento necessarie e le spese relative alla istruzione della pratica.

2. L'ente che rilascia l'autorizzazione puo' esigere la costituzione di apposita polizza fidejussoria, assicurativa o bancaria, a garanzia degli eventuali danni che possono essere arrecati alla strada e alle relative pertinenze nonche' alle persone o alle cose in dipendenza del transito del veicolo o del trasporto eccezionale autorizzato. Nel caso in cui detta polizza sia richiesta, all'atto del ritiro dell'autorizzazione, il richiedente e' tenuto a esibirne copia.))

Art. 20 (Art. 10 Cod. Str.)
(Aggiornamenti)
((1. Gli enti proprietari di strade provvedono a mantenere aggiornati i catasti stradali di rispettiva competenza introducendo tutte le informazioni necessarie per il tempestivo rilascio delle autorizzazioni. Compete agli stessi enti istituire e tenere aggiornato un archivio delle autorizzazioni rilasciate.))

- **4. SERVIZI DI POLIZIA STRADALE**
(Artt. 11-12 Codice della Strada)

Art. 21 (Art. 11 Cod. Str.)
(Coordinamento dei servizi di Polizia Stradale.
Rilascio di informazioni)
1. Ai compiti di coordinamento dei servizi di polizia stradale di

cui all'articolo 11, comma 3, del codice, provvede con proprie direttive il Ministro dell'interno.

((2. La scorta puo' essere curata dai corpi di polizia municipale ovvero provinciale, quando l'intero itinerario del trasporto si sviluppa su strade comunali ovvero provinciali. Per i veicoli eccezionali ovvero per i trasporti in condizioni di eccezionalita', nella disponibilita' o sotto il diretto controllo delle Forze armate, il Comando militare responsabile del trasporto potra' richiedere l'ausilio dell'Arma dei Carabinieri per l'effettuazione della scorta.))

3. Per ottenere le informazioni di cui all'articolo 11, comma 4, del codice, gli interessati devono rivolgersi direttamente o con raccomandata con ricevuta di ritorno, al comando o ufficio cui appartiene il funzionario o l'agente che ha proceduto alla rilevazione dell'incidente.

4. Il comando o ufficio e' tenuto a fornire, previo pagamento delle eventuali spese, le informazioni richieste secondo le vigenti disposizioni di legge.

5. In caso di incidente che abbia causato la morte di una persona, le informazioni sono fornite, previa presentazione di nulla-osta rilasciato dall'autorita' giudiziaria competente.

6. Se dall'incidente siano derivate lesioni alle persone, le informazioni sono fornite, in pendenza di procedimento penale, previa autorizzazione della autorita' giudiziaria, ovvero previa attestazione prodotta dall'interessato e rilasciata dalla medesima autorita' dell'avvenuto decorso del termine utile previsto per la presentazione della querela.

Art. 22 (Art. 12 Cod. Str.)
(Organi preposti)

1. Ai servizi di polizia stradale, ai sensi dell'articolo 12, comma 1, del codice, provvede il Ministero dell'interno, Dipartimento della Pubblica Sicurezza - Servizio Polizia Stradale.

2. Sono organi diretti del Ministero dell'interno, per l'espletamento in via primaria dei servizi di cui al comma 1, i Compartimenti della Polizia Stradale, alle dipendenze dei quali operano le sezioni di polizia stradale, istituite in ogni capoluogo di provincia, il reparto operativo speciale, nonche' i centri operativi autostradali, le sottosezioni, i distaccamenti e i posti mobili, costituiti in rapporto alle necessita' dei servizi medesimi con decreto del Ministro dell'interno.

3. I servizi di polizia stradale sono espletati dagli appartenenti alle amministrazioni di cui all'articolo 12, commi 1 e 2, del codice, in relazione agli ordinamenti e ai regolamenti interni delle stesse.

((4. Il personale militare di cui all'articolo 12, comma 4, del codice, anche in esecuzione dell'articolo 192, commi 5 e 6, dello stesso codice, segnala agli organi di cui all'articolo 12, comma 1, del codice le infrazioni di chiunque non abbia ottemperato alle segnalazioni volte ad assicurare la marcia delle colonne militari.))

Art. 23 (Art. 12 Cod. Str.)
(Esame di qualificazione)

1. Le amministrazioni cui appartiene il personale di cui all'articolo 12, comma 3, del codice, stabiliscono l'organizzazione e le procedure per lo svolgimento di corsi di preparazione e qualificazione per sostenere i prescritti esami di idoneita' per l'espletamento dei servizi di polizia stradale di cui all'articolo 11, comma 1, lettere a) ed e) del codice. Per gli enti di cui all'articolo 12, comma 3, ((lettera)) b), del codice, provvedono le regioni per il proprio personale, le province per il personale delle province stesse ed i comuni per il personale di appartenenza.

2. Le amministrazioni di cui al comma 1 stabiliscono i requisiti per l'espletamento dei servizi di cui all'articolo 11, comma 1, ((lettere)) a) ed e) del codice, le modalita' e i tempi per l'espletamento dei servizi stessi ed il contingente di personale da

qualificare. Sono richiesti in ogni caso il possesso della patente di guida di categoria B ordinaria, l'effettivo servizio e l'inquadramento organico nei ruoli dell'amministrazione interessata da almeno tre anni.

3. L'esame deve essere finalizzato all'accertamento della conoscenza delle norme in materia di circolazione stradale, con particolare riguardo alle norme di comportamento, ai compiti di prevenzione e repressione delle violazioni e ai procedimenti sanzionatori, nonche' alla conoscenza delle norme concernenti la tutela ed il controllo sull'uso della strada.

4. Al personale di cui al comma 1 e' rilasciata apposita tessera di riconoscimento per l'espletamento del servizio conforme al modello allegato che fa parte integrante del presente regolamento (fig. I.1); essa ha validita' quinquennale, con conferma annuale mediante l'apposizione di un bollo riportante l'anno solare di validita'.

5. Al titolare della tessera di riconoscimento di cui al comma 4 e' consentita la libera circolazione sui trasporti pubblici urbani e sui trasporti automobilistici di linea nell'ambito del territorio di competenza della amministrazione di appartenenza.

Art. 24 (((Art. 12 Cod. Str.)
(Segnale distintivo e norme d'uso. Intimazione dell'alt)
1. Il segnale distintivo, che i soggetti che espletano i servizi di polizia stradale usano quando non sono in uniforme, ai sensi dell'articolo 12, comma 5, del codice, e' conforme al modello stabilito nella figura I.2 e rispondente alle seguenti caratteristiche:

a) disco metallico o di materiale sintetico del diametro di 15 cm, in materiale rifrangente su entrambe le facce, avente la parte centrale di colore rosso di 10 cm di diametro e la rimanente corona circolare di colore bianco di 2,5 cm di larghezza;

b) al centro del disco lo stemma della Repubblica Italiana di colore nero;

c) indicazione dell'amministrazione di appartenenza dell'agente, nella parte superiore della corona circolare in lettere nere alte 1,4 cm; eventuale specificazione della direzione generale, corpo, servizio, ecc. nella parte inferiore della corona circolare, in lettera nere alte 1 cm se disposta su una sola riga, e, se disposta su due righe, in lettere alte 0,5 cm per la riga superiore e 1 cm per quella inferiore;

d) manico di metallo o di materiale sintetico di colore bianco lungo 30 cm, sullo stesso e' inciso un numero o matricola che identifica chi detiene il segnale.

2. Il segnale distintivo e' usato esclusivamente per intimare l'alt agli utenti della strada in movimento e, in situazioni di emergenza, per le segnalazioni manuali dirette a regolare il traffico. L'uso del segnale distintivo fuori dai casi consentiti e' perseguibile anche disciplinarmente dall'amministrazione da cui dipendono i soggetti di cui al comma 1.

3. Gli organi di polizia stradale di cui all'articolo 12 del codice, quando non sono in uniforme, per l'intimazione dell'ALT a coloro che circolano sulle aree soggette alla disciplina del codice della strada esibiscono in modo chiaramente visibile, il segnale distintivo di cui al comma 1 e successivamente, prima di qualsiasi accertamento o contestazione, esibiscono la speciale tessera rilasciata dalla competente amministrazione.

4. Gli organi di polizia stradale in uniforme possono intimare l'ALT, oltre che con il distintivo, anche facendo uso di fischietto o con segnale manuale o luminoso.

5. L'intimazione dell'ALT ad opera di organi di polizia stradale non in uniforme ed a bordo di veicoli di servizio o privati e' eseguita sorpassando il veicolo da fermare ed esibendo dal finestrino il segnale distintivo di cui al comma 1.))

ART. 25 (((Art. 14 Cod. Str.)
(Attivita' di tutela delle strade)
1. Nell'espletamento dei servizi di polizia stradale di competenza, le amministrazioni alle quali appartiene il personale di cui all'articolo 12, comma 3, del codice, provvedono direttamente a svolgere tutte le fasi del procedimento amministrativo sanzionatorio.

2. Qualora gli enti proprietari di strade non abbiano nella loro struttura amministrativa uffici preposti specificamente a tali servizi, essi provvedono ad inviare, entro cinque giorni dall'accertamento, la segnalazione della violazione agli organi esercenti servizi di polizia stradale, che provvedono a svolgere le ulteriori fasi del procedimento.

3. Qualora la violazione non sia stata contestata all'atto dell'accertamento, l'organo di polizia stradale destinatario della segnalazione di cui al comma 2, provvede alla verbalizzazione ed alla notifica, con indicazione dell'agente che ha effettuato l'accertamento.))

Titolo II
COSTRUZIONE E TUTELA DELLE STRADE

Capo I
• **((1. ATTIVITA' DI TUTELA DELLE STRADE E FASCE DI RISPETTO (Artt. 14 - 18 Codice della Strada)))**

Art. 26 (Art. 16 Cod. Str.)
(Fasce di rispetto fuori dai centri abitati)
((1. La distanza dal confine stradale, fuori dai centri abitati, da rispettare nell'aprire canali, fossi o nell'eseguire qualsiasi escavazione lateralmente alle strade, non puo' essere inferiore alla profondita' dei canali, fossi od escavazioni, ed in ogni caso non puo' essere inferiore a 3 m.

2. Fuori dai centri abitati, come delimitati ai sensi dell'articolo 4 del codice, le distanze dal confine stradale, da rispettare nelle nuove costruzioni, nelle ricostruzioni conseguenti a demolizioni integrali o negli ampliamenti fronteggianti le strade, non possono essere inferiori a:
  a) 60 m per le strade di tipo A;
  b) 40 m per le strade di tipo B;
  c) 30 m per le strade di tipo C;
  d) 20 m per le strade di tipo F, ad eccezione delle "strade vicinali" come definite dall'articolo 3, comma 1, n. 52 del codice;
  e) 10 m per le "strade vicinali" di tipo F.

3. Fuori dai centri abitati, come delimitati ai sensi dell'articolo 4 del codice, ma all'interno delle zone previste come edificabili o trasformabili dallo strumento urbanistico generale, nel caso che detto strumento sia suscettibile di attuazione diretta, ovvero se per tali zone siano gia' esecutivi gli strumenti urbanistici attuativi, le distanze dal confine stradale, da rispettare nelle nuove costruzioni, nelle ricostruzioni conseguenti a demolizioni integrali o negli ampliamenti fronteggianti le strade, non possono essere inferiori a:
  a) 30 m per le strade di tipo A;
  b) 20 m per le strade di tipo B;
  c) 10 m per le strade di tipo C.

4. Le distanze dal confine stradale, fuori dai centri abitati, da rispettare nella costruzione o ricostruzione di muri di cinta, di qualsiasi natura e consistenza, lateralmente alle strade, non possono essere inferiori a:
  a) 5 m per le strade di tipo A, B;
  b) 3 m per le strade di tipo C, F.

5. Per le strade di tipo F, nel caso di cui al comma 3, non sono stabilite distanze minime dal confine stradale, ai fini della

sicurezza della circolazione, sia per le nuove costruzioni, le ricostruzioni conseguenti a demolizioni integrali e gli ampliamenti fronteggianti le case, che per la costruzione o ricostruzione di muri di cinta di qualsiasi materia e consistenza. Non sono parimenti stabilite distanze minime dalle strade di quartiere dei nuovi insediamenti edilizi previsti o in corso di realizzazione.

6. La distanza dal confine stradale, fuori dai centri abitati, da rispettare per impiantare alberi lateralmente alla strada, non puo' essere inferiore alla massima altezza raggiungibile per ciascun tipo di essenza a completamento del ciclo vegetativo e comunque non inferiore a 6 m.

7. La distanza dal confine stradale, fuori dai centri abitati, da rispettare per impiantare lateralmente alle strade siepi vive, anche a carattere stagionale, tenute ad altezza non superiore ad 1 m sul terreno non puo' essere inferiore a 1 m. Tale distanza si applica anche per le recinzioni non superiori ad 1 m costituite da siepi morte in legno, reti metalliche, fili spinati e materiali similari, sostenute da paletti infissi direttamente nel terreno o in cordoli emergenti non oltre 30 cm dal suolo.

8. La distanza dal confine stradale, fuori dai centri abitati, da rispettare per impiantare lateralmente alle strade, siepi vive o piantagioni di altezza superiore ad 1 m sul terreno, non puo' essere inferiore a 3 m. Tale distanza si applica anche per le recinzioni di altezza superiore ad 1 m sul terreno costituite come previsto al comma 7, e per quelle di altezza inferiore ad 1 m sul terreno se impiantate su cordoli emergenti oltre 30 cm dal suolo.))

Art. 27 (Art. 17 Cod. Str.)
(Fasce di rispetto nelle curve fuori dai centri abitati)

1. La fascia di rispetto nelle curve fuori dai centri abitati, da determinarsi in relazione all'ampiezza della curvatura, e' soggetta alle seguenti norme:

a) nei tratti di strada con curvatura di raggio superiore a 250 m si osservano le fasce di rispetto con i criteri indicati all'articolo 26;

b) nei tratti di strada con curvatura di raggio inferiore o uguale a 250 m, la fascia di rispetto e' delimitata verso le proprieta' latistanti, dalla corda congiungente i punti di tangenza, ovvero dalla linea, tracciata alla distanza dal confine stradale indicata dall'articolo 26 in base al tipo di strada, ove tale linea dovesse risultare esterna alla predetta corda.

Art. 28
(((Fasce di rispetto per l'edificazione nei centri abitati).

1. Le distanze dal confine stradale all'interno dei centri abitati, da rispettare nelle nuove costruzioni, nelle demolizioni integrali e conseguenti ricostruzioni o negli ampliamenti fronteggianti le strade, non possono essere inferiori a:

a) 30 m per le strade di tipo A;

b) 20 m per le strade di tipo D.

2. Per le strade di tipo E ed F, nei casi di cui al comma 1, non sono stabilite distanze minime dal confine stradale ai fini della sicurezza della circolazione.

3. In assenza di strumento urbanistico vigente, le distanze dal confine stradale da rispettare nei centri abitati non possono essere inferiori a:

a) 30 m per le strade di tipo A;

b) 20 m per le strade di tipo D ed E;

c) 10 m per le strade di tipo F.

4. Le distanze dal confine stradale, all'interno dei centri abitati, da rispettare nella costruzione o ricostruzione dei muri di cinta, di qualsiasi natura o consistenza, lateralmente alle strade, non possono essere inferiori a:

a) m 3 per le strade di tipo A;

b) m 2 per le strade di tipo D.

5. Per le altre strade, nei casi di cui al comma 4, non sono stabilite, distanze minime dal confine stradale ai fini della sicurezza della circolazione.))

● 2. INSTALLAZIONE DI OPERE E CANTIERI ED APERTURA DI ACCESSI SULLE STRADE
(Artt. 20-22 Codice della Strada)

Art. 29 (Art. 20 Cod. Str.)
(Ubicazione di chioschi od altre installazioni)
1. Per l'ubicazione di chioschi, edicole od altre installazioni anche a carattere provvisorio, fuori dai centri abitati, si applicano le disposizioni di cui all' ((articolo 26, commi 7 e 8,)) nonche' quelle di cui agli articoli 16, comma 2, e 20, comma 2, del codice.

Art. 30 (Art. 21 Cod. Str.)
(Segnalamento temporaneo)
1. I lavori ed i depositi su strada e i relativi cantieri devono essere dotati di sistemi di segnalamento temporaneo mediante l'impiego di specifici segnali previsti dal presente regolamento ed autorizzati dall'ente proprietario, ai sensi dell'articolo 5, comma 3, del codice.
2. I segnali di pericolo o di indicazione da utilizzare per il segnalamento temporaneo hanno colore di fondo giallo.
3. Per i segnali temporanei possono essere utilizzati supporti e sostegni o basi mobili di tipo trasportabile e ripiegabile che devono assicurare la stabilita' del segnale in qualsiasi condizione della strada ed atmosferica. Per gli eventuali zavorramenti dei sostegni e' vietato l'uso di materiali rigidi che possono costituire pericolo o intralcio per la circolazione.
4. I segnali devono essere scelti ed installati in maniera appropriata alle situazioni di fatto ed alle circostanze specifiche, secondo quanto rappresentato negli schemi segnaletici differenziati per categoria di strada. Gli schemi segnaletici sono fissati con disciplinare tecnico approvato con decreto del Ministro dei lavori pubblici, da pubblicare nella Gazzetta Ufficiale della Repubblica.
5. Nei sistemi di segnalamento temporaneo ogni segnale deve essere coerente con la situazione in cui viene posto e, ad uguale situazione, devono corrispondere stessi segnali e stessi criteri di posa. Non devono essere posti in opera segnali temporanei e segnali permanenti in contrasto tra loro. A tal fine i segnali permanenti ((devono essere rimossi o oscurati)) se in contrasto con quelli temporanei. Ultimati i lavori i segnali temporanei, sia verticali che orizzontali, devono essere immediatamente rimossi e, se del caso, vanno ripristinati i segnali permanenti.
6. In prossimita' della testata di ogni cantiere di durata superiore ai sette giorni lavorativi deve essere apposto apposito pannello (fig. II.382) recante le seguenti indicazioni:
    a) ente proprietario o concessionario della strada;
    b) estremi dell'ordinanza di cui ai commi 1 e 7;
    c) denominazione dell'impresa esecutrice dei lavori;
    d) inizio e termine previsto dei lavori;
    e) recapito e numero telefonico del responsabile del cantiere.
7. Per far fronte a situazioni di emergenza o quando si tratti di esecuzione di lavori di particolare urgenza le misure per la disciplina della circolazione sono adottate dal funzionario responsabile. L'adozione delle misure per i lavori che si protraggono oltre le quarantotto ore, deve essere ratificata dall'autorita' competente; se il periodo coincide con due giorni festivi consecutivi, tale termine e' di settantadue ore. ((In caso di interventi non programmabili o comunque)) di modesta entita', cioe' in tutti quei casi che rientrano nella ordinaria attivita' di manutenzione, che comportano limitazioni di traffico non rilevanti e

di breve durata, ovvero in caso di incidente stradale ((o calamita' naturale, l'ente proprietario o i soggetti da esso individuati possono)) predisporre gli schemi ed i dispositivi segnaletici previsti dalle presenti norme senza adottare formale provvedimento. Al termine dei lavori e alla fine dell'emergenza deve essere tempestivamente ripristinata la preesistente disciplina della circolazione, a cura dell'ente proprietario o concessionario della strada.

8. Nel caso di cantieri che interessino ((la sede di autostrade, di strade extraurbane)) principali o di strade urbane di scorrimento o di quartiere, i lavori devono essere svolti in piu' turni, anche utilizzando l'intero arco della giornata, e in via prioritaria, nei periodi giornalieri di minimo impegno della strada da parte dei flussi veicolari. I lavori di durata prevedibilmente piu' ampia e che non rivestano carattere di urgenza devono essere realizzati nei periodi annuali di minore traffico.

9. Il ripristino delle condizioni di transitabilita' a seguito di un qualsiasi danneggiamento subito dalle sedi stradali sopraindicate deve avere inizio immediatamente dopo la cessazione dell'evento che ha determinato il danneggiamento stesso.

Art. 31 (Art. 21 Cod. Str.)
(Segnalamento e delimitazione dei cantieri)
1. Gli accorgimenti necessari alla sicurezza e alla fluidita' della circolazione nel tratto di strada che precede un cantiere o una zona di lavoro o di deposito di materiali, consistono in un segnalamento adeguato alle velocita' consentite ai veicoli, alle dimensioni della deviazione ed alle manovre da eseguire all'altezza del cantiere, al tipo di strada e alle situazioni di traffico e locali.

2. In prossimita' di cantieri fissi o mobili, anche se di manutenzione, deve essere installato il segnale LAVORI (fig. II.383) corredato da pannello integrativo indicante l'estesa del cantiere quando il tratto di strada interessato sia piu' lungo di 100 m. Il solo segnale LAVORI non puo' sostituire gli altri mezzi segnaletici previsti nel presente articolo e in quelli successivi riguardanti la sicurezza della circolazione in presenza di cantieri stradali.

3. Conformemente agli schemi segnaletici di cui all'articolo 30, comma 4, devono essere utilizzati, ove previsti, i seguenti segnali:

a) divieto di sorpasso (figg. II.48 e II.52) e limite massimo di velocita' (fig. II.50);

b) segnali di obbligo:
1) direzione obbligatoria (figg. II.80/a, II.80/b, II.80/c);
2) preavviso di direzione obbligatoria (figure II.80/d, II.80/e);
3) direzioni consentite (figg. II.81/a, II.81/b, II.81/ç);
4) passaggio obbligatorio (figg. II.82/a, II.82/b);
5) passaggi consentiti (fig. II.83);

c) strettoia (figg. II.384, II.385, II.386) e doppio senso di circolazione (fig. II.387);

d) chiusura di una o piu' corsie (figg. II.411/a, II.411/b, II.411/c, II.411/d), carreggiata chiusa (figure II.412/a, II.413/a, II.413/b) e rientro in carreggiata (figure II.412/b, II.413/c);

e) segnali di fine prescrizione (figg. II.70, II.71, II.72, II.73);

4. Se ne ricorrono i motivi e le condizioni, devono essere utilizzati anche i seguenti segnali:

a) altri segnali di divieto ritenuti necessari e relativi segnali di fine divieto in funzione delle necessita' derivanti dalle condizioni locali del cantiere stradale;

b) mezzi di lavoro in azione (fig. II.388);

c) strada deformata (fig. II.389);

d) materiale instabile sulla strada (fig. II.390);

e) segnali orizzontali in rifacimento (fig. II.391);

f) altri segnali di pericolo ritenuti necessari sempre con colore di fondo giallo.

5. I mezzi di delimitazione dei cantieri stradali o dei depositi

sulle strade, secondo le necessita' e le condizioni locali, sono i seguenti:

    a) le barriere;
    b) i delineatori speciali;
    c) i coni e i delineatori flessibili;
    d) i segnali orizzontali temporanei e dispositivi retroriflettenti integrativi;
    e) gli altri mezzi di segnalamento in aggiunta o in sostituzione di quelli previsti, purche' preventivamente autorizzati dal Ministero dei lavori pubblici.

6. Per ottenere la preventiva autorizzazione di cui al comma 5, lettera e), l'ente proprietario o concessionario deve presentare tempestiva istanza all'Ispettorato generale per la circolazione e la sicurezza stradale del Ministero dei lavori pubblici indicando la necessita' od opportunita' del segnalamento aggiunto o sostitutivo e le modalita' di tali segnalamenti e della loro apposizione, con indicazione del periodo in cui il segnalamento medesimo deve essere apposto. L'Ispettorato generale, se del caso, autorizza il segnalamento in tempo utile e con lo stesso provvedimento autorizzatorio puo' apportare modifiche di carattere tecnico o temporale.

Art. 32 (Art. 21 Cod. Str.)
(Barriere)

1. Le barriere segnalano i limiti dei cantieri stradali; sono disposte parallelamente al piano stradale e sostenute da cavalletti o da altri sostegni idonei. Sono obbligatorie sui lati frontali di delimitazione del cantiere o sulle testate di approccio. Possono essere sostituite con elementi idonei di pari efficacia, purche' approvati dall'Ispettorato generale per la circolazione e la sicurezza stradale del Ministero dei lavori pubblici e in conformita' alle direttive da esso impartite.

2. Lungo i lati longitudinali ((le barriere sono obbligatorie nelle zone che presentano condizioni di pericolo per le persone al lavoro o per i veicoli in transito. Possono)) essere sostituite da recinzioni colorate in rosso o arancione stabilmente fissate, costituite da teli, reti o altri mezzi di delimitazione approvati dal Ministero dei lavori pubblici .

3. Le barriere sono di due tipi: "normale" e "direzionale".

4. La barriera "normale" (fig. II.392) e' colorata a strisce alternate oblique bianche e rosse. La larghezza delle strisce rosse deve essere pari a 1,2 volte quella delle strisce bianche. Deve avere un'altezza non inferiore a 20 cm e deve essere posta parallelamente al piano stradale con il bordo inferiore ad altezza non inferiore a 80 cm da terra in posizione tale da renderla visibile anche in presenza di altri mezzi segnaletici di pre-segnalamento.

5. La barriera "direzionale" (fig. II.393/a) e' colorata sulla faccia utile con bande alternate bianche e rosse a punta di freccia. Le punte delle frecce devono essere rivolte nella direzione della deviazione. Deve avere una dimensione "normale" non inferiore a 60 x 240 cm e "grande" di 90 x 360 cm, oppure deve essere composta da ((almeno)) quattro moduli di dimensione normale 60 x 60 cm o grande 90 x 90 cm, (fig. II.395) posti orizzontalmente con il bordo inferiore ad altezza non inferiore a 80 cm da terra, preceduti e seguiti da un segnale di passaggio obbligatorio (fig. II.393/b). La larghezza delle zone rosse deve essere pari a 1,2 volte quella delle zone bianche. Per quelle in uso nei centri abitati le dimensioni possono essere ridotte alla meta'.

Art. 33 (Art. 21 Cod. Str.)
(Delineatori speciali)

1. I delineatori speciali sono dei seguenti tipi:
    a) PALETTO DI DELIMITAZIONE (fig. II.394).
Esso deve essere usato in serie per evidenziare i bordi longitudinali e di approccio delle zone di lavoro. Deve essere installato sempre

ortogonalmente all'asse della strada cui e' rivolto. L'intervallo tra i paletti non deve essere superiore a 15 m. Il paletto e' colorato sulla faccia con bande alternate bianche e rosse. Quelle rosse hanno una larghezza pari a 1,2 volte quelle bianche. Le dimensioni minime sono di 20 x 80 cm ed il sostegno deve assicurare un'altezza del bordo inferiore di almeno 30 cm da terra;

b) DELINEATORE MODULARE DI CURVA PROVVISORIA (fig. II.395). Esso deve essere usato in piu' elementi per evidenziare il lato esterno delle deviazioni su curve provvisorie di raggio inferiore o uguale a 200 m e deve essere installato sempre ortogonalmente all'asse della strada. L'intervallo tra i delineatori temporanei deve essere contenuto nei seguenti valori:

Raggio della curva (in metri)	Spaziamento longitudinale (in metri)
fino a 30	5
da 30 a 50	10
da 50 a 100	15
da 100 a 200	20

Il delineatore presenta sulla faccia un disegno a punta di freccia bianca su fondo rosso. La dimensione "normale" e' 60 x 60 cm, quella "grande" e' di 90 x 90 centimetri.

Art. 34 (Art. 21 Cod. Str.)
(Coni e delineatori flessibili)

1. Il CONO (fig. II.396) deve essere usato per delimitare ed evidenziare zone di lavoro o operazioni di manutenzione ((di durata non superiore ai due giorni)) , per il tracciamento di segnaletica orizzontale, per indicare le aree interessate da incidenti, gli incanalamenti temporanei per posti di blocco, la separazione provvisoria di opposti sensi di marcia e delimitazione di ostacoli provvisori. Il cono deve essere costituito da materiali flessibili quali gomma o plastica. E' di colore rosso con anelli di colore bianco retroriflettenti; le dimensioni, nelle tre versioni e in tutte le sue parti, sono specificate nelle figure. Il cono deve avere una adeguata base di appoggio appesantita dall'interno o dall'esterno per garantirne la stabilita' in ogni condizione. La ((frequenza)) di posa e' di 12 m in rettifilo e di 5 m in curva. Nei centri abitati la ((frequenza)) e' dimezzata, salvo diversa distanza necessaria per particolari situazioni della strada e del traffico.

2. Il DELINEATORE FLESSIBILE (fig. II.397) deve essere usato per delimitare i sensi di marcia contigui, opposti o paralleli, ((o per delimitare zone di lavoro di durata superiore ai due giorni.)) Il delineatore flessibile, lamellare o cilindrico, deve essere costituito da materiali flessibili quali gomma o plastica; e' di colore rosso con inserti o anelli di colore bianco retroriflettenti; ha dimensioni come specificato nelle figure. La base deve essere incollabile o altrimenti fissata alla pavimentazione. I delineatori flessibili, se investiti dal traffico, devono piegarsi e riprendere la posizione verticale originale senza distaccarsi dalla pavimentazione. ((La frequenza di posa e' la stessa dei coni.))

3. Le caratteristiche dei materiali da utilizzare per i coni e per i delineatori flessibili sono stabilite con apposito disciplinare tecnico approvato con decreto del Ministro dei lavori pubblici da pubblicare nella Gazzetta Ufficiale della Repubblica.

Art. 35 (Art. 21 Cod. Str.)
(Segnali orizzontali temporanei e dispositivi retroriflettenti integrativi ((o sostitutivi)))

1. I segnali orizzontali a carattere temporaneo devono essere applicati in corrispondenza di cantieri, lavori o deviazioni di durata superiore a sette giorni lavorativi salvo i casi in cui condizioni atmosferiche o del fondo stradale ne impediscano la

corretta apposizione. In tali casi si applicano i dispositivi di cui al comma 6. I segnali orizzontali hanno lo scopo di guidare i conducenti e garantire la sicurezza del traffico in approccio ed in prossimita' di anomalie planimetriche derivanti dall'esistenza di lavori stradali.

2. I segnali orizzontali temporanei sono di colore giallo, devono essere antisdrucciolevoli e non devono sporgere piu' di 5 mm dal piano della pavimentazione. ((Nel caso di strisce longitudinali continue realizzate con materie plastiche, a partire da spessori di strato di 1,5 mm, devono essere eseguite interruzioni che garantiscano il deflusso dell'acqua.))

3. Tali segnali devono poter essere rimossi integralmente e rapidamente al cessare delle cause che hanno determinato la necessita' di apposizione, senza lasciare alcuna traccia sulla pavimentazione, arrecare danni alla stessa e determinare disturbi o intralcio alla circolazione. ((L'obbligo non sussiste se e' previsto il rifacimento della pavimentazione.))

4. I segnali orizzontali da usare nell'ambito di cantieri e di lavori stradali sono le strisce longitudinali continue e discontinue per indicare i margini, la separazione dei sensi di marcia e le corsie, le strisce trasversali per indicare il punto di arresto nei sensi unici alternati regolati da semafori, le frecce direzionali o le iscrizioni con la grafica e le dimensioni previste per la segnaletica orizzontale permanente.

5. Le caratteristiche tecniche e di qualita' dei materiali costituenti la segnaletica orizzontale temporanea e dei dispositivi retroriflettenti integrativi di cui al comma 6, nonche' i metodi di misura di dette caratteristiche, sono stabilite con apposito disciplinare tecnico approvato con decreto del Ministro dei lavori pubblici da pubblicare nella Gazzetta Ufficiale della Repubblica.

6. I dispositivi retroriflettenti integrativi ((possono)) essere usati per rafforzare i segnali orizzontali temporanei in situazioni particolarmente pericolose. Essi devono riflettere luce di colore giallo e non devono avere un'altezza superiore a 2,5 cm. Sono applicati con idoneo adesivo di sicurezza ((od altri sistemi di ancoraggio)) alla pavimentazione, in modo da evitare distacchi, in conseguenza della sollecitazione del traffico. Devono poter essere facilmente rimossi senza produrre danni al manto stradale conformemente a quanto disposto dall'articolo 30, comma 5. La frequenza di posa massima di tali dispositivi e' di 12 m in ((rettilineo)) e di 3 m in curva. Altri mezzi di segnalamento temporaneo in aggiunta o in sostituzione di quelli previsti possono essere impiegati previa approvazione del Ministero dei lavori pubblici, in conformita' alle direttive da esso impartite. Al riguardo si applica la disposizione dell'articolo 31, comma 6.

Art. 36 (Art. 21 Cod. Str.)
(Visibilita' notturna)

1. La visibilita' notturna dei segnali verticali da utilizzare nei lavori stradali e' regolamentata nell'articolo 79.

2. Per quanto concerne le barriere ed i delineatori speciali, la visibilita' notturna deve essere assicurata secondo quanto stabilito dall'articolo 79, comma 8.

3. Per quanto concerne i delineatori flessibili ed i coni, la visibilita' notturna deve essere assicurata dalla rifrangenza almeno delle parti bianche, con materiali aventi valori del coefficiente areico di intensita' luminosa non inferiori a quelli delle pellicole di classe 2 di cui all'articolo 79, comma 10.

4. I segnali orizzontali temporanei ed i dispositivi integrativi dei segnali orizzontali devono essere realizzati con materiali tali da renderli visibili sia di giorno che di notte anche in presenza di pioggia o con fondo stradale bagnato.

5. Le caratteristiche fotometriche e colorimetriche dei segnali orizzontali temporanei e dei dispositivi ((retroriflettenti)) integrativi di detti segnali sono stabilite dal disciplinare tecnico

di cui all'articolo 35, comma 5.

6. Ad integrazione della visibilita' dei mezzi segnaletici rifrangenti ((o in loro sostituzione, possono essere impiegati dispositivi luminosi a luce gialla.)), ((Durante)) le ore notturne ed in tutti i casi di scarsa visibilita', le barriere di testata delle zone di lavoro devono essere munite di idonei apparati luminosi di colore rosso a luce fissa. Il segnale "LAVORI" (fig. II.383) deve essere munito di analogo apparato luminoso di colore rosso a luce fissa.

7. Lo sbarramento obliquo che precede eventualmente la zona di lavoro deve essere integrato da dispositivi a luce gialla lampeggiante, in sincrono o in progressione (luci scorrevoli).

8. I margini longitudinali della zona di lavoro possono essere integrati con analoghi dispositivi a luce gialla fissa. Sono vietate le lanterne, od altre sorgenti luminose, a fiamma libera. ((E' consentito l'impiego di torce a vento da parte degli organi di polizia stradale in situazioni di emergenza in condizioni di scarsa visibilita')).

((9. I dispositivi luminosi di cui ai commi 6, 7 e 8 sono soggetti ad approvazione da parte del Ministero dei lavori pubblici.))

Art. 37 (Art. 21 Cod. Str.)
(Persone al lavoro)

1. Coloro che operano in prossimita' della delimitazione di un cantiere o che comunque sono esposti al traffico dei veicoli nello svolgimento della loro attivita' lavorativa, devono essere visibili sia di giorno che di notte mediante indumenti di lavoro fluorescenti e rifrangenti.

2. Tutti gli indumenti devono essere realizzati con tessuto di base fluorescente di colore arancio o giallo o rosso con applicazione di fasce rifrangenti di colore bianco argento.

3. In caso di interventi di breve durata puo' essere utilizzata una bretella realizzata con materiale sia fluorescente che rifrangente di colore arancio.

4. Le tipologie degli indumenti e le caratteristiche dei materiali fluorescenti, rifrangenti e fluororifrangenti sono stabilite con apposito disciplinare tecnico approvato con decreto del Ministro dei lavori pubblici e da pubblicare nella Gazzetta Ufficiale della Repubblica.

Art. 38 (Art. 21 Cod. Str.)
(Veicoli operativi)

1. I veicoli operativi, i macchinari e i mezzi d'opera impiegati per i lavori o per la manutenzione stradale, fermi od in movimento ((se esposti al traffico,)), devono portare posteriormente un pannello a strisce bianche e rosse, integrato da un segnale di PASSAGGIO OBBLIGATORIO con freccia orientata verso il lato dove il veicolo puo' essere superato (fig. II.398). Il pannello e il segnale "PASSAGGIO OBBLIGATORIO" devono essere realizzati con pellicola retroriflettente di classe 2 come previsto all'articolo 79, comma 10. Questo tipo di segnalazione deve essere usato anche dai veicoli che per la natura del carico o la massa o l'ingombro devono procedere a velocita' particolarmente ridotta. In questi casi, detti veicoli devono essere equipaggiati con una o piu' luci gialle lampeggianti.

2. I veicoli operativi, ((anche se sono fermi per compiere lavori di manutenzione)) di brevissima durata quali la sostituzione di lampadine della pubblica illuminazione o rappezzi al manto stradale, devono essere presegnalati con opportuno anticipo:

((a) sulle strade urbane con il preavviso LAVORI (fig. II.383) e, qualora opportuno, con i segnali di PASSAGGIO OBBLIGATORIO preceduti dai segnali DIVIETO DI SORPASSO (fig. II.48), STRETTOIA (figg. II.384, II.385 o II.386), SENSO UNICO ALTERNATO (figg. II.41 e II.45) e LIMITE MASSIMO DI VELOCITA' (fig. II.50) se il limite e' inferiore a 50 km/h;))

b) sulle strade extra-urbane con i segnali di cui alla lettera a)

con i segnali di LIMITE MASSIMO DI VELOCITA' a scalare e i segnali di
PASSAGGIO OBBLIGATORIO in numero sufficiente a delineare l'eventuale
incanalamento del traffico a monte.

Art. 39 (Art. 21 Cod. Str.)
(Cantieri mobili)

1. Un cantiere stradale si definisce "mobile" se e' caratterizzato
da una velocita' media di avanzamento dei lavori, che puo' variare da
poche centinaia di m/giorno a qualche km/h.

2. Il segnalamento di un cantiere mobile ((su strade con almeno due
corsie per senso di marcia)) consiste in un:

a) PRESEGNALAMENTO disposto sulla banchina e spostato in avanti
in maniera coordinata all'avanzamento dei lavori, ovvero anche su un
primo veicolo a copertura e protezione anticipata e, comunque, ad una
distanza che consenta ai conducenti una normale manovra di
decelerazione in rapporto alla velocita' che gli stessi possono
mantenere sia in via legale che in via di fatto sulla tratta stradale
considerata. La segnaletica di preavviso posta sulla banchina (nei
due sensi se necessario) e' costituita generalmente di un cartello
composito contenente il segnale LAVORI, il segnale CORSIE
DISPONIBILI, il pannello integrativo indicante la distanza del
cantiere (figg. II.399/a e II.399/b), ed eventuali luci gialle
lampeggianti. La segnaletica di preavviso posta su un veicolo di
protezione anticipata puo' assumere la configurazione di SEGNALE MO-
BILE DI PREAVVISO (figg. II.400);

b) SEGNALAMENTO DI LOCALIZZAZIONE posto a terra e spostato in
maniera coordinata all'avanzamento dei lavori. Il segnale assume la
configurazione di SEGNALE MOBILE DI PROTEZIONE (fig. II.401),
costituito da un pannello a strisce bianche e rosse contenente un
segnale di passaggio obbligatorio con freccia orientata verso il lato
dove puo' essere superata la zona del cantiere ed integrato da luci
gialle lampeggianti alcune delle quali disposte a forma di freccia
orientata come il segnale di passaggio obbligatorio. La segnaletica
"sul posto" comprende anche la delimitazione della zona di lavoro con
coni o paletti, questi ultimi eventualmente integrati da luci gialle
lampeggianti. Il SEGNALE MOBILE DI PROTEZIONE puo' essere sistemato
su un veicolo di lavoro, oppure su un carrello trainato dal veicolo
stesso, ovvero posto su un secondo veicolo di accompagnamento. ((In
tutte le fasi non operative precedenti o successive al loro impiego,
i lampeggiatori del SEGNALE MOBILE DI PROTEZIONE devono essere
disattivati ed il segnale stesso deve essere posto in posizione
ripiegata)) .

((3. Il segnale di LAVORI deve essere posto sulle strade
intersecanti se il cantiere mobile puo' presentarsi all'improvviso ai
veicoli che svoltano. I segnali installati sui veicoli devono essere
realizzati con pellicole retroriflettenti di classe 2, di cui
all'articolo 79, comma 10. In galleria non sono consentiti cantieri
mobili, se essa rimane aperta al traffico, salvo deroghe per
situazioni specifiche autorizzate dall'Ispettorato generale per la
circolazione e la sicurezza stradale.))

((4. Sulle strade di tipo E ed F, nei casi di cantiere mobile
costituito dalla attivita' di un veicolo operativo, segnalato come
previsto all'articolo 38, comma 1, il segnale LAVORI, in deroga a
quanto previsto all'articolo 31, comma 2, puo' essere sostituito con
un moviere, munito di bandiera, ai sensi dell'articolo 42, comma 3,
lettera b).))

Art. 40 (Art. 21 Cod. Str.)
(Sicurezza dei pedoni nei cantieri stradali)

1. La segnaletica di sicurezza dei lavori, dei depositi, degli
scavi e dei cantieri stradali deve comprendere speciali accorgimenti
a difesa della incolumita' dei pedoni che transitano in prossimita'
dei cantieri stessi.

2. I cantieri edili, gli scavi, i mezzi e macchine operatrici,
nonche' il loro raggio di azione, devono essere sempre delimitati,

soprattutto sul lato dove possono transitare pedoni, con barriere, parapetti, o altri tipi di recinzioni cosi' come previsto dall'articolo 32, comma 2.

3. Le recinzioni di cui al comma 2 devono essere segnalate con luci rosse fisse e dispositivi rifrangenti della superficie minima di 50 cm(Elevato al Quadrato), opportunamente intervallati lungo il perimetro interessato dalla circolazione.

4. Se non esiste marciapiede, o questo e' stato occupato dal cantiere, occorre delimitare e proteggere un corridoio di transito pedonale, lungo il lato o i lati prospicienti il traffico veicolare, della larghezza di almeno 1 m. Detto corridoio puo' consistere in un marciapiede temporaneo costruito sulla carreggiata, oppure in una striscia di carreggiata protetta, sul lato del traffico, da barriere o da un parapetto di circostanza segnalati dalla parte della carreggiata, come precisato al comma 3.

5. Tombini e ogni tipo di portello, aperti anche per un tempo brevissimo, situati sulla carreggiata o in banchine o su marciapiedi, devono essere completamente recintati (fig. II.402).

Art. 41 (Art. 21 Cod. Str.)
(Limitazioni di velocita' in prossimita' di lavori o di cantieri stradali)

1. Le limitazioni di velocita' temporanee in prossimita' di lavori o di cantieri stradali, sono subordinate, salvo casi di urgenza, al consenso ed alle direttive dell'ente proprietario della strada. Il LIMITE DI VELOCITA' deve essere posto in opera di seguito al segnale LAVORI, ovvero abbinato con esso sullo stesso supporto. Il valore della limitazione, salvo casi eccezionali, non deve essere inferiore a 30 km/h. Quando sia opportuno limitare la velocita' su strade di rapido scorrimento occorre apporre limiti a scalare.

2. Alla fine della zona lavori o del cantiere, se e' apposto il segnale VIA LIBERA, non occorre quello di FINE LIMITAZIONE DI VELOCITA'. E' invece necessario il segnale FINE LIMITAZIONE DI VELOCITA' se altri divieti restano in vigore. Se una limitazione di velocita' diversa permane anche dopo la fine della zona lavori, e' sufficiente installare il segnale col nuovo limite senza porre quello di FINE LIMITE PRECEDENTE.

Art. 42 (Art. 21 Cod. Str.)
(Strettoie e sensi unici alternati)

1. Qualora la presenza dei lavori, dei depositi o dei cantieri stradali determini un restringimento della carreggiata e' necessario apporre il segnale di pericolo temporaneo STRETTOIA in una delle tre versioni previste (figg. II.384, II.385 e II.386). Se tale segnale viene posto vicino alla zona lavori o di cantiere, dopo gli altri eventuali presegnali deve essere corredato da pannello integrativo indicante la distanza della strettoia.

2. Se la larghezza della strettoia e' inferiore a 5,60 m occorre istituire il transito a senso unico alternato nel tempo, regolato ai sensi del comma 3.

3. Il regime di transito attraverso una strettoia di larghezza inferiore a 5,60 m puo' essere regolato in tre modi:
    a) TRANSITO ALTERNATO A VISTA.
Deve essere installato il segnale negativo DARE PRECEDENZA NEL SENSO UNICO ALTERNATO (fig. II.41) dalla parte in cui il traffico incontra l'ostacolo e deve deviare. Reciprocamente l'altro segnale DIRITTO DI PRECEDENZA NEL SENSO UNICO ALTERNATO (fig. II.45) da' la priorita' a quel senso di circolazione che e' meno intralciato dai lavori;
    b) TRANSITO ALTERNATO DA MOVIERI.
Questo sistema richiede due movieri muniti di apposita paletta, posti a ciascuna estremita' della strettoia, i quali presentano al traffico uno la faccia verde, l'altro la faccia rossa della paletta. Il funzionamento di questo sistema e' legato al buon coordinamento dei movieri, che puo' essere stabilito a vista o con apparecchi radio

ricetrasmittenti o tramite un terzo moviere intermedio munito anch'esso di paletta. Le palette sono circolari (fig. II.403) del diametro di 30 cm e munite di manico di 20 cm di lunghezza con rivestimento in pellicola rifrangente verde da un lato e rosso dall'altro. I movieri possono anche fare uso di bandiere di colore arancio fluorescente, delle dimensioni non inferiori a 80 x 60 cm, principalmente per indurre gli utenti della strada al rallentamento e ad una maggiore prudenza. Il movimento delle bandiere puo' essere affidato anche a dispositivi meccanici;

   c) TRANSITO ALTERNATO A MEZZO SEMAFORI.

   Quando non sia possibile ricorrere ai due sistemi precedenti per la lunghezza della strettoia o a causa della non visibilita' reciproca tra le due estremita' della strettoia stessa, il senso alternato deve essere regolato da due semafori comandati a mano o con funzionamento automatico. Nel caso di cicli a tempo fisso, la fase di rosso non deve superare i 2', salvo casi eccezionali di strettoie di grande lunghezza. Fuori dei centri abitati l'impianto semaforico deve essere preceduto dal segnale di pericolo temporaneo SEMAFORO (fig. II.404) con una luce gialla lampeggiante inserita al posto del disco giallo del simbolo. Il collegamento "semaforo-centralino-semaforo" puo' avvenire via cavo o via radio ((o con altri sistemi che comunque garantiscano l'affidabilita' del collegamento)). Il semaforo va posto sul lato destro, all'altezza della striscia di arresto temporanea. Se il traffico in approccio puo' disporsi su piu' file, il semaforo deve essere ripetuto a sinistra, sulla linea di separazione dei sensi di marcia. La messa in funzione di un impianto semaforico per transito alternato deve essere autorizzata dall'ente proprietario o concessionario della strada, che ha la facolta' di stabilire o modificare la durata delle fasi, in relazione alle situazioni di traffico.

Art. 43 (Art. 21 Cod. Str.)
(Deviazioni di itinerario)

   1. Si ha una deviazione di itinerario quando tutto il traffico o parte di esso viene trasferito su una sede diversa (itinerario deviato) dall'itinerario normale. Le deviazioni possono essere obbligatorie (deviazione vera e propria) oppure facoltative (itinerario raccomandato). Qualsiasi deviazione puo' essere decisa ed autorizzata dall'ente proprietario o concessionario della strada interrotta. Qualora l'itinerario deviato coinvolga altri enti proprietari o concessionari occorrono l'accordo e l'intesa preventivi di tutti gli enti interessati.

   2. La segnaletica di indicazione necessaria e' la seguente:

   a) PREAVVISO DI DEVIAZIONE (fig. II.405) da porre a 100 m sulla viabilita' ordinaria e da porre a 300 m ed a 150 m sulle autostrade e sulle strade extraurbane principali (fig. II.406);

   b) SEGNALI DI DIREZIONE da porre in corrispondenza delle intersezioni (figg. II.407/a e II.407/b);

   c) in caso di limitazioni di sagoma o di massa sull'itinerario normale, devono essere installati, alla intersezione che precede il cantiere, PREAVVISI DI DEVIAZIONE sui quali sono inseriti i simboli relativi alle limitazioni, per segnalare l'itinerario deviato (fig. II.408);

   d) una deviazione obbligatoria solo per una o piu' particolari categorie di veicoli deve essere segnalata col segnale di DIREZIONE OBBLIGATORIA integrato dal o dai simboli delle categorie veicolari escluse (figg. II.409/a, II.409/b);

   e) una deviazione facoltativa solo per una o piu' particolari categorie di veicoli deve essere segnalata col segnale di DIREZIONE CONSIGLIATA integrato dal o dai simboli delle categorie veicolari escluse (figg. II.410/a, II.410/b).

   3. Sulle strade a carreggiate separate con due o piu' corsie per senso di marcia vanno impiegati i seguenti segnali di indicazione per la disponibilita' e l'uso delle corsie:

   a) il segnale CORSIA O CORSIE CHIUSE (figg. II.411/a, II.411/b,

II.411/c, II.411/d) deve essere impiegato quando, su una carreggiata a due o piu' corsie, si riduce il numero di quelle disponibili nel senso di marcia. La chiusura di due o piu' corsie deve essere sfalsata nello spazio in modo da operare la chiusura di una corsia per volta. La rappresentazione grafica del simbolo varia secondo la situazione stradale ed il numero di corsie interessate. Il segnale puo' essere preceduto dal preavviso, costituito dallo stesso segnale corredato da un pannello integrativo indicante la distanza dal punto in cui e' localizzata la chiusura;

b) il segnale CARREGGIATA CHIUSA (figg. II.412/a, II.413/az, II. 413/b) deve essere impiegato quando su una strada a carreggiate separate, una di esse viene chiusa al traffico;

c) il segnale RIENTRO IN CARREGGIATA (figg. II.412/b, II.413/c) deve essere impiegato per indicare il ripristino delle condizioni viabili normali;

d) il segnale USO CORSIE puo' essere impiegato per indicare l'utilizzo delle corsie disponibili per le diverse categorie di veicoli (fig. II.414).

4. La segnaletica di prescrizione necessaria e' la seguente:

a) segnali DARE PRECEDENZA oppure FERMARSI E DARE PRECEDENZA (secondo le condizioni di visibilita') a tutte le intersezioni del percorso deviato, qualora la strada interrotta goda del diritto di precedenza;

b) segnali DIVIETO DI TRANSITO, DIREZIONE OBBLIGATORIA, barriere direzionali nel numero necessario;

c) segnalamento del possibile accesso ai residenti lungo la strada interrotta, ma in modo da escludere dubbi od esitazioni per il traffico a transito vietato.

Art. 44 (Art. 22 Cod. Str.)
(Accessi in generale)

1. Ai fini dell'articolo 22 del codice, si definiscono accessi:

a) le immissioni di una strada privata su una strada ad uso pubblico;

b) le immissioni per veicoli da un'area privata laterale alla strada di uso pubblico.

2. Gli accessi di cui al comma 1 si distinguono in accessi a raso, accessi a livelli sfalsati e accessi misti. Per gli accessi a raso e per quelli a livelli sfalsati valgono le corrispondenti definizioni di intersezione di cui ((all'articolo 3)) del codice. Gli accessi misti presentano, al contempo, le caratteristiche degli accessi a raso e di quelli a livelli sfalsati.

Art. 45 (art. 22 Cod. Str.)
(Accessi alle strade extraurbane)

1. Nelle autostrade non sono consentiti accessi privati.

2. Nelle strade extraurbane principali sono consentiti accessi privati ubicati a distanza non inferiore a metri 1000 tra loro, misurata tra gli assi degli accessi consecutivi.

3. Nelle strade extraurbane secondarie sono consentiti accessi privati purche' realizzati a distanza non inferiore ((, di norma,)) a 300 m tra loro, misurata tra gli assi degli accessi consecutivi ((per ogni senso di marcia. L'ente proprietario della strada puo' derogare a tale distanza, fino ad un minimo di 100 m, qualora, in relazione alla situazione morfologica, risulti particolarmente gravosa la realizzazione di strade parallele. La stessa deroga puo' essere applicata per tratti di strade che, in considerazione della densita' di insediamenti di attivita' o di abitazioni, sono soggetti a limitazioni di velocita' e per i tratti di strade compresi all'interno di zone previste come edificabili o trasformabili dagli strumenti urbanistici generali od attuativi vigenti.))

4. Le strade extraurbane principali di nuova costruzione devono essere provviste di fasce laterali di terreno tali da consentire l'eventuale inserimento di strade di servizio per il collegamento degli accessi privati di immissione sulla strada.

5. Gli accessi devono essere localizzati dove l'orografia dei luoghi e l'andamento della strada consentono la piu' ampia visibilita' della zona di svincolo e possibilmente nei tratti di strada in rettilineo ((, e realizzati in modo da consentire una agevole e sicura manovra di immissione o di uscita dalla sede stradale, senza che tale manovra comporti la sosta del veicolo sulla carreggiata.))

6. L'ente proprietario della strada puo' negare l'autorizzazione per nuovi accessi, diramazioni e innesti, o per la trasformazione di quelli esistenti o per la variazione d'uso degli stessi quando ritenga che da essi possa derivare pregiudizio alla sicurezza e fluidita' della circolazione e particolarmente quando trattasi di accessi o diramazioni esistenti o da istituire in corrispondenza di tratti di strada in curva o a forte pendenza, nonche' ogni qualvolta non sia possibile rispettare le norme fissate ai fini della visibilita' per le intersezioni di cui agli articoli 16 e 18 del codice.

7. L'ente medesimo puo' negare l'autorizzazione di accessi in zone orograficamente difficili che non garantiscono sufficienti condizioni di sicurezza.

8. Gli accessi e le diramazioni devono essere costruiti con materiali di adeguate caratteristiche e sempre mantenuti in modo da evitare apporto di materie di qualsiasi natura e lo scolo delle acque sulla sede stradale; devono essere inoltre pavimentati per l'intero tratto e comunque per una lunghezza non inferiore a 50 m a partire dal margine della carreggiata della strada da cui si diramano.

((9. Gli accessi sono realizzati e mantenuti sia per la zona insistente sulla strada sia per la parte ricadente sulla proprieta' privata, a cura e spese dei titolari dell'autorizzazione, i quali sono tenuti a rispettare le prescrizioni e le modalita' fissate dall'ente proprietario della strada e ad operare sotto la sorveglianza dello stesso.))

((10. E' consentita l'apertura di accessi provvisori per motivi temporanei quali l'apertura di cantieri o simili. In tali casi deve essere disposta idonea segnalazione di pericolo ed, eventualmente, quella di divieto.))

Art. 46 (Art. 22 Cod. Str.)
(Accessi nelle strade urbane. Passo carrabile)
1. La costruzione dei passi carrabili e' autorizzata dall'ente proprietario della strada nel rispetto della normativa edilizia e urbanistica vigente.

2. Il passo carrabile deve essere realizzato osservando le seguenti condizioni:

a) deve essere distante almeno 12 metri dalle intersezioni e, in ogni caso, deve essere visibile da una distanza pari allo spazio di frenata risultante dalla velocita' massima consentita nella strada medesima;

b) deve consentire l'accesso ad un'area laterale che sia idonea allo stazionamento ((o alla circolazione)) dei veicoli;

c) qualora l'accesso alle proprieta' laterali sia destinato anche a notevole traffico pedonale, deve essere prevista una separazione dell'entrata carrabile da quella pedonale((.))

d) ((LETTERA SOPPRESSA DAL D.P.R. 16 SETTEMBRE 1996, N. 610)).

((3. Nel caso in cui i passi carrabili, come definiti dall'articolo 3, comma 1, punto 37), del codice, rientrino nella definizione dell'articolo 44, comma 4, del decreto legislativo 15 novembre 1993, n. 507, nella zona antistante gli stessi vige il divieto di sosta, segnalato con l'apposito segnale di cui alla figura II.78. In caso contrario, il divieto di sosta nella zona antistante il passo medesimo ed il posizionamento del relativo segnale, sono subordinati alla richiesta di occupazione del suolo pubblico che, altrimenti, sarebbe destinato alla sosta dei veicoli, in conformita' a quanto previsto dall'articolo 44, comma 8, del citato decreto legislativo 507/93.))

((4.)) Qualora l'accesso dei veicoli alla proprieta' laterale avvenga direttamente dalla strada, il passo carrabile oltre che nel rispetto delle condizioni previste ((nel comma 2)) , deve essere realizzato in modo da favorire la rapida immissione dei veicoli nella proprieta' laterale. L'eventuale cancello a protezione della proprieta' laterale dovra' essere arretrato allo scopo di consentire la sosta, fuori ((della carreggiata)) , di un veicolo in attesa di ingresso. ((Nel caso in cui, per obbiettive impossibilita' costruttive o per gravi limitazioni della godibilita' della proprieta' privata, non sia possibile arretrare gli accessi, possono essere autorizzati sistemi di apertura automatica dei cancelli o delle serrande che delimitano gli accessi. E' consentito derogare dall'arretramento degli accessi e dall'utilizzo dei sistemi alternativi nel caso in cui le immissioni laterali avvengano da strade senza uscita o comunque con traffico estremamente limitato, per cui le immissioni stesse non possono determinare condizioni di intralcio alla fluidita' della circolazione.))

((5.)) E' consentita l'apertura di passi carrabili provvisori per motivi temporanei quali l'apertura di cantieri o simili. In tali casi devono essere osservate, per quanto possibile, le condizioni di cui al comma 2. Deve in ogni caso disporsi idonea segnalazione di pericolo allorquando non possono essere osservate le distanze dall'intersezione.

((6. I comuni hanno la facolta' di autorizzare distanze inferiori a quelle fissate al comma 2, lettera a), per i passi carrabili gia' esistenti alla data di entrata in vigore del presente regolamento, nel caso in cui sia tecnicamente impossibile procedere all'adeguamento di cui all'articolo 22, comma 2, del codice.))

• 3. PUBBLICITA' SULLE STRADE E SUI VEICOLI (Art. 23 Codice della Strada)

Art. 47 (Art. 23 Cod. Str.)
(Definizione dei mezzi pubblicitari)

((1. Si definisce "insegna di esercizio" la scritta in caratteri alfanumerici, completata eventualmente da simboli e da marchi, realizzata e supportata con materiali di qualsiasi natura, installata nella sede dell'attivita' a cui si riferisce o nelle pertinenze accessorie alla stessa. Puo' essere luminosa sia per luce propria che per luce indiretta.

2. Si definisce "preinsegna" la scritta in caratteri alfanumerici, completata da freccia di orientamento, ed eventualmente da simboli o da marchi, realizzata su manufatto bifacciale e bidimensionale, utilizzabile su una sola o su entrambe le facce, supportato da una idonea struttura di sostegno, finalizzata alla pubblicizzazione direzionale della sede dove si esercita una determinata attivita' ed installata in modo da facilitare il reperimento della sede stessa e comunque nel raggio di 5 km. Non puo' essere luminosa, ne' per luce propria, ne' per luce indiretta.

3. Si definisce "sorgente luminosa" qualsiasi corpo illuminante o insieme di corpi illuminanti che, diffondendo luce in modo puntiforme o lineare o planare, illumina aree, fabbricati, monumenti, manufatti di qualsiasi natura ed emergenze naturali.

4. Si definisce "cartello" un manufatto bidimensionale supportato da una idonea struttura di sostegno, con una sola o entrambe le facce finalizzate alla diffusione di messaggi pubblicitari o propagandistici sia direttamente, sia tramite sovrapposizione di altri elementi, quali manifesti, adesivi, ecc. Puo' essere luminoso sia per luce propria che per luce indiretta.

5. Si definisce "striscione, locandina e stendardo" l'elemento bidimensionale realizzato in materiale di qualsiasi natura, privo di rigidezza, mancante di una superficie di appoggio o comunque non aderente alla stessa. Puo' essere luminoso per luce indiretta. La

locandina, se posizionata sul terreno, puo' essere realizzata anche in materiale rigido.

6. Si definisce "segno orizzontale reclamistico" la riproduzione sulla superficie stradale, con pellicole adesive, di scritte in caratteri alfanumerici, di simboli e di marchi, finalizzata alla diffusione di messaggi pubblicitari o propagandistici.

7. Si definisce "impianto pubblicitario di servizio" qualunque manufatto avente quale scopo primario un servizio di pubblica utilita' nell'ambito dell'arredo urbano e stradale (fermate autobus, pensiline, transenne parapedonali, cestini, panchine, orologi, o simili) recante uno spazio pubblicitario che puo' anche essere luminoso sia per luce diretta che per luce indiretta.

8. Si definisce "impianto di pubblicita' o propaganda" qualunque manufatto finalizzato alla pubblicita' o alla propaganda sia di prodotti che di attivita' e non individuabile secondo definizioni precedenti, ne' come insegna di esercizio, ne' come preinsegna, ne' come cartello, ne' come striscione, locandina o stendardo, ne' come segno orizzontale reclamistico, ne' come impianto pubblicitario di servizio. Puo' essere luminoso sia per luce propria che per luce indiretta.

9. Nei successivi articoli le preinsegne, gli striscioni, le locandine, gli stendardi, i segni orizzontali reclamistici, gli impianti pubblicitari di servizio e gli impianti di pubblicita' o propaganda sono indicati per brevita', con il termine "altri mezzi pubblicitari".

10. Le definizioni riportate nei commi precedenti sono valide per l'applicazione dei successivi articoli relativi alla pubblicita', nei suoi riflessi sulla sicurezza stradale.))

Art. 48 (((Art. 23 Cod. Str.)
(Dimensioni)

1. I cartelli, le insegne di esercizio e gli altri mezzi pubblicitari previsti dall'articolo 23 del codice e definiti nell'articolo 47, se installati fuori dai centri abitati non devono superare la superficie di 6 m2, ad eccezione delle insegne di esercizio poste parallelamente al senso di marcia dei veicoli o in aderenza ai fabbricati, che possono raggiungere la superficie di 20 m2; qualora la superficie di ciascuna facciata dell'edificio ove ha sede l'attivita' sia superiore a 100 m2, e' possibile incrementare la superficie dell'insegna di esercizio nella misura del 10% della superficie di facciata eccedente 100 m2, fino al limite di 50 m2.

2. I cartelli, le insegne di esercizio e gli altri mezzi pubblicitari installati entro i centri abitati sono soggetti alle limitazioni dimensionali previste dai regolamenti comunali.

3. Le preinsegne hanno forma rettangolare e dimensioni contenute entro i limiti inferiori di 1 m x 0,20 m e superiori di 1,50 m x 0,30 m. E' ammesso l'abbinamento sulla stessa struttura di sostegno di un numero massimo di sei preinsegne per ogni senso di marcia a condizione che le stesse abbiano le stesse dimensioni e costituiscano oggetto di un'unica autorizzazione.))

Art. 49 (Art. 23 Cod. Str.)
(((Caratteristiche dei cartelli, delle insegne di esercizio e degli altri mezzi pubblicitari)))

1. I cartelli ((, le insegne di esercizio)) e gli altri mezzi pubblicitari devono essere realizzati ((nelle loro parti strutturali)) con materiali non deperibili e resistenti agli agenti atmosferici.

2. Le strutture di sostegno e di fondazione devono essere calcolate per resistere alla spinta del vento, saldamente realizzate ed ancorate, sia globalmente che nei singoli elementi.

3. Qualora le suddette strutture costituiscono manufatti la cui realizzazione e posa in opera e' regolamentata da specifiche norme, l'osservanza delle stesse e l'adempimento degli obblighi da queste previste deve essere documentato prima del ritiro dell'autorizzazione

di cui all'articolo 23, comma 4, del codice.

((4. I cartelli, le insegne di esercizio e gli altri mezzi pubblicitari hanno sagoma regolare, che in ogni caso non deve generare confusione con la segnaletica stradale. Particolare cautela e' adottata nell'uso dei colori, specialmente del rosso, e del loro abbinamento, al fine di non generare confusione con la segnaletica stradale, specialmente in corrispondenza e in prossimita' delle intersezioni. Occorre altresi' evitare che il colore rosso utilizzato nei cartelli, nelle insegne di esercizio e negli altri mezzi pubblicitari costituisca sfondo di segnali stradali di pericolo, di precedenza e d'obbligo, limitandone la percettibilita'.

5. Il bordo inferiore dei cartelli, delle insegne di esercizio e degli altri mezzi pubblicitari, ad eccezione degli impianti pubblicitari di servizio, posti in opera fuori dai centri abitati, deve essere, in ogni suo punto, ad una quota non inferiore a 1,5 m rispetto a quella della banchina stradale misurata nella sezione stradale corrispondente. Il bordo inferiore degli striscioni, delle locandine e degli stendardi, se posizionati al di sopra della carreggiata, sia sulle strade urbane che sulle strade extraurbane, deve essere in ogni suo punto, ad una quota non inferiore a 5,1 m rispetto al piano della carreggiata.))

6. I segni orizzontali reclamistici, ove consentiti ai sensi dell'articolo 51, comma 9, devono essere realizzati con materiali rimovibili ma ben ancorati, nel momento dell'utilizzo, alla superficie stradale e che garantiscano una buona aderenza dei veicoli sugli stessi.

Art. 50 (Art. 23 Cod. Str.)
(Caratteristiche dei cartelli
e dei mezzi pubblicitari luminosi)

((1. Le sorgenti luminose, i cartelli, le insegne di esercizio e gli altri mezzi pubblicitari luminosi, per luce propria o per luce indiretta, posti fuori dai centri abitati, lungo o in prossimita' delle strade dove ne e' consentita l'installazione, non possono avere luce ne' intermittente, ne' di intensita' luminosa superiore a 150 candele per metro quadrato, o che, comunque, provochi abbagliamento.

2. Le sorgenti luminose, i cartelli, le insegne di esercizio e gli altri mezzi pubblicitari luminosi hanno una sagoma regolare che in ogni caso non deve generare confusione con la segnaletica stradale. Particolare cautela e' adottata nell'uso dei colori, specialmente del rosso e del verde, e del loro abbinamento, al fine di non generare confusione con la segnaletica luminosa specialmente in corrispondenza e in prossimita' delle intersezioni. Nel caso di intersezioni semaforizzate, ad una distanza dalle stesse inferiore a 300 m, fuori dai centri abitati, e' vietato l'uso dei colori rosso e verde nelle sorgenti luminose, nei cartelli, nelle insegne di esercizio e negli altri mezzi pubblicitari posti a meno di 15 m dal bordo della carreggiata, salvo motivata deroga da parte dell'ente concedente l'autorizzazione.))

3. La croce rossa luminosa e' consentita esclusivamente per indicare ((farmacie,)) ambulatori e posti di pronto soccorso.

4. Entro i centri abitati si applicano le disposizioni previste dai regolamenti comunali.

Art. 51 (Art. 23 Cod. Str.)
(Ubicazione lungo le strade
e le fasce di pertinenza)

((1. Lungo o in prossimita' delle strade, fuori e dentro i centri abitati, e' consentita l'affissione di manifesti esclusivamente sugli appositi supporti.

2. Il posizionamento di cartelli, di insegne di esercizio e di altri mezzi pubblicitari fuori dai centri abitati e dai tratti di strade extraurbane per i quali, in considerazione di particolari situazioni di carattere non transitorio, e' imposto un limite di velocita' non superiore a 50 km/h, salvo i casi specifici previsti ai

successivi commi, lungo o in prossimita' delle strade dove ne e' consentita l'installazione, e' autorizzato ed effettuato nel rispetto delle seguenti distanze minime:

a) 3 m dal limite della carreggiata;

b) 100 m dagli altri cartelli e mezzi pubblicitari;

c) 250 m prima dei segnali stradali di pericolo e di prescrizione; d) 150 m dopo i segnali stradali di pericolo e di prescrizione;

e) 150 m prima dei segnali di indicazione;

f) 100 m dopo i segnali di indicazione;

g) 100 m dal punto di tangenza delle curve come definite all'articolo 3, comma 1, punto 20), del codice;

h) 250 m prima delle intersezioni;

i) 100 m dopo le intersezioni;

l) 200 m dagli imbocchi delle gallerie.

Le distanze si applicano nel senso delle singole direttrici di marcia. Nel caso in cui, lateralmente alla sede stradale e in corrispondenza del luogo in cui viene chiesto il posizionamento di cartelli, di insegne di esercizio o di altri mezzi pubblicitari, gia' esistano a distanza inferiore a 3 m dalla carreggiata, costruzioni fisse, muri, filari di alberi, di altezza non inferiore a 3 m, e' ammesso il posizionamento stesso in allineamento con la costruzione fissa, con il muro e con i tronchi degli alberi. I cartelli, le insegne di esercizio e gli altri mezzi pubblicitari non devono, in ogni caso, ostacolare la visibilita' dei segnali stradali entro lo spazio di avvistamento.

3. Il posizionamento dei cartelli, delle insegne di esercizio e degli altri mezzi pubblicitari fuori dai centri abitati, lungo o in prossimita' delle strade ove ne e' consentita l'installazione, e' comunque vietato nei seguenti punti:

a) sulle corsie esterne alle carreggiate, sulle cunette e sulle pertinenze di esercizio delle strade che risultano comprese tra carreggiate contigue;

b) in corrispondenza delle intersezioni;

c) lungo le curve come definite all'articolo 3, comma 1, punto 20), del codice e su tutta l'area compresa tra la curva stessa e la corda tracciata tra i due punti di tangenza;

d) sulle scarpate stradali sovrastanti la carreggiata in terreni di qualsiasi natura e pendenza superiore a 45 gradi;

e) in corrispondenza dei raccordi verticali concavi e convessi segnalati;

f) sui ponti e sottoponti non ferroviari;

g) sui cavalcavia stradali e loro rampe;

h) sui parapetti stradali, sulle barriere di sicurezza e sugli altri dispositivi laterali di protezione e di segnalamento.

4. Il posizionamento di cartelli, di insegne di esercizio e di altri mezzi pubblicitari entro i centri abitati, ed entro i tratti di strade extraurbane per i quali, in considerazione di particolari situazioni di carattere non transitorio, e' imposto un limite di velocita' non superiore a 50 km/h, salvo i casi specifici previsti ai successivi commi, e' vietato in tutti i punti indicati al comma 3, e, ove consentito dai regolamenti comunali, esso e' autorizzato ed effettuato, di norma, nel rispetto delle seguenti distanze minime, fatta salva la possibilita' di deroga prevista dall'articolo 23, comma 6, del codice:

a) 50 m, lungo le strade urbane di scorrimento e le strade urbane di quartiere, prima dei segnali stradali di pericolo e di prescrizione, degli impianti semaforici e delle intersezioni;

b) 30 m, lungo le strade locali, prima dei segnali stradali di pericolo e di prescrizione, degli impianti semaforici e delle intersezioni;

c) 25 m dagli altri cartelli e mezzi pubblicitari, dai segnali di indicazione e dopo i segnali stradali di pericolo e di prescrizione, gli impianti semaforici e le intersezioni;

d) 100 m dagli imbocchi delle gallerie.

I comuni hanno la facolta' di derogare, all'interno dei centri abitati, all'applicazione del divieto di cui al comma 3, lettera a), limitatamente alle pertinenze di esercizio che risultano comprese tra carreggiate contigue e che hanno una larghezza superiore a 4 m. Per le distanze dal limite della carreggiata si applicano le norme del regolamento comunale. Le distanze si applicano nel senso delle singole direttrici di marcia. I cartelli, le insegne di esercizio e gli altri mezzi pubblicitari non devono in ogni caso ostacolare la visibilita' dei segnali stradali entro lo spazio di avvistamento.

5. Le norme di cui ai commi 2 e 4, e quella di cui al comma 3, lettera c), non si applicano per le insegne di esercizio, a condizione che le stesse siano collocate parallelamente al senso di marcia dei veicoli in aderenza ai fabbricati esistenti o, fuori dai centri abitati, ad una distanza dal limite della carreggiata, non inferiore a 3 m, ed entro i centri abitati alla distanza fissata dal regolamento comunale, sempreche', siano rispettate le disposizioni dell'articolo 23, comma 1, del codice.

6. Le distanze indicate ai commi 2 e 4, ad eccezione di quelle relative alle intersezioni, non sono rispettate per i cartelli e gli altri mezzi pubblicitari collocati in posizione parallela al senso di marcia dei veicoli e posti in aderenza, per tutta la loro superficie, a fabbricati o comunque, fuori dai centri abitati, ad una distanza non inferiore a 3 m dal limite della carreggiata, ed entro i centri abitati, alla distanza stabilita dal regolamento comunale. Entro i centri abitati, il regolamento comunale fissa i criteri di individuazione degli spazi ove e' consentita la collocazione di tali cartelli e degli altri mezzi pubblicitari e le percentuali massime delle superfici utilizzabili per gli stessi rispetto alle superfici dei prospetti dei fabbricati o al fronte stradale.

7. Fuori dai centri abitati puo' essere autorizzata la collocazione, per ogni senso di marcia, di una sola insegna di esercizio per ogni stazione di rifornimento di carburante e stazione di servizio, della superficie massima di 4 m2, ferme restando tutte le altre disposizioni del presente articolo. Le insegne di esercizio di cui sopra sono collocate nel rispetto delle distanze e delle norme di cui ai commi 2, 3 e 4, ad eccezione della distanza dal limite della carreggiata.

8. Per gli impianti pubblicitari di servizio costituiti da paline e pensiline di fermata autobus, e da transenne parapedonali recanti uno spazio pubblicitario con superficie inferiore a 3 m2, non si applicano, fuori dai centri abitati, le distanze previste al comma 2, ed entro i centri abitati si applicano le distanze fissate dai regolamenti comunali, sempreche' siano rispettate le disposizioni dell'articolo 23, comma 1, del codice. Nei centri abitati, la diffusione di messaggi pubblicitari utilizzando transenne parapedonali e' disciplinata dai regolamenti comunali, che determinano le dimensioni, le tipologie ed i colori, sia delle transenne che degli spazi pubblicitari nelle stesse inseriti, tenuto conto del circostante contesto storico - architettonico, sempreche' siano rispettate le disposizioni dell'articolo 23, comma 1, del codice.

9. I segni orizzontali reclamistici sono ammessi unicamente:
    a) all'interno di aree ad uso pubblico di pertinenza di complessi industriali o commerciali;
    b) lungo il percorso di manifestazioni sportive o su aree delimitate, destinate allo svolgimento di manifestazioni di vario genere, limitatamente al periodo di svolgimento delle stesse ed alle ventiquattro ore precedenti e successive. Per essi non si applica il comma 3 e le distanze di cui ai commi 2 e 4 si applicano unicamente rispetto ai segnali stradali orizzontali.

10. L'esposizione di striscioni e' ammessa unicamente per la promozione pubblicitaria di manifestazioni e spettacoli. L'esposizione di locandine e stendardi e' ammessa per la promozione pubblicitaria di manifestazioni e spettacoli, oltre che per il lancio di iniziative commerciali. L'esposizione di striscioni, locandine e

stendardi e' limitata al periodo di svolgimento della manifestazione, dello spettacolo o della iniziativa cui si riferisce, oltre che alla settimana precedente ed alle ventiquattro ore successive allo stesso. Per gli striscioni, le locandine e gli stendardi, le distanze dagli altri cartelli e mezzi pubblicitari previste dai commi 2 e 4 si riducono rispettivamente a 50 m ed a 12,5 m.

11. Fuori dai centri abitati e' vietata la collocazione di cartelli ed altri mezzi pubblicitari a messaggio variabile, aventi un periodo di variabilita' inferiore a cinque minuti, in posizione trasversale al senso di marcia dei veicoli. Entro i centri abitati il periodo di variabilita' ammesso e' fissato dai regolamenti comunali.

12. E' vietata l'apposizione di messaggi pubblicitari sui bordi dei marciapiedi e dei cigli stradali.

13. Fuori dai centri abitati, ad una distanza, prima delle intersezioni, non superiore a 500 m, e' ammesso il posizionamento di preinsegne in deroga alle distanze minime stabilite dal comma 2, lettere b), c), d), e), f) ed h). In tal caso le preinsegne possono essere posizionate ad una distanza minima prima dei segnali stradali pari allo spazio di avvistamento previsto per essi e, dopo i segnali stradali, pari al 50% dello stesso spazio. Rispetto agli altri cartelli o mezzi pubblicitari e' rispettata una distanza minima di 100 m.

14. Per l'attuazione del comma 4, in attesa della classificazione delle strade, si applicano le disposizioni dell'articolo 2, comma 8.

15. La collocazione di insegne di esercizio nell'ambito e in prossimita' dei luoghi di cui all'articolo 23, comma 3, del codice, e' subordinata, oltre che all'autorizzazione di cui all'articolo 23, comma 4, del codice, al nulla osta rilasciato dal competente organo di tutela.))

Art. 52 (Art. 23 Cod. Str.)
(Ubicazione dei mezzi pubblicitari nelle stazioni di servizio e nelle aree di parcheggio)

1. Nelle stazioni di servizio e nelle aree di parcheggio possono essere collocati cartelli ((, insegne di esercizio e altri)) mezzi pubblicitari la cui superficie complessiva non supera ((l'8%)) delle aree occupate dalle stazioni di servizio e dalle aree di parcheggio, se trattasi di strade di tipo C e F, e ((il 3%)) delle stesse aree se trattasi di strade di tipo A e B, sempreche' gli stessi non siano collocati lungo il fronte stradale, lungo le corsie di accelerazione e decelerazione e in corrispondenza degli accessi. ((In attesa della classificazione delle strade si applicano le disposizioni dell'articolo 2, comma 8. Dal computo della superficie dei cartelli, delle insegne di esercizio e degli altri mezzi pubblicitari sono esclusi quelli attinenti ai servizi prestati presso la stazione o l'area di parcheggio.))

2. Nelle stazioni di servizio e nelle aree di parcheggio ((, entro i centri abitati,)) si applicano le disposizioni dei regolamenti comunali.

((3. Nelle aree di parcheggio e' ammessa, in eccedenza alle superfici pubblicitarie computate in misura percentuale, la collocazione di altri mezzi pubblicitari abbinati alla prestazione di servizi per l'utenza della strada entro il limite di 2 m (Elevato al Quadrato) per ogni servizio prestato.))

((4. In ognuno dei casi suddetti si applicano tutte le altre disposizioni del codice e del presente regolamento.))

Art. 53 (Art. 23 Cod. Str.)
(Autorizzazioni)

1. L'autorizzazione al posizionamento di cartelli ((, di insegne di esercizio)) e di altri mezzi pubblicitari fuori dai centri abitati, lungo le strade o in vista di essa, richiesta dall'articolo 23, comma 4, del codice, e' rilasciata:

a) per le strade e le autostrade statali dalla direzione compartimentale dell'ANAS competente per territorio o dagli uffici speciali per le autostrade;

  b) per le autostrade in concessione dalla societa' concessionaria;

  c) per le strade regionali, provinciali, comunali e di proprieta' di altri enti, dalle rispettive amministrazioni;

  d) per le strade militari dal comando territoriale competente.

2. Tutte le procedure per il rilascio delle autorizzazioni devono essere improntate ai principi della massima semplificazione e della determinazione dei tempi di rilascio.

((3. Il soggetto interessato al rilascio di una autorizzazione per l'installazione di cartelli, di insegne di esercizio o di altri mezzi pubblicitari deve presentare la relativa domanda presso il competente ufficio dell'ente indicato al comma 1, allegando, oltre alla documentazione amministrativa richiesta dall'ente competente, un'autodichiarazione, redatta ai sensi della legge 4 gennaio 1968, n. 15, con la quale si attesti che il manufatto che si intende collocare e' stato calcolato e realizzato e sara' posto in opera tenendo conto della natura del terreno e della spinta del vento, in modo da garantire la stabilita'. Per le successive domande di rilascio di autorizzazione e' sufficiente il rinvio alla stessa autodichiarazione. Alla domanda deve essere allegato un bozzetto del messaggio, da esporre ed il verbale di constatazione redatto da parte del capocantoniere o del personale preposto, in duplice copia, ove e' riportata la posizione nella quale si richiede l'autorizzazione all'installazione. In sostituzione del verbale di constatazione, su richiesta dell'ente competente, puo' essere allegata una planimetria ove sono riportati gli elementi necessari per una prima valutazione della domanda. Possono essere allegati anche piu' bozzetti, precisando il tempo di esposizione previsto per ciascuno di essi e che, comunque, non puo' essere inferiore a tre mesi. Se la domanda e' relativa a cartelli, insegne di esercizio o altri mezzi pubblicitari per l'esposizione di messaggi variabili devono essere allegati i bozzetti di tutti i messaggi previsti.))

4. L'ufficio ricevente la domanda restituisce all'interessato una delle due copie della planimetria riportando sulla stessa gli estremi di ricevimento.

5. L'ufficio competente entro i sessanta giorni successivi, concede o nega l'autorizzazione. In caso di diniego, questo deve essere motivato.

6. L'autorizzazione all'installazione di cartelli ((, di insegne di esercizio)) o di mezzi pubblicitari ha validita' per un periodo di tre anni ed e' rinnovabile; essa deve essere intestata al soggetto richiedente di cui al comma 3.

7. Il corrispettivo che il soggetto richiedente deve versare per il rilascio dell'autorizzazione deve essere determinabile da parte dello stesso soggetto sulla base di un prezzario annuale, comprensivo di tutti gli oneri, esclusi solo quelli previsti dall'articolo 405, che deve essere predisposto e reso pubblico da parte di ciascun ente competente ((entro il trentuno ottobre)) dell'anno precedente a quello di applicazione del listino.

8. Fuori dai centri abitati, qualora il soggetto titolare dell'autorizzazione, decorsi almeno tre mesi, fermo restando la durata della stessa, intenda variare il messaggio pubblicitario riportato su un cartello o su un altro mezzo pubblicitario, deve farne domanda, allegando il bozzetto del nuovo messaggio, all'ente competente, il quale e' tenuto a rilasciare l'autorizzazione entro i successivi quindici giorni, decorsi i quali si intende rilasciata.

9. Gli enti proprietari delle strade indicati al comma 1 sono tenuti a mantenere un registro delle autorizzazioni rilasciate, che contenga in ordine di tempo l'indicazione della domanda, del rilascio dell'autorizzazione ed una sommaria descrizione del cartello ((, dell'insegna di esercizio)) o mezzo pubblicitario autorizzato; le posizioni autorizzate dei cartelli ((, delle insegne di esercizio)) e degli altri mezzi pubblicitari devono essere riportate nel catasto stradale.

10. Gli enti proprietari predispongono, ogni tre anni, a richiesta
del Ministro dei lavori pubblici - Ispettorato generale per la
circolazione e la sicurezza stradale, specifico rapporto sulla
densita' pubblicitaria per aree territorialmente definite. I dati
relativi alle indagini all'uopo svolte sono destinati a popolare il
sistema informativo dell'archivio nazionale delle strade di cui agli
articoli 225 e 226 del codice.

Art. 54 (Art. 23 Cod. Str.)
(Obblighi del titolare dell'autorizzazione)
1. E' fatto obbligo al titolare dell'autorizzazione di:
    a) verificare il buono stato di conservazione dei cartelli ((,
delle insegne di esercizio)) e degli altri mezzi pubblicitari e delle
loro strutture di sostegno;
    b) effettuare tutti gli interventi necessari al loro buon
mantenimento;
    c) adempiere nei tempi richiesti a tutte le prescrizioni
impartite dall'ente competente ai sensi dell'articolo 405, comma 1,
al momento del rilascio dell'autorizzazione od anche successivamente
per intervenute e motivate esigenze;
    d) procedere alla rimozione nel caso di decadenza o revoca
dell'autorizzazione o di insussistenza delle condizioni di sicurezza
previste all'atto dell'installazione o di motivata richiesta da parte
dell'ente competente al rilascio.
2. E' fatto obbligo al titolare dell'autorizzazione, rilasciata per
la posa di segni orizzontali reclamistici, nonche' di striscioni,
locandine e stendardi, nei casi previsti dall'articolo 51, comma 9,
di provvedere alla rimozione degli stessi entro le ventiquattro ore
successive alla conclusione della manifestazione o dello spettacolo
per il cui svolgimento sono stati autorizzati, ripristinando il
preesistente stato dei luoghi ed il preesistente grado di aderenza
delle superfici stradali.

Art. 55 (Art. 23 Cod. Str.)
(Targhette di identificazione)
1. Su ogni cartello o mezzo pubblicitario autorizzato dovra' essere
saldamente fissata, a cura e a spese del titolare
dell'autorizzazione, una targhetta metallica, posta in posizione
facilmente accessibile, sulla quale sono riportati, con caratteri
incisi, i seguenti dati:
    a) amministrazione rilasciante;
    b) soggetto titolare;
    c) numero dell'autorizzazione;
    d) progressiva chilometrica del punto di installazione;
    e) data di scadenza. ((Per i mezzi pubblicitari per i quali
risulti difficoltosa l'applicazione di targhette, e' ammesso che i
suddetti dati siano riportati con scritte a carattere indelebile.))
((2. La targhetta o la scritta di cui al comma 1 devono essere
sostituite ad ogni rinnovo dell'autorizzazione ed ogniqualvolta
intervenga una variazione di uno dei dati su di esse riportati.))

Art. 56 (Art. 23 Cod. Str.)
(Vigilanza)
1. Gli enti proprietari delle strade sono tenuti a vigilare, a
mezzo del proprio personale competente in materia di viabilita',
sulla corretta realizzazione e sull'esatto posizionamento dei
cartelli ((, delle insegne di esercizio)) e degli altri mezzi
pubblicitari rispetto a quanto autorizzato. Gli stessi enti sono
obbligati a vigilare anche sullo stato di conservazione e sulla buona
manutenzione dei cartelli ((, delle insegne di esercizio)) e degli
altri mezzi pubblicitari oltreche' sui termini di scadenza delle
autorizzazioni concesse.
2. Qualunque inadempienza venga rilevata da parte del personale
incaricato della vigilanza, deve essere contestata a mezzo di
specifico verbale al soggetto titolare dell'autorizzazione che deve

provvedere entro il termine fissato. Decorso tale termine l'ente proprietario, valutate le osservazioni avanzate, entro dieci giorni, dal soggetto, provvede d'ufficio rivalendosi per le spese sul soggetto titolare dell'autorizzazione.

3. La vigilanza puo' essere, inoltre, svolta da tutto il personale di cui all'articolo 12, comma 1 del codice, il quale trasmette le proprie segnalazioni all'ente proprietario della strada per i provvedimenti di competenza.

4. Limitatamente al disposto dell'articolo 23, comma 3, del codice la vigilanza puo' essere svolta, nell'ambito delle rispettive competenze, anche da funzionari dei Ministeri dell'ambiente e dei beni culturali, i quali trasmettono le proprie segnalazioni all'ente proprietario della strada per i provvedimenti di competenza.

5. Tutti i messaggi pubblicitari e propagandistici che possono essere variati senza autorizzazione ai sensi dell'articolo 53, ((comma 8)) , se non rispondenti al disposto dell'articolo 23, comma 1, del codice, devono essere rimossi entro ((gli otto giorni successivi)) alla notifica del verbale di contestazione, a cura e spese del soggetto titolare dell'autorizzazione o del concessionario. In caso di inottemperanza si procede d'ufficio.

6. Tutti i messaggi, esposti difformemente dalle autorizzazioni rilasciate, dovranno essere rimossi, previa contestazione scritta, a cura e spese del soggetto titolare dell'autorizzazione o del concessionario, entro il termine di ((otto giorni)) dalla diffida pervenuta. In caso d'inottemperanza si procede d'ufficio.

Art. 57 (Art. 23 Cod. Str.)
(Pubblicita' sui veicoli)

1. L'apposizione sui veicoli di pubblicita' non luminosa e' consentita, salvo quanto previsto ai commi 3 e 4, unicamente se non effettuata per conto terzi a titolo oneroso e se realizzata con sporgenze non superiori a 3 cm rispetto alla superficie del veicolo sulla quale sono applicate, fermi restando i limiti di cui all'articolo 61 del codice. Sulle autovetture ad uso privato e' consentita unicamente l'apposizione del marchio e della ragione sociale della ditta cui appartiene il veicolo.

2. La pubblicita' non luminosa per conto terzi e' consentita sui veicoli adibiti al trasporto di linea e non di linea alle seguenti condizioni:

   a) che non sia realizzata mediante messaggi variabili;

   b) che non sia esposta sulla parte anteriore del veicolo;

   c) che sulle altre parti del veicolo sia posizionata, rispetto ai dispositivi di segnalazione visiva e di illuminazione ed alle targhe, in modo tale da non ridurre la visibilita' e la percettibilita' degli stessi;

   d) che sia contenuta entro forme geometriche regolari;

   e) che, se realizzata mediante pannelli aggiuntivi, gli stessi non sporgano di oltre 3 cm rispetto alla superficie sulla quale sono applicati.

((3. La pubblicita' non luminosa per conto terzi e' consentita sui veicoli adibiti al servizio taxi unicamente se effettuata mediante scritte con caratteri alfanumerici, abbinati a marchi e simboli, ed alle seguenti ulteriori condizioni:

   a) che sia realizzata con pannello rettangolare piano bifacciale, saldamente ancorato al di sopra dell'abitacolo del veicolo e posto in posizione parallela al senso di marcia. Il pannello deve avere le dimensioni esterne di 75 times35 cm e la pubblicita' non deve essere realizzata con messaggi variabili;

   b) che sia realizzata tramite l'applicazione sul lunotto posteriore del veicolo di pellicola della misura di 100 times12 cm;

   c) che sia realizzata tramite l'applicazione di pellicola sulle superfici del veicolo ad esclusione di quelle vetrate. Le esposizioni pubblicitarie di cui alle lettere a) e c) sono alternative tra loro. I veicoli adibiti al servizio taxi sui quali sono esposti messaggi pubblicitari di cui al capo a) non possono circolare sulle autostrade.))

4. L'apposizione di scritte e messaggi pubblicitari rifrangenti e' ammessa sui veicoli unicamente alle seguenti condizioni:

a) che la pellicola utilizzata abbia caratteristiche di rifrangenza non superiori a quelle di classe 1;

b) che la superficie della parte rifrangente non occupi piu' di due terzi della fiancata del veicolo e comunque non sia superiore a 3 m2;

c) che il colore bianco sia contenuto nella misura non superiore ad 1/6 della superficie;

d) che sia esposta unicamente sui fianchi del veicolo a distanza non inferiore a 70 cm dai dispositivi di segnalazione visiva;

e) che non sia realizzata mediante messaggi variabili.

5. In tutti i casi, le scritte, i simboli e la combinazione dei colori non devono generare confusione con i segnali stradali e, in particolare, non devono avere forme di disco o di triangolo, ne' disegni confondibili con i simboli segnaletici regolamentari di pericolo, obbligo, prescrizione o indicazione.

6. All'interno dei veicoli e' proibita ogni scritta o insegna luminosa pubblicitaria che sia visibile, direttamente o indirettamente, dal conducente o che comunque possa determinare abbagliamento o motivo di confusione con i dispositivi di segnalazione visiva e di illuminazione dei veicoli stessi.

7. Le disposizioni di cui ai commi precedenti non si applicano ai veicoli al seguito delle competizioni sportive autorizzate ai sensi dell'articolo 9 del codice.

Art. 58 (Art. 23 Cod. Str.)
(Adattamenti delle forme di pubblicita' esistenti
all'entrata in vigore del codice)

1. I cartelli o mezzi pubblicitari installati sulla base di autorizzazioni in essere all'atto dell'entrata in vigore del codice e non rispondenti alle disposizioni dello stesso e del presente regolamento, devono essere ((adeguati entro tre anni)) dalla sua entrata in vigore, a cura e a spese del titolare dell'autorizzazione, fatto salvo il diritto dello stesso al rimborso della somma anticipata per la residua durata dell'autorizzazione non sfruttata ((, qualora il cartello debba essere rimosso per impossibilita' di adeguamento. Qualora l'autorizzazione scada prima del termine suddetto, il rinnovo della stessa e' subordinato all'adeguamento entro il termine di decorrenza del rinnovo stesso.))

2. Per i cartelli e gli altri mezzi pubblicitari per i quali, in base alle distanze minime previste dall'articolo 51 occorre provvedere, a cura e a spese del titolare dell'autorizzazione, ad uno spostamento, si procede, per ogni lato della strada, nella direzione inversa al corrispondente senso di marcia, effettuando gli spostamenti unicamente negli interspazi risultanti tra i successivi punti di riferimento (intersezioni, segnali stradali). I cartelli e gli altri mezzi pubblicitari che non possono piu' trovare collocazione in ciascuno degli interspazi devono essere rimossi e possono essere ricollocati in altro tratto stradale disponibile solo dopo il rilascio di una nuova autorizzazione per la diversa posizione, fermi restando la durata e gli importi gia' corrisposti per l'autorizzazione originaria.

Art. 59 (Art. 23 Cod. Str.)
(Pubblicita' fonica)

((1. La pubblicita' fonica fuori dai centri abitati e' consentita dalle ore 9,00 alle ore 13,00 e dalle ore 16,30 alle ore 19,30.

2. La pubblicita' fonica entro i centri abitati e' consentita nelle zone e negli orari stabiliti dai regolamenti comunali e, in assenza degli stessi, negli orari fissati al comma 1.

3. La pubblicita' fonica, fatte salve le diverse disposizioni in materia, e' autorizzata, fuori dai centri abitati, dall'ente proprietario della strada e, entro i centri abitati, dal sindaco del

comune.

4. Per la pubblicita' elettorale si applicano le disposizioni dell'articolo 7 della legge 24 aprile 1975, n. 130. La pubblicita' elettorale e' autorizzata dal sindaco del comune; nel caso in cui la stessa si svolga sul territorio di piu' comuni, l'autorizzazione e' rilasciata dal prefetto della provincia in cui ricadono i comuni stessi.

5. In tutti i casi, la pubblicita' fonica non deve superare i limiti massimi di esposizione al rumore fissati dal decreto del Presidente del Consiglio dei Ministri 1 marzo 1991.))

• 4. PERTINENZE, ATTRAVERSAMENTI E CONDOTTA DELLE ACQUE (Artt. 24-33 Codice della Strada)

Art. 60 (Art. 24 Cod. Str.)
(Ubicazione delle pertinenze di servizio)

1. La localizzazione delle pertinenze di servizio indicate nell'articolo 24, comma 4, del codice, e' parte integrante del progetto stradale e deve rispondere ai requisiti di sicurezza e fluidita' del traffico. ((Per le pertinenze che costituiscono aree di servizio destinate al rifornimento e al ristoro, le previsioni progettuali si limitano ad individuarne il numero minimo in relazione alle esigenze, in accordo con i piani regionali di riorganizzazione della rete di distribuzione dei carburanti.))

2. Le pertinenze di servizio relative alle strade di tipo A, B e D di cui all'articolo 2 del codice, devono essere ubicate su apposite aree , comprendenti lo spazio idoneo per i veicoli in movimento ed in sosta, e provviste di accessi separati con corsie di decelerazione ed accelerazione per l'entrata e l'uscita dei veicoli.

3. Le pertinenze stradali non possono essere ubicate in prossimita' di intersezioni, di fossi, di fermate di mezzi pubblici e lungo tratti di strada in curva o a visibilita' limitata. L'ubicazione delle stesse deve essere tale da consentire un reciproco tempestivo avvistamento tra i conducenti che percorrono la strada e i conducenti in entrata ed in uscita dalla pertinenza medesima; presso le uscite sono vietati siepi e cartelli che impediscono la visuale sulla strada ai conducenti che devono reinserirsi nel traffico.

4. Ulteriori criteri per la localizzazione e gli standards dimensionali e qualitativi delle pertinenze di servizio sono fissati dalle norme che il Ministro dei lavori pubblici emana ai sensi dell'articolo 13 del codice, ((in conformita' con le specifiche norme di settore vigenti.))

Art. 61 (Art. 24 Cod. Str.)
(Aree di servizio destinate al rifornimento
e al ristoro degli utenti)

1. Le aree di servizio ((relative alle strade di tipo A e B di cui all'articolo 2 del codice,)) destinate al rifornimento ed al ristoro degli utenti sono dotate di tutti i servizi necessari per il raggiungimento delle finalita' suddette, con i distributori di carburante, le officine meccaniche ((ed eventualmente di lavaggio)), i locali di ristoro ed eventualmente di alloggio, i posti telefonici, di pronto soccorso e di polizia stradale, gli adeguati servizi igienici collettivi ed i contenitori per la raccolta anche differenziata dei rifiuti.

2. Gli impianti di distribuzione di carburante sono da considerare parte delle aree di servizio. La installazione e l'esercizio, lungo le strade, di impianti di distribuzione di carburanti liquidi e gassosi e di lubrificanti per autotrazione o di impianti affini, con le relative attrezzature ed accessori, e' subordinata al parere tecnico favorevole dell'ente proprietario della strada nel rispetto delle norme vigenti. Con le norme di cui all'articolo 13 del codice,

il Ministro dei lavori pubblici stabilisce, oltre gli standards e i criteri di cui all'articolo 60, comma 4, le caratteristiche tecniche che devono essere imposte con l'autorizzazione dell'impianto, in relazione alla tipologia delle strade e per tipo di carburante erogato ((, fatte salve le norme di settore vigenti.))

3. Sulle strade di tipo E ed F ((in ambito urbano)) gli impianti di distribuzione dei carburanti devono rispondere, per quanto riguarda gli accessi ai requisiti previsti per i passi carrabili, di cui all'articolo 46. Gli impianti di distribuzione, comprese le relative aree di sosta, non devono impegnare in ogni caso la carreggiata stradale.

Art. 62 (Art. 24 Cod. Str.)
(Aree di servizio destinate a parcheggio e sosta)

1. Le aree di servizio destinate al parcheggio ed alla sosta dei veicoli devono essere dotate di un'area apposita per il parcheggio, con indicazioni, a mezzo di strisce longitudinali bianche a terra, dei singoli posti macchina. Tale area deve essere munita del segnale di parcheggio, come stabilito dal presente regolamento.

2. Esse devono essere dotate, inoltre, di area destinata alla sosta, con spazi destinati alla medesima, con zona a verde e devono essere attrezzate con camminamenti pedonali, sedili e, se possibile, con punti per picnic. Devono essere dotate, altresi', di adeguati servizi igienici collettivi e di contenitori per la raccolta differenziale dei rifiuti.

Art. 63 (Art. 24 Cod. Str.)
(Aree e fabbricati di manutenzione
e di esercizio della rete viaria)

1. Le aree e i fabbricati destinati alla manutenzione e all'esercizio della rete viaria devono essere ubicati in posizione tale, lungo il tracciato, da garantire la tempestivita' e l'efficienza degli interventi di esercizio e di manutenzione. ((PERIODO SOPPRESSO DAL D.P.R. 16 SETTEMBRE 1996, N. 610)).

((2. Le stazioni destinate alle operazioni di esazione del pedaggio si configurano come aree nelle quali sono svolte le attivita' di esazione, di informazione , di vendita dei mezzi di pagamento del pedaggio e di assistenza all'utenza. L'accesso ai servizi deve essere realizzato in modo da non interferire con la circolazione dei veicoli.))

Art. 64 (Art. 24 Cod. Str.)
(Concessione)

1. L'ente proprietario della strada puo' concedere, ad uno o piu' richiedenti, nel rispetto dei criteri dettati dalle disposizioni vigenti in materia, l'uso dell'area necessaria per la realizzazione delle opere e la gestione dei servizi. Qualora l'ente proprietario si avvalga della facolta' di affidare in concessione la realizzazione dell'opera e la gestione dei servizi ad uno o piu' richiedenti, potra' essere affidata a terzi la gestione di taluni servizi di cui l'area e' dotata, previa autorizzazione dell'ente proprietario della strada.

2. I rapporti tra ente proprietario della strada e concessionario sono regolati da apposita convenzione.

3. Alla convenzione di cui sopra e' allegato, facendone parte integrante, il disciplinare predisposto dall'ente proprietario della strada che stabilisce le norme di progettazione, costruzione e gestione e che regola i poteri di vigilanza dell'ente stesso.

4. La convenzione stabilisce anche la durata della concessione e detta la disciplina dei rapporti economici.

5. La convenzione puo' subire modificazioni e integrazioni a mezzo di una successiva convenzione, anche a richiesta del soggetto concessionario, in relazione alle variate esigenze del traffico e della utenza.

Art. 65 (Art. 25 Cod. Str.)
(Attraversamenti ed occupazioni stradali in generale)

1. Gli attraversamenti e le occupazioni di strade, di cui all'articolo 25 del codice, possono essere realizzati a raso o mediante strutture sopraelevate o in sotterraneo. Essi si distinguono in:

a) ((attraversamenti)) trasversali se interessano in tutto o in parte la sezione della sede stradale e delle fasce di rispetto;

b) ((occupazioni)) longitudinali se seguono parallelamente l'asse della strada entro i confini della sede stradale e delle fasce di rispetto;

((c) misti se si verificano entrambe le condizioni precedenti.))

2. Nelle strade extraurbane principali e, di norma, nelle strade extraurbane secondarie, sono vietati attraversamenti a raso di linee ferroviarie e tranviarie di qualsiasi tipo e importanza.

3. Gli attraversamenti e le occupazioni stradali a raso sono consentiti quando non sussistono soluzioni alternative o queste comportano il superamento di particolari difficolta' tecniche.

((4. La soluzione tecnica prescelta per la realizzazione degli attraversamenti e delle occupazioni deve tenere conto della sicurezza e fluidita' della circolazione sia durante l'esecuzione dei lavori che durante l'uso dell'impianto oggetto dell'attraversamento e dell'occupazione medesimi, nonche' della possibilita' di ampliamento della sede stradale. In ogni caso sono osservate le norme tecniche e di sicurezza previste per ciascun impianto.))

Art. 66 (Art. 25 Cod. Str.)
(Attraversamenti in sotterraneo o con strutture sopraelevate)

1. Gli attraversamenti trasversali in sotterraneo sono posizionati in appositi manufatti o in cunicoli e pozzetti, sono realizzati, ove possibile, con sistema a spinta degli stessi nel corpo stradale e devono essere idonei a proteggere gli impianti in essi collocati ed assorbire le sollecitazioni derivanti dalla circolazione stradale.

2. I cunicoli, le gallerie di servizi, i pozzetti e gli impianti sono dimensionati in modo da consentire la possibilita' di effettuare interventi di manutenzione senza che cio' comporti manomissione del corpo stradale o intralcio alla circolazione, secondo le direttive emanate, entro sei mesi dalla data di entrata in vigore del presente regolamento, dal Ministero dei lavori pubblici di concerto con il Dipartimento delle aree urbane. I cunicoli, le gallerie ed i pozzetti sono, comunque, realizzati in modo da consentire la collocazione di piu' servizi in un unico attraversamento. Non e' consentita la collocazione di condotte di gas in cunicoli contenenti altri impianti e la cui presenza contrasti con norme di sicurezza. L'accesso all'attraversamento avviene mediante pozzetti collocati, di norma, fuori della fascia di pertinenza stradale e, salvo casi di obiettiva impossibilita', a mezzo di manufatti che non insistono sulla carreggiata.

3. La profondita', rispetto al piano stradale, dell'estradosso dei manufatti protettivi degli attraversamenti in sotterraneo deve essere previamente approvata dall'ente proprietario della strada in relazione alla condizione morfologica dei terreni e delle condizioni di traffico. La profondita' minima misurata dal piano viabile di rotolamento non puo' essere inferiore a 1 m.((Per le tecniche di scavo a limitato impatto ambientale la profondita' minima puo' essere ridotta a condizione che sia assicurata la sicurezza della circolazione e garantita l'integrita' del corpo stradale per tutta la sua vita utile, in base a valutazioni della tipologia di strada, di traffico e di pavimentazione)).

4. Gli attraversamenti trasversali con strutture sopraelevate devono essere realizzati mediante sostegni situati fuori della carreggiata con distanze che consentano futuri ampliamenti e comunque devono essere ubicati ad una distanza dal margine della strada uguale all'altezza del sostegno misurata dal piano di campagna. Per gli attraversamenti con impianti inerenti i servizi di cui all'articolo

28 del codice, detta distanza puo' essere ridotta ove lo stato dei luoghi o particolari circostanze lo consigliano; sono comunque fatte salve le eventuali diverse prescrizioni delle norme tecniche vigenti per ciascun tipo di impianto e la disciplina dei casi di deroga ivi prevista. L'accesso al manufatto di attraversamento deve essere previsto al di fuori della carreggiata.

5. Negli attraversamenti trasversali sopraelevati il franco sul piano viabile nel punto piu' depresso deve essere maggiore o uguale al franco prescritto dalla normativa per i ponti stradali compreso il maggior franco di sicurezza e fatte salve le diverse prescrizioni delle norme tecniche vigenti per ciascun tipo di impianto.

6. Le tipologie e le modalita' di esecuzione degli attraversamenti sia in sotterraneo che con strutture sopraelevate sono sottoposte all'approvazione dell'ente proprietario della strada in sede di rilascio della concessione di cui all'articolo 67.

7. Le occupazioni longitudinali in sotterraneo sono, di norma, realizzate nella fase di pertinenza stradale al di fuori della carreggiata, possibilmente alla massima distanza dal margine della stessa, salvo che non vengano adottati sistemi meccanizzati di posa degli impianti e salvo nei tratti attraversanti centri abitati, e sempre che non siano possibili soluzioni alternative. Per la profondita', rispetto al piano stradale, dell'estradosso di manufatti protettivi delle occupazioni longitudinali in sotterraneo che insistono sulla sede stradale, si applicano le disposizioni di cui al comma 3.

8. Le occupazioni longitudinali sopraelevate sono, di norma, realizzate nelle fasce di pertinenza stradale ed i sostegni verticali sono ubicati, fatte salve le diverse prescrizioni delle norme tecniche vigenti per ciascun tipo di impianto, ad una distanza dal margine della strada uguale all'altezza del sostegno, misurata dal piano di campagna, piu' un franco di sicurezza. Si puo' derogare da tale norma quando le situazioni locali non consentono la realizzazione dell'occupazione sopraelevata longitudinale all'esterno delle pertinenze di servizio. In tale situazione i sostegni verticali sono ubicati, ove possibile, nel rispetto delle distanze e degli eventuali franchi di sicurezza e, in ogni caso, al di fuori della carreggiata.

9. COMMA SOPPRESSO DAL D.P.R. 16 SETTEMBRE 1996, N. 610.

10. COMMA SOPPRESSO DAL D.P.R. 16 SETTEMBRE 1996, N. 610.

Art. 67 (Art. 25 Cod. Str.)
(Concessione per la realizzazione degli attraversamenti
e delle occupazioni stradali)

1. L'ente proprietario della strada, quando rilascia la concessione per l'attraversamento o la occupazione stradale, puo' prescrivere che nel corso dell'esecuzione dei lavori siano osservate norme tecniche aggiuntive a quelle specifiche vigenti e, nei casi di impegno totale della carreggiata per periodi di tempo prolungati, puo' richiedere la previsione di apposite deviazioni in sito o in percorsi alternativi.

2. Il concessionario e' tenuto all'apposizione e alla manutenzione della segnaletica prescritta ed e' responsabile per i danni a cose e persone che si dovessero verificare durante il periodo di occupazione della sede stradale fino alla data di ultimazione dei lavori.

3. L'ente proprietario della strada indica la documentazione necessaria per ottenere la concessione ad eseguire i lavori.

4. L'ente proprietario della strada deve pronunciarsi entro il termine di 60 giorni dal ricevimento della domanda da parte dell'ente che intende ottenere in concessione i lavori, trascorsi i quali l'istanza si intende rigettata.

5. La concessione ad eseguire i lavori per la costruzione e la manutenzione dei manufatti di attraversamento ((o di occupazione)) e' accompagnata dalla stipulazione di una convenzione tra l'ente proprietario della strada concedente e l'ente concessionario nella quale devono essere stabiliti:

a) la data di inizio e di ultimazione dei lavori e di ingombro della carreggiata;

b) i periodi di limitazione o deviazione del traffico stradale;

c) le modalita' di esecuzione delle opere e le norme tecniche da osservarsi;

d) i controlli ed ispezioni e il collaudo riservato al concedente;

e) la durata della concessione;

f) il deposito cauzionale per fronteggiare eventuali inadempienze del concessionario sia nei confronti dell'ente proprietario della strada che dei terzi danneggiati ((;))

((g) la somma dovuta per l'uso o l'occupazione delle sedi stradali, prevista dall'articolo 27 del codice.)) ((In particolare gli enti concessionari dei servizi di cui all'articolo 28 del codice possono stipulare con l'ente proprietario della strada convenzioni generali per la regolamentazione degli attraversamenti e per l'uso e l'occupazione delle sedi stradali, provvedendo contestualmente ad un deposito cauzionale. Dette convenzioni generali tengono luogo, ad ogni effetto di legge, per gli attraversamenti e le occupazioni delle sedi stradali realizzati in conformita' alle loro previsioni, delle singole convenzioni di cui al presente comma. In tal caso, i dati relativi alle lettere a), b) ed e) e le eventuali specifiche prescrizioni attinenti il singolo attraversamento o la singola occupazione stradale sono indicati nel provvedimento di concessione. Per gli stessi enti concessionari la somma dovuta per l'uso e l'occupazione delle sedi stradali e' determinata, per quanto di competenza, con decreto del Ministro dei lavori pubblici, ovvero stabilita dall'ente proprietario della strada entro il limite massimo della somma fissata con il suddetto decreto ministeriale.))

6. Le opere di attraversamento ((e di occupazione)) possono essere utilizzate solo dopo l'esito positivo del collaudo ((che e' limitato alla verifica della rispondenza tra le prescrizioni dell'atto di concessione e la realizzazione effettiva delle opere. Detta verifica deve essere eseguita dall'ente proprietario della strada entro trenta giorni dalla comunicazione di ultimazione dei lavori, effettuata dal concessionario.))

Art. 68 (Art. 25 Cod. Str.)
(Cassonetti per la raccolta anche differenziata dei rifiuti)

1. I cassonetti per la raccolta anche differenziata dei rifiuti solidi urbani di qualsiasi tipo di cui all'articolo 25, comma 3, del codice, devono essere collocati in genere fuori della carreggiata in modo, comunque, da non arrecare pericolo o intralcio alla circolazione.

2. Su ciascuno degli spigoli verticali del cassonetto devono essere apposti pannelli di pellicola rifrangente a strisce bianche e rosse, per una superficie complessiva utile per cassonetto, non inferiore a 3.200 cm(Elevato al Quadrato) comunque frazionabili (fig. II.479/a). Le pellicole rifrangenti devono possedere i requisiti colorimetrici e fotometrici stabiliti nel disciplinare di cui all'articolo 79, comma 9. Nelle zone urbane, ove coesistono elevati volumi di traffico e fonti di disturbo luminose o alto livello di luminosita' ambientale, le pellicole rifrangenti devono di norma essere della classe 2 di cui all'articolo 79, comma 10.

3. Quando, per conformazione del cassonetto e per disposizione delle attrezzature accessorie, la segnaletica di cui al comma 2 non puo' essere applicata, essa puo' essere sostituita con quattro pannelli ridotti, ciascuno di superficie di 20 x 20 cm in modo da realizzare una superficie totale di segnalazione non inferiore a 1.600 cm(Elevato al Quadrato) (fig. II.479/b). In questa ipotesi, i cassonetti devono essere ubicati in aree riservate destinate a parcheggio fuori della carreggiata o entro la stessa.

4. I cassonetti che non siano dotati della segnaletica di cui ai commi 2 e 3 devono essere ubicati in sede propria.

5. Ove il cassonetto venga collocato ai margini della carreggiata l'area di ubicazione dello stesso deve essere delimitata con

segnaletica orizzontale conforme all'articolo 152, comma 2.

Art. 69 (Art. 28 Cod. Str.)
(Obblighi dei concessionari di determinati servizi)
1. Quando si verificano le condizioni di cui all'articolo 28, comma 1 del codice, l'ente proprietario indica con proprio atto, comunicato con raccomandata con avviso di ricevimento, ai concessionari indicati, le condizioni e le prescrizioni necessarie per la conservazione della strada e la sicurezza della circolazione. Nello stesso atto sono indicati i termini in cui le predette prescrizioni devono essere eseguite, ed i relativi lavori effettuati, con la eventuale fissazione di penali nell'ipotesi di ritardo ((imputabile al concessionario, ferma restando la possibilita' di prorogare detti termini su motivata richiesta del concessionario stesso.))
((2. Nell'ipotesi in cui le prescrizioni ed i lavori suddetti non siano effettuati nei termini e con le modalita' indicati dall'ente proprietario, questo ha facolta', previa fissazione di un termine perentorio entro il quale eseguire detti lavori, di procedere alla esecuzione diretta, comunicando al concessionario, con raccomandata con avviso di ricevimento, la data di inizio dei lavori e, successivamente ai lavori, le spese sostenute, le eventuali penali per il ritardo e gli eventuali danni conseguenti al ritardo medesimo. Se il concessionario non versa le somme richieste entro trenta giorni dal ricevimento della raccomandata, l'ente proprietario richiede all'autorita' competente l'emanazione del decreto ingiuntivo, secondo la legislazione vigente.))

Art. 70 (Art. 32 Cod. Str.)
(Condotta delle acque)
1. Nell'ipotesi prevista dall'articolo 32, commi 4 e 5 del codice, l'ente proprietario della strada, con raccomandata con avviso di ricevimento, ingiunge ai soggetti di cui ai commi 1 e 2 dello stesso articolo, l'esecuzione delle opere a loro imposte dai richiamati commi, indicando le modalita', le condizioni e le prescrizioni da eseguire, nonche' i termini entro cui le opere devono essere effettuate.
2. In caso di inadempimento agli obblighi di cui al comma 1, l'ente proprietario della strada procede alla esecuzione diretta, comunicando, con raccomandata con avviso di ricevimento, al soggetto tenuto la data di inizio dei lavori e, successivamente ai lavori, le spese sostenute. Se tale soggetto non versa le somme richieste entro trenta giorni dal ricevimento della raccomandata, l'ente proprietario richiede al Prefetto l'emanazione di decreto ingiuntivo avente immediata efficacia esecutiva secondo la legislazione vigente.

Art. 71 (Art. 33 Cod. Str.)
(Canali artificiali e manufatti sui medesimi)
1. Nelle ipotesi in cui i soggetti tenuti all'adempimento degli obblighi e delle opere indicati dall'articolo 33 del codice non vi ottemperino spontaneamente, si applicano le disposizioni di cui all'articolo 70.

● 5. ONERI SUPPLEMENTARI
(Art. 34 Codice della Strada)

Art. 72 (Art. 34 Cod. Str.)
(Oneri supplementari a carico dei mezzi d'opera per l'adeguamento delle infrastrutture stradali)
1. Il Ministero dei lavori pubblici, sulla base dei dati forniti dal Ministero del tesoro in ordine all'importo complessivo dei proventi dell'indennizzo d'usura acquisiti ai sensi dell'articolo 34, comma 3, del codice, predispone, alla fine di ciascun esercizio finanziario, specifico rapporto alla Conferenza Stato-Regioni di cui

all'articolo 12 della legge 23 agosto 1988, n. 400.

2. Il rapporto annuale di cui al comma 1 viene presentato per la prima volta alla Conferenza Stato-Regioni entro e non oltre il 31 marzo 1995 e riguarda l'esercizio finanziario 1994.

3. Per il perseguimento dei fini indicati dall'articolo 34, comma 4 del codice, il Ministero del tesoro, in sede di determinazione annuale delle quote di trasferimenti da effettuare a favore dell'ANAS e delle regioni tiene conto delle somme acquisite ai sensi dell'articolo 34, comma 4, del codice, e le destina, nei casi in cui gli itinerari interessino sia le strade statali che la viabilita' minore, in ragione di 7/10 alle amministrazioni regionali e di 3/10 al compartimento ANAS competente per territorio operativo.

4. Le societa' concessionarie delle autostrade comunicano il 1 aprile, 1 agosto e 1 dicembre di ogni anno all'Ispettorato generale per la circolazione e la sicurezza stradale gli importi acquisiti ai sensi dell'articolo 34, comma 3, del codice. La comunicazione viene effettuata secondo moduli predisposti di comune accordo con l'AISCAT e su supporto informatico.

Capo II
● 1. COMPETENZE
(Art. 35 Codice della Strada)

Art. 73 (Art. 35 Cod. Str.)
(Competenze)

1. Il coordinamento degli enti proprietari delle strade per il perseguimento dei fini indicati all'articolo 35, comma 1, del codice, e nei casi richiamati e' promosso e gestito dall'Ispettorato generale per la circolazione e la sicurezza stradale del Ministero dei lavori pubblici nei termini e con le modalita' previsti dall'articolo 14 della legge 7 agosto 1990, n. 241.

2. L'Ispettorato generale per la circolazione e la sicurezza stradale cura e svolge, in piena autonomia funzionale e operativa, le attribuzioni di competenza del Ministero dei lavori pubblici nel settore della circolazione e quelle previste comunque dal presente regolamento e dalla legislazione vigente in materia.

3. All'Ispettorato generale spetta il coordinamento dell'attivita' di raccolta dei dati e delle informazioni necessari alla elaborazione del rapporto annuale sui problemi della circolazione stradale sotto i profili sociale, ambientale, economico e culturale da presentare al Parlamento nei termini e con le modalita' indicate nell'articolo 1.

4. L'Ispettorato generale coordina, d'intesa con il Ministero dell'interno, l'attivita' del Centro di coordinamento delle informazioni sul traffico, sulla viabilita' e sulla sicurezza stradale (CCISS) istituito con decreto interministeriale 8 maggio 1990, n. 154 presso il Ministero dei lavori pubblici, Ispettorato generale per la circolazione e la sicurezza stradale e diretto dal dirigente ad esso preposto.

5. Il dirigente preposto all'Ispettorato generale, nel rispetto anche delle direttive formulate dal Ministro o dal Sottosegretario di Stato all'uopo delegato, informa entrambi tali organi delle soluzioni adottate.

6. L'Ispettorato generale provvede alla autonoma gestione del proprio Centro di elaborazione automatica dei dati. Alle informazioni contenute nel sistema informativo nazionale, gestito dal Centro di elaborazione automatica dei dati, si puo' accedere ai sensi e per gli effetti della legge 7 agosto 1990, n. 241.

7. Presso l'Ispettorato generale e' costituito il Centro di documentazione sui problemi della circolazione e della sicurezza stradale, che e' articolato in due sezioni e in una medioteca. La prima sezione raccoglie documenti in lingua italiana; nella seconda sezione sono raccolti documenti prodotti in lingua diversa da quella italiana.

8. L'Ispettorato generale e' dotato di un ufficio che si occupa della gestione amministrativo-contabile dei capitoli dello stato di previsione della spesa del Ministero dei lavori pubblici destinati al supporto finanziario delle attivita' indicate nel codice della strada. All'Ispettorato generale si applicano le disposizioni di cui all'articolo 8, comma 1, del decreto del Presidente della Repubblica 30 giugno 1972, n. 748.

9. L'Ispettorato generale e' preposto alla gestione dell'archivio nazionale delle strade di cui all'articolo 226 del codice con le modalita' indicate dall'articolo 401.

10. Le attivita' dell'Ispettorato generale per la circolazione e la sicurezza stradale non comportano oneri aggiuntivi, dovendo svolgersi nei limiti di spesa fissati dal codice. La quota annuale dei proventi delle maggiorazioni di cui all'articolo 101, comma 1 del codice, destinati all'Ispettorato generale per la circolazione e la sicurezza stradale, e' utilizzata per le finalita' di cui all'articolo 208, comma 2, del codice e agli oneri ad essi conseguenti.

● 2. LA SEGNALETICA IN GENERALE
(Artt. 37-38 Codice della Strada)

Art. 74
((ARTICOLO ABROGATO DAL D.L. 16 LUGLIO 2020, N. 76, CONVERTITO CON MODIFICAZIONI DALLA L. 11 SETTEMBRE 2020, N. 120))

Art. 75 (Art. 38 Cod. Str.)
(Campo di applicazione delle norme sulla segnaletica)
1. Il campo di applicazione delle norme relative ai segnali stradali si estende alle strade pubbliche e alle strade comprese nell'area dei porti, degli aeroporti, degli autoporti, delle universita', degli ospedali, dei cimiteri, dei mercati, delle caserme e dei campi militari, nonche' di altre aree demaniali aperte al pubblico transito.

2. I segnali sono obbligatori anche sulle strade ed aree aperte ad uso pubblico, quali strade private, aree degli stabilimenti e delle fabbriche, dei condomini, parchi autorizzati o lottizzazioni e devono essere conformi a quelli stabiliti dalle presenti norme; su tali strade, se non aperte all'uso pubblico, i segnali sono facoltativi, ma, se usati, devono essere conformi a quelli regolamentari.

3. Le norme di regolamento relative all'articolo 38, commi 5 e 9, del codice, sono stabilite negli articoli che seguono, relativi alla segnaletica, per gruppi di segnali.

Art. 76 (Art. 38 Cod. Str.)
(Segnali per le esigenze dell'autorita' militare)
1. I segnali di cui all'articolo 38, comma 11, del codice, sono i seguenti:
    a) segnali di classe dei ponti;
    b) segnali di pericolo, di prescrizione e di normali indicazioni;
    c) segnali campali temporanei.
2. I segnali di cui al comma 1 sono destinati, giusta la disposizione del richiamato articolo 38, comma 11, del codice, alle esigenze esclusive del traffico militare e, pertanto, sono diretti a regolare soltanto questo traffico e devono essere osservati esclusivamente dal personale militare nell'esercizio del traffico militare suddetto. Il comando militare territoriale competente stabilisce i luoghi ed i punti delle singole strade in cui le esigenze del traffico militare impongono la installazione dei segnali permanenti o temporanei rientranti in quelli stabiliti nel disciplinare di cui al comma 3, e li comunica al Ministero dei lavori pubblici e della difesa.
3. Le caratteristiche, le dimensioni, i simboli e i colori nonche' le modalita' di apposizione dei singoli segnali sono stabiliti con disciplinare del Ministro dei lavori pubblici di concerto con il

Ministro della difesa da pubblicare nella Gazzetta Ufficiale della Repubblica.

4. La installazione dei segnali va comunicata all'ente proprietario con l'indicazione del tempo in cui verra' effettuata. La installazione stessa e' effettuata dal personale militare; il Comando competente puo' richiedere il concorso dell'ente proprietario, concordando con esso i tempi e le modalita' di essa.

● **3. LA SEGNALETICA VERTICALE**
(Art. 39 Codice della Strada)

A) Segnali verticali in generale

Art. 77 (Art. 39 Cod. Str.)
(Norme generali sui segnali verticali)

1. I segnali stradali verticali da apporre sulle strade per segnalare agli utenti un pericolo, una prescrizione o una indicazione, ai sensi dell'articolo 39 del codice, devono avere, nella parte anteriore visibile dagli utenti, forma, dimensioni, colori e caratteristiche conformi alle norme del presente regolamento e alle relative figure e tabelle allegate che ne fanno parte integrante.

2. Le informazioni da fornire agli utenti sono stabilite dall'ente proprietario della strada secondo uno specifico progetto riferito ad una intera area o a singoli itinerari, redatto, se del caso, di concerto con gli enti proprietari delle strade limitrofe cointeressati, ai fini della costituzione di un sistema segnaletico armonico integrato ed efficace, a garanzia della sicurezza e della fluidita' della circolazione pedonale e veicolare.

3. Il progetto deve tenere conto, inoltre, delle caratteristiche delle strade nelle quali deve essere ubicata la segnaletica ed, in particolare, delle velocita' di progetto o locali ((predominanti)) e delle prevalenti tipologie di traffico cui e' indirizzata (autovetture, veicoli pesanti, motocicli); per i velocipedi ed i pedoni puo' farsi ricorso a specifica segnaletica purche' integrata o integrabile con quella diretta ai conducenti dei veicoli a motore.

4. Al fine di preavvisare i conducenti delle reali condizioni della strada per quanto concerne situazioni della circolazione, meteorologiche o altre indicazioni di interesse dell'utente i segnali verticali possono essere realizzati in modo da visualizzare di volta in volta messaggi diversi, comandati localmente o a distanza mediante idonei sistemi di controllo. Tali segnali, detti a "messaggio variabile", anche se impiegati a titolo di preavviso e di informazione, devono essere realizzati facendo uso di figure e scritte regolamentari e cioe' riproducenti integralmente per forme, dimensioni, colori e disposizione le figure e gli alfabeti prescritti nei segnali verticali di tipo non variabile. Il passaggio da un messaggio all'altro deve avvenire in maniera rapida per non ingenerare confusione o distrazione nell'utente.

5. E' vietato l'uso di segnali diversi da quelli previsti nel presente regolamento, salvo quanto esplicitamente consentito negli articoli successivi, ovvero autorizzato dal Ministero dei lavori pubblici, Ispettorato generale per la circolazione e la sicurezza stradale. E' consentito il permanere in opera di segnali gia' installati che presentano solo lievi difformita' rispetto a quelli previsti, purche' siano garantite le condizioni di cui agli articoli 79, ((commi da)) 1 a 8, e 81. Quando tali segnali devono essere sostituiti, perche' le loro caratteristiche non soddisfano ai requisiti di cui al comma 1 e all'articolo 79, la sostituzione deve essere effettuata con segnali in tutto conformi a quelli previsti nel presente regolamento.

6. Sono vietati l'abbinamento o l'interferenza di qualsiasi forma di pubblicita' con i segnali stradali. E' tuttavia consentito

l'abbinamento della pubblicita' di servizi essenziali per la
circolazione stradale, autorizzato dall'ente proprietario della
strada, con segnali stradali, nei casi previsti dalle presenti norme.

7. Il retro dei segnali stradali deve essere di colore neutro
opaco. Su esso devono essere chiaramente indicati l'ente o
l'amministrazioneproprietari della strada, il marchio della ditta che
ha fabbricato il segnale e l'anno di fabbricazione nonche' il numero
della autorizzazione concessa dal Ministero dei lavori pubblici alla
ditta medesima per la fabbricazione dei segnali stradali. L'insieme
delle predette annotazioni non puo' superare la superficie di 200
cm(Elevato al Quadrato). Per i segnali di prescrizione, ad eccezione
di quelli utilizzati nei cantieri stradali, devono essere riportati,
inoltre, gli estremi dell'ordinanza di apposizione.

Art. 78 (Art. 39 Cod. Str.)
(Colori dei segnali verticali)
1. I colori da utilizzare per i segnali stradali sono di seguito
indicati ed hanno le caratteristiche colorimetriche stabilite con
disciplinare tecnico di cui all'articolo 79, comma 9. Per i segnali
di pericolo e prescrizione permanenti si impiegano i colori bianco,
blu, rosso e nero, fatte salve le eccezioni previste nelle figure e
modelli allegati al presente regolamento.
2. Nei segnali di indicazione devono essere impiegati i seguenti
colori di fondo, fatte salve le eccezioni espressamente previste:
    a) verde: per le autostrade o per avviare ad esse;
    b) blu: per le strade extraurbane o per avviare ad esse;
    c) bianco: per le strade urbane o per avviare a destinazioni ur-
bane; per indicare gli alberghi e le strutture ricettive affini in
ambito urbano;
    d) giallo: per segnali temporanei di pericolo, di preavviso e di
direzione relativi a deviazioni, itinerari alternativi e variazioni
di percorso dovuti alla presenza di cantieri stradali o, comunque, di
lavori sulla strada;
    e) marrone: per indicazioni di localita' o punti di interesse
storico, artistico, culturale e turistico; per denominazioni
geografiche, ecologiche, di ricreazione e per i camping;
    f) nero opaco: per segnali di avvio a fabbriche, stabilimenti,
zone industriali, zone artigianali e centri commerciali nelle zone
periferiche urbane;
    g) arancio: per i segnali SCUOLABUS e TAXI;
    h) rosso: per i segnali SOS e INCIDENTE;
    i) bianco e rosso: per i segnali a strisce da utilizzare nei
cantieri stradali;
    l) grigio: per il segnale SEGNI ORIZZONTALI IN RIFACIMENTO.
3. Le scritte sui colori di fondo devono essere:
    a) bianche: sul verde, blu, marrone, rosso;
    b) nere: sul giallo e sull'arancio;
    c) gialle: sul nero;
    d) blu o nere: sul bianco.
    e) grigio: sul bianco.
4. I simboli sui colori di fondo devono essere:
    a) neri: sull'arancio e sul giallo;
    b) neri o blu: sul bianco;
    c) bianchi: sul blu, verde, rosso, marrone e nero;
    d) grigio: sul bianco.
5. Il colore grigio e' ottenuto con una parziale copertura (50%)
del fondo bianco con il colore nero.

Art. 79 (Art. 39 Cod. Str.)
(Visibilita' dei segnali)
1. Per ciascun segnale deve essere garantito uno spazio di
avvistamento tra il conducente ed il segnale stesso libero da
ostacoli per una corretta visibilita'. In tale spazio il conducente
deve progressivamente poter percepire la presenza del segnale,
riconoscerlo come segnale stradale, identificarne il significato e,

nel caso di segnali sul posto, di cui al comma 2, attuare il comportamento richiesto.

2. Sono segnali sul posto quelli ubicati all'inizio della zona o del punto in cui e' richiesto un determinato comportamento.

3. Le misure minime dello spazio di avvistamento dei segnali di pericolo e di prescrizione sono indicativamente le seguenti:

Tipi di strade	Segnali	Segnali
Autostrade e strade extraurbane principali	m 150	m 250
Strade extraurbane secondarie e urbane di scorrimento (con velocita' superiore a 50 km/h)	m 100	m 150
Altre strade	m 50	m 80

Le misure minime dello spazio di avvistamento dei segnali di indicazione sono riportate nei relativi articoli.

4. Nei casi di disponibilita' di spazi di avvistamento inferiori di oltre il 20% di quelli minimi previsti dal comma 3, le misure possono ridursi, purche' il segnale sia preceduto da altro identico integrato da apposito pannello modello 1, definito all'articolo 83.

5. Tutti i segnali devono essere percepibili e leggibili di notte come di giorno.

6. La visibilita' notturna puo' essere assicurata con dispositivi di illuminazione propria per trasparenza o per rifrangenza con o senza luce portata dal segnale stesso. La rifrangenza e' in genere ottenuta con l'impiego di idonee pellicole.

7. In ogni caso tutti i segnali, con eccezione di quelli aventi valore solo nelle ore diurne e di quelli con illuminazione propria, di cui gli articoli 156 e 157 ancorche' posti in zona illuminata, devono essere rifrangenti in modo che appaiano di notte con le stesse forme, colori e simboli con cui appaiono di giorno.

8. Tutti i segnali devono essere realizzati in modo da consentire il loro avvistamento su ogni tipo di viabilita' ed in qualsiasi condizione di esposizione e di illuminazione ambientale.

9. Le caratteristiche fotometriche, colorimetriche e di durata delle pellicole rifrangenti usate per i segnali stradali sono stabilite da apposito disciplinare approvato con decreto del Ministro dei lavori pubblici e pubblicato nella Gazzetta Ufficiale della Repubblica.

10. Le pellicole rifrangenti sono a normale (classe 1) o ad elevata efficienza (classe 2) secondo i parametri e i valori stabiliti con il disciplinare di cui al comma 9.

11. La scelta del tipo di pellicola rifrangente deve essere effettuata dall'ente proprietario della strada in relazione all'importanza del segnale e del risalto da dare al messaggio ai fini della sicurezza, alla sua ubicazione ed altezza rispetto alla carreggiata, nonche' ad altri fattori specifici quali la velocita' locale predominante della strada, l'illuminazione esterna, le caratteristiche climatiche, il particolare posizionamento del segnale in relazione alle condizioni orografiche.

12. L'impiego delle pellicole rifrangenti ad elevata efficienza (classe 2) e' obbligatorio nei casi in cui e' esplicitamente previsto, e per i segnali: dare precedenza, fermarsi e dare precedenza, dare precedenza a destra, divieto di sorpasso, nonche' per i segnali ((permanenti)) di preavviso e di direzione di nuova

installazione. Il predetto impiego ((e' facoltativo per gli altri segnali. Nel caso di gruppi segnaletici unitari di direzione, ai sensi dell'articolo 128, comma 8, la installazione di nuovi cartelli nel medesimo gruppo non comporta la sostituzione dell'intero gruppo, che puo' permanere fino alla scadenza della sua vita utile.))

13. Sullo stesso sostegno non devono essere posti segnali con caratteristiche di illuminazione o di rifrangenza differenti fra loro.

Art. 80 (Art. 39 Cod. Str.)
(Dimensioni e formati dei segnali verticali)

1. Il formato e le dimensioni dei segnali verticali, esclusi quelli di indicazione e quelli di cui ai commi 4, 5, 6 e 7, sono stabiliti nelle tabelle II.1, II.2, II.3, II.4, II.5, II.6, II.7, II.8, II.9, II.10, II.11, II.12, II.13, II.14 e II.15 che fanno parte integrante del presente regolamento.

2. I segnali di formato "grande" devono essere impiegati sul lato destro delle strade extraurbane a due o piu' corsie per senso di marcia, su quelle urbane a tre o piu' corsie per senso di marcia e nei casi di installazione al di sopra della carreggiata. Se ripetuti sul lato sinistro, essi possono essere anche di formato "normale".

3. I segnali di formato "piccolo" o "ridotto" si possono impiegare solo allorche' le condizioni di impianto limitano materialmente l'impiego di segnali di formato "normale".

4. Le dimensioni dei segnali, in caso di necessita', possono essere variate in relazione alla velocita' predominante e all'ampiezza della sede stradale, previa autorizzazione del Ministero dei lavori pubblici - Ispettorato generale per la circolazione e la sicurezza stradale.

5. Qualora due o piu' segnali compaiano su un unico pannello segnaletico, tale pannello viene denominato "segnale composito". Le dimensioni del "segnale composito" devono essere tali che i dischi in esso contenuti abbiano il diametro non inferiore a 40 cm ed i triangoli abbiano il lato non inferiore a 60 cm. Il fondo del segnale risultante deve essere di colore bianco o giallo per i segnali temporanei ((di prescrizione)). Le dimensioni minime dei 'segnali compositi' relativi alla sosta sono quelle di formato ridotto indicate nella tabella II.7 ed il disco di divieto di sosta in essi contenuto ha il diametro di 30 cm. ((Nel segnale di passo carrabile il disco del divieto di sosta puo' avere diametro minimo di 20 cm)).

6. L'impiego di segnali aventi dimensioni diverse puo' essere consentito solo per situazioni stradali o di traffico eccezionali temporanee; se si tratta di situazioni eccezionali permanenti occorre l'autorizzazione del Ministero dei lavori pubblici - Ispettorato generale per la circolazione e la sicurezza stradale.

7. Le dimensioni dei segnali di preavviso e di quelli di conferma nonche' di quei segnali per i quali non siano stati fissati specifici dimensionamenti negli articoli relativi alla segnaletica di indicazione, sono determinate dall'altezza delle lettere commisurate alla distanza di leggibilita' richiesta in funzione della velocita' locale predominante e dal numero delle iscrizioni, secondo le norme riguardanti la segnaletica di indicazione (tabelle II.16, II.17, II.18, II.19, II.20, II.21 che fanno parte integrante del presente regolamento).

Art. 81 (Art. 39 Cod. Str.)
(Installazione dei segnali verticali)

1. I segnali verticali sono installati, di norma, sul lato destro della strada. Possono essere ripetuti sul lato sinistro ovvero installati su isole spartitraffico o al di sopra della carreggiata, quando e' necessario per motivi di sicurezza ovvero previsto dalle norme specifiche relative alle singole categorie di segnali.

2. I segnali da ubicare sul lato della sede stradale (segnali laterali) devono avere il bordo verticale interno a distanza non inferiore a 0,30 m e non superiore a 1,00 m dal ciglio del

marciapiede o dal bordo esterno della banchina. Distanze inferiori, purche' il segnale non sporga sulla carreggiata, sono ammesse in caso di limitazione di spazio. I sostegni verticali dei segnali devono essere collocati a distanza non inferiore a 0,50 m dal ciglio del marciapiede o dal bordo esterno della banchina; in presenza di barriere i sostegni possono essere ubicati all'esterno e a ridosso delle barriere medesime, purche' non si determinino sporgenze rispetto alle stesse.

3. Per altezza dei segnali stradali dal suolo si intende l'altezza del bordo inferiore del cartello o del pannello integrativo piu' basso dal piano orizzontale tangente al punto piu' alto della carreggiata in quella sezione.

4. Su tratte omogenee di strada i segnali devono essere posti, per quanto possibile, ad altezza uniforme.

5. L'altezza minima dei segnali laterali e' di 0,60 m e la massima e' di 2,20 m, ad eccezione di quelli mobili. Lungo le strade urbane, per particolari condizioni ambientali, i segnali possono essere posti ad altezza superiore e comunque non oltre 4,50 m. Tutti i segnali insistenti su marciapiedi o comunque su percorsi pedonali devono avere un'altezza minima di 2,20 m, ad eccezione delle lanterne semaforiche.

6. I segnali collocati al di sopra della carreggiata devono avere un'altezza minima di 5,10 m, salvo nei casi di applicazione su manufatti di altezza inferiore. Qualora il segnale sia di pericolo o di prescrizione e abbia valore per l'intera carreggiata deve essere posto con il centro in corrispondenza dell'asse della stessa; se invece si riferisce ad una sola corsia, deve essere ubicato in corrispondenza dell'asse di quest'ultima ed integrato da una freccia sottostante con la punta diretta verso il basso (pannello integrativo modello II. 6/n di cui all'articolo 83, comma 10).

7. I segnali di pericolo devono essere installati, di norma, ad una distanza di 150 m dal punto di inizio del pericolo segnalato. Nelle strade urbane con velocita' massima non superiore a quella stabilita dall'articolo 142, comma 1, del codice, la distanza puo' essere ridotta in relazione alla situazione dei luoghi.

8. I segnali di prescrizione devono essere installati in corrispondenza o il piu' vicino possibile al punto in cui inizia la prescrizione. Essi, muniti di pannello integrativo modello II.1 di cui all'articolo 83, comma 4, possono essere ripetuti in anticipo con funzione di preavviso.

9. I segnali DARE PRECEDENZA (art.106) e FERMARSI E DARE PRECEDENZA (art. 107) devono essere posti in prossimita' del limite della carreggiata della strada che gode del diritto di precedenza e comunque a distanza non superiore a 25 m da esso fuori dai centri abitati e 10 m nei centri abitati; detti segnali devono essere preceduti dal relativo preavviso (art. 108) posto ad una distanza sufficiente affinche' i conducenti possano conformare la loro condotta alla segnalazione, tenuto conto delle condizioni locali e della velocita' locale predominante su ambo le strade.

10. I segnali che indicano la fine del divieto o dell'obbligo devono essere installati in corrispondenza o il piu' vicino possibile al punto in cui cessa il divieto o l'obbligo stesso. ((L'installazione non e' necessaria se il divieto o l'obbligo cessa in corrispondenza di una intersezione.))

11. In funzione delle caratteristiche del materiale impiegato, la disposizione del segnale deve essere tale da non dare luogo ad abbagliamento o a riduzione di leggibilita' del segnale stesso.

12. I segnali installati al di sopra della carreggiata devono avere un'altezza ed un'inclinazione rispetto al piano perpendicolare alla superficie stradale in funzione dell'andamento altimetrico della strada. Per i segnali posti ad altezza di 5,10 m, di norma, detta inclinazione sulle strade pianeggianti e' di 3Œ circa verso il lato da cui provengono i veicoli (schema II.A). La disposizione planimetrica deve essere conforme agli schemi II.B, II.C, II.D.

13. I segnali possono essere installati in versione mobile e con

carattere temporaneo per comprovati motivi operativi o per situazioni ambientali di emergenza e di traffico, nonche' nell'ambito di cantieri stradali o su attrezzature di lavoro fisse o mobili.

Art. 82 (Art. 39 Cod. Str.)
(Caratteristiche dei sostegni, supporti ed altri materiali usati per la segnaletica stradale)

1. I sostegni ed i supporti dei segnali stradali devono essere generalmente di metallo con le caratteristiche stabilite da appositi disciplinari approvati con decreto del Ministro dei lavori pubblici e pubblicati sulla Gazzetta Ufficiale della Repubblica. L'impiego di altri materiali deve essere approvato dal Ministro dei lavori pubblici - Ispettorato generale per la circolazione e la sicurezza stradale.

2. I sostegni devono avere, nei casi di sezione circolare, un dispositivo inamovibile antirotazione del segnale rispetto al sostegno e del sostegno rispetto al terreno.

3. La sezione del sostegno deve garantire la stabilita' del segnale in condizione di sollecitazioni derivanti da fattori ambientali.

4. I sostegni e i supporti dei segnali stradali devono essere adeguatamente protetti contro la corrosione.

5. Ogni sostegno, ad eccezione delle strutture complesse e di quelle portanti lanterne semaforiche, deve portare di norma un solo segnale. Quando e' necessario segnalare piu' pericoli o prescrizioni nello stesso luogo, e' tollerato l'abbinamento di due segnali ((del medesimo formato)) sullo stesso sostegno.

Art. 83 (Art. 39 Cod. Str.)
(Pannelli integrativi)

1. I segnali possono essere muniti di pannelli integrativi nei seguenti casi:
   a) per definire la validita' nello spazio del segnale;
   b) per precisare il significato del segnale;
   c) per limitare l'efficacia dei segnali a talune categorie di utenti o per determinati periodi di tempo.

2. I pannelli integrativi sono di forma rettangolare e devono contenere simboli od iscrizioni esplicative sintetiche e concise.

3. I pannelli integrativi sono dei seguenti modelli:
   modello II.1 - per le distanze;
   modello II.2 - per le estese;
   modello II.3 - per indicare periodi di tempo;
   modello II.4 - per indicare eccezioni o limitazioni;
   modello II.5 - per indicare l'inizio, la continuazione o la fine;
   modello II.6 - per esplicitazioni o indicazioni;
   modello II.7 - per indicare l'andamento della strada principale.

4. Il modello II.1 indica la DISTANZA, espressa in chilometri o in metri arrotondati ai 10 m per eccesso, tra il segnale e l'inizio del punto pericoloso, del punto dal quale si applica la prescrizione o del punto oggetto dell'indicazione (modelli II.1/a, II.1/b).

5. Il modello II.2 indica l'ESTESA, cioe' la lunghezza, espressa in chilometri o in metri, arrotondata ai 10 m per eccesso, del tratto stradale pericoloso o nel quale si applica la prescrizione (modelli II.2/a, II.2/b).

6. Il modello II.3 indica il TEMPO DI VALIDITA', cioe' il giorno, l'ora o i minuti primi, mediante cifre o simboli, durante il quale vige la prescrizione o il pericolo (modelli II.3/a, II.3/b, II.3/c, II.3/d).

7. Il modello II.4 indica ECCEZIONI O LIMITAZIONI, cioe' autorizza una deroga alla prescrizione per una o piu' categorie di utenti, ovvero ne limita la validita'. Quando la prescrizione e' limitata ad una o piu' categorie i relativi simboli sono inseriti in nero su fondo bianco (modello II.4/a). Quando invece si intende concedere la deroga ad una o piu' categorie, i relativi simboli neri su fondo bianco ((sono)) preceduti dalla parola ((eccetto)) (modello II.4/b). ((I simboli dei veicoli possono essere rappresentati con senso di

marcia concorde a quello delle frecce in caso di abbinamento con segnali di prescrizione direzionali.))

8. Il modello II.5 indica: l'INIZIO, la CONTINUAZIONE, la FINE di una prescrizione, di un pericolo o di una indicazione (modelli II.5/a1, II.5/a2, II.5/a3 e modelli II.5/b1, II.5/b2, II.5/b3). L'uso del pannello INIZIO deve essere limitato ai casi in cui sia opportuno evidenziare la circostanza, essendo generalmente implicito in ciascun segnale il concetto di inizio ((, e quello di nei casi in cui non esiste il corrispondente segnale.))

9. Il modello II.6 indica, mediante simboli o concisa iscrizione, la spiegazione del significato del segnale principale, ovvero aggiunge una indicazione o esplicitazione al fine di ampliare o specificare utilmente il significato del segnale stesso, in particolari casi di occasionalita' o provvisorieta' (modelli II.6/a, II.6/b, II.6/c, II.6/d, II.6/e, II.6/f, II.6/g, II.6/h, II.6/i, II.6/l, II.6/m, II.6/n, II.6/p1, II.6/p2, II.6/q1, II.6/q2).

10. I simboli da utilizzare per i pannelli integrativi ((modello II.6)), salvo altri che potranno essere autorizzati dal Ministero dei lavori pubblici, sono:

Simbolo	Significato	Figura
Pennello e striscia	Segni orizzontali in corso di rifacimento	modello II.6/a
Auto in collisione	Incidente	modello II.6/b
Locomotive	Attraversamento di binari	modello II.6/c
Lama sgombraneve e gristallo di ghiacchio	Sgombraneve in azione	modello II.6/d
Onde azzurre	Zona soggetta ad allagamento	modello II.6/e
Due file di auto	Coda	modello II.6/f
Pala meccanica	Mezzi di lavoro in azione	in modello II.6/g
Cristalli di ghiaccio	Strada sdrucciolevole per ghiaccio	modello II.6/h
Nuvola con gocce	Strada sdrucciolevole per pioggia	modello II.6/i
Autocarro e auto	Autocarri in rallentamento	modello II.6/l
Gru e auto	Zona rimozione coatta	modello II.6/m
Freccia verticale	Segnale di corsia	modello II.6/n
Esempi con iscrizione	Tornanti	modelli II.6/p1, II.6/p2
Macchina operatrice del servizio N.U.	Pulizia strada	modelli II.6/q1, II.6/q2

11. Il modello II.7 indica, mediante una striscia piu' larga rispetto a quelle confluenti piu' strette, l'andamento della strada che gode della precedenza rispetto alle altre. Il simbolo e' di colore nero su fondo bianco.

12. Nei pannelli integrativi e' vietato l'uso di iscrizioni quando e' previsto un simbolo specifico. E', altresi', vietato utilizzare il segnale di pericolo generico (ALTRI PERICOLI, fig. II.35) con pannello modello II.6 quando uno specifico segnale per indicare lo stesso pericolo e' stabilito dalle presenti norme.

13. Ove motivi di visibilita' lo rendano opportuno, il segnale ed il relativo pannello integrativo possono essere riuniti in un unico segnale composto (modelli II.8/a II.8/b, II.8/c, II.8/d).

B) Segnali di pericolo

Art. 84 (Art. 39 Cod. Str.)
(Segnali di pericolo in generale)
1. I segnali di pericolo hanno forma di triangolo equilatero con un

vertice diretto verso l'alto.

2. I segnali di pericolo devono essere installati quando esiste una reale situazione di pericolo sulla strada, non percepibile con tempestivita' da un conducente che osservi le normali regole di prudenza.

3. Nei casi in cui non sia possibile rispettare la distanza di posizionamento stabilita dall'articolo 81, comma 7, il segnale deve essere integrato con il pannello modello II.1 indicante la effettiva distanza dal pericolo ((.)) ((Per)) motivi di sicurezza, il segnale puo' essere preceduto da un altro identico, sempre con pannello integrativo indicante la effettiva distanza dal pericolo.

4. I segnali di pericolo devono essere posti sul lato destro della strada. Sulle strade con due o piu' corsie per ogni senso di marcia, devono adottarsi opportune misure, in relazione alle condizioni locali, affinche' i segnali siano chiaramente percepibili anche dai conducenti dei veicoli che percorrono le corsie interne, ripetendoli sul lato sinistro o al sopra della carreggiata.

5. Se il segnale e' utilizzato per indicare un pericolo esteso su un tratto di strada di lunghezza definita (es.: serie di curve pericolose, carreggiata dissestata, lavori sulla strada, ecc.) quest'ultima deve essere indicata con pannello integrativo ESTESA (modello II.2). Se in tale tratto di strada vi sono intersezioni, il segnale deve essere ripetuto dopo ogni intersezione. L'estesa massima, oltre la quale il segnale deve essere comunque ripetuto, non puo' superare i 3 Km.

6. Quando l'estesa di un tratto di strada interessata dal pericolo segnalato non e' chiaramente individuabile, il termine del pericolo puo' essere segnalato mediante lo stesso segnale integrato dal pannello FINE (modelli II.5/a3, II.5/b3).

7. In caso di abbinamento di un segnale di pericolo con un segnale di ((prescrizione)) sullo stesso sostegno, il primo deve essere sempre al di sopra del secondo.

Art. 85 (Art. 39 Cod. Str.)
(Segnali relativi a strada deformata, dosso e cunetta)
1. Il segnale STRADA DEFORMATA (fig. II.1) deve essere usato per presegnalare un tratto di strada in cattivo stato o con pavimentazione irregolare.

2. Il segnale DOSSO (fig. II.2) deve essere usato per presegnalare una anomalia altimetrica convessa della strada che limita la visibilita'.

3. Il segnale CUNETTA (fig.II.3) deve essere usato per presegnalare una anomalia altimetrica concava della strada.

Art. 86 (Art. 39 Cod. Str.)
(Segnali relativi a curve pericolose)
1. Per presegnalare una curva pericolosa, per caratteristiche planimetriche o per insufficiente visibilita', deve essere usato uno dei seguenti segnali:
   a) CURVA A DESTRA (fig. II.4);
   b) CURVA A SINISTRA (fig. II.5);
   c) DOPPIA CURVA, LA PRIMA A DESTRA (fig. II.6);
   d) DOPPIA CURVA, LA PRIMA A SINISTRA (fig. II.7).

2. Per segnalare una serie di curve pericolose in successione si deve impiegare il segnale c) o d) a seconda dell'andamento della prima curva, aggiungendo il pannello integrativo modello II.2 recante l'indicazione della lunghezza del tratto di strada interessato.

3. Per segnalare una serie di tornanti in successione si deve impiegare il segnale c) o d) a seconda dell'andamento della prima curva, aggiungendo il pannello integrativo modello II.6/p1. Ciascun tornante puo' essere indicato con un numero su apposito pannello da collocare sul margine del ciglio stradale esterno e al centro della curva (modello II.6/p2).

Art. 87 (Art. 39 Cod. Str.)
(Segnali di passaggio a livello)

1. Il segnale di PASSAGGIO A LIVELLO CON BARRIERE (fig. II.8) deve essere usato per presegnalare ogni attraversamento ferroviario munito di barriere o semibarriere.

2. Il segnale di PASSAGGIO A LIVELLO SENZA BARRIERE (fig. II.9) deve essere usato per presegnalare ogni attraversamento ferroviario privo di barriere. Nelle immediate vicinanze dell'attraversamento deve essere apposto il segnale CROCE DI S. ANDREA (fig. II.10/a) che indica l'obbligo di fermarsi in corrispondenza dell'apposita striscia di arresto. Il segnale DOPPIA CROCE DI S. ANDREA (fig. II.10/b) indica che la ferrovia e' a due o piu' binari.

3. I segnali CROCE DI S. ANDREA e DOPPIA CROCE DI S. ANDREA devono essere installati con l'asse maggiore orizzontale; in mancanza di spazio possono essere installati con l'asse maggiore verticale (figg. II.10/c, II.10/d).

4. Il pannello distanziometrico di cui alla figura II.11/a deve essere posto sotto i segnali delle figura II.8 e II.9; quelli di cui alle figure II.11/b e II.11/c devono essere collocati rispettivamente a 2/3 e a 1/3 della distanza tra il segnale e l'attraversamento ferroviario.

5. I pannelli distanziometrici devono portare rispettivamente 3, 2 e 1 barre rosse su fondo bianco oblique a 45Œ e discendenti verso la carreggiata.

6. Quando la strada e' attraversata da un binario di raccordo ferroviario e il passaggio di convogli e' regolato a vista con segnali manuali di agenti o di personale addetto alla manovra, l'attraversamento deve essere segnalato ((come prescritto nell'articolo 191.))

7. In prossimita' di una diramazione stradale su cui esiste un passaggio a livello con o senza barriere, a distanza inferiore a quella prescritta per l'impianto del primo segnale di pericolo, si deve fare uso di uno dei segnali specifici di pericolo, di formato piccolo, inseriti nei segnali di preavviso di intersezione, da apporre sulla strada non interessata dall'attraversamento ferroviario a cura e spese dell'ente proprietario della stessa, ad una distanza dall'intersezione non inferiore ai valori di cui all'articolo 126, comma 2 (fig. II.240).

Art. 88 (Art. 39 Cod. Str.)
(Segnali di attraversamento tranviario,
attraversamento pedonale e attraversamento ciclabile)

1. Il segnale ATTRAVERSAMENTO TRANVIARIO (fig. II.12) deve essere usato per presegnalare, fuori e dentro i centri abitati, una linea tranviaria, non regolata da semaforo, intersecante, interferente o riducente la parte di carreggiata destinata ai veicoli.

2. Il segnale ATTRAVERSAMENTO PEDONALE (fig. II.13) deve essere usato per presegnalare un passaggio di pedoni, contraddistinto dagli appositi segni sulla carreggiata, nelle strade extraurbane ed in quelle urbane con limite di velocita' superiore a quello stabilito dall'articolo 142, comma 1, del codice.

3. Il segnale ATTRAVERSAMENTO CICLABILE (fig. II.14) deve essere usato per presegnalare un passaggio di ((velocipedi)), contraddistinto dagli appositi segni sulla carreggiata, nelle strade extraurbane ed in quelle urbane con limite di velocita' superiore a quello stabilito dall'articolo 142, comma 1, del codice.

4. Il segnale di cui ai commi 2 e 3 puo' essere usato nelle altre strade dei centri abitati solo quando le condizioni del traffico ne consigliano l'impiego per motivi di sicurezza.

Art. 89 (Art. 39 Cod. Str.)
(Segnali di pendenza pericolosa)

1. Il segnale di DISCESA PERICOLOSA (fig. II.15) o di SALITA RIPIDA (fig. II.16) deve essere utilizzato per presegnalare un tratto di strada con andamento rispettivamente discendente o ascendente secondo

il senso di marcia, con pendenza tale da costituire pericolo in conseguenza di fattori locali particolarmente sfavorevoli.

2. La pendenza, in ambedue i casi, deve essere espressa in percentuale.

Art. 90 (Art. 39 Cod. Str.)
(Segnali di strettoia)

1. Il segnale STRETTOIA SIMMETRICA (fig. II.17) deve essere usato per presegnalare un restringimento simmetrico della carreggiata costituente pericolo per la circolazione stradale.

2. I segnali STRETTOIA ASIMMETRICA A SINISTRA (fig. II.18) e STRETTOIA ASIMMETRICA A DESTRA (fig. II.19) devono essere usati quando il restringimento riguarda il lato sinistro o destro della carreggiata.

3. Sulle strade a due o piu' corsie per senso di marcia le strettoie che comportano la riduzione del numero delle corsie sono indicate con i segnali di cui all'articolo 135, comma 20, VARIAZIONE CORSIE DISPONIBILI.

4. Disposizioni particolari possono essere emanate dal Ministero dei lavori pubblici per organizzare la circolazione in presenza di strettoie.

Art. 91 (Art. 39 Cod. Str.)
(Segnale di ponte mobile)

1. Il segnale PONTE MOBILE (fig. II.20) deve essere usato per presegnalare una struttura stradale mobile comunque manovrabile. Sotto il segnale potra' essere apposto il primo dei pannelli distanziometrici di cui all'articolo 87, comma 4, con eventuale indicazione degli orari di manovra o di funzionamento su pannello integrativo modello II.3.

Art. 92 (Art. 39 Cod. Str.)
(Segnale di banchina pericolosa)

1. Il segnale BANCHINA PERICOLOSA (fig. II.21) deve essere usato per presegnalare un tratto di strada con banchina cedevole o non praticabile, o il pericolo di caduta in una cunetta profonda o in un fosso in caso di accostamento.

2. ((COMMA SOPPRESSO DAL D.P.R. 16 SETTEMBRE 1996, N. 610)).

Art. 93 (Art. 39 Cod. Str.)
(Segnale di strada sdrucciolevole)

1. Il segnale STRADA SDRUCCIOLEVOLE (fig. II.22) deve essere usato per presegnalare un tratto della carreggiata che in particolari condizioni puo' presentare una superficie sdrucciolevole in misura superiore al normale.

2. Le particolari condizioni, consistenti prevalentemente in pioggia, gelo o altre cause localizzate, devono essere indicate mediante i pannelli integrativi modello II.6 unitamente a quelli integrativi modello II.2 e modello II.5. Per pioggia e gelo si devono utilizzare ((i pannelli II.6/h)) e II.6/i; per altre cause localizzate non raffigurabili con simboli, sul pannello deve esserne riportata sinteticamente la natura.

Art. 94 (Art. 39 Cod. Str.)
(Segnale bambini)

1. Il segnale BAMBINI (fig. II.23) deve essere usato per presegnalare luoghi frequentati da fanciulli quali le scuole, i giardini pubblici, i campi di gioco ed altri ambienti di richiamo per costoro.

Art. 95 (Art. 39 Cod. Str.)
(Segnali relativi agli animali)

1. I segnali ANIMALI VAGANTI sono di due tipi: ANIMALI DOMESTICI (fig. II.24) e ANIMALI SELVATICI (fig. II.25); essi devono essere usati per presegnalare la vicinanza di un tratto di strada con

probabile attraversamento di animali.

Art. 96 (Art. 39 Cod. Str.)
(Segnali di doppio senso di circolazione e di circolazione rotatoria)
1. Il segnale DOPPIO SENSO DI CIRCOLAZIONE (fig. II.26) deve essere usato per presegnalare un tratto di strada dove la circolazione si svolge nei due sensi sulla stessa carreggiata, quando nel tratto di strada precedente la circolazione e' regolata a senso unico.
2. Il segnale deve essere posto prima del punti d'inizio del tratto a doppio senso per ambedue i sensi di marcia. Non e' necessario l'uso di esso quando viene utilizzato il segnale di cui all'articolo 135, comma 20, VARIAZIONE CORSIE DISPONIBILI.
3. Nei casi in cui il tratto di strada a doppio senso, per la lunghezza e per l'andamento plano-altimetrico, richiede la ripetizione del segnale, questo deve essere corredato dal pannello integrativo modello II.5/a2 o II.5/b2.
4. Nei centri abitati puo' essere usato solo nei casi in cui viene ritenuto necessario ai fini della sicurezza.
5. La fine del doppio senso di circolazione e' indicata con il segnale SENSO UNICO FRONTALE (fig. II.349).
6. Il segnale CIRCOLAZIONE ROTATORIA (fig. II.27) deve essere installato sulle strade extraurbane per presegnalare una intersezione tra due o piu' strade regolamentate con circolazione rotatoria. Nei centri abitati puo' essere usato solo quando le condizioni del traffico ne consigliano l'impiego per motivi di sicurezza.

Art. 97 (Art. 39 Cod. Str.)
(Segnale di sbocco su molo o su argine)
1. Il segnale SBOCCO SU MOLO O SU ARGINE (fig. II.28) deve essere usato per presegnalare che la strada sbocca su un molo o su un argine di fiume o di canale, con pericolo di caduta in acqua.

Art. 98 (Art. 39 Cod. Str.)
(Segnali di materiale instabile sulla strada
e di caduta massi)
1. Il segnale MATERIALE INSTABILE SULLA STRADA (fig. II.29) deve essere usato per presegnalare la presenza sulla pavimentazione stradale di ghiaia, pietrisco, graniglia od altro materiale in piccola pezzatura che, per effetto del passaggio del veicolo, puo' essere scagliato in aria o proiettato a distanza, o puo' far diminuire l'aderenza del veicolo sulla strada.
2. Il segnale CADUTA MASSI deve essere usato per presegnalare un tratto di strada ove esiste pericolo per la caduta di pietre e di massi o l'eventuale presenza dei medesimi sulla carreggiata. Il simbolo ha la scarpata o pendice a sinistra o a destra a seconda che le stesse siano rispettivamente a sinistra (fig. II.30/a) o a destra (fig. II.30/b).

Art. 99 (Art. 39 Cod. Str.)
(Segnale semaforo)
1. Il segnale SEMAFORO deve essere usato per presegnalare un impianto semaforico. ((Il suo impiego e' obbligatorio sulle strade extraurbane.))
2. I tre dischi, rosso, giallo e verde, del simbolo del semaforo devono essere rifrangenti. Il disco giallo puo' essere sostituito con un segnale luminoso giallo lampeggiante.
3. I tre dischi possono essere disposti in verticale (fig. II.31/a) o in orizzontale (fig. II.31/b) a seconda della disposizione effettiva delle lanterne del semaforo cui il segnale si riferisce.
4. Le dimensioni del segnale devono essere di formato grande ovunque le condizioni di impianto lo consentano.

Art. 100 (Art. 39 Cod. Str.)
(Segnale aeromobili)
1. Il segnale AEROMOBILI (fig. II.32) deve essere usato per

presegnalare la possibilita' di improvvisi e forti rumori od
abbagliamenti, su strade in prossimita' di aerodromi od
aviosuperfici, dovuti ad aeromobili a bassa quota.

Art. 101 (Art. 39 Cod. Str.)
(Segnale forte vento laterale)
1. Il segnale FORTE VENTO LATERALE (fig. II.33) deve essere usato
per presegnalare un tratto di strada dove possono verificarsi forti
raffiche di vento laterale, come viadotti esposti, uscite da
gallerie, fine di tratti in trincea o analoghe situazioni.

Art. 102 (Art. 39 Cod. Str.)
(Segnale pericolo di incendio)
1. Il segnale PERICOLO DI INCENDIO (fig. II.34) deve essere
impiegato per richiamare l'attenzione degli utenti della strada sul
pericolo di infiammabilita' delle zone boschive attraversate o
contigue alla strada, ovvero in vicinanza di luoghi ad alto rischio
di incendio.
2. Il segnale deve essere corredato da pannello integrativo modello
II.2 con l'indicazione della estesa della zona a rischio.

Art. 103 (Art. 39 Cod. Str.)
(Segnale di altri pericoli)
1. Il segnale ALTRI PERICOLI (fig. II.35) deve essere usato per
presegnalare un pericolo diverso da quelli previsti dagli articoli
precedenti.
2. Il segnale deve essere sempre corredato da pannello integrativo
modello II.6. In situazioni di emergenza ed in attesa del segnale
specifico o del pannello integrativo puo' essere utilizzato
temporaneamente senza pannello.

C) Segnali di prescrizione

Art. 104 (Art. 39 Cod. Str.)
(Disposizioni generali sui segnali di prescrizione)
1. I segnali che comportano prescrizioni imposte dall'autorita'
competente agli utenti della strada si suddividono in:
    a) SEGNALI DI PRECEDENZA;
    b) SEGNALI DI DIVIETO;
    c) SEGNALI DI OBBLIGO.
2. Lungo il tratto stradale interessato da una prescrizione i
segnali di divieto e di obbligo, nonche' quelli di diritto di
precedenza, devono essere ripetuti dopo ogni intersezione. ((Tale
obbligo non sussiste per i segnali a validita' zonale.))
3. I segnali di prescrizione devono essere posti sul lato destro
della strada. Sulle strade con due o piu' corsie per ogni senso di
marcia devono adottarsi opportune misure, in relazione alle
condizioni locali, affinche' i segnali siano chiaramente percepibili
anche dai conducenti dei veicoli che percorrono le corsie interne
ripetendoli sul lato sinistro o al di sopra della carreggiata.
4. I segnali di prescrizione possono essere ripetuti anche
in formato ridotto muniti di un pannello integrativo modello II.5/a2,
II.5/b2.
5. Salvo i casi previsti dal presente regolamento, nei quali esista
uno specifico segnale di FINE, il termine di una prescrizione va
indicato con lo stesso segnale, munito di pannello integrativo
modello II.5/a3 o II.5/b3 ((, eccetto i casi in cui la
prescrizione non finisca in corrispondenza di una intersezione.))
6. Qualora la prescrizione sia limitata contemporaneamente ad una o
piu' categorie di veicoli, i relativi simboli sono inseriti in un
pannello integrativo modello II.4/a. Se si intende concedere la
deroga ad una o piu' categorie di veicoli si usa il pannello
integrativo modello II.4/b col simbolo preceduto dalla parola

((eccetto)).

a) Segnali di precedenza

Art. 105 (Art. 39 Cod. Str.)
(Disposizioni generali sui segnali di precedenza)
1. I segnali stradali che rendono noto agli utenti di dover dare o avere la precedenza si dividono in due classi:
    I) quelli che impongono ai conducenti l'obbligo di dare la precedenza, che comprendono i segnali di:
        a) dare precedenza (art. 106),
        b) fermarsi e dare precedenza (art. 107),
        c) preavviso di dare precedenza (art. 108),
        d) intersezione con precedenza a destra (art. 109),
        e) dare precedenza nei sensi unici alternati (art. 110),
        f) fine del diritto di precedenza (art. 111);
    II) quelli che indicano agli utenti che, nelle intersezioni e confluenze di traiettorie, i conducenti che provengono da altre strade o in senso opposto hanno l'obbligo di dare la precedenza e che comprendono i segnali di:
        g) intersezione con diritto di precedenza (art. 112),
        h) diritto di precedenza (art. 113),
        i) diritto di precedenza nei sensi unici alternati (art. 114).
2. Gli eventuali segnali che confermano le disposizioni sulla precedenza devono essere corredati da pannello integrativo modello II.1 o modello II.5/a2 o II.5/b2.
3. I segnali di precedenza indicati nel comma 1, classe I, lettere a), b), c) e classe II, lettere g) ed h) possono essere corredati da pannello integrativo modello II.7.
4. I segnali di precedenza di cui al comma 1, classe I, lettera d), e classe II, lettera g), devono essere installati con il rispetto delle distanze di cui all'articolo 81, comma 7 e articolo 104, comma 4.
5. Ai segnali di precedenza di cui al comma 1, classe I, lettere a) e b), possono essere abbinati, sullo stesso sostegno, i segnali di direzione obbligatoria che vanno sempre posti al di sotto dei primi.
6. I segnali di precedenza di cui al comma 1, classe I, lettere a) e b), posti in corrispondenza delle intersezioni regolate da semaforo si intendono validi solo quando il semaforo e' spento o a luce gialla lampeggiante. In questi casi non deve essere applicato alcun pannello integrativo con tale specifica.

Art. 106 (Art. 39 Cod. Str.)
(Segnale di dare precedenza)
1. Il segnale DARE PRECEDENZA (fig. II.36) deve essere usato sul ramo della intersezione che non gode del diritto di precedenza, per indicare ai conducenti l'obbligo di dare la precedenza ai veicoli che circolano nei due sensi sulla strada sulla quale essi stanno per immettersi o che vanno ad attraversare.
2. Il detto segnale deve essere installato sulla soglia dell'intersezione e, comunque, a distanza dal limite della carreggiata della strada che gode della precedenza, non superiore a 25 m ed a 10 m, rispettivamente fuori e dentro i centri abitati.
3. Il segnale puo' essere usato per esigenze di sicurezza o di volumi di traffico in particolari intersezioni, in sostituzione del segnale di cui all'articolo 109 (fig. II.40), sulla strada senza precedenza, in deroga alla gerarchia delle strade, previo accordo fra gli enti proprietari. A tal fine, per garantire la visibilita' dell'intersezione, ferme restando le norme per le distanze di avvistamento dei segnali, gli enti proprietari possono:
    a) proibire le installazioni di chioschi, stazioni di rifornimento, cartelli pubblicitari ed altri impedimenti alla visibilita';
    b) provvedere mediante opportuni sbancamenti, diserbamenti, taglio di cespugli o di alberi ovvero, laddove e' possibile, con

l'eliminazione di muri o di altri impedimenti.

4. Il segnale deve essere integrato, laddove la pavimentazione stradale lo consenta, con la segnaletica orizzontale prevista nell'articolo 144 e puo' essere integrato con il simbolo previsto nell'articolo 148, comma 9.

Art. 107 (Art. 39 Cod. Str.)
(Segnale fermarsi e dare precedenza)

1. Il segnale FERMARSI E DARE PRECEDENZA (fig. II.37) deve essere installato nelle intersezioni o nei luoghi che non godono del diritto di precedenza, per indicare ai conducenti l'obbligo di fermarsi, in corrispondenza dell'apposita striscia di arresto, e di dare la precedenza prima di inoltrarsi nell'area dell'intersezione o di immettersi nel flusso della circolazione.

2. Il segnale deve essere utilizzato nelle intersezioni ove non sia stato possibile garantire le condizioni di sufficiente visibilita' di cui all'articolo 106, comma 3, o comunque in situazioni di particolare pericolosita'.

3. Il segnale deve essere corredato dalla segnaletica orizzontale prevista nell'articolo 144, nonche' della iscrizione orizzontale STOP prevista nell'articolo 148, comma 8.

4. Il segnale deve essere installato in corrispondenza della soglia della intersezione o quanto piu' possibile vicino ad essa.

Art. 108 (Art. 39 Cod. Str.)
(Segnali di preavviso di precedenza)

1. I segnali di PREAVVISO DI DARE PRECEDENZA (fig. II.38) e di PREAVVISO DI FERMARSI E DARE PRECEDENZA (fig. II.39) devono essere installati nel tratto prossimo all'immissione sulla strada con precedenza fuori dei centri abitati, e dentro i centri abitati alle intersezioni con strade aventi limite di velocita' superiore a quello stabilito dall'articolo 142, comma 1 del codice ovvero quando le condizioni del traffico ne consigliano l'impiego per motivi di sicurezza o di disciplina della circolazione.

2. In luogo dei segnali di cui al comma 1 possono essere posti segnali di preavviso di intersezione, integrati con i segnali di precedenza nei quali e' riportata la configurazione topografica dell'intersezione.

3. La distanza tra il segnale di preavviso e la striscia di arresto e' inserita nel pannello integrativo modello II.1 posto sopra il segnale stesso.

4. Sulle strade di cui al comma 1, allorche' esistano altre intersezioni tra il segnale di preavviso di precedenza e l'intersezione, il segnale deve essere ripetuto dopo ogni intersezione, integrato con il pannello modello II.1 indicante la relativa distanza.

Art. 109 (Art. 39 Cod. Str.)
(Segnale di intersezione con precedenza a destra)

1. Il segnale INTERSEZIONE CON PRECEDENZA A DESTRA (fig. II.40) deve essere installato sulle strade extraurbane per presegnalare una intersezione tra due o piu' strade per le quali vige la regola generale della precedenza a destra. Tale segnale nei centri abitati puo' essere usato solo quando le condizioni del traffico ne consigliano l'impiego per motivi di sicurezza.

Art. 110 (Art. 39 Cod. Str.)
(Segnale di dare precedenza nei sensi unici alternati)

1. Il segnale DARE PRECEDENZA NEI SENSI UNICI ALTERNATI (fig. II.41) deve essere usato all'inizio delle strettoie permanenti o temporanee nelle quali, per le limitate dimensioni delle corsie e tenuto conto dell'andamento planimetrico della strada, nonche' del tipo e delle dimensioni dei veicoli ai quali e' consentito il transito, si renda necessario stabilire il senso unico di marcia alternato. Il segnale prescrive all'utente di dare la precedenza alla

corrente di traffico proveniente in senso inverso.

2. Sul retro del segnale deve essere apposto, a cura del fabbricante, un simbolo o una scritta che ne indichi la corretta installazione.

3. Nelle strettoie con il senso unico alternato ed i cui imbocchi non sono visibili uno dall'altro o che distino piu' di 50 m, si deve porre in opera un impianto semaforico funzionante per l'intera giornata. Qualora le condizioni del traffico lo richiedano, ovvero quando il senso unico alternato sia attivato per un tempo determinato, in luogo del semaforo puo' essere disposto un servizio di segnalamento manuale mediante personale a cio' delegato dell'ente proprietario della strada .

Art. 111 (Art. 39 Cod. Str.)
(Segnale di fine del diritto di precedenza)

1. Il segnale FINE DEL DIRITTO DI PRECEDENZA (fig. II.42) deve essere usato per indicare agli utenti della strada con priorita' che la strada non gode piu' del diritto di precedenza. Esso puo' essere installato solo quando sulla strada sia stato installato il segnale DIRITTO DI PRECEDENZA (fig. II.44).

2. Il segnale puo' essere ripetuto piu' volte prima del punto in cui cessa la precedenza quando le condizioni del traffico ne consigliano l'impiego per motivi di sicurezza.

3. Sulle strade extraurbane o su quelle urbane con limite di velocita' superiore a quello stabilito dall'articolo 142, comma 1, del codice il segnale deve essere ripetuto almeno una volta.

4. I segnali posti prima del punto ove cessa la precedenza devono essere corredati da pannello integrativo modello II.1.

Art. 112 (Art. 39 Cod. Str.)
(Segnale di intersezione con diritto di precedenza)

1. Il segnale INTERSEZIONE CON DIRITTO DI PRECEDENZA (fig. II.43/a) deve essere usato sulle strade extraurbane e, ove ritenuto necessario, su quelle urbane, per presegnalare una intersezione con strade subordinate.

2. Il segnale prevede due varianti qualora la strada subordinata si immetta solo da destra (fig. II.43/b) o da sinistra (fig. II.43/c) denominata INTERSEZIONE A "T", ed altre due varianti denominate CONFLUENZA, qualora la strada subordinata si immetta con corsia di accelerazione da destra (fig. II.43/d) o da sinistra (fig. II.43/e).

3. Sulle strade subordinate devono essere installati i segnali che indicano l'obbligo di dare la precedenza ((o di fermarsi e dare la precedenza.))

Art. 113 (Art. 39 Cod. Str.)
(Segnale di diritto di precedenza)

1. Il segnale DIRITTO DI PRECEDENZA (fig. II.44) deve essere usato per indicare che un tratto di strada gode del diritto di precedenza.

2. Il segnale puo' essere ripetuto in formato piccolo prima e dopo ogni intersezione o, eventualmente, su isole spartitraffico nelle intersezioni canalizzate, corredato di pannello integrativo modello II.7.

Art. 114 (Art. 39 Cod. Str.)
(Segnale di diritto di precedenza nei sensi unici alternati)

1. Il segnale DIRITTO DI PRECEDENZA NEI SENSI UNICI ALTERNATI (fig. II.45) deve essere usato in prossimita' delle strettoie nelle quali e' istituito il senso unico alternato ai sensi dell'articolo 110 per indicare all'utente che ha precedenza di passaggio rispetto ai veicoli provenienti nel senso opposto di marcia.

b) Segnali di divieto

Art. 115 (Art. 39 Cod. Str.)
(Segnali di divieto in generale)

1. I segnali di divieto sono di forma circolare e vietano agli

utenti il transito o determinate direzioni di marcia, una particolare manovra, ovvero impongono limitazioni.

2. I segnali di divieto si dividono in generici o specifici: sono generici quelli che si riferiscono a tutti i veicoli; sono specifici quelli afferenti solo a categorie di veicoli o a particolari categorie di utenti.

Art. 116 (Art. 39 Cod. Str.)
(Segnali di divieto generici)

1. I segnali di divieto relativi alla circolazione di tutti i veicoli sono:

a) il segnale DIVIETO DI TRANSITO (fig. II.46);

b) il segnale SENSO VIETATO (fig. II.47);

c) il segnale DIVIETO DI SORPASSO (fig. II.48), che indica il divieto di sorpassare i veicoli a motore eccetto i ciclomotori e i motocicli anche se la manovra puo' compiersi entro la semicarreggiata con o senza la striscia continua;

d) il segnale DISTANZIAMENTO MINIMO OBBLIGATORIO (fig. II.49), che indica il divieto di seguire il veicolo che precede ad una distanza inferiore a quella indicata in metri sul segnale;

e) il segnale LIMITE MASSIMO DI VELOCITA' (fig. II.50), che indica la velocita' massima in chilometri orari alla quale i veicoli possono procedere sul tratto di strada interessato dal segnale, ferme restando le norme di comportamento di cui all'articolo 142 del codice o degli eventuali limiti inferiori imposti a determinate categorie di veicoli;

f) il segnale DIVIETO DI SEGNALAZIONI ACUSTICHE (fig. II.51), che indica che e' proibito, salvo in caso di pericolo immediato, l'uso di avvisatori acustici.

Art. 117 (Art. 39 Cod. Str.)
(Segnali di divieto specifici)

1. I segnali di divieto alla circolazione relativi a particolari categorie di veicoli sono:

a) il segnale DIVIETO DI SORPASSO PER I VEICOLI DI MASSA A PIENO CARICO SUPERIORE A 3,5 t (fig. II.52). Indica il divieto di sorpassare veicoli a motore per i veicoli di massa a pieno carico superiore a 3,5 t, indicata sulla carta di circolazione e non adibiti a trasporto di persone. Il sorpasso dei veicoli non a motore e' consentito solo se la manovra puo' compiersi entro la semicarreggiata con o senza la striscia continua. La massa puo' essere diversamente definita dall'ente proprietario della strada e, in tale caso, il segnale deve essere dotato di pannello integrativo riportante il diverso valore;

b) il segnale TRANSITO VIETATO AI VEICOLI A TRAZIONE ANIMALE (fig. II.53);

c) il segnale TRANSITO VIETATO AI PEDONI (fig. II.54);

d) il segnale TRANSITO VIETATO ALLE BICICLETTE (fig. II.55) ((.)) ((Indica il divieto di transito per i velocipedi;))

e) il segnale TRANSITO VIETATO AI MOTOCICLI (figura II.56);

f) il segnale TRANSITO VIETATO AI VEICOLI A BRACCIA (fig. II.57);

g) il segnale TRANSITO VIETATO A TUTTI GLI AUTOVEICOLI (fig. II.58) compresi i motoveicoli a 3 ruote e i quadricicli a motore;

h) il segnale TRANSITO VIETATO AGLI AUTOBUS (figura II.59);

i) il segnale TRANSITO VIETATO AI VEICOLI DI MASSA A PIENO CARICO SUPERIORE A 3,5 t indicata dalla carta di circolazione (fig. II.60/a) non adibiti al trasporto di persone; mediante un'iscrizione in bianco dentro la sagoma del simbolo del veicolo (fig. II.60/bz), ovvero con pannello integrativo, si puo' prescrivere un diverso valore della suddetta massa consentita al transito;

l) il segnale TRANSITO VIETATO A TUTTI I VEICOLI A MOTORE TRAINANTI UN RIMORCHIO (fig. II.61). Eventuali deroghe per rimorchi che non superano una determinata massa possono essere indicate con pannello integrativo;

m) il segnale TRANSITO VIETATO ALLE MACCHINE AGRICOLE (fig.

II.62);

n) il segnale TRANSITO VIETATO AI VEICOLI CHE TRASPORTANO MERCI PERICOLOSE (fig. II.63).

o) il segnale TRANSITO VIETATO AI VEICOLI CHE TRASPORTANO ESPLOSIVI O PRODOTTI FACILMENTE INFIAMMABILI (fig. II.64/a) e TRANSITO VIETATO AI VEICOLI CHE TRASPORTANO PRODOTTI SUSCETTIBILI DI CONTAMINARE L'ACQUA (fig. II.64/b). Eventuali deroghe per il trasporto di piccole quantita' possono essere indicate con pannello integrativo che ne indichi la quantita'.

2. Se le condizioni locali di impianto impediscono l'impiego di segnali di divieto singoli o di segnali di divieto integrati da pannelli di limitazione modello II.4/a e' consentito l'inserimento in un solo segnale di un massimo di due simboli relativi alle categorie di veicoli soggette al divieto.

Art. 118 (Art. 39 Cod. Str.)
(Segnali di limitazioni alle dimensioni
e alla massa dei veicoli)

1. I segnali di divieto che comportano limitazioni alle dimensioni e alla massa dei veicoli sono:

a) il segnale TRANSITO VIETATO AI VEICOLI AVENTI LARGHEZZA SUPERIORE A . METRI (fig. II.65): deve essere posto solo se la larghezza ammissibile sulla strada e' inferiore a quella fissata dall'articolo 61 del codice;

b) il segnale TRANSITO VIETATO AI VEICOLI AVENTI ALTEZZA COMPLESSIVA SUPERIORE A . METRI (fig. II.66): deve essere posto solo se l'altezza ammissibile sulla strada e' inferiore all'altezza ((dei veicoli)) definita dall'articolo 61 del codice;

c) il segnale TRANSITO VIETATO AI VEICOLI, O A COMPLESSI DI VEICOLI, AVENTI LUNGHEZZA SUPERIORE A .METRI (fig. II.67): deve essere posto solo se la lunghezza ammissibile e' inferiore alla lunghezza ((dei veicoli)) definita dall'articolo 61 del codice;

d) il segnale TRANSITO VIETATO AI VEICOLI AVENTI UNA MASSA SUPERIORE A . TONNELLATE (fig. II.68) deve essere posto solo se la massa consentita e' inferiore a quella massima consentita ai sensi dell'articolo 62 del codice per i veicoli ammessi a circolare su quel tratto di strada. Il segnale puo' essere integrato con pannello modello II.6 indicante il numero massimo dei veicoli ammessi a transitare contemporaneamente;

e) il segnale TRANSITO VIETATO AI VEICOLI AVENTI MASSA PER ASSE SUPERIORE A . TONNELLATE (fig. II.69): deve essere posto solo se la massa consentita sull'asse piu' caricato e' inferiore a quella stabilita dall'articolo 62 del codice.

2. Le limitazioni di transito di cui al presente articolo devono essere riportate sui cartelli di preavviso .

3. I valori numerici inseriti nei segnali, di cui al comma 1, sono riferiti alle effettive dimensioni e alla massa del veicolo al momento del transito dello stesso.

Art. 119 (Art. 39 Cod. Str.)
(Segnali di fine ((divieto)))

1. I segnali che indicano la fine ((di un divieto)) sono:

a) il segnale VIA LIBERA (fig. II.70). Indica il punto ove le prescrizioni precedentemente indicate cessano di essere valide;

b) il segnale FINE LIMITAZIONE DI VELOCITA' (fig. II.71). Deve essere usato ogniqualvolta si vogliano ripristinare i limiti generalizzati di velocita' vigenti per quel tipo di strada. Qualora si voglia imporre un diverso limite di velocita' inferiore ai limiti suddetti, in luogo del segnale FINE LIMITAZIONE DI VELOCITA' deve essere usato il segnale LIMITE MASSIMO DI VELOCITA' (fig. II.50) indicante il nuovo limite.

c) il segnale FINE DIVIETO DI SORPASSO (fig. II.72). Indica la fine del divieto di sorpasso per tutti i veicoli.

d) il segnale FINE DIVIETO DI SORPASSO PER I VEICOLI DI MASSA A PIENO CARICO SUPERIORE A 3,5 t (fig. II.73) indicata dalla carta di circolazione non adibiti al trasporto di persone.

2. I segnali sono a fondo bianco con simboli in grigio scuro e barra obliqua nera.

Art. 120 (Art. 39 Cod. Str.)
(Segnali di fermata, di sosta e di parcheggio)

1. I segnali che regolano la FERMATA, la SOSTA ed il PARCHEGGIO, o che forniscono indicazioni utili a tal fine, sono:

a) il segnale DIVIETO DI SOSTA (fig. II.74). Deve essere usato per indicare i luoghi dove e' stato disposto il divieto di sosta dei veicoli, ad eccezione dei luoghi ove per regola generale vige il divieto. Lungo le strade extraurbane, in assenza di iscrizioni integrative, indica che il divieto di sosta e' permanente, ed ha valore anche nelle ore notturne. Lungo le strade urbane, in assenza di iscrizioni integrative, indica che il divieto di sosta vige dalle ore 8 ((alle ore 20)). Il segnale puo' essere corredato da pannelli integrativi sui quali cifre, o brevi iscrizioni, possono limitare la portata del divieto indicando, secondo i casi:

1) i giorni della settimana o del mese o le ore della giornata durante i quali vige il divieto (pannello integrativo modello II.3);

2) le eccezioni per talune categorie di utenti (pannello integrativo modello II.4/b);

3) i periodi relativi a giorni e ad ore in cui vige il divieto per consentire le operazioni di pulizia della sede stradale mediante macchine operatrici o con altri mezzi (pannello integrativo modello II.6/q2 o, in versione integrata, modello II.8/a).

b) il segnale DIVIETO DI FERMATA (fig. II.75). Deve essere usato per indicare i luoghi dove in assenza di iscrizioni integrative sono vietate in permanenza la sosta e la fermata e, comunque, qualsiasi momentaneo arresto volontario del veicolo. ((Il segnale non deve essere corredato dal pannello integrativo modello II.6/m poiche' la rimozione coatta puo' comunque essere eseguita a norma dell'articolo 159, comma 1, lettera c), del codice.)) I segnali DIVIETO DI SOSTA e DIVIETO DI FERMATA possono essere integrati dagli specifici segni orizzontali;

c) il segnale PARCHEGGIO (fig. II.76). Puo' essere usato per indicare un'area organizzata od attrezzata per sostare per un tempo indeterminato, salvo diversa indicazione. Il segnale puo' essere corredato da pannelli integrativi per indicare con valore prescrittivo: limitazioni di tempo, tariffe per i parcheggi a pagamento, lo schema di disposizione dei veicoli (sosta parallela, obliqua, ortogonale), nonche' categorie ammesse o escluse. Il segnale puo' essere inserito in quelli di preavviso e di direzione;

d) il segnale PREAVVISO DI PARCHEGGIO (fig. II.77). Indica la direzione da seguire per il piu' vicino parcheggio.

e) il segnale PASSO CARRABILE (fig. II.78). Indica la zona per l'accesso dei veicoli alle proprieta' laterali, in corrispondenza della quale vige ((, in permanenza,)) il divieto di sosta, ai sensi dell'articolo 158 del codice. Il segnale ha dimensioni normali ((di 45 x 25)) cm e dimensioni maggiorate di ((60 x 40)) cm. Sulla parte alta del segnale deve essere indicato l'ente proprietario della strada che rilascia l'autorizzazione, in basso deve essere indicato il numero e l'anno del rilascio. La mancata indicazione dell'ente e degli estremi dell'autorizzazione comporta l'inefficacia del divieto. Per le strade private, aperte al pubblico transito, l'autorizzazione e' concessa dal Comune. ((L'installazione e la manutenzione del segnale sono a cura e spese del soggetto titolare della autorizzazione. Di norma, il segnale e' installato in posizione parallela all'asse della strada e puo' essere applicato su porte o cancelli.))

2. Le iscrizioni poste sul pannello integrativo dei divieti di sosta e di fermata devono essere concise e del tipo "7.30 - 19.00". Nel caso di divieto di sosta valido per un'intera giornata deve essere apposta l'indicazione "0 - 24". Per indicarne l'inizio, la ripetizione e la fine, si adottano pannelli integrativi modello II.5.

Per indicare l'estesa si impiegano pannelli integrativi modello II.2. Eccezioni ((permanenti)) al divieto di sosta - esclusivamente per i veicoli degli invalidi e per le ambulanze - sono indicate con il segnale composto di SOSTA CONSENTITA A PARTICOLARE CATEGORIA (figg. II.79/a, II.79/b). Per segnalare all'utenza la rimozione coatta del mezzo nel tratto segnalato perche' costituisce intralcio o pericolo per la circolazione, si impiega il pannello integrativo modello II.6/m ZONA RIMOZIONE con la stessa validita' oraria del segnale di divieto.

3. Il segnale composto di cui al comma 2 deve essere utilizzato anche per segnalare l'eccezione al divieto di sosta disposta per i veicoli appartenenti alle forze armate, alle forze di polizia, ai vigili del fuoco, alla polizia municipale e ad altri servizi di pubblico interesse e di soccorso, limitatamente alle aree limitrofe le rispettive sedi e per la superficie strettamente indispensabile (fig. II.79/c).

4. I segnali di PARCHEGGIO e PREAVVISO DI PARCHEGGIO possono essere corredati di pannello integrativo modello II.1 o modello II.4/a per indicare rispettivamente distanza e categoria di veicoli cui il parcheggio e' riservato. Il segnale PARCHEGGIO in formato ridotto puo' essere usato in combinazione con segnali di DIVIETO DI SOSTA e DIVIETO DI FERMATA per indicare deroghe ai divieti per quelle particolari, singole categorie, elencate al comma 1, lettera a), punto 2), aventi invece diritto a sostare o a fermarsi. La figura II.79/d rappresenta un esempio di cartello composto per indicare varie regolamentazioni flessibili utili nei centri abitati o nelle localita' turistiche.

c) Segnali di obbligo

Art. 121 (Art. 39 Cod. Str.)
(Segnali di obbligo in generale)

1. I segnali di obbligo sono di forma circolare ed impongono agli utenti uno specifico comportamento, ovvero una particolare condizione di circolazione da rispettare.

2. I segnali di obbligo si dividono in generici o specifici. Quelli generici hanno fondo blu e simbolo bianco; quelli specifici hanno fondo bianco, bordo rosso e simbolo nero.

3. I segnali di obbligo sono diretti a tutti gli utenti, salvo deroghe indicate mediante pannello integrativo modello II.4.

Art. 122 (Art. 39 Cod. Str.)
(Segnali di obbligo generico)

1. I segnali di obbligo generico sono:
  a) DIREZIONE OBBLIGATORIA;
  b) DIREZIONI CONSENTITE;
  c) PASSAGGIO OBBLIGATORIO O PASSAGGI CONSENTITI;
  d) ROTATORIA;
  e) LIMITE MINIMO DI VELOCITA';
  f) CATENE PER NEVE OBBLIGATORIE;
  g) CIRCOLAZIONE RISERVATA A DETERMINATE CATEGORIE DI UTENTI.

2. I segnali di DIREZIONE OBBLIGATORIA (figg. II.80/a, II.80/b, II.80/c, II.80/d e II.80/e) devono essere usati per indicare al conducente l'unica direzione consentita. I cartelli di cui alle figure II.80/a, II.80/b e II.80/c sono installati di norma nel punto in cui ha inizio l'obbligo dell'unica direzione; quelli di cui alle figure II.80/d e II.80/e sono installati di norma prima del punto in cui ha inizio l'obbligo dell'unica direzione, e possono essere integrati con pannelli modello II.1.

3. I segnali di DIREZIONI CONSENTITE (figg. II.81/a, II.81/b e II.81/c) devono essere usati per indicare al conducente le uniche direzioni consentite e sono installati di norma prima del punto in cui ha inizio l'obbligo.

4. I segnali di PASSAGGIO OBBLIGATORIO (figg. II.82/a, II.82/b) e di PASSAGGI CONSENTITI (fig. II.83) devono essere usati per indicare al conducente: i primi due l'obbligo di passaggio rispettivamente a sinistra o a destra di un ostacolo, di un ingombro, di un salvagente, di una testata di isola di traffico o di uno spartitraffico posti sulla strada, ovvero per segnalare deviazioni in occasione di lavori stradali o per altre cause; il terzo consente il passaggio da ambedue i lati dell'ostacolo.

5. I segnali di cui al comma 4 devono essere posti sulla testata dell'isola di traffico, dello spartitraffico, del salvagente, ovvero posizionati sull'ostacolo o sull'ingombro, in modo da essere percepiti tempestivamente e da rendere chiara l'indicazione del passaggio obbligatorio. Nei casi in cui le strade abbiano spartitraffico tra le carreggiate di larghezza superiore a 1,50 m, i segnali possono essere integrati dal segnale SENSO VIETATO (figura II.47) installato sul lato opposto della testata spartitraffico stessa.

6. Il segnale di ROTATORIA (fig. II.84) deve essere usato per indicare ai conducenti l'obbligo di circolare secondo il verso indicato dalle frecce. Deve essere collocato sulla soglia dell'area ove si svolge la circolazione rotatoria. Sulle strade extraurbane e' sempre preceduto dal segnale di PREAVVISO DI CIRCOLAZIONE ROTATORIA (fig. II.27).

7. Il segnale LIMITE MINIMO DI VELOCITA' (fig. II.85) deve essere usato per indicare che i veicoli circolanti sulla strada, o su una o piu' corsie di essa soggette al segnale, sono tenuti ad osservare il limite minimo indicato. I veicoli non suscettibili di sviluppare la velocita' minima indicata non devono impegnare la strada o la parte di essa soggetta a detto segnale. La fine dell'obbligo deve essere indicata con analogo segnale barrato obliquamente da una fascia rossa (fig. II.86).

8. Il segnale CATENE PER NEVE OBBLIGATORIE (fig. II.87) deve essere usato per indicare l'obbligo di circolare, a partire dal punto di impianto del segnale, con catene da neve o con ((pneumatici invernali)). Il segnale puo' essere inserito in alternativa entro quello di TRANSITABILITA' mantenendo il proprio valore prescrittivo.

9. I segnali di CIRCOLAZIONE RISERVATA A DETERMINATE CATEGORIE DI UTENTI il cui simbolo e' in essi contenuto indicano che la strada o parte di essa e' riservata alla sola categoria di utenti prevista mentre e' vietata alle altre. Tali segnali sono:

a) il segnale PERCORSO PEDONALE (fig. II.88) che deve essere posto all'inizio di un viale, di un itinerario o di un percorso riservato ai soli pedoni da impiegare solo quando non risulta evidente la destinazione al transito pedonale;

b) il segnale PISTA CICLABILE (fig. II.90) che deve essere posto all'inizio di una pista, di una corsia o di un itinerario riservato alla circolazione dei velocipedi. Deve essere ripetuto dopo ogni interruzione o dopo le intersezioni;

c) il segnale PISTA CICLABILE CONTIGUA AL MARCIAPIEDE (fig. II.92/a) e PERCORSO PEDONALE E CICLABILE (fig. II.92/b) che deve essere posto all'inizio di un percorso riservato ai pedoni e alla circolazione dei velocipedi e deve essere ripetuto dopo ogni interruzione o dopo le intersezioni;

d) il segnale PERCORSO RISERVATO AI QUADRUPEDI DA SOMA O DA SELLA (fig. II.94) che deve essere posto all'inizio di una pista o di un passaggio particolare.

10. La fine dell'obbligo dei segnali di cui al comma 9 deve essere indicata con analogo segnale barrato obliquamente da una fascia rossa (figg. II.89 - II.91 - II.93/a - II.93/b - II.95).

Art. 123 (Art. 39 Cod. Str.)
(Segnali di obbligo specifico)

1. I segnali di obbligo specifico sono:
a) ALT - DOGANA
b) ALT - POLIZIA

  c) ALT - STAZIONE.

2. Il segnale ALT - DOGANA (fig. II.96) deve essere posto per segnalare un varco doganale al quale e' obbligatorio fermarsi. Nello stesso segnale, al di sotto della barra orizzontale, puo' essere riportata la parola 'Dogana' nella lingua dello Stato confinante. Alle frontiere con i paesi aderenti alla Comunita' Economica Europea il segnale va sostituito con quello riportato nelle figg. II.97/a e II.97/b.

3. Il segnale ALT - POLIZIA (fig. II.98) deve essere posto per segnalare un posto di blocco stradale istituito da organi di polizia al quale e' obbligatorio fermarsi. Il segnale e' di impiego mobile, deve essere posto a distanza opportuna dal posto di blocco e deve essere avvistabile con sicurezza e in tempo utile affinche' il conducente possa adeguare la sua condotta, tenuto conto delle condizioni plano-altimetrichedella strada e della velocita' predominante dei veicoli nel tratto che precede il posto di blocco. Il segnale deve essere ripetuto all'altezza del punto di arresto. Entrambi i segnali devono essere posti in modo da non costituire pericolo o pregiudizio per la sicurezza stradale. E' consentito ripetere il segnale nella lingua dello stato confinante quando il posto di blocco e' in prossimita' delle zone di confine.

4. Il segnale ALT - STAZIONE (fig. II.99) deve essere posto sulle autostrade e in corrispondenza degli accessi controllati per segnalare una stazione dove e' obbligatorio fermarsi per le operazioni di pedaggio. E' consentito ripetere il segnale nella lingua dello stato confinante quando la stazione di pedaggio e' in prossimita' del confine.

D) Segnali di indicazione
(Art. 39 Codice della Strada)

                    (Art. 39 Codice della Strada)
                       Art. 124 (Art. 39 Cod. Str.)
                 (Generalita' dei segnali di indicazione)

1. Si definiscono "segnali di indicazione" quei segnali che forniscono agli utenti della strada informazioni necessarie per la corretta e sicura circolazione, nonche' per l'individuazione di itinerari, localita', servizi ed impianti stradali.

2. L'insieme dei segnali di indicazione contemplati nel progetto di cui all'articolo 77, comma 2, deve avere i seguenti requisiti:

  a) congruenza: la qualita' e la quantita' della segnaletica deve essere adeguata alla situazione stradale in modo da consentirne la corretta percezione;

  b) coerenza: sul medesimo itinerario, si devono trovare le stesse indicazioni;

  c) omogeneita': sul medesimo itinerario, dall'inizio alla fine, la segnaletica di indicazione deve essere realizzata con la stessa grafica, simbologia, colori e distanza di leggibilita'.

3. La segnaletica di indicazione, nel rispetto dell'ambiente circostante e nell'armonizzarsi con esso, deve comunque essere realizzata e collocata in modo da essere facilmente avvistabile e riconoscibile.

4. Per la sua rilevanza funzionale, la segnaletica stradale di indicazione deve essere sottoposta a periodiche verifiche di valutazione della rispondenza alle esigenze del traffico e delle necessita' degli utenti, nonche' alla verifica sullo stato di conservazione. Le verifiche sono compiute dall'ente proprietario della strada o dall'ente concessionario, in accordo con l'ente proprietario.

5. Nella progettazione e nelle verifiche di cui al comma 4, va posta particolare attenzione alla scelta dei messaggi da inserire che devono rispondere al criterio della essenzialita', sempre ai fini della sicurezza e fluidita' della circolazione.

6. Nella progettazione, nella verifica e nella esecuzione della segnaletica di indicazione relativa alle intersezioni stradali, devono essere adottati i seguenti criteri fondamentali di informazione all'utente:

a) segnalare prima delle intersezioni la localita' raggiungibile tramite ciascun ramo in modo da realizzare un'adeguata preselezione e canalizzazione delle diverse correnti veicolari;

b) confermare nelle intersezioni le direzioni da prendere per raggiungere le localita' indicate dai segnali di cui ((alla precedente lettera)) a);

c) segnalare le manovre consentite nelle intersezioni;

d) confermare, dopo l'intersezione, le destinazioni raggiungibili.

7. La segnaletica di indicazione posta sulle autostrade, sulle strade extraurbane, sulle strade urbane di scorrimento con velocita' di esercizio superiore a quella stabilita dall'articolo 142, comma 1, del codice, sugli itinerari di ingresso ed uscita dai centri abitati, ad eccezione delle intersezioni con strade locali non asfaltate o di scarsa importanza, e' obbligatoria e deve essere conforme ai criteri di cui al comma 6.

8. Secondo quanto prescritto nei successivi articoli, in alcuni tipi di segnali di indicazione, si inseriscono, quando occorre, zone o inserti rettangolari, di colore diverso, rappresentativi della natura della destinazione o del tipo di viabilita' da percorrere per raggiungerla.

9. Se i segnali contengono una o piu' indicazioni della stessa natura, il colore di fondo e' quello proprio della o delle destinazioni cui esse indirizzano.

Art. 125 (Art. 39 Cod. Str.)
(Iscrizioni, lettere e simboli
relativi ai segnali di indicazione)

1. In sostituzione o in aggiunta alle iscrizioni e' consentito ins-erire nei segnali simboli, numero della strada, direzioni cardinali od abbreviazioni. E' da evitare, comunque, la concentrazione di piu' iscrizioni su limitate superfici.

2. I simboli da utilizzare nei cartelli di indicazione sono quelli di cui alle figure da II.100 a II.231.

3. Nel caso in cui la quantita' di iscrizioni da riportare necessariamente sul segnale sia tale da non consentire una soddisfacente e completa leggibilita' o una buona composizione del segnale, puo' essere impiegato il solo simbolo.

4. L'utilizzo di simboli non previsti dal presente regolamento, deve essere autorizzato dal Ministero dei lavori pubblici. I simboli devono essere chiari e facilmente comprensibili.

5. Le iscrizioni contenute nei segnali di indicazione devono essere composte utilizzando i caratteri alfabetici sottoelencati e secondo le seguenti prescrizioni:

a) alfabeto normale positivo minuscolo (tab. II.22a)

b) alfabeto normale positivo maiuscolo (tab. II.22b)

c) numeri normali positivi (tab. II.22c)

d) alfabeto normale negativo minuscolo (tab. II.22d)

e) alfabeto normale negativo maiuscolo (tab. II.22e)

f) numeri normali negativi (tab. II.22f)

g) alfabeto stretto positivo minuscolo (tab. II.22g)

h) alfabeto stretto positivo maiuscolo (tab. II.22h)

i) numeri stretti positivi (tab. II.22i)

l) alfabeto stretto negativo minuscolo (tab. II.22l)

m) alfabeto stretto negativo maiuscolo (tab. II.22m)

n) numeri stretti negativi (tab. II.22n).

((Nessun segnale puo' contenere iscrizioni in piu' di due lingue.))

6. I caratteri maiuscoli devono essere utilizzati per la composizione di nomi propri di regioni, province, citta', centri abitati, municipi, frazioni o villaggi. I caratteri minuscoli devono essere utilizzati per la composizione dei nomi comuni riguardanti i punti di pubblico interesse urbano come:

a) strade urbane ed extraurbane;

b) quartieri, parchi, stazioni, porti, aeroporti, uffici, enti, posta, comandi, amministrazioni, centro citta', nomi-strada, ospedali;

c) ogni altra iscrizione di natura differente da quella dei nomi propri , comprese quelle dei pannelli integrativi. ((Per i nomi propri diversi da quelli sopra specificati l'iniziale, di norma, e' maiuscola. Sono consentite deroghe nelle zone bilingue.))

7. Di norma devono essere usati i caratteri 'normali'. I caratteri 'stretti' sono impiegati solo in presenza di parole o gruppi di parole non abbreviabili o comunque quando l'uso dei caratteri normali comporta iscrizioni eccessivamente lunghe rispetto alla grandezza del segnale.

8. L'altezza dei caratteri e' determinata in funzione della distanza di leggibilita' richiesta dal tipo di strada secondo le indicazioni delle tabelle II.16 e II.17.

9. I nomi di localita' composti o molto lunghi possono essere abbreviati per evitare una lunghezza eccessiva delle iscrizioni.

10. Lo spessore del tratto dei caratteri negativi (chiari su fondo scuro) deve essere ridotto di circa il 15% rispetto allo spessore dei caratteri positivi (scuri su fondo chiaro).

Art. 126 (Art. 39 Cod. Str.)
(Posizionamento dei segnali di indicazione)

1. I segnali di preavviso di cui all'articolo 127 devono essere posizionati conformemente a quanto disposto dall'articolo 81. Per detti segnali occorre assicurare uno spazio di avvistamento "d" in funzione della velocita' locale predominante, conformemente ai valori espressi nella seguente tabella:

a) velocita' = 130 km/h: d = 250 m

b) velocita' = 110 km/h: d = 200 m

c) velocita' = 90 km/h: d = 170 m

d) velocita' = 70 km/h: d = 140 m

e) velocita' = 50 km/h: d = 100 m

Per valori di velocita' non previsti si procede per interpolazione lineare.

2. I segnali di preavviso di intersezione di cui all'articolo 127, comma 2 e seguenti, devono essere posti a distanza "d" dal punto in cui inizia la manovra di svolta (inizio della corsia di decelerazione, per le intersezioni che ne sono dotate), in funzione della velocita' locale predominante, conformemente ai valori espressi nella seguente tabella:

A) intersezioni con corsia di decelerazione:

a) velocita' = 130 km/h: d = 50 m

b) velocita' = 110 km/h: d = 40 m

c) velocita' = 90 km/h: d = 30 m

B) intersezioni senza corsia di decelerazione:

a) velocita' = 110 km/h: d = 130 m

b) velocita' = 90 km/h: d = 100 m

c) velocita' = 70 km/h: d = 80 m

d) velocita' = 50 km/h: d = 60 m

Per valori di velocita' non previsti si procede per interpolazione lineare.

3. Quando il segnale non puo' essere installato con il rispetto delle distanze indicate nella tabella di cui al comma 2, per insufficiente spazio di avvistamento o in presenza di gallerie o viadotti, puo' trovare collocazione a distanza superiore purche' la distanza venga riportata su pannello integrativo.

4. Sulle autostrade, sulle strade extraurbane principali ed ogni qualvolta le condizioni di traffico o di sicurezza lo rendano necessario, il segnale posto alla distanza indicata nella tabella di cui al comma 2 deve essere preceduto da uno o piu' segnali analoghi posti a distanza adeguata, riportata su pannello integrativo. ((Sulle autostrade e sulle altre strade dotate di corsia di emergenza, il segnale di cui all'articolo 130, o uno dei segnali di cui al comma 2,

deve essere posizionato a 500 m dal punto in cui inizia la manovra di svolta con l'indicazione della distanza su pannello integrativo modello II.1.))

5. Il segnale di preselezione di cui all'articolo 127, comma 8, deve essere posto in corrispondenza dell'inizio della zona di preselezione che precede l'intersezione. Sulle strade extraurbane qualora non sia possibile rispettare lo spazio di avvistamento di cui al comma 1, il segnale dovra' essere ripetuto in anticipo con la distanza riportata su pannello integrativo.

6. I segnali di direzione di cui all'articolo 128, all'interno dell'area di intersezione, devono essere disposti con orientamento tale da essere perfettamente visibili dalla corrente di traffico alla quale sono diretti e, a seconda della necessita', in uno dei punti piu' opportuni tra i seguenti:
   a) sulla soglia dell'intersezione;
   b) su apposite isole spartitraffico;
   c) al limite di uscita dell'intersezione.

7. I medesimi segnali di direzione possono essere posti al di sopra della carreggiata quando ricorrano una o piu' delle seguenti condizioni:
   a) due o piu' corsie per senso di marcia;
   b) intersezioni canalizzate o planimetricamente complesse;
   c) elevati volumi di traffico con alte percentuali di veicoli con sagoma alta;
   d) itinerari autostradali, tangenziali e principali direttrici di attraversamento o itinerari di entrata e di uscita dai centri urbani;
   e) impossibilita' di realizzare razionali impianti di segnali laterali efficaci.

8. Se l'intersezione e' semaforizzata, le singole lanterne semaforiche possono essere incorporate nei relativi cartelli di direzione disposti sopra la carreggiata sulla soglia dell'intersezione stessa (fig. II.232).

9. I ponti, i cavalcavia o i manufatti ubicati nel punto di posa ottimale, o nelle immediate vicinanze, possono costituire ancoraggi per i segnali.

10. La stabilita' delle strutture portanti dei segnali, nonche' l'idoneita' delle fondazioni e degli ancoraggi, devono essere calcolati o verificati da tecnici dell'ente proprietario della strada.

Art. 127 (Art. 39 Cod. Str.)
(Segnali di preavviso)

1. I segnali di preavviso si suddividono in due tipologie:
   a) preavvisi di intersezione;
   b) segnali di preselezione.

2. I segnali di preavviso di intersezione hanno forma rettangolare e contengono lo schema dell'intersezione, realizzato mediante frecce che possono avere spessore differente secondo la geometria e l'importanza delle strade, con i nomi delle localita' raggiungibili attraverso i vari rami dell'intersezione (figg. II.233, II.234, II.235).

3. Ogni direzione segnalata deve, preferibilmente, riportare il nome di una sola localita' e comunque un numero limitato di nomi. Le frecce direzionali, inserite nel segnale di preavviso di intersezione, devono essere di estensione tale da consentire una corretta impaginazione delle iscrizioni.

4. Piu' intersezioni non possono figurare sullo stesso preavviso salvo che non si trovino a meno di 250 m l'una dall'altra, o non sia possibile rispettare le distanze di cui all'articolo 126 (figg. II.236, II.237, II.238).

5. I segnali di cui al presente articolo, se installati al di sopra delle carreggiate a due o piu' corsie per senso di marcia assumono la funzione di segnali di corsia e devono essere conformi agli schemi di installazione riportati nella tabella II.23, che fa parte integrante del presente regolamento, con le frecce opportunamente orientate.

6. Le cornici sono di colore:
a) nero su fondo giallo, bianco e arancio;
b) bianco sugli altri colori di fondo.
7. Sulle frecce contenute nei segnali di preavviso di intersezione possono rappresentarsi, in formato ridotto, eventuali segnali di pericolo o di prescrizione posti nel ramo dell'intersezione dove vige il pericolo o la limitazione (figg. II.239 e II.240).
8. Quando la carreggiata e' suddivisa in due o piu' corsie nello stesso senso di marcia, ma con destinazione differente, per consentire la scelta preventiva della posizione sulla carreggiata in rapporto alle direzioni che i conducenti intendono prendere nella intersezione, in luogo del segnale di preavviso di intersezione deve essere usato il segnale di preselezione (figg. da II.241 a II.245).
9. Nel segnale di preselezione sono riportate le strisce discontinue che evidenziano le corsie disponibili e le frecce che indicano le direzioni consentite per ciascuna corsia. Entro le corsie cosi' rappresentate, corrispondenti a quelle tracciate sulla carreggiata di approccio all'intersezione, sono riportate le destinazioni con gli stessi criteri e colori utilizzati per i cartelli di preavviso di intersezione. ((Entro le corsie possono essere rappresentati, in formato ridotto, eventuali segnali di pericolo o di prescrizione riferiti alla singola corsia.))
10. Nel segnale di preselezione in corrispondenza di ogni corsia, la freccia sara' inserita nella parte inferiore ed una volta sola. La grandezza delle frecce deve essere proporzionata a quella del cartello e la loro altezza deve essere compresa tra 1/3 e 1/4 di quella del cartello (figg. II.246 e II.247).
11. I colori di fondo e quelli delle cornici, le iscrizioni e le frecce dei segnali di preselezione sono gli stessi dei segnali di preavviso di intersezione di cui al comma 6 ed all'articolo 78, comma 2.
12. Le frecce da impiegare sui segnali di preselezione sono del tipo di cui alla tabella II.24 che fa parte integrante del presente regolamento. Sono previsti quattro tipi base di freccia:
a) verticale diretta verso l'alto;
b) curvilinea diretta a destra o a sinistra;
c) diretta verso l'alto e a destra o a sinistra;
d) diretta a destra e a sinistra.
13. Sui segnali di preavviso di intersezione e di preselezione possono essere inseriti simboli. Qualora vengano indicate strade, autostrade, o itinerari internazionali, tali segnali devono essere accompagnati dal simbolo di identificazione.
14. Le dimensioni dei segnali di preavviso di intersezione e di preselezione sono date dall'applicazione delle norme di cui alle tabelle II.16, II.17, II.18, II.19, II.20 e II.21 in attuazione dell'articolo 80, comma 7.
15. I segnali di preavviso di intersezione e di preselezione sono a carico dell'ente proprietario o concessionario della strada in cui sono installati.
16. Con circolari del Ministro dei lavori pubblici, da pubblicare nella Gazzetta Ufficiale della Repubblica, sono esemplificate le soluzioni segnaletiche di dettaglio per le aree di svincolo, di servizio o di parcheggio, per le stazioni autostradali, per l'avvio alle autostrade, nonche' per particolari soluzioni segnaletiche anche relative ad altre strade.

Art. 128 (Art. 39 Cod. Str.)
(Segnali di direzione)

1. I segnali di direzione sulle strade all'interno dei centri abitati hanno forma rettangolare e devono essere conformi alle caratteristiche indicate ((nelle tabelle II.13/a e II.13/b)) (fig. II.248).
2. I segnali di direzione a destra o a sinistra sulle strade extraurbane hanno forma rettangolare con punta di freccia orientata in direzione della localita' segnalata, e devono essere conformi alle

caratteristiche indicate ((nelle tabelle II.14/a e II.14/b)) (fig. II.249). ((Per indicare la direzione diritto il segnale e' rettangolare con il simbolo di freccia come indicato nella figura II.254; la lunghezza del cartello non deve essere maggiore di quella fissata nelle tabelle II.14/a e II.14/b per i vari formati.))

3. I segnali di cui al presente articolo, se installati al di sopra delle carreggiate a due o piu' corsie per senso di marcia assumono la funzione di segnali di corsia e devono essere conformi agli schemi di installazione riportati nella tabella II.23 con le frecce di cui all'allegata tabella II.25, che fa parte integrante del presente regolamento, opportunamente orientate verso il basso (figg. II.250, II.251 e II.252).

4. In ogni intersezione occorre segnalare le varie direzioni che possono essere prese dagli utenti; i nomi di localita' che compaiono in questi segnali devono essere identici a quelli che figurano nei segnali di preavviso o di preselezione che li precedono; qualora sia ritenuto necessario, possono essere aggiunti segnali di direzione relativi a destinazioni secondarie purche' non venga disturbata la corretta percezione dei segnali di direzione principali.

5. Nel segnale, oltre al nome delle localita', deve essere indicata di seguito la distanza in chilometri espressa in cifre senza il simbolo km; puo' essere riportato, inoltre, il simbolo di identificazione della strada (figg. II.248 e II.249). ((L'obbligo di riportare la distanza in chilometri non sussiste per i segnali di direzione all'interno dei centri abitati che indicano destinazioni interne al centro abitato stesso.))

6. Il nome di una localita' riportato su un segnale di direzione deve essere ripetuto nei segnali successivi nel senso di marcia fino alla localita' stessa.

7. I colori delle cornici devono essere uguali a quelle di cui all'articolo 127, comma 6.

8. I segnali di direzione possono essere raggruppati in un "gruppo segnaletico unitario" (figg. II.253, e II.254 e II.255). In ogni gruppo segnaletico unitario devono essere rispettati i seguenti criteri:

a) tutti i segnali posti nello stesso gruppo devono avere le stesse dimensioni, indipendentemente dalla lunghezza dei nomi scritti in essi;

b) tra due segnali o gruppi di segnali, indicanti direzioni diverse, posti sugli stessi sostegni, e' necessario un distacco verticale di 5 cm;

c) in ogni gruppo segnaletico i vari segnali per ciascuna direzione devono essere applicati ponendo vicini quelli aventi lo stesso colore di fondo;

d) le frecce indicanti "diritto" devono essere poste al di sopra delle altre; qualora il gruppo sia installato a sinistra, la freccia verticale deve essere posta sul lato destro del segnale;

e) le frecce indicanti "sinistra" devono essere poste sotto le frecce "dritto", e per ultime, in basso, vanno poste le frecce indicanti "destra";

f) l'ordine di posa tra i segnali indicanti la stessa direzione, dall'alto in basso, e' il seguente, secondo i colori di fondo:
1) bianco
2) verde
3) blu
4) marrone
5) nero;

g) ogni gruppo non deve contenere piu' di sei segnali. Qualora fosse necessario installare un numero di segnali maggiore, gli stessi devono essere frazionati in piu' gruppi;

h) gruppi piu' piccoli, con frecce disposte verso la stessa direzione, devono essere posizionati nei punti piu' opportuni dell'intersezione;

i) i segnali di direzione componenti i gruppi segnaletici sulle strade extraurbane devono essere a punta di freccia, mentre sulle strade urbane devono essere rettangolari con freccia incorporata, compresi quelli a fondo blu o verde.

9. L'onere dell'installazione del telaio di supporto e' a carico dell'ente proprietario o concessionario della strada sulla quale e' posto il gruppo. Anche i singoli segnali di direzione che indicano punti urbani di pubblico interesse, nonche' le localita' da raggiungere per viabilita' ordinaria, devono essere posti a cura del predetto ente. Costituiscono eccezione a tale regola le installazioni di singoli cartelli con specifiche indicazioni, che possono essere forniti dagli enti interessati e posti in opera a loro cura, previa autorizzazione dell'ente proprietario o concessionario della strada.

Art. 129 (Art. 39 Cod. Str.)
(Segnali di identificazione strade e progressive distanziometriche)
1. I simboli di identificazione delle strade sono composti da lettere e cifre in combinazione, le cui caratteristiche sono:
    a) per itinerari internazionali a fondo verde (fig. II.256);
    b) per autostrade e trafori a fondo verde (fig. II.257);
    c) per strade statali a fondo blu (fig. II.258);
    d) per strade provinciali a fondo blu (fig. II.259);
    e) per strade comunali extraurbane a fondo bianco (fig. II.260).
2. I segnali di progressiva distanziometrica riportano le distanze espresse in chilometri o eventualmente in ettometri e chilometri (figg. da II.261 a II.268). Sulle strade gia' aperte al traffico e' consentito mantenere in opera segnali distanziometrici lapidei.
3. I simboli di cui al comma 1 possono essere posti su segnali di preavviso, di preselezione, di direzione, di conferma, oppure possono costituire segnali a se stanti.
4. L'altezza delle lettere e delle cifre dei simboli di cui al comma 1 non deve essere inferiore a 8 cm sui segnali di direzione e, negli altri casi, di dimensioni adeguate e proporzionate a quelle del segnale ed alla distanza di leggibilita' necessaria.
5. I segnali di identificazione strade combinati con freccia possono essere usati in funzione di segnali di direzione (figg. II.269, II.270 e a II.271).
6. Con circolare del Ministro dei lavori pubblici, da pubblicare nella Gazzetta Ufficiale della Repubblica, sono stabiliti i numeri da attribuire alle autostrade ed ai trafori.

Art. 130 (Art. 39 Cod. Str.)
(Segnale di itinerario)
1. Sulle autostrade e sulle strade extraurbane principali si puo' fare uso del SEGNALE DI ITINERARIO (fig. II.272).
2. Esso va posto prima di ogni uscita per segnalare le localita' secondarie o lontane e i punti di interesse pubblico, turistico o geografico raggiungibili attraverso la viabilita' ordinaria dall'uscita stessa.
3. Questo segnale non deve contenere piu' di cinque righe di iscrizioni. Le iscrizioni relative a localita' urbane, turistiche o geografiche devono essere inserite all'interno di inserti aventi il colore specifico a norma dell'articolo 78.

Art. 131 (Art. 39 Cod. Str.)
(Segnali di localita' e di localizzazione)
1. I segnali che localizzano il territorio ai fini della circolazione stradale sono del tipo:
    a) segnali di localita' e fine localita';
    b) localizzazione di punti di pubblico interesse.
2. I segnali di localita' si suddividono in:
    a) obbligatori, che sono disposti all'inizio del centro abitato e devono essere a fondo bianco con cornice e lettere nere;
    b) facoltativi, che possono essere disposti all'inizio e alla fine del territorio regionale o provinciale.
3. Il segnale di inizio centro abitato di cui ((al comma 1, lettera a)) ha di massima le seguenti dimensioni:

a) per la installazione laterale: altezza 70/120 cm e lunghezza variabile in rapporto al nome della localita';

b) per le installazioni al di sopra della carreggiata: altezza 90/160 cm e lunghezza variabile in rapporto al nome della localita' con un massimo di 350 cm.

4. Il segnale di INIZIO CENTRO ABITATO (fig. II.273) ha valore anche per segnalare per i centri abitati il limite di velocita' e il divieto dei segnali acustici, di cui rispettivamente agli articoli 142, comma 1, e 156, comma 3, del codice. Pertanto non e' necessario aggiungere i due segnali di prescrizione di LIMITE DI VELOCITA' e di DIVIETO DI SEGNALAZIONI ACUSTICHE. ((Eventuali altre prescrizioni valide per l'intero centro abitato possono essere rese note con il corrispondente segnale installato in abbinamento a quello di INIZIO CENTRO ABITATO.))

5. Nei segnali di cui al comma 4 i nomi di localita' devono essere riportati per intero e senza abbreviazioni. Quando la localita' ha nome composto, l'iscrizione puo' essere riportata su due righe. Questi segnali devono essere posti all'inizio dell'abitato lungo tutte le strade dirette alla localita' segnalata. Qualora si tratti di frazione di un Comune, il nome di quest'ultimo puo' figurare, tra parentesi ed in carattere ridotto, al di sotto del nome della localita' segnalata.

6. Il segnale FINE CENTRO ABITATO (fig. II.274) e' costituito dalla combinazione di un segnale di localita' sbarrato obliquamente in rosso e da un segnale di conferma recante i nomi di due o tre localita' successive, integrati dalle rispettive distanze in chilometri. Le caratteristiche della combinazione sono le seguenti:

a) dimensioni suggerite 120 x 160 cm;

b) colori: parte superiore con fondo bianco, cornice e iscrizioni nere, barra obliqua rossa (dall'alto a destra in basso a sinistra); nella parte inferiore, con fondo blu e iscrizioni in bianco, le distanze espresse in chilometri delle localita' seguenti;

c) prima riga in alto il prossimo centro abitato;

d) nella riga o righe sottostanti il centro abitato o i centri abitati successivi importanti, come il capoluogo della provincia. ((Nel caso in cui non sia necessario indicare le localita' successive, specie se facenti parte dello stesso territorio comunale, il segnale e' impiegato da solo.))

7. I segnali INIZIO E FINE REGIONE (fig. II.275) e INIZIO E FINE PROVINCIA (fig.II.276) sono a fondo verde o blu, in relazione al tipo di strada sulla quale sono installati, con cornici ed iscrizioni bianche. Il nome della regione o provincia in cui si entra e' posto superiormente, quello della regione o provincia da cui si esce, posto inferiormente, e' barrato con una fascia obliqua rossa, come nel segnale di fine centro abitato. Le dimensioni suggerite del segnale sono di 90 x 200 cm.

8. Non e' consentito aggiungere al nome della localita' altre iscrizioni, ne' porre sotto il segnale altre scritte sia pure con pannello aggiuntivo. I segnali non conformi devono essere riportati nella norma a cura di chi li ha posti in opera. L'ente proprietario o concessionario della strada deve imporre il ripristino a chi e' tenuto e, in caso di inadempienza entro sessanta giorni, puo' provvedervi d'ufficio con l'addebito delle relative spese. All'uopo comunichera', con raccomandata con ricevuta di ritorno, al soggetto tenuto, la nota delle spese, con diffida a versarle entro venti giorni dal ricevimento della nota. Se nel termine fissato il versamento non e' effettuato, l'ente proprietario si rivolge al Prefetto che, entro trenta giorni emette ordinanza ingiuntiva di pagamento, che costituisce titolo esecutivo ai sensi di legge.

9. I segnali di localizzazione dei luoghi o zone di pubblico interesse, non altrimenti individuabili, possono essere installati in corrispondenza dei posti di pronto soccorso, stazioni, posti di polizia o carabinieri, informazioni, ospedale, comune, ((polizia municipale, ecc.)).

10. I segnali di cui al comma 9 sono posti perpendicolarmente

all'asse stradale, all'altezza del punto segnalato e sono costituiti dal simbolo e da una freccia orizzontale rivolta verso l'ingresso. I simboli sono fissati nelle figure da II.100 a II.231. Le dimensioni sono le stesse di quelle dei segnali che indicano servizi di impianti utili (tab. II.8). Il colore del fondo e' bianco, con cornice e freccia nera (figure da II.277 a II.284).

Art. 132 (Art. 39 Cod. Str.)
(Segnali di conferma)

1. I segnali di conferma possono essere posti sulle strade di uscita dalle principali localita' o dopo attraversamenti di intersezioni complesse.

2. Questi segnali sono posti lungo l'itinerario nelle posizioni piu' idonee ad evitare errori di percorso in caso di distrazione o scarsa visibilita'.

3. Sulle autostrade e sulle strade extraurbane principali, il segnale di conferma e' posto a circa 500 m dopo la fine delle corsie di accelerazione.

4. Sul segnale di conferma (fig. II.285) possono iscriversi piu' nomi di localita', seguiti dalle rispettive distanze chilometriche, nell'ordine con il quale esse vengono raggiunte lungo l'itinerario e con caratteri di diverse dimensioni a seconda l'importanza di esse.

5. Sulla viabilita' urbana la funzione di conferma puo' essere assolta da segnali di direzione con freccia verticale verso l'alto.

6. Il segnale di conferma puo' coincidere con il segnale di identificazione della strada, combinato con freccia verticale (fig. II.286). In tal caso e' opportuno che detti segnali compaiano anche sul preavviso di intersezione, sul segnale di preselezione e su quello di direzione.

7. I simboli di cui all'articolo 125, comma 2, abbinati a frecce verticali, possono costituire segnali di conferma (figg. II.287, II.288, II.289); abbinati a frecce orizzontali possono costituire segnali di direzione.

Art. 133 (Art. 39 Cod. Str.)
(Segnale nome-strada)

1. Il segnale NOME-STRADA indica il nome di strade, vie, piazze, viali e di qualsiasi altra tipologia viaria e deve essere collocato nei centri abitati su entrambi i lati di tutte le strade in corrispondenza delle intersezioni.

2. Nelle zone centrali della citta' il segnale nome-strada puo' essere sostituito dalle targhe toponomastiche di tipo tradizionale.

3. I segnali nome-strada hanno le dimensioni e le caratteristiche di cui alla tabella II.15 e cornice di colore blu.

4. Il segnale nome-strada puo' essere applicato:

a) al di sopra delle lanterne semaforiche, con lo sbalzo tutto sopra il marciapiede, e comunque rivolto dalla parte esterna alla carreggiata. L'altezza del bordo inferiore del segnale deve essere compresa tra 3,00 e 3,50 m circa dal piano stradale (fig. II.290);

b) nelle piazze, viali alberati, ecc. su supporti posti presso il bordo del marciapiede. Ogni supporto puo' comprendere i segnali delle due strade in angolo, disposti secondo l'angolo formato dalle due strade, e sfalsati in altezza (fig. II.291);

c) ove esistano pali o sostegni della pubblica illuminazione o di altro tipo, il segnale puo' essere applicato ad essi;

d) in altri casi, ove le circostanze lo consiglino, con attacchi a muro;

e) nei casi b), c) e d) l'altezza dei segnali e' compresa tra 2,50 e 3,00 m, salvo casi di impossibilita' materiale.

5. Nelle strade a senso unico il segnale SENSO UNICO PARALLELO deve essere applicato congiuntamente al segnale NOME-STRADA, sullo stesso supporto e al di sotto di quello; i due segnali devono avere uguali dimensioni.

6. Il segnale NOME-STRADA puo' contenere l'indicazione dei numeri civici relativi al tratto di strada (fig. II.292).

7. Il segnale di numero civico puo' essere utilizzato per indicare il numero delle civili abitazioni, singole o condominiali, secondo le norme dei regolamenti comunali in materia. Inoltre e' consentito applicare, ogni decina di numeri circa, un numero civico perpendicolare all'asse stradale, fissato sui pali della pubblica illuminazione o su altri supporti, in maniera che esso appaia frontalmente alle correnti del traffico (fig. II.293).

8. Il segnale NOME-STRADA non deve essere abbinato ad installazioni pubblicitarie.

Art. 134 (Art. 39 Cod. Str.)
(Segnali turistici e di territorio)

1. Le indicazioni di questa categoria possono essere inserite nei segnali di cui agli articoli 127, 128, 130 e 131 e si suddividono nelle seguenti tipologie espresse in maniera sintetica, rinviando per il dettaglio all'articolo 78, comma 2:
   a) turistiche;
   b) industriali, artigianali, commerciali;
   c) alberghiere;
   d) territoriali;
   e) di luoghi di pubblico interesse.
I simboli relativi a queste indicazioni sono rappresentati fra quelli di cui alle figure da II.100 a II.231.

2. I segnali con le indicazioni di cui al comma 1 possono essere posti in posizione autonoma e singola, come segnali di direzione isolati, o come segnali di localizzazione, ma in tal caso non devono interferire con l'avvistamento e la visibilita' dei segnali di pericolo, di prescrizione e di indicazione di cui al presente regolamento. Se impiegati devono essere installati unicamente sulle strade che conducono direttamente al luogo segnalato, e salvo casi di impossibilita', a non oltre 10 km di distanza dal luogo.

3. L'onere per la fornitura, per l'installazione e la manutenzione dei segnali di cui al comma 1 e' a carico del soggetto interessato all'installazione; qualora trattasi di soggetto diverso dall'ente proprietario della strada, dovra' essere ottenuta la preventiva autorizzazione di quest'ultimo, che fissera' i criteri tecnici per l'installazione.

4. I segnali di indicazione turistica e territoriale sono a fondo marrone con cornici ed iscrizioni di colore bianco. Simboli, iscrizioni e composizione grafica sono esemplificati dalle figure II.294 e II.295. ((L'inizio del territorio comunale o di localita' entro il territorio comunale di particolare interesse puo' essere indicato con segnali rettangolari a fondo marrone di dimensioni ridotte.))

5. I segnali con le indicazioni di cui al comma 1, lettera b) possono essere installati, a giudizio dell'ente proprietario della strada, qualora per la configurazione dei luoghi e della rete stradale si reputi utile l'impianto di un sistema segnaletico informativo di avvio ((alle zone di attivita')), purche' non compromettano la sicurezza della circolazione e la efficacia della restante segnaletica e siano installati in posizione autonoma. ((Ove non esista una zona di attivita' concentrate, l'uso di segnali di avvio ad una singola azienda e' consentito sulle strade extraurbane se l'azienda stessa e' destinazione od origine di un consistente traffico veicolare, sempre nel rispetto delle prescrizioni di cui ai commi 2 e 3.))

6. Nessuna indicazione ((di attivita' singola)) puo' essere inserita sui preavvisi di intersezione, sui segnali di preselezione, sui segnali di direzione, su quelli di conferma. Puo' essere invece installato nelle intersezioni e combinato, ove necessario col "gruppo segnaletico unitario" ivi esistente, il segnale di direzione con l'indicazione di (("zona industriale, zona artigianale, zona commerciale")) (fig. II.296) che, col relativo simbolo, puo' essere inserito nei preavvisi di intersezione o nei segnali di preselezione.

7. Nei centri abitati, ove la zona o le zone industriali ((,

artigianali o commerciali)) sono ben localizzate, si deve fare uso di segnali indicanti collettivamente la zona ; tutte le attivita' e gli insediamenti particolari saranno indicati successivamente sulle intersezioni locali a valle degli itinerari principali di avvio alla (("zona industriale" o "zona artigianale" o "zona commerciale")) in genere (fig. II.297).

8. Le parole ed i simboli indicanti il logotipo delle ditte possono essere riprodotti con la grafica propria, al fine di renderne visivamente piu' agevole la percezione.

9. I segnali di indicazione alberghiera devono far parte di un sistema unitario ed autonomo di segnalamento di indicazione qualora, a giudizio dell'ente proprietario della strada, sia utile segnalare l'avvio ai vari alberghi. L'installazione di tale sistema segnaletico e' subordinata alla autorizzazione dell'ente proprietario della strada che stabilira' le modalita' per la posa in opera.

10. La segnaletica di indicazione alberghiera comprende:
a) un segnale con funzione di preavviso di un punto o di un ufficio di informazioni turistico-alberghiere o del segnale di informazione di cui ((alla lettera b))) seguente (fig. II.298);
b) un segnale di informazione generale sul numero, categoria ed eventuale denominazione degli alberghi (fig. II.299);
c) una serie di segnali specializzati di preavviso e direzione, posti in sequenza in posizioni autonome e non interferenti con la normale segnaletica di indicazione, per indirizzare l'utente sull'itinerario di destinazione (figura II.300 e II.301).

11. I segnali di indicazione alberghiera sono a fondo bianco con cornici, simboli, iscrizioni e composizione grafica come esemplificati dalle figure.

Art. 135 (Art. 39 Cod. Str.)
(Segnali utili per la guida)

1. I segnali utili per la guida devono essere collocati in prossimita' del luogo indicato (segnali di localizzazione). Tali segnali possono essere preceduti da un segnale di tipo composito (segnale di preavviso), che riporta anche una freccia indicante la direzione da seguire, ed eventualmente possono essere abbinati ad un pannello integrativo modello II.1, indicante la distanza in metri tra il segnale e il luogo indicato. I segnali di questa categoria devono avere le dimensioni di cui alle tabelle II.6 e II.7, salvo diversa indicazione. Per le autostrade devono essere adottate dimensioni di 120 x 120 cm per il tipo quadrato, con proporzionale aumento delle altre grandezze, e colore di fondo verde, salvo le specifiche eccezioni. Se utilizzati come inserti, le loro dimensioni devono essere adeguate a quelle del segnale in cui sono inscritti ed alla relativa composizione grafica.

2. Il segnale OSPEDALE (fig. II.302) deve essere usato per indicare la vicinanza di ospedali, case di cura, cliniche, istituti di ricovero per ammalati; esso ha, fra l'altro, lo scopo di invitare gli utenti della strada ad adottare le precauzioni dovute ed in particolare ad evitare i rumori. Il nome dell'ospedale o delle altre case indicate puo' essere riportato su pannello integrativo modello II.6; qualora l'ospedale comprenda un pronto soccorso, il segnale deve essere abbinato con quello di PRONTO SOCCORSO (figura II.353).

3. Il segnale ATTRAVERSAMENTO PEDONALE (fig. II.303) localizza un attraversamento pedonale non regolato da impianto semaforico e non in corrispondenza di intersezioni. Nel caso di segnale a luce propria, ne e' consigliata la combinazione con apposite sorgenti di luce, per l'illuminazione concentrata sui segni orizzontali zebrati. E' sempre a doppia faccia, anche se la strada e' a senso unico, e va posto ai due lati della carreggiata, in corrispondenza dell'attraversamento, sulla eventuale isola spartitraffico salvagente intermedia, oppure al di sopra della carreggiata. Sulle strade extraurbane e su quelle urbane di scorrimento deve essere preceduto dal segnale di pericolo di cui alla figura II.13 con funzione di preavviso.

4. Il segnale SCUOLABUS (fig. II.304) posto sul bordo del

marciapiede indica la fermata dello scuolabus. L'installazione e' sempre a doppia faccia ed ortogonale all'asse stradale. Se posto all'esterno di un autobus segnala che esso e' adibito al trasporto di bambini da e per la scuola.

5. Il segnale SOS (fig. II.305) localizza un dispositivo di chiamata di soccorso o di assistenza. E' installato a doppia faccia ortogonale all'asse stradale.

6. I segnali SOTTOPASSAGGIO PEDONALE (fig. II.306) e SOVRAPPASSAGGIO PEDONALE (fig. II.307) localizzano un sottopassaggio o un sovrappassaggio per l'attraversamento stradale. Sono installati a doppia faccia all'inizio della rampa. Ove necessario, possono essere montati anche a tre elementi con facce angolate tra loro di 60Œ. Stessa utilizzazione ha il segnale RAMPA PEDONALE INCLINATA (fig. II.308).

7. Il segnale STRADA SENZA USCITA (fig. II.309), posto all'inizio di una strada, indica che la stessa e' senza uscita per i veicoli. Il segnale ha simbolo fisso e topografia invariabile. Per segnalare l'intersezione di una strada con un'altra senza uscita si usa il segnale PREAVVISO DI STRADA SENZA USCITA (fig. II.310 e II.311). Le diverse figure rappresentano lo schema grafico piu' significativo della configurazione dei luoghi. Il simbolo costituito dalla sola barra rossa puo' essere applicato ed integrato anche nei preavvisi di intersezione o di preselezione, extraurbani (a fondo blu) ed urbani (a fondo bianco) per preavvisare un ramo a fondo cieco dell'intersezione.

8. Il segnale VELOCITA' CONSIGLIATA (fig. II.312) indica la velocita' che si consiglia di non superare in condizioni ottimali di traffico e di tempo meteorologico. Puo' essere installato su strade extraurbane ed autostrade, in corrispondenza, ad esempio di curve pericolose o di tratti soggetti a forti venti, con eventuale pannello integrativo modello II.2. Al termine del tratto segnalato deve essere installato il segnale di FINE VELOCITA' CONSIGLIATA (figura II.313).

9. Il segnale STRADA RISERVATA AI VEICOLI A MOTORE (fig. II.314) indica l'inizio di una strada, diversa dall'autostrada, riservata alla circolazione dei veicoli a motore. Il segnale deve essere posto a tutti gli ingressi di tale strada e sostituisce i segnali di divieto riferiti ai veicoli senza motore. E' da utilizzare sulle strade nelle quali si devono osservare le stesse norme che regolano la circolazione sulle autostrade. Il pannello integrativo modello II.1 puo' essere aggiunto per indicare la distanza, tra cartello ed inizio della strada, all'altezza dell'ultima intersezione utile. Ha dimensioni minime 90 x 90 cm. Ad ogni uscita deve essere installato il segnale FINE STRADA RISERVATA AI VEICOLI A MOTORE (fig. II.315).

10. Il segnale GALLERIA (fig. II.316) indica l'inizio di una galleria naturale o artificiale; l'eventuale denominazione e la lunghezza possono essere indicati mediante pannelli integrativi rispettivamente modello II.6 e modello II.2. Il segnale ricorda le norme di comportamento da osservare nelle gallerie, e cioe':
   a) accendere le luci anabbaglianti;
   b) divieto di fermata e di sosta;
   c) divieto di compiere inversioni di marcia;
   d) spegnere il motore in caso di arresto per motivi di traffico.
   Il segnale e' installato prima dell'imbocco della galleria.

11. Il segnale PONTE (fig. II.317) indica l'inizio di un ponte, viadotto, cavalcavia, sovrappasso e similari; puo' essere integrato da pannelli modello II.6 e modello II.2 indicanti il nome del ponte o del corso d'acqua attraversato, e la lunghezza dell'opera d'arte espressa in metri. E' installato all'inizio del ponte.

12. Il segnale ZONA RESIDENZIALE (fig. II.318) indica l'inizio di una strada o zona a carattere abitativo e residenziale, nella quale vigono particolari cautele di comportamento. Puo' essere installato all'inizio o agli inizi della strada o zona residenziale. All'uscita viene posto il segnale FINE ZONA RESIDENZIALE (fig. II.319). Particolari regole di circolazione vigenti sulla strada o nella zona devono essere rese note con pannello integrativo di formato quadrato

(tab. II.9).

13. Il segnale AREA PEDONALE (fig. II.320) indica l'inizio della zona interdetta alla circolazione dei veicoli; puo' contenere deroghe per i velocipedi, per i veicoli al servizio di persone invalide con limitate capacita' motorie od altre deroghe, limitazioni od eccezioni riportate su pannello integrativo. All'uscita viene posto il segnale FINE AREA PEDONALE (fig. II.321).

14. Il segnale ZONA A TRAFFICO LIMITATO (fig. II.322/a) indica l'inizio dell'area in cui l'accesso e la circolazione sono limitati nel tempo o a particolari categorie di veicoli. All'uscita viene posto il segnale FINE ZONA A TRAFFICO LIMITATO (fig. II.322/b). Con lo stesso segnale sono indicate le zone di particolare rilevanza urbanistica di cui all'articolo 7, comma 8, del codice. Il segnale ZONA A VELOCITA' LIMITATA (fig. II.323/a) indica l'inizio di un'area nella quale non e' consentito superare la velocita' indicata nel cartello. All'uscita viene posto il segnale FINE ZONA A VELOCITA' LIMITATA (fig. II.323/b).

15. Il segnale ATTRAVERSAMENTO CICLABILE (fig. II.324) localizza un attraversamento della carreggiata da parte di una pista ciclabile, contraddistinta da apposita segnaletica orizzontale. Sulle strade extraurbane e sulle strade urbane di scorrimento deve essere preceduto dal segnale triangolare di pericolo di cui alla figura II.14. Il segnale puo' essere impiegato in versione con illuminazione propria e in tal caso ne e' consigliata la combinazione con apposite sorgenti di luce, per l'illuminazione concentrata sulla segnaletica orizzontale. Puo' essere installato a doppia faccia, ai due lati della carreggiata ovvero al di sopra della stessa. E' sempre disposto in corrispondenza dell'attraversamento.

16. Il segnale SVOLTA A SINISTRA preavvisa la obbligatorieta' di manovre alternative per svoltare a sinistra quando, alla intersezione successiva, vige il divieto di svolta a sinistra, predisponendo il conducente ad eseguire una svolta di tipo semidiretto (fig. II.325) o una svolta di tipo indiretto (fig. II.326). La rifrangenza e' applicata al bianco e al grigio. Il simbolismo dei segnali e' fisso ed invariabile, qualunque sia la topografia dei luoghi. Il segnale INVERSIONE DI MARCIA (fig. II.327) e' da considerare variante di uso specifico del segnale di svolta a sinistra di tipo semidiretto ed e' impiegato per indicare la presenza di un manufatto sotto o sovrappassante una strada a carreggiate separate per consentire il ritorno nella direzione di provenienza.

17. Il segnale PIAZZOLA (figg. II.328 e II.329) indica l'esistenza di una piazzola a lato della carreggiata per effettuare una fermata. E' installato a circa 10 metri prima dell'inizio della piazzola. Il segnale SOS di cui al comma 5 non deve essere installato nel caso di impiego del segnale di figura II.329.

18. Il segnale TRANSITABILITA' (fig. II.330) presegnala lo stato temporaneo della transitabilita' su strade di montagna, gli eventuali limiti di percorribilita', raccomanda ((pneumatici invernali)) o catene da neve, o impone queste ultime. Il cartello va posto all'inizio e lungo gli itinerari in salita, in corrispondenza delle intersezioni stradali nonche' all'uscita di eventuali abitati intermedi. Si impiega quando sia necessario far conoscere in tempo utile condizioni stradali difficili o di totale intransitabilita'. Il segnale comprende tre pannelli mobili, per un totale di sei facce, cinque delle quali contenenti messaggi differenti che possono apparire da soli o congiuntamente, secondo gli aspetti, le combinazioni ed i significati seguenti:

Pannello	Aspetto e colore	Significato (*)
a	fondo verde e iscrizione aperto in bianco	via libera
	oppure:	
	fondo rosso e iscrizione chiuso in bianco	strada intransitabile
b	tutto bianco senza alcun simbolo	
	oppure:	
	segnale di figura II.87	catene da neve obbligatorie
	oppure:	
	simboli II.181 e II.182	si raccomandano ((pneumatici invernali)) o catene da neve
c	tutto bianco senza alcun simbolo	
	oppure:	
	nomi di localita' o progressive chilometriche	punto fin dove la strada e' percorribile

(*) Se il passo o il tratto terminale della strada e' chiuso, il pannello "a" mostra il rosso e reca l'iscrizione "chiuso" ripetuto nelle lingue indicate in figura. Se il passo e' aperto, il pannello "a" mostra il verde e reca l'iscrizione "aperto", ripetuto nelle stesse lingue. Se il passo e' aperto, il pannello bianco "c" non porta alcuna iscrizione ed il pannello bianco "b", secondo lo stato della percorribilita', non reca alcuna iscrizione oppure mostra il segnale della figura II.87 con altezza di 30 cm: CATENE DA NEVE OBBLIGATORIE, ovvero i simboli II.181 e II.182: ((PNEUMATICI INVERNALI)) O CATENE RACCOMANDATI (figg. II.331, II.332, II.333). Se il passo e' chiuso, il pannello bianco "c" puo' recare il nome della localita' e della progressiva chilometrica sino alla quale la strada e' aperta ed il pannello "b", secondo lo stato di percorribilita' fino alla localita' suddetta, mostra il segnale della figura II.87: CATENE DA NEVE OBBLIGATORIE ovvero i simboli II.181 e II.182: ((PNEUMATICI INVERNALI)) O CATENE RACCOMANDATI (figg. II.334, II.335, II.336). La rifrangenza e' applicata a tutti i colori. Dimensioni consigliate: cartello principale 200 x 135 cm; pannelli a, b e c 35 x 105 cm.

19. Il segnale USO CORSIE (figg. da II.337 a II.340) indica le modalita' per l'utilizzo delle singole corsie costituenti la carreggiata ovvero disponibili nel senso di marcia. Puo' essere utilizzato per indicare la corsia destinata ai veicoli che procedono a velocita' tale da costituire intralcio alla circolazione. Le dimensioni per le autostrade e altre strade aventi piu' corsie sono riportate nella figura II.337. I segnali di prescrizione inseriti nei cartelli hanno il diametro di cm 60 o 40.

20. Il segnale VARIAZIONE CORSIE DISPONIBILI deve essere usato per segnalare una variazione del numero delle corsie disponibili nel senso di marcia in riduzione (figg. II.341 e II.343) ed in aumento (figg. II.342 e II.344). Le dimensioni sono le stesse del segnale di cui al comma 19. Il segnale di preavviso, costituito da analogo segnale completo di pannello modello II.1, deve essere impiegato quando la corsia abbia lunghezza superiore a 500 m e compatibilmente con le condizioni e caratteristiche della strada.

21. Il segnale AUTOSTRADA (fig. II.345) indica l'inizio di un'autostrada; le sue dimensioni sono di 300 x 170 cm, in formato

ridotto (simbolo II.161), identifica, su segnali di preavviso, di preselezione, di direzione e di conferma, l'itinerario verso sistemi autostradali, tangenziali od anulari. In funzione di preavviso, posto all'inizio del tronco di raccordo tra viabilita' ordinaria ed autostrada, vale a ricordare le norme di circolazione vigenti in autostrada (fig. II.347); le sue dimensioni minime sono di 300 x 120 cm la parte sinistra e 300 x 180 cm la parte destra.

22. Il segnale FINE AUTOSTRADA (fig. II.346) e' identico al segnale AUTOSTRADA, ma con una barra diagonale rossa. In funzione di preavviso e' corredato da un pannello modello II.1 e le sue dimensioni sono uguali a quelle del segnale autostrada.

23. I segnali INIZIO STRADA EXTRAURBANA PRINCIPALE e FINE STRADA EXTRAURBANA PRINCIPALE sono uguali a quelli di cui ai commi 21 e 22 ma con colore di fondo blu (figg. II.345, II.346, II.347).

24. Il segnale SENSO UNICO PARALLELO (fig. II.348) deve essere usato nelle intersezioni per indicare che sulla strada intersecata la circolazione e' regolata a senso unico, precisandone nel contempo il senso. E' installato parallelamente all'asse stradale ed e' opportuno che sia combinato con il segnale NOME-STRADA assumendone identiche dimensioni. Se l'intersezione e' semaforizzata i due segnali possono essere applicati al palo sopra la lanterna semaforica. Se il segnale del SENSO UNICO e' impiegato da solo ha dimensioni normali di 25 x 100 cm.

25. Il segnale SENSO UNICO FRONTALE (fig. II.349) e' installato normalmente all'asse della carreggiata e puo' integrare l'indicazione del segnale di cui al comma 24. Il segnale indica che la strada e' a senso unico e che quindi i conducenti possono utilizzarne l'intera larghezza. Viene installato a destra e a sinistra, all'inizio del senso unico, con eventuali ripetizioni a sinistra. Le dimensioni sono quelle di tabella II.6. I segnali SENSO UNICO PARALLELO e SENSO UNICO FRONTALE devono essere installati dopo aver posto in opera il segnale di SENSO VIETATO dal lato interdetto all'entrata.

26. Il segnale PREAVVISO DI DEVIAZIONE CONSIGLIATA AUTOCARRI IN TRANSITO (fig. II.350) deve essere usato per presegnalare l'itinerario consigliato ai veicoli di massa superiore a 3.5 t per evitare che attraversino un centro abitato o parte di esso. Nel punto della deviazione deve essere usato il segnale DIREZIONE AUTOCARRI CONSIGLIATA (fig. II.351).

27. Il segnale LIMITI DI VELOCITA' GENERALI (fig. II.352) deve essere usato particolarmente in prossimita' delle frontiere nazionali per indicare i limiti di velocita' generali in vigore in Italia. Il nome, il contrassegno e la bandiera italiana sono posti nella parte alta del cartello. Il segnale indica i limiti di velocita' generali in vigore nel seguente ordine dall'alto verso il basso:

a) nel primo riquadro il limite massimo di velocita' nei centri abitati;

b) nel secondo, il limite massimo di velocita' fuori dei centri abitati;

c) nel terzo, il limite massimo di velocita' sulle strade extraurbane principali;

d) nel quarto, il limite massimo di velocita' sulle autostrade.

Il bordo del cartello e la parte superiore sono a fondo blu o verde a seconda della viabilita' su cui il segnale e' installato, i riquadri sono a fondo bianco, i simboli dei primi due riquadri sono neri e il secondo e' barrato da una linea rossa obliqua.

Art. 136 (Art. 39 Cod. Str.)
(Segnali che forniscono indicazioni di servizi utili)

1. I segnali che forniscono indicazioni di servizi utili devono essere collocati in prossimita' del servizio segnalato, salvo che il cartello sia integrato da una freccia indicante la direzione da seguire; possono essere abbinati ad un pannello integrativo modello II.1 indicante la distanza in metri tra il segnale ed il servizio indicato. L'eventuale denominazione puo' essere riportata nello spazio sottostante il simbolo. I simboli relativi ai segnali di cui

al presente articolo possono essere utilizzati, in formato
opportunamente ridotto, entro i segnali di preavviso, di
preselezione, di direzione e di conferma. Le dimensioni sono
riportate nella tabella II.8, salvo diversa indicazione; per le
autostrade devono essere adottate dimensioni di 150 x 225 cm con
proporzionale aumento delle altre grandezze. Se il servizio e'
fornito nell'ambito autostradale, i segnali sono a fondo verde.

2. Il segnale di PRONTO SOCCORSO (fig. II.353) indica un posto
sanitario organizzato per interventi di primo soccorso. Gli itinerari
adducenti devono essere segnalati mediante analoghi cartelli di
avvio, posti nelle intersezioni piu' importanti della viabilita'
principale.

3. Il segnale ASSISTENZA MECCANICA (fig. II.354) indica una
officina meccanica o similari lungo la viabilita' extraurbana.

4. Il segnale TELEFONO (fig. II.355) indica un punto o posto
telefonico pubblico lungo la viabilita' extraurbana.

5. Il segnale RIFORNIMENTO (figg. II.356 e II.357) indica un
impianto di distribuzione di carburante lungo la viabilita'
extraurbana.

6. Il segnale FERMATA AUTOBUS (fig. II.358) indica i punti di
fermata degli autoservizi di pubblico trasporto extraurbani. Lo
spazio blu sottostante al quadrato bianco col simbolo nero puo'
essere utilizzato per l'indicazione dei servizi in transito, loro
destinazioni ed eventuali orari. Se tale spazio non e' sufficiente,
il segnale e' integrato con un pannello modello II.6 avente le
dimensioni della tabella II.9. Il segnale puo' essere usato anche
lungo le strade ((entro il centro abitato)).

7. Il segnale FERMATA TRAM (fig. II.359) indica i punti di fermata
di una linea tranviaria. Si applicano le disposizioni del comma 6.

8. Il segnale INFORMAZIONI (fig. II.360) indica un posto di
informazioni turistiche o di altra natura.

9. Il segnale OSTELLO PER LA GIOVENTU' (fig. II.361) indica un
ostello o albergo per la gioventu'.

10. Il segnale AREA PER PICNIC (fig. II.362) indica uno spazio
attrezzato con tavoli, panche ed altri eventuali arredi, ove l'utente
della strada possa fermarsi e sostare.

11. Il segnale CAMPEGGIO (fig. II.363) indica la vicinanza di una
struttura ricettiva attrezzata ed autorizzata per l'attendamento di
campeggiatori e la sosta di caravan e auto-caravan. E' usato sulla
viabilita' extraurbana e su quella urbana periferica. ((PERIODO
SOPPRESSO DAL D.P.R. 16 SETTEMBRE 1996, N. 610)).

12. Il segnale RADIO INFORMAZIONI STRADALI (fig. II.364) indica
agli utenti la frequenza d'onda sulla quale possono ricevere le
notizie utili per la circolazione stradale. Sulle autostrade i
segnali vanno posti 500 metri circa dopo la fine della corsia di
accelerazione delle entrate. Sulla viabilita' normale sono posti 1 km
circa dopo la fine dei centri abitati. La fornitura e la posa in opera sono a carico dell'ente proprietario, gestore o concessionario
della strada.

13. Il segnale MOTEL (fig. II.365) indica la vicinanza di un
albergo prossimo alla strada, fuori dei centri abitati e deve essere
usato solo sulle strade extraurbane. Sulle autostrade il simbolo puo'
essere inserito nei preavvisi di area di servizio.

14. I segnali BAR (fig. II.366) e RISTORANTE (fig. II.367) indicano
rispettivamente la vicinanza di un esercizio di bar o di ristorante
sulle strade extraurbane. Sulle autostrade il simbolo puo' essere
inserito nei preavvisi di area di servizio. Questi segnali sono
vietati nei centri abitati.

15. I segnali PARCHEGGIO DI SCAMBIO con autobus, ovvero tram,
ovvero metropolitana ed altri servizi di trasporto od itinerari
pedonali (figg. da II.368 a II.371), indicano od avviano verso un
parcheggio di scambio ubicato e predisposto vicino ad una fermata o
un capolinea dei mezzi di trasporto o di itinerari pedonali. Nella
zona a destra in basso del segnale possono essere inserite le
indicazioni essenziali relative alle destinazioni od ai numeri

distintivi delle linee di pubblico trasporto disponibili. Le dimensioni sono riportate nella tabella II.7. Puo' essere aggiunto un pannello integrativo ((modello II.6)) con la eventuale denominazione della fermata.

16. Il segnale AUTO SU TRENO E AUTO AL SEGUITO (figg. II.372 e II.373), posto nelle vicinanze di una stazione ferroviaria, avvia gli automobilisti al servizio di trasporto autovetture al seguito del viaggiatore. E' installato a cura e spese dell'ente ferroviario previo accordo con l'ente proprietario della strada.

17. Il segnale AUTO SU NAVE (fig. II.374) posto in vicinanza di un porto, all'ingresso di un centro abitato, lungo il percorso verso il porto, avvia ai moli o punti di imbarco autoveicoli su navi traghetto. E' installato lungo determinati itinerari, od anche entro l'area portuale per smistare i veicoli verso singoli punti di imbarco in rapporto alle destinazioni delle navi. I segnali posti entro la zona portuale devono contenere l'indicazione della destinazione, ove esistono diversi attracchi. Tale indicazione deve essere espressa col nome dell'isola, della nazione o della citta' di sbarco, in lingua italiana e nella lingua del paese di destinazione. Si puo' anche fare uso della sigla automobilistica della nazione di destinazione, in lettere nere entro un ovale bianco. E' vietato l'uso di questo segnale per indicare agenzie di viaggio. Puo' essere aggiunto pannello integrativo modello II. 6 ove si ritengano utili ulteriori informazioni, come la compagnia di navigazione, il molo o il punto di imbarco.

18. Il segnale TAXI (fig. II.375) indica l'ubicazione di un'area di sosta riservata alle autovetture in servizio pubblico. L'area e' delimitata da strisce gialle, integrata da iscrizioni orizzontali "TAXI". Le dimensioni normali sono di 40 x 6p0 cm, quelle grandi 60 x 90 cm.

19. Per indicare le AREE DI SERVIZIO sulla viabilita' extraurbana e su quella autostradale e' impiegato un segnale composto (fig. II.376) ove sono riportati i simboli dei servizi esistenti utilizzando i simboli appropriati previsti nei commi precedenti. All'interno delle aree possono essere usati segnali con il solo simbolo del servizio per indicarne la localizzazione, ovvero i percorsi da seguire per raggiungerli.

20. Il segnale AREA ATTREZZATA CON IMPIANTI DI SCARICO (fig. II.377) indica un'area attrezzata riservata alla sosta e al parcheggio delle auto-caravan dotata di impianti igienico-sanitari, atti ad accogliere i residui organici e le acque chiare e luride, raccolti negli appositi impianti interni delle auto-caravan e degli altri autoveicoli circolanti su strada dotati di analoghi impianti.

21. Il segnale POLIZIA (figg. da II.378 a II.381) indica la sede piu' vicina di un posto o ufficio di un organo di polizia. Sul segnale devono essere indicate la localita', la via ed il numero di telefono. E' installato lungo la viabilita' extraurbana in prossimita' degli accessi ai centri abitati. Il segnale e' a fondo bianco con scritte in nero ed ha dimensioni di ((60 x 90)) cm. ((E' installato a cura e spese del comune in cui ha sede il posto o organo di polizia.))

• 4. LA SEGNALETICA ORIZZONTALE
(Art. 40 Codice della Strada)

Art. 137 (Art. 40 Cod. Str.)
(Disposizioni generali sui segnali orizzontali)

1. Tutti i segnali orizzontali devono essere realizzati con materiali tali da renderli visibili sia di giorno che di notte anche in presenza di pioggia o con fondo stradale bagnato; nei casi di elevata frequenza di condizioni atmosferiche avverse possono essere utilizzati materiali particolari.

2. I segnali orizzontali sono usati da soli, con autonomo valore prescrittivo quando non siano previsti altri specifici segnali,

ovvero per integrare altri segnali.

3. I segnali orizzontali devono essere realizzati con materiali antisdrucciolevoli e non devono sporgere piu' di 3 mm dal piano della pavimentazione. ((In caso di strisce longitudinali continue realizzate con materie plastiche, a partire da spessori di strato di 1,5 mm, il deflusso dell'acqua deve essere garantito mediante interruzioni delle stesse.))

4. Le caratteristiche fotometriche, colorimetriche, di ((antiscivolosita')) e di durata dei materiali da usare per i segnali orizzontali, nonche' i metodi di misura di dette caratteristiche, sono stabiliti da apposito disciplinare tecnico approvato con decreto del Ministro dei lavori pubblici, da pubblicare sulla Gazzetta Ufficiale della Repubblica.

5. I colori dei segnali orizzontali sono i seguenti:
  a) bianco,
  b) giallo,
  c) azzurro,
  d) giallo alternato con il nero.

Il loro impiego e' specificato per ogni categoria di segnali negli articoli seguenti; possono essere adottati i colori della segnaletica verticale quando i relativi segnali vengono ripetuti sulla pavimentazione.

6. Nessun altro segnale e' consentito sulle carreggiate stradali all'infuori di quelli previsti dalle presenti norme; per indicazioni connesse a manifestazioni su strada o competizioni sportive, i segnali dovranno essere realizzati con materiale asportabile e rimossi prima del ripristino della normale circolazione.

7. I segnali orizzontali devono essere mantenuti sempre efficienti: in caso di rifacimento della pavimentazione stradale, devono essere ripristinati nei tempi tecnici strettamente necessari. La mancanza dei segnali orizzontali, in caso di riapertura al traffico deve essere opportunamente segnalata con il prescritto segnale verticale.

8. I segnali orizzontali, quando non siano piu' rispondenti allo scopo per il quale sono stati eseguiti, devono essere rimossi o sverniciati, con idonee tecniche esecutive tali da evitare, anche con il trascorrere del tempo, confusione con i nuovi segnali. ((Le superfici dalle quali e' stata rimossa la segnaletica non devono scostarsi sostanzialmente, per quanto riguarda la loro rugosita', tonalita' cromatica e caratteristiche di riflessione, dalla superficie stradale circostante. Il deflusso dell'acqua superficiale non deve essere ulteriormente ostacolato.))

Art. 138 (art. 40 Cod. Str.)
(Strisce longitudinali)

1. Le strisce longitudinali servono per separare i sensi di marcia o le corsie di marcia, per delimitare la carreggiata ovvero per incanalare i veicoli verso determinate direzioni; la larghezza minima della strisce longitudinali, escluse quelle di margine, e' di 15 cm per le autostrade e per le strade extraurbane principali, di 12 cm ((per le strade extraurbane secondarie, urbane di scorrimento ed urbane di quartiere e 10 cm per le strade locali)).

2. Le strisce longitudinali si suddividono in:
  a) strisce di separazione dei sensi di marcia;
  b) strisce di corsia;
  c) strisce di margine della carreggiata;
  d) strisce di raccordo;
  e) strisce di guida sulle intersezioni.

3. Le strisce longitudinali possono essere continue o discontinue (fig. II.415); le lunghezze dei tratti e degli intervalli delle strisce discontinue, nei rettilinei, sono stabilite nella seguente tabella:

Tipo di striscia	Tratto m	Intervallo m	Ambito di applicazione
a	4,5	7,5	Per separazione dei sensi di marcia e delle corsie di marcia nei tratti con velocita' di progetto superiore a 110 km/h
b	3,0	4,5	Per separazione dei sensi di marcia e delle corsie di marcia nei tratti con velocita' di progetto tra 50 e 110 km/h
c	3,0	3,0	Per separazione dei sensi di marcia e delle corsie di marcia nei tratti con velocita' non superiore a 50 km/h o in galleria
d	4,5	1,5	Per strisce di preavviso dello approssimarsi di una striscia continua
e	3,0	3,0	Per delimitare le corsie di accelerazione e decelerazione
f	1,0	1,0	Per strisce di margine, per interruzione di linee continue in corrispondenza di accessi laterali o di passi carrabili
g	1,0	1,5	Per strisce di guida sulle intersezioni
h	4,5	3	Per strisce di separazione delle corsie reversibili

4. In curva, gli intervalli delle strisce di tipo "a" e "b", di cui alla tabella del comma 3, possono essere ridotti in funzione dei raggi di curvatura fino alla lunghezza del tratto. ((Particolare cura deve essere posta nella riverniciatura delle linee discontinue affinche' i nuovi segmenti coincidano il piu' possibile con quelli vecchi, in modo da apparire chiari e nitidi, senza possibilita' di errore.))

5. L'estesa di una striscia continua non deve essere inferiore a 30 m, salvo il caso in cui due intersezioni successive siano cosi' ravvicinate da non consentire tale lunghezza ((o in caso di raccordo con le linee di arresto.))

6. Il tracciamento delle strisce longitudinali e' obbligatorio su tutti i tipi di strade, ad eccezione delle strade non dotate di pavimentazione idonea alla posa delle strisce, mentre e' facoltativo su quelle locali.

Art. 139 (Art. 40 Cod. Str.)
(Strisce di separazione dei sensi di marcia)

1. La separazione dei sensi di marcia si realizza mediante una o due strisce longitudinali affiancate di colore bianco e di uguale larghezza; la distanza tra le due strisce affiancate deve essere non inferiore alla larghezza di una di esse.

2. La striscia di separazione dei sensi di marcia deve essere continua:

a) sulle carreggiate ((con una corsia per senso)) di marcia, allorche' non si voglia consentire l'occupazione, neppure momentanea, della corsia adiacente per il sorpasso;

b) in prossimita' delle intersezioni a raso;

c) nelle zone di attestamento;

d) in prossimita' degli attraversamenti pedonali e di quelli ciclabili;

e) in prossimita' di tratti stradali in cui la visibilita' e' ridotta, come nelle curve e sui dossi;

f) in prossimita' dei passaggi ferroviari a livello;

g) in prossimita' delle strettoie.

3. Lungo le curve, sui dossi e nelle strettoie, non disciplinate con senso unico alternato, la striscia continua di separazione dei sensi di marcia deve avere lunghezza tale da impedire l'occupazione della corsia adiacente, per tutto il tratto in cui la visibilita' non e' sufficiente.

4. Due strisce affiancate, di cui una continua ed una discontinua, devono essere impiegate allorche' uno dei due sensi di marcia dispone di una distanza di visibilita' ridotta (figg. da II.416 a II.424), ovvero per consentire la possibilita' di sorpasso ai veicoli in uscita dalle aree di intersezione (fig. II.425); la lunghezza di tali strisce affiancate non deve essere inferiore a 30 m.

5. Nel caso di due strisce affiancate, di cui una continua ed una discontinua, la striscia continua non impedisce al conducente, che ha effettuato un sorpasso consentito, di riprendere la sua posizione normale sulla carreggiata.

6. Due strisce affiancate continue devono essere tracciate per separare i sensi di marcia nei seguenti casi:

a) nelle strade a carreggiata unica a due o piu' corsie per senso di marcia (fig. II.426);

b) quando due o piu' corsie nello stesso senso di marcia sono delimitate da strisce continue (fig. II.426);

c) quando la separazione dei sensi di marcia non coincide con l'asse della carreggiata;

d) quando si predispone uno spartitraffico, anche senza apposito manufatto, per conferire maggiore sicurezza alla circolazione distanziando i due sensi di marcia; in questo caso, se lo spazio tra le due strisce e' superiore a 50 cm, esso dovra' essere evidenziato con le zebrature di cui all'articolo 150, comma 2.

7. In presenza di sistemi di regolazione del traffico con corsie reversibili, le strisce di separazione delle corsie sono discontinue, del tipo "h" di cui alla tabella dell'articolo 138, comma 3, e i conducenti possono effettuare il cambio di corsia solo se autorizzati dalla apposita segnaletica semaforica.

8. In tutti gli altri casi non previsti dal presente articolo le strisce di separazione dei sensi di marcia devono essere discontinue.

9. Le strisce continue possono essere interrotte in corrispondenza di strade o accessi laterali, sempre che sia garantita una sufficiente visibilita' per le manovre di attraversamento o di svolta.

10. Le strisce longitudinali continue, connesse a strisce trasversali, che servono a delimitare gli stalli di sosta, possono essere sorpassate per la effettuazione delle manovre connesse con la sosta.

11. Per preavvisare i conducenti dell'approssimarsi di una striscia longitudinale continua di separazione dei sensi di marcia, si possono adottare strisce longitudinali discontinue del tipo "d", di cui alla tabella dell'articolo 138, comma 3.

Art. 140 (Art. 40 Cod. Str.)
(Strisce di corsia)

1. Il modulo di corsia, inteso come distanza tra gli assi delle strisce che delimitano la corsia, e' funzione della sua destinazione, del tipo di strada, del tipo di veicoli in transito e della sua regolazione; il modulo va scelto tra i seguenti valori: 2,75 m - 3 m - 3,25 m - 3,5 m - 3,75 m; mentre per le corsie di emergenza il modulo va scelto nell'intervallo tra 2 e 3,5 m.

2. Negli attestamenti delle intersezioni urbane il modulo di corsia puo' essere ridotto a 2,5 m, purche' le corsie che adottano tale modulo non siano percorse dal trasporto pubblico o dal traffico pesante.

3. La larghezza delle corsie di marcia lungo le strade deve essere mantenuta il piu' possibile costante, salvo che in prossimita' delle intersezioni o in corrispondenza dei salvagenti posti sulle fermate dei tram; in curva deve essere realizzato idoneo allargamento in funzione del tipo di veicoli in transito e del raggio di curvatura.

4. Nelle zone di attestamento, in prossimita' delle intersezioni, le strisce di separazione delle corsie di marcia devono essere continue, nel tratto immediatamente precedente la striscia di arresto, per una lunghezza minima di 30 m.

5. Le strisce di corsia delle strade con diritto di precedenza possono essere prolungate all'interno delle aree di intersezione, purche' tracciate in modo discontinuo; tuttavia le strisce di corsia non possono essere prolungate all'interno delle aree di intersezione, qualora esistano le strisce di guida di cui all'articolo 143.

6. Le corsie riservate, qualora non protette da elementi in elevazione sulla pavimentazione, sono separate dalle altre corsie di marcia mediante due strisce continue affiancate, una bianca di 12 cm di larghezza ed una gialla di 30 cm, distanziate tra loro di 12 cm; la striscia gialla deve essere posta sul lato della corsia riservata (fig. II.427/a).

7. Le piste ciclabili, qualora non protette da elementi in elevazione sulla pavimentazione, sono separate dalle corsie di marcia mediante due strisce continue affiancate, una bianca di 12 cm di larghezza ed una gialla di 30 cm distanziate tra loro di 12 cm; la striscia gialla deve essere posta sul lato della pista ciclabile (fig. II.427/b).

Art. 141 (Art. 40 Cod. Str.)
(Strisce di margine della carreggiata)

1. I margini della carreggiata sono segnalati con strisce di colore bianco.

2. Le strisce di margine sono continue in corrispondenza delle corsie di emergenza e delle banchine; esse possono essere realizzate nei tratti di strada in cui vige il divieto di sosta.

3. Le strisce di margine sono discontinue in corrispondenza di una strada con obbligo di dare precedenza, di diramazioni, di corsie di accelerazione e decelerazione, di piazzole o zone di sosta e di passi carrabili (fig. II.428/a, II.428/b, II.428/c).

((4. La larghezza minima delle strisce di margine e' di 25 cm per lo autostrade e le strade extraurbane principali, ad eccezione delle rampe, di 15 cm per le rampe delle autostrade e delle strade extraurbane principali, per le strade extraurbane secondarie, urbane di scorrimento ed urbane di quartiere e di 12 cm per le strade locali.))

5. Le strisce di margine delle autostrade e delle strade extraurbane principali, nelle zone di nebbia o in quelle in cui si verificano frequenti condizioni atmosferiche avverse, possono essere dotate di ((elementi in rilievo)) che producono un effetto sonoro o inducono una vibrazione sul veicolo, per avvertire il conducente della sua posizione rispetto al margine della carreggiata; tale accorgimento puo' essere adottato tutte le volte che sia ritenuto necessario. ((In tale caso lo spessore della striscia, compresi gli elementi in rilievo, puo' raggiungere 6 mm.)) Sia i materiali da utilizzare per la costruzione degli elementi a rilievo, che il profilo degli stessi, sono soggetti ad approvazione da parte del Ministero dei lavori pubblici - Ispettorato generale per la circolazione e la sicurezza stradale.

Art. 142 (Art. 40 Cod. Str.)
(Strisce di raccordo)

1. Le strisce di raccordo sono strisce continue oblique di colore

bianco e vanno usate in dipendenza di variazioni della larghezza della carreggiata utilizzabile dal traffico, o delle corsie.

2. L'inclinazione delle linee di raccordo rispetto all'asse stradale non deve superare il 5% per le strade urbane di quartiere e per le strade locali e il 2% per tutti gli altri tipi di strade, fatti salvi i casi in cui cio' risultasse impossibile per la presenza di intersezioni a monte (fig. II.429).

3. Le strisce di raccordo possono delimitare zone della carreggiata dalle quali si voglia escludere il traffico; in tal caso queste zone possono essere visualizzate mediante zebratura.

4. Le strisce di raccordo per far divergere il traffico da ostacoli o isole posti entro la carreggiata devono essere realizzate come indicato in figura II.430.

Art. 143 (Art. 40 Cod. Str.)
(Strisce di guida sulle intersezioni)

1. Le strisce di guida sulle intersezioni sono del tipo "g", di cui alla tabella dell'articolo 138, comma 3, sono curve, discontinue, di colore bianco e possono essere tracciate nelle aree di intersezione per guidare i veicoli in manovra secondo una corretta traiettoria (figg. II.431/a e II.431/b).

2. Le strisce di guida sulle intersezioni possono essere tracciate altresi' per indicare i limiti dell'ingombro in curva dei tram.

Art. 144 (Art. 40 Cod. Str.)
(Strisce trasversali)

1. Le strisce trasversali, o linee di arresto, sono continue o discontinue e di colore bianco; quelle continue hanno larghezza minima di 50 cm e vanno usate in corrispondenza delle intersezioni semaforizzate, degli attraversamenti pedonali semaforizzati ed in presenza del segnale FERMARSI E DARE PRECEDENZA (figg. II.432/a, II.432/b, II.432/c); quelle discontinue vanno usate in presenza del segnale DARE PRECEDENZA.

2. La linea di arresto deve essere tracciata con andamento parallelo all'asse della strada principale, di massima sulla soglia dell'intersezione e, comunque, in posizione tale da consentire agevolmente le manovre di svolta; deve essere tracciata, inoltre, in posizione tale che il conducente possa, se necessario, fermarsi in tempo utile prima di tale linea ed avere la visuale piu' ampia possibile sui rami della intersezione, tenuto conto delle esigenze di movimento degli altri veicoli e dei pedoni. La linea non deve essere tracciata in presenza di corsie di accelerazione.

3. La linea di arresto deve collegare il margine della carreggiata con la striscia longitudinale di separazione dei sensi di marcia ovvero, nei sensi unici, con l'altro margine della carreggiata. Per le strade prive di salvagente od isola spartitraffico, la linea deve essere raccordata con la striscia longitudinale continua per una lunghezza non inferiore a 25 m e a 10 m, rispettivamente fuori e dentro i centri abitati.

4. La linea di arresto, in presenza del segnale DARE PRECEDENZA, e' costituita da una serie di triangoli bianchi tracciati con la punta rivolta verso il conducente obbligato a dare la precedenza; tali triangoli hanno una base compresa tra 40 e 60 cm ed un'altezza compresa tra 60 e 70 cm (fig. II.433). ((In particolare: base 60 ed altezza 70 cm su strade di tipo C e D; base 50 e altezza 60 cm su strade di tipo E; base 40 e altezza 50 su strade di tipo F. La distanza tra due triangoli e' pari a circa la meta' della base.))

5. Sulle intersezioni regolate mediante segnali semaforici, la linea di arresto deve essere tracciata prima dell'attraversamento pedonale ad una distanza di 1 m dal limite di questo (fig. II.431/a).

Art. 145 (Art. 40 Cod. Str.)

(Attraversamenti pedonali)

1. Gli attraversamenti pedonali sono evidenziati sulla carreggiata mediante zebrature con strisce bianche parallele alla direzione di

marcia dei veicoli, di lunghezza non inferiore a 2,50 m, sulle strade locali e su quelle urbane di quartiere, e a 4 m, sulle altre strade; la larghezza delle strisce e degli intervalli e' di 50 cm (fig. II.434).

2. La larghezza degli attraversamenti pedonali deve essere comunque commisurata al flusso del traffico pedonale.

3. In presenza del segnale FERMARSI E DARE PRECEDENZA l'attraversamento pedonale, se esiste, deve essere tracciato a monte della linea di arresto, lasciando uno spazio libero di almeno 5 m; in tal caso i pedoni devono essere incanalati verso l'attraversamento pedonale mediante opportuni sistemi di protezione (fig. II.435).

4. Sulle strade ove e' consentita la sosta, per migliorare la visibilita', da parte dei conducenti, nei confronti dei pedoni che si accingono ad impegnare la carreggiata, gli attraversamenti pedonali possono essere preceduti, nel verso di marcia dei veicoli, da una striscia gialla a zig zag, del tipo di quella di cui all'articolo 151, comma 3, di lunghezza commisurata alla distanza di visibilita'. Su tale striscia e' vietata la sosta (fig. II.436).

Art. 146 (Art. 40 Cod. Str.)
(Attraversamenti ciclabili)

1. Gli attraversamenti ciclabili devono essere previsti solo per garantire la continuita' delle piste ciclabili nelle aree di intersezione.

2. Gli attraversamenti ciclabili sono evidenziati sulla carreggiata mediante due strisce bianche discontinue, di larghezza di 50 cm; con segmenti ed intervalli lunghi 50 cm; la distanza minima tra i bordi interni delle due strisce trasversali e' di 1 m per gli attraversamenti a senso unico e di 2 m per gli attraversamenti a doppio senso (fig.II.437). ((In caso di attraversamento ciclabile contiguo a quello pedonale e' sufficiente evidenziare con la striscia discontinua solo la parte non adiacente l'attraversamento pedonale.))

3. Analogamente a quanto previsto dall'articolo 145, comma 4, sulle strade ove e' consentita la sosta, per migliorare la visibilita', da parte dei conducenti, nei confronti dei ((velocipedi)) che si accingono ad impegnare la carreggiata, gli attraversamenti ciclabili possono essere preceduti, nel verso di marcia dei veicoli, da una striscia gialla a zig zag, del tipo di quella di cui all'articolo 151, comma 3, di lunghezza commisurata alla distanza di visibilita'. Su tale striscia e' vietata la sosta.

Art. 147 (Art. 40 Cod. Str.)
(Frecce direzionali)

1. Sulle strade aventi un numero sufficiente di corsie per consentire la preselezione e l'attestamento dei veicoli in prossimita' di una intersezione, le corsie da riservare a determinate manovre, devono essere contrassegnate a mezzo di frecce direzionali di colore bianco.

2. Le frecce direzionali sono:

a) freccia destra per le corsie specializzate per la svolta a destra;

b) freccia diritta per le corsie specializzate per l'attraversamento diretto dell'intersezione per confermare il senso di marcia sulle strade a senso unico;

c) freccia a sinistra per le corsie specializzate per la svolta a sinistra;

d) freccia a destra abbinata a freccia diritta per le corsie specializzate per la svolta a destra e l'attraversamento diretto dell'intersezione;

e) freccia a sinistra abbinata a freccia diritta per le corsie specializzate per la svolta a sinistra e l'attraversamento diretto dell'intersezione;

f) freccia di rientro.

3. Le dimensioni delle frecce si diversificano in funzione del tipo di strada su cui vengono applicate e sono stabilite nelle figure

II.438/a, II.438/b, II.438/c e II.438/d.

4. Le frecce direzionali possono essere tracciate anche per segnalare le direzioni consentite o quelle vietate (fig. II.439).

5. La posizione delle frecce all'interno delle corsie e' stabilita in figura II.440.

6. La punta delle frecce tracciate in prossimita' di una linea di arresto deve distare dal bordo di questa almeno 5 m.

7. L'intervallo longitudinale tra piu' frecce uguali, ripetute lungo la stessa corsia, non deve essere inferiore a 10 m; il numero delle frecce da ripetere deve essere commisurato alla lunghezza delle zone di preselezione e di attestamento.

Art. 148 (Art. 40 Cod. Str.)
(Iscrizioni e simboli)

1. Iscrizioni e simboli possono essere tracciati sulla pavimentazione esclusivamente allo scopo di guidare o regolare il traffico. Per le iscrizioni devono essere impiegati i caratteri alfanumerici di cui alle tabelle II.26/a, II.26/b, II.26/c e II.26/d che fanno parte integrante del presente regolamento.

2. Le iscrizioni devono riferirsi esclusivamente a nomi di localita' e di strade, o a parole facilmente comprensibili anche all'utenza straniera.

3. Le iscrizioni devono essere limitate al numero minimo di parole e, a tale scopo, possono essere abolite le iscrizioni di "via", "piazza" o simili, sempre che la loro mancanza non dia luogo ad equivoci.

4. Le iscrizioni devono essere di colore bianco, eccettuate le parole BUS, TRAM e TAXI, che devono essere di colore giallo.

5. Le iscrizioni si diversificano in funzione del tipo di strada su cui vengono applicate e le dimensioni delle singole lettere e cifre sono stabilite nelle tabelle da II.26/a a II.26/d, che fanno parte integrante del presente regolamento, riguardanti i diversi tipi di caratteri alfanumerici (figg. da II.441/a a II.441/f).

6. Le lettere e le parole facenti parte di una iscrizione devono essere allineate sul bordo inferiore perpendicolarmente all'asse della corsia.

7. Se l'iscrizione comprende piu' parole da tracciarsi su righe separate, lo spazio longitudinale tra le due righe non deve essere inferiore a due volte la dimensione maggiore delle lettere.

8. In presenza del segnale verticale FERMARSI E DARE PRECEDENZA, la linea di arresto deve essere integrata con l'iscrizione STOP sulla pavimentazione; tale iscrizione deve essere ripetuta per ogni corsia del senso di marcia cui si riferisce e la distanza tra il limite superiore dell'iscrizione ed il bordo della linea di arresto deve essere compresa tra 1 e 3 m (fig. II.432/a).

9. In presenza del segnale verticale DARE PRECEDENZA, la linea di arresto puo' essere integrata con il simbolo del triangolo, tracciato sulla pavimentazione (fig. II.442/a); tale simbolo, se tracciato, deve essere ripetuto per ogni corsia del senso di marcia cui si riferisce ed il limite superiore del triangolo non deve distare dai vertici dei triangoli costituenti la linea di arresto meno di 2 m.

10. In prossimita' dei passaggi ferroviari a livello deve essere tracciata, ad integrazione dei segnali verticali, su ciascuna corsia in approccio al passaggio una CROCE DI SANT'ANDREA integrata dalle lettere PL; il colore di tali segnali e' bianco e la forma e le dimensioni sono stabilite nella figura II.443. ((Il tracciamento e' a carico dell'ente proprietario della strada.))

11. I simboli possono costituire ripetizione dei segnali verticali, o di simboli in essi contenuti; in particolare, sulle piste e sugli attraversamenti ciclabili puo' essere tracciato il segnale o il simbolo del segnale di PISTA CICLABILE (fig. II.442/b); in ogni caso essi devono essere opportunamente deformati in funzione del tipo di strada, al fine di consentirne la corretta percezione.

12. Altri simboli od iscrizioni, non replicanti la segnaletica verticale, possono essere consentiti previa ((autorizzazione)) del

Ministero dei lavori pubblici - Ispettorato generale per la circolazione e la sicurezza stradale.

Art. 149 (Art. 40 Cod. Str.)
(Strisce di delimitazione degli stalli di sosta o per la sosta riservata)

1. La delimitazione degli stalli di sosta e' effettuata mediante il tracciamento sulla pavimentazione di strisce della larghezza di 12 cm formanti un rettangolo, ((oppure con strisce di delimitazione ad L o a T, indicanti l'inizio, la fine o la suddivisione degli stalli entro i quali)) dovra' essere parcheggiato il veicolo.

2. La delimitazione degli stalli di sosta mediante strisce (fig. II.444) e' obbligatoria ovunque gli stalli siano disposti a spina (con inclinazione di 45Œ rispetto all'asse della corsia adiacente agli stalli) ed a pettine (con inclinazione di 90Œ rispetto all'asse della corsia adiacente agli stalli); e' consigliata quando gli stalli sono disposti longitudinalmente (parallelamente all'asse della corsia adiacente agli stalli).

3. I colori delle strisce di delimitazione degli stalli di sosta sono:
   a) bianco per gli stalli di sosta non a pagamento;
   b) azzurro per gli stalli di sosta a pagamento;
   c) giallo per gli stalli di sosta riservati.

4. Gli stalli di sosta riservati devono portare l'indicazione, mediante iscrizione o simbolo, della categoria di veicolo cui lo stallo e' riservato.

5. Gli stalli di sosta riservati alle persone invalide devono essere delimitati da strisce gialle e contrassegnati sulla pavimentazione dall'apposito simbolo; devono, inoltre, essere affiancati da uno spazio libero necessario per consentire l'apertura dello sportello del veicolo nonche' la manovra di entrata e di uscita dal veicolo, ovvero per consentire l'accesso al marciapiede (figure II.445/a, II.445/b, II.445/c).

Art. 150 (Art. 40 Cod. Str.)
(Presegnalamento di isole di traffico o di ostacoli entro la carreggiata)

1. Le isole di traffico a raso sulla pavimentazione ed i triangoli di presegnalamento delle isole di traffico in rilievo devono essere evidenziati mediante zebrature poste entro le strisce di raccordo per l'incanalamento dei veicoli o tra queste ed il bordo della carreggiata.

2. Le strisce delle zebrature devono essere di colore bianco, inclinate di almeno 45 rispetto alla corsia di marcia e di larghezza non inferiore a 30 cm; gli intervalli tra le strisce sono di larghezza doppia rispetto alle strisce (fig. II.446).

3. Le strisce di raccordo sono bianche.

4. Sulle zone di presegnalamento e' vietata la sosta.

Art. 151 (Art. 40 Cod. Str.)
(Strisce di delimitazione della fermata dei veicoli in servizio di trasporto pubblico collettivo di linea)

1. Le strisce di delimitazione della fermata dei veicoli in servizio di trasporto pubblico collettivo di linea sono costituite da una striscia longitudinale gialla discontinua, posta ad una distanza minima di 2,70 m dal marciapiede o dalla striscia di margine continua, e da due strisce trasversali gialle continue che si raccordano perpendicolarmente alle precedenti; nel caso di golfi di fermata le strisce trasversali possono non essere tracciate. La larghezza delle strisce e' di 12 cm.

2. La zona di fermata e' suddivisa in tre parti: la prima e l'ultima di lunghezza pari a 12 m, necessarie per l'effettuazione delle manovre di accostamento al marciapiede e di reinserimento nel flusso di traffico da parte del veicolo; la zona centrale deve avere una lunghezza minima pari alla lunghezza, maggiorata di 2 m, del

veicolo piu' lungo che effettua la fermata.

3. La prima e l'ultima parte possono essere evidenziate mediante tracciamento di una striscia gialla a zig zag (fig. II.447).

4. Sulla pavimentazione all'interno della zona di fermata deve essere apposta l'iscrizione BUS.

5. Nelle zone di fermata e' vietata la sosta dei veicoli.

Art. 152 (Art. 40 Cod. Str.)
(Altri segnali orizzontali)

1. I segnali orizzontali di cantiere sono disciplinati dall'articolo 35.

2. Gli spazi riservati allo stazionamento sulla carreggiata dei cassonetti per la raccolta dei rifiuti solidi urbani, non fisicamente delimitati, devono essere segnalati con una striscia gialla continua di larghezza 12 cm. In corrispondenza della parte di delimitazione parallela al margine della carreggiata e' vietata la sosta in permanenza.

3. Tratti di strada lungo i quali la sosta e' vietata possono essere indicati con segni orizzontali consistenti in segmenti alternati di colore giallo e nero tracciati sulla faccia verticale del ciglio del marciapiede ((o della parete che delimita la strada)) (fig. II.448).

((4. Nei centri abitati, ove le caratteristiche ambientali lo richiedano, per i segnali a validita' diurna e in zone con illuminazione pubblica efficiente, la segnaletica orizzontale puo' essere realizzata anche con materiale lapideo.))

((5.)) Per quanto attiene ad altri dispositivi per segnali orizzontali essi sono regolati dall'articolo 154.

Art. 153 (Art. 40 Cod. Str.)
(Dispositivi retroriflettenti integrativi
dei segnali orizzontali)

1. I dispositivi retroriflettenti integrativi dei segnali orizzontali possono essere usati per rafforzare i segnali orizzontali.

2. Essi devono avere il corpo e la parte rifrangente dello stesso colore della segnaletica orizzontale di cui costituiscono rafforzamento.

3. ((COMMA SOPPRESSO DAL D.P.R. 16 SETTEMBRE 1996, N. 610)).

((3.)) I dispositivi non devono sporgere piu' di 2,5 cm sul piano della pavimentazione e devono essere fissati al fondo stradale con idonei adesivi o altri sistemi tali da evitare distacchi sotto la sollecitazione del traffico. ((La spaziatura di posa dei dispositivi deve essere di 15 m in rettilineo e di 5 m in curva.))

((4.)) Le caratteristiche ((dimensionali,)) fotometriche, colorimetriche e di resistenza all'impatto, nonche' i loro metodi di misura, sono stabiliti con disciplinare tecnico approvato con decreto del Ministro dei lavori pubblici, da pubblicare sulla Gazzetta Ufficiale della Repubblica.

Art. 154 (Art. 40 Cod. Str.)
(Altri dispositivi per segnaletica orizzontale)

1. I dispositivi come chiodi, inserti e simili, devono essere installati a raso della pavimentazione o ((sporgenti al massimo 3 cm)).

2. Le serie di chiodi a larga testa o di inserti possono essere ((realizzate)) con qualunque materiale, purche' idoneo per visibilita' ((, durata e antiscivolosita')) a costituire segno sulla carreggiata. Possono essere impiegate, con significato di striscia continua, dovunque questa trovi applicazione in base agli articoli precedenti.

3. La distanza tra i bordi di due elementi successivi dei suddetti dispositivi non deve essere superiore a 100 cm.

4. I dispositivi per la realizzazione dei segni sulla carreggiata sono soggetti all'approvazione del Ministero dei lavori pubblici -

Ispettorato generale per la circolazione e la sicurezza stradale.

Art. 155 (Art. 40 Cod. Str.)
(Segnali orizzontali vietati)
1. Nessun altro segno non rimovibile e' consentito sulle carreggiate stradali, soggette a pubblico transito all'infuori di quelli previsti dalle presenti norme, escludendosi anche indicazioni connesse con gare su strada o competizioni sportive.

● 5. SEGNALI LUMINOSI
(Art. 41 Codice della Strada)

Art. 156 (Art. 41 Cod. Str.)
(Segnali luminosi di pericolo e di prescrizione)
1. I segnali stradali verticali di pericolo e di prescrizione possono essere illuminati per trasparenza, purche' colori, dimensioni e forme siano quelli prescritti per i normali segnali verticali, ne venga assicurata l'uniformita' di illuminazione e non producano abbagliamento.

Art. 157 (Art. 41 Cod. Str.)
(Segnali luminosi di indicazione)
1. I segnali stradali di indicazione di maggiore importanza possono essere illuminati per trasparenza, purche' colori, dimensioni e forme siano quelli prescritti per i normali segnali verticali, ne venga assicurata l'uniformita' di illuminazione e non producano abbagliamento.

Art. 158 (Art. 41 Cod. Str.)
(Funzione delle lanterne semaforiche)
1. Le lanterne semaforiche, escluse le lanterne semaforiche gialle lampeggianti, servono per regolare, nel tempo, l'avanzamento delle correnti di traffico in una intersezione o in un tronco stradale.

Art. 159 (Art. 41 Cod. Str.)
(Lanterne semaforiche veicolari normali)
1. Le lanterne semaforiche veicolari normali sono a tre luci colorate di forma circolare, disposte verticalmente nel seguente modo: luce rossa in alto, luce gialla al centro e luce verde in basso (fig. II.449).
2. Nei casi in cui le lanterne semaforiche veicolari sono incorporate nella segnaletica di indicazione posta al di sopra della carreggiata, la disposizione delle luci puo' essere orizzontale con luce rossa a sinistra, luce gialla al centro e luce verde a destra (fig. II.232).
3. La sequenza di accensione delle luci e' la seguente:
   a) luce verde,
   b) luce gialla,
   c) luce rossa.
4. Nei sensi unici alternati, la lanterna semaforica veicolare normale puo' essere integrata da una seconda luce rossa, posta al di sopra di essa, in modo da assicurare la segnalazione di rosso anche in caso di bruciatura della lampada di una delle due luci.
((5. Se la manovra di svolta a destra e' consentita con continuita', la lanterna semaforica veicolare normale puo' essere integrata con una luce verde direzionale posizionata in basso, a destra della luce verde veicolare.))

Art. 160 (Art. 41 Cod. Str.)
(Lanterne semaforiche veicolari di corsia)
1. Le lanterne semaforiche veicolari di corsia sono a tre luci a

forma di frecce luminose su fondo nero circolare disposte verticalmente nel seguente modo: freccia rossa in alto, freccia gialla al centro, freccia verde in basso (figure II.450 e II.451).

2. La sequenza di accensione delle luci e' identica a quella prevista dall'articolo 159, comma 3.

3. Le lanterne semaforiche veicolari di corsia possono essere usate solo in presenza, sulla carreggiata stradale, di corsie specializzate per le manovre relative alle direzioni indicate dalle frecce e solo se la suddivisione delle correnti di traffico in fasi semaforiche lo richiede.

4. Le frecce possono avere qualsiasi inclinazione, coerentemente con il ramo dell'intersezione verso cui devono dirigersi i veicoli.

5. Nelle intersezioni tra strade formanti angolo retto, ((o prossimo a 90 gradi,)) nel caso in cui esista una corsia mista per due manovre, le relative frecce colorate possono essere accoppiate in un'unica luce.

Art. 161 (Art. 41 Cod. Str.)
(Lanterne semaforiche per i veicoli di trasporto pubblico)

1. Le lanterne semaforiche per i veicoli di trasporto pubblico (figg. II.452 e II.453) sono destinate esclusivamente a tale tipo di veicoli e possono essere a tre o piu' luci con i seguenti simboli:
   a) barra bianca orizzontale su fondo nero;
   b) triangolo giallo, con la punta rivolta verso l'alto, su fondo nero;
   c) barra bianca verticale su fondo nero;
   d) barra bianca inclinata a destra su fondo nero;
   e) barra bianca inclinata a sinistra su fondo nero.

2. La disposizione delle luci e' verticale: barra bianca orizzontale in alto, triangolo giallo al centro e barra bianca verticale in basso; le luci con barra bianca inclinata, qualora necessarie, devono essere poste in basso in sostituzione della luce con barra bianca verticale ovvero all'altezza di essa rispettivamente a destra per la luce di cui alla lettera d), ed a sinistra per la luce di cui alla lettera e), del comma 1.

3. La sequenza di accensione delle luci e' la seguente:
   a) barra bianca verticale o inclinata a destra o inclinata a sinistra;
   b) triangolo giallo;
   c) barra bianca orizzontale.

4. Le lanterne semaforiche per i veicoli di trasporto pubblico vanno usate unicamente quando le lanterne veicolari normali o di corsia possono ingenerare confusione all'avanzamento delle varie correnti di traffico veicolare.

Art. 162 (Art. 41 Cod. Str.)
(Lanterne semaforiche pedonali)

1. Le lanterne semaforiche pedonali sono destinate esclusivamente alla regolazione degli attraversamenti pedonali semaforizzati; esse sono a tre luci con i seguenti simboli:
   a) pedone rosso su fondo circolare nero; la sagoma del pedone e' in atteggiamento di attesa;
   b) pedone giallo su fondo circolare nero; la sagoma del pedone e' in atteggiamento di attesa;
   c) pedone verde su fondo circolare nero; la sagoma del pedone e' in atteggiamento di movimento.

2. La disposizione delle luci e' verticale: pedone rosso in alto, pedone giallo al centro e pedone verde in basso (figg. II.454 e II.455).

3. La sequenza di accensione delle luci e' la seguente:
   a) pedone verde,
   b) pedone giallo,
   c) pedone rosso.

4. Il tempo di sgombero dell'attraversamento pedonale e' contrassegnato da un tempo di giallo di durata sufficiente ai pedoni

per completare l'attraversamento, prima che abbia luogo l'accensione della luce verde per i veicoli in conflitto con essi.

5. Le segnalazioni acustiche per i non vedenti previste dall'articolo 41, comma 5, del codice, sono a tre fasi:

a) emissione di un suono ad intermittenza con frequenza di 60 impulsi al minuto primo con significato di via libera, in sincrono con la luce verde;

b) emissione di un suono ad intermittenza con frequenza di 120 impulsi al minuto primo con significato di arresto o di sgombero dell'area del passaggio pedonale se lo stesso e' stato gia' impegnato, in sincrono con la luce gialla;

c) assenza di suono con significato di arresto, in sincrono con la luce rossa.

6. Le segnalazioni di cui al comma 5 possono essere a funzionamento continuo o a chiamata. Nel primo caso la sequenza delle fasi si ripete ad ogni ciclo semaforico. Nel secondo si attua per una sola volta in corrispondenza del primo ciclo utile successivo alla chiamata.

7. Il livello delle emissioni sonore deve essere tarato per ogni impianto in maniera che, tenuto conto del livello sonoro di fondo, sia distintamente percettibile senza arrecare disturbo.

Art. 163 (Art. 41 Cod. Str.)
(Lanterne semaforiche per velocipedi)

1. Le lanterne semaforiche per velocipedi sono destinate esclusivamente alla regolazione degli attraversamenti ciclabili semaforizzati; esse sono a tre luci con i seguenti simboli:

a) bicicletta rossa su fondo circolare nero;
b) bicicletta gialla su fondo circolare nero;
c) bicicletta verde su fondo circolare nero.

2. La disposizione delle luci e' verticale: bicicletta rossa in alto, bicicletta gialla al centro e bicicletta verde in basso (figg. II.456 e II.457).

3. La sequenza di accensione delle luci e' la seguente:

a) bicicletta verde;
b) bicicletta gialla;
c) bicicletta rossa.

4. Le lanterne semaforiche per velocipedi vanno usate solo in corrispondenza di piste ciclabili; in assenza di tali piste vanno adottate le normali lanterne pedonali in quanto ((i conducenti dei velocipedi)) devono seguire un comportamento identico a quello dei pedoni.

Art. 164 (Art. 41 Cod. Str.)
(Lanterne semaforiche veicolari per corsie reversibili)

1. Le lanterne semaforiche veicolari per corsie reversibili hanno lo scopo di consentire la reversibilita' del senso di marcia su determinate corsie di una carreggiata suddivisa in tre o piu' corsie oppure su determinati varchi di stazioni autostradali o, in genere, di barriere di controllo o di pedaggio; tali lanterne devono essere disposte orizzontalmente al di sopra della corsia di marcia cui si riferiscono e presentano due luci:

a) luce rossa, a forma di X su fondo nero, posta a sinistra;
b) luce verde, a forma di freccia verticale su fondo nero con la punta diretta verso il basso, posta a destra.

2. Nel caso di carreggiate suddivise in tre o piu' corsie, di cui quelle centrali reversibili, le due luci di cui al comma 1 devono essere integrate da una luce a forma di freccia gialla, su fondo nero, lampeggiante, inclinata verso il basso a destra o sinistra; questa freccia ha lo scopo di indicare al conducente l'obbligo di abbandonare la corsia in cui si trova spostandosi verso la direzione indicata dalla freccia gialla lampeggiante (figg. II.458 e II.459).

3. Almeno una delle due lanterne di cui al comma 1, lettere a) e b), deve essere collocata, coerentemente con il senso di marcia, anche sulle corsie non reversibili.

Art. 165 (Art. 41 Cod. Str.)
(Lanterne semaforiche gialle lampeggianti)

1. Le lanterne semaforiche gialle lampeggianti (fig. II.460) sono di tre tipi:

((a) una o due luci circolari lampeggianti;))

b) una luce circolare lampeggiante con il simbolo di un pedone giallo su fondo nero, in atteggiamento di movimento;

c) una luce circolare lampeggiante con il simbolo di una bicicletta gialla su fondo nero.

2. Le luci di cui al comma 1, lettera a), possono essere installate sulle intersezioni o in corrispondenza di punti pericolosi in cui si vuole richiamare l'attenzione dei conducenti invitandoli ad assumere una velocita' moderata e ad usare particolare prudenza; possono essere, altresi', adottate entro il segnale di pericolo SEMAFORO con diametro pari a quello del disco giallo inserito nello stesso ((o installate al di sopra del segnale.))

3. Le luci di cui al comma 1, lettere b) e c), possono essere adottate sugli impianti semaforici, nei casi in cui si puo' ammettere il conflitto tra veicoli che effettuano una manovra di svolta a destra ed i pedoni o i ciclisti che transitano sugli attraversamenti antistanti la corsia da cui ha inizio la manovra di svolta a destra dei veicoli.

4. Durante il periodo di accensione delle luci gialle di cui al comma 1, lettere b) e c), i veicoli in manovra di svolta su intersezione semaforizzata possono procedere dando la precedenza ai pedoni o ((ai velocipedi)) che percorrono l'attraversamento antistante la corsia da cui ha inizio la manovra di svolta.

Art. 166 (Art. 41 Cod. Str.)
(Lanterne semaforiche speciali)

1. Le lanterne semaforiche speciali (fig. II.461) sono:

a) una luce rossa circolare lampeggiante;

b) due luci rosse circolari, disposte orizzontalmente o verticalmente, lampeggianti alternativamente;

c) lanterna semaforica di "onda verde".

2. Le lanterne di cui al comma 1, lettere a) e b), sono usate esclusivamente nei seguenti casi: ai passaggi a livello , agli accessi dei ponti mobili o dei pontili di imbarco delle navi traghetto e sulle strade su cui sia necessario arrestare il traffico all'avvicinarsi di velivoli in fase di atterraggio o di decollo. ((La lanterna di cui al comma 1, lettera a), con luce rossa fissa e' usata nei passaggi a livello con barriere.))

3. Durante il periodo di accensione delle luci rosse di cui al comma 1, lettere a) e b), i veicoli non devono superare la striscia di arresto; in mancanza di tale striscia, i veicoli non devono impegnare l'eventuale area di intersezione, ne' l'attraversamento pedonale antistante, ne' oltrepassare il segnale, in modo da poterne osservare le indicazioni; all'atto dello spegnimento delle luci, i veicoli possono procedere nella loro marcia.

4. Le lanterne di cui al comma 1, lettera c), sono a una o piu' luci circolari, riportanti con numeri bianchi su fondo nero le indicazioni relative alla velocita', espressa in km/h, di coordinazione degli impianti semaforici di un itinerario.

5. Le lanterne di cui al comma 1, lettera c), possono essere adottate sugli itinerari comprendenti piu' intersezioni semaforizzate e coordinate tra loro e vanno installate sui rami di uscita dalle intersezioni.

6. Le indicazioni fornite dalle luci di cui al comma 1, lettera c), consigliano ai conducenti dei veicoli, in uscita dal ramo dell'intersezione su cui e' posta la lanterna, la velocita' da mantenere nel rispetto di tutte le altre norme di comportamento, allo scopo di poter trovare la via libera alla successiva intersezione semaforizzata.

Art. 167 (Art. 41 Cod. Str.)
(Dimensioni ed illuminazione delle luci semaforiche)
1. Le dimensioni delle luci sono normalmente di 200 mm di diametro; puo' essere altresi' consentito l'uso di luci di diametro da 300 mm, anche limitatamente alla sola luce rossa. L'uso delle luci di diametro di 300 mm non e' consentito per le lanterne semaforiche per i veicoli di trasporto pubblico, per le lanterne pedonali, per le lanterne per i velocipedi, per le lanterne di cui all'articolo 165, comma 1, lettere b) e c), e per le lanterne di cui all'articolo 166, comma 1, lettera c). Le luci delle lanterne semaforiche veicolari per corsie reversibili hanno diametro maggiorato fino a 600 mm.
2. L'illuminazione delle luci semaforiche deve essere realizzata con dispositivi idonei a garantire un solido fotometrico di chiara visibilita', uniforme e privo di fenomeni di abbagliamento. Le luci devono risultare facilmente riconoscibili ad una distanza di avvistamento minimo pari a 75 m per le luci di diametro 200 mm e 125 m per le luci di diametro 300 mm. I valori minimi dell'intensita' luminosa, misurata in condizioni normali sull'asse ottico del dispositivo, devono essere mantenuti non inferiori a 100 cd per le luci di diametro 200 mm e a 200 cd per le luci da 300 mm.
3. E' consentito l'uso di dispositivi atti ad evitare il cosiddetto "effetto fantasma", cioe' la riflessione della luce solare all'esterno della lanterna, quando essa e' spenta.
4. Le luci semaforiche devono essere munite di opportuna ed efficiente visiera, atta a consentire la visibilita' in ogni condizione di luce, nonche' ad impedire, per quanto possibile, che i conducenti vedano altre luci semaforiche orientate verso altre direzioni.

Art. 168 (Art. 41 Cod. Str.)
(Installazione delle lanterne semaforiche)
1. Le lanterne semaforiche veicolari vanno installate su pali posti sul margine destro della carreggiata, sul marciapiede ovvero su apposite isole di canalizzazione o spartitraffico.
2. Nel caso di corsie specializzate, le lanterne semaforiche devono essere installate, per quanto possibile, su pali posti sul margine destro delle corsie cui le lanterne si riferiscono.
3. Le lanterne semaforiche veicolari possono essere ripetute sul lato sinistro della carreggiata ovvero della corsia o delle corsie di marcia cui si riferiscono, purche' installate su pali posti entro appositi manufatti costituiti da marciapiedi o isole di canalizzazione o spartitraffico; nelle strade a senso unico, composte da due o piu' corsie, le lanterne semaforiche veicolari devono essere ripetute sul lato sinistro della strada.
4. Le lanterne semaforiche veicolari possono essere ripetute frontalmente all'uscita dell'area di intersezione, per migliorare la visibilita' delle segnalazioni semaforiche, purche' cio' non ingeneri confusione alle correnti di traffico veicolare non interessate a tali segnalazioni.
5. Le lanterne semaforiche veicolari devono essere ripetute, al di sopra della carreggiata, sulle strade a tre o piu' corsie nello stesso senso di marcia, sulle strade alberate a due o piu' corsie nello stesso senso di marcia, sulle strade percorse da elevati flussi di traffico pesante o sulle strade ad elevata velocita' media di scorrimento.
6. Le lanterne semaforiche veicolari installate al di sopra della carreggiata devono essere disposte possibilmente nella mezzeria della o delle corsie cui si riferiscono e, sulle strade di cui al comma 5, devono essere dotate di un pannello di contrasto a fondo nero con bordo bianco (fig. II.462).
7. Le lanterne semaforiche pedonali devono essere installate su pali posti sui marciapiedi od in corrispondenza di isole di canalizzazione o di salvagente, in modo da non costituire intralcio al deflusso dei pedoni.
8. I pali di sostegno delle lanterne semaforiche devono essere

installati al di la' della linea di arresto, nel verso di marcia, ad una distanza tale da consentire la visibilita' delle segnalazioni al primo conducente fermo in corrispondenza della linea di arresto.

9. L'altezza di installazione delle lanterne semaforiche, poste sui marciapiedi o su isole di canalizzazione o su salvagente, deve essere non inferiore a 2,00 m e non superiore a 3,00 m, misurati dalla pavimentazione del marciapiede o dell'isola spartitraffico o del salvagente al bordo inferiore della lanterna.

10. L'altezza di installazione delle lanterne semaforiche, poste sopra la carreggiata, deve essere compresa tra 5,10 m e 6,00 m, misurati dalla pavimentazione della carreggiata al bordo inferiore della lanterna o del pannello di contrasto o del segnale di indicazione entro cui la lanterna e' inserita.

11. Le luci delle lanterne semaforiche veicolari sospese sulla carreggiata devono essere disposte verticalmente. In casi particolari, per limitare l'altezza di installazione, possono essere disposte orizzontalmente nel seguente modo: luce rossa a sinistra, luce gialla al centro, luce verde a destra.

12. Le luci semaforiche installate lateralmente alle corsie di marcia possono essere ripetute nello stesso ordine in formato ridotto di diametro non superiore a 9 cm, all'altezza di 1,30 m circa, lungo il palo di sostegno, con la direzione dell'asse ottico luminoso angolato opportunamente per la migliore visibilita' da parte dei conducenti posti in prima posizione, dietro la linea di arresto; tale tipo di luci puo' essere adottato solo in presenza delle lanterne veicolari normali, per non ingenerare confusione negli utenti.

Art. 169 (Art. 41 Cod. Str.)
(((Funzionamento degli impianti semaforici)))

1. Il funzionamento degli impianti semaforici a tempi fissi e' vietato dalle ore 23.00 alle ore 7.00; e' consentito per quelli comandati automaticamente dai veicoli, per quelli "a richiesta" azionati dai pedoni e per quelli coordinati o a piu' programmi, in cui sia previsto uno specifico programma notturno con durata ridotta del ciclo semaforico.

2. Allorche' si verificano particolari condizioni di circolazione, con flussi di traffico elevati, o presenza di sensi unici alternati, o lavori in corso e simili, e' consentito il funzionamento degli impianti semaforici anche tra le ore 23.00 e le ore 7.00.

3. Durante i periodi di spegnimento, diurni o notturni, l'impianto semaforico deve essere posto a luci gialle lampeggianti.

((4. L'impianto semaforico deve essere dotato di dispositivi che non consentano la contemporaneita' di segnali in contrasto fra loro e che, in caso di blocco o di guasti, rendano automatico il passaggio dell'impianto a luci gialle lampeggianti.))

Art. 170 (Art. 41 Cod. Str.)
(Segnali luminosi particolari)

1. Segnali luminosi particolari sono:

a) i segnali a messaggio variabile;

b) le colonnine luminose ed i segnali incassati nella carreggiata o nei bordi di marciapiede delle isole di canalizzazione, degli spartitraffico e dei salvagente ((;))

((c) delineatori di margine luminosi.))

2. L'uso dei segnali a messaggio variabile e' consentito solo per fornire all'utente indicazioni utili per la guida dei veicoli o indicazioni di pericolo o di prescrizione, in corrispondenza di luoghi ove tali indicazioni possono variare nel tempo.

3. Le dimensioni, i colori e le forme dei segnali a messaggio variabile devono essere quelli della corrispondente segnaletica verticale, anche se realizzati per punti od in maniera discontinua.

4. I segnali luminosi a messaggio variabile devono essere visibili in qualunque situazione di luce d'ambiente e non devono provocare fenomeni di abbagliamento.

5. Le colonnine luminose a luce gialla ((fissa)) devono avere una

altezza non inferiore ad un metro e devono essere riservate esclusivamente per indicare la presenza di salvagente, di isole di traffico per canalizzazione o per spartitraffico; esse possono essere integrate con luci semaforiche gialle lampeggianti e con applicazioni rifrangenti ((, oltre ai segnali di prescrizione necessari.))

6. E' vietata l'installazione di colonnine luminose a luce gialla in corrispondenza degli accessi alle stazioni di rifornimento di carburante e di servizio.

7. Le colonnine o gli altri dispositivi luminosi posti per indicare l'accesso di stazioni di rifornimento devono essere colorati a strisce orizzontali bianche e azzurre.

((8. I bordi della carreggiata e le strisce continue di corsia o di mezzeria possono essere evidenziati mediante appositi dispositivi, a luce propria fissa, incassati nella carreggiata e rivolti verso la direzione di provenienza dei veicoli, dello stesso colore della corrispondente segnaletica orizzontale.))

9. Il perimetro delle testate dei salvagente, delle isole di canalizzazione e simili puo' anche essere segnalato mediante dispositivi a luce propria gialla ((fissa)) o a luce riflessa gialla, applicati sulla parte verticale delle cordolature di contorno.

((10. I delineatori di margine luminosi devono essere a luce fissa, con gli stessi colori dei delineatori normali di margine di cui all'articolo 173 e installati con le stesse modalita'. Non devono provocare abbagliamento.))

Art. 171 (Art. 41 Cod. Str.)
(Frequenza dei lampeggiatori)

1. Nei lampeggiatori la frequenza del ciclo deve essere non inferiore a 50 volte al minuto e non superiore a 80. I due tempi di ACCESO e di SPENTO, che compongono il ciclo, devono essere di uguale durata.

● 6. SEGNALI COMPLEMENTARI
(Art. 42 Codice della Strada)

Art. 172 (Art. 42 Cod. Str.)
(Generalita' e suddivisioni)

1. Ai sensi dell'articolo 42, comma 1, del codice, sono segnali complementari i dispositivi e mezzi segnaletici atti a fornire ai conducenti le informazioni utili alla determinazione della traiettoria di marcia nelle varie situazioni stradali ed alla percezione di ostacoli posti in prossimita' o entro la carreggiata, nonche' quelli atti a rafforzare l'efficacia dei normali segni sulla carreggiata.

2. I segnali complementari si suddividono in:
   a) delineatori normali di margine;
   b) delineatori speciali;
   c) mezzi e dispositivi per segnalare gli ostacoli;
   d) isole di traffico.

Art. 173 (Art. 42 Cod. Str.)
(Delineatori normali di margine)

1. I delineatori normali di margine (fig. II.463) devono essere installati lungo quei tronchi stradali, fuori dei centri abitati, nei quali la velocita' locale predominante, l'andamento planoaltimetrico o le condizioni climatiche locali rendono necessario visualizzare a distanza l'andamento dell'asse stradale.

2. Su tratti di strada omogenei l'installazione dei delineatori deve essere continuativa, evitando installazioni saltuarie e usando lo stesso tipo di delineatore.

3. I delineatori devono essere spaziati di una distanza costante in rettilineo, al massimo 50 m, ed infittiti in curva con criterio differenziale in relazione al raggio di curvatura. Gli intervalli di posa devono comunque essere il piu' possibile uniformi sullo stesso

tratto di strada, in modo da costituire una guida ottica omogenea.

4. Indicativamente va adottata la spaziatura risultante dalla seguente tabella:

Raggio della curva (metri)	Spaziamento longitudinale (metri)
Fino a 30	6
da 30 a 50.	8
da 50 a 100	12
da 100 a 200.	20
da 200 a 400.	30
oltre 400	intervallo adottato in rettilineo

La spaziatura deve essere adeguatamente ridotta anche in rettilineo in zone abitualmente nebbiose.

5. Devono essere collocati al limite esterno della banchina e comunque a non meno di 50 cm dal bordo esterno della carreggiata.

6. L'altezza fuori terra del delineatore deve essere compresa fra 70 e 110 cm; la sezione, preferibilmente trapezoidale con spigoli arrotondati, deve potersi inscrivere in un rettangolo di 10 x 12 cm con lato minore parallelo all'asse stradale.

7. I delineatori devono essere di colore bianco con fascia nera alta 25 cm posta nella parte superiore, nella quale devono essere inseriti elementi rifrangenti volti verso le correnti di traffico interessate, con le seguenti modalita':

a) nelle strade o carreggiate a senso unico: nel delineatore di destra, deve apparire un solo elemento rifrangente di colore giallo della superficie minima di 60 cm(Elevato al Quadrato); nel delineatore di sinistra devono apparire due elementi rifrangenti gialli posti in verticale ed opportunamente distanziati fra loro, ciascuno con superficie attiva minima di 30 cm(Elevato al Quadrato);

b) nelle strade a doppio senso di marcia: sul lato destro deve apparire un elemento rifrangente di colore rosso, sul lato sinistro deve apparire un elemento rifrangente di colore bianco; entrambi gli elementi rifrangenti devono avere una superficie minima di 60 cm(Elevato al Quadrato).

8. Il materiale e le caratteristiche devono essere tali da non costituire pericolo in caso di collisione da parte dei veicoli.

9. Le caratteristiche fisiche e chimiche dei materiali da usare per la costruzione dei delineatori normali, le dimensioni e le forme degli stessi, nonche' i requisiti fotometrici e colorimetrici degli elementi rifrangenti sono stabiliti con apposito disciplinare tecnico approvato con decreto del Ministro dei lavori pubblici, pubblicato nella Gazzetta Ufficiale della Repubblica.

10. In presenza di barriere di sicurezza, muri, parapetti o altri impedimenti, i delineatori possono essere sostituiti da elementi rifrangenti, fissati ai manufatti, aventi le medesime dimensioni e caratteristiche, posti anche nell'onda del nastro della barriera o al di sopra di esso; e' opportuno che l'altezza da terra degli elementi rifrangenti sia la stessa di quelli inseriti nei delineatori normali.

Art. 174 (Art. 42 Cod. Str.)
(Delineatori speciali)

1. I delineatori speciali sottoindicati sono utilizzati come dispositivi permanenti nei casi previsti dal presente articolo:

a) delineatori per galleria;
b) delineatori per strade di montagna;
c) delineatori per curve strette o tornanti;
d) delineatori per intersezioni a "T";
e) delineatori modulari di curva;
f) delineatori di accesso;
g) dispositivi luminosi di delineazione.

2. I delineatori speciali temporanei vengono usati nelle zone di cantiere o deviazioni conseguenti a lavori in corso ed hanno caratteristiche e modalita' di applicazione stabilite all'articolo 33.

3. I delineatori speciali permanenti di cui al comma 1 hanno le seguenti tipologie e norme d'uso:

a) Delineatori per gallerie (fig. II.464).

Sono obbligatori nelle gallerie non illuminate ed in quelle non rettilinee, e sono raccomandati in tutte le gallerie almeno per 100 m nel tratto iniziale. Sono costituiti da pannelli rifrangenti di dimensioni di 20 cm di base per 80 cm di altezza, di colore giallo ((in gallerie a senso unico)). Se la galleria e' a doppio senso di marcia, i pannelli devono essere a doppia faccia ((, rossa in destra e bianca in sinistra)). I pannelli devono essere opportunamente fissati in modo che non possa modificarsi nel tempo la loro posizione; in presenza di barriere di sicurezza non devono sporgere verso la carreggiata rispetto alle barriere stesse. La distanza fra i pannelli deve essere al massimo di 20 m. Tale distanza deve essere opportunamente ridotta fino ad un minimo di 8 m se la galleria e' in curva ed in prossimita' degli imbocchi, per i primi 10 elementi. I delineatori speciali per gallerie possono essere utilmente impiegati anche per evidenziare deviazioni o strettoie permanenti della carreggiata.

b) Delineatori per strade di montagna (fig. II.465).

Devono essere usati nelle strade soggette ad alto innevamento, la loro ubicazione deve essere scelta in modo che, anche in presenza di forte innevamento, sia individuabile il tracciato stradale. Possono essere realizzati con materiali e sezioni diverse, purche' in grado di resistere alle sollecitazioni proprie dell'ambiente di montagna e a quelle derivanti dalle operazioni di sgombero della neve. Il delineatore, la cui altezza deve essere scelta in modo che non venga coperto dal massimo manto nevoso prevedibile, deve presentare fasce alternate, di altezza ciascuna di 50 cm, di colore giallo e nero. Almeno una delle fasce alte deve essere realizzata con pellicola rifrangente di colore giallo.

c) Delineatore di curva stretta o di tornante (fig. II.466).

Segnala l'andamento del percorso di una curva stretta permanente, ovvero un "tornante". Il segnale e' costituito da un pannello rettangolare, posto orizzontalmente, recante un disegno a punte di freccia bianche su fondo nero, orientate nella direzione di marcia del veicolo cui e' diretto. Sulle strade extraurbane e' obbligatorio in tutte le curve di raggio inferiore a 30 m e di sviluppo tale da determinare mancanza di visibilita'. Tale pannello va installato sul lato esterno della curva in posizione mediana e ortogonalmente alla visuale dei conducenti cui e' rivolto. Nelle strade a doppio senso di marcia i segnali in questione devono essere posti in opera orientati per ogni direzione di marcia, in modo da essere visibili soltanto dalla parte del conducente cui si riferiscono. Le dimensioni sono:

1) normale: 60 x 240 cm;

2) grande: 90 x 360 cm.

L'altezza di posa viene fissata caso per caso, a seconda della configurazione dei luoghi e delle altimetrie, in modo tale che il pannello ricada il piu' possibile entro il cono visivo dei conducenti.

d) Delineatore per intersezioni a "T" (fig. II.467).

Deve essere posto di fronte al ramo della intersezione che non prosegue, al di sotto del gruppo o dei gruppi segnaletici di direzione, ove esistenti, e parallelamente alla strada che continua. E' costituito da un pannello rettangolare posto con il lato maggiore orizzontale, recante un disegno a punte di freccia bianche su fondo nero, orientate nelle due direzioni esterne. E' obbligatorio, essendo l'unico dispositivo di segnalamento di tale punto anomalo. Le dimensioni sono:

1) normale: 60 x 240 cm;

2) grande: 90 x 360 cm.

((Il segnale e' posto in opera a cura e spese dell'ente proprietario della strada che non prosegue.))

e) Delineatori modulari di curva (fig. II.468).

Sono da considerare una sezione modulare del delineatore di curva stretta. Sono impiegati in serie di piu' elementi per evidenziare il lato esterno delle curve stradali di raggio superiore a 30 m e curve autostradali, quando sia necessario migliorare la visibilita' dell'andamento della strada a distanza. Sono costituiti da un pannello quadrato delle dimensioni di 60 x 60 cm sulla viabilita' ordinaria e 90 x 90 cm sulle autostrade e strade extraurbane principali, con un disegno a punta di freccia bianca su fondo nero. Lo spaziamento longitudinale fra gli elementi e' di massima quello previsto dalla tabella seguente; esso deve essere tale che, in ogni caso, almeno tre delineatori devono essere sempre nel cono visivo del conducente.

Raggio della curva (metri)	Spaziamento longitudinale (metri)
da 30 a 50.	8
da 50 a 100	12
da 100 a 200.	20
da 200 a 400.	30
oltre 400 (se necessario) . .	da 30 a 50

f) Delineatori di accesso (fig. II.469).

Per particolari esigenze della circolazione possono essere adottati paletti aventi le superfici laterali a strisce alterne bianche e rosse di altezza di 20 cm. La sezione di questi paletti puo' essere circolare, quadrata, rettangolare o triangolare. Tale tipo di delineatore sara' adottato per delimitare i due lati degli accessi stradali secondari non altrimenti presegnalati, e quelli che, per la loro ubicazione particolare, risultino difficilmente individuabili. I paletti devono avere altezza minima di 1 m da terra, sezione atta a garantire una buona visibilita' a distanza, ed essere completamente rifrangenti.

g) Dispositivi di delineazione luminosa.

Curve, punti critici o altre anomalie stradali possono essere evidenziate con dispositivi di delineazione luminosi purche' colori, forme e modalita' d'uso assicurino l'uniformita' di illuminazione e l'assenza di abbagliamento. Tali dispositivi sono soggetti ad approvazione da parte del Ministero dei lavori pubblici - Ispettorato generale per la circolazione e la sicurezza stradale, che ne autorizza l'uso per le situazioni specifiche.

Art. 175 (Art. 42 Cod. Str.)
(Dispositivi di segnalazione di ostacoli)

1. Gli ostacoli, le anomalie e i punti critici stradali, ove non siano eliminabili, devono essere segnalati in tutti i casi in cui sia giudicato necessario a causa della loro posizione aumentarne la visibilita', particolarmente nelle ore notturne.

2. Gli ostacoli, esistenti entro o vicino la carreggiata, che comportino restrizioni di spazio o pericolo per la circolazione, devono essere segnalati mediante strisce alternate tracciate sull'ostacolo bianche rifrangenti e nere, inclinate a 45 in basso verso il lato dove i veicoli transitano; possono essere realizzate anche su una superficie indipendente da applicare sull'ostacolo (figure II.470 e II.471).

3. Quando l'ostacolo e' localizzato entro la carreggiata, e vi sia incertezza da quale lato transitare, devono essere posti i prescritti segnali di passaggi obbligatori o consentiti (figg. II.82/a, II.82/b e II.83) diretti dalla parte dove i veicoli devono o possono transitare.

4. In aggiunta al segnalamento sugli ostacoli posti entro la

carreggiata, la segnalazione del loro approssimarsi deve essere effettuata mediante zebrature sulla pavimentazione, ovvero con strisce orizzontali oblique di incanalamento.

5. I cigli dei marciapiedi possono essere resi meglio visibili mediante applicazione di strisce alternate di colori contrastanti (bianco e nero o, se vige il divieto di sosta, con strisce alternate di colori giallo e nero).

6. Le cuspidi di aiuole o spartitraffico possono essere presegnalate con appositi dispositivi che devono essere approvati dal Ministero dei lavori pubblici - Ispettorato generale per la circolazione e la sicurezza stradale.

Art. 176 (Art. 42 Cod. Str.)
(Modalita' di realizzazione delle isole di traffico)

1. Le isole di traffico possono essere realizzate nei seguenti modi:

a) isole a raso: sono realizzate mediante ((strisce di colore bianco (fig. II.446))) ovvero con chiodi a larga testa, od emisfere. Queste ultime devono avere un profilo schiacciato con diametro variabile da 30 a 50 cm e devono essere di colore bianco;

b) isole delimitate da elementi verticali: sono realizzate con paletti, ((paline)), birilli, coni, e simili disposti lungo il perimetro dell'isola. La distanza tra un elemento e l'altro deve essere tale da definire perfettamente i margini dell'isola;

c) isole permanenti: possono essere realizzate mediante getto di calcestruzzo cementizio ovvero mediante cordolatura in calcestruzzo o pietra da taglio ovvero altro materiale e sistemazione interna a prato. I cigli possono essere del tipo a barriera o del tipo sormontabile. Quando l'isola venga interessata da un attraversamento pedonale e costituisce zona di rifugio deve essere interrotta per una larghezza pari a quella del passaggio pedonale onde permettere ai pedoni l'attraversamento a raso della pavimentazione stradale.

2. La zona delimitata dal perimetro dell'isola e' vietata alla circolazione di tutti i veicoli, ma puo' essere usata dai pedoni come rifugio per l'attraversamento della carreggiata stradale, allorche' l'isola sia interessata da un passaggio pedonale.

3. Il sistema a raso dovra' di massima essere adottato durante il periodo di sperimentazione dell'isola di traffico.

Art. 177 (Art. 42 Cod. Str.)
(Segnalazione delle isole di traffico)

1. L'approssimarsi di un'isola di traffico di qualunque tipo deve essere segnalato da una striscia bianca continua di sufficiente lunghezza e da opportuna zebratura nella parte di pavimentazione stradale che precede la testata dell'isola cosi' come precisato all'articolo 150.

2. In dette zone zebrate possono impiegarsi serie di elementi paralleli a profilo sporgente leggermente dal piano viabile disposti secondo l'obliquita' della zebratura.

3. Gli elementi, con spigoli opportunamente arrotondati, non devono sporgere piu' di 5 cm e devono essere verniciati in bianco. La distanza tra due elementi successivi deve essere di massima di 2 m.

4. I cigli delle isole di traffico e dei salvagente possono essere resi meglio visibili mediante applicazione di strisce verticali gialle rifrangenti e nere.

5. La testata delle isole di traffico deve essere segnalata mediante il dispositivo a luce propria di cui all'articolo 170, comma 5, o con dispositivo a luce riflessa di colore giallo.

6. I dispositivi a luce riflessa, denominati delineatori speciali di ostacolo (fig. II.472), sono in genere a sezione semicircolare, per consentire una buona individuazione da diverse posizioni di avvicinamento ed hanno uno sviluppo minimo di 40 cm di semicirconferenza per 50 cm di altezza. Devono essere completamente rifrangenti e, se usati in sostituzione delle colonnine luminose o in combinazione con esse, sono di colore giallo.

7. Quando viene segnalata la testata o i fronti delle isole di traffico, il delineatore speciale di ostacolo deve essere accoppiato ai vari segnali indicanti i passaggi obbligatori o consentiti (figg. II.82/a, II.82/b e II.83).

Art. 178 (Art. 42 Cod. Str.)
(Elementi prefabbricati per salvagenti pedonali
e delimitatori di corsia)

1. Gli elementi prefabbricati per salvagenti pedonali sono realizzati generalmente in calcestruzzo, costituiti da sezioni componibili mediante appositi incastri. Essi devono essere impiegati solo nelle zone urbane per la creazione di isole pedonali di rifugio ovvero piattaforme di carico.

((2. Le corsie riservate, in cui e' permesso il transito solo a determinate categorie di veicoli, possono essere delimitate, fisicamente, dalle strisce di corsia di cui all'articolo 140, commi 6 e 7, oppure con elementi in rilievo tali da realizzare una cordolatura longitudinale. In tal caso, gli elementi in rilievo sostituiscono la striscia gialla.))

3. Gli elementi in rilievo, da utilizzare principalmente in ambito urbano, sono costituiti da manufatti in materiale plastico o gomma di colore giallo. Devono essere dotati di un solido sistema di fissaggio alla pavimentazione in modo da impedirne lo spostamento o il distacco per effetto delle sollecitazioni derivanti dal traffico e devono essere posizionati in modo da consentire il deflusso delle acque piovane.

4. Gli elementi devono avere una larghezza compresa tra i 15 e 30 cm, altezza compresa ((tra 5 e 15 cm)) con una consistenza ed un profilo tale da consentirne il sormonto in caso di necessita'. Possono essere dotati di inserti rifrangenti o di altri sistemi catadiottrici per renderli maggiormente visibili.

5. I delimitatori di corsia di cui ai commi 3 e 4 devono essere approvati dal Ministero dei lavori pubblici - Ispettorato generale per la circolazione e la sicurezza stradale e posti in opera previa ordinanza dell'ente proprietario della strada.

Art. 179 (Art. 42 Cod. Str.)
(Rallentatori di velocita')

((1. Su tutte le strade, per tutta la larghezza della carreggiata, ovvero per una o piu' corsie nel senso di marcia interessato, si possono adottare sistemi di rallentamento della velocita' costituiti da bande trasversali ad effetto ottico, acustico o vibratorio, ottenibili con opportuni mezzi di segnalamento orizzontale o trattamento della superficie della pavimentazione.))

2. I sistemi di rallentamento ad effetto ottico sono realizzati mediante applicazione in serie di almeno 4 strisce bianche rifrangenti con larghezza crescente nel senso di marcia e distanziamento decrescente. La prima striscia deve avere una larghezza di 20 cm, le successive con incremento di almeno 10 cm di larghezza (figura II.473).

3. I sistemi di rallentamento ad effetto acustico sono realizzati mediante irruvidimento della pavimentazione stradale ottenuta con la scarificazione o incisione superficiale della stessa o con l'applicazione di strati sottili di materiale in rilievo in aderenza, eventualmente integrato con dispositivi rifrangenti. Tali dispositivi possono anche determinare effetti vibratori di limitata intensita'.

4. Sulle strade dove vige un limite di velocita' inferiore ((o uguale)) ai 50 km/h si possono adottare dossi artificiali evidenziati mediante zebrature gialle e nere parallele alla direzione di marcia, di larghezza uguale sia per i segni che per gli intervalli (fig. II.474) visibili sia di giorno che di notte.

5. I dossi artificiali possono essere posti in opera solo su strade residenziali, nei parchi pubblici e privati, nei residences, ecc.; possono essere installati in serie e devono essere presegnalati. Ne e' vietato l'impiego sulle strade che costituiscono itinerari

preferenziali dei veicoli normalmente impiegati per servizi di soccorso o di pronto intervento.

6. I dossi di cui al comma 4, sono costituiti da elementi in rilievo prefabbricati o da ondulazioni della pavimentazione a profilo convesso. In funzione dei limiti di velocita' vigenti sulla strada interessata hanno le seguenti dimensioni:

    a) per limiti di velocita' pari od inferiori a 50 km/h larghezza non inferiore a 60 cm e altezza non superiore a 3 cm;

    b) per limiti di velocita' pari o inferiori a 40 km/h larghezza non inferiore a 90 cm e altezza non superiore a 5 cm;

    c) per limiti di velocita' pari o inferiori a 30 km/h larghezza non inferiore ((a 120 cm)) e altezza non superiore a 7 cm.

I tipi a) e b) devono essere realizzati in elementi modulari in gomma o materiale plastico, il tipo c) puo' essere realizzato anche in conglomerato. Nella zona interessata dai dossi devono essere adottate idonee misure per l'allontanamento delle acque. Nelle installazioni in serie la distanza tra i rallentatori di cui al comma 4, deve essere compresa tra 20 e 100 m a seconda della sezione adottata.

7. ((Il presegnalamento e' costituito dal segnale di cui alla figura II.2 di formato preferibilmente ridotto, posto almeno 20 m prima. Ad esso e' abbinato il segnale di cui alla figura II.50 di formato ridotto, con un valore compreso tra 50 e 20, salvo che sulla strada non sia gia' imposto un limite massimo di velocita' di pari entita'.)) Una serie di rallentatori deve essere indicata mediante analoghi segnali e pannello integrativo con la parola "serie" oppure "n. . rallentatori".

8. I rallentatori di velocita' prefabbricati devono essere fortemente ancorati alla pavimentazione, onde evitare spostamenti o distacchi dei singoli elementi o parte di essi, e devono essere facilmente rimovibili. La superficie superiore dei rallentatori sia prefabbricati che strutturali deve essere antisdrucciolevole.

9. I dispositivi rallentatori di velocita' ((prefabbricati)) devono essere approvati dal Ministero dei lavori pubblici - Ispettorato generale per la circolazione e la sicurezza stradale ((.
Tutti i tipi di rallentatori sono)) posti in opera previa ordinanza dell'ente proprietario della strada che ne determina il tipo e la ubicazione.

Art. 180 (Art. 42 Cod. Str.)
(Dissuasori di sosta)

1. I dissuasori di sosta sono dispositivi stradali atti ad impedire la sosta di veicoli in aree o zone determinate. Essi possono essere utilizzati per costituire un impedimento materiale alla sosta abusiva.

2. Tali dispositivi ((devono)) armonizzarsi con gli arredi stradali e assolvere anche a funzioni accessorie quali la delimitazione di zone pedonali, aree di parcheggio riservate, zone verdi, aiuole e spazi riservati per altri usi.

3. Nella funzione di arredo stradale i dissuasori sono di tipologie diverse tra le quali l'ente proprietario della strada puo' individuare quelle piu' confacenti alle singole specifiche necessita', alle tradizioni locali e all'ambiente urbano.

4. I dissuasori assumono forma di pali, paletti, colonne a blocchi, cordolature, cordoni ed anche cassonetti e fioriere ancorche' integrati con altri sistemi di arredo. I dissuasori devono esercitare un'azione di reale impedimento.al transito sia come altezza sul piano viabile sia come spaziamento tra un elemento e l'altro, se trattasi di componenti singoli disposti lungo un perimetro.

5. I dissuasori possono essere di qualunque materiale: calcestruzzo, ferro, ghisa, alluminio, legno o plastica a fiamma autoestinguente. ((Devono essere visibili e non devono,)), per forma od altre caratteristiche, creare pericolo ai pedoni e, in particolare, ai bambini.

6. I dissuasori di sosta devono essere ((autorizzati)) dal

Ministero dei lavori pubblici - Ispettorato generale per la circolazione e la sicurezza stradale e posti in opera previa ordinanza dell'ente proprietario della strada.

● 7. SEGNALI DEGLI AGENTI DEL TRAFFICO
(Art. 43 Codice della Strada)

Art. 181 (Art. 43 Cod. Str.)
(Segnali manuali degli agenti del traffico)

1. Ferme restando le disposizioni contenute nell'articolo 43 del codice, per consentire il deflusso delle correnti veicolari di svolta a sinistra, fermando le correnti veicolari dirette provenienti in senso contrario, gli agenti preposti alla regolazione del traffico devono effettuare il segnale manuale con le braccia distese orizzontalmente e perpendicolarmente tra loro, dirette rispettivamente verso la direzione di provenienza e di destinazione della o delle correnti di svolta.

2. Altre segnalazioni manuali degli agenti preposti alla regolazione del traffico sono:

a) l'oscillazione di una luce rossa con significato di "arresto" per gli utenti della strada verso i quali la luce rossa e' diretta;

b) l'intimazione dell'alt o di via libera effettuata con l'apposito segnale distintivo di cui all'articolo 24.

Art. 182 (Art. 43 Cod. Str.)
(Altri segnali degli agenti del traffico)

1. Quando sia necessario arrestare tutta la circolazione per consentire il passaggio di veicoli adibiti a servizi di polizia o antincendio e delle autoambulanze, nell'espletamento di servizi urgenti di istituto, l'agente preposto alla regolazione del traffico deve fare uso di un fischietto emettendo un suono prolungato. A questo segnale i veicoli ed i pedoni in procinto di impegnare una intersezione devono immediatamente fermarsi fino al successivo segnale di via libera, dato con due suoni brevi di fischietto. Quelli che si trovano entro l'area di intersezione devono affrettarsi a sgomberarla.

2. Un suono prolungato di fischietto, in altre circostanze, puo' essere utilizzato per intimare l'alt al trasgressore di norme della circolazione.

Art. 183 (Art. 43 Cod. Str.)
(Visibilita' degli agenti del traffico)

1. Gli agenti preposti alla regolazione del traffico e gli organi di polizia stradale di cui all'articolo 12 del codice, durante i servizi previsti dall'articolo 11, commi 1 e 2, del codice, quando operano sulla strada devono essere visibili a distanza, sia di giorno che di notte, mediante l'uso di appositi capi di vestiario o dell'uniforme confezionati con tessuto rifrangente di colore bianco o grigio argento a luce riflessa bianca.

2. Nelle ore notturne e negli altri casi di scarsa visibilita', il personale di cui al comma 1 deve indossare almeno il berretto o il casco, ovvero altro copricapo, e manicotti sugli avambracci di tessuto come indicato al comma 1 (fig. II.475/a). I predetti capi di vestiario possono essere di tipo asportabile. Il casco protettivo previsto dall'articolo 171 del codice deve essere corredato di una fascia in pellicola vinilica bianca rifrangente di altezza non inferiore a 3 cm.

3. E' consentito l'uso di gambali o di fasce su di essi, in tessuto rifrangente quando si opera in particolari condizioni di visibilita' notturna (fig. II.475/b).

4. Anche i cinturoni, le bandoliere, gli spallacci, le fondine, i borselli ed altri capi od oggetti di buffetteria possono essere utilmente confezionati in tutto o in parte con tessuti rifrangenti.

5. I capi di vestiario o dell'uniforme quali cappotti, impermeabili, giacche a vento, giubbetti o simili devono essere dotati di bande in tessuto rifrangente, di almeno 2 cm, a contorno della fascia toracica e del bordo inferiore.

6. Apposito capo di vestiario in tessuto rifrangente bianco o grigio - argento della foggia indicata nella figura II.476 e' consigliato come dotazione del personale in servizio di pattuglia per indossarlo, ai fini di cui al comma 1, durante gli interventi di emergenza o durante le operazioni di intervento negli incidenti stradali o di deviazione del traffico.

7. Le norme del presente articolo si applicano anche al personale militare in servizio a norma dell'articolo 12, comma 4 del codice.

8. I tessuti rifrangenti di cui ai commi 1, 2, 3, 4, 5 e 6 devono essere uguali a quelli utilizzati per gli indumenti previsti dall'articolo 37, comma 4, cui deve essere aggiunto il tessuto rifrangente bianco.

9. La pellicola vinilica bianca rifrangente di cui al comma 2 deve avere caratteristiche fotometriche corrispondenti alla classe 1 del disciplinare tecnico di cui all'articolo 79, comma 9.

• 8. SEGNALETICA RELATIVA AI PASSAGGI A LIVELLO
(Art. 44 Codice della Strada)

Art. 184 (Art. 44 Cod. Str.)
(Disposizioni generali sulle segnalazioni dei passaggi a livello)

1. In caso di avaria dei meccanismi di chiusura dei passaggi a livello con barriere o semibarriere, le stesse sono sostituite con almeno un cavalletto per parte che deve essere esternamente a strisce rifrangenti bianche e rosse. Le barriere e le semibarriere sono, altresi', sostituibili con una bandiera rossa rifrangente e con una lanterna a luce rossa di notte e negli altri casi di scarsa visibilita', manovrate dall'addetto alla custodia dei passaggi a livello. ((Nel periodo di tempo intercorrente tra l'insorgere dell'avaria dei meccanismi di chiusura dei passaggi a livello e l'apposizione delle protezioni suindicate, l'esercente la ferrovia provvede a disciplinare la circolazione dei treni, in relazione alla sicurezza dei passaggi a livello.))

2. Le barriere e le semibarriere devono essere esternamente a strisce rifrangenti bianche e rosse. Su ogni semibarriera devono essere collocate almeno due luci rosse delle quali una in corrispondenza della estremita' libera. Luci rosse possono essere collocate anche sulle barriere.

3. Nei passaggi a livello sprovvisti di barriere o semibarriere devono essere collocati, a cura e spese dell'esercente la ferrovia, senza onere per l'eventuale occupazione della sede stradale, i seguenti segnali:

a) CROCE DI S. ANDREA se la visibilita' verso la ferrovia e' sufficiente lungo tutto il percorso di approccio;

b) CROCE DI S. ANDREA e segnale FERMARSI E DARE PRECEDENZA posti sullo stesso sostegno, se la visibilita' e' sufficiente solo da breve distanza dal binario;

c) CROCE DI S. ANDREA e dispositivo luminoso a due luci rosse lampeggianti alternativamente nonche' dispositivo di segnalazione acustica se la visibilita' e' insufficiente; il dispositivo luminoso e' posto preferibilmente sullo stesso sostegno del segnale.

4. La croce di S.Andrea, va collocata sulla destra della strada, nella immediata prossimita' del binario; e' semplice se la ferrovia e' a un binario, doppia se la ferrovia e' a due o piu' binari. Anche nei casi di cui al comma 3, lettere a) e b), e' opportuno integrare la croce di S. Andrea con i dispositivi di segnalazione luminosa ed acustica di cui alla lettera c).

5. Nei passaggi a livello sprovvisti di barriere o semibarriere in cui la circolazione dei treni e' molto lenta e la circolazione stradale e' regolata da un agente o da apposito semaforo, la croce di S. Andrea e' sostituita dal segnale di passaggio a livello senza

barriere collocato alla medesima distanza con pannello integrativo recante la distanza in metri dal binario.

6. Da entrambi i lati dei passaggi a livello sprovvisti di barriere o semibarriere, esclusi quelli provvisti di dispositivo di segnalazione luminosa di cui al comma 3, deve essere assicurata una sufficiente visibilita' della strada ferrata tenendo conto in particolare della velocita' del treno piu' veloce ivi in transito.

7. Per assicurare in ogni caso la visibilita' i dispositivi di segnalazione luminosa di cui al comma 4 possono essere ripetuti sul lato sinistro o su apposita isola al centro della carreggiata ovvero possono essere collocati o ripetuti al di sopra della carreggiata, e, inoltre, possono essere resi visibili dalla parte posteriore.

8. La lanterna a luce rossa di cui al comma 1 e' del tipo regolamentare per l'esercizio ferroviario.

Art. 185 (Art. 44 Cod. Str.)
(Caratteristiche delle strisce bianche e rosse delle barriere)

1. La superficie delle barriere o semibarriere dei passaggi a livello rivolta verso la strada deve essere a strisce alternate bianche e rosse, deve essere non inferiore a 0,20 m(Elevato al Quadrato) per ogni metro lineare di barriera o semibarriera; valutata sul piano verticale parallelo alla barriera o semibarriera medesima, almeno per la meta' della larghezza della carreggiata sbarrata dalle barriere o semibarriere.

2. Qualora le barriere siano provviste di piu' luci rosse, tale superficie potra' essere ridotta alla meta'. Analoga riduzione potra' essere apportata se trattasi di passaggi a livello situati su strade o mulattiere non atte, di regola, al transito di autoveicoli.

3. Detta superficie deve avere il margine superiore orizzontale ad una altezza, rispetto al punto piu' alto della carreggiata, non inferiore a 0,90 m e non superiore a 1,30 m.

4. Le strisce bianche e rosse devono essere inclinate, rispetto all'orizzontale, di 45 e devono avere ciascuna una larghezza compresa tra 15 e 20 cm.

5. Le strisce bianche e rosse devono essere rifrangenti e realizzate con pellicola ad elevata efficienza (classe 2).

Art. 186 (Art. 44 Cod. Str.)
(Dispositivi di segnalazione acustica ed ottica delle barriere)

1. Nei passaggi a livello muniti di barriere i dispositivi di segnalazione ottica a luce rossa, ove previsti, sono installati normalmente sul margine destro della carreggiata nelle immediate vicinanze del passaggio a livello e collocati in modo da essere visibili dalla strada alla maggiore distanza possibile. L'altezza da terra del centro dei dispositivi di segnalazione ottica deve essere compresa tra 2 m e 2,50 m; le caratteristiche geometriche dei dispositivi sono indicati nella figura II.477.

2. Il dispositivo a luce rossa deve avere intensita' tale da risultare visibile, di giorno e in assenza di nebbia almeno a 100 m. Qualora la luce rossa sia resa visibile posteriormente, il dispositivo di segnalazione acustica puo' emettere un segnale di livello sonoro inferiore a quello indicato nel comma 3.

3. Il dispositivo di segnalazione acustica deve produrre il suono di una campana o suoneria di livello sonoro tale da essere udibile a distanza non inferiore a 100 m in assenza di ostacoli e con vento e rumori trascurabili.

4. Il funzionamento dei dispositivi di segnalazione acustica deve iniziare almeno 5 secondi prima dell'inizio dell'abbassamento delle barriere e terminare non prima della fine dell'abbassamento delle stesse.

Art. 187 (Art. 44 Cod. Str.)
(Dispositivi di segnalazione ottica ed acustica delle semibarriere)

1. Nei passaggi a livello muniti di semibarriere, i dispositivi di segnalazione luminosa devono avere le dimensioni di cui alla figura II.478, essere installati sul margine destro della carreggiata e

nelle immediate vicinanze del passaggio a livello e collocati in modo da risultare visibili dalla strada alla maggiore distanza possibile. L'altezza da terra del centro dei dispositivi deve essere non inferiore a 2 m e non superiore a 2,50 m. L'intermittenza delle luci e' di 60 % 10 accensioni al minuto. Le caratteristiche tecniche dei dispositivi a luce rossa devono essere tali che l'intensita' della luce emessa li renda visibili, in assenza di nebbia, anche di giorno alla distanza di 100 m entro un cono di 30 gradi di apertura.

2. La segnalazione acustica deve avere le caratteristiche prescritte per quelle dei passaggi a livello con barriere che sbarrano l'intera carreggiata, salvo il livello sonoro che puo' essere inferiore.

3. I dispositivi di segnalazione luminosa ad una o due luci eventualmente ripetuti sul margine sinistro della strada possono non essere nelle immediate vicinanze del passaggio a livello ma non distarne oltre 30 m; essi devono avere caratteristiche uguali a quelle dei dispositivi installati sul margine destro.

4. Il funzionamento dei dispositivi di segnalazione luminosa ed acustica deve iniziare 30 secondi prima dell'arrivo al passaggio a livello del treno piu' veloce e l'abbassamento delle barriere deve iniziare non meno di 5 secondi dopo l'inizio del funzionamento dei dispositivi di segnalazione acustica e luminosa.

5. La chiusura delle barriere nonche' il funzionamento delle segnalazioni luminose ed acustiche devono proseguire fino al termine del passaggio del treno.

Art. 188 (Art. 44 Cod. Str.)
(Caratteristiche dei dispositivi di segnalazione dei passaggi a livello senza barriere)

1. I segnali CROCE DI S. ANDREA e DOPPIA CROCE DI S. ANDREA devono avere la forma e le dimensioni di cui rispettivamente alle figure II.10/a, II.10/b, II.10/c e II.10/d.

2. Le caratteristiche e le modalita' d'installazione dei segnali di cui al comma 1 devono essere, peraltro, conformi a quelle stabilite nel presente regolamento per i segnali verticali. In particolare, essi devono essere installati, uno per ciascun lato del passaggio a livello e a distanza non superiore a 10 m dalla rotaia piu' vicina.

3. I dispositivi di segnalazione luminosa e acustica dei passaggi a livello senza barriere devono avere caratteristiche uguali a quelle prescritte nell'articolo 187, inoltre, i due segnali luminosi devono essere installati preferibilmente sul medesimo stante della croce di S. Andrea, immediatamente al di sotto delle ali della croce medesima.

Art. 189 (Art. 44 Cod. Str.)
(Cavalletti da impiegarsi in corrispondenza dei passaggi a livello)

1. I cavalletti da impiegarsi in corrispondenza dei passaggi a livello con barriere o semibarriere, nei casi di avaria dei meccanismi di chiusura, devono avere altezza compresa tra 1 m e 1,40 m, lunghezza di almeno 1,50 m e recare superiormente un pannello dell'altezza di 0,25 m della lunghezza del cavalletto con la superficie, dal lato strada, a strisce bianche e rosse inclinate a 45 , ciascuna di larghezza compresa tra 0,15 m e 0,20 m.

2. Puo' essere impiegato un solo cavalletto per ogni lato del passaggio a livello qualora il cavalletto rechi superiormente un disco del diametro di 25 cm di colore rosso con bordo bianco; in mancanza di tale disco, devono essere impiegati piu' cavalletti in numero adeguato alla larghezza della carreggiata stradale.

3. Le strisce bianche e rosse e il disco rosso con bordo bianco devono essere rifrangenti e realizzati con pellicola ad elevata efficienza (classe 2).

Art. 190 (Art. 44 Cod. Str.)
(Visibilita' ai passaggi a livello
senza barriere non forniti di segnalazione luminosa)

1. La visibilita' della strada ferrata in corrispondenza dei

passaggi a livello senza barriere non provvisti di segnalazione luminosa e' da considerarsi sufficiente allorche' l'utente della strada abbia una visuale libera sulla ferrovia tale che gli consenta, in relazione alla velocita' massima dei treni sulla linea, di effettuare l'attraversamento quando nessun treno sia in vista.

Art. 191 (Art. 44 Cod. Str.)
(Attraversamento di linee ferroviarie di raccordo)

1. Quando la strada e' attraversata da un binario di raccordo ferroviario ed il passaggio di convogli e' regolato a vista con segnali manuali di agenti o di personale addetto alla manovra, l'attraversamento deve essere segnalato mediante il segnale ALTRI PERICOLI (fig. II.35) con pannello integrativo modello II.6/c e successiva CROCE DI S. ANDREA in vicinanza del binario stesso. Il segnale e' facoltativo nei centri abitati.

2. Il segnale ALTRI PERICOLI deve essere posto alla distanza regolamentare dall'attraversamento e va ripetuto in prossimita' di questo qualora l'incrocio si effettui a vista ovvero per ogni altra situazione che lo renda necessario.

3. La posa dei segnali di pericolo installati in prossimita' dell'attraversamento e' effettuata a cura e a spese dell'esercente la ferrovia o del proprietario del raccordo; la posa degli altri segnali e' effettuata, invece, a cura e spese degli enti proprietari della strada.

• 9 - CONTROLLI ED OMOLOGAZIONI
(Art. 45 Codice della Strada)

Art. 192 (Art. 45 Cod. Str.)
(Omologazione ed approvazione)

1. Ogni volta che nel codice e nel presente regolamento e' prevista la omologazione o la approvazione di segnali, di dispositivi, di apparecchiature, di mezzi tecnici per la disciplina di controllo e la regolazione del traffico, di mezzi tecnici per l'accertamento e il rilevamento automatico delle violazioni alle norme di circolazione, di materiali, attrezzi o quant'altro previsto a tale scopo, di competenza del Ministero dei lavori pubblici, l'interessato deve presentare domanda, in carta legale a tale dicastero, indirizzandola all'Ispettorato generale per la circolazione e la sicurezza stradale, corredata da una relazione tecnica sull'oggetto della richiesta, da certificazioni di enti riconosciuti o laboratori autorizzati su prove alle quali l'elemento e' stato gia' sottoposto, nonche' da ogni altro elemento di prova idoneo a dimostrare l'utilita' e l'efficienza dell'oggetto di cui si chiede l'omologazione o l'approvazione e presentando almeno due prototipi dello stesso. Alla domanda deve essere allegata la ricevuta dell'avvenuto versamento dell'importo dovuto per le operazioni tecnico-amministrative ai sensi dell'articolo 405.

2. L'Ispettorato generale per la circolazione e la sicurezza stradale del Ministero dei lavori pubblici accerta, anche mediante prove, e avvalendosi, quando ritenuto necessario, del parere del Consiglio superiore dei lavori pubblici, la rispondenza e la efficacia dell'oggetto di cui si richiede l'omologazione alle prescrizioni stabilite dal presente regolamento, e ne omologa il prototipo quando gli accertamenti abbiano dato esito favorevole. L'interessato e' tenuto a fornire le ulteriori notizie e certificazioni che possono essere richieste nel corso dell'istruttoria amministrativa di omologazione e acconsente a che uno dei prototipi resti depositato presso l'Ispettorato generale per la circolazione e la sicurezza stradale.

3. Quando trattasi di richiesta relativa ad elementi per i quali il presente regolamento non stabilisce le caratteristiche fondamentali o particolari prescrizioni, il Ministero dei lavori pubblici approva il prototipo seguendo, per quanto possibile, la procedura prevista dal comma 2.

4. Nei casi di omologazione o di approvazione di prototipi, il Ministero dei lavori pubblici autorizza il richiedente alla produzione e commercializzazione del prodotto. Con provvedimento espresso e' comunicata al richiedente la eventuale reiezione dell'istanza.

5. La omologazione o la approvazione di prototipi e' valida solo a nome del richiedente e non e' trasmissibile a soggetti diversi.

6. Per la fabbricazione di elementi non conformi ai prototipi riconosciuti ammissibili dal Ministero dei lavori pubblici, ai sensi del presente articolo, si applica la sanzione di cui all'articolo 45, comma 9, del codice. Puo' essere disposta, inoltre, la revoca del decreto di omologazione o di approvazione del prototipo.

7. Su ogni elemento conforme al prototipo omologato o approvato deve essere riportato il numero e la data del decreto ministeriale di omologazione o di approvazione ed il nome del fabbricante.

8. Il fabbricante assume la responsabilita' del prodotto commercializzato sulla conformita' al prototipo depositato e si impegna a far effettuare i controlli di conformita' che sono disposti dall'Ispettorato generale per la circolazione e la sicurezza stradale.

Art. 193 (Art. 45 Cod. Str.)
(Imprese autorizzate alla fabbricazione
dei segnali stradali)

1. La domanda di autorizzazione alla costruzione dei segnali stradali ((verticali)) di cui all'articolo 45, comma 8, del codice, deve essere presentata al Ministero dei lavori pubblici e indirizzata allo specifico servizio presso l'Ispettorato generale per la circolazione e la sicurezza stradale.

2. Alla domanda, le imprese devono allegare la seguente documentazione:

a) certificato di iscrizione alla Camera di commercio, industria, agricoltura e artigianato;

b) dichiarazione, con firma autenticata del legale rappresentante dell'impresa, da cui risulti il nome del fiduciario responsabile della produzione e del sistema di qualita'; del direttore tecnico che deve avere provata esperienza nel settore specifico e dalla quale risulti anche il potenziale di mano d'opera dipendente ritenuto congruo rispetto al volume della produzione;

c) atto di sottomissione, con indicazione della ubicazione degli impianti di fabbricazione, sottoscritta dal legale rappresentante dell'impresa, con firma autenticata, con il quale si impegna in qualsiasi momento, a far eseguire da parte di funzionari dell'Ispettorato generale per la circolazione e la sicurezza stradale, a cio' espressamente delegati, i controlli e le verifiche ritenute necessarie;

d) dichiarazione impegnativa del legale rappresentante dell'impresa, con firma autenticata, da cui risulti l'impegno a comunicare qualsiasi variazione, anche parziale, della struttura aziendale e della sua ubicazione e ragione sociale;

e) certificato di abitabilita' o agibilita' dei locali in cui opera l'impresa, ((rilasciato dal comune)) competente per territorio in relazione alle attivita' in essi svolte;

f) certificazione riguardante la prevenzione incendi oppure nulla osta provvisorio per i fabbricati di vecchia costruzione;

g) copia della documentazione presentata agli uffici di competenza per le emissioni in atmosfera e copia dell'ultima denuncia presentata ai sensi delle disposizioni vigenti per lo smaltimento e lo stoccaggio dei rifiuti speciali e di eventuali rifiuti tossici e nocivi;

h) dichiarazione che dimostri che l'impresa e' in regola con tutti gli obblighi fiscali e previdenziali;

i) certificazione antimafia a norma di legge;

l) dichiarazione di proprieta' o di disponibilita' delle attrezzature descritte all'articolo 194 ((, comma 2)) ;

m) relazione tecnica sull'attivita' dell'impresa, sul potenziale produttivo e sulla organizzazione tecnica, con particolare riguardo alla produzione dei materiali, attrezzature, apparecchi o sistemi di segnalamento o di controllo prodotti;

n) certificazione attestante l'ottemperanza alle norme in vigore per il contenimento delle sorgenti sonore negli ambienti di lavoro;

o) certificazioni di regolarita' in materia di sicurezza per la messa a terra degli impianti.

3. La rispondenza ai requisiti di cui al comma 2 dovra' essere dimostrata all'atto della prima autorizzazione. Detta autorizzazione avra' validita' ((per un triennio)) dalla data del rilascio e verra' rinnovata previa domanda da presentarsi allo stesso servizio di cui al comma 1, almeno due mesi prima della scadenza ((triennale)).

Art. 194 (Art. 45 Cod. Str.)
(Dotazioni tecniche e attrezzature)

1. Le imprese che intendono ottenere l'autorizzazione di cui all'articolo 45, comma 8, del codice, devono disporre di almeno un ambiente di lavoro idoneo a norma di legge ((ed essere in possesso)) delle seguenti attrezzature minime:

a) applicatore per le pellicole retroriflettenti e non, dotate di adesivo secco, attivabile a caldo. Le dimensioni devono essere idonee alla fabbricazione di ogni tipo di segnale stradale previsto dalle norme del presente regolamento;

b) applicatore meccanico a rulli per le pellicole retroriflettenti e non, dotate di adesivo sensibile alla pressione;

c) attrezzatura per il taglio delle pellicole, costituita da una fustellatrice con serie completa di fustelle oppure da un plotter o da entrambi integrati e da una idonea attrezzatura per il taglio dei pezzi unici;

d) laboratorio serigrafico costituito da almeno una macchina serigrafica semi-automatica con piano aspirato di dimensioni non inferiori a 100 x 150 cm, da un corredo essenziale di telai, da inchiostri trasparenti e non, compatibili con le pellicole utilizzate, e da una camera isolata per l'essiccazione degli stessi; il locale serigrafico deve possedere i requisiti previsti dalle norme igienico-sanitarie vigenti;

e) strumento per il controllo della qualita' delle stampe serigrafiche che consenta la verifica delle coordinate colorimetriche;

f) attrezzature idonee per le operazioni di carteggiatura e per la pulizia dei supporti;

2. Le imprese devono, altresi', ((avere la proprieta' o la disponibilita')) di attrezzature per la lavorazione meccanica dei supporti e la loro verniciatura. La dotazione minima di tali attrezzature deve comprendere:

a) attrezzature per il taglio dei metalli;

b) presso-piegatrici;

c) puntatrici e saldatrici;

d) trapani, smerigliatrici ed altre macchine utensili per carpenteria metallica;

e) vasche di sgrassaggio metallo;

f) cabina di verniciatura;

g) forno di essiccazione.

3. Le attrezzature di cui al comma 2 devono essere in regola ed avere i requisiti previsti dalle disposizioni di legge in vigore in materia di prevenzione degli infortuni e di antinquinamento.

Art. 195 (Art. 45 Cod. Str.)
(Condizioni per la revoca
e la sospensione dell'autorizzazione)

1. L'autorizzazione di cui all'articolo 45, comma 8, del codice, e' revocata d'ufficio quando l'impresa cessa l'attivita' di produzione. Si intende sospesa quando cessa temporaneamente l'attivita' di produzione ovvero vengano a mancare temporaneamente i requisiti

soggettivi o la disponibilita' di attrezzature di cui all'articolo 194. In tal caso l'Ispettorato generale per la circolazione e la sicurezza stradale del Ministero dei lavori pubblici assegna un congruo termine per il ripristino delle condizioni per ottenere l'autorizzazione, trascorso il quale l'autorizzazione viene formalmente revocata.

2. L'autorizzazione puo' essere, altresi', revocata se viene accertato dall'apposito servizio dell'Ispettorato generale per la circolazione e la sicurezza stradale il verificarsi di almeno una delle seguenti condizioni:

a) fabbricazione di segnali difformi alle norme previste dal presente regolamento o dalle altre disposizioni o non rispondenti ai requisiti tecnici richiesti;

b) mancata indicazione sul retro dei segnali dei dati ed elementi previsti dall'articolo 77;

c) costruzione dei segnali con materiali non rispondenti ai requisiti previsti dalle norme vigenti;

d) mancato rispetto del sistema di qualita' previsto ((da apposito disciplinare approvato con decreto del Ministro dei lavori pubblici e pubblicato sulla Gazzetta Ufficiale della Repubblica.)) ;

e) ((LETTERA SOPPRESSA DAL D.P.R. 16 SETTEMBRE 1996, N. 610)).

((3. Il rispetto del sistema di qualita' di cui al comma 2, lettera d), deve essere dimostrato entro il primo triennio di validita' dell'autorizzazione e deve essere mantenuto nel corso dell'attivita' dell'impresa.))

Titolo III
DEI VEICOLI

CAPO I
DEI VEICOLI IN GENERALE

Art. 196 (Art. 46 Cod. Str.)
(Caratteristiche dei veicoli per uso di bambini o di invalidi)
1. I veicoli per uso di bambini o di invalidi devono presentare caratteristiche costruttive tali da non determinare il superamento dei limiti sotto indicati:

a) lunghezza massima 1,10 m;

b) larghezza massima 0,50 m, ad eccezione della zona compresa tra due piani verticali, ortogonali al piano mediano longitudinale del veicolo e distanti tra loro 0,60 m, dove la larghezza massima puo' raggiungere il valore di 0,70 m;

c) altezza massima ((1,35)) m, nella zona dove la larghezza massima del veicolo puo' raggiungere il valore di 0,70 m, variabile linearmente da 1,35 m a 0,80 m, valore massimo raggiungibile in corrispondenza dell'estremita' anteriore del veicolo;

d) sedile monoposto;

e) massa in ordine di marcia 40 kg;

f) potenza massima del motore 1 kw;

g) velocita' massima ((6 km/h)) per i veicoli dotati di motore. Tale limite e' quello ottenuto per costruzione ed e' riferito al numero di giri massimo di utilizzazione del motore dichiarato dal costruttore ed al rapporto di trasmissione piu' alto. La prova e' effettuata su strada piana, in assenza di vento e con il guidatore in posizione eretta (massa 70 (Piu' o Meno) 5 kg).

2. Il superamento anche di uno solo dei limiti indicati nel primo comma comporta l'inclusione della macchina nei veicoli di cui al primo periodo dell'articolo 46, comma 1.

3. In relazione a sopravvenute esigenze costruttive nonche' all'unificazione dei veicoli per uso di invalidi, il Ministro dei trasporti ((e della navigazione)) puo' stabilire per tali veicoli caratteristiche costruttive diverse da quelle indicate al comma 1.

Art. 197 (Art. 48 Cod. Str.)
(Azionamento dei veicoli a braccia)

1. L'azionamento dei veicoli a braccia, mediante la forza muscolare del conducente, deve essere realizzato in modo diverso da quello derivante dall'uso di pedali o di similari dispositivi.

Art. 198 (Art. 52 Cod. Str.)
(Caratteristiche costruttive e modalita' di controllo dei ciclomotori)

1. Per ciascuna parte costruttiva dei ciclomotori devono essere rispettate le prescrizioni di cui all'appendice I al presente titolo.

2. Il controllo sul ciclomotore ((, salvo il caso in cui sia munito di motore elettrico,)) consiste nell'accertare che le parti o i componenti di seguito elencati siano marcati in maniera durevole ed indelebile con un codice alfanumerico ed il marchio del costruttore: silenziatore di aspirazione, carburatore, condotto di aspirazione se smontabile, cilindro, testa, carter, silenziatore di scarico, puleggia motrice, puleggia condotta . In sede di controllo deve essere accertato, inoltre, che sul condotto di aspirazione sia marcato il valore del diametro interno minimo. Le lettere, le cifre ed i simboli di tali marcature devono avere altezza minima di 2,5 mm. Il limite di velocita' massima e' quello ottenuto per costruzione ed e' riferito al numero di giri massimo di utilizzazione del motore, dichiarato dal costruttore ed al rapporto di trasmissione piu' alto. Le modalita' di prova sono stabilite con tabella di unificazione emanata dal Ministero dei trasporti ((e della navigazione)) - Direzione generale della M.C.T.C.

3. Le caratteristiche costruttive di cui alla allegata appendice I possono essere variate ((o integrate)) dal Ministro dei trasporti ((e della navigazione)) con proprio provvedimento in relazione ad esigenze di sicurezza della circolazione o a sopravvenuta evoluzione delle tecnologie costruttive.

Art. 199 (Art. 53 Cod. Str.)
(Caratteristiche costruttive dei quadricicli a motore)

1. Le caratteristiche del motore dei quadricicli, nonche' le caratteristiche tecniche della paratia di divisione del vano cabina, devono soddisfare le prescrizioni di cui all'appendice II al presente titolo.

2. Le caratteristiche del motore dei quadricicli devono essere dichiarate dal costruttore e verificate all'atto delle prove di omologazione.

3. Il limite massimo di velocita' prescritta viene verificato con prova da effettuarsi secondo le modalita' stabilite dal Ministero dei trasporti ((e della navigazione)) - Direzione generale della M.C.T.C., mediante tabelle di unificazione.

4. Le caratteristiche di cui al comma 1 possono essere variate ((o integrate)) dal Ministro dei trasporti ((e della navigazione)) con proprio provvedimento in relazione ad esigenze di sicurezza della circolazione o a sopravvenuta evoluzione delle tecnologie costruttive.

Art. 200 (Art. 53 Cod. Str.)
(Motoveicoli per trasporti specifici e motoveicoli per uso speciale)

1. Sono classificati, ai sensi dell'articolo 53, comma 3, del codice, per trasporti specifici i motoveicoli dotati di una delle seguenti carrozzerie permanentemente installate:

    a) furgone isotermico, o coibentato, con o senza gruppo refrigerante, riconosciuto idoneo per il trasporto di derrate in regime di temperatura controllata;

    b) contenitore ribaltabile chiuso con aperture sul solo lato superiore o posteriore, per il trasporto di rifiuti solidi;

    c) cisterne per il trasporto di liquidi o liquami;

    d) cisterne o contenitori appositamente attrezzati per il

trasporto di materiali sfusi o pulvirulenti;
   e) altre carrozzerie riconosciute idonee al trasporto specifico dal Ministero dei trasporti - Direzione generale della M.C.T.C.
   2. Sono classificati, ai sensi dell'articolo 53, comma 3, del codice, per uso speciale i motoveicoli:
   a) attrezzati con scala;
   b) attrezzati con pompa;
   c) attrezzati con gru;
   d) attrezzati con pedana o cestello elevabile;
   e) attrezzati per mostra pubblicitaria;
   f) attrezzati con spazzatrici;
   g) attrezzati con innaffiatrici;
   h) attrezzati con ambulatorio o laboratorio mobile;
   i) attrezzati con saldatrici;
   l) attrezzati con scavatrici;
   m) attrezzati con perforatrici;
   n) attrezzati con sega;
   o) attrezzati con gruppo elettrogeno;
   p) dotati di altre attrezzature riconosciute idonee per usi speciali dal Ministero dei trasporti - Direzione generale della M.C.T.C.
   3. Ai motoveicoli ad uso speciale e' attribuita, nelle annotazioni delle rispettive carte di circolazione, una portata fittizia ai fini fiscali, determinata dalla differenza tra la massa complessiva del veicolo e la tara dello stesso attrezzato con carrozzeria cassone o, in mancanza di tale versione, la tara dell'autotelaio incrementata del 20%.

Art. 201 (Art. 54 Cod. Str.)
(Autotreni attrezzati per carichi indivisibili)
   ((1. Costituiscono un'unica unita', ai sensi dell'articolo 54, comma 1, lettera h), del codice, ed ai fini dell'applicazione dell'articolo 164, comma 2, del codice, gli autotreni costituiti da un autoveicolo e da un rimorchio per il trasporto specifico di imbarcazioni o di velivoli.
   2. Costituiscono, altresi', un'unica unita' gli autotreni attrezzati per il trasporto di elementi indivisibili autoportanti poggianti contemporaneamente su due dispositivi a ralla, ancorati rispettivamente sulla motrice e sul rimorchio, a loro volta collegati o meno tramite timone. Detti elementi devono essere in grado di reagire alle sollecitazioni trasversali e longitudinali conseguenti al trasporto stesso.
   3. Il trasporto di elementi indivisibili autoportanti puo' inoltre essere effettuato mediante complessi di veicoli costituiti da un trattore per semirimorchio, un semirimorchio ed un rimorchio quando il semirimorchio ed il rimorchio siano muniti di dispositivi a ralla sui quali appoggi il carico indivisibile, oppure ancora tramite complessi di veicoli costituiti da un trattore stradale e due rimorchi, quando i due rimorchi siano muniti di dispositivi a ralla sui quali appoggino gli elementi indivisibili.
   4. I complessi previsti al comma 2, possono essere realizzati entro i limiti previsti dagli articoli 61 e 62 del codice. I complessi indicati al comma 3 possono essere realizzati solo ai sensi dell'articolo 63, comma 1, del codice, e pertanto solo se determinano il superamento dei limiti fissati dai predetti articoli 61 e 62. Qualora si verifichi eccedenza rispetto all'articolo 62 del codice, ciascuno dei veicoli costituenti il complesso deve rispondere alle norme fissate per la categoria di appartenenza dall'appendice I al titolo I.
   5. La realizzazione dei complessi di cui al comma 4 deve avvenire nel rispetto delle specifiche tecniche determinate al riguardo dal Ministero dei trasporti e della navigazione - Direzione generale della M.C.T.C..))

Art. 202 (Art. 54 Cod. Str.)
(Materiali trasportabili dai veicoli mezzi d'opera)
1. Tra i materiali assimilati indicati dall'articolo 54, comma 1, lettera n), del codice, sono compresi quelli impiegati nel ciclo produttivo delle imprese forestali e quelli derivanti dalla raccolta e compattazione dei rifiuti solidi urbani, o dello spurgo dei pozzi neri effettuata mediante idonee apparecchiature installate sui veicoli mezzi d'opera.
2. Il Ministero dei trasporti e della navigazione - Direzione generale della M.C.T.C. stabilisce le caratteristiche riguardanti le particolari attrezzature necessarie per il carico, lo scarico e l'eventuale compattazione delle materie trasportate con veicoli mezzi d'opera. Puo' altresi' classificare, tra i materiali assimilati trasportabili dai mezzi d'opera, altri materiali risultanti da necessita' operative industriali e la cui rimozione sia connessa con esigenze di salvaguardia di inquinamento ambientale e di sicurezza del trasporto.

Art. 203 (Art. 54 Cod. Str.)
(Autoveicoli per trasporti specifici
ed autoveicoli per uso speciale)
1. Sono classificati, ai sensi dell'articolo 54, comma 2, del codice, autoveicoli per trasporti specifici gli autoveicoli dotati di una delle seguenti carrozzerie permanentemente installate:
a) furgone isotermico, o coibentato, con o senza gruppo refrigerante, riconosciuto idoneo per il trasporto di derrate in regime di temperatura controllata;
b) carrozzeria idonea per il carico, la compattazione, il trasporto e lo scarico di rifiuti solidi urbani;
c) cisterne per il trasporto di liquidi o liquami;
d) cisterna, o contenitore appositamente attrezzato, per il trasporto di materiali sfusi o pulvirulenti;
e) telai attrezzati con dispositivi di ancoraggio per il trasporto di containers o casse mobili di tipo unificato;
f) telai con selle per il trasporto di coils;
g) betoniere;
h) carrozzerie destinate al trasporto di persone in particolari condizioni e distinte da una particolare attrezzatura idonea a tale scopo;
i) carrozzerie particolarmente attrezzate per il trasporto di materie classificate pericolose ai sensi dell'ADR o di normative comunitarie in proposito;
l) carrozzerie speciali, a guide carrabili e rampe di carico, idonee esclusivamente al trasporto di veicoli;
((m) carrozzerie, anche ad altezza variabile, per il trasporto esclusivo di animali vivi;
n) furgoni blindati per trasporto valori;))
((o) altre carrozzerie riconosciute idonee per i trasporti specifici dal Ministero dei trasporti e della navigazione - Direzione generale della M.C.T.C..))
2. Sono classificati, ai sensi dell'articolo 54, comma 2, del codice, per uso speciale i seguenti autoveicoli:
a) trattrici stradali;
b) autospazzatrici;
c) autospazzaneve;
d) autopompe;
e) autoinnaffiatrici;
f) autoveicoli attrezzi;
g) autoveicoli scala ed autoveicoli per riparazione linee elettriche;
h) autoveicoli gru;
i) autoveicoli per il soccorso stradale;
j) autoveicoli con pedana o cestello elevabile;
k) autosgranatrici;
l) autotrebbiatrici;

m) autoambulanze;

n) autofunebri;

o) autofurgoni carrozzati per trasporto di detenuti;

p) autoveicoli per disinfezioni;

q) autopubblicitarie e per mostre pubblicitarie purche' provviste di carrozzeria apposita che non consenta altri usi e nelle quali le cose trasportate non abbandonino mai il veicolo;

r) autoveicoli per radio, televisione, cinema;

s) autoveicoli adibiti a spettacoli viaggianti;

t) autoveicoli attrezzati ad ambulatori mobili;

u) autocappella;

v) auto attrezzate per irrorare i campi;

w) autosaldatrici;

x) auto con installazioni telegrafiche;

y) autoscavatrici;

z) autoperforatrici;

aa) autosega;

bb) autoveicoli attrezzati con gruppi elettrogeni;

cc) autopompe per calcestruzzo;

((dd) autoveicoli per uso abitazione;

ee) autoveicoli per uso ufficio;

ff) autoveicoli per uso officina;

gg) autoveicoli per uso negozio;

hh) autoveicoli attrezzati a laboratori mobili o con apparecchiature mobili di rilevamento;))

((ii) altri autoveicoli dotati di attrezzature riconosciute idonee per l'uso speciale dal Ministero dei trasporti e della navigazione - Direzione generale della M.C.T.C..))

3. Per gli autoveicoli non compresi nell'elenco di cui alla tariffa I annessa alla legge 21 maggio 1955, n. 463, aggiornato con decreto ministeriale 15 marzo 1958 e' attribuita, nelle annotazioni delle rispettive carte di circolazione, una portata fittizia ai fini fiscali, determinata dalla differenza tra massa complessiva del veicolo e la tara dello stesso attrezzato con carrozzeria cassone o, in mancanza di tale versione, la tara dell'autotelaio incrementata del 20%.

Art. 204 (Art. 56 Cod. Str.)
(Rimorchi per trasporti specifici
e rimorchi per uso speciale)

1. Sono classificati, ai sensi dell'articolo 56, comma 2, lettera c), del codice, per il trasporto specifico i rimorchi ed i semirimorchi dotati di una delle seguenti carrozzerie permanentemente installate:

a) furgone isotermico, o coibentato, con o senza gruppo refrigerante, riconosciuto idoneo per il trasporto di derrate in regime di temperatura controllata;

b) carrozzeria idonea per il carico, la compattazione, il trasporto e lo scarico di rifiuti solidi urbani;

c) cisterne per il trasporto di liquidi o liquami;

d) cisterna, o contenitore appositamente attrezzato, per il trasporto di materiali sfusi o ((pulvirulenti)) ;

e) telai attrezzati con dispositivi di ancoraggio per il trasporto di containers o casse mobili di tipo unificato;

f) telai con selle per il trasporto di coils;

g) betoniere;

h) carrozzerie destinate al trasporto di persone in particolari condizioni e distinte da una particolare attrezzatura idonea a tale scopo;

i) carrozzerie particolarmente attrezzate per il trasporto di materie classificate pericolose ai sensi dell'ADR o di normative comunitarie in proposito;

l) carrozzerie speciali, a guide carrabili e rampe di carico, idonee esclusivamente al trasporto di veicoli;

((m) carrozzerie, anche ad altezza variabile, per il trasporto esclusivo di animali vivi;

n) telai attrezzati per il trasporto di imbarcazioni o di velivoli;))

((o) altre carrozzerie riconosciute idonee al trasporto specifico dal Ministero dei trasporti e della navigazione - Direzione generale della M.C.T.C..))

2. Sono classificati, ai sensi dell'articolo 56, comma 2, lettera d), del codice, per uso speciale i rimorchi:

a) destinati esclusivamente a servire gli autoveicoli ad uso speciale da cui sono trainati;

b) carrozzati conformemente all'autoveicolo per uso speciale da cui sono trainati;

c) adibiti al trasporto su strada di veicoli ferroviari ((;))

((d) attrezzati con pompe;

e) attrezzati con scale;

f) attrezzati con gru;

g) attrezzati con saldatrici;

h) attrezzati con scavatrici;

i) attrezzati con perforatrici;

l) attrezzati con gruppi elettrogeni;

m) attrezzati con bobine avvolgicavi;

n) attrezzati per uso abitazione;

o) attrezzati per uso ufficio;

p) attrezzati per uso officina;

q) attrezzati per uso negozio;

r) attrezzati con laboratori mobili o con apparecchiature mobili di rilevamento;

s) dotati di altre attrezzature riconosciute idonee per l'uso speciale dal Ministero dei trasporti e della navigazione - Direzione generale della M.C.T.C..))

3. Per i rimorchi non compresi nell'elenco di cui alla tariffa I annessa alla legge 21 maggio 1955, n. 463, aggiornato dal decreto ministeriale 15 marzo 1958 e' attribuita, nelle annotazioni delle rispettive carte di circolazione, una portata fittizia ai fini fiscali, determinata dalla differenza tra massa complessiva del veicolo e la tara dello stesso attrezzato con carrozzeria cassone o, in mancanza di tale versione, la tara del telaio incrementata del 20%.

Art. 205 (Art. 56 Cod. Str.)
(Dimensioni, masse, organi di traino
ed identificazione dei carrelli-appendice)

1. Le dimensioni e le masse massime ammissibili dei carrelli-appendice in relazione alla massa a vuoto dell'autoveicolo trattore sono:

a) per autoveicolo trattore di massa a vuoto non superiore a 1000 kg: 2 m di lunghezza, compresi gli organi di traino; 1,20 m di larghezza; 300 kg di massa complessiva a pieno carico;

b) per autoveicolo trattore di massa a vuoto superiore a 1000 kg: 2,50 m di lunghezza, compresi gli organi di traino; 1,50 m di larghezza; 600 kg di massa complessiva a pieno carico;

c) per i soli autobus di massa a vuoto superiore a 2500 kg: 4,10 m di lunghezza, compresi gli organi di traino; 1,80 m di larghezza; 2000 kg di massa complessiva a pieno carico.

2. La larghezza del carrello-appendice non deve comunque superare quella dell'autoveicolo trattore e l'altezza massima non deve essere superiore a 2,50 m.

3. I carrelli-appendice a una ruota devono avere gli organi di traino muniti di due attacchi, la cui idoneita' deve essere accertata in sede di visita e prova, in conformita' con le prescrizioni emanate dal Ministero dei trasporti - Direzione generale della M.C.T.C. Per gli occhioni ed i timoni dei carrelli appendice a due ruote si applicano le stesse norme valide per i rimorchi di corrispondente massa complessiva.

4. Ogni carrello-appendice deve essere individuato con un numero

progressivo di costruzione punzonato anteriormente sul lato destro del telaio a cura della fabbrica costruttrice.

5. Nella carta di circolazione del veicolo trattore devono essere annotati il numero del telaio, le dimensioni, la carrozzeria, la massa complessiva ed il tipo di dispositivo di frenatura del carrello appendice di cui e' ammesso il traino.

Art. 206 (Art. 57 Cod. Str.)
(Attrezzature delle macchine agricole)

1. Le attrezzature delle macchine agricole sono apparecchiature utilizzate per l'effettuazione delle attivita' agricole e forestali di cui all'articolo 57, comma 1, del codice ((e per lo svolgimento delle attivita' di manutenzione e di tutela del territorio)).

((1-bis. Le macchine agricole attrezzate per lo svolgimento delle attivita' di manutenzione e di tutela del territorio rispettano le prescrizioni dell'articolo 104, comma 7, del codice.))

2. Ai fini della circolazione stradale le attrezzature di cui al comma 1 si distinguono in attrezzature portate e semiportate; entrambi i tipi di attrezzature sono agganciate agli appositi attacchi montati sulla macchina agricola.

3. Sono attrezzature portate quelle la cui massa viene integralmente trasmessa alla strada tramite la macchina agricola.

4. Sono attrezzature semiportate quelle la cui massa viene parzialmente trasmessa alla strada dalla o dalle ruote equipaggianti l'attrezzatura stessa; in tal caso gli appositi attacchi devono consentire una oscillazione dell'attrezzatura sul piano verticale.

5. Sono fatte salve, in quanto applicabili, le disposizioni contenute nella legge 8 agosto 1977, n. 572 e successive modificazioni.

Art. 207 (Art. 57 Cod. Str.)
(Trattrici agricole con piano di carico)

1. Le trattrici agricole di cui all'articolo 57, comma 2, lettera a), punto 1), del codice possono essere allestite con piano di carico anche amovibile nel rispetto delle prescrizioni seguenti:

a) quando la carreggiata minima di uno degli assi e' inferiore o uguale a ((1,35)) m:

    a1) le dimensioni del piano di carico non possono superare, in lunghezza, 3,4 volte la carreggiata minima e, in larghezza, 1,60 m;

    a2) la lunghezza del veicolo non puo' superare 6,00 m;

    a3) la massa a pieno carico della trattrice non puo' superare 3,5 t;

b) quando la carreggiata minima di uno degli assi e' superiore a ((1,35)) m, la lunghezza del piano di carico non puo' superare 1,4 volte la carreggiata massima ammissibile per la circolazione; la larghezza massima di detto piano non deve superare quella massima ammessa per la circolazione stradale della trattrice agricola priva di attrezzi.

2. Nel caso di accoppiamento di trattrice agricola con rimorchio ad uno o piu' assi, ovvero con macchina agricola operatrice trainata, non si devono verificare interferenze tra i piani di carico dei veicoli nell'ambito dei gradi di liberta' previsti per gli organi di agganciamento.

Art. 208 (Art. 57 Cod. Str.)
(Limiti per il trasporto delle persone
con le macchine agricole)

1. Il trasporto per motivi di lavoro dell'accompagnatore di animali o di prodotti agricoli o di sostanze di uso agrario, nonche' degli addetti ai lavori agricoli, puo' essere consentito nel limite massimo di due unita' soltanto sulle trattrici agricole nonche' sulle macchine agricole operatrici semoventi a due o piu' assi aventi velocita' massima non superiore a 30 km/h; il trasporto di persone sui rimorchi agricoli e' ammesso nei limiti e con le modalita' fissate nell'articolo 209. E' comunque vietato il trasporto di

persone in piedi.

2. Per effettuare il trasporto di persone occorre richiedere ad un ufficio provinciale della Direzione generale della M.C.T.C. l'accertamento dell'idoneita' della macchina stessa, attrezzata per il trasporto di persone. L'ufficio provinciale della Direzione generale della M.C.T.C., accertata l'idoneita' della macchina, annota sulla carta di circolazione il numero delle persone che possono essere trasportate, compreso il conducente, e l'attrezzatura prescritta.

3. Il trasporto di persone sui rimorchi agricoli puo' effettuarsi soltanto dal luogo dove ha sede l'azienda agricola o dal centro di raccolta al posto di lavoro, e viceversa.

4. Sulla carta di circolazione del rimorchio devono essere, inoltre, indicate le targhe delle trattrici alle quali il rimorchio stesso puo' essere agganciato.

Art. 209 (Art. 57 Cod. Str.)
(Equipaggiamento ed attrezzatura delle macchine
agricole semoventi per il trasporto di persone)
1. I sedili per accompagnatori, equipaggianti le macchine agricole semoventi, devono rispondere alle prescrizioni di cui all'allegato 7 del decreto del Presidente della Repubblica 10 febbraio 1981, n. 212; dette prescrizioni si applicano integralmente per le trattrici agricole e, per quanto possibile, per le altre macchine agricole semoventi.

2. I rimorchi agricoli, per effettuare il trasporto di persone, devono essere di tipo omologato, almeno a due assi, equipaggiati con dispositivo di frenatura di tipo continuo ed automatico oppure misto ed automatico; devono, inoltre, essere muniti di ((idonee sospensioni)).

3. I sedili disposti sul pianale del rimorchio, durante il trasporto delle persone, devono essere fissati solidamente, sia dalla parte anteriore che da quella posteriore ed in corrispondenza di intervalli non superiori a due posti, con elementi in ferro e bulloni direttamente alla struttura portante del veicolo.

4. Sono vietati l'attacco dei sedili alle sponde del rimorchio e la possibilita' di appoggio delle persone alle sponde stesse; i sedili devono essere muniti di spalliera dell'altezza di almeno 300 mm e di braccioli, alle estremita' laterali, alti almeno 200 mm.

5. La larghezza del sedile per ciascun posto non dovra' essere inferiore a 500 mm, la profondita' non inferiore a 300 mm, la distanza tra gli schienali di due file parallele di sedili non inferiore a 800 mm.

6. La corsia longitudinale non dovra' essere inferiore a 400 mm, misurata all'altezza del piano del sedile.

7. Il rimorchio, durante il trasporto delle persone, deve essere equipaggiato con centine e telone per tutta la sua lunghezza, oppure con sponde alte non meno di 900 mm, e munito di scala amovibile.

8. Il numero delle persone trasportabili e' commisurato al numero dei posti a sedere e, comunque, mai superiore a 20. Inoltre la somma della massa delle persone trasportate, determinata assumendo convenzionalmente la massa di ciascuna persona pari a 70 kg piu' 10 kg di bagagli o attrezzi, e della tara del rimorchio attrezzato, non deve superare la massa complessiva a pieno carico assegnata al rimorchio stesso in sede di omologazione.

Art. 210 (Art. 57 Cod. Str.)
(Velocita' teorica ed effettiva
delle macchine agricole semoventi)
1. La velocita' massima teorica per costruzione delle macchine agricole semoventi di cui all'articolo 57 del codice deve essere calcolata secondo tabelle di unificazione approvate dal Ministero dei trasporti - Direzione generale della M.C.T.C.

2. La velocita' massima effettiva deve essere verificata secondo tabelle di unificazione approvate dal Ministero dei trasporti -

Direzione generale della M.C.T.C.

3. Alle velocita' massime del veicolo indicate dal costruttore e rientranti nei limiti previsti dall'articolo 57 del codice, si applicano le tolleranze previste al riguardo dalle normative comunitarie.

Art. 211 (Art. 58 Cod. Str.)
(Limiti e modalita' di circolazione delle macchine operatrici)

1. Le macchine operatrici, di cui all'articolo 58 del codice, possono circolare su strada nel rispetto delle prescrizioni imposte dall'articolo 114 del codice ((, nonche' di quelle eventualmente riportate, ai fini della sicurezza della circolazione stradale e della destinazione, sulla relativa carta di circolazione rilasciata da un ufficio provinciale della Direzione generale della M.C.T.C..))
2. Nell'evenienza di cui al comma 1, le macchine operatrici possono altresi' circolare con o senza le attrezzature di lavoro riconosciute installabili o asportabili in sede di approvazione o di omologazione, purche', in ogni caso, vengano rispettati i limiti dimensionali o di massa accertati in tale sede, ivi compreso il valore del rapporto minimo fra la massa o le masse gravanti sull'asse o sugli assi anteriori e quella o quelle gravanti sull'asse o sugli assi posteriori.
3. Delle possibilita' previste al comma 2 deve essere fatta esplicita menzione sulla carta di circolazione rilasciata da un'ufficio provinciale della Direzione generale della M.C.T.C. per la macchina operatrice interessata.

Art. 212 (Art. 58 Cod. Str.)
(Attrezzature delle macchine operatrici)

1. Le macchine operatrici possono essere approvate od omologate con attrezzature tra loro diversificate, a condizione che il sistema di lavoro non subisca variazioni secondo le prescrizioni dettate in merito dal Ministro dei trasporti con proprio decreto.

Art. 213 (Art. 58 Cod. Str.)
(Disciplina dei mezzi di movimentazione destinati ad operare nelle aree portuali)

1. Sono denominati mezzi di movimentazione i veicoli destinati a trasporti combinati o alla movimentazione di veicoli e containers carrellati nelle aree portuali, aeroportuali o di interscambio, o destinati a collegare due o piu' delle aree suddette, anche se interrotte da aree pubbliche.
2. I mezzi di movimentazione sono inquadrati tra le macchine operatrici di cui all'articolo 58, comma 2, lettera c), del codice.
3. Le prescrizioni tecniche per l'immissione in circolazione dei mezzi di movimentazione sono stabilite dal Ministro dei trasporti con proprio decreto.

Art. 214 (Art. 60 Cod. Str.)
(Motoveicoli ed autoveicoli d'epoca)

1. Ai veicoli d'epoca, ((iscritti nell'apposito elenco previsto nell'art. 60, comma 2, del codice,)) per la circolazione nei luoghi consentiti, e' rilasciato il foglio di via e la targa provvisoria previsti dall'articolo 99 del codice.
2. Nel foglio di via e' indicata la sua validita', limitata al percorso interessato dalla manifestazione o raduno ed alla sua durata, nonche' la velocita' massima consentita in relazione alle garanzie di sicurezza offerte dal veicolo. Tale velocita' non puo' superare i seguenti limiti:
    a) 40 km/h, in ogni caso;
    b) 25 km/h, qualora il veicolo abbia un impianto frenante di soccorso agente su una sola ruota;
    c) 15 km/h, nel caso in cui il veicolo non sia munito di pneumatici.

3. Le richieste del foglio di via e delle targhe provvisorie sono avanzate all'ufficio provinciale della Direzione generale della M.C.T.C. nella cui circoscrizione si svolge il raduno o la manifestazione, oppure ove questi abbiano inizio, nel caso di coinvolgimento di province diverse. Tali richieste sono redatte a nome dell'ente organizzatore della manifestazione e indicano, ciascuna, il nome del proprietario del veicolo, la fabbrica, il tipo ed il numero di telaio o di motore del veicolo stesso, il percorso e la durata della manifestazione o del raduno.

4. Il rilascio dell'autorizzazione alla circolazione e' subordinato alla condizione che il raduno o la manifestazione interessi non meno di 15 partecipanti, al nulla osta dell'ente o degli enti proprietari delle strade interessate nonche' alla prescrizione della scorta degli organi di Polizia.

((5. Le tariffe per l'iscrizione e la cancellazione nell'apposito elenco, istituito presso il Centro storico della Direzione generale della M.C.T.C., sono stabilite dal Ministro dei trasporti e della navigazione, di concerto con il Ministro del tesoro, sentito il Ministro delle finanze.))

Art. 215 (Art. 60 Cod. Str.)
(Motoveicoli ed autoveicoli d'interesse storico o collezionistico)

1. Sono classificati d'interesse storico o collezionistico i motoveicoli e gli autoveicoli iscritti in uno dei registri ASI, Storico Lancia, Italiano Fiat, Italiano Alfa Romeo e da questo dotati della certificazione attestante la rispettiva data di costruzione nonche' le caratteristiche tecniche.

2. La data di costruzione deve risultare precedente di almeno 20 anni a quella di richiesta di riconoscimento nella categoria in questione. Le caratteristiche tecniche devono comprendere almeno tutte quelle necessarie per la verifica di idoneita' alla circolazione del motoveicolo o dell'autoveicolo ai sensi dei commi 5 e 6.

3. I veicoli d'interesse storico o collezionistico devono conservare le caratteristiche originarie di fabbricazione, salvo le eventuali modifiche imposte per la circolazione dalle norme stabilite al comma 5.

4. Possono altresi' essere riconosciute ammissibili dal Ministero dei trasporti ((e della navigazione)) - Direzione generale della M.C.T.C. modifiche o sostituzioni determinate dalla impossibilita' di reperire i componenti originari o non realizzabili ad un costo ragionevole, oppure derivanti dall'esigenza di ripristino del veicolo nelle condizioni originarie risultanti all'atto della sua prima immatricolazione. In ogni caso tali diversita' o modifiche devono essere riportate sulla carta di circolazione, unitamente all'anno di fabbricazione del veicolo.

5. La circolazione dei veicoli di interesse storico e collezionistico e' subordinata alla verifica delle prescrizioni dettate per tali veicoli ((al punto F, lettera b))) dell'appendice V al presente titolo sui sistemi di frenatura, sui dispositivi di segnalazione acustica, silenziatori e tubi di scarico, segnalazione visiva e d'illuminazione nonche' sui pneumatici e sistemi equivalenti ((sulle sospensioni, sui vetri e specchi retrovisori e sul campo di visibilita' del conducente.))

6. Per i motoveicoli e gli autoveicoli di interesse storico e collezionistico sono ammessi sistemi, dispositivi e componenti aventi caratteristiche differenti da quelle prescritte in generale per i motoveicoli e gli autoveicoli dal presente regolamento, a condizione che detti dispositivi ed organi siano stati riconosciuti ammissibili dal Ministero dei trasporti ((e della navigazione)) alla data di fabbricazione dei veicoli interessati e purche' siano di efficienza equivalente a quella dei sistemi, dispositivi e componenti prescritti in generale per i motoveicoli e gli autoveicoli. Sono ammesse le sporgenze fuori sagoma dei galletti dei mozzi delle ruote a raggi.

7. La cancellazione del motoveicolo o dell'autoveicolo da uno dei registri di iscrizione di cui al comma 1 comporta la cessazione della circolazione dello stesso ed e' subordinata all'osservanza delle prescrizioni dettate dall'articolo 103 del codice.

8. Le tariffe ((per)) l'iscrizione e la cancellazione dai registri di cui al comma 1, nonche' le certificazioni rilasciate dagli stessi, sono stabilite periodicamente ((dal Ministro dei trasporti e della navigazione di concerto con il Ministro del tesoro, sentito il Ministro delle finanze.))

Art. 216 (Art. 61 Cod. Str.)
(Lunghezza massima degli autoarticolati,
degli autotreni e dei filotreni)

1. La lunghezza massima di 16,50 m e' consentita per gli autoarticolati in cui l'avanzamento dell'asse della ralla, misurato orizzontalmente, rispetto alla parte posteriore del semirimorchio, risulti non superiore a 12,00 m e, rispetto ad un punto qualsiasi della parte anteriore del semirimorchio, risulti non superiore a 2,04 m. Qualora non si verifichi anche una sola delle dette condizioni, la lunghezza degli autoarticolati non puo' superare 15,50 m, fermo restando quanto stabilito in proposito dalla direttiva 85/3/CEE e successive modificazioni.

2. La lunghezza massima di 18,35 m e' consentita per gli autotreni ed i filotreni che presentano una distanza massima di 15,65 m, misurata parallelamente all'asse longitudinale dell'autotreno, tra l'estremita' anteriore della zona di carico dietro l'abitacolo e l'estremita' posteriore del rimorchio del veicolo combinato, meno la distanza fra la parte posteriore del veicolo a motore e la parte anteriore del rimorchio nonche' una distanza massima di 16,00 m, sempre misurata parallelamente all'asse longitudinale dell'autotreno, tra l'estremita' anteriore della zona di carico dietro l'abitacolo e l'estremita' posteriore del rimorchio del veicolo combinato. Qualora non si verifichi anche una sola delle dette condizioni, la lunghezza degli autotreni e dei filotreni non puo' superare 18,00 m, fermo restando quanto stabilito in proposito dalla direttiva 85/3/CEE e successive modificazioni.

3. Il Ministro dei trasporti, con decreto emesso di concerto con il Ministro dei lavori pubblici puo' determinare per gli autoarticolati, per gli autotreni e per i filotreni valori dimensionali diversi da quelli indicati ai commi 1 e 2.

Art. 217 (Art. 61 Cod. Str.)
(Inscrivibilita' in curva dei veicoli - Fascia d'ingombro)

1. Ogni veicolo a motore, o complesso di veicoli, ((compreso il relativo carico,)) deve potersi inscrivere in una corona circolare (fascia d'ingombro) di raggio esterno 12,50 m e raggio interno 5,30 m. Per i complessi di veicoli deve, inoltre, essere verificata la condizione di inscrizione del complesso entro la ((zona racchiusa dalla)) curva di minor raggio descritta dal veicolo trattore, nonche' la possibilita' di transito su curve altimetriche della superficie stradale.

((2. Ai veicoli impiegati per il trasferimento di carrozzerie prive di carico utile, riconosciute idonee per il trasporto di merci deperibili in regime di temperatura controllata (ATP), che soddisfano le condizioni del comma 1, si applica, nei soli confronti delle predette carrozzerie, il limite per la larghezza massima prevista all'articolo 61, comma 4, del codice.))

((3.)) Le condizioni di inscrizioni e le possibilita' di transito sono definite da tabelle di unificazione ((approvate)) dal Ministero dei trasporti ((e della navigazione)) - Direzione generale della M.C.T.C.

((4.)) Al fine di stabilire condizioni generalizzate di compatibilita' tra veicoli trattori e veicoli rimorchiati, il Ministero dei trasporti ((e della navigazione)) - Direzione generale della M.C.T.C. definisce le caratteristiche di normalizzazione di tali veicoli, sostitutive delle verifiche indicate al comma 1.

Art. 218 (Art. 62 Cod. Str.)
(Massa limite sugli assi)

1. Fermo restando quanto prescritto dall'articolo 62 del codice, la massa massima gravante su ciascun asse di un veicolo non puo' eccedere il valore limite riconosciuto ammissibile dalla casa costruttrice del veicolo stesso. Nel caso di inosservanza si applicano le sanzioni previste dall'articolo 62, comma 7, del codice.

Art. 219 (Art. 63 Cod. Str.)
(Valore massimo della massa rimorchiabile e sua determinazione. Procedure per l'agganciamento dei rimorchi)

1. Il valore massimo ammissibile della massa rimorchiabile, nonche' le modalita' e le procedure per l'agganciamento dei rimorchi sono stabiliti nell'appendice III al presente titolo.

2. Il Ministro dei trasporti ((e della navigazione)), con proprio provvedimento, puo' emanare disposizioni per l'indicazione, sulla carta di circolazione dei rimorchi o dei semirimorchi, dei tipi o delle classi di appartenenza delle motrici idonee al traino degli stessi, in relazione alle caratteristiche necessarie a garantire le condizioni di sicurezza di circolazione del complesso e della capacita' di trazione della motrice.

3. Gli abbinamenti di veicoli che, singolarmente o nel complesso, superino i limiti stabiliti dagli articoli 61 o 62 del codice sono consentiti, a seguito di visita e prova da effettuarsi presso un ufficio provinciale della Direzione generale della M.C.T.C., nel rispetto delle condizioni previste al comma 6, dell' ((appendice III)) al presente titolo con esclusione ((delle lettere b), e) ed f))) dello stesso comma, nonche' delle altre prescrizioni ((riguardanti i veicoli eccezionali o adibiti ai trasporti eccezionali, ivi comprese quelle)) dettate in proposito dal Ministero dei trasporti ((e della navigazione)) - Direzione generale della M.C.T.C. L'autorizzazione alla circolazione del complesso deve essere annotata sulla carta di circolazione del rimorchio o del semirimorchio con le modalita' dettate dalle prescrizioni predette.

CAPO II
DEI VEICOLI A TRAZIONE ANIMALE, SLITTE E VELOCIPEDI

Art. 220 (Artt. 64 e 69 Cod. Str.)
(Dispositivi di frenatura dei veicoli a trazione animale e delle slitte)

1. Il sistema frenante dei veicoli a trazione animale, a due ruote con cerchioni in ferro, realizzato con ceppi, tappi o tamponi, agenti sui cerchioni, deve essere azionato a mezzo di una manovella a vite meccanica o a vite senza fine. La manovella di azionamento del freno deve essere situata, di regola, sulla parte esterna di una delle stanghe. I ceppi, tappi o tamponi si appoggiano sulla superficie esterna del cerchione in ferro e con la pressione esercitata agiscono da freno del veicolo.

2. Il sistema frenante dei veicoli a trazione animale a quattro ruote con cerchioni in ferro e' uguale a quello dei veicoli a due ruote e deve essere impiantato in modo da agire almeno sulle due ruote posteriori del veicolo.

3. Il sistema frenante dei veicoli a trazione animale a due ruote gommate comprende due tamburi situati sulla faccia interna delle due ruote e solidali con le stesse. Ai detti tamburi metallici viene applicato il meccanismo di frenatura che puo' consistere in due ceppi con guarnizioni agenti ad espansione nell'interno del tamburo ovvero in un nastro metallico munito internamente di guarnizioni che agisce sulla parete esterna del tamburo. I ceppi, situati all'interno del

tamburo, allargandosi, strisciano sulla superficie interna del
tamburo e agiscono da freno sulla ruota. Analogamente si comporta il
nastro metallico che, stringendosi, striscia sulla superficie esterna
del tamburo e frena la ruota.

4. Il sistema frenante dei veicoli a trazione animale a quattro
ruote gommate e' lo stesso di quello dei veicoli a due ruote gommate.
E' necessario che almeno le due ruote posteriori siano munite di
detto dispositivo di frenatura. I carri agricoli possono essere
muniti di freni azionati mediante leva collocata sotto il pianale, a
sua volta manovrata con apposita leva di comando, purche' sia
assicurata l'efficacia della frenatura.

5. Le slitte devono avere un dispositivo di frenatura consistente
in uno o piu' arpioni applicati sui longheroni delle slitte stesse e
manovrati con leve o volantini, oppure a mezzo rullo ancorato alla
estremita' posteriore dei due longheroni, munito di arpioni e
manovrato per mezzo di leve o volantino, oppure a mezzo di catene
avvolte nella parte anteriore dei longheroni. L'uso di questi
dispositivi di frenatura e' consentito soltanto su strade ricoperte
da uno strato di neve o di ghiaccio, sufficiente a preservare il
manto stradale.

Art. 221 (Artt. 65 e 69 Cod. Str.)
(Dispositivi di segnalazione visiva dei veicoli a trazione animale e
delle slitte)
1. La segnalazione anteriore a luce bianca dei veicoli a trazione
animale e delle slitte deve essere realizzata mediante due fanali la
cui luce sia visibile in avanti almeno da 100 m di distanza.

2. La segnalazione posteriore a luce rossa degli stessi veicoli
deve essere realizzata mediante due fanali la cui luce deve essere
visibile all'indietro almeno da 100 m di distanza.

3. I fanali anteriori non devono proiettare luce bianca
all'indietro e quelli posteriori luce rossa in avanti. La luce di
detti fanali puo' essere ottenuta sia con apparecchi a pile od
accumulatori, sia con sorgenti a petrolio, gas di petrolio
liquefatto, od altro combustibile idoneo a scopi di illuminazione.

4. I catadiottri di cui devono essere muniti i veicoli a trazione
animale e le slitte devono rispondere alle stesse prescrizioni valide
per i catadiottri degli autoveicoli. Detti dispositivi possono
rimanere sospesi in guisa da oscillare purche' sia sempre assicurata
la visibilita' geometrica stabilita per ciascuno di essi.

Art. 222 (Art. 67 Cod. Str.)
(Targhe dei veicoli a trazione animale e delle slitte)
1. La targa di riconoscimento dei veicoli a trazione animale e
delle slitte e' costituita da un lamierino di alluminio di forma
rettangolare dello spessore di 7/10 di mm e delle dimensioni di 68 mm
x 190 mm. Detta targa, che agli angoli deve essere provvista di fori
per il fissaggio nella parte anteriore destra del veicolo, deve avere
il fondo: rosso lacca, se destinata a veicoli per trasporto di
persone, verde, se destinata ai veicoli per trasporto di cose,
azzurro, se destinata ai carri agricoli. La vernice
di fondo deve essere data a fuoco.

2. La targa deve contenere le seguenti indicazioni:
    a) in alto, a sinistra: la destinazione del veicolo (veicolo per
trasporto di persone, veicolo per trasporto di cose, carro agricolo);
    b) in alto, al centro: numero di matricola del veicolo;
    c) nel mezzo: l'indicazione della Provincia e del Comune;
    d) nella parte immediatamente inferiore: il cognome e nome del
proprietario del veicolo o la denominazione della ditta;
    e) in basso, a destra: il contrassegno circolare dello Stato
recante il simbolo della Repubblica italiana.

3. Le targhe dei veicoli destinati al trasporto di cose e dei carri
agricoli devono contenere nel mezzo, a destra, anche la indicazione
della massa complessiva a pieno carico consentita, della tara e della
larghezza dei cerchioni. Per i veicoli destinati al trasporto di

persone deve essere indicato altresi' il numero massimo di persone trasportabili compresi il o i conducenti.

4. Le caratteristiche e le indicazioni delle targhe risultano dalle figure III.1/ a, III.1/ b, III.1/ c, cui devono conformarsi le targhe apposte sui veicoli.

5. L'incisione sulla targa delle indicazioni di cui al comma 2 deve essere eseguita chimicamente, salvo il nominativo del proprietario o della ditta ed il numero di matricola che devono essere incisi con pantografo o con punzone. Analogamente con pantografo o con punzone devono essere incisi la massa complessiva a pieno carico, la tara, la larghezza dei cerchioni e il numero di persone trasportabili.

6. Le indicazioni della targa di riconoscimento di ciascun veicolo a trazione animale devono essere desunte dal registro matricolare per i veicoli a trazione animale tenuto dal Comune. In caso di smarrimento, sottrazione o distruzione delle targhe di cui devono essere muniti i veicoli a trazione animale, si applica l'articolo 102 del codice.

7. Il prezzo di fornitura delle targhe di riconoscimento fissato con il decreto di cui all'articolo 67, comma 3, del codice, puo' essere aggiornato con cadenza biennale con decreto del Ministro dei lavori pubblici.

Art. 223 (Art. 68 e 69 Cod. Str.)
(Dispositivi di frenatura ((e di segnalazione acustica)) dei velocipedi)

1. I dispositivi indipendenti di frenatura, l'uno sulla ruota anteriore e l'altro su quella posteriore, possono agire sia sulla ruota (pneumatico o cerchione) sia sul mozzo, sia, in genere, sugli organi di trasmissione.

2. Il comando del freno puo' essere tanto a mano quanto a pedale.

3. La trasmissione fra comando e freni, puo' essere attuata con sistemi di leve rigide a snodo, con cavi flessibili ((o con sistemi di trasmissione idraulica)).

4. I sistemi di cui ai commi 1, 2 e 3 possono essere applicati sia internamente sia esternamente alle strutture del veicolo.

((5. Il suono emesso dal campanello deve essere di intensita' tale da poter essere percepito ad almeno 30 m di distanza.))

Art. 224 (Art. 68 e 69 Cod. Str.)
(Dispositivi di segnalazione visiva dei velocipedi)

((1. La luce anteriore consiste in un fanale a luce bianca o gialla, ad alimentazione elettrica, posto ad una altezza compresa tra un minimo ((di 30 cm)) ed un massimo di 100 cm da terra ed orientato in modo che l'asse ottico incontri il terreno antistante il velocipede a non oltre 20 m.

2. La luce emessa deve dare un illuminamento, misurato su uno schermo verticale posto a 10 m avanti al fanale, maggiore o eguale a 2 lux nel punto corrispondente alla proiezione sullo schermo del centro del fanale e su una linea orizzontale passante per detto punto per una estensione di 1 m a destra e di 1 m a sinistra di esso. In nessun punto dello schermo situato a 60 cm al di sopra di detta orizzontale l'illuminamento deve superare 5 lux.

3. La luce di posizione posteriore rossa, ad alimentazione elettrica, deve trovarsi sul piano di simmetria del velocipede, ad altezza da terra non superiore ((a 1 m)), comunque non al di sotto del dispositivo a luce riflessa, ed avere il fascio luminoso diretto verso l'indietro, con l'asse orizzontale contenuto nel suddetto piano di simmetria.

4. La visibilita' verso l'indietro deve essere assicurata entro un campo di (Piu' o Meno) 15 gradi in verticale e di (Piu' o Meno) 45 gradi in orizzontale.

5. L'intensita' della luce emessa non deve essere inferiore a 0,05 candele entro un campo di (Piu' o Meno) 10 gradi in verticale e di (Piu' o Meno) 10 gradi in orizzontale.

6. ((COMMA SOPPRESSO DAL D.P.R. 16 SETTEMBRE 1996, N. 610)).

((6.)) Il dispositivo catadiottrico ((posteriore)) a luce riflessa rossa deve essere montato su idoneo supporto con l'asse di riferimento orizzontale e parallelo al piano verticale longitudinale di simmetria del veicolo. Non deve esservi ostacolo alla propagazione della luce tra il dispositivo e l'occhio dell'osservatore situato nello spazio comune a due diedri ortogonali i cui spigoli, uno orizzontale e l'altro verticale, passano per il centro della superficie riflettente con angoli rispettivamente di (Piu' o Meno) 45 gradi e di (Piu' o Meno) 15 gradi. ((Il dispositivo deve essere posto ad una altezza non superiore a 90 cm)) da terra misurata tra il bordo superiore del dispositivo ed il terreno, e deve essere di forma tale che possa essere inscritto in un rettangolo con lati le cui lunghezze siano in rapporto non superiore a due. Il dispositivo puo' essere abbinato alla luce di posizione posteriore, purche' le superfici luminose dei due dispositivi restino separate.

((7.)) I dispositivi ((catadiottrici)) a luce riflessa gialla, da applicare sui due fianchetti di ciascun pedale e gli analoghi dispositivi da applicare sui due lati di ciascuna ruota, devono essere montati in modo che le superfici utili siano esterne ai pedali ed alle ruote, rispettivamente perpendicolari ai piani dei pedali e paralleli ai piani delle ruote e di forma tale che possano essere inscritti in un rettangolo con lati le cui lunghezze siano in rapporto non superiore ad otto.

((8.)) I valori minimi di intensita' luminosa, in millicandele riflesse per ogni lux di luce bianca incidente sui vari dispositivi, ed in funzione dei diversi angoli d'incidenza e di divergenza devono essere quelli indicati nell'appendice IV, comma 1, del presente titolo.

((9.)) Le caratteristiche del materiale riflettente dei dispositivi ((catadiottrici)) a luce rossa e a luce gialla sono quelle di cui alla suddetta appendice, commi 2, 3 e 4.

((10.)) I tipi di dispositivi previsti dalla suddetta appendice devono essere omologati dal Ministero dei lavori pubblici - Ispettorato generale per la circolazione e la sicurezza stradale e devono portare stampigliati, in posizione visibile, gli elementi di cui all'articolo 192, comma 7, e, qualora agli effetti del montaggio sia prescritta una determinata posizione, la dicitura "alto" od altra simile.))

Art. 225 (Art. 68 e 69 Cod. Str.)
(((Caratteristiche costruttive delle attrezzature per il trasporto dei bambini sui velocipedi)

1. L'attrezzatura idonea, ai sensi dell'articolo 68, comma 5, del codice, al trasporto su un velocipede di un bambino fino ad otto anni di eta', e' costituita da un apposito seggiolino composto da: sedile con schienale, braccioli, sistema di fissaggio al velocipede e sistema di sicurezza del bambino. I braccioli possono essere omessi nel caso di seggiolini destinati esclusivamente al fissaggio in posizione posteriore al conducente, per il trasporto di bambini di eta' superiore ai quattro anni.

2. Il seggiolino e' realizzato e predisposto per l'installazione in modo che, anche durante il trasporto del bambino, non siano superati i limiti dimensionali fissati per i velocipedi dall'articolo 50 del codice, non sia ostacolata la visuale del conducente e non siano limitate la possibilita' e la liberta' di manovra da parte dello stesso.

3. Il sistema di sicurezza del bambino e' costituito da bretelle o cintura di contenimento e da una struttura di protezione dei piedi del bambino. Tale struttura di protezione puo' far parte del seggiolino od essere elemento separato dallo stesso, nel qual caso e' montata direttamente sul velocipede; in ogni caso deve essere idonea ad impedire il contatto dei piedi con le parti in movimento.

4. Il sistema di fissaggio previsto deve garantire l'ancoraggio del seggiolino al velocipede impedendone, in ogni caso, lo sganciamento accidentale. Per i seggiolini per i quali si prevede il montaggio in

posizione anteriore, tra il manubrio ed il conducente, e che sono idonei al trasporto di bambini la cui massa non e' superiore a 15 Kg, sono ammessi sistemi di fissaggio sia al telaio, sia al piantone, sia al manubrio. In quest'ultimo caso, l'interasse tra gli agganci al manubrio non e' superiore a 10 cm. Per i seggiolini per i quali si prevede il montaggio in posizione posteriore, sono ammessi sistemi di fissaggio sia al telaio sia ad un accessorio portapacchi. In tal caso, nelle istruzioni per il montaggio ed indicazioni d'uso del seggiolino di cui al comma 5, e' evidenziata chiaramente la portata minima del portapacchi, necessaria per garantire il trasporto del bambino in condizioni di sicurezza.

5. Ciascun seggiolino e' munito di istruzioni illustrate per il montaggio e di indicazioni per l'uso atte a garantire il trasporto del bambino in condizioni di sicurezza. Unitamente a tali indicazioni sono riportati gli articoli 68, comma 5, e 182, comma 5, del codice, nonche' gli articoli 225 e 377, comma 5. Alle suddette istruzioni ed indicazioni e' allegata una dichiarazione che attesti la rispondenza del seggiolino alle caratteristiche fissate dal presente articolo. Tale dichiarazione e' sottoscritta, sotto la propria responsabilita', dal produttore oppure da chi provvede alla commercializzazione con proprio marchio, oppure, nel caso di prodotto importato da paesi che non fanno parte della Comunita' europea, da chi lo abbia importato nell'esercizio della propria attivita' commerciale.

6. Sul seggiolino sono impressi in modo visibile, anche dopo il montaggio dello stesso, l'anno di produzione ed il nome del produttore, ovvero di chi provvede alla sua commercializzazione con proprio marchio, oppure, nel caso di prodotto importato da paesi che non fanno parte della Comunita' europea, da chi lo abbia importato nell'esercizio della propria attivita' commerciale.

7. Sono consentiti i rimorchi per velocipedi purche' la lunghezza del velocipede, compreso il rimorchio, non superi 3 m. La larghezza massima totale del rimorchio non deve essere superiore a 75 cm e l'altezza massima, compreso il carico, non deve essere superiore a 1 m. La massa trasportabile non deve essere superiore a 50 Kg. Per la circolazione notturna il rimorchio e' equipaggiato con i dispositivi di segnalazione visiva posteriore e laterale previsti per i velocipedi all'articolo 224.))

Art. 226
(Art. 70 Cod. Str.)
(Servizio di piazza con veicoli a trazione animale)
1. I veicoli a trazione animale, con i quali puo' essere esercitato il servizio di piazza, ai sensi dell'articolo 70, del codice hanno le seguenti caratteristiche:

a) gli elementi che costituiscono la struttura ed i relativi collegamenti, devono essere realizzati con materiali idonei, privi di difetto e di sezione sufficiente per resistere alle sollecitazioni impresse al veicolo in condizioni di circolazione a pieno carico. Tutte le parti dove si riscontrano condizioni di attrito devono essere opportunamente lubrificate;

b) le ruote del veicolo devono essere non piu' di quattro; le due ruote anteriori devono essere posizionate sull'asse del timone collegato alla stanga o alle stanghe di attacco degli animali;

c) le ruote devono essere dotate di cerchioni in ferro di sufficiente spessore in rapporto alla massa a pieno carico del mezzo e devono essere gommate, essendo a tal fine sufficiente la bordatura in gomma, o in materiale similare, delle ruote medesime;

d) la larghezza massima non deve superare, ai mozzi delle ruote posteriori, 1,80 m e, ai mozzi delle ruote anteriori, 1,60 m. La lunghezza massima, escluse le stanghe, non deve superare 3,50 m. Le stanghe devono essere proporzionate alla lunghezza del veicolo e sufficienti per un corretto attacco degli animali posti al tiro. I suddetti veicoli sono, inoltre, dotati:

e) di un doppio dispositivo di frenatura di cui uno di stazionamento e l'altro di servizio; quest'ultimo agisce su tutte le ruote;

f) di non piu' di cinque posti oltre quello del conducente, che deve essere collocato in posizione adeguata per la guida degli animali e per consentire la piu' ampia visibilita' della strada. La postazione di guida deve, comunque, essere anteriore a quella dei passeggeri, che possono essere collocati anche in doppia fila. Nella zona posteriore del veicolo puo' essere ricavato un vano, appositamente attrezzato, per il trasporto dei bagagli, che non devono superare complessivamente la massa di 50 Kg. Il traino del veicolo deve avvenire con non piu' di due animali da tiro.

2. Per poter effettuare il servizio di piazza, il veicolo, se rispondente e conforme a quanto previsto al comma 1, e' approvato da parte del competente ufficio comunale, che lo iscrive in apposito registro. Dell'avvenuta approvazione si da' atto mediante rilascio di una targa su cui sono riportate le parole: "servizio di piazza", come previsto dall'articolo 70, comma 1, del codice, nonche' il numero e la data di iscrizione nel suddetto registro. La targa e' apposta nella parte posteriore del veicolo in modo visibile.

3. Per ottenere la licenza per il servizio di piazza con veicoli a trazione animale, di cui all'articolo 70, commi 1 e 2, del codice, l'interessato deve presentare domanda al Sindaco e corredarla dei suoi dati anagrafici; se il veicolo puo' essere condotto da diversi conducenti, devono essere indicati nella domanda anche i dati anagrafici dei medesimi.

4. Per ottenere la licenza occorre che sussistano i seguenti requisiti:

a) idoneita' fisica del titolare e degli altri eventuali conducenti, da comprovarsi attraverso visita medica da parte dell'ufficiale sanitario del Comune, che rilascia apposito certificato; per condurre i veicoli di piazza si deve essere maggiorenni ((, non aver superato i 75 anni di eta' e, raggiunto il sessantacinquesimo anno di eta', avere effettuato una visita medica presso uno dei medici di cui all'articolo 119, comma 2, del decreto legislativo 30 aprile 1992, n. 285, che accerti il possesso dei requisiti psicofisici richiesti per il rilascio e la conferma di validita' della patente di guida della categoria B));

b) possesso almeno del certificato di licenza elementare da parte del titolare e degli altri conducenti;

c) idoneita' dell'animale o degli animali che devono trainare il veicolo, da comprovarsi mediante visita del veterinario comunale che rilascia apposito certificato;

d) rispondenza del veicolo alle caratteristiche di cui al comma 1, risultanti dall'approvazione e sua idoneita' alla circolazione sulla strada ai fini della sicurezza del traffico e delle persone trasportate; tale idoneita' deve essere dimostrata attraverso un percorso di prova su strada sotto la vigilanza del competente ufficio comunale che ne rilascia certificazione.

5. Ove non sussistano le condizioni di cui al comma 4, l'ufficio comunale competente puo' concedere al richiedente un termine non inferiore a trenta giorni, per la regolarizzazione.

6. Le certificazioni di cui al comma 4 devono essere allegate alla domanda al Sindaco. Questi, accertata la sussistenza dei requisiti, rilascia la licenza intestata al richiedente, contenente anche l'autorizzazione alla guida per gli altri eventuali conducenti, sotto la responsabilita' del titolare. La licenza deve essere tenuta sul veicolo durante il servizio e mostrata ad ogni richiesta degli organi di polizia.

7. La revisione dei veicoli a trazione animale per servizio di piazza deve avvenire ogni cinque anni. All'uopo, nel termine, il titolare della licenza presenta richiesta al competente ufficio comunale che fissa il luogo e il tempo della revisione. Questa avviene mediante una verifica della rispondenza del veicolo a quanto previsto nel comma 1. Dell'avvenuta revisione viene rilasciato apposito certificato che deve essere tenuto sul veicolo durante il servizio. Puo' essere concesso un termine non inferiore a trenta

giorni per la regolarizzazione dei requisiti mancanti. Se invece il veicolo si dimostra in condizioni assolutamente inidonee al servizio, di tale circostanza viene data comunicazione al Sindaco che procede al ritiro della licenza. Analogamente si provvede se il veicolo non viene presentato alla revisione nel termine fissato.

8. Il Sindaco puo' disporre in ogni momento la revisione quando si accerti o si presuma che il veicolo non risponda piu' alle condizioni richieste, fissando il relativo termine. A tale revisione si applicano le disposizioni del comma 7.

CAPO III
VEICOLI A MOTORE E LORO RIMORCHI

Sez. I - NORME COSTRUTTIVE E DI EQUIPAGGIAMENTO E ACCERTAMENTI TECNICI PER LA CIRCOLAZIONE

● **1. CARATTERISTICHE COSTRUTTIVE, DI EQUIPAGGIAMENTO E DI IDENTIFICAZIONE**
(Artt. 71-74 Codice della Strada)

Art. 227 (Art. 71 Cod. Str.)
(Caratteristiche costruttive e funzionali dei veicoli a motore e loro rimorchi)

1. Le caratteristiche generali costruttive e funzionali dei veicoli, soggette ad accertamento, sono quelle indicate nell'appendice V al presente titolo. Nell'ambito di tali caratteristiche il ((Ministero dei trasporti e della navigazione - Direzione generale della M.C.T.C.)), stabilisce quali devono essere oggetto di accertamento, in relazione a ciascuna categoria di veicoli.

2. In relazione a quanto stabilito dall'articolo 71, comma 3, del codice, ((i provvedimenti emanati dal Ministero dei trasporti e della navigazione - Direzione generale della M.C.T.C.)) riguardanti le prescrizioni tecniche, comprese quelle eventualmente dettate in via sperimentale relative alle caratteristiche di cui alla suddetta appendice individuano anche le modalita' per la richiesta e l'esecuzione dei relativi accertamenti. ((I medesimi provvedimenti)) stabiliscono, altresi', le eventuali prescrizioni tecniche e le caratteristiche escluse dall'accertamento nel caso in cui, in luogo dell'omologazione del tipo, venga richiesta l'approvazione in unico esemplare. Le prescrizioni tecniche relative alle caratteristiche costruttive e funzionali attinenti alla protezione ambientale di cui ((al punto E)) della citata appendice sono stabilite sulla base dei limiti massimi d'accettabilita' delle emissioni inquinanti nell'atmosfera e delle emissioni sonore da fonti veicolari, limiti fissati ai sensi dell'articolo 10 della legge 3 marzo 1987, n 59 con decreto del Ministro dell'ambiente ((di concerto con il Ministro dei trasporti e della navigazione ed il Ministro della sanita')).

3. Il ((Ministero dei trasporti e della navigazione - Direzione generale della M.C.T.C.)) , di concerto con gli ((altri Ministeri)), quando interessati, puo', in relazione ad esigenze di sicurezza della circolazione o di protezione dell'ambiente, stabilire ulteriori caratteristiche costruttive e funzionali in aggiunta a quelle elencate nei commi precedenti.

Art. 228 (Art. 72 Cod. Str.)
(Dispositivi di equipaggiamento dei veicoli a motore
e loro rimorchi)

1. I decreti emanati in attuazione dell'articolo 71, comma 3, del codice, riguardanti i dispositivi di equipaggiamento dei veicoli a motore e loro rimorchi, devono essere conformi, quando sussistano, alle prescrizioni dettate in proposito dalle direttive comunitarie. In alternativa, i predetti dispositivi possono essere conformi alle

prescrizioni contenute nei regolamenti o nelle raccomandazioni
emanati dall'ufficio europeo per le Nazioni Unite, Commissione
economica per l'Europa.

2. Fanno eccezione i dispositivi di ritenuta e di protezione dei
veicoli destinati ad essere condotti dagli invalidi ovvero al loro
trasporto, le cui caratteristiche sono determinate dal Ministro dei
trasporti con proprio provvedimento, da emanare nel termine di cui
all'articolo 232 del codice.

Art. 229 (Art. 72 Cod. Str.)
(Contachilometri)
((1. Il contachilometri installato sugli autoveicoli deve fornire
almeno l'indicazione relativa alla distanza chilometrica totale
percorsa, a partire dalla prima messa in circolazione degli stessi
autoveicoli o dal riazzeramento automatico di tale indicazione. Esso
deve altresi' essere privo di dispositivi di azzeramento manuale e
non deve essere manomesso. E' consentita l'installazione di un
contachilometri parziale azzerabile.

2. Le indicazioni del dispositivo devono cadere nel campo di
visibilita' diretta del conducente ed essere ad almeno cinque cifre,
ciascuna variabile progressivamente da zero a nove.))

Art. 230 (Art. 72 Cod. Str.)
(Segnale mobile plurifunzionale di soccorso)
1. Il segnale mobile plurifunzionale di soccorso, di cui, ai sensi
dell'articolo 72, comma 3, , del codice, ((possono)) essere
dotati gli autoveicoli in circolazione e che i conducenti ((possono))
esporre nei casi di fermata dell'autoveicolo dovuta ad una delle
seguenti situazioni di difficolta' e di emergenza:
    a) malore del conducente;
    b) avaria al motore, ai pneumatici, ai freni, ai dispositivi di
segnalazione visiva e di illuminazione;
    c) mancanza di combustibile, deve essere conforme alle
caratteristiche indicate nel presente articolo, nell'articolo 231
nonche' nell'appendice VI al presente titolo.

2. Sulle facce esterne del dispositivo, realizzato con pellicola
retroriflettente, devono essere visibili le seguenti diciture:
    Lato anteriore: SOS (permanente) (fig. III.2/a)
    Lato posteriore: SOS ed uno dei seguenti simboli:
    a) simbolo CROCE ROSSA (fig. III.2/b);
    b) simbolo CHIAVE REGOLABILE (fig. III.2/c);
    c) simbolo DISTRIBUTORE (fig. III.2/d).

3. Il segnale riportante il simbolo di una croce rossa ((puo'
essere utilizzato solo)) nel caso di malore del conducente; il
segnale riportante il simbolo di una chiave regolabile, nei casi di
avaria del veicolo; il segnale riportante il simbolo di un
distributore, in caso di mancanza di combustibile.

4. Lo sfondo del segnale deve essere di colore bianco o giallo
realizzato in pellicola retroriflettente con simboli di colore rosso
trasparente o nero.

5. Le dimensioni dei simboli, e le caratteristiche di
retrorilettenza della pellicola rifrangente, devono essere tali da
garantire, senza determinare fenomeni di abbagliamento, la
individuazione ed il riconoscimento alla distanza di almeno ((50 m))
, da parte di un osservatore avente acuita' visiva discreta e cioe'
8/10 almeno in un occhio e senza correzione di lenti e cio' sia nelle
ore diurne che notturne.

6. Il dispositivo di segnalamento puo' essere realizzato anche con
diciture luminose di colore rosso su fondo nero e visibili, a
segnalamento montato, solo dalla parte posteriore del veicolo. I
caratteri possono essere costituiti da elementi emittenti luce
propria ovvero essere resi luminosi per trasparenza. E' ammesso che
le diciture siano ripetute anche nella parte anteriore del
segnalamento e quindi visibili dalla parte anteriore del veicolo. In
tale caso i caratteri dovranno essere di colore bianco o giallo su

fondo nero.

7. Il dispositivo di segnalamento di cui al comma 6 deve far comparire su apposito schermo una ed una sola delle seguenti diciture: MALORE - MOTORE - GOMMA - FRENI - LUCI - BENZINA - GASOLIO.

8. Le dimensioni e la luminosita' dei caratteri devono essere tali da garantire, senza determinare fenomeni di abbagliamento la leggibilita' alla distanza di almeno ((50 m)) , da parte di un osservatore avente una acuita' visiva discreta, ossia 8/10 almeno in un occhio e senza correzione di lenti, e cio' sia in ore diurne che notturne.

9. Il dispositivo deve essere di tipo omologato dal Ministero dei trasporti ((e della navigazione)) - Direzione generale della M.C.T.C.

10. La conformita' del dispositivo alle prescrizioni tecniche e' attestata dalla presenza del numero di approvazione e del marchio di fabbrica.

11. Sono fatte salve le approvazioni rilasciate in attuazione del decreto ministeriale 10 dicembre 1988.

12. ((COMMA SOPPRESSO DAL D.P.R. 16 SETTEMBRE 1996, N. 610)).

Art. 231 (Art. 72 Cod. Str.)
(Particolari costruttivi del segnale mobile plurifunzionale di soccorso)

1. I particolari costruttivi del segnale mobile plurifunzionale di soccorso, che e' soggetto ad omologazione ai sensi dell'articolo 230, sono i seguenti:

a) le facce esterne del dispositivo debbono avere dimensioni idonee a contenere le indicazioni previste;

((b) le facce interne del dispositivo sono utilizzate per riportare gli estremi di approvazione e le istruzioni per l'uso del dispositivo stesso;))

c) il dispositivo, di cui al comma 6 dell'articolo 230, deve essere alimentabile con la normale batteria dell'autoveicolo assorbendo una potenza non superiore a 30W alla tensione che la batteria stessa fornisce quando il motore, e quindi il generatore, e' fermo;

d) nel caso di cui ((alla lettera c))) , il segnalamento deve avere un comando che consenta di spegnerlo anche se collegato alla batteria ed un secondo comando, indipendente o meno dal primo, che consenta la commutazione della scritta che deve comparire sullo schermo. Il comando deve commutare contemporaneamente sia la scritta posteriore che quella anteriore (se prevista);

e) il dispositivo deve avere un basamento idoneo a mantenerlo con gli schermi nella posizione d'impiego sul tratto orizzontale del tetto dell'autoveicolo fermo e deve essere tale da assicurare la stabilita' del dispositivo sotto l'azione di un carico statico (simulante l'azione aerodinamica) non inferiore a 2 daN.

2. Le specifiche delle diciture, dei simboli e del materiale utilizzato nonche' delle modalita' di prova sono quelle indicate nell'appendice VI al presente titolo.

Art. 232 (Art. 74 Cod. Str.)
(Targhette e numeri di identificazione)

1. Le caratteristiche, le modalita' di applicazione e le indicazioni delle targhette, nonche' le caratteristiche dei numeri di identificazione apposti dal costruttore del veicolo o dal suo mandatario sono quelle stabilite dalle direttive comunitarie al riguardo o, in alternativa, dalle raccomandazioni emanate dall'ufficio europeo per le Nazioni Unite, Commissione economica per l'Europa.

Art. 233 (Art. 74 Cod. Str.)
(Punzonatura d'ufficio del numero di telaio)

1. Nel caso di irregolarita' o di mancanza del numero originale del telaio, di cui all'articolo 74, comma 3, del codice, viene riprodotto con appositi punzoni, a cura degli uffici della Direzione generale

della M.C.T.C., un numero distintivo preceduto e seguito dal marchio dell'ufficio stesso (stella a cinque punte recante nell'interno la sigla della provincia ((di appartenenza dell'ufficio stesso))) , seguendo i criteri indicati nell'appendice VII del presente regolamento.

- **2. CERTIFICATO DI APPROVAZIONE, ORIGINE ED OMOLOGAZIONE (Artt. 76-79 Codice della Strada)**

Art. 234 (Art. 76 Cod. Str.)
(Certificato di approvazione)

1. Il certificato di approvazione, rilasciato ai sensi dell'articolo 76, comma 1, del codice, deve essere redatto su modello approvato dal Ministero dei trasporti - Direzione generale della M.C.T.C. e deve contenere tutti i dati necessari per la compilazione della parte tecnica della carta di circolazione del veicolo cui si riferisce, oltre al numero di telaio di quest'ultimo ed alla fabbrica e tipo.

2. Il certificato di approvazione, valido come documentazione tecnica per la successiva immatricolazione del veicolo solo se accompagnato dal certificato d'origine o dal certificato di conformita' del veicolo stesso, deve essere completato con il timbro e la firma del funzionario della Direzione generale della M.C.T.C. che ha proceduto alla visita e prova, nonche' con il timbro dell'ufficio di appartenenza del funzionario medesimo.

3. I Centri prova autoveicoli, di cui all'articolo 15 della legge 1 dicembre 1986, n. 870, possono avvalersi di apposite sezioni individuate con decreto del Ministro dei trasporti. Tali sezioni godono di autonomia finanziaria.

Art. 235 (Art. 76 Cod. Str.)
(Certificato di origine)

1. Il certificato di origine di un veicolo, di cui all'articolo 76, comma 2, del codice, deve contenere le seguenti indicazioni:

    a) fabbrica e tipo;

    b) sede di costruzione o sede di allestimento, a seconda del caso che ricorre;

    c) numero di telaio;

    d) tutti i dati necessari per la compilazione della parte tecnica della carta di circolazione del veicolo cui si riferisce;

    e) data di rilascio.

2. Il certificato d'origine deve essere sottoscritto dal titolare della ditta costruttrice o dal legale rappresentante o dal delegato di questa. La firma, se non depositata presso gli uffici della Direzione generale della M.C.T.C., deve essere autenticata e, quando ricorre, legalizzata nei modi di legge. Agli effetti di quanto previsto dall'articolo 234, comma 2, il certificato deve essere completato con il timbro e la firma del funzionario dell'ufficio della Direzione generale della M.C.T.C. che ha proceduto alla visita e prova, nonche' con il timbro dell'ufficio di appartenenza dello stesso.

((3. Se i certificati di origine sono privi, in tutto o in parte, dei dati tecnici del veicolo, questi ultimi devono risultare da altra idonea documentazione.))

Art. 236 (Art. 78 Cod. Str.)
(Modifica delle caratteristiche costruttive dei veicoli in circolazione e aggiornamento della carta di circolazione)

1. Ogni modifica alle caratteristiche costruttive o funzionali, ((tra quelle)) indicate nell'appendice V al presente titolo ((ed individuate con decreto del Ministero dei trasporti e della navigazione - Direzione generale della M.C.T.C.,)), o che determini la trasformazione o la sostituzione del telaio, comporta la visita e prova del veicolo interessato, presso l'ufficio della Direzione generale della M.C.T.C. ((competente in relazione)) alla

sede della ditta che ha proceduto alla modifica. Quando quest'ultima e' effettuata da piu' ditte, senza che per ogni stadio dei lavori eseguiti venga richiesto il rilascio di un certificato di approvazione, l'ufficio della Direzione generale della M.C.T.C. competente per la visita e prova e' quello ((nel cui territorio di competenza ha sede la ditta)) che ha operato l'ultimo intervento in materia. In tale caso la certificazione dei lavori deve essere costituita dal complesso di tutte le certificazioni, ciascuna redatta dalla ditta di volta in volta interessata dai diversi stadi, con firma del legale rappresentante autenticata nei modi di legge.

2. ((Ogni modifica riguardante uno dei seguenti elementi:
   a) la massa complessiva massima;
   b) la massa massima rimorchiabile;
   b) le masse massime sugli assi;
   d) il numero di assi;
   e) gli interassi;
   f) le carreggiate;
   g) gli sbalzi;
   h) il telaio anche se realizzato con una struttura portante o equivalente;
   i) l'impianto frenante o i suoi elementi costitutivi;
   l) la potenza massima del motore;
   m) il collegamento del motore alla struttura del veicolo e' subordinata al rilascio, da parte della casa costruttrice del veicolo, di apposito nulla osta, salvo diverse o ulteriori prescrizioni della casa stessa.)) Qualora tale rilascio non avvenga per motivi diversi da quelli di ordine tecnico concernenti la possibilita' di esecuzione della modifica, il nulla osta puo' essere sostituito da una relazione tecnica, firmata da persona a cio' abilitata, che attesti la possibilita' d'esecuzione della modifica in questione. In tale caso deve essere eseguita una visita e prova presso l'ufficio della Direzione generale della M.C.T.C. competente in base alla sede della ditta esecutrice dei lavori, al fine di accertare quanto attestato dalla relazione predetta, prima che venga eseguita la modifica richiesta.

3. L'aggiornamento dei dati interessati dalla modifica viene eseguito dall'ufficio provinciale della Direzione generale della M.C.T.C. cui sia esibito il certificato d'approvazione definitivo della modifica eseguita, oppure dall'ufficio provinciale della Direzione generale della M.C.T.C. che ha proceduto all'ultima visita e prova con esito favorevole. Tale aggiornamento ha luogo mediante l'emissione di un duplicato della carta di circolazione, i cui dati vanno variati o integrati conseguentemente alla modifica approvata. ((4. La Direzione generale della M.C.T.C. definisce le competenze dei propri uffici periferici, tenuto anche conto della necessita' di distribuzione dei carichi di lavoro e delle possibilita' operative degli uffici stessi, nonche' delle particolari collocazioni territoriali delle ditte costruttrici o trasformatrici.))

Art. 237 (Art. 79 Cod. Str.)
(Efficienza dei veicoli a motore e loro rimorchi in circolazione)

1. Le prescrizioni tecniche relative alle caratteristiche funzionali e ai dispositivi di equipaggiamento dei veicoli in circolazione sono indicate nell'appendice VIII al presente titolo.

2. Le prescrizioni tecniche relative alle caratteristiche funzionali e ai dispositivi di equipaggiamento, di cui alla suddetta appendice VIII sono sostituite dalle corrispondenti indicate nelle norme di recepimento delle direttive comunitarie.

3. In assenza delle direttive comunitarie o in assenza dei regolamenti e delle raccomandazioni internazionali, il Ministro dei trasporti puo' stabilire prescrizioni tecniche in aggiunta o modificative di quelle di cui alla suddetta appendice VIII, avuto riguardo alle esigenze della sicurezza, della rumorosita' e delle emissioni inquinanti prospettate in ambito comunitario o

internazionale. Le prescrizioni tecniche relative alla rumorosita' ed alle emissioni inquinanti sono stabilite sulla base dei valori limite fissati, ai sensi della legge 3 marzo 1987, n. 59 con decreto del Ministro dell'ambiente di concerto con i Ministri dei trasporti e della sanita'.

- **3. REVISIONI**
(Art. 80-81 Codice della Strada)

Art. 238 (Art. 80 Cod. Str.)
(Elementi su cui devono essere effettuati i controlli tecnici)
1. Gli elementi che costituiscono l'equipaggiamento dei veicoli, aventi rilevanza ai fini della sicurezza e su cui devono essere effettuati i controlli tecnici di cui all'articolo 80, comma 1, del codice, sono indicati nell'appendice IX al presente titolo rispettivamente per i veicoli soggetti a revisione periodica annuale oppure a revisione periodica biennale.
2. Le opere di realizzazione degli impianti occorrenti per le operazioni di revisione dei veicoli a motore e dei loro rimorchi effettuate dalla Direzione generale della M.C.T.C sono dichiarate di pubblica utilita'.
3. Il Ministero dei trasporti - Direzione generale della M.C.T.C. aggiorna con propri provvedimenti la normativa di cui al presente articolo, in relazione all'evolversi della tecnologia relativa ai veicoli ed alle strumentazioni ed attrezzature necessarie per il loro controllo.

Art. 239 (Art. 80 Cod. Str.)
Revisioni presso imprese o consorzi e requisiti
tecnico-professionali degli stessi
1. La concessione di cui all'articolo 80, comma 8, del codice, puo' essere rilasciata a singole imprese di autoriparazione, di seguito denominate imprese, che ne facciano direttamente richiesta e che si impegnino a svolgere in proprio l'attivita' di revisione. Qualora l'impresa sia titolare di piu' sedi operative, ciascuna delle quali risponde ai requisiti di cui ai commi 2 e 3 e presso le quali intende effettuare le revisioni, devono essere richieste e rilasciate distinte concessioni per ciascuna delle suddette sedi.
2. Le imprese di cui al comma 1, per effettuare la revisione dei veicoli immatricolati nelle province individuate dal Ministro dei trasporti e della navigazione, al fine dell'affidamento in concessione delle revisioni di cui all'articolo 80, comma 8, del codice, devono possedere i seguenti requisiti:
   ((a) essere iscritte nel registro o nell'albo di cui all'articolo 10 del decreto del Presidente della Repubblica 14 dicembre 1999, n. 558, ed esercitare effettivamente tutte le attivita' previste dall'articolo 1, comma 3, della legge 5 febbraio 1992, n. 122;))
   b) possedere adeguata capacita' finanziaria, stabilita con decreto del Ministro dei trasporti e della navigazione, dimostrata mediante un'attestazione di affidamento nelle forme tecniche, rilasciata da parte di:
   1) aziende o istituti di credito;
   2) societa' finanziarie con capitale sociale non inferiore a 5.000.000.000 di lire;
   c) avere sede in una delle province per le quali il Ministro dei trasporti e della navigazione abbia ritenuto di avvalersi della facolta' di cui all'articolo 80, comma 8, del codice.
   3. COMMA SOPPRESSO DAL D.P.R. 16 SETTEMBRE 1996, N. 610.
   ((3. Le imprese per le quali sono rilasciati gli atti di concessione devono essere dotate di locali che, oltre a possedere le prescritte autorizzazioni amministrative devono avere: a) superficie di officina non inferiore 120 m2; b) larghezza, lato ingresso, non inferiore a 6 m; c) ingresso avente larghezza ed altezza

rispettivamente non inferiori a 2,50 m e 3,50 m.))

((3-bis. Le imprese devono essere altresi' permanentemente dotate delle attrezzature e strumentazioni indicate nell'appendice X al presente titolo.))

4. La concessione di cui all'art. 80, comma 8, del codice, puo' altresi' essere rilasciata ai consorzi e alle societa' consortili, anche in forma di cooperativa, di seguito denominati consorzi, appositamente costituiti tra imprese di autoriparazione: A tale scopo, ciascuna impresa:

a) deve avere la propria officina nel territorio del comune in cui hanno sede le altre imprese con cui forma il raggruppamento di cui alla successiva lettera b). Detta officina puo' essere situata in comune diverso, anche se di diversa provincia, da quello, o da quelli, in cui hanno sede le altre imprese costituenti il raggruppamento purche' tutti detti comuni siano tra loro limitrofi ed almeno uno sia compreso nell'ambito della provincia per cui il consorzio ha ottenuto la concessione. Qualora si avvalgano di un unico centro attrezzato per le revisioni, questo deve essere situato in uno dei comuni predetti;

((b) deve essere iscritta nel registro o nell'albo di cui all'articolo 10 del decreto del Presidente della Repubblica 14 dicembre 1999, n. 558, ed esercitare effettivamente almeno una delle attivita' previste dall'articolo 1, comma 3, della legge 5 febbraio 1992, n. 122. Qualora eserciti piu' di una delle predette attivita', puo' partecipare a raggruppamenti individuati nell'ambito di un consorzio esclusivamente per il numero di attivita' effettivamente svolte strettamente necessario a garantire a ciascun raggruppamento la copertura di tutte le attivita' previste dall'articolo 1, comma 3, della citata legge n. 122 del 1992, senza cioe' determinare duplicazioni di competenze tra le imprese di autoriparazione partecipanti al raggruppamento stesso;))

c) puo' partecipare ad altri consorzi solo se titolare di piu' officine autorizzate. Ciascuna officina puo' fare parte di un solo consorzio. Le sedi operative delle imprese di cui ai commi 1 e 2 non possono partecipare, neanche limitatamente ad alcune sezioni, a consorzi;

d) deve avere una o piu' officine ubicate in locali aventi le caratteristiche seguenti:

d.1) superficie non inferiore ad 80 m2;

d.2) larghezza, lato ingresso, non inferiore a 4 m;

d.3) ingresso avente larghezza ed altezza rispettivamente non inferiori a 2,50 m e 3,50 m;

((e) deve essere permanentemente dotata delle attrezzature e strumentazioni indicate nell'appendice X al presente titolo.));

((4-bis. Le imprese, anche se aderenti a consorzi, titolari di concessione concernente esclusivamente il servizio di revisione dei motocicli e dei ciclomotori a due ruote, oltre a possedere le prescritte autorizzazioni amministrative, devono avere la disponibilita' di un locale adibito ad officina con superficie non inferiore a 80 metri quadrati, larghezza non inferiore a 4 metri, ingresso con larghezza ed altezza non inferiori, rispettivamente, a 2 e 2,5 metri. Esse devono altresi' essere permanentemente dotate delle attrezzature e strumentazioni indicate al comma 1-ter dell'appendice X al presente titolo.))

5. I consorzi, al fine dell'affidamento in concessione delle revisioni di cui all'articolo 80, comma 8, del codice, devono altresi' possedere i requisiti previsti al comma 2, lettere b) e c).

6. Sono a carico dell'impresa, o del consorzio che richiede la concessione, tutte le spese inerenti i sopralluoghi effettuati dai funzionari della Direzione generale della M.C.T.C., per accertare la sussistenza dei requisiti tecnico-professionali necessari. Gli importi relativi, unitamente a quelli riguardanti i sopralluoghi volti a verificare il permanere dei predetti requisiti, sono stabiliti con decreto del Ministro dei trasporti e della navigazione, di concerto con il Ministro del tesoro, sentito il Ministro delle

finanze.

Art. 240 (Art. 80 Cod. Str.)
(Requisiti dei titolari delle imprese e dei responsabili tecnici)

1. I requisiti personali e professionali del titolare dell'impresa individuale, quando questa si avvalga di una sola sede operativa, o in sua vece e negli altri casi, ivi compresi i consorzi, del responsabile tecnico, sono i seguenti:
   a) avere raggiunto la maggiore eta';
   b) non essere e non essere stato sottoposto a misure restrittive di sicurezza personale o a misure di prevenzione;
   c) non essere e non essere stato interdetto o inabilitato o dichiarato fallito ovvero non avere in corso procedimento per dichiarazione di fallimento;
   d) essere cittadino italiano o di altro stato membro della Comunita' Europea, ovvero di uno Stato anche non appartenente alla Comunita' Europea, con cui sia operante specifica condizione di reciprocita';
   e) non avere riportato condanne per delitti, anche colposi e non essere stato ammesso a godere dei benefici previsti dall'articolo 444 del codice di procedura penale e non essere sottoposto a procedimenti penali;
   f) ((LETTERA ABROGATA DAL D.L. 21 GIUGNO 2013, N. 69, CONVERTITO CON MODIFICAZIONI DALLA L. 9 AGOSTO 2013, N. 98));
   g) aver conseguito un diploma di perito industriale, di geometra o di maturita' scientifica ovvero un diploma di laurea o di laurea breve in ingegneria;
   h) aver superato un apposito corso di formazione organizzato secondo le modalita' stabilite dal Dipartimento dei trasporti terrestri.
2. Il responsabile tecnico deve inoltre svolgere la propria attivita' in maniera continuativa presso la sede operativa dell'impresa o presso il consorzio cui e' stata rilasciata la concessione stessa. Il responsabile tecnico non puo' operare presso piu' di una sede operativa di impresa o presso piu' di un consorzio che effettui il servizio di revisione ed e' tenuto a presenziare e certificare personalmente tutte le fasi delle operazioni di revisione che si riferiscono alla sua responsabilita'. In caso di temporanea assenza od impedimento del responsabile tecnico, quest'ultimo puo' essere sostituito, per un periodo non superiore a trenta giorni l'anno, dai soggetti e con i criteri stabiliti dal Dipartimento dei trasporti terrestri.

Art. 241 (art. 80 Cod. Str.)
(Attrezzature delle imprese e dei consorzi
abilitati alla revisione dei veicoli)

1. Le imprese ed i consorzi di cui all'articolo 80, comma 8, del codice, per effettuare la revisione dei veicoli immatricolati nelle province individuate dal Ministro dei trasporti e della navigazione, al fine dell'affidamento in concessione delle revisioni di cui al comma indicato, devono essere dotati delle attrezzature e strumentazioni indicate nell'appendice X al presente titolo.
((2. Le attrezzature di cui al comma 1, lettere a), b), c), d), e), f), g), nonche' quelle di cui al comma 1-bis della suddetta appendice devono essere approvate, od omologate nel tipo, dai competenti Uffici del Ministero dei trasporti e della navigazione secondo le prescrizioni dallo stesso stabilite. Le attrezzature di cui alle lettere h) e l) del comma 1 della suddetta appendice devono essere riconosciute idonee, rispettivamente, dall'Istituto superiore prevenzione e sicurezza sul lavoro e dal competente ufficio presso la Camera di commercio, industria, artigianato e agricoltura.))
3. Il Ministero dei trasporti e della navigazione - Direzione generale della M.C.T.C. aggiorna con propri provvedimenti la normativa di cui al presente articolo, in relazione all'evolversi

della tecnologia relativa ai veicoli ed alle strumentazioni ed attrezzature necessarie per il loro controllo.

Art. 242 (Art. 81 Cod. Str.)
(Profili professionali che da'nno titolo all'effettuazione degli accertamenti tecnici)

1. Gli accertamenti tecnici previsti dal codice sono effettuati dai dipendenti dei ruoli della Direzione generale della M.C.T.C. secondo il quadro di riferimento di cui alla tabella III.1. Gli accertamenti tecnici menzionati ((nelle lettere a) e b))) della succitata tabella riservati alla competenza dei profili professionali di ingegnere direttore coordinatore, ingegnere direttore, ingegnere e ai dirigenti tecnici ((ingegneri)), possono essere effettuati con la collaborazione ((dei funzionari)), abilitati all'effettuazione degli accertamenti tecnici di cui alle lettere d) e e) della tabella medesima, in conformita' alle istruzioni che saranno impartite al riguardo dalla Direzione generale della M.C.T.C.

2. ((PERIODO SOPPRESSO DAL D.P.R. 16 SETTEMBRE 1996, N. 610)). Con provvedimento del Ministro dei trasporti ((e della navigazione)) saranno individuati gli accertamenti tecnici non riservati ai diversi profili di ingegnere.

3. Nel caso che i profili professionali indicati ((nella tabella III.1)) siano sostituiti da nuovi profili professionali, il Ministro dei trasporti ((e della navigazione)), con proprio decreto, stabilisce l'equiparazione tra i profili professionali precedenti e quelli successivamente individuati.

4. A seguito di innovazioni interessanti lo stato giuridico del personale della Direzione generale della M.C.T.C., il Ministro dei trasporti ((e della navigazione)), con proprio decreto, provvede a stabilire l'equiparazione tra i profili professionali precedenti e le figure professionali indicate con il nuovo ordinamento.

Sez. II - DESTINAZIONE ED USO DEI VEICOLI

Art. 243 (Art. 82 Cod. Str.)
(Caratteristiche costruttive dei veicoli in relazione alla destinazione ed all'uso degli stessi)

1. Le caratteristiche costruttive dei veicoli, in relazione a quanto disposto dall'articolo 82, comma 7, del codice, devono soddisfare le prescrizioni fissate dall'articolo 227, comma 2, in relazione ((al punto F)) dell'appendice V al presente titolo.

Art. 244 (artt. 84 e 85 Cod. Str.)
(((Servizio)) di noleggio con conducente per trasporto di persone)

1. ((COMMA SOPPRESSO DAL D.P.R. 16 SETTEMBRE 1996, N. 610)).

((1.)) Ai fini della possibile destinazione a noleggio con conducente, di cui all'articolo 85, comma 2, del codice, vengono considerate adibite al trasporto specifico di persone sia le autoambulanze cosiddette di trasporto che quelle cosiddette di soccorso.

Sez. III - DOCUMENTI DI CIRCOLAZIONE E IMMATRICOLAZIONE
● 1. FORMALITA' PER LA CIRCOLAZIONE DI AUTOVEICOLI, MOTOVEICOLI E CICLOMOTORI
(Artt. 93-99 Codice della Strada)

Art. 245 (Art. 93 Cod. Str.)
(Comunicazioni fra gli uffici della M.C.T.C e del P.R.A.)

((1. Al fine del rilascio della carta di circolazione di cui all'articolo 93, comma 5, del codice, il centro elaborazione dati del

Dipartimento per i trasporti, la navigazione, gli affari generali ed il personale trasmette contestualmente al sistema informativo del P.R.A., in via telematica, i dati di identificazione dei veicoli, nonche' i dati e le documentazioni in formato elettronico relativi alle generalita' di chi si e' dichiarato proprietario, dell'usufruttuario o del locatario con facolta' di acquisto o del venditore con patto di riservato dominio, e quelli relativi allo stato giuridico-patrimoniale del veicolo, alla sussistenza di privilegi e ipoteche, di provvedimenti amministrativi e giudiziari che incidono sulla proprieta' e sulla disponibilita' dei veicoli stessi, nonche' di provvedimenti di fermo amministrativo.))

2. ((COMMA ABROGATO DAL D.P.R. 8 NOVEMBRE 2018, N. 144)).

((3. L'Ufficio del P.R.A. provvede alle iscrizioni ed alle trascrizioni nel pubblico registro automobilistico ovvero, laddove accerti irregolarita', entro tre giorni dal ricevimento dei dati e delle documentazioni di cui al comma 1, ricusa le formalita' dandone comunicazione in via telematica al centro elaborazione dati del Dipartimento per i trasporti, la navigazione, gli affari generali ed il personale.))

4. ((COMMA ABROGATO DAL D.P.R. 8 NOVEMBRE 2018, N. 144)).

Art. 246 (Art. 93 Cod. Str.)
(Caratteristiche dei veicoli
destinati a servizio di polizia stradale)
1. I veicoli destinati esclusivamente all'impiego dei servizi di polizia stradale, ai sensi dell'articolo 93, comma 11, del codice, oltre che rispondere alle norme del codice e del ((presente)) regolamento per quanto riguarda le caratteristiche tecniche stabilite per la categoria di appartenenza, devono possedere altresi' i requisiti fissati dall'articolo 227, comma 2, in relazione ((al punto F, lettera g),)) dell'appendice V al presente titolo.

2. Il Ministro dei trasporti ((e della navigazione)) puo' stabilire che ai veicoli di cui al comma 1 venga rilasciata una speciale targa di immatricolazione, anche in deroga ai criteri fissati nel comma 1, lettere a) e c), dell'appendice XII al presente titolo, al fine dell'indicazione che detti veicoli sono destinati esclusivamente al servizio di polizia stradale.

Art. 247 (Art. 94 Cod. Str.)
(Comunicazioni degli uffici della M.C.T.C. e del P.R.A.)
((1. Al fine del rilascio della carta di circolazione di cui all'articolo 94, comma 1, del codice, il centro elaborazione dati del Dipartimento per i trasporti, la navigazione, gli affari generali ed il personale trasmette al sistema informativo del P.R.A., in via telematica, i dati di identificazione dei veicoli di cui viene chiesto il trasferimento di proprieta', nonche' i dati e le documentazioni in formato elettronico relativi alle generalita' di chi si e' dichiarato nuovo proprietario.

2. L'Ufficio del P.R.A. provvede alle trascrizioni nel pubblico registro automobilistico ovvero, laddove accerti irregolarita', entro tre giorni dal ricevimento dei dati e delle documentazioni di cui al comma 1, ricusa le formalita' dandone comunicazione in via telematica al centro elaborazione dati del Dipartimento per i trasporti, la navigazione, gli affari generali ed il personale.))

3. L'ufficio centrale operativo della Direzione generale della M.C.T.C. provvede ad aggiornare la carta di circolazione per i trasferimenti di residenza comunicati alle anagrafi comunali sei mesi dopo la data di pubblicazione del presente regolamento nella Gazzetta Ufficiale della Repubblica, trasmettendo per posta, alla nuova residenza del proprietario o dell'usufruttuario o del locatario del veicolo cui si riferisce la carta di circolazione un tagliando di convalida da apporre sulla carta di circolazione medesima. A tal fine i comuni devono trasmettere al suddetto ufficio della Direzione generale della M.C.T.C., per via telematica o su supporto magnetico secondo i tracciati record prescritti dalla stessa Direzione

generale, notizia dell'avvenuto trasferimento di residenza, nel termine di un mese decorrente dalla data di registrazione della variazione anagrafica. Gli ufficiali di anagrafe che ricevono la comunicazione del trasferimento di residenza, senza che sia stata ad essi dimostrata, previa consegna delle attestazioni, l'avvenuta effettuazione dei versamenti degli importi dovuti ai sensi della legge 1 dicembre 1986, n. 870 per l'aggiornamento della carta di circolazione, ovvero non sia stato ad essi contestualmente dichiarato che il soggetto trasferito non e' proprietario o locatario o usufruttuario di autoveicoli, motoveicoli o rimorchi, sono responsabili in solido dell'omesso pagamento.

4. Nei casi non previsti nel comma 3, all'aggiornamento della carta di circolazione provvedono gli uffici provinciali della Direzione generale della M.C.T.C., che provvedono, altresi', al rinnovo della carta di circolazione nei casi di smarrimento, di sottrazione o di distruzione della carta medesima o delle targhe di cui agli articoli 95 e 102 del codice.

Art. 247-bis.
((Variazione dell'intestatario della carta di circolazione e intestazione temporanea di autoveicoli, motoveicoli e rimorchi))

((1. In caso di variazione della denominazione dell'ente intestatario della carta di circolazione relativa a veicoli, motoveicoli e rimorchi, anche derivante da atti di trasformazione o di fusione societaria, che non danno luogo alla creazione di un nuovo soggetto giuridico distinto da quello originario e non necessitano, in forza della disciplina vigente in materia, di annotazione nel pubblico registro automobilistico, gli interessati chiedono al competente ufficio del Dipartimento per i trasporti, la navigazione ed i sistemi informativi e statistici l'aggiornamento della carta di circolazione. Le medesime disposizioni si applicano nel caso di variazione delle generalita' della persona fisica intestataria della carta di circolazione.

2. Gli uffici di cui al comma 1, procedono, a richiesta degli interessati:
a) all'aggiornamento della carta di circolazione, intestata ad altro soggetto, relativa agli autoveicoli, ai motoveicoli ed ai rimorchi dei quali gli interessati hanno la temporanea disponibilita', per periodi superiori a trenta giorni, a titolo di comodato ovvero in forza di un provvedimento di affidamento in custodia giudiziale; sulla carta di circolazione e' annotato il nominativo del comodatario e la scadenza del relativo contratto, ovvero il nominativo dell'affidatario; nel caso di comodato, sono esentati dall'obbligo di aggiornamento della carta di circolazione i componenti del nucleo familiare, purche' conviventi;
b) all'aggiornamento dell'archivio nazionale dei veicoli, di cui agli articoli 225, comma 1, lettera b), e 226, comma 5, del decreto legislativo 30 aprile 1992, n. 285, rilasciando apposita ricevuta, nel caso di locazione senza conducente di autoveicoli, motoveicoli e rimorchi per periodi superiori ai trenta giorni; nel predetto archivio e' annotato il nominativo del locatario e la scadenza del relativo contratto;
c) alla nuova immatricolazione di autoveicoli e motoveicoli destinati esclusivamente ai servizi di polizia stradale, assegnando la speciale targa di cui all'articolo 246, comma 2, in dotazione dei Corpi di polizia provinciale e municipale a titolo di locazione senza conducente per periodi superiori ai trenta giorni; sulla carta di circolazione, intestata a nome del locatore, e' annotato il Corpo di polizia provinciale o municipale locatario e la durata del relativo contratto;
d) all'aggiornamento della carta di circolazione di autoveicoli, motoveicoli e rimorchi immatricolati a nome di soggetti incapaci, mediante annotazione dei dati anagrafici del genitore o del tutore responsabile della circolazione del veicolo;

e) al di fuori dei casi precedenti, all'aggiornamento della carta di circolazione di autoveicoli, motoveicoli e rimorchi, che siano in disponibilita' di soggetto diverso dall'intestatario per periodi superiori ai trenta giorni, in forza di contratti o atti unilaterali che, in conformita' alle norme dell'ordinamento civilistico, comunque determinino tale disponibilita'.))

Art. 248 (Art. 97 Cod. Str.)
(((Targa per ciclomotori).

1. La targa di cui all'articolo 97 del codice ha le caratteristiche di cui all'articolo 250 ed e' contraddistinta da un codice alfanumerico.

2. Non puo' essere prodotta ed utilizzata una targa che rechi un codice alfanumerico gia' assegnato ad altra targa.

3. La targa e' strettamente legata al titolare, che la applica solo al veicolo identificato nel certificato di circolazione di cui risulta intestatario. Chi risulta intestatario di piu' veicoli deve conseguentemente munirsi di un corrispondente numero di certificati di circolazione e di targhe.))

Art. 249 (Art. 97 Cod. Str.)
(((Utilizzazione della targa in caso di trasferimento di proprieta' dei ciclomotori).

1. In caso di trasferimento di proprieta', o di costituzione di usufrutto o di locazione con facolta' di acquisto del ciclomotore, o di patto di riservato dominio del ciclomotore, la targa rimane in possesso del titolare che puo' riutilizzarla per una successiva richiesta di certificato di circolazione dopo averne dato comunicazione ai soggetti di cui al comma 2 per l'aggiornamento dell'Archivio nazionale dei veicoli di cui all'articolo 225 del codice. L'annotazione nell'Archivio nazionale dei veicoli dei dati relativi alla proprieta' non muta la natura giuridica di bene mobile non registrato del ciclomotore ed e' effettuata, ai fini di sola notizia, per l'individuazione del responsabile della circolazione.

2. Il titolare che non intenda riutilizzare la targa assegnatagli provvede alla sua distruzione e ne da' comunicazione ad un ufficio motorizzazione civile del Dipartimento per i trasporti terrestri, ovvero ad uno dei soggetti di cui all'articolo 251, con le modalita' stabilite dal Ministero delle infrastrutture e dei trasporti, ai fini dell'aggiornamento della sezione "ciclomotori" dell'Archivio nazionale dei veicoli.))

Art. 250 (Art. 97 Cod. Str.)
((Caratteristiche e modalita' di applicazione della targa per ciclomotori))

((1. La targa e' composta da sei caratteri alfanumerici, nonche' dal marchio ufficiale della Repubblica italiana. Il fondo della targa e' bianco. Il colore dei caratteri e del marchio ufficiale della Repubblica italiana e' nero. I caratteri alfanumerici sono realizzati mediante imbutitura, profonda 1,4 \pm 0,1 millimetri, su un supporto metallico piano in lamiera di alluminio dello spessore di 1,00 \pm 0,05 millimetri, ricoperto di pellicola retroriflettente autoadesiva.

2. La forma e le dimensioni della targa e del marchio sono indicati nella figura III 3; il formato dei caratteri nella tabella III 2.))

3. ((COMMA SOPPRESSO DAL D.P.R. 6 MARZO 2006, N. 153)).

4. Il codice alfanumerico e' costituito da una combinazione di lettere e numeri. La progressione delle combinazioni viene stabilita ((dal Dipartimento per i trasporti terrestri)).

5. ((La targa non deve essere necessariamente illuminata)), salvo eventuale diversa disposizione impartita dal Ministro dei trasporti e della navigazione. ((Essa)) deve essere applicato con le medesime modalita' previste per le targhe dei motoveicoli, tranne per quanto riguarda l'altezza minima da terra del suo bordo inferiore che puo' discendere al di sotto del valore minimo ivi previsto, purche' non sia inferiore al raggio della ruota o delle ruote posteriori misurato

a veicolo carico.

6. ((COMMA SOPPRESSO DAL D.P.R. 6 MARZO 2006, N. 153)).

7. Il Ministro dei trasporti e della navigazione puo', in caso di particolari esigenze, stabilire caratteristiche diverse da quelle indicate ((nei commi 1 e 2)).

Art. 251 (Art. 97 Cod. Str.)
(((Affidamento delle procedure di rilascio di targhe e certificati di circolazione).

1. Con provvedimento del Ministero delle infrastrutture e dei trasporti - Dipartimento per i trasporti terrestri, sono disciplinate le modalita' di affidamento, senza oneri per lo Stato, delle procedure di rilascio delle targhe e di rilascio ed aggiornamento dei certificati di circolazione dei ciclomotori, ai soggetti che esercitano attivita' di consulenza per la circolazione dei mezzi di trasporto, di cui alla legge 8 agosto 1991, n. 264, e successive modificazioni, abilitati al collegamento telematico con il Centro elaborazione dati del Dipartimento per i trasporti terrestri, che ne facciano richiesta.

2. I soggetti che esercitano attivita' di consulenza per la circolazione dei mezzi di trasporto, di cui alla legge 8 agosto 1991, n. 264, e successive modificazioni, abilitati al rilascio delle targhe e dei certificati di circolazione dei ciclomotori ai sensi del comma 1, espongono, all'esterno dei locali dove hanno la sede, l'insegna indicata nella figura III 3/a)).

Art. 252 (Art. 97 Cod. Str.)
(((Adempimenti dell'intestatario del certificato di circolazione).

1. In caso di smarrimento, distruzione o sottrazione del certificato di circolazione, l'intestatario dello stesso, entro quarantotto ore, ne fa denuncia agli organi di Polizia e chiede il duplicato ad un ufficio motorizzazione civile del Dipartimento per i trasporti terrestri o ad uno dei soggetti di cui all'articolo 251 che provvede a rilasciarlo contestualmente alla domanda, con le modalita' prescritte dal Ministero delle infrastrutture e dei trasporti. Analogamente procede in caso di deterioramento del certificato di circolazione, previa consegna del documento deteriorato.

2. In caso di smarrimento, distruzione o sottrazione della targa, l'intestatario del corrispondente certificato di circolazione, entro quarantotto ore, chiede il rilascio di un nuovo certificato e l'emissione di una nuova targa ad un ufficio motorizzazione civile del Dipartimento per i trasporti terrestri o ad uno dei soggetti di cui all'articolo 251 che provvede a rilasciare il nuovo certificato e la nuova targa contestualmente alla domanda, con le modalita' prescritte dal Ministero delle infrastrutture e dei trasporti. Analogamente procede in caso di deterioramento della targa, previa distruzione della stessa.

3. Il centro elaborazione dati del Dipartimento per i trasporti terrestri aggiorna telematicamente gli archivi del Ministero dell'interno in relazione alle operazioni di cui ai commi 1 e 2.

4. Il titolare che, successivamente alla richiesta di cui ai commi 1 e 2, rientra in possesso del certificato di circolazione o della targa smarriti o sottratti, provvede alla loro distruzione.

5. In caso di trasferimento di residenza delle persone fisiche intestatarie di certificati di circolazione, i comuni, previa obbligatoria richiesta da parte degli interessati, devono trasmettere all'Ufficio centrale operativo del Dipartimento per i trasporti terrestri, per via telematica o su supporto cartaceo, secondo la modulistica prescritta dal Dipartimento per i trasporti terrestri, notizia dell'avvenuto trasferimento di residenza, nel termine di un mese decorrente dalla data di registrazione della variazione anagrafica. L'Ufficio centrale operativo sopra citato provvede ad aggiornare il certificato di circolazione trasmettendo per posta, alla nuova residenza dell'intestatario, un tagliando di convalida da apporre sul certificato di circolazione.

6. Nei casi non previsti al comma 5, l'intestatario deve chiedere, entro trenta giorni dal trasferimento di residenza, l'aggiornamento del certificato di circolazione ad un ufficio motorizzazione civile del Dipartimento per i trasporti terrestri o ad uno dei soggetti di cui all'articolo 251 che provvedono a rilasciare contestualmente alla domanda, con le modalita' prescritte dal Ministero delle infrastrutture e dei trasporti, un tagliando, recante la nuova residenza, da apporre sul certificato di circolazione.))

Art. 253 (Art. 97 Cod. Str.)
(Norme transitorie per i ciclomotori in circolazione)
1. I ciclomotori muniti di certificato di idoneita' tecnica, ovvero di certificato di conformita', gia' rilasciato alla data del 30 giugno 1993, potranno continuare a circolare senza il contrassegno di identificazione:
    a) fino al 30 settembre 1993, se il loro certificato risulta rilasciato dal 1 luglio 1992 al 30 giugno 1993;
    b) fino al 31 dicembre 1993, se il loro certificato risulta rilasciato dal 1 luglio 1991 al 30 giugno 1992;
    c) fino al 31 marzo 1994, se il loro certificato risulta rilasciato dal 1 luglio 1989 al 30 giugno 1991;
    d) fino al 30 giugno 1994, se il loro certificato risulta rilasciato prima del 1 luglio 1989.
2. Per l'assegnazione ed il rilascio del contrassegno ai ciclomotori di cui al comma 1, nonche' per la sua registrazione, si applicano le norme del presente regolamento.

Art. 254.
((ARTICOLO ABROGATO DAL D.P.R. 24 NOVEMBRE 2001, N. 474))
Art. 255 (Art. 99 Cod. Str.)
(Targhe provvisorie di circolazione)
1. Le sigle di individuazione degli uffici provinciali della Direzione generale della M.C.T.C., ai fini del rilascio delle targhe provvisorie di cui all'articolo 99 del codice sono quelle indicate nell'appendice XI al presente titolo.
2. I criteri per la formazione dei dati riportati nelle targhe provvisorie sono i seguenti:
    a) sigla d'individuazione dell'ufficio provinciale, come indicato nella suddetta appendice. Detto elenco puo' essere aggiornato con decreto del Ministro dei trasporti ((e della navigazione)), a seguito dell'istituzione di ulteriori province;
    b) marchio ufficiale della Repubblica Italiana;
    c) serie progressiva costituita da cinque caratteri numerici.
Il ((Ministero dei trasporti e della navigazione – Direzione generale della M.C.T.C.)) puo' stabilire che la serie in questione sia modificata ed integrata da caratteri alfabetici.
• 2. TARGHE
(Artt. 100-102 Codice della Strada)

Art. 256 (Art. 100 Cod. Str.)
(Definizione delle targhe di immatricolazione, ripetitrici e di riconoscimento)
1. Agli effetti del presente regolamento, si definiscono targhe d'immatricolazione:
    a) quelle posteriori ed anteriori degli autoveicoli, di cui all'articolo 100, comma 1, del codice;
    b) quelle posteriori dei rimorchi, di cui all'articolo 100, comma 3, del codice;
    c) quelle posteriori dei motoveicoli, di cui all'articolo 100, comma 2, del codice;
    d) quelle posteriori delle macchine agricole semoventi, di cui all'articolo 113, comma 1, del codice;
    e) quelle posteriori dei rimorchi agricoli, di cui all'articolo 113, comma 3, del codice;
    f) quelle posteriori delle macchine operatrici semoventi, di cui

all'articolo 114, comma 4, del codice;

g) quelle posteriori delle macchine operatrici trainate, di cui all'articolo 114, comma 4, del codice.

2. Si definiscono targhe ripetitrici:

a) quelle contenenti i dati di immatricolazione dei veicoli trainanti, di cui devono essere muniti posteriormente ((. . .))i carrelli appendice durante la circolazione, di cui all'articolo 100, comma 4, del codice;

b) quelle contenenti i dati di immatricolazione dei veicoli trainanti, di cui devono essere munite posteriormente le macchine agricole trainate, quando ricorrono le condizioni previste dall'articolo 113, comma 2, del codice;

c) quelle contenenti i dati di immatricolazione dei veicoli trainanti, di cui devono essere munite posteriormente le macchine operatrici trainate, di cui all'articolo 114, comma 4, del codice.

3. COMMA ABROGATO DAL D.P.R. 24 NOVEMBRE 2001, N. 474.

4. Si definiscono targhe di riconoscimento:

a) quelle di cui devono essere munite le autovetture e gli autoveicoli ad uso promiscuo di cui all'articolo 131, comma 2, del codice;

b) quelle di cui devono essere muniti gli autoveicoli, i motoveicoli ed i rimorchi di cui all'articolo 134, comma 1, del codice;

c) i contrassegni di identificazione, di cui devono essere muniti i ciclomotori ai sensi dell'art. 97, comma 1, del codice.

4-bis. Fermo restando che anche ai fini dell'applicazione delle sanzioni previste dall'articolo 100, commi 11 e seguenti, del decreto legislativo 30 aprile 1992, n. 285, i dati identificativi dei veicoli sono quelli stabiliti nell'appendice XII, alle targhe e' aggiunta la sigla di identificazione della provincia, come riportata nell'appendice XI al presente titolo.

Art. 257 (Art. 100 Cod. Str.)
(Criteri per la formazione dei dati delle targhe dei veicoli a motore e dei rimorchi)

1. I criteri per la formazione dei dati riportati nelle targhe di cui all'articolo 100, comma 9, del codice, sono quelli riportati nell'appendice XII al presente titolo.

2. Fermo restando quanto previsto dall'articolo 246, il Ministro dei trasporti puo', in caso di particolari esigenze, stabilire una successione ed un impiego di caratteri alfanumerici diversi da quelli indicati al comma 1 della suddetta appendice XII.

Art. 258 (Art. 100 Cod. Str.)
(Collocazione delle targhe di immatricolazione, ripetitrici e di riconoscimento)

1. Gli alloggiamenti delle targhe d'immatricolazione ripetitrici e di riconoscimento devono presentare una superficie piana o approssimativamente piana, di ampiezza idonea a contenere la targa cui sono destinati. Fermo restando quanto stabilito nella materia dalle norme previgenti per i veicoli immatricolati anteriormente al 1 gennaio 1999, le dimensioni e la collocazione dei diversi tipi di targhe sono le seguenti:

a) targhe di immatricolazione anteriori degli autoveicoli: 360 mm X 110 mm, collocate sul lato anteriore dei veicoli (fig. III.4/a);

b) targhe di immatricolazione posteriori degli autoveicoli ((e loro rimorchi)):

1) formato A: 520 mm X 110 mm, collocate sul lato posteriore dei veicoli ((e loro rimorchi))(fig. III.4/b);

2) formato B: 297 mm X 214 mm, collocate sul lato posteriore dei veicoli (il formato in questione e' destinato esclusivamente agli autoveicoli ((e loro rimorchi)) il cui alloggiamento targa non consente l'installazione della targa formato A) (fig. III.4/c);

c) targhe ripetitrici per ((carrelli appendice)),:

1) formato A: 486 mm x 109 mm, collocate sul lato posteriore dei

veicoli (fig. III.4/l);

2) formato B: 336 mm x 202 mm, collocate sul lato posteriore dei veicoli (il formato in questione e' destinato esclusivamente ai veicoli il cui alloggiamento targa non consente l'installazione della targa formato A) (fig. III.4/m);

d) targhe di immatricolazione dei rimorchi agricoli, delle macchine operatrici trainate; targhe EE per autoveicoli e loro rimorchi comprese quelle ripetitrici ((per carrelli appendice)): 340 mm x 109 mm, collocate sul lato posteriore dei veicoli (fig. ((. . .)) III.4/h, III.4/i, III.4/o, III.4/s, III.4/u) ;

e) targhe di immatricolazione, delle macchine agricole semoventi, delle macchine operatrici semoventi ; targhe ripetitrici delle macchine agricole semoventi e delle macchine operatrici semoventi; targhe EE per motoveicoli: 165 mm x 165 mm, collocate sul lato posteriore dei veicoli (fig., III.4/f, III.4/g, III.4/n, III.4/p, III.4/q, III.4/r, III.4/v) .

e-bis) targhe di immatricolazioni dei motoveicoli: 177 mm X 177 mm collocate sul lato posteriore dei motoveicoli (figura III.4/e).

Art. 259 (Art. 100 Cod. Str.)
(Modalita' di installazione delle targhe)

1. Gli alloggiamenti devono essere tali che, a seguito del loro corretto montaggio, le targhe presentino le seguenti caratteristiche:

a) posizione della targa posteriore nel senso della larghezza, con esclusione delle targhe d'immatricolazione dei rimorchi agricoli e delle macchine operatrici trainate: la linea verticale mediana della targa non puo' trovarsi piu' a destra del pi- ano di simmetria longitudinale del veicolo e in ogni caso, nei veicoli trainati, deve essere assicurata una congrua distanza tra targa d'immatricolazione e targa ripetitrice. Il bordo laterale sinistro della targa non puo' trovarsi piu' a sinistra del piano verticale parallelo al piano longitudinale di simmetria del veicolo e tangente al luogo in cui la sezione trasversale del veicolo, larghezza fuori tutto, raggiunge la sua dimensione massima;

b) posizione, nel senso della larghezza, delle targhe d'immatricolazione dei rimorchi agricoli e delle macchine operatrici trainate: tali targhe devono essere poste in prossimita' del margine destro del lato posteriore del veicolo, senza oltrepassare tale margine;

c) posizione della targa rispetto al piano longitudinale di simmetria del veicolo: la targa e' perpendicolare o sensibilmente perpendicolare al piano di simmetria longitudinale del veicolo;

d) posizione della targa posteriore rispetto alla verticale: la targa e' verticale con un margine di tolleranza di 5μ. Tuttavia, nella misura in cui la forma del veicolo lo richiede, essa puo' essere anche inclinata rispetto alla verticale di un angolo non superiore a 30μ, quando la superficie recante i caratteri alfanumerici e' rivolta verso l'alto e a condizione che il bordo superiore della targa non disti dal suolo piu' di 1,20 m; di un angolo non superiore a 15μ, quando la superficie recante il numero di immatricolazione e' rivolta verso il basso e a condizione che il bordo superiore della targa disti dal suolo piu' di 1,20 m;

e) altezza della targa posteriore rispetto al suolo: l'altezza del bordo inferiore della targa dal suolo non deve essere inferiore a 0,30 m, e a 0,20 m per i soli motoveicoli; l'altezza del bordo superiore della targa dal suolo non deve essere superiore a 1,20 m. Tuttavia, qualora sia praticamente impossibile osservare quest'ultima disposizione, l'altezza puo' superare 1,20 m, ma deve essere il piu' possibile vicino a questo limite, compatibilmente con le caratteristiche costruttive del veicolo, e non puo' comunque superare i 2 m;

f) condizioni geometriche di visibilita': la targa posteriore deve essere visibile in tutto lo spazio compreso tra quattro piani, dei quali: due verticali che passano per i due bordi laterali della targa, formando verso l'esterno un angolo di 30 con il piano longitudinale mediano del veicolo; un piano che passa per il bordo superiore della targa formando con il piano orizzontale un angolo di 15 verso l'alto; un piano orizzontale che passa per il bordo inferiore della targa (tuttavia, se l'altezza del bordo superiore della targa dal suolo e' superiore a 1,20 m, quest'ultimo piano deve formare con il piano orizzontale un angolo di 15 verso il basso);

g) determinazione dell'altezza della targa rispetto al suolo: le altezze di cui alle lettere d), e) ed f) devono essere misurate a veicolo scarico.

2. E' ammesso l'uso di cornici portatarga a condizione che siano di materiale opaco e che ricoprano il bordo della targa per una profondita' non superiore a 3 mm. E' vietato applicare sui portatarga e sulle teste delle viti di fissaggio materiali aventi proprieta' retroriflettenti. E' vietato applicare sulla targa qualsiasi rivestimento di materiale anche se trasparente, ad esclusione dei talloncini autoadesivi di cui all'articolo 260.

Art. 260 (Art. 100 Cod. Str.)
(Caratteristiche costruttive, dimensionali, fotometriche, cromatiche e di leggibilita' delle targhe. Requisiti di idoneita' per la loro accettazione).

1. Il fondo delle targhe e' giallo per le targhe di immatricolazione delle macchine agricole semoventi o trainate, delle macchine operatrici semoventi o trainate e per tutte le targhe ripetitrici; e' bianco in tutti gli altri casi ad eccezione delle parti poste all'estremita' delle targhe per autoveicoli ((, loro rimorchi)) e motoveicoli. I caratteri ed il marchio ufficiale della Repubblica italiana sono neri, la sigla I e' bianca, ad eccezione dei casi di seguito indicati:

a) colore rosso: ((scritta)) RIM. AGR.; lettera R delle targhe ripetitrici; marchio ufficiale e caratteri alfanumerici delle targhe di immatricolazione delle macchine operatrici;

b) LETTERA SOPPRESSA DAL D.P.R. 24 NOVEMBRE 2001, N. 474;

c) colore azzurro: lettere EE di tutte le targhe previste dall'articolo 134, comma 1, del codice.

c-bis) colore nero: sigla I alle targhe per escursionisti esteri, quando prevista;

2. Tutti i caratteri alfanumerici e gli elementi complementari impressi nelle targhe sono realizzati mediante imbutitura profonda 1,4 (Piu' o Meno) 0,1 mm, che puo' essere ridotta fino a 0,5 mm per il cerchio su cui e' stampato il marchio ufficiale della Repubblica Italiana, per l'ellisse su cui e' stampata la sigla dello Stato italiano nelle targhe per escursionisti esteri, per il rettangolo destinato a contenere il talloncino di scadenza nelle targhe per escursionisti esteri nonche' per i riquadri rettangolari delle targhe ripetitrici, di cui all'appendice XII, comma 3, al presente titolo.

3. Nelle targhe degli autoveicoli, dei rimorchi e dei motoveicoli degli escursionisti esteri, la zona rettangolare in rilievo larga 69 mm ed alta 20 mm e' destinata a contenere un talloncino delle medesime dimensioni, in materiale autoadesivo di colore rosso, con impressi, in colore bianco, il numero del mese e, dopo un tratto bianco di separazione, le ultime due cifre dell'anno in cui scade la validita' della carta di circolazione. Nelle targhe di immatricolazione degli autoveicoli ((, dei rimorchi)) e dei motoveicoli la zona rettangolare posta all'estrema destra e' destinata a contenere due talloncini in materiale autoadesivo, che non formano parte integrante della targa e non influiscono ai fini dell'identificazione del veicolo e del relativo intestatario: il primo, da applicarsi nella parte alta, reca in giallo le ultime due cifre dell'anno di immatricolazione; il secondo, da applicarsi nella parte bassa, reca in bianco la sigla della provincia di residenza dell'intestatario della carta di circolazione.

4. Le dimensioni delle targhe e il formato dei relativi caratteri sono quelli previsti nelle figure allegate al presente regolamento.

5. Il sistema di targatura stabilito dal presente regolamento entra

in vigore, ai sensi dell'articolo 235, comma 7, del codice, a partire dal 1 ottobre 1993 progressivamente con l'esaurimento delle targhe di vecchio tipo ancora in giacenza presso gli uffici provinciali della Direzione generale della M.C.T.C. e comunque non oltre il 31 dicembre 1996. Gli autoveicoli, i rimorchi, i motoveicoli, le macchine agricole semoventi e trainate, le macchine operatrici semoventi e trainate, gia' immatricolati, possono continuare a circolare con la targa di immatricolazione (e con quella anteriore, ove ricorra) originale. Le targhe di immatricolazione degli autoveicoli e dei motoveicoli rilasciate secondo il sistema di targatura in vigore dal 1 ottobre 1993 possono esse sostituite, con la stessa sigla alfanumerica ed a richiesta degli interessati, con le nuove targhe in uso dal 1 gennaio 1999, secondo le modalita' stabilite dal Ministero dei trasporti e della navigazione, senza che si configuri l'ipotesi di reimmatricolazione di cui all'articolo 102 del decreto legislativo 30 aprile 1992, n. 285.

6. Le caratteristiche ed i requisiti di idoneita' per l'accettazione delle targhe devono rispondere alle prescrizioni dettate dal disciplinare tecnico di cui all'appendice XIII al presente titolo.

Art. 261 (Artt. 100 e 101 Cod. Str.)
(Modelli di targhe)

1. I modelli delle targhe sono depositati presso il Ministero dei trasporti ((e della navigazione)) - Direzione generale della M.C.T.C.

2. ((COMMA SOPPRESSO DAL D.P.R. 16 SETTEMBRE 1996, N. 610)).

Art. 262 (Art. 100 Cod. Str.)
(Marchio ufficiale)

1. Il marchio ufficiale, che le targhe di ogni tipo devono portare, e' costituito da una stella a cinque punte tra un ramo di olivo ed uno di quercia, della forma e dimensioni di cui alla figura III.5.

Art. 263 (((Art. 100 Cod. Str.)
(Proventi della maggiorazione del costo di produzione delle targhe e dei contrassegni per ciclomotore)

1. I proventi delle maggiorazioni di cui all'articolo 101, comma 1, del codice, destinati alla Direzione generale della M.C.T.C. per le finalita' di cui all'articolo 208, comma 2, del codice, vengono utilizzati:

a) nella misura non inferiore al 95% per studi di carattere tecnico, per pubblicazioni tecniche, per corsi di aggiornamento professionale, per ricerche sperimentali, ivi comprese le ricerche sui singoli dispositivi e componenti del veicolo, anche nei riflessi verso l'ambiente nonche' in relazione al conducente ed alle persone trasportate, e per l'acquisto delle relative apparecchiature ed informatizzazione delle procedure relative alle ricerche stesse;

b) in misura non eccedente il 5% per compensi al personale effettivamente addetto alle ricerche suddette, anche in relazione alla eventuale articolazione in turni delle relative sperimentazioni.))

● 3. CESSAZIONE DALLA CIRCOLAZIONE
(Art. 103 Codice della Strada)

Art. 264 (Art. 103 Cod. Str.)
(Informazioni in tema di cessazione dalla circolazione)

1. L'ufficio del P.R.A. da' comunicazione con le modalita' di cui all'articolo 245, della distruzione, demolizione o definitiva esportazione all'estero dei veicoli, all'ufficio provinciale della M.C.T.C., entro tre giorni dall'avvenuta registrazione delle relative formalita'.

2. Contestualmente alla comunicazione dovranno essere trasmesse all'ufficio provinciale della M.C.T.C. le targhe e le carte di circolazione.

3. I registri di cui all'articolo 103, comma 3, del codice,

conformi al modello approvato dal Ministro dei trasporti, sono soggetti a vidimazione annuale da parte della Questura territorialmente competente. Le vidimazioni annuali, successive alla prima devono essere effettuate entro il 15 giorno dalla data di scadenza.

4. I registri di cui al comma 3 devono essere esibiti agli organi di polizia che ne facciano richiesta. E' fatto obbligo ai titolari dei centri di raccolta e di vendita di veicoli a motore e di rimorchi di effettuare sui registri in questione le seguenti annotazioni:

a) generalita', indirizzo ed estremi di identificazione dell'intestatario del veicolo, nonche' della persona da questi incaricata ove ricorra;

b) data di presa in carico del veicolo, data di consegna della o delle targhe e dei relativi documenti al P.R.A. ed estremi della ricevuta da questi rilasciata al riguardo. Qualora tale consegna sia avvenuta a cura dell'intestatario del veicolo, o dell'avente titolo, la relativa ricevuta dovra' essere esibita al titolare del centro di raccolta per la trascrizione dei suoi estremi;

c) data di effettiva demolizione, smontaggio o vendita del veicolo. Qualora ricorra quest'ultimo caso, dovranno essere riportate anche le generalita' e gli estremi del documento di identificazione dell'acquirente.

CAPO IV
CIRCOLAZIONE SU STRADA DELLE MACCHINE AGRICOLE E DELLE MACCHINE OPERATRICI

• 1. DISPOSIZIONI SULLA CIRCOLAZIONE DI MACCHINE AGRICOLE ECCEZIONALI (Artt. 104-105 Codice della Strada)

Art. 265 (Art. 104 Cod. Str.)
(Pannelli di segnalazione delle macchine agricole eccezionali e delle macchine agricole equipaggiate con attrezzature portate e semiportate).

1. Le macchine agricole, che per necessita' funzionali eccedono le dimensioni previste dall'articolo 104 del codice, devono essere munite nella parte posteriore di un pannello amovibile delle dimensioni 0,50 m x 0,50 m a strisce alterne bianche e rosse, di materiale retroriflettente approvato secondo le prescrizioni tecniche stabilite con decreto del ((Ministero dei trasporti e della navigazione - Direzione generale della M.C.T.C.)).

2. Le macchine agricole, equipaggiate con attrezzature portate o semiportate che eccedono la sagoma del veicolo, devono essere segnalate con pannelli installati ed approvati secondo le modalita' stabilite con decreto del ((Ministero dei trasporti e della navigazione - Direzione generale della M.C.T.C.)).

Art. 266 (Art. 104 Cod. Str.)
(Dispositivo supplementare di segnalazione visiva delle macchine agricole)

1. Le macchine agricole semoventi di cui all'articolo 104, commi 7 ed 8, del codice, debbono essere equipaggiate con uno o piu' dispositivi supplementari a luce lampeggiante gialla ((o arancione di tipo approvato dal Ministero dei trasporti e della navigazione - Direzione generale della M.C.T.C., o conformi a direttive CEE o a regolamenti ECE-ONU, recepiti dal Ministero dei trasporti e della navigazione,)), al fine di garantire il rispetto delle prescrizioni di cui ai successivi commi.

2. Il dispositivo deve essere montato sulla macchina semovente ovvero, nel caso di complessi, sulla macchina traente o su quella trainata in modo tale che, rispetto ad un piano orizzontale passante per il centro ottico del dispositivo, venga assicurato un campo di visibilita' non inferiore a 10°, verso il basso e verso l'alto, su un arco di 360°.

3. Sono ammesse zone di mascheramento dovute alla presenza di attrezzi o particolari costruttivi e funzionali della macchina, a condizione che tali zone non superino il valore massimo complessivo di 60°, con un valore massimo di 30 per ogni singola zona, misurato su un piano orizzontale passante per il centro del dispositivo. L'angolo tra due zone di mascheramento non deve risultare inferiore a 20°. Piu' zone contigue di mascheramento possono essere considerate come unica zona di mascheramento se il loro valore totale, inclusi gli angoli tra di esse, non supera i 30°.

4. Il dispositivo deve essere montato di norma nella parte piu' alta del corpo della macchina e puo' essere amovibile.

5. Il centro ottico del dispositivo deve essere collocato ad almeno 2,00 metri da terra e, comunque, ad altezza non inferiore a quella degli indicatori di direzione.

6. Il dispositivo supplementare deve rimanere in funzione anche quando non e' obbligatorio l'uso dei dispositivi di segnalazione visiva e di illuminazione.

Art. 267 (Art. 104 Cod. Str.)
(Ripartizione delle masse delle macchine agricole eccezionali)

1. Per le macchine agricole semoventi eccezionali dovra' essere verificato che il rapporto tra la massa gravante sugli assi direttivi e quella gravante sui rimanenti assi non sia mai inferiore a 0,25, salvo quanto disposto al comma 2.

2. Tale rapporto non deve essere inferiore a 0,18 per le macchine agricole semoventi eccezionali aventi velocita' inferiori a 15 km/h ovvero a 0,15 per le macchine semicingolate.

Art. 268
(((Art. 104 Codice della strada)))

((1. La domanda per ottenere l'autorizzazione di cui all'articolo 104, comma 8, del codice, per la circolazione di macchine agricole eccezionali, deve essere presentata all'ente competente per la localita' di inizio del viaggio dai soggetti di cui all'articolo 110, comma 2, del codice e deve essere corredata da:

a) copia della carta di circolazione ovvero del certificato di idoneita' tecnica del veicolo;

b) indicazione dei comuni nel cui ambito territoriale avviene la circolazione del veicolo;

c) rappresentazione della macchina nella sua massima configurazione dimensionale e ponderale, nel rispetto dei limiti imposti dai documenti di circolazione e dagli enti proprietari delle strade interessate al transito, in caso di eccezionalita' dovuta al montaggio di attrezzi portati o semiportati;

d) dichiarazione sulla percorribilita' delle strade entro gli ambiti territoriali richiesti, con particolare riferimento all'inscrivibilita' in curva, nel caso di sagome eccedenti quelle previste dall'articolo 61 del codice.

La domanda deve essere sottoscritta, ai sensi delle vigenti norme in materia di dichiarazioni sostitutive di atto di notorieta', dal proprietario del veicolo o dal legale rappresentante dell'impresa agricola per conto della quale il veicolo e' utilizzato; per le modalita' di presentazione si seguono le disposizioni dell'articolo 14, commi 1 e 13, in quanto applicabili. Le regioni possono delegare alle province le competenze relative alla autorizzazione alla circolazione, di cui all'articolo 104, comma 8, del codice. In tal caso ciascuna provincia ha competenza a rilasciare l'autorizzazione sull'intero itinerario per il quale e' richiesta, previo nulla osta degli altri enti interessati. La durata massima dell'autorizzazione non puo' essere superiore a due anni, la minima non puo' essere inferiore a quattro mesi.

2. L'ente competente, entro dieci giorni dalla data di presentazione della domanda, rilascia l'autorizzazione al transito, prescrivendone condizioni e cautele. Qualora per il rilascio dell'autorizzazione debba essere acquisito il nulla osta da parte di

altri enti, gli stessi rispondono entro dieci giorni dalla richiesta del medesimo. Il tempo che intercorre tra tale richiesta ed il rilascio del nulla osta, costituisce interruzione del termine previsto per l'ente presso il quale e' stata presentata la domanda di autorizzazione. I termini di rilascio dell'autorizzazione e del nulla osta possono essere ridotti per ragioni di pubblico interesse dichiarate dalle competenti autorita', ovvero per esigenze di esportazione o trasferimento; possono essere, altresi', ridotti, per veicoli gia' in possesso di autorizzazione, in caso di trasferimento presso officine di riparazione su itinerari diversi da quelli gia' autorizzati.

3. I titolari dell'autorizzazione accertano direttamente, sotto la propria responsabilita', la permanenza delle condizioni di percorribilita' di tutto l'itinerario prescelto da parte del veicolo, nonche' l'esistenza di eventuali limitazioni, anche temporanee, presenti lungo lo stesso.

4. Per le macchine agricole eccezionali, che eccedono la larghezza di 3,20 m, nell'autorizzazione, e' prescritta la scorta tecnica. Detta scorta puo' essere realizzata con autoveicoli di cui dispone l'impresa agricola. Detti autoveicoli precedono il mezzo a distanza non inferiore a 75 m e non superiore a 150 m e sono equipaggiati con il dispositivo a luce lampeggiante gialla o arancione di tipo approvato dal Ministero delle infrastrutture e dei trasporti - Direzione generale per la motorizzazione. Il conducente segnala con drappo rosso la presenza e l'ingombro della macchina agricola agli utenti della strada.

5. Il conducente della macchina agricola eccezionale deve avere con se' l'autorizzazione da esibire, a richiesta, agli organi preposti alla vigilanza stradale.

6. Le macchine agricole che eccedono i limiti di massa fissati dall'articolo 104 del codice sono tenute al pagamento di un indennizzo per la maggior usura della strada, in relazione al loro transito. L'entita' dell'indennizzo e' quella dell'articolo 18, comma 5, lettere a) e b), rispettivamente per le macchine agricole atte al carico e per le macchine agricole non atte al carico, da versare con le modalita' di cui all'articolo 18, commi 6 e 8.

7. Le norme di cui al presente articolo si applicano anche per il trasporto di macchine agricole eccezionali effettuato con rimorchi agricoli aventi almeno due assi, idonea portata e specifica attrezzatura; la domanda di autorizzazione e' accompagnata anche dallo schema grafico longitudinale e trasversale del veicolo, ove sono evidenziati gli eventuali ingombri a sbalzo rispetto al rimorchio agricolo e la ripartizione della massa sugli assi dello stesso; la lunghezza del convoglio comprensiva dell'eventuale sporgenza posteriore non deve essere superiore a 18,75 m, e, qualora si superi la lunghezza di 16,50 m, la scorta tecnica precede e segue il complesso secondo le modalita' di cui al comma 4.

8. Per i casi previsti dagli articoli 98 e 99 del codice, la durata massima dell'autorizzazione non puo' essere superiore rispettivamente a quattro mesi e a un mese; se dovuto, l'indennizzo d'usura e' valutato ai sensi del comma 6 e l'importo puo' essere versato in misura non inferiore a 1/3 ovvero a 1/12 di quello annuale. Per la circolazione ai sensi dell'articolo 98 del codice le domande di autorizzazione possono essere presentate da parte dei soggetti e per le finalita' di cui all'articolo 1, comma 1, del decreto del Presidente della Repubblica 24 novembre 2001, n. 474. In luogo della documentazione relativa al veicolo, esse possono essere corredate da una dichiarazione sostitutiva di atto di notorieta', sottoscritta dal legale rappresentante della ditta costruttrice, contenente le specifiche tecniche ed identificative di cui al comma 1; tale documentazione deve essere completata dalla copia del certificato della targa di prova o del foglio di via che accompagna la targa provvisoria di cui all'articolo 255. E', altresi', consentito che l'autorizzazione sia relativa alla circolazione di una determinata tipologia di macchina agricola eccezionale; in tal caso la durata

dell'autorizzazione non puo' essere superiore a dodici mesi, deve riportare i limiti dimensionali e ponderali entro i quali la tipologia di macchina e' ammessa a circolare, e deve essere accompagnata, volta per volta, dalla copia della carta di circolazione, se trattasi di macchina agricola eccezionale gia' immatricolata, dalla copia del certificato di approvazione o di omologazione di cui all'articolo 76, commi 1 e 6, del codice se trattasi di macchina agricola eccezionale non ancora immatricolata, o da dichiarazione sostitutiva del costruttore, se trattasi di prototipo sperimentale, nonche' dal disegno d'insieme della macchina nella sua effettiva configurazione di marcia.))

• 2. COSTRUZIONE ED EQUIPAGGIAMENTO DELLE MACCHINE AGRICOLE (Art. 106 Codice della Strada)

Art. 269 (Art. 106 Cod. Str.)
(Blocco dei comandi dei sistemi di lavoro degli attrezzi delle macchine agricole)
1. I comandi del o dei sistemi di lavoro dei vari attrezzi non devono poter essere azionati involontariamente durante la marcia su strada delle macchine agricole.
2. Il sistema di lavoro, inoltre, deve poter essere bloccato con sistemi di sicura efficacia ed affidabilita', nella posizione individuata per la marcia su strada in sede di visita e prova.

Art. 270 (Art. 106 Cod. Str.)
(Campo di visibilita' e tergicristallo delle macchine agricole)
1. Il campo di visibilita' delle macchine agricole semoventi di cui all'articolo 106, comma 1, del codice puo' essere verificato secondo le prescrizioni di cui all'allegato 3 del decreto del Presidente della Repubblica 10 febbraio 1981, n. 212 ovvero secondo le prescrizioni tecniche dettate in proposito dal Ministro dei trasporti.

Art. 271 (Art. 106 Cod. Str.)
(Dispositivi di protezione in caso di capovolgimento delle trattrici agricole)
1. Le trattrici agricole a ruote devono essere equipaggiate con uno dei dispositivi di protezione del conducente in caso di capovolgimento, previsti dai decreti emanati per il recepimento delle specifiche direttive comunitarie ovvero dai codici emanati dall'Organizzazione per la Cooperazione e lo Sviluppo Economico (O.C.S.E.), seguendo le prescrizioni in essi contenute, in quanto applicabili, indipendentemente dalla velocita' sviluppata dalle trattrici stesse.

Art. 272 (Art. 106 Cod. Str.)
(Sedile per il conducente delle trattrici agricole)
1. Il sedile per il conducente delle trattrici agricole a ruote con pneumatici deve corrispondere alle prescrizioni dell'allegato 11 del decreto del Presidente della Repubblica 10 febbraio 1981, n. 212 e successivi aggiornamenti.

Art. 273 (Art. 106 Cod. Str.)
(Dispositivi di segnalazione visiva e di illuminazione delle macchine agricole)
1. Le macchine agricole semoventi e trainate devono essere munite dei dispositivi di segnalazione visiva e di illuminazione di cui all'articolo 12, commi 1 e 2, del decreto ministeriale 4 maggio 1983. Le caratteristiche di tali dispositivi, le quote di montaggio nonche' gli angoli di visibilita' devono rispondere alle prescrizioni riportate nell'allegato 12 del decreto del Presidente della Repubblica 10 febbraio 1981, n. 212.

2. Le attrezzature agricole portate o semiportate, qualora con la loro sagoma occultino i dispositivi di segnalazione visiva o di illuminazione delle macchine agricole semoventi a cui sono collegate, devono essere equipaggiate con i dispositivi che occultano; tali dispositivi possono essere montati su supporto amovibile.

3. Con provvedimento del Ministro dei trasporti, di concerto con il Ministro dell'agricoltura e delle foreste, possono essere stabilite prescrizioni diverse da quelle indicate nei commi precedenti, quando particolari esigenze di sicurezza lo richiedano.

Art. 274 (Art. 106 Cod. Str.)
(Dispositivi di frenatura
delle macchine agricole semoventi)

1. I dispositivi di frenatura delle macchine agricole semoventi, di cui all'articolo 57 del codice, devono rispondere alle prescrizioni costruttive e d'efficienza di cui all'allegato 6 del decreto del Presidente della Repubblica 10 febbraio 1981, n. 212 e successive modificazioni.

2. Nella prova di tipo "O" il dispositivo di frenatura di servizio delle macchine suddette deve garantire decelerazioni medie minime, riferite alle diverse velocita', quali risultano dalla tabella III.4, che fa parte integrante del presente regolamento.

3. Il dispositivo di frenatura di stazionamento delle macchine agricole deve poter mantenere immobile il veicolo su una pendenza ascendente e discendente non inferiore al 18%; se la macchina agricola e' abilitata al traino, il dispositivo deve mantenere immobile il complesso costituito dalla macchina agricola semovente e da una macchina agricola trainata non frenata, della massa complessiva massima ammissibile, su una pendenza ascendente e discendente non inferiore al 12%.

4. Con provvedimento del Ministro dei trasporti, di concerto con il Ministro dell'agricoltura e delle foreste, possono essere stabilite prescrizioni diverse da quelle indicate nei commi precedenti, quando particolari esigenze di sicurezza lo richiedano.

Art. 275 (Art. 106 Cod. Str.)
(Massa rimorchiabile
delle macchine agricole semoventi)

1. La massima massa rimorchiabile viene stabilita in sede di omologazione del tipo della macchina agricola semovente e, per i tipi non omologati, in sede di visita e prova per ciascun esemplare.

2. Nei treni costituiti da macchine agricole munite di dispositivi di frenatura, l'attribuzione della massa rimorchiabile e' subordinata all'accertamento delle due condizioni seguenti:

a) massa aderente della macchina agricola semovente in ordine di marcia in piano ed in condizioni statiche non inferiore al 16% della massa a pieno carico del treno agricolo. Per le macchine agricole semoventi con trazione sul solo asse posteriore, la massa aderente verificata in piano e in condizioni statiche, e' assunta convenzionalmente uguale all'80% della massa della macchina stessa;

b) rapporto tra la potenza del motore e la massa massima del treno agricolo espressa in tonnellate, non inferiore a $((2,9 \text{ kW/t}))$.

3. A richiesta del costruttore, in alternativa alle prescrizioni del comma 1 e limitatamente alle trattrici agricole, le verifiche per la determinazione della massa rimorchiabile devono soddisfare le due condizioni seguenti:

a) che il complesso dei veicoli possa avviarsi su pendenza non inferiore al 14%;

b) che il complesso dei veicoli possa marciare ad una velocita' che non differisca piu' del 10% dalla velocita' massima - corrispondente al numero di giri di potenza massima del motore con il rapporto piu' elevato della trasmissione fra i regimi di coppia massima e di potenza massima - su pendenza non inferiore al 2%, ovvero possa raggiungere la predetta velocita', su strada piana con accelerazione media non inferiore a $0,2 \text{ m/sec2}$, nel campo di utilizzazione del rapporto piu' alto della trasmissione. Le prove possono essere sostituite dal rilevamento in piano degli sforzi di trazione al gancio verificando che lo sforzo di trazione massimo non sia inferiore alla somma del 16% della massa rimorchiabile e del 14% della massa della trattrice e che lo sforzo di trazione corrispondente al numero di giri di potenza massima, col rapporto piu' elevato della trasmissione, non sia inferiore alla somma del 4% della stessa massa rimorchiabile e del 2% della massa della trattrice.

4. Il valore massimo della massa rimorchiabile, individuato come differenza tra la massa massima del treno agricolo e la massa, in ordine di marcia, della macchina agricola traente e' limitato dal rapporto tra la massa complessiva della macchina agricola rimorchiata e la massa della macchina agricola traente; detto rapporto non deve superare i seguenti valori:

a) 2 per le macchine agricole traenti di tipo snodato a ruote gommate, per le macchine agricole a ruote non gommate ovvero per quelle cingolate, qualunque sia il tipo di frenatura del complesso;

b) 3 per le macchine agricole traenti a ruote gommate se il dispositivo di frenatura del complesso e' di tipo meccanico;

c) 4 per le macchine agricole traenti a ruote gommate se il dispositivo di frenatura del complesso e' di tipo misto e automatico;

d) 5 per le macchine agricole traenti a ruote gommate se il dispositivo di frenatura del complesso e' di tipo continuo ed automatico.

5. Per massa della macchina agricola in ordine di marcia si intende la massa della macchina agricola con serbatoi e radiatori pieni, con conducente di massa di 75 kg, priva degli eventuali attrezzi portati o semiportati, delle zavorre e del piano di carico ((, qualora amovibile)).

Art. 276 (Art. 106 Cod. Str.)
(Dispositivi di frenatura dei rimorchi agricoli e delle macchine agricole operatrici trainate)

1. Un rimorchio agricolo di massa complessiva a pieno carico fino a 1,5 t e' considerato parte integrante della trattrice agricola traente quando le dimensioni di ingombro, compresi gli organi di agganciamento, non superano 4,00 m di lunghezza e 2,00 m di larghezza.

2. Detti rimorchi possono essere sprovvisti di freni ed essere trainati, con rapporto di traino non superiore a 1, entro il limite della massa rimorchiabile riconosciuta alla trattrice per macchine agricole rimorchiate prive di freni.

3. Per "rapporto di traino" si intende il rapporto tra la massa a pieno carico del rimorchio e la massa della trattrice agricola priva di zavorre, dell'eventuale piano di carico e di attrezzi portati o semiportati.

4. Ogni rimorchio agricolo di massa a pieno carico superiore a 1,5 t e fino a 5 t deve essere munito di un dispositivo di frenatura di servizio; tale dispositivo, se di tipo meccanico, puo' essere con comando a leva di tipo unificato montato sulla trattrice e deve agire sulle ruote di almeno un asse. Lo sforzo muscolare esercitato sul comando non deve superare 30 daN.

5. Ogni rimorchio agricolo di massa a pieno carico superiore a 5 t e fino a 6 t deve essere munito di un dispositivo di frenatura di servizio agente sulle ruote di almeno un asse; tale dispositivo, se di tipo meccanico, deve essere comandato dall'inerzia del rimorchio e, nei rimorchi a due o piu' assi, puo' agire anche sul solo asse anteriore.

6. Ogni rimorchio agricolo di massa a pieno carico superiore a 6 t deve essere munito di un dispositivo di frenatura di servizio che utilizza una sorgente di energia diversa da quella muscolare del conducente o dall'energia cinetica del rimorchio; l'azione del dispositivo deve esercitarsi contemporaneamente su tutte le ruote. Le caratteristiche costruttive e di funzionamento nonche' le modalita'

di verifica del dispositivo devono rispondere a prescrizioni tecniche riportate in tabelle di unificazione approvate dal Ministero dei trasporti.

7. Il valore numerico della somma delle forze di frenatura alla periferia delle ruote del rimorchio, espresso in daN, deve essere comunque uguale almeno al 40% del valore numerico della massa complessiva a pieno carico del rimorchio stesso espresso in kg.

8. Ogni rimorchio agricolo di massa complessiva a pieno carico superiore a 1,5 t deve essere munito anche di un dispositivo di frenatura di stazionamento; tale dispositivo deve mantenere, sia in salita che in discesa, il rimorchio fermo su una strada con pendenza almeno pari al 16%. Detto dispositivo puo' essere comandato da persona a terra; lo sforzo sul comando non deve superare 60 daN.

9. Le norme di cui ai commi precedenti si applicano anche alle macchine agricole operatrici trainate con le esclusioni previste all'articolo 107, comma 1, del codice.

10. Con provvedimento del Ministro dei trasporti, di concerto con il Ministro dell'agricoltura e delle foreste, possono essere stabilite prescrizioni diverse da quelle indicate nei commi precedenti.

Art. 277 (Art. 106 Cod. Str.)
(Efficienza della frenatura dei treni costituiti da macchine agricole)

1. Nei treni costituiti da una macchina agricola semovente, di cui all'articolo 57 del codice, e da una macchina agricola operatrice trainata priva di freni, di massa complessiva a pieno carico non superiore a quella della macchina agricola semovente, ovvero in quelli costituiti da una trattrice agricola e da un rimorchio agricolo considerato parte integrante delle trattrice stessa, ai sensi dell'articolo 276, comma 1, l'efficienza ottenuta con il dispositivo di frenatura di servizio deve garantire decelerazioni medie minime, riferite alle diverse velocita', quali risultano dalla tabella III.4 che fa parte integrante del presente regolamento.

2. Qualora il dispositivo sia comandato a pedale, il risultato di cui sopra deve essere ottenuto esercitando sul pedale una forza non superiore a 60 daN.

3. Per determinare l'efficienza della frenatura dopo il riscaldamento dei freni, il treno a pieno carico viene mantenuto ad una velocita' stabilizzata, prossima all'80% di quella massima verificata, su percorso in discesa della pendenza del 10% e della lunghezza di 1 km; alla fine del percorso l'efficienza residua della frenatura di servizio deve garantire una decelerazione media minima, calcolata in base alla distanza di frenatura, non inferiore al 70% di quella regolamentare ne' al 60% del valore relativo alla prova con freno freddo.

4. Con provvedimento del Ministro dei trasporti, di concerto con il Ministro dell'agricoltura e delle foreste, possono essere stabilite prescrizioni diverse da quelle indicate nei commi precedenti.

Art. 278 (Art. 106 Cod. Str.)
(Dispositivo di sterzo delle macchine agricole)

1. Il dispositivo di sterzo delle macchine agricole semoventi, di cui all'articolo 57 del codice, deve rispondere alle prescrizioni riportate in tabelle di unificazione approvate dal Ministro dei trasporti.

Art. 279 (Art. 106 Cod. Str.)
(Fascia di ingombro delle macchine agricole eccezionali)

1. Le macchine agricole semoventi, di cui all'articolo 57 del codice, ed i loro complessi, le cui dimensioni eccedono per esigenze funzionali quelle stabilite dall'articolo 104 del codice, devono inscriversi nella fascia d'ingombro stabilita dal Ministro dei trasporti con proprio provvedimento.

Art. 280 (Art. 106 Cod. Str.)
(Livelli sonori delle macchine agricole semoventi)
1. ((La determinazione del livello sonoro all'orecchio del conducente ed i relativi limiti ammissibili, in occasione dell'approvazione o dell'omologazione dei trattori agricoli a ruote, e' effettuata secondo)) le prescrizioni di cui all'allegato 8 del decreto del Presidente della Repubblica 10 febbraio 1981, n. 212 e successivi aggiornamenti.
2. ((La determinazione del livello sonoro ed i relativi limiti ammissibili, per tutte le macchine agricole semoventi a ruote, e' effettuata secondo)) le prescrizioni di cui all'allegato IX del decreto del Presidente della Repubblica 11 gennaio 1980, n. 76 e successivi aggiornamenti.
((3. Nei casi diversi da quelli sopra indicati, nonche' per le macchine agricole in circolazione, il Ministero dei trasporti e della navigazione - Direzione generale della M.C.T.C. stabilisce le prescrizioni relativamente al livello sonoro emesso, sulla base dei limiti stabiliti ai sensi dell'articolo 10 della legge 3 marzo 1987, n. 59, con decreto del Ministro dell'ambiente di concerto con il Ministro dei trasporti e della navigazione e del Ministro della sanita'.))
4. I dispositivi di aspirazione e di scarico sono individuati mediante apposita punzonatura impressa sugli stessi dalla casa costruttrice.

Art. 281 (Art. 106 Cod. Str.)
(Dispositivi di segnalazione acustica delle macchine agricole semoventi)
1. Le macchine agricole semoventi, di cui all'articolo 57 del codice, devono essere munite di un dispositivo di segnalazione acustica le cui caratteristiche devono rispondere alle prescrizioni dell'allegato VIII del decreto del Presidente della Repubblica 11 gennaio 1980, n. 76 e successivi aggiornamenti.

Art. 282 (Art. 106 Cod. Str.)
(Dispositivo retrovisore
delle macchine agricole semoventi)
1. Il dispositivo retrovisore delle macchine agricole semoventi di cui all'articolo 57 del codice, deve rispondere alle prescrizioni di cui all'allegato 2 del decreto del Presidente della Repubblica 10 febbraio 1981, n. 212 e successivi aggiornamenti.

Art. 283 (Art. 106 Cod. Str.)
(Sovrapattini delle macchine agricole cingolate)
1. I sovrapattini sono dispositivi di adattamento per la marcia su strada delle macchine cingolate, da applicarsi su tutte le suole dei cingoli muniti di costola di aggrappamento, allo scopo di impedire il danneggiamento del manto stradale. I sovrapattini possono essere interamente metallici o con elementi di gomma. L'area convenzionale di appoggio di un sovrapattino e' quella della superficie prevista per l'appoggio sul terreno supposto perfettamente rigido e piano; esso si misura convenzionalmente sul disegno del sovrapattino escludendo le superfici di raccordo.
2. Su ciascun sovrapattino, unitamente al marchio di fabbrica, deve essere impresso il carico massimo ammissibile in chilogrammi, determinato moltiplicando per 6,5 l'area convenzionale d'appoggio espressa in centimetri quadrati. Il sovrapattino deve essere inoltre conforme alle caratteristiche indicate da tabelle di unificazione ((approvate)) dal Ministero dei trasporti ((e della navigazione)) - Direzione generale della M.C.T.C.
3. La pressione convenzionale di appoggio del sovrapattino si determina dividendo la massa della macchina, compresa l'eventuale attrezzatura prevista, per il risultato ottenuto dal prodotto del numero dei rulli portanti per l'area convenzionale di appoggio di un sovrapattino; le ruote tendicingolo o quelle motrici, qualora

portanti, vengono computate come rulli.

4. Ai fini dell'ammissione alla circolazione su strada delle macchine cingolate, la pressione convenzionale di appoggio, determinata sulla base delle prescrizioni di cui al comma 3, non deve superare 6,5 daN/cm(Elevato al Quadrato).

Art. 284 (Art. 106 Cod. Str.)
(Ganci delle macchine agricole semoventi)

1. I ganci di traino applicati alle macchine agricole semoventi si suddividono nelle seguenti categorie:

A - per il traino di macchine agricole aventi massa a pieno carico non superiore a 6000 kg e costruite in modo da non far gravare parte della loro massa sull'occhione di traino;

A1 - per il traino di macchine agricole aventi massa a pieno carico non superiore a 3000 kg e costruite in modo da far gravare sull'occhione, in condizioni statiche, un carico verticale non superiore a 250 kg;

B - per il traino di macchine agricole aventi massa a pieno carico non superiore a 6000 kg e costruite in modo da far gravare sull'occhione, in condizioni statiche, un carico verticale non superiore a 500 kg;

C - per il traino di macchine agricole aventi massa a pieno carico non superiore a 6000 kg e costruite in modo da far gravare sull'occhione, in condizioni statiche, un carico verticale non superiore a 1500 kg;

D - per il traino di macchine agricole aventi massa a pieno carico non superiore a 12000 kg e costruite in modo da non far gravare parte della loro massa sull'occhione di traino;

D1 - per il traino di macchine agricole aventi massa a pieno carico non superiore a 20000 kg e costruite in modo da non far gravare parte della loro massa sull'occhione di traino;

D2 - per il traino di macchine agricole aventi massa a pieno carico non superiore a 14000 kg e costruite in modo da far gravare sull'occhione, in condizioni statiche, un carico verticale non superiore a 2000 kg;

D3 - per il traino di macchine agricole aventi masse a pieno carico non superiore a 20000 kg e costruite in modo da far gravare sull'occhione, in condizioni statiche, un carico verticale non superiore a 2500 kg.

2. Le caratteristiche dimensionali e costruttive dei ganci, le verifiche e prove, le modalita' di esecuzione delle stesse nonche' le marcature di identificazione dovranno rispondere a prescrizioni riportate in tabelle di unificazione approvate dal Ministero dei trasporti - Direzione generale della M.C.T.C.

3. I tipi dei ganci devono essere approvati dal Ministero dei trasporti. Su ogni esemplare dei ganci devono essere indicati in maniera chiara, indelebile e facilmente visibile il marchio di fabbrica, la categoria cui il gancio appartiene, l'anno di fabbricazione e gli estremi della approvazione.

Art. 285 (Art. 106 Cod. Str.)
(Occhioni delle macchine agricole trainate)

1. Gli occhioni applicati al timone delle macchine agricole trainate, si suddividono nelle seguenti categorie:

E - per macchine agricole trainate di massa a pieno carico non superiore a 6000 kg e costruite in modo da non far gravare parte della loro massa complessiva sul gancio della macchina agricola traente;

E1- per macchine agricole trainate di massa a pieno carico non superiore a 3000 kg e costruite in modo da far gravare sul gancio della macchina agricola traente un carico verticale non superiore a 250 kg;

E2 - per macchine agricole trainate di massa a pieno carico non superiore a 6000 kg e costruite in modo da far gravare sul gancio della macchina agricola traente un carico verticale non superiore a

500 kg;

E3 - per macchine agricole trainate di massa a pieno carico non superiore a 6000 kg e costruite in modo da far gravare sul gancio della macchina agricola traente un carico verticale non superiore a 1500 kg;

F - per macchine agricole trainate di massa a pieno carico non superiore a 12000 kg e costruite in modo da non far gravare parte della loro massa sul gancio della macchina agricola traente;

F1 - per macchine agricole trainate di massa a pieno carico non superiore a 20000 kg e costruite in modo da non far gravare parte della loro massa sul gancio della macchina agricola traente;

F2 - per macchine agricole trainate di massa a pieno carico non superiore a 14000 kg e costruite in modo da far gravare sul gancio della macchina agricola traente un carico verticale non superiore a 2000 kg;

F3 - per macchine agricole trainate di massa a pieno carico non superiore a 20000 kg e costruite in modo da far gravare sul gancio della macchina agricola traente un carico verticale non superiore a 2500 kg.

2. Le caratteristiche dimensionali e costruttive degli occhioni, le verifiche e prove e le modalita' di esecuzione delle stesse nonche' le marcature di identificazione dovranno corrispondere a prescrizioni riportate in tabelle di unificazione approvate dal Ministero dei trasporti - Direzione generale della M.C.T.C.

3. I tipi degli occhioni devono essere approvati dal Ministero dei trasporti - Direzione generale della M.C.T.C. Su ogni esemplare degli occhioni devono essere indicati in maniera chiara, indelebile e facilmente visibile il marchio di fabbrica, la categoria cui l'occhione appartiene, l'anno di fabbricazione e gli estremi dell'approvazione.

Art. 286 (Art. 106 Cod. Str.)
(Timoni delle macchine agricole trainate)

1. I timoni delle macchine agricole trainate devono avere caratteristiche dimensionali determinate in base a calcoli di progetto da effettuare secondo criteri tecnici fissati dal Ministero dei trasporti - Direzione generale della M.C.T.C.; il calcolo va fatto per ogni tipo di timone in base alla massa complessiva a pieno carico del tipo di veicolo cui il timone stesso e' destinato e deve tenere conto delle sollecitazioni che possono verificarsi nelle diverse condizioni d'impiego nonche' delle caratteristiche del materiale.

Art. 207 (Art. 106 Cod. Str.)
(Verifica per le macchine agricole della posizione del dispositivo di traino nonche' del carico verticale ammissibile su di esso).

1. L'altezza del dispositivo di traino equipaggiante le macchine agricole semoventi nonche' la massa massima verticale (Q) ammissibile sul medesimo, dovranno essere fissati dal costruttore in relazione alle condizioni di stabilita' statica e dinamica della macchina agricola semovente con macchina agricola trainata agganciata; tale massa dovra', comunque, risultare non superiore a quella ammessa dalla categoria del gancio che il costruttore dichiara di montare di serie sulla macchina agricola semovente.

2. L'altezza del dispositivo nonche' le prescrizioni per le relative verifiche e prove dovranno rispondere a tabelle di unificazione approvate dal Ministero dei trasporti - Direzione generale della M.C.T.C.

Art. 288 (Art. 106 Cod. Str.)
(Inquinamento da gas di scarico prodotto dalle macchine agricole)

1. La determinazione dell'inquinamento prodotto dai gas di scarico del motore di trazione delle macchine agricole semoventi, di cui all'articolo 57 del codice, e' effettuata secondo le norme dell'allegato

10 del decreto del Presidente della Repubblica 10 febbraio 1981, n. 212, e successivi aggiornamenti ovvero, a richiesta, secondo le prescrizioni comunitarie relative agli autoveicoli.

Art. 289 (Art. 106 Cod. Str.)
(Caratteristiche costruttive e funzionali
delle macchine agricole)
1. Il Ministro dei trasporti, con provvedimento emanato di concerto con il Ministro dell'agricoltura e delle foreste, in relazione anche ad esigenze costruttive e funzionali delle macchine agricole, puo' stabilire caratteristiche costruttive e funzionali diverse da quelle indicate nel presente regolamento per le macchine stesse. Qualora tali caratteristiche riguardino le emissioni sonore ed inquinanti, esse dovranno essere emanate sulla base dei limiti relativi a tali emissioni stabiliti ai sensi dell'articolo 10 della legge 3 marzo 1987, n. 59, con decreto del Ministro dell'ambiente di concerto con i Ministri dei trasporti e della sanita'.

● 3. CERTIFICATI DI IDONEITa' E DI OMOLOGAZIONE, CARTA DI CIRCOLAZIONE DELLE MACCHINE AGRICOLE
(Artt. 107-110 Codice della Strada)

Art. 290 (Art. 107 Cod. Str.)
(Definizione della potenza e determinazione delle curve caratteristiche dei motori installati su macchine agricole)
1. Ai fini delle verifiche e delle prove, per potenza nominale del motore di una macchina agricola semovente, di cui all'articolo 57 del codice, s'intende la potenza massima misurata mediante un freno dinamometrico, accoppiato all'albero motore, in corrispondenza al numero dei giri ed al grado di alimentazione stabiliti dal costruttore per la produzione di serie.
2. Il valore della potenza massima del motore determinato nelle prove deve essere riportato alle condizioni d'aria tipo.
3. Le curve caratteristiche del motore devono essere rilevate secondo le norme stabilite da tabelle approvate dal Ministero dei trasporti - Direzione generale della M.C.T.C..

Art. 291 (Art. 107 Cod. Str.)
(Verifiche e prove
per l'omologazione delle macchine agricole)
1. Le verifiche e prove per l'omologazione del tipo delle macchine agricole, di cui all'articolo 57 del codice, concernono il controllo:
1.1. dei requisiti dell'esemplare in relazione alle caratteristiche generali dichiarate dal costruttore;
1.2. dei requisiti dell'esemplare in relazione a quanto disposto dalle norme di circolazione vigenti;
1.3. dell'installazione e del funzionamento dei dispositivi di segnalazione visiva e di illuminazione nonche' dell'approvazione dei dispositivi stessi;
1.4. della massa e della relativa ripartizione sugli assi per tutte le possibili condizioni di carico e di allestimento della macchina agricola;
1.5. dei dispositivi di frenatura prescritti;
1.6. delle masse massime ammesse sui pneumatici;
1.7. degli organi di traino se presenti;
1.8. della forma e dimensione dell'alloggiamento delle targhe;
1.9. delle targhette e delle iscrizioni regolamentari.
2. Per le macchine agricole semoventi deve, inoltre, essere effettuato il controllo:
2.1. della potenza del motore di trazione;
2.2. del campo di visibilita' e della presenza del tergicristallo;
2.3. del serbatoio/i del combustibile;
2.4. dell'opacita' dei fumi di scarico;

2.5. del livello sonoro emesso nell'ambiente;

2.6. del livello sonoro all'orecchio del conducente;

2.7. del sedile del conducente e dell'accompagnatore;

2.8. del dispositivo di protezione in caso di capovolgimento;

2.9. dei dispositivi per l'eliminazione dei disturbi radioelettrici;

2.10. della protezione degli elementi motore, delle parti sporgenti e delle ruote;

2.11. del parabrezza e degli altri vetri, ove presenti;

2.12. del dispositivo di segnalazione acustica;

2.13. dei dispositivi di aspirazione e scarico;

2.14. dei dispositivi retrovisori;

2.15. del dispositivo di sterzo;

2.16. del dispositivo di rimorchio;

2.17. del dispositivo di retromarcia;

2.18. dello spazio di manovra, dei mezzi di accesso al posto di guida e, qualora presenti, degli sportelli, dei finestrini e delle uscite di emergenza;

2.19. della presa di forza;

2.20. della installazione, ubicazione, funzionamento e identificazione dei comandi;

2.21. della massa rimorchiabile;

2.22. del comando del dispositivo di frenatura delle macchine agricole trainate.

3. Per l'omologazione del tipo delle macchine agricole operatrici semoventi di cui all'articolo 57 del codice, non si effettuano le verifiche e prove del comma 2, ai punti 2.6., 2.8., 2.16. e 2.18.; non si effettuano, inoltre, i controlli di cui ai punti 2.21. e 2.22. dello stesso comma 2, qualora non abilitate al traino.

4. Le verifiche e prove elencate nei commi 1, 2 e 3, quando non specificamente descritte negli articoli del ((presente)) regolamento, vanno effettuate con le modalita' e secondo le prescrizioni contenute nei decreti di recepimento delle direttive comunitarie emanate in materia.

5. Per l'omologazione dei tipi di macchine agricole e per le relative procedure si applicano le norme dettate dal codice e dal presente regolamento in ordine all'omologazione dei tipi dei veicoli a motore e dei rimorchi.

Art. 292 (Art. 107 Cod. Str.)
(Macchine agricole operatrici trainate
escluse dall'accertamento dei requisiti)

1. Le macchine agricole trainate, escluse dall'obbligo dell'articolo 107, comma 1, del codice, sono quelle le cui caratteristiche costruttive, mirate all'operativita' della macchina stessa, non possono consentire la completa rispondenza alle norme per la circolazione. Tali macchine sono:

a) gli aratri;

b) le seminatrici;

c) gli erpici.

2. Con provvedimento del Ministro dei trasporti, di concerto con il Ministro dell'agricoltura e delle foreste, possono essere individuate altre categorie di macchine agricole operatrici trainate escluse dall'obbligo suddetto. Con lo stesso provvedimento sono individuate le modalita' e le cautele per la circolazione delle macchine suddette.

Art. 293 (Art. 108 Cod. Str.)
(Carta di circolazione e certificato di idoneita' tecnica
delle macchine agricole)

1. La carta di circolazione rilasciata per le macchine agricole, di cui all'articolo 57 del codice, deve contenere i seguenti elementi fondamentali:

a) estremi della targa di immatricolazione (se prevista);

b) generalita' del proprietario;

   c) numero di omologazione del tipo del veicolo (se ricorre);
   d) numero del telaio del veicolo;
   e) caratteristiche tecniche del veicolo.
   2. Il certificato d'idoneita' tecnica, qualora previsto, deve contenere i seguenti elementi fondamentali:
   a) numero di omologazione del tipo del veicolo (se ricorre);
   b) numero del telaio del veicolo;
   c) caratteristiche tecniche del veicolo.
   3. Il Ministro dei trasporti, con proprio provvedimento, puo' stabilire eventuali altri elementi che devono essere contenuti nella carta di circolazione e nel certificato di idoneita' tecnica, nonche' le modalita' esecutive delle presenti norme.

Art. 294 (Art. 110 Cod. Str.)
(Immatricolazione, rilascio della carta di circolazione e del certificato di idoneita' tecnica, trasferimento di proprieta' delle macchine agricole).

   1. L'ufficio provinciale della Direzione generale della M.C.T.C. competente al rilascio della carta di circolazione, ovvero del certificato di idoneita' tecnica alla circolazione, e' quello nella cui circoscrizione si trova l'azienda agricola o forestale alla quale e' destinata la macchina agricola ovvero la sede dell'impresa che effettua lavorazioni agromeccaniche o locazioni di macchine agricole ovvero la sede degli enti o consorzi pubblici proprietari della macchina agricola. ((Nel caso di reimmatricolazione, il predetto ufficio provvede alla trascrizione dei dati di proprieta' sulla carta di circolazione della macchina agricola interessata.))
   2. L'ufficio indicato al comma 1, ove il caso ricorra, provvede all'immatricolazione della macchina agricola a nome di colui che dichiari di esserne proprietario e che sia in possesso della dichiarazione di titolarita' di cui al comma 3, ovvero a nome del presidente pro-tempore dell'ente o consorzio pubblico.
   ((3. La dichiarazione attestante che il richiedente l'immatricolazione di una macchina agricola e' titolare di azienda agricola o di impresa che effettua lavorazioni meccanico-agrarie o che esercita la locazione di macchine agricole di cui all'articolo 110, comma 2, del codice, e' rilasciata dal competente assessorato delle regioni, ovvero delle province autonome di Trento e Bolzano. Nel caso di enti o consorzi pubblici, la dichiarazione di titolarita' e' rilasciata dagli stessi interessati ai sensi dell'articolo 4 della legge 4 gennaio 1968, n. 15 e successive modificazioni e deve assicurare l'esclusivo uso della macchina che si intende immatricolare, volto a lavorazioni agricole o forestali o di manutenzione di parchi e giardini pubblici. In ambedue i casi, la dichiarazione di assunzione di responsabilita', prevista dall'articolo 110, comma 3 del codice, puo' essere omessa quando dalla documentazione presentata gia' risulti la proprieta' della macchina agricola da parte di colui che ne richiede il trasferimento di proprieta'.))
   4. Il trasferimento di proprieta' delle macchine agricole, di cui all'articolo 57 del codice, puo' avvenire solo a favore dei soggetti in possesso della dichiarazione citata al comma 3 e viene annotato sugli appositi registri della Direzione generale della M.C.T.C., secondo le procedure dalla stessa stabilite.

● 4. REVISIONE DELLE MACCHINE AGRICOLE
(Art. 111 Codice della Strada)

Art. 295 (Art. 111 Cod. Str.)
(Revisione delle macchine agricole in circolazione)

   1. Le revisioni delle macchine agricole soggette ad immatricolazione sono stabilite con provvedimento del Ministro dei trasporti, di concerto con il Ministro dell'agricoltura e delle

foreste, con periodicita' non inferiori a cinque anni, a partire dalla data di prima immatricolazione delle macchine agricole stesse.

2. I requisiti minimi di sicurezza, da accertare con le modalita' prescritte dal provvedimento di cui al comma 1, sono, in quanto applicabili, i medesimi dei veicoli di pari massa complessiva, stabiliti nelle appendici VIII e IX al presente titolo.

● 5. CIRCOLAZIONE DELLE MACCHINE OPERATRICI
(Art. 114 Codice della Strada)

Art. 296 (Art. 114 Cod. Str.)
(Segnalazione delle macchine operatrici eccezionali)
1. Le macchine operatrici, che, per necessita' funzionali, eccedono le dimensioni previste dall'articolo 114 del codice, devono essere segnalate con pannelli approvati secondo le modalita' stabilite dal ((Ministero dei trasporti e della navigazione - Direzione generale della M.C.T.C.)). Il ((Ministero dei trasporti e della navigazione - Direzione generale della M.C.T.C.)) stabilisce le prescrizioni concernenti il numero ed il montaggio dei pannelli suddetti nonche' le eventuali altre segnalazioni ritenute necessarie.

Art. 297 (Art. 114 Cod. Str.)
(Campo di visibilita' delle macchine operatrici)
1. Il campo di visibilita' delle macchine operatrici, di cui all'articolo 58 del codice, deve essere verificato secondo le prescrizioni tecniche dettate in proposito dal Ministro dei trasporti con proprio decreto.

Art. 298 (Art. 114 Cod. Str.)
(Registrazione e targatura delle macchine operatrici)
1. Le macchine operatrici, ammesse a circolare su strada ai sensi dell'articolo 114 del codice, devono essere immatricolate presso un ufficio provinciale della Direzione generale della M.C.T.C., che provvede al rilascio della carta di circolazione e della relativa targa a colui che dichiari di essere il proprietario del veicolo.

2. Il proprietario della macchina operatrice e' tenuto ad indicare nella domanda di immatricolazione del veicolo i propri dati anagrafici e di residenza.

3. Nella stessa domanda, qualora ricorra, devono essere indicati anche i dati completi dell'impresa alla quale e' affidata l'utilizzazione della macchina operatrice. Tale obbligo non ricorre per le macchine operatrici semoventi equipaggiate con motore di trazione avente potenza non superiore a 50 kw. Tale obbligo non ricorre, altresi', per le macchine operatrici classificate carrelli, motocarriole, rulli compressori, spazzatrici e simili, per quelle destinate alla finitura e trattamento dei manti stradali nonche' per le macchine operatrici trainate.

4. All'atto della cessazione della circolazione di una macchina operatrice, il proprietario deve darne comunicazione ad un ufficio provinciale della Direzione generale della M.C.T.C. restituendo, altresi', la targa di immatricolazione e la relativa carta di circolazione. L'ufficio provinciale della Direzione generale della M.C.T.C. rilascia apposita ricevuta e provvede alla distruzione della targa, all'annullamento della carta di circolazione ed al conseguente aggiornamento dell'archivio del centro elaborazione dati della Direzione generale della M.C.T.C.

5. Il proprietario della macchina operatrice data in permuta deve comunicare ad un ufficio provinciale della Direzione generale della M.C.T.C. la temporanea cessazione dalla circolazione della macchina operatrice stessa indicando il depositario del mezzo e la sua sede.

Art. 299 (Art. 114 Cod. Str.)
(Macchine operatrici: dispositivo antincastro)
1. Le macchine operatrici, assimilabili costruttivamente ((ai veicoli della categoria N od O)), devono essere equipaggiate con i dispositivi antincastro in conformita' di quanto disposto dalla normativa in vigore per gli stessi ((veicoli)).
2. E' ammessa deroga all'obbligo del montaggio del dispositivo antincastro qualora la sua presenza sia incompatibile con l'utilizzazione della macchina operatrice oppure quando la sua funzione puo' essere svolta con altro dispositivo di equivalente efficacia.

Art. 300 (Art. 114 Cod. Str.)
(Organi di traino delle macchine operatrici ed accertamento della massa massima rimorchiabile)
1. Le macchine operatrici semoventi, qualora abilitate al traino, e le macchine operatrici trainate devono essere equipaggiate con idonei organi di traino secondo le prescrizioni dettate dal Ministro dei trasporti con proprio provvedimento. Con lo stesso decreto sono dettate le modalita' di accertamento della massa massima rimorchiabile.

Art. 301 (Art. 114 Cod. Str.)
(Dispositivi di frenatura
delle macchine operatrici semoventi)
1. I dispositivi di frenatura delle macchine operatrici, di cui all'articolo 58 del codice, ad eccezione di quanto prescritto al comma 4, devono rispondere alle prescrizioni costruttive di cui alla direttiva 71/320/CEE e successive modificazioni, per gli autoveicoli della categoria N3.
2. Le prescrizioni della direttiva 71/320/CEE e successive modificazioni, per quanto riguarda l'efficienza dei dispositivi, si intendono soddisfatte quando e' raggiunta l'efficienza minima della prova di tipo 0 (prova ordinaria della efficienza a freni freddi) e della prova di tipo I (prova della perdita d'efficienza).
3. La prova di tipo 0 dovra' essere effettuata, con motore disinnestato, alla velocita' massima per costruzione con tolleranza in meno del 10%; la prova di tipo I dovra' essere effettuata ad una velocita' stabilizzata pari all'80% di quella raggiunta nella prova di tipo 0.
4. I dispositivi di frenatura degli escavatori, delle pale caricatrici e dei carrelli di qualunque massa, ad eccezione di quelli di cui all'articolo 213, nonche' delle macchine operatrici aventi massa complessiva a pieno carico non superiore a 18 t, possono rispondere alle prescrizioni costruttive e di efficienza delle macchine agricole, di cui all'articolo 274, commi 1 e 2.
5. In ogni caso il dispositivo di frenatura di stazionamento deve soddisfare le condizioni previste all'articolo 274, comma 3.

Art. 302 (Art. 114 Cod. Str.)
(Dispositivi di frenatura
delle macchine operatrici trainate)
1. Le macchine operatrici trainate, di cui all'articolo 58 del codice, di massa complessiva a pieno carico superiore a 3 t e non superiore a 6 t devono essere munite di un dispositivo di frenatura di servizio agente sulle ruote di almeno un asse; tale dispositivo, se di tipo meccanico, deve essere comandato dall'inerzia della macchina operatrice trainata e la sua azione, nelle macchine operatrici trainate a due o piu' assi, puo' esplicarsi anche sulle sole ruote dell'asse anteriore.
2. Ogni macchina operatrice trainata, di massa a pieno carico superiore a 6 t, deve essere munita di un dispositivo di frenatura di servizio che utilizza una sorgente di energia diversa dalla energia cinetica della macchina operatrice trainata; la sua azione deve esercitarsi contemporaneamente su tutte le ruote. Le caratteristiche

costruttive di funzionamento nonche' le modalita' di verifica del dispositivo devono rispondere a prescrizioni tecniche riportate in tabelle di unificazione approvate dal Ministero dei trasporti.

3. Il valore numerico della somma delle forze di frenatura alla periferia delle ruote della macchina operatrice trainata, espresso in daN, deve comunque essere uguale almeno al 40% del valore numerico della massa complessiva a pieno carico della macchina stessa espresso in kg.

4. Ogni macchina operatrice trainata di massa complessiva a pieno carico superiore a 1,5 t deve essere munita di un dispositivo di frenatura di stazionamento avente le stesse caratteristiche indicate all'articolo 276, comma 8.

Art. 303 (Art. 114 Cod. Str.)
((Masse massime e ripartizioni delle stesse sugli assi))

((1. La massa trasmessa sull'asse direttivo non deve in ogni caso essere inferiore al valore del 20% della massa massima della macchina ridotto, rispettivamente, al 15% per le macchine con velocita' inferiore a 15 km/h ed al 13% per le macchine semicingolate. Nel caso di piu' assi direttivi, tale valore viene fissato dalla Direzione generale della M.C.T.C. in relazione alla particolare destinazione della macchina stessa.))

((2.)) La massa gravante sull'asse piu' caricato delle macchine operatrici eccezionali non deve superare 13 t; valori superiori a 13 t possono essere ammessi, a condizione che la velocita' massima, calcolata e verificata con le modalita' previste all'articolo 210 non superi i seguenti limiti:

a) 25 km/h per le masse superiori a 13 t e non superiori a 18 t;

b) 15 km/h per le masse superiori a 18 t.

((3.)) ((Le masse indicate al comma 2)) sono ammesse anche su assi contigui, purche' la distanza tra essi sia superiore a 1,20 m. Tali assi devono essere muniti di sospensioni elastiche e devono poter compensare tra loro il carico per dislivelli reciproci di 10 cm; il massimo travaso di carico non deve superare il (Piu' o Meno) 25% della massa che grava su ogni asse nella condizione di complanarita'.

Art. 304 (Art. 114 Cod. Str.)
(Revisione delle macchine operatrici in circolazione)

1. Le revisioni delle macchine operatrici soggette ad immatricolazione sono stabilite con provvedimento del Ministro dei trasporti, con periodicita' non inferiore a cinque anni a partire dalla data di prima immatricolazione delle macchine operatrici stesse.

2. I requisiti minimi di sicurezza, da accertare con le modalita' prescritte dal provvedimento di cui al comma 1 sono, in quanto applicabili, i medesimi dei veicoli di pari massa complessiva stabiliti nelle appendici VIII e IX al presente titolo.

Art. 305 (Art. 114 Cod. Str.)
(Caratteristiche costruttive e funzionali delle macchine operatrici)

1. Il Ministro dei trasporti ((e della navigazione)), con proprio provvedimento, in relazione ad esigenze costruttive e funzionali delle macchine operatrici ((a ruote o cingolate)), puo' stabilire caratteristiche costruttive e funzionali ((a integrazione o modificazione di)) quelle indicate nel presente regolamento per le macchine stesse.

Art. 306 (Art. 114 Cod. Str.)
(Norme di richiamo)

1. Alle macchine operatrici, di cui all'articolo 58 del codice, si applicano le seguenti disposizioni relative alle macchine agricole:

a) articolo 210 (velocita' teorica ed effettiva);

b) articolo 266 (dispositivo supplementare);

((c) art. 268 (autorizzazione alla circolazione delle macchine eccezionali;

d) art. 269 (blocco dei comandi dei sistemi di lavoro degli attrezzi delle macchine);))

e) articolo 273, commi 1 e 2 (dispositivi di segnalazione visiva e di illuminazione);

f) articolo 277, commi 1, 2 e 3 (verifica dell'efficienza della frenatura dei treni costituiti da una macchina semovente e da una macchina trainata di massa complessiva a pieno carico non superiore a 3 t e non superiore a quella della macchina trainante);

g) articolo 278 (dispositivo di sterzo);

h) articolo 279 (fascia d'ingombro);

i) articolo 280, commi 2, 3 e 4 (livello sonoro);

l) articolo 281 (dispositivi di segnalazione acustica);

m) articolo 282 (dispositivo retrovisore);

n) articolo 283 (dispositivo di adattamento per la marcia su strada delle macchine cingolate);

o) articolo 288 (inquinamento da gas di scarico);

p) articolo 290 (definizione della potenza e determinazione delle curve caratteristiche dei motori);

q) articolo 291, commi 1 e 2 (ad esclusione dei punti 2.6, 2.7, 2.8, 2.18, 2.19 e 2.22) e comma 5 (verifiche e prove per l'omologazione del tipo);

r) articolo 293, commi 1 e 3 (carta di circolazione).

Titolo IV
GUIDA DEI VEICOLI E CONDUZIONE DEGLI ANIMALI

● **1. PATENTE DI GUIDA**
(Artt. 115-121 Codice della Strada)

A) Disposizioni generali sulla patente e sul CAP (Artt. da 115 a 118 Codice della Strada)

Art. 307 (Art. 115 Cod. Str.)
(Attestato di idoneita' psicofisica)

1. Lo specifico attestato di cui all'articolo 115, comma 2, lettera b), del codice, e' rilasciato dalla commissione medica locale di cui all'articolo 119, comma 4, del codice, medesimo a seguito di visita medica specialistica rivolta ad accertare la persistenza dei requisiti fisici e psichici richiesti.

2. L'attestato di cui al comma 1, conforme al modello IV.1, che fa parte integrante del presente regolamento, se accompagnato dalla patente di guida in corso di validita' e, ove ricorra il caso, dal certificato di abilitazione professionale, consente la guida di autobus, autocarri, autotreni, autoarticolati, autosnodati adibiti a trasporto di persone, per il periodo di un anno a partire dalla data di rilascio dell'attestato ovvero nei piu' ridotti limiti temporali indicati nell'attestato stesso.

Art. 308 (Art. 116 Cod. Str.)
(Modello e caratteristiche della patente di guida ((- Guida dei veicoli utilizzati per il soccorso stradale)))

1. La patente di guida, conforme al modello comunitario, ha le seguenti dimensioni:

a) altezza 106 mm;

b) larghezza 222 mm.

Le altre caratteristiche sono riportate nel modello IV.2, che fa parte integrante del presente regolamento.

2. Per evitare i rischi di falsificazione della patente di guida, dopo l'intestazione e l'apposizione della fotografia del titolare, viene applicata, sulle parti da proteggere, una pellicola trasparente di materiale plastico.

3. Le caratteristiche del materiale utilizzato per la patente di

guida, le caratteristiche della pellicola protettiva antifalsificazione, le modalita' di compilazione del documento, di applicazione della pellicola protettiva sulla patente, le parti della patente da proteggere e gli ulteriori dettagli necessari sono stabiliti con provvedimento del Ministro dei trasporti ((e della navigazione)) , da emanare nel termine previsto dall'articolo 232 del codice.

((4. Le disposizioni di cui all'articolo 116, commi 3 e 4, del codice, si applicano anche nel caso di complessi formati da autoveicolo, anche non classificato per il soccorso stradale, e da rimorchio costituito da veicolo in avaria. E' sufficiente che il conducente del complesso sia in possesso della sola patente di guida del veicolo traente isolato, quando venga rimorchiato un autoveicolo su cui sia presente altro conducente, munito della relativa patente di guida ed in grado di azionare i dispositivi di frenatura e di sterzo del veicolo trainato, cosi' da costituire valido ausilio per la corretta marcia del complesso stesso.))

Art. 309 (Art. 116 Cod. Str.)
(Annotazione del gruppo sanguigno)

((1. Il gruppo sanguigno di appartenenza del titolare, qualora annotato sulla patente di guida, e' riportato nell'apposito spazio a cio' destinato, come risulta a pagina 2 del modello IV.2.))

2. Gli estremi del gruppo sanguigno sono rilevati dalla scheda allegata, in copia autenticata (o conforme), al certificato medico relativo al possesso dei requisiti fisici e psichici prescritti.

3. Le modalita' di determinazione del gruppo sanguigno di appartenenza, di competenza dei laboratori a cio' preposti, sono definite con decreto del Ministro della sanita' da emanare nel termine previsto dall'articolo 232 del codice. Tale decreto puo' essere aggiornato, a seguito di progressi scientifici nel campo emotrasfusionale.

4. Il titolare e' tenuto a verificare, all'atto del ritiro della patente, sia nel caso di primo rilascio che in quelli di estensione o duplicato, l'esattezza dell'indicazione relativa al gruppo sanguigno ((, qualora annotato,)) per lettura diretta della scheda originale in suo possesso ed a chiederne la rettifica, in caso di constatato errore, all'ufficio provinciale della M.C.T.C.

Art. 310 (Art. 116 Cod. Str.)
(Tipi di certificati di abilitazione professionale: CAP)

1. I certificati di abilitazione professionale (CAP), di cui all'art. 116, comma 8, del codice, sono dei seguenti tipi:

KA - per guidare a carico, per qualsiasi spostamento su strada, motocarrozzette, di massa complessiva fino ad 1,3 t in servizio di noleggio con conducente;
KB - per guidare, a carico per qualsiasi spostamento su strada, motocarrozzette di massa complessiva oltre 1,3 t in servizio di noleggio con conducente ed autovetture in servizio di piazza o di noleggio con conducente;
KC - per guidare, essendo minori di anni 21 e per qualsiasi spostamento su strada, a vuoto o a carico, autocarri, autoveicoli per trasporti specifici, autotreni, autoarticolati, autosnodati, adibiti al trasporto di cose, ed il cui peso complessivo a pieno carico, compreso il rimorchio, superi 7,5 t;
KD - per guidare, a carico per qualsiasi spostamento su strada, autobus, autotreni, autoarticolati, autosnodati, adibiti al trasporto di persone in servizio di linea o di noleggio con conducente o per il trasporto di scolari;
KE - per guidare, per qualsiasi spostamento su strada, a vuoto o a carico, mezzi adibiti ai servizi di emergenza.

2. Il certificato di abilitazione professionale di tipo KB e' valido anche per la guida dei veicoli cui abilita il certificato KA; il certificato di abilitazione professionale di tipo KD e' valido anche per la guida dei veicoli cui abilitano i certificati di tipo KB e KE.

3. I certificati di cui al comma 1, devono corrispondere al modello IV.3, che fa parte integrante del presente regolamento.

Art. 311
(Art. 116 Cod. Str.)
(Requisiti per il rilascio del CAP)

1. Per il rilascio del CAP, a seconda del tipo richiesto, e' necessaria la titolarita' della patente di guida come di seguito indicato:

KA - patente di categoria A;

KB - patente di categoria B;

KC - patente di categoria C;

KD - patente di categoria D per la guida di autobus; DE negli altri casi;

KE - patente di categoria B per la guida di ambulanze ed altri veicoli di massa complessiva a pieno carico fino a 3,5 t; patente di categoria C negli altri casi.

2. Il rilascio del CAP e' subordinato all'accertamento del possesso dei requisiti fisici e psichici richiesti per il rilascio, la revisione e la conferma di validita' della patente di guida dei veicoli delle categorie C, D ed E.

3. Per ottenere il certificato di abilitazione professionale (CAP), occorre:

a) essere residenti in un comune della Repubblica;

b) essere in possesso di patente nazionale valida per la categoria prevista dal comma 1;

c) presentare una domanda ad un ufficio provinciale della Direzione generale della M.C.T.C.;

d) superare l'apposito esame da sostenersi nella circoscrizione territoriale dello stesso ufficio, ovvero dimostrare di essere in possesso della relativa abilitazione rilasciata da uno Stato estero.

4. Ai minori di anni 21 puo' essere rilasciato esclusivamente il certificato di abilitazione professionale KC.

5. L'Ufficio provinciale della M.C.T.C. provvede a rilasciare il certificato di abilitazione professionale, contrassegnato da un numero progressivo assegnato dal centro elaborazione dati della Direzione generale della M.C.T.C.

6. La domanda di cui al comma 3, lettera c), ha validita' per sei mesi, da' diritto a sostenere l'esame una volta soltanto e non e' prorogabile.

Art. 312 (Art. 116 Cod. Str.)
(Programma d'esame per il conseguimento dei certificati di abilitazione professionale)

1. Gli argomenti del programma di esame per il conseguimento del certificato di abilitazione professionale sono quelli indicati nell'appendice I' al presente titolo.

Art. 313 (Art. 116 Cod. Str.)
(Modalita' di rilascio e relativa validita'.
Sostituzione dei CAP di precedente modello)

1. Il certificato di abilitazione professionale e' rilasciato sulla base dei requisiti indicati nell'articolo 311, ha validita' biennale e scade alla data indicata nel certificato stesso.

2. Alla scadenza e previo accertamento dei requisiti fisici e psichici, secondo quanto prescritto dall'articolo 126, comma 4, del codice, il competente ufficio della Direzione generale della M.C.T.C. procede a confermare la validita' del certificato di abilitazione professionale per un altro biennio, rilasciando un duplicato

aggiornato del documento.

3. Per coloro che hanno superato i sessantacinque anni di eta', la durata della validita' puo' essere inferiore ad un biennio se cio' e' disposto dalla Commissione medica locale di cui all'articolo 119, comma 4, del codice.

4. I certificati di abilitazione professionale, rilasciati in base al decreto del Ministro dei trasporti 3 maggio 1974, n. 2512, pubblicato nella Gazzetta Ufficiale della Repubblica del 18 maggio 1974, n. 129, conservano la loro validita' per un biennio a decorrere dalla data di entrata in vigore del codice, salvo la scadenza di validita' della patente di guida prima di tale data. In tal caso il titolare dovra' richiedere la sostituzione del certificato con uno dei tipi previsti dal presente regolamento.

5. I certificati di abilitazione di tipo KB di cui al comma 4 saranno sostituiti con quelli di tipo KA se il titolare e' titolare di patente della categoria A.

Art. 314 (Art. 116 Cod. Str.)
(Rilascio del CAP per conversione di documento estero)

1. I titolari di patente estera possono, a domanda, ottenere il certificato di abilitazione professionale in occasione della conversione della patente estera in patente nazionale, qualora dalla patente estera, ovvero dalla stessa corredata dal relativo certificato di abilitazione professionale, risulti che sono abilitati a condurre i veicoli adibiti ai trasporti, elencati nell'articolo 310.

2. Nei casi di cui al comma 1 il certificato di abilitazione professionale, da richiedersi contemporaneamente alla conversione della patente estera, verra' rilasciato dopo il conseguimento della patente nazionale, e previa esibizione della stessa.

Art. 315 (Art. 116 Cod. Str.)
(Certificato di formazione professionale relativo alle merci pericolose)

1. Ai conducenti che effettuano trasporti nazionali ed internazionali su strada di merci pericolose, il certificato di formazione professionale, conforme al modello approvato dal Ministro dei trasporti e della navigazione, e' rilasciato in base a quanto disposto in materia con la legge 19 febbraio 1992, n. 142.

Art. 316 (Art. 117 Cod. Str.)
(Limitazioni nella guida)

1. Ai fini del controllo dell'osservanza delle limitazioni della guida di cui all'articolo 117 del codice, le carte di circolazione dei motocicli devono contenere l'indicazione della potenza massima espressa in chilowatt e della potenza specifica, riferita alla tara, espressa in chilowatt per chilogrammo. ((PERIODO SOPPRESSO DAL D.L. 1 APRILE 1995, N. 98, CONVERTITO CON MODIFICAZIONI DALLA L. 30 MAGGIO 1995, N. 204)).

2. Per consentire i controlli di cui al comma 1 a carico dei motocicli gia' in circolazione alla data di entrata in vigore delle presenti norme, la Direzione generale della M.C.T.C. pubblica l'elenco dei tipi di veicoli non soggetti alle limitazioni nella guida di cui all'articolo 117 del codice.

3. ((COMMA SOPPRESSO DAL D.L. 1 APRILE 1995, N. 98, CONVERTITO CON MODIFICAZIONI DALLA L. 30 MAGGIO 1995, N. 204)).

Art. 317 (Art. 118 Cod. Str.)
(Esami per il conseguimento del certificato di idoneita' alla guida di filoveicoli)

1. La domanda di ammissione agli esami per il conseguimento del certificato di idoneita' alla guida di filoveicoli, da presentare all'Ufficio Speciale Trasporti Impianti Fissi (USTIF) della Direzione generale della M.C.T.C. competente per territorio, deve essere inoltrata tramite l'azienda interessata all'abilitazione e corredata

da una dichiarazione dell'azienda stessa sull'esito delle esercitazioni, con l'indicazione degli itinerari seguiti e dei chilometri percorsi, e con l'attestazione che il candidato ha dimostrato di avere la piena conoscenza pratica della guida e della circolazione dei filoveicoli.

2. L'esame consiste in una prova teorica ed in una prova pratica e deve essere effettuato da un funzionario dell'USTIF della Direzione generale della M.C.T.C. ((secondo quanto specificato nella)) tabella IV.1, con l'assistenza di un rappresentante dell'azienda di cui al comma 1.

3. Alla prova teorica il candidato deve dimostrare di avere conoscenza:

  a) delle leggi e dei regolamenti sulla circolazione stradale, con specifico riferimento alla condotta dei filobus;

  b) delle norme concernenti le funzioni di guidatore di filobus;

  c) delle strutture e funzionamento delle parti che compongono le vetture filoviarie;

  d) dei provvedimenti di urgenza da adottare in caso di guasti.

4. La prova pratica consiste in un esperimento di guida da eseguire su una o piu' linee della rete dell'azienda interessata. La durata minima delle esercitazioni ed il numero minimo dei chilometri da percorrere vengono determinati dal Direttore dell'USTIF, nel rispetto delle direttive impartite al riguardo dalla Direzione generale della M.C.T.C.

5. I candidati giudicati idonei sono classificati secondo la votazione conseguita.

6. La votazione deve esprimersi in decimi e risultare di tre valutazioni: una per le materie di cui alle lettere a) e b) del comma 3, una per le materie di cui alle lettere c) e d) dello stesso comma e una per la prova pratica.

7. Il candidato per conseguire l'idoneita' deve riportare una votazione media di 7/10 fra le tre valutazioni, con un minimo di 6/10 per ognuna delle materie della prova orale e di 7/10 per la prova pratica.

8. Copia del processo verbale degli esami viene trasmesso all'azienda di cui al comma 1.

9. Previo rinnovo della domanda e delle certificazioni, i candidati che hanno sostenuto gli esami con esito non favorevole possono ripresentarsi ad un successivo esame solo dopo che sia stato ripetuto il periodo di esercitazioni e sia trascorso almeno un mese.

Art. 318 (Art. 118 Cod. Str.)
(Rilascio del certificato di idoneita' alla guida di filoveicoli)

1. Il direttore dell'Ufficio Speciale Trasporti Impianti Fissi (USTIF) della Direzione generale della M.C.T.C. rilascia, ai candidati che hanno superato gli esami, un certificato di idoneita' alle funzioni di guidatore di filoveicoli, conforme al modello approvato dal Ministro dei trasporti ((e della navigazione)), che e' valido solo se accompagnato dalla patente ((di guida per autoveicoli e dall'eventuale certificato di abilitazione professionale, secondo quanto prescritto dall'articolo 118, commi 1 e 2)), del codice. I certificati di idoneita' rilasciati in base alla normativa precedentemente in vigore conservano la loro validita'.

2. Il certificato di idoneita' abilita a condurre filoveicoli presso le aziende di trasporto pubblico sulle quali resta ferma la competenza degli USTIF di cui all'articolo 12 della legge 1 dicembre 1986, n. 870.

B) Requisiti per il rilascio della patente di guida (Artt. da 119 a 121 Codice della Strada)

Art. 319 (Art. 119 Cod. Str.)
(Requisiti fisici e psichici per il conseguimento, la revisione e la conferma di validita' della patente di guida)

1. Per il conseguimento, la revisione o la conferma di validita' della patente di guida per autoveicoli o motoveicoli occorre che il

richiedente, all'accertamento sanitario praticato con i comuni esami clinici e con gli accertamenti specialistici ritenuti necessari, non risulti affetto da malattia fisica o psichica, deficienza organica o minorazione psichica, anatomica o funzionale, tale da impedire di condurre con sicurezza ((i tipi)) di veicoli alla guida dei quali la patente abilita .

2. ((COMMA SOPPRESSO DAL D.P.R. 16 SETTEMBRE 1996, N. 610)).

((2.)) I medici di cui all'articolo 119, comma 2, del codice, nel rilasciare il certificato d'idoneita' alla guida, dovranno tenere in particolare considerazione le affezioni morbose di cui all'articolo 320.

((3.)) Quando dalle constatazioni obiettive, o dai risultati della visita psicologica di cui all'articolo 119, comma 9, del codice, e dalle altre indagini cliniche e di laboratorio ritenute indispensabili, si evidenzino malattie fisiche o psichiche o deficienze organiche o minorazioni anatomiche o funzionali di cui agli articoli 320, 321, 322 e 323, il medico puo' rilasciare il certificato di idoneita' solo quando accerti e dichiari che esse non possono comunque pregiudicare la sicurezza nella guida di quei tipi di veicoli ai quali la patente abilita.

((4.)) Nei casi dubbi, o quando sia espressamente previsto, il giudizio di idoneita' viene demandato alla competenza della commissione medica locale di cui all'articolo 119, comma 4, del codice, che indichera' anche l'eventuale scadenza entro la quale effettuare il successivo controllo, cui e' subordinato il rilascio o la conferma o la revisione della patente di guida.

((5.)) Il medico accertatore di cui all'articolo 119, comma 2, del codice, effettua la visita medica di idoneita' alla guida presso la struttura pubblica di appartenenza o comunque all'interno ((di gabinetti medici dotati delle attrezzature necessarie allo scopo.))

Art. 320 (Art. 119 Cod. Str.)
(Malattie invalidanti)

1. Le malattie ed affezioni riportate nell'appendice II al presente titolo, con le specificazioni per ognuna di esse indicate nell'appendice medesima, escludono la possibilita' di rilascio del certificato di idoneita' alla guida.

Art. 321 (Art. 119 Cod. Str.)
(Efficienza degli arti)

1. Non possono conseguire o ottenere la conferma di validita' della patente di guida coloro che presentino, in uno o piu' arti, alterazioni anatomiche o funzionali invalidanti. Sono da giudicare invalidanti, ai fini della guida, le alterazioni anatomiche o funzionali, considerate singolarmente e nel loro insieme, tali da menomare la forza o la rapidita' dei movimenti necessari per eseguire con sicurezza tutte le manovre inerenti alla guida di quei determinati tipi di veicoli ai quali la patente abilita.

2. Ai fini del presente articolo l'efficienza degli arti deve essere valutata senza l'uso di apparecchi di protesi od ortesi.

Art. 322 (Art. 119 Cod. Str.)
(Requisiti visivi)

1. Per il conseguimento, la conferma di validita' o la revisione della patente di guida per motoveicoli ed autoveicoli di qualsiasi categoria e' necessario che il richiedente possegga campo visivo normale e senso cromatico sufficiente per distinguere rapidamente e con sicurezza i colori in uso nella segnaletica stradale, una sufficiente visione notturna e la visione binoculare.

2. Per il conseguimento o la conferma di validita' della patente di guida per motoveicoli od autoveicoli delle categorie A e B occorre possedere un'acutezza visiva non inferiore ai dieci decimi complessivi con non meno di due decimi per l'occhio che vede di meno, raggiungibile con lenti sferiche positive o negative di qualsiasi valore diottrico, purche' la differenza tra le due lenti non sia

superiore a tre diottrie.

3. Per il conseguimento, la conferma di validita' o la revisione della patente di guida per gli autoveicoli delle categorie C, D, E occorre possedere un'acutezza visiva pari ad almeno quattordici decimi complessivi con non meno di cinque decimi nell'occhio che vede di meno, raggiungibile con lenti sferiche positive o negative di qualsiasi valore diottrico, purche' la differenza tra le due lenti non sia superiore a tre diottrie, e l'acutezza visiva non corretta sia almeno pari ad un decimo per ciascun occhio.

4. In caso di visus naturale al di sotto del minimo prescritto per vizio miopico da un occhio ed ipermetropico dall'altro, correggibile rispettivamente con lenti sferiche negative o positive, la differenza di rifrazione tra le due lenti non puo' essere, del pari, superiore a tre diottrie.

5. Nel caso in cui la correzione si renda necessaria per un solo occhio, il grado di rifrazione della lente non potra' essere superiore a tre diottrie sia positive che negative.

6. Quando alle lenti di base sferiche sia associata una lente cilindrica, il calcolo della differenza di rifrazione deve essere effettuato tenendo conto soltanto del valore diottrico delle lenti sferiche di base.

7. Nel caso di visus naturale al di sotto del minimo prescritto per solo vizio di astigmatismo, correggibile con lenti cilindriche posi- tive o negative, non si stabiliscono vincoli diottrici, ma l'uso di dette lenti deve essere tollerato ed efficace.

8. L'acutezza visiva puo' essere raggiunta anche con l'adozione di lenti a contatto .

((9. Il visus raggiunto dopo l'impianto di lenti artificiali endoculari e' considerato, in sede di esame, come visus naturale.

10. Le correzioni di cui ai commi precedenti devono essere efficaci e tollerate.))

11. Le patenti di guida della categoria C, D, E non devono essere rilasciate ne' confermate se il candidato o conducente ha un campo visivo ridotto o se e' colpito da diplopia o da visione binoculare difettosa.

12. Qualora si scopra o si sospetti l'esistenza di una malattia in atto o pregressa dell'apparato visivo, associata o non a vizi di rifrazione, che sia o sia stata causa di menomazione del campo visivo, del senso cromatico, della visione notturna o della visione binoculare, si devono prevedere, da parte della commissione medica locale, esami della vista a periodi non superiori a due anni, al cui esito sara' subordinato il rinnovo della patente di guida.

13. Nel caso in cui la riduzione del visus o degli altri parametri oculari dipenda da una malattia dell'apparato visivo il certificato dovra' essere rilasciato dalla commissione medica locale la quale potra' indicare l'opportunita' che la validita' della patente sia ridotta ad un periodo non superiore a due anni.

Art. 323 (Art. 119 Cod. Str.)
(Requisiti uditivi)

1. Per il conseguimento, la conferma di validita' o la revisione della patente di guida per motoveicoli ed autoveicoli delle categorie A e B occorre percepire da ciascun orecchio la voce di conversazione con fonemi combinati a non meno di due metri di distanza.

2. La funzione uditiva puo' essere valutata con l'uso di apparecchi correttivi dell'udito monoaurali o binaurali, purche' tollerati. L'efficienza delle protesi deve essere attestata dal costruttore con certificazione rilasciata in data non anteriore a tre mesi, da esibire al medico di cui all'articolo 119, comma 2, del codice.

3. Per il conseguimento, la conferma di validita' o la revisione della patente di guida per autoveicoli delle categorie C, D, E occorre percepire la voce di conversazione con fonemi combinati a non meno di otto metri di distanza complessivamente e a non meno di due metri dall'orecchio che sente di meno, con valutazione della funzione uditiva senza l'uso di apparecchi correttivi.

Art. 324 (((Art. 119 Cod. Str.)
(Valutazione psicodiagnostica e test psicoattitudinali)
1. Per il conseguimento, la conferma di validita' o per la
revisione della patente di guida per autoveicoli delle categorie C, D
ed E e per le patenti speciali delle categorie C e D, sono richiesti
tempi di reazione a stimoli semplici e complessi, luminosi ed
acustici, sufficientemente rapidi e regolari per poter essere
classificati almeno nel quarto decile della scala decilica di
classificazione.
2. Nel caso sia richiesta, ai sensi dell'articolo 119, comma 9, del
codice, una valutazione psicodiagnostica, devono essere effettuate,
oltre alle prove di cui al comma 1, anche altre prove di attenzione,
di percezione e, su specifica indicazione del medico o della
commissione medica richiedente, prove di valutazione della
personalita'. In ogni caso gli psicologi che procedono alle
valutazioni previste dal presente articolo devono essere in possesso,
oltre che dei requisiti di cui all'articolo 119, comma 9, del codice,
di una specifica formazione nel settore della sicurezza stradale.))

Art. 325 (Art. 119 Cod. Str.)
(Requisiti visivi per il conseguimento, la conferma e la revisione
della patente speciale delle categorie ((A, B, C e D)))
1. Possono conseguire o ottenere la conferma di validita' o essere
sottoposti alla revisione della patente speciale delle categorie A e
B:
    a) i monocoli che abbiano nell'occhio superstite un'acutezza
visiva non inferiore ad otto decimi raggiungibile anche con qualsiasi
correzione di lenti;
    b) coloro che, abbiano in un occhio un'acutezza visiva inferiore
a un decimo non correggibile con lenti e nell'altro occhio
un'acutezza visiva non inferiore a otto decimi raggiungibile anche
con qualsiasi correzione di lenti;
    c) coloro che, pur non avendo un'acutezza visiva pari al minimo
prescritto per la patente di guida delle categorie A e B ,
posseggono tuttavia un'acutezza visiva non inferiore a otto decimi
complessivi con un minimo di un decimo nell'occhio che vede di meno,
raggiungibile con lenti sferiche positive o negative di qualsiasi
valore diottrico, purche' la differenza di rifrazione fra le due
lenti non sia superiore alle tre diottrie;
    d) coloro che raggiungono i minimi di visus prescritti dalle
lettere a), b) e c) anche soltanto con l'adozione di lenti a
contatto.
2. Ove ricorra il caso, i valori diottrici delle lenti devono
essere calcolati come stabilito per il rilascio, la conferma o la
revisione delle patenti di guida delle categorie A e B .
3. Le correzioni di cui alle lettere a), b), c) e d) del comma 1
devono essere tollerate ed efficaci.
4. Gli interessati di cui alle lettere a) e b) devono possedere
campo visivo normale e senso cromatico sufficiente nell'occhio
superstite o migliore, nonche' sufficiente visione notturna. Quelli
di cui alle lettere c) e d) devono possedere tali requisiti in
ambedue gli occhi, nonche' sufficiente visione binoculare.
5. I valori dell'acutezza visiva previsti alle lettere a), b) e c)
del comma 1 del presente articolo possono essere raggiunti anche con
l'uso di lenti a contatto .
6. Per il conseguimento, la conferma di validita' o la revisione
((delle patenti speciali di categoria C e D)), i requisiti visivi
richiesti sono gli stessi di quelli previsti per il conseguimento, la
conferma di validita' o per la revisione ((delle patenti di guida di
categoria C e D.))

Art. 326 (Art. 119 Cod. Str.)
(Requisiti uditivi per il conseguimento, la conferma e la revisione
della patente speciale delle categorie ((A, B, C e D)))
1. Possono conseguire, ottenere la conferma di validita' o essere

sottoposti a revisione della patente speciale delle categorie A e B, coloro che non raggiungono i requisiti uditivi richiesti per la patente di guida della categoria A e B, purche' i veicoli siano muniti su ambedue i lati di specchi retrovisori di superficie e caratteristiche non inferiori a quelle prescritte per lo specchio esterno d'obbligo.

2. Per il conseguimento, la conferma di validita' o la revisione della patente speciale ((delle categorie C e D)) occorre percepire la voce di conversazione con fonemi combinati a non meno di quattro metri di distanza ed a non meno di due metri per l'orecchio che sente di meno.

3. La funzione uditiva per il conseguimento, la conferma di validita' o la revisione delle patenti speciali di categoria ((A, B, C e D)) puo' essere valutata con l'uso di apparecchi correttivi dell'udito monoaurali o binaurali, purche' tollerati.

4. Le caratteristiche tecniche delle protesi, e la loro efficienza, devono essere attestate dal costruttore con certificazione, rilasciata in data non anteriore a tre mesi, da esibire all'organo medico che procede all'accertamento dell'idoneita' fisica.

Art. 327 (Art. 119 Cod. Str.)
(Requisiti relativi agli arti e alla colonna vertebrale, per il conseguimento, la conferma e la revisione della patente speciale delle categorie A, B, C e D)

1. Coloro che presentino minorazioni anatomiche o funzionali a carico degli arti o colonna vertebrale possono conseguire o confermare la validita' o essere sottoposti a revisione della patente speciale di categoria A, B, C e D, purche' la relativa funzione possa essere vicariata o assistita con l'adozione di adeguati mezzi protesici od ortesici o mediante adattamenti particolari ai veicoli da condurre.

2. Sulla base delle direttive impartite dal comitato tecnico di cui all'articolo 119, comma 10, del codice, la funzionalita' delle protesi e delle ortesi o l'individuazione degli adattamenti deve essere verificata dalla commissione medica locale.

3. L'efficienza delle protesi e delle ortesi deve essere attestata dal costruttore con certificazione rilasciata in data non anteriore a tre mesi da esibire alla commissione che procede all'accertamento.

4. L'efficienza degli adattamenti dovra' essere verificata al momento del collaudo del veicolo presso un ufficio provinciale della Direzione generale della M.C.T.C., sulla base di dichiarazione rilasciata dal costruttore attestante la corrispondenza ad un tipo approvato.

5. ((COMMA ABROGATO DAL D.L. 27 GIUGNO 2003, N. 151, CONVERTITO CON MODIFICAZIONI DALLA L. 1 AGOSTO 2003, N. 214)).

6. La commissione medica locale nel valutare la possibilita' del rilascio di patenti speciali ai portatori di piu' minorazioni relative a piu' organi o apparati considera lo stato psicofisico complessivo del soggetto, e puo' fissare un periodo di validita' minore di quello massimo previsto dall'articolo 126 del codice.

Art. 328 (Art. 119 Cod. Str.)
(Requisiti relativi ad anomalie somatiche per il conseguimento, la conferma e la revisione della patente speciale delle categorie ((A, B, C e D)))

1. Coloro che, per anomalie della conformazione o dello sviluppo somatico non possono eseguire agevolmente e con sicurezza tutte le manovre inerenti alla guida di quei determinati tipi di veicoli ai quali la patente abilita, possono conseguire, ottenere la conferma di validita' o essere sottoposti a revisione della patente speciale delle categorie ((A, B, C e D)), purche' i veicoli siano adattati secondo le loro esigenze ovvero presentino caratteristiche costruttive tali da rendere superfluo l'adattamento.

Art. 329 (Art. 119 Cod. Str.)
((Patenti speciali delle categorie C e D))

1. La patente speciale di categoria C abilita alla guida di autoveicoli aventi massa complessiva a pieno carico non superiore a 11,5 t. ((La patente speciale di categoria D abilita alla guida di autoveicoli aventi un numero di posti a sedere, escluso quello del conducente, non superiore a 16.))

2. La commissione medica locale di cui all'articolo 119, comma 4, del codice, potra' limitare la guida ad autoveicoli di caratteristiche inferiori a quelle previste dal comma 1.

3. Le limitazioni devono essere riportate sulla patente; in questa deve essere precisato quale protesi o ortesi sia prescritta, ove ricorra, e quale adattamento sia richiesto sul veicolo.

Art. 330 (Art. 119 Cod. Str.)
(Commissioni mediche locali)

1. Le commissioni mediche locali sono costituite con provvedimento del presidente della regione o delle province autonome di Trento e di Bolzano, presso i servizi dell'Azienda sanitaria locale, che svolgono funzioni in materia medico-legale.

2. La commissione e' composta da un presidente, due membri effettivi e almeno due supplenti, individuati tra i medici delle amministrazioni e corpi di cui all'articolo 119, comma 2, del codice, tutti in attivita' di servizio, designati dalle amministrazioni competenti. I membri partecipanti alle sedute della commissione, effettivi o supplenti, devono appartenere ad amministrazioni diverse.

3. Il presidente della commissione medica locale e' nominato, con provvedimento del presidente della regione o delle province autonome di Trento e di Bolzano, nella persona responsabile dei servizi di cui al comma 1.

4. Il presidente designa un vicepresidente scelto tra i membri effettivi, che lo sostituisce in caso di sua assenza o impedimento.

5. Nel caso in cui l'accertamento dei requisiti fisici e psichici sia richiesto ((da disabili sensoriali o)) da mutilati e minorati fisici per minorazioni anatomiche o funzionali a carico degli arti o della colonna vertebrale, la composizione della commissione medica locale e' integrata da un medico appartenente ai servizi territoriali della riabilitazione, nonche' da un dipendente della Direzione generale della motorizzazione del Dipartimento per i trasporti, la navigazione ed i sistemi informativi e statistici, appartenente ad uno dei profili per i quali e' richiesta la laurea in ingegneria ((, nonche' dal rappresentante dell'associazione di persone con invalidita' individuata dal soggetto sottoposto ad accertamento sanitario. La partecipazione del rappresentante di quest'ultima e' comunque a titolo gratuito)). Qualora l'accertamento sia richiesto da soggetti affetti da diabete o da problematiche cliniche alcol-correlate, la composizione della commissione puo' essere integrata rispettivamente da un medico specialista diabetologo o alcologo.

6. La commissione puo' avvalersi di singoli consulenti oppure di istituti medici specialistici appartenenti a strutture pubbliche, con onere a carico del soggetto esaminato.

7. La commissione opera presso idonei locali dell'azienda sanitaria locale, facilmente accessibili anche per i mutilati e minorati fisici.

8. Il presidente convoca la commissione in relazione al numero ed alla natura delle richieste ed assicura il funzionamento dell'ufficio di segreteria della commissione avvalendosi di personale in servizio presso l'azienda sanitaria locale.

9. Per ogni commissione opera un ufficio di segreteria che organizza le sedute curando, altresi', la convocazione di coloro che devono sottoporsi agli accertamenti sanitari e la raccolta e l'archiviazione della documentazione sanitaria degli esaminati. L'interessato che ne faccia richiesta puo', a sue spese, essere assistito durante la visita da un medico di fiducia.

10. Nel caso previsto dall'articolo 119, comma 4, lettera c), del codice, l'accertamento deve essere effettuato presso la commissione medica locale indicata nel provvedimento con cui e' disposto. L'esito dell'accertamento deve essere comunicato all'autorita' richiedente.

11. Il giudizio di non idoneita' formulato dalla commissione medica locale deve essere comunicato all'ufficio provinciale della Direzione generale della motorizzazione nel cui territorio di competenza opera la commissione stessa.

12. Il certificato deve essere compilato in ciascuna delle parti relative ai requisiti prescritti per la guida dei veicoli ai quali abilita la patente richiesta ovvero posseduta e, se necessario, puo' essere integrato da fogli aggiuntivi.

13. I giudizi delle commissioni mediche locali sono formulati a maggioranza. In caso di parita' prevale il giudizio del presidente o, in caso di sua assenza, del vice presidente che presiede la seduta.

14. Fatto salvo quanto previsto dall'articolo 126, comma 8, del codice, i certificati delle commissioni mediche locali devono essere consegnati agli interessati previa sottoscrizione per ricevuta ed apposizione della data di consegna, ovvero inoltrati per posta con lettera raccomandata con avviso di ricevimento.

15. Entro il mese di febbraio di ogni anno il presidente della commissione medica locale, invia al Ministero della salute e alla regione competente una dettagliata relazione sul funzionamento dell'organo presieduto, relativa all'anno precedente, indicando il numero e il tipo di visite mediche effettuate nelle diverse sedute e quant'altro ritenuto necessario. I dati piu' significativi vengono pubblicati nel rapporto annuale previsto dall'articolo 1, comma 4, del codice.

16. Possono essere costituite piu' commissioni mediche locali con il limite, almeno, di una per ogni milione di abitanti nel capoluogo di provincia ed almeno una per ogni cinquecentomila abitanti in ogni provincia, esclusi quelli del capoluogo, e comunque in numero adeguato ad assicurare criteri di efficienza del servizio e di adeguata presenza sul territorio, in ragione della domanda espressa. L'istituzione di tali commissioni, richiesta dal sindaco del capoluogo di provincia o, nell'ambito della provincia, dal sindaco del comune di maggiore importanza, e' subordinata all'accertamento dell'esistenza di obiettive condizioni della regione o delle province autonome di Trento e di Bolzano.

17. Il Ministro della salute, di concerto con il Ministro dell'economia e finanze, sentiti il Ministro delle infrastrutture e dei trasporti e la Conferenza permanente per i rapporti tra lo Stato, le Regioni e le Province autonome di Trento e di Bolzano, determina i diritti dovuti dagli utenti per le operazioni di competenza delle commissioni mediche locali, le quote da destinare per le spese di funzionamento delle stesse, comprese quelle relative all'ufficio di segreteria, nonche' le quote per gli emolumenti ed i rimborsi di spese ai componenti delle commissioni medesime. La misura dei diritti dovuti dagli utenti deve essere determinata in modo tale da garantire l'integrale copertura delle spese di funzionamento delle suddette commissioni.

Art. 331 (((Art. 119 cod. str.)))
(((Attestazione dei requisiti di idoneita' psicofisica alla guida di veicoli a motore).))

((1. L'attestazione del possesso dei requisiti di idoneita' psicofisica necessari per il rilascio della patente di guida e' comunicata per via telematica, dal sanitario o dalla commissione medica locale di cui all'articolo 119 del codice, al Ministero delle infrastrutture e dei trasporti secondo le modalita' stabilite con decreto del Ministero delle infrastrutture e dei trasporti, adottato previo parere del Garante della protezione dei dati personali, e deve essere conforme al modello informatizzato di cui all'Allegato IV.4, al Titolo IV - Parte II.

2. Se il medico accertatore ritiene non sussistenti i requisiti di

idoneita' per il rilascio o la conferma di validita' della patente di guida o di una delle categorie cui essa si riferisce, ovvero ritiene necessario imporre al richiedente specifiche prescrizioni o adattamenti, ovvero ancora prevede una conferma di validita' del documento per un termine inferiore a quello ordinariamente previsto dall'articolo 126 del codice, rilascia all'interessato un'attestazione adeguatamente motivata avverso la quale e' ammesso ricorso nei modi consentiti dall'ordinamento.))

Art. 332 (Art. 121 Cod. Str.)
((Competenze dei dipendenti del Dipartimento per i trasporti, la navigazione, gli affari generali ed il personale del Ministero delle infrastrutture e dei trasporti in materia di esami di idoneita'))

((1. Ferme restando le autorizzazioni ad effettuare esami di guida rilasciate in conformita' alla normativa dell'Unione europea anteriormente al 19 gennaio 2013 e le autorizzazioni ad effettuare esami di guida di cui all'Allegato IV, paragrafo 2-bis, punti 2-bis.1, 2-bis.2 e 2-bis.3, del decreto legislativo 18 aprile 2011, n. 59, come modificato dall'articolo 11 della legge 29 luglio 2015, n. 115, gli esami di idoneita' di cui agli articoli 118, 121, 128 e 168 del codice, nonche' le prove per il conseguimento del certificato di abilitazione professionale di tipo KA e KB e della carta di qualificazione del conducente sono effettuati dai dipendenti in servizio presso il Dipartimento per i trasporti, la navigazione, gli affari generali ed il personale del Ministero delle infrastrutture e dei trasporti, secondo il quadro di riferimento di cui alla tabella IV.1, che fa parte integrante del presente regolamento.))

2. Nell'eventualita' che i profili professionali elencati nella tabella succitata siano sostituiti da nuovi profili professionali, il Ministro ((delle infrastrutture e dei trasporti)), con proprio provvedimento, stabilisce l'equiparazione tra i profili professionali precedenti e quelli sostitutivi.

3. Nell'eventualita' di innovazioni nell'ordinamento giuridico del personale, il Ministro ((delle infrastrutture e dei trasporti)) provvede a stabilire l'equiparazione tra i profili professionali precedenti e le figure professionali del nuovo ordinamento.

Art. 333 (Art. 121 Cod. Str.)
(((Esami con veicoli muniti di doppi comandi.)) Modalita'
e termini per il rilascio della patente)

((1. Con provvedimento del Ministro dei trasporti e della navigazione - Direzione generale della M.C.T.C. sono individuati i veicoli che, allestiti in modo particolare per essere condotti da mutilati e minorati fisici, sono esclusi, per l'effettuazione degli esami di guida, dall'obbligo dei doppi comandi, di cui all'articolo 121, comma 9, del codice.

2. A seguito del superamento dell'esame di guida, il funzionario esaminatore rilascia la patente dopo aver apposto la data dell'esame, la data di scadenza della patente e la propria firma negli spazi a cio' destinati. La patente di guida e' preventivamente firmata dal direttore dell'ufficio provinciale della Direzione generale della M.C.T.C. o da un suo delegato a convalida della regolarita' della procedura seguita fino all'effettuazione dell'esame di guida.))

● 2 - AUTOSCUOLE
(Artt. 122-123 Codice della Strada)

Art. 334 (Art. 122 Cod. Str.)
(Contrassegno per le esercitazioni di guida)

1. Gli autoveicoli per le esercitazioni e gli esami di guida condotti da aspiranti conducenti devono essere muniti, nella parte anteriore e posteriore, di un contrassegno recante la lettera P dell'alfabeto, maiuscola, di colore nero su fondo bianco retroriflettente. Tale contrassegno va applicato in posizione verticale o subverticale in modo ben visibile e tale da non

ostacolare la necessaria visibilita' dal posto di guida e da quello occupato da colui che funge da istruttore. Le dimensioni del contrassegno e quelle della lettera P sono riportate, a seconda i casi che ricorrono, nelle figure IV.1, IV.2, IV.3.

2. Per gli autoveicoli facenti parte del parco veicolare delle autoscuole o dei centri di istruzione, il contrassegno deve essere costituito da un pannello rettangolare ad angoli arrotondati, recante la scritta SCUOLA GUIDA, in colore nero su fondo bianco retroriflettente, applicato anteriormente e posteriormente, in posizione verticale o subverticale in modo da risultare ben visibile e tale da non ostacolare la necessaria visibilita' dal posto di guida e da quello occupato da colui che funge da istruttore. Le dimensioni del contrassegno e quelle della scritta sono riportate, a seconda i casi che ricorrono, nelle figure IV.4, IV.5.

Art. 335 (Art. 123 Cod. Str.)
(Rilascio dell'autorizzazione alle autoscuole)

1. L'autorizzazione per lo svolgimento di attivita' di educazione stradale, di istruzione e formazione dei conducenti di veicoli a motore e' rilasciata previo accertamento della sussistenza dei requisiti prescritti dall'articolo 123 del codice, cosi' come specificato nel presente regolamento.

2. Qualora l'autorizzazione sia rilasciata a persone giuridiche, i requisiti prescritti, ad eccezione della capacita' finanziaria che deve essere posseduta dalla persona giuridica, sono richiesti al legale rappresentante o, nel caso di societa' od enti, alla persona da questi delegata. Quando l'autorizzazione sia rilasciata in favore di societa' non aventi personalita' giuridica, i requisiti prescritti devono essere posseduti dal socio amministratore. Qualora ci siano piu' soci amministratori di societa' non aventi personalita' giuridica, tali requisiti devono essere posseduti da ognuno di questi.

3. Nel caso di delega da parte di societa' o enti, di cui all'articolo 123, comma 4, del codice, la stessa deve risultare da atto pubblico precedente la richiesta di rilascio dell'autorizzazione che deve comunque essere presentata da parte della societa' o dell'ente. Nel provvedimento autorizzatorio sono riportate, oltre alle generalita' del delegato, anche quelle del rappresentante legale della societa' o dell'ente che ha richiesto l'autorizzazione.

4. Nel caso di impedimento del titolare dell'autorizzazione, o del socio amministratore o del legale rappresentante in caso di societa' o ente, e' consentito il proseguimento dell'esercizio dell'attivita' dell'autoscuola, previo nulla osta dell'autorita' competente al rilascio dell'autorizzazione, mediante la nomina di un sostituto che abbia i medesimi requisiti previsti per il soggetto impedito, per non piu' di sei mesi.

5. Nel caso di trasferimento del complesso aziendale a titolo universale o a titolo particolare, l'avente causa e' tenuto a richiedere a proprio favore il rilascio di un'autorizzazione in sostituzione di quella del trasferente che, contestualmente alla revoca di quest'ultima, deve essere rilasciata previo accertamento nel richiedente dei prescritti requisiti.

6. Se l'autorizzazione e' stata rilasciata in favore di una societa' o di un ente, l'ingresso, il recesso e l'esclusione di uno o piu' soci da documentare con l'esibizione della copia autentica del relativo verbale deve essere comunicata all'autorita' che ha provveduto al rilascio dell'autorizzazione e che ne prende atto, previo accertamento dei prescritti requisiti, qualora le modifiche della composizione della societa' o dell'ente non siano tali da comportare il rilascio di una nuova autorizzazione.

7. Nell'ipotesi di autorizzazione intestata a societa' semplice, il recesso e l'esclusione di uno o piu' soci comportano il rilascio di un'autorizzazione in sostituzione della precedente, previa revoca di quest'ultima, a seguito di richiesta corredata della copia autentica della scrittura privata autenticata contenente la dichiarazione di

assenso dei soci intestatari dell'autorizzazione.

8. Nell'ipotesi di trasformazione da ditta individuale a societa', avente o meno personalita' giuridica, o di trasformazione di forme societarie, viene rilasciata una autorizzazione in sostituzione di quella precedente, previo accertamento dei requisiti prescritti per il legale rappresentante o per il socio amministratore e contestuale revoca dell'autorizzazione precedente.

9. Se varia la sola denominazione dell'autoscuola senza alcuna modifica sostanziale di essa si procede al semplice aggiornamento dell'intestazione dell'autorizzazione senza dar corso al rilascio di una nuova autorizzazione.

10. Le autoscuole autorizzate si distinguono in:

a) autoscuole per conducenti di veicoli a motore per la preparazione di candidati al conseguimento della patente di guida delle categorie A, B, C, D, E, delle patenti speciali delle categorie ((A, B, C e D)), ai relativi esami di revisione e al conseguimento del certificato di abilitazione professionale (C.A.P.);

b) autoscuole per conducenti di veicoli a motore per la preparazione di candidati al conseguimento della patente di guida della categorie A e B e delle patenti speciali corrispondenti ed ai relativi esami di revisione.

11. La dotazione per le esercitazioni di guida e gli esami deve comprendere veicoli corrispondenti alle categorie di patente per le quali le autoscuole sono autorizzate e deve essere di proprieta' dell'autoscuola.

12. Qualora piu' autoscuole autorizzate si consorzino e costituiscano un centro di istruzione automobilistica ai sensi dell'articolo 123, comma 7, del codice, anche la dotazione complessiva dei veicoli potra' essere adeguatamente ridotta in relazione al numero e categorie di veicoli di proprieta' del consorzio.

13. Per le esercitazioni e per l'esame per il conseguimento di patenti speciali e' ammesso l'utilizzo di veicoli multiadattati muniti di doppi comandi, di proprieta' di terzi che ne abbiano autorizzato l'uso.

14. Le autoscuole autorizzate all'insegnamento, di cui al comma 10, lettera a), possono altresi' preparare candidati agli esami di idoneita' per istruttore o insegnante di autoscuola.

15. Le autoscuole devono altresi' effettuare corsi di aggiornamento per i conducenti in relazione all'evolversi della normativa secondo le disposizioni ((emanate dal)) Ministro dei trasporti.

((16. I veicoli classificati ad uso autoscuola possono essere utilizzati anche per il trasporto degli allievi da e per la sede degli coami, nonche' per ogni incombenza connessa all'attivita'.))

Art. 336 (Art. 123 Cod. Str.)
(Vigilanza tecnica sulle autoscuole)

1. La vigilanza tecnica ad opera dell'ufficio provinciale della Direzione generale della M.C.T.C. nella cui circoscrizione ha sede l'autoscuola o il centro di istruzione automobilistica, deve essere svolta con attivita' ispettiva anche durante lo svolgimento delle lezioni e durante l'effettuazione degli esami.

Sono, in particolare, soggette a controllo:

a) la capacita' didattica del personale;

b) l'efficienza e la completezza delle attrezzature;

c) la rispondenza dei veicoli alle norme vigenti;

d) l'idoneita' dei locali;

e) la percentuale degli allievi che non hanno superato la prova di esame nell'arco di sei mesi;

f) la percentuale degli allievi prenotati ma non presentati agli esami;

g) la regolare esecuzione dei corsi;

h) il rispetto delle direttive impartite dal Ministero dei trasporti, ai sensi dell'articolo 123, commi 3 e 10, del codice.

2. In occasione delle ispezioni effettuate nell'esercizio

dell'attivita' di vigilanza viene redatto un verbale in cui si evidenziano le irregolarita' riscontrate nel funzionamento dell'autoscuola o del centro di istruzione. Esse sono contestate immediatamente al titolare, al legale rappresentante o al socio amministratore o al responsabile del centro di istruzione, mediante consegna di copia del verbale da sottoscrivere per ricevuta o mediante invio con lettera raccomandata con avviso di ricevimento.

3. Il titolare dell'autoscuola o il legale rappresentante o il socio amministratore o il responsabile legale del centro di istruzione, entro quindici giorni dalla consegna del verbale o dalla data di ricezione della lettera raccomandata, deve far pervenire le proprie giustificazioni all'ufficio provinciale della Direzione generale della M.C.T.C. Qualora le giustificazioni non siano ritenute sufficienti ovvero non siano pervenute nel termine prescritto, l'ufficio provinciale della Direzione generale della M.C.T.C. diffida il titolare o il legale rappresentante o il socio amministratore o il responsabile del centro di istruzione, con raccomandata con avviso di ricevimento, invitandolo ad eliminare le irregolarita' entro un termine che, in ogni caso, non potra' essere inferiore a quindici giorni.

4. Nel caso di inottemperanza alla diffida di cui al comma 3, l'ufficio provinciale della Direzione generale della M.C.T.C. provvede ad informare l'autorita' competente al rilascio dell'autorizzazione, affinche' adotti i provvedimenti sanzionatori di cui all'articolo 123, commi 8 e 9, del codice, entro trenta giorni dalla ricezione di tale comunicazione.

5. Nelle more dell'espletamento della procedura di cui ai commi 2, 3 e 4 e' fatta salva la facolta' del direttore dell'ufficio Provinciale della Direzione generale della M.C.T.C. di adottare le misure urgenti ritenute piu' idonee a garantire l'osservanza della normativa vigente.

Art. 337 (Art. 123 Cod. Str.)
(Attivita' di consulenza
da parte degli enti pubblici non economici)

((1. L'attivita' di consulenza degli enti pubblici non economici e' disciplinata dalla legge 8 agosto 1991, n. 264, cosi' come modificata e integrata dalla legge 4 gennaio 1994, n. 11. Essa e' svolta dagli appositi uffici dipendenti, individuati tramite elenco da comunicare alle competenti province ed agli uffici periferici della Direzione generale della M.C.T.C., entro tre mesi dalla data di entrata in vigore del presente regolamento. Tale elenco deve essere aggiornato ad ogni variazione che venga apportata allo stesso.))

● **3 - ALTRE DISPOSIZIONI**
(Artt. 127-139 Codice della Strada)

Art. 338.
((ARTICOLO ABROGATO DAL D.P.R. 9 MARZO 2000, N. 104))
Art. 339 (Artt. 132 e 133 Cod. Str.)
(Identificazione dei veicoli immatricolati negli Stati esteri e sigla
distintiva dello Stato italiano)

1. Il contrassegno di immatricolazione degli autoveicoli, dei motoveicoli e dei rimorchi, di cui all'articolo 132, comma 3, del gia' fatto codice, qualora non vengano per esso impiegate cifre arabe e lettere in caratteri latini, deve essere ripetuto utilizzando tali cifre e caratteri. Detto contrassegno deve essere conforme alle norme stabilite da convenzioni internazionali cui l'Italia abbia aderito oppure alle disposizioni contenute in accordi di reciprocita'.

2. La sigla distintiva degli autoveicoli, motoveicoli e rimorchi immatricolati in Italia e' costituita dalla lettera I, in carattere latino maiuscolo, dell'altezza minima di 80 mm e dello spessore minimo 10 mm, di colore nero su fondo bianco, di forma ellittica, con

l'asse maggiore di 175 mm, disposto orizzontalmente, e l'asse minore di 115 mm.

3. La sigla di cui al comma 2 puo' essere dipinta direttamente sul veicolo, oppure apposta su targhetta. Nel primo caso la sigla dovra' essere situata su una superficie verticale o sensibilmente verticale, nella parte posteriore del veicolo; nel secondo caso la targhetta dovra' essere fissata nella parte posteriore del veicolo in posizione sensibilmente verticale e perpendicolare al piano longitudinale di simmetria del veicolo medesimo.

Art. 340 (Art. 134 Cod. Str.)
(Immatricolazione di autoveicoli e motoveicoli appartenenti a cittadini italiani residenti all'estero o a stranieri)

1. L'immatricolazione dei veicoli indicati nell'articolo 134 del codice e' consentita esclusivamente presso gli uffici provinciali autorizzati dalla Direzione generale della M.C.T.C. Qualora trattasi di veicoli di proprieta' di stranieri ai quali la targa viene assegnata in base alle funzioni da essi svolte in Italia, il rilascio della carta di circolazione puo' avvenire solo su esplicita autorizzazione della stessa Direzione.

2. La documentazione da allegare alla domanda per l'immatricolazione con targa EE, ((salvo quanto diversamente disposto dalle normative comunitarie relativamente alle lettere a) e b),)) e' la seguente:

a) bolletta doganale di importazione temporanea o di esportazione;

b) dichiarazione consolare attestante la residenza all'estero oppure dichiarazione, vistata da un notaio o da un pubblico funzionario italiano, rilasciata con le modalita' di cui alla legge 4 gennaio 1968, n. 15, (allegato B) o, nel caso di italiani residenti all'estero, mediante esibizione del passaporto. E' consentita la presentazione in anticipo di una dichiarazione preventiva dell'interessato contenente i dati anagrafici, la residenza all'estero, nonche' la delega fatta alle persone incaricate per lo svolgimento delle pratiche di immatricolazione. In tal caso la pratica diverra' definitiva con la presentazione della dichiarazione consolare o della dichiarazione fatta ai sensi della legge 4 gennaio 1968, n. 15, oppure mediante esibizione del passaporto (italiano all'estero);

c) dichiarazione di conformita' o certificato di origine oppure carta di circolazione originale. Nel caso di esibizione del certificato di origine o della carta di circolazione originale, il veicolo deve essere sottoposto a visita e prova secondo le modalita' all'uopo dettate dal Ministero dei trasporti ((e della navigazione)) - Direzione generale della M.C.T.C.

3. Gli uffici provinciali della Direzione generale della M.C.T.C. indicati al comma 1, ricevuta la domanda, provvedono ad iscrivere il veicolo rilasciando la targa di riconoscimento prevista dall'articolo 256, comma 4, lettera b), e la carta di circolazione, secondo le procedure dettate al riguardo dal Ministero dei Trasporti ((e della navigazione)) - Direzione generale della M.C.T.C.

Art. 341 (Art. 139 Cod. Str.)
(Patente di servizio per il personale che esplica il servizio di polizia stradale)

1. La patente di servizio abilita il titolare alla conduzione di motoveicoli, autovetture, autocarri, autoveicoli per trasporto promiscuo di persone e cose, per uso speciale o per trasporti specifici. Viene rilasciata al personale che ha seguito un apposito ciclo di esercitazioni a carattere sia teorico che pratico.

2. L'insegnamento teorico e le esercitazioni di guida devono essere svolti secondo i programmi stabiliti con decreto del Ministro dell'interno sentito il Ministro dei trasporti.

3. Gli esami per il conseguimento della patente di servizio hanno luogo presso il comando o l'ufficio presso il quale presta servizio

il candidato. Detti esami consistono in una prova teorica ed una pratica ed il voto di ciascuna prova e' espresso in ventesimi. Per ottenere l'idoneita' e' indispensabile una votazione di almeno 12/20 in ogni prova e di 14/20 ottenuta come media dei voti riportati nelle due prove.

4. Le commissioni esaminatrici per il conseguimento della patente di servizio sono nominate dal prefetto e composte da:

a) un funzionario di prefettura, con funzioni di presidente;

b) un funzionario dell'ufficio provinciale della Direzione generale della M.C.T.C., come membro;

c) un funzionario del comando o dell'ufficio, come membro.

5. Per ciascun candidato dichiarato idoneo la commissione redige un verbale in duplice copia. Una copia deve essere conservata dal comando o ufficio presso il quale si svolgono gli esami; la seconda, corredata di fotocopia della patente ordinaria deve essere trasmessa al Prefetto per il successivo rilascio della patente di servizio.

6. I candidati dichiarati non idonei al primo esame non possono ripetere le prove prima di un mese. La commissione esaminatrice puo' esprimere il parere di non ammissibilita' alla ripetizione delle prove.

7. La patente di servizio e' valida per 5 anni. La validita' puo' essere confermata per altri cinque anni dal Prefetto, al quale, a tal fine, deve essere trasmessa una dichiarazione del comandante del corpo o del direttore dell'ufficio attestante che il titolare e' tuttora idoneo alla guida ed e' munito della patente ordinaria in corso di validita'.

8. La patente di servizio puo' essere sospesa o, nei casi piu' gravi, revocata dal Prefetto, d'ufficio o a seguito di proposta motivata del comando o dell'ufficio, quando il dipendente, nell'impiego dei veicoli, abbia cagionato danni a persone o cose per imperizia o negligenza. La sospensione o la revoca danno luogo al materiale ritiro della patente che, in caso di sospensione, sara' custodita dal comando o ufficio cui appartiene il dipendente. Decorso il periodo di sospensione, prima della restituzione, il titolare deve essere sottoposto ad accertamenti da parte di un ufficiale del corpo o da un funzionario dell'ufficio. In caso di revoca, la patente ritirata viene inviata al Prefetto che l'ha rilasciata.

Titolo V
NORME DI COMPORTAMENTO

● 1 - LIMITAZIONI DELLA VELOCITA'
(Artt. 141-142 Codice della Strada)

Art. 342 (Art. 141 Cod. Str.)
(Obbligo di limitare la velocita')

1. L'obbligo di limitare la velocita', di cui all'articolo 141, comma 1, del codice inizia dal momento in cui sia possibile al conducente percepire l'esistenza di un pericolo e, comunque, in presenza di un segnale di prescrizione o di pericolo.

Art. 343 (Art. 142 Cod. Str.)
(Limitazioni temporanee di velocita')

1. In prossimita' di scuole, istituti, campi sportivi, o quando si svolgono manifestazioni varie, possono essere imposti su una strada o parte di essa, a cura dell'ente proprietario, limiti temporanei di velocita' per tutto il periodo o i periodi di tempo della giornata, nei quali tale limitazione sia ritenuta necessaria ai fini della sicurezza della circolazione. L'imposizione di questi limiti deve essere portata a conoscenza dei conducenti mediante i prescritti segnali.

2. L'ente proprietario della strada, qualora sussistano particolari situazioni di pericolo, puo' prescrivere lungo il tratto di strada

interessato, opportune limitazioni di velocita' mediante i prescritti segnali.

Art. 344 (Art. 142 Cod. Str.)
(Limitazioni permanenti di velocita')

1. Nella parte posteriore dei veicoli indicati all'articolo 142, comma 4, del codice ((devono essere apposti in modo ben visibile, i contrassegni in materiale retroriflettente, riportanti in cifre i limiti di velocita' prescritti)).

2. ((Ogni contrassegno)) deve rispondere alle caratteristiche di seguito elencate:
   a) dimensioni e colori: come riportato in figura V.1;
   b) materiali di supporto: alluminio o pellicola adesiva;
   c) materiale retroriflettente: pellicola ad elevata efficienza (classe 2).

3. I contrassegni di cui al presente articolo devono essere conformi al tipo approvato, sulla base delle suddette caratteristiche, dal Ministero dei trasporti ((e della navigazione)). Ciascun contrassegno deve portare in modo visibile il marchio di omologazione secondo il tipo determinato dal Ministero dei trasporti ((e della navigazione)).

Art. 345 (Art. 142 Cod. Str.)
(Apparecchiature e mezzi di accertamento
della osservanza dei limiti di velocita')

1. Le apparecchiature destinate a controllare l'osservanza dei limiti di velocita' devono essere costruite in modo da raggiungere detto scopo fissando la velocita' del veicolo in un dato momento in modo chiaro ed accertabile, tutelando la riservatezza dell'utente.

2. Le singole apparecchiature devono essere approvate dal Ministero dei lavori pubblici. ((In sede di approvazione e' disposto che per gli accertamenti della velocita', qualunque sia l'apparecchiatura utilizzata, al valore rilevato sia applicata una riduzione pari al 5%, con un minimo di 5 km/h. Nella riduzione e' compresa anche la tolleranza strumentale. Non possono essere impiegate, per l'accertamento dell'osservanza dei limiti di velocita', apparecchiature con tolleranza strumentale superiore al 5%.))

3. Il controllo dell'osservanza del limite di velocita', puo' essere anche effettuato, ai sensi dell'articolo 142, comma 6, del codice, attraverso le annotazioni cronologiche stampigliate sui biglietti autostradali all'atto dell'emissione e dell'esazione del pedaggio, raffrontandosi tali annotazioni con la distanza tra i caselli di ingresso e di uscita, quale risulta dalle tabelle distanziometriche ufficiali predisposte dagli enti proprietari. In tale caso alla determinazione della velocita' e' associato l'errore relativo - a favore del trasgressore - pari al 5, 10, 15 per cento a seconda che la velocita' dedotta risulti, rispettivamente, inferiore a 70 km/ora, ovvero pari a 70 km/ora ed inferiore a 130 km/ora, ovvero pari o superiore a 130 km/ora.

4. Per l'accertamento delle violazioni ai limiti di velocita', le apparecchiature di cui al comma 1 devono essere gestite direttamente dagli organi di polizia stradale cui all'articolo 12 del codice, e devono essere nella disponibilita' degli stessi.

● 2 - COMPORTAMENTI RIGUARDANTI LA MARCIA DEI VEICOLI
(Artt. 144-155 Codice della Strada)

Art. 346 (Art. 144 Cod. Str.)
(Marcia per file parallele)

1. Nel caso di marcia per file parallele e' consentito lo scorrimento di una fila di veicoli rispetto a quella adiacente, in quanto ognuna delle file deve sempre procedere entro la propria corsia.

2. Nella marcia rettilinea su file parallele e' fatto obbligo ai veicoli non provvisti di motore ed ai ciclomotori di occupare esclusivamente la corsia di destra, mantenendosi il piu' possibile verso il margine della carreggiata.

3. Quando, nella circolazione per file parallele, e' consentito, ai sensi dell'articolo 144, comma 3, del codice, il cambio di corsia, chi effettua la manovra deve segnalarlo in tempo utile con l'uso degli appositi dispositivi, ma in ogni caso non deve creare intralcio o pericolo a chi percorre la corsia da impegnare.

4. Prima di effettuare il cambio di corsia il conducente dovra' comunque accertare:

a) che la corsia che intende occupare sia libera per un tratto sufficiente anteriormente e posteriormente utilizzando all'uopo gli appositi dispositivi retrovisori;

b) che il veicolo che lo precede non abbia a sua volta gia' iniziato, ovvero segnalato d'iniziare, la stessa manovra.

5. Nei bracci di entrata delle intersezioni, anche se privi di apposita segnaletica, i conducenti devono tempestivamente disporsi sulle corsie, demarcate o potenziali, destinate alle manovre che essi intendono effettuare cosi' da realizzare l'incolonnamento predirezionale che dovra' essere mantenuto durante la fase d'attraversamentodell'intersezione stessa. Una volta effettuata la scelta della corsia il conducente e' tenuto a rispettare la destinazione della corsia stessa, essendo assolutamente vietate le modifiche improvvise di direzione in corrispondenza dei bracci di ingresso alle aree delle intersezioni.

6. In corrispondenza delle intersezioni disciplinate da semafori o da segnalazioni manuali, i conducenti dei veicoli a due ruote possono, nella corsia relativa alla direzione prescelta, affiancarsi agli altri veicoli in attesa del segnale di via.

7. La manovra a zig-zag per portarsi sulla linea di arresto e' vietata.

8. Attraverso le porte della citta' ed i fornici aperti nelle mura urbane, ove il transito non sia regolato da appositi segnali o dagli agenti, i conducenti devono, di regola, impegnare il primo passaggio veicolare a cominciare dalla loro destra. Quando il traffico sia intenso e l'osservare la regola di cui sopra lo intralci, i veicoli possono impegnare anche gli altri fornici disponibili per ogni senso di marcia, usando tempestivamente gli appositi segnali, ai sensi del comma 3.

Art. 347 (Art. 148 Cod. Str.)
(Sorpasso)

1. Non e' consentito il sorpasso sulle corsie di accelerazione e decelerazione.

2. Il sorpasso a destra e' consentito a velocita' moderata e con particolare prudenza quando il veicolo che precede abbia segnalato la sua intenzione di voltare a sinistra.

3. Non e' consentito il sorpasso in prossimita' e in corrispondenza delle intersezioni non regolate da semafori ovvero da agenti del traffico. Qualora un veicolo si arresti per consentire l'attraversamento ai pedoni o per dare la precedenza ad altri veicoli, devono arrestarsi anche quelli che procedono nelle altre file parallele.

Art. 348 (Art. 149 Cod. Str.)
(Distanza di sicurezza tra i veicoli)

1. La distanza di sicurezza tra due veicoli deve sempre essere commisurata alla velocita', alla prontezza dei riflessi del conducente, alle condizioni del traffico, a quelle planoaltimetriche della strada, alle condizioni atmosferiche, al tipo e allo stato di efficienza del veicolo, all'entita' del carico, nonche' ad ogni altra circostanza influente.

2. La distanza di sicurezza deve essere almeno uguale allo spazio percorso durante il tempo che passa tra la prima percezione di un

pericolo e l'inizio della frenata.

Art. 349 (Art. 154 Cod. Str.)
(Inversione)
1. Nelle aree urbane la manovra di inversione ad 'U' e' vietata quando per compierla e' necessario attraversare la mezzeria della strada segnata con striscia longitudinale continua; e' parimenti vietata in corrispondenza dei bracci di strada adducenti alle aree di intersezione, oltre che negli altri casi previsti dall'articolo 154, comma 6, del codice.

Art. 350 (Art. 155 Cod. Str.)
(Limiti sonori massimi)
1. Il livello sonoro emesso da apparecchi radio o di riproduzione sonora a bordo dei veicoli di cui all'articolo 155, comma 3, del codice, non puo' superare nell'uso 60 LAeq dB (A) misurato a 10 cm dall'orecchio del guidatore con il microfono rivolto verso la sorgente e con il veicolo a portiere e finestrini chiusi, e, comunque, deve essere tale da non recare pregiudizio alla guida del veicolo.
2. L'emissione sonora dei dispositivi di cui all'articolo 155, comma 4, del codice deve essere intervallata e non puo' superare in ogni caso la durata massima di tre minuti.

● 3 - ARRESTI, SOSTE E FERMATE DEI VEICOLI
(Artt. 157-163 Codice della Strada)

Art. 351 (Art. 157 Cod. Str.)
(Arresti e soste dei veicoli in generale)
1. Nel caso di incolonnamento di veicoli, il conducente non puo' ne' arrestare, ne' fermare la marcia del veicolo in modo da impegnare l'area di intersezione, senza essersi assicurato di poter sgombrare l'area stessa in tempo utile a consentire l'attraversamento dei pedoni e il deflusso delle correnti di circolazione trasversale.
2. Nelle zone di sosta nelle quali siano delimitati, mediante segnaletica orizzontale, gli spazi destinati a ciascun veicolo, i conducenti sono tenuti a sistemare il proprio veicolo entro lo spazio ad esso destinato, senza invadere gli spazi contigui.
3. Le manovre indicate dall'articolo 157, comma 7, del codice, devono essere, nei casi consentiti dalla stessa norma, sempre eseguite nel tempo strettamente necessario, in relazione alle condizioni del traffico, in modo da assicurare la sicurezza del medesimo.

Art. 352 (Art. 157 Cod. Str.)
(Fermata degli autoveicoli in servizio pubblico
di linea per trasporto di persone)
1. La parte della carreggiata appositamente indicata con la segnaletica orizzontale, destinata alla fermata degli autobus, dei filobus, dei tram e degli scuolabus per la salita e la discesa dei passeggeri, nonche' per i capilinea dei medesimi, deve essere sempre segnalata con l'apposita segnaletica verticale. L'apposizione e' a cura del gestore del servizio, previa intesa con l'ente proprietario della strada.
2. Nelle strade extraurbane ad unica carreggiata e a doppio senso di marcia, le aree di fermata devono essere ubicate in posizione tale che distino tra loro almeno 50 m, in posizione ((posticipata)) l'una rispetto all'altra, secondo il rispettivo senso di marcia.
3. Nei centri abitati e sulle strade extraurbane le fermate dei veicoli di cui al comma 1, situate in corrispondenza delle aree di intersezione, sono poste, di massima, dopo l'area di intersezione, ad una distanza non minore di 20 m. Se il numero delle linee e la frequenza delle corse causa accumulo dei mezzi in modo da costituire

intralcio per l'area di intersezione, la fermata deve essere anticipata ad almeno 10 m dalla soglia dell'intersezione.

4. Quando e' necessario predisporre una fermata nel tratto immediatamente seguente o precedente una curva, salvo il caso di ubicazione dell'area di fermata in apposita piazzola di sosta esterna alla carreggiata, l'ente proprietario della strada dovra' determinare, caso per caso e con molta cura, la distanza piu' opportuna della fermata dalla curva stessa, cosi' da evitare che il sorpasso di un autobus fermo risulti pericoloso.

5. Nei centri abitati le aree di fermata non devono essere collocate a fianco di quelle tranviarie provviste di salvagente a meno che lo spazio tra i bordi contigui del salvagente e dei marciapiedi sia di almeno 6 m. In ogni caso, le aree di fermata, ove possibile, devono essere collocate in spazi esterni alla carreggiata, dotati di agevoli raccordi di entrata e uscita.

6. Lungo le strade extraurbane, dove le fermate degli autobus, dei filobus e degli scuolabus possono costituire intralcio o pericolo per la circolazione, per la ristrettezza della carreggiata stradale, si devono prevedere, di massima, apposite piazzole di fermata fuori della carreggiata. Le piazzole di fermata devono avere una larghezza minima di 3 m in corrispondenza della fermata e una lunghezza minima di 12 m. Inoltre, dovranno essere provviste di raccordi di entrata e uscita di lunghezza minima di 30 m (fig.V.2). Le piazzole di fermata devono essere completate da un marciapiede o apposita isola rialzata, opportunamente attrezzati, per la sosta dei passeggeri in attesa.

7. Le fermate degli autobus di cui al presente articolo devono essere effettuate esclusivamente nelle zone indicate nei commi che precedono, in modo da evitare che i passeggeri in salita o in discesa dai mezzi impegnino la carreggiata, diminuendo la capacita' della strada ed intralciando il traffico sulla stessa.

Art. 353 (Art. 158 Cod. Str.)
(Fermata e sosta dei veicoli)

1. Non e' consentito fermarsi per chiedere informazioni agli agenti del traffico, quando cio' possa causare intralcio o rallentamento alla circolazione.

2. Il conducente che lascia il veicolo in sosta nei casi consentiti, deve azionare il freno di stazionamento e, di regola, deve aver cura di inserire il rapporto piu' basso del cambio di velocita'. Nelle strade a forte pendenza si deve, inoltre, lasciare in sosta il veicolo con le ruote sterzate, ed i veicoli di massa complessiva massima a pieno carico superiore a 3,5 t devono applicare i cunei bloccaruote.

3. Il veicolo in sosta deve avere il motore spento.

Art. 354 (Art. 159 Cod. Str.)
(Concessione del servizio di rimozione e veicoli ad esso addetti)

1. Il servizio di rimozione dei veicoli ai sensi dell'articolo 159 del codice puo' essere affidato in concessione biennale rinnovabile a soggetti in possesso della licenza di rimessa ai sensi dell'articolo 19 del decreto del Presidente della Repubblica 24 luglio 1977, n. 616, che dispongono di almeno uno dei veicoli con le caratteristiche tecniche definite all'articolo 12 e che siano in possesso dei seguenti requisiti:

  a) cittadinanza italiana o di altro Stato membro della CEE;

  b) eta' non inferiore ad anni 21;

  c) non essere sottoposti a misure amministrative di sicurezza personale o a misure di prevenzione;

  d) non aver riportato condanne penali o avere procedimenti penali in corso, per reati non colposi, che siano sanzionati con la pena della reclusione non inferiore a due anni;

  e) non aver riportato condanne e non essere sottoposti a procedimenti penali per reati commessi nell'esercizio di attivita' di autoriparazione;

  f) non essere stati interdetti o inabilitati o avere in corso un procedimento per interdizione o inabilitazione;

g) essere forniti di polizza assicurativa contro la responsabilita' civile verso terzi prevista dall'articolo 2043 del Codice Civile per un massimale che verra' determinato con il disciplinare di cui al comma 2.

2. Alla concessione provvede l'ente proprietario della strada. Alla concessione vanno allegate le prescrizioni tecniche del veicolo e copia delle formalita' di omologazione di cui all'articolo 12. La concessione deve contenere la indicazione del numero dei veicoli impiegati con i loro estremi di identificazione e di omologazione, il tempo di validita' della concessione e le tariffe da applicarsi secondo un disciplinare unico approvato dal Ministro dei trasporti e della navigazione di concerto con il Ministro dei lavori pubblici. 3. Per la procedura di rimozione dei veicoli che costituisce, ai sensi dell'articolo 159, comma 4, del codice, sanzione amministrativa accessoria, si applicano le disposizioni dell'articolo 215 del codice e dell'articolo 397.

4. E' vietata la rimozione dei veicoli destinati a servizi di polizia, anche se privati, di ambulanze, dei Vigili del Fuoco, di soccorso, nonche' di quelli dei medici che si trovano in attivita' di servizio in situazione di emergenza e degli invalidi, purche' muniti di apposito contrassegno.

Art. 355 (Art. 159 Cod. Str.)
(Attrezzo a chiave per il blocco dei veicoli)

1. L'attrezzo a chiave per il blocco delle ruote dei veicoli previsto dall'articolo 159, comma 3, del codice deve avere le seguenti caratteristiche:

a) essere realizzato con almeno due braccia a pinza, idonee per bloccare la ruota del veicolo e regolabili in modo da poter essere adattate ai tipi di ruota ((indicati dal richiedente l'omologazione del prototipo;))

b) consentire il fissaggio, tramite le pinze, sul bordo del cerchione o del pneumatico, senza possibilita' di sfilaggio, neanche quando il pneumatico e' sgonfio;

c) impedire lo spostamento del veicolo in avanti o indietro, in relazione allo sforzo massimo di trazione agente sulla ruota bloccata;

d) essere realizzato ed utilizzato in modo da non danneggiare il veicolo, ne' il pneumatico;

e) essere munito di coprimozzo con la faccia di appoggio alla ruota del veicolo rivestita di gomma;

f) non avere una sporgenza superiore a 10 cm oltre la sagoma di ingombro del veicolo;

g) essere munito di almeno una chiave di bloccaggio di sicurezza oppure di un sistema di chiusura a "numeratore rotante" con almeno quattro numeri;

h) non superare il peso complessivo di 30 kg;

i) essere verniciato con colore sulla tonalita' base del giallo.

2. I prototipi dell'attrezzo a chiave di cui al comma 1 sono soggetti ad omologazione rilasciata dal Ministero dei lavori pubblici - Ispettorato generale per la circolazione e la sicurezza stradale. Nel decreto di omologazione devono essere riportate anche le modalita' di applicazione dello stesso attrezzo.

3. Ogni attrezzo a chiave deve riportare gli estremi dell'omologazione conseguita, il numero di identificazione con caratteri non inferiori a 20 mm e l'indicazione dell'organo di polizia che ne dispone l'impiego.

4. Per la procedura del blocco dei veicoli, che costituisce, ai sensi dell'articolo 159, comma 4, del codice, sanzione amministrativa accessoria, e della rimozione del blocco si applicano le disposizioni dell'articolo 215 del codice e dell'articolo 398.

5. E' vietato il blocco dei veicoli destinati a servizi di polizia, anche se privati, di ambulanze, dei Vigili del Fuoco, di soccorso, nonche' di quelli dei medici che si trovano in attivita' di servizio

in situazione di emergenza, e degli invalidi, purche' muniti di apposito contrassegno.

Art. 356 (Art. 161 Cod. Str.)
(Ingombro della carreggiata)

1. Nel caso di incidente stradale che provochi l'ingombro della carreggiata da parte di veicoli danneggiati che non e' possibile rimuovere tempestivamente, questo deve essere immediatamente presegnalato mediante uno o piu' segnali del tipo previsto dall'articolo 162 del codice a cura dei conducenti o dei passeggeri dei veicoli danneggiati. Qualora questi siano impossibilitati a farlo, tale presegnalazione deve essere effettuata a cura degli agenti del traffico o dei cantonieri stradali sopraggiunti sul luogo dell'incidente.

2. Le cautele necessarie da adottare immediatamente per evitare pericolo alla circolazione quando si verifichi la caduta di sostanze viscide, infiammabili o comunque pericolose, consistono in:

a) presegnalamento della zona pericolosa mediante il segnale previsto dall'articolo 162 del codice, posto, se necessario, anche in mezzo alla carreggiata;

b) segnali manuali di avviso, eseguiti dal conducente o da un suo incaricato, al fine di impedire il transito, sulla zona pericolosa, dei veicoli sopraggiungenti dalla parte ove non e' stato posto il segnale;

c) rimozione delle sostanze pericolose cadute o, quanto meno, ripristino dell'aderenza sul piano viabile mediante spargimento di sabbia, terra, segatura o altro idoneo materiale.

3. Nei casi previsti dai commi 1 e 2, i conducenti o i passeggeri dei veicoli interessati sono tenuti, nel piu' breve tempo possibile, ad avvertire l'organo di polizia stradale piu' vicino al luogo dell'incidente.

Art. 357 (Art. 162 Cod. Str.)
(Presegnalamento e posizione
del segnale mobile di pericolo)

1. Tutti i veicoli indicati ((dall'articolo 162, comma 1,)) del codice, fermi su una carreggiata fuori dei centri abitati, ed ogni carico accidentalmente caduto su di essa, devono essere presegnalati , quando si verifichino le seguenti circostanze:

a) di giorno, quando il veicolo od il carico non siano nettamente visibili a una distanza di 100 m da parte del conducente di un veicolo sopraggiungente da tergo;

b) di notte, per il veicolo, quando manchino o siano insufficienti le luci posteriori di posizione o di emergenza, situate sul veicolo, ovvero in ogni caso di caduta del carico dal veicolo stesso.

2. Nelle ipotesi in cui, ai sensi del comma 1 , e' imposto il presegnalamento, l'utente deve porre il segnale sulla pavimentazione stradale, dietro al veicolo od all'ostacolo da presegnalare, ad una distanza longitudinale di almeno 50 m, tale che in ogni circostanza, esso possa essere pienamente visibile, ad una distanza di 100 m, dai conducenti dei veicoli sopraggiungenti. Nel caso di intersezione a distanza inferiore ai 50 m, il segnale va collocato nella posizione piu' idonea per essere avvistato.

3. Il segnale deve essere situato sulla corsia occupata dal veicolo fermo o dall'ostacolo ad una distanza non inferiore ad 1 m dal bordo esterno della carreggiata con la superficie rifrangente rivolta verso i veicoli che sopraggiungono.

4. L'utente deve aver cura di togliere il segnale al momento della cessazione della sosta o, comunque, dell'ingombro.

Art. 358 (Art. 162 Cod. Str.)
(Tipo ed omologazione del segnale mobile di pericolo)

1. Il segnale mobile di pericolo indicato nell'articolo 162, comma 2, del codice ((, che fa parte dell'equipaggiamento dei veicoli, ai

sensi dell'articolo 72, comma 2, del codice,)) riproduce, con dimensioni ridotte a due terzi, il tipo piccolo del segnale ALTRI PERICOLI di cui all'articolo 103 (fig. II.35).

2. Il segnale deve essere maneggevole, solido, durevole e deve essere munito di apposito sostegno che ne consenta lo stabile appoggio sul piano stradale e tale da impedire il ribaltamento del segnale sotto l'azione del vento o dello spostamento d'aria provocato dai veicoli in transito.

3. Il Ministero dei lavori pubblici omologa i tipi di segnale mobile di pericolo con le procedure previste all'articolo 192.

4. Sono ammissibili i segnali mobili di pericolo omologati nel rispetto delle prescrizioni del regolamento n. 27 della Commissione Economica per l'Europa dell'Organizzazione delle Nazioni Unite.

Art. 359 (Art. 162 Cod. Str.)
(Caratteristiche colorimetriche, fotometriche e tecnologiche del segnale mobile di pericolo)

1. Il materiale retroriflettente, che, a norma dell'articolo 162, comma 2, del codice deve rivestire la faccia utile del segnale mobile di pericolo, deve avere coordinate tricromatiche per il materiale nuovo, nei colori bianco e rosso, che rientrano nelle zone del diagramma colorimetrico standard C.I.E. 1931 riportate nella tabella che segue. Il fattore di luminanza non deve essere inferiore al valore minimo prescritto, per i due colori, e riportato nella stessa tabella.

Colore		Coordinate dei 4 punti che delimitano le zone consentite nel diagramma colorimetrico C.I.E. 1931 (illuminante normalizzato D65, geometria 45/0)				Fattore di luminanza minimo
		1	2	3	4	
Bianco	x	0,305	0,355	0,335	0,285	0,40
	y	0,305	0,355	0,375	0,325	
Rosso	x	0,690	0,595	0,569	0,655	0,03
	y	0,310	0,315	0,341	0,345	

2. Il coefficiente areico di intensita' luminosa del materiale rifrangente nuovo, deve avere, nei colori bianco e rosso, e per i vari angoli di divergenza e di illuminazione, valori non inferiori a quelli minimi prescritti e riportati nella tabella seguente:

Angolo di divergenza (Alfa) in	Angolo di illuminazione (Beta) in 1 (con Beta = 0) 2	Coefficiente areico di intensita' luminosa R' in cd x lux(elevato)-1 x m(elevato)-2	
		Bianco	Rosso
0,2	5	800	215
	30	400	100
	40	250	60
0,33	5	550	150
	30	265	60
	40	125	28
0,5	5	200	45
	30	100	26
	40	50	13

3. Il materiale rifrangente deve aderire perfettamente al supporto su cui e' applicato senza punti di distacco.

Art. 360 (Art. 163 Cod. Str.)
(Convogli militari, cortei e simili)

1. Ai conducenti dei veicoli che fanno parte di convogli militari, o di colonne di truppa, o di cortei o di processioni, incombe l'obbligo di occupare la larghezza di carreggiata strettamente indispensabile sulla propria destra, onde arrecare il minimo intralcio alla circolazione normale.

2. Le colonne o i gruppi di scolari devono, per quanto possibile, servirsi del marciapiede. Nel servirsi della sede stradale, ove necessario, devono procedere in formazione di marcia in modo da arrecare il minimo intralcio o impedimento alla circolazione veicolare.

3. Formazioni in marcia a piedi non possono tenere il passo sui ponti.

4. I conducenti dei veicoli che fanno parte dei convogli indicati nel comma 1 sono tenuti a rispettare la distanza di sicurezza di cui all'articolo 149 del codice, nonche' tutte le altre norme relative alle luci ed alle segnalazioni visive.

5. Nel caso di convogli di autoveicoli in numero superiore a dieci unita', sul primo veicolo della colonna nel senso di marcia deve essere collocato anteriormente un cartello a fondo bianco con l'iscrizione in nero INIZIO COLONNA e posteriormente un cartello a fondo bianco con iscrizione in nero FINE COLONNA. Sull'ultimo veicolo della colonna, nel senso di marcia dovra' essere collocato anteriormente analogo cartello con l'iscrizione FINE COLONNA e posteriormente altro cartello con l'iscrizione INIZIO COLONNA. ((Una competizione ciclistica o atletica in corso di svolgimento puo' essere indicata con analoghi cartelli riportanti le iscrizioni "INIZIO GARA . . .." e "FINE GARA . . .." con le modalita' prescritte nel provvedimento di autorizzazione della gara.))

● 4 - CARICHI SPORGENTI E TRASPORTO MERCI PERICOLOSE
(Artt. 163-168 Codice della Strada)

Art. 361 (Art. 164 Cod. Str.)
(Pannelli per la segnalazione della sporgenza longitudinale del carico)

1. I pannelli quadrangolari per segnalare sporgenze longitudinali del carico da installarsi alla estremita' della sporgenza ai sensi dell'articolo 164, comma 9, del codice devono corrispondere al tipo indicato nella figura V.3 e devono avere una superficie minima di 2500 cm (Elevato al Quadrato). Detta superficie deve essere rivestita con materiale retroriflettente a strisce alternate bianche e rosse disposte a 45°.

2. Il pannello di cui al comma 1 deve essere visibile sia di giorno che di notte. A tal fine sulla superficie del pannello, costituito di norma da lamiera metallica, deve essere applicata pellicola rifrangente di classe 2, sia per le strisce bianche che per quelle rosse.

3. Quando il carico sporge longitudinalmente per l'intera larghezza della parte posteriore del veicolo, i pannelli di segnalazione devono essere due, posti trasversalmente, ciascuno da un estremo del carico, o della sagoma sporgente.

4. In ordine alla fabbricazione, prova e omologazione dei pannelli di segnalazione previsti dal presente articolo si applicano le disposizioni dell'articolo 192.

Art. 362 (Art. 164 Cod. Str.)
(Restituzione dei documenti)

1. Qualora la idonea sistemazione del carico, ordinata ai sensi dell'articolo 164, comma 9, del codice, possa essere ripristinata

immediatamente, i documenti ritirati vengono contestualmente restituiti, previa verifica ad opera dell'organo accertatore ed espressa annotazione sullo stesso verbale di constatazione della violazione.

2. Qualora il ripristino sia differito nel tempo, la restituzione dei documenti ritirati deve essere richiesta al comando da cui dipende l'organo accertatore, che procedera' alla restituzione dopo la constatazione che il viaggio puo' essere ripreso nel rispetto delle condizioni richieste dall'articolo 164, comma 9, del codice, previa espressa annotazione sul verbale di constatazione della violazione.

Art. 363 (Art. 167 Cod. Str.)
(Accertamento della massa dei veicoli)

1. Ai fini della determinazione della massa esatta del veicolo, gli organi di polizia stradale, ove non provvisti di strumenti propri di pesa, potranno disporre che la pesatura sia effettuata nella piu' vicina localita' in cui esista una pesa pubblica idonea ad un'unica pesatura del veicolo e, in mancanza di questa, con qualsiasi pesa privata, purche' in regola con le prescritte verifiche di legge.

Art. 364 (Art. 168 Cod. Str.)
(Disposizioni applicabili)

1. Fino all'emanazione dei decreti di cui all'articolo 168, ((commi 2 e 4)) del codice, sono fatte salve le norme di cui ai decreti ministeriali adottati ai sensi ((degli articoli 2 e 4)) della legge 10 luglio 1970, n. 579.

Art. 365 (((Art. 168 Cod. Str.)
(Definizioni)

1. Le definizioni di imballaggi, grandi imballaggi per il trasporto alla rinfusa (GIR), recipienti, cisterne e veicoli cisterna, contenitori e casse mobili comunque destinati al trasporto di merci pericolose sono quelle riportate negli allegati all'accordo europeo relativo al trasporto internazionale su strada di merci pericolose (ADR) di cui alla legge 12 agosto 1962, n. 1839, e successive modificazioni e integrazioni.))

Art. 366 (Art. 168 Cod. Str.)
(Circolazione dei veicoli che trasportano merci pericolose)

1. Fatte salve le prescrizioni generali del codice della strada per la circolazione dei veicoli, il Ministro dei lavori pubblici, di concerto con il Ministro dei trasporti puo' emanare decreti per disciplinare la circolazione dei veicoli adibiti al trasporto di determinate materie pericolose in corrispondenza di tratti di strade che possono comportare particolari condizioni di rischio quali ad esempio gallerie, viadotti od altri punti singolari.

Art. 367 (Art. 168 Cod. Str.)
(Sosta dei veicoli che trasportano merci pericolose)

1. Fatte salve le disposizioni generali previste dal codice della strada per la fermata e la sosta dei veicoli, con decreto del Ministro dei trasporti possono essere prescritte particolari condizioni di sicurezza per lo stazionamento dei veicoli che trasportano merci pericolose.

Art. 368 (Art. 168 Cod. Str.)
(Trasporto merci pericolose con veicoli eccezionali od in condizioni di eccezionalita')

1. E' vietato il trasporto di merci pericolose con veicoli eccezionali, o in condizioni di eccezionalita', fatte salve le condizioni di ammissibilita' previste nel presente articolo nonche' le competenze del Ministero dei lavori pubblici e degli enti proprietari delle strade.

2. E' ammesso il trasporto di merci pericolose, anche in eccedenza

ai limiti prescritti dagli articoli 61 e 62 del codice, purche' tale trasporto avvenga con carri ferroviari caricati su rimorchi adibiti a tale specifico trasporto.

3. La Direzione generale della M.C.T.C. puo' rilasciare singole specifiche e motivate autorizzazioni per il trasporto di merci pericolose con veicoli eccezionali, o in condizioni di eccezionalita', quando ricorrano particolari e giustificate esigenze di trasporto.

Art. 369 (Art. 168 Cod. Str.)
(Controlli)

((1. Le ditte interessate dalle prescrizioni emanate con i decreti di cui all'articolo 168 del codice sono soggette ai controlli, stabiliti con decreto del Ministero dei trasporti e della navigazione - Direzione generale della M.C.T.C., per verificare l'ottemperanza, ai fini della sicurezza, delle prescrizioni stesse.

2. I controlli hanno luogo con le stesse modalita' previste dall'articolo 80, comma 10, del codice, e dall'art. 239.))

Art. 370 (Art. 168 Cod. Str.)
(Incidenti in cui siano coinvolti veicoli che trasportano merci pericolose)

1. Il Ministro dei trasporti, di concerto con il Ministro dell'interno, emana con decreto le disposizioni per la rilevazione e l'analisi degli incidenti in cui risultano coinvolti veicoli e recipienti utilizzati per il trasporto di merci pericolose. Con il medesimo decreto viene prevista la possibilita' di disporre tutti gli accertamenti ritenuti necessari, ai fini della sicurezza, per l'approfondimento delle indagini sulle cause e modalita' degli incidenti stessi, avvalendosi anche della collaborazione di enti qualificati, al fine di acquisire ogni elemento utile per l'esame e l'emanazione di eventuali ulteriori disposizioni.

● 5 - ALTRI COMPORTAMENTI
(Artt. 169-173 Codice della Strada)

Art. 371 (Art. 169 Cod. Str.)
(Persone e carichi trasportabili)

1. Il numero massimo di persone trasportabili sulle autovetture, anche se adibite al trasporto di persone e di cose, gia' immatricolate alla data del 23 giugno 1966, e' quello indicato sulle relative carte di circolazione tra le caratteristiche tecniche alla voce "posti totali n. .." oppure sulle licenze di circolazione rilasciate ai sensi del regio decreto 8 dicembre 1933, n.1740, alla analoga voce "posti n. .. compreso il conducente".

2. Le annotazioni del tipo: posti 2+2, o simili, si devono considerare equivalenti a: posti totali pari alla somma dei due numeri indicati.

3. Le annotazioni del tipo: posti 4/5, o simili, si devono considerare equivalenti a: posti totali pari al maggiore dei due numeri indicati.

4. Le eventuali variazioni a detto numero di persone trasportabili che dovessero essere autorizzate a seguito di ulteriori verifiche e prove effettuate sui prototipi degli autoveicoli, qualora non comportino modifiche al veicolo originale, verranno annotate sulle carte di circolazione degli autoveicoli dello stesso tipo a cura degli uffici provinciali della Direzione generale della M.C.T.C. senza che sia effettuata visita sui singoli veicoli.

5. Le variazioni del numero dei posti totali sui veicoli costruiti in singoli esemplari saranno annotate sulle carte di circolazione a seguito di verifiche e prove.

6. Ai fini della determinazione della massa complessiva trasportabile sui veicoli di cui all'articolo 167, comma 1, del

codice, si tiene conto del corrispondente limite contenuto nel documento di circolazione dei veicoli medesimi.

● 6 - CIRCOLAZIONE SULLE AUTOSTRADE
(Artt. 175-176 Codice della Strada)

Art. 372 (Art. 175 Cod. Str.)
(Disposizioni in ordine alla circolazione sulle autostrade e sulle strade extraurbane principali)

1. Sono vietate sull'autostrada competizioni motoristiche, nonche' riunioni, giuochi e gare sportive in genere. Sulle autostrade e nelle zone ad esse adiacenti o prospicienti sono vietate tutte quelle azioni o situazioni che possono procurare pericolo alla sicurezza della circolazione. L'ente proprietario o concessionario ingiunge al responsabile di eliminare la situazione di pericolo e, in caso di inottemperanza, si procede ai sensi del Capo I, Sezione II del Titolo VI del codice.

2. In autostrada le esercitazioni di guida e le prove di esame per il conseguimento della patente di guida sono disciplinate con decreto del Ministro dei lavori pubblici di concerto con il Ministro dei trasporti ((e della navigazione)) , da pubblicare nella Gazzetta Ufficiale della Repubblica, in modo da salvaguardare in ogni caso la sicurezza della circolazione.

3. Per ragioni tecniche o di sicurezza, l'ente proprietario o concessionario puo' sospendere il traffico per tutte le categorie di veicoli o per alcune di esse su tratti dell'autostrada, ovvero puo' stabilire particolari modalita' di uso di tratti dell'autostrada stessa ((, compreso l'attraversamento dei piazzali delle stazioni autostradali a particolari categorie di utenti e operatori autorizzati dall'ente proprietario.))

4. Gli autoveicoli di cui all'articolo 54, comma 1, lettera a), del codice non sono ammessi a circolare in autostrada o nelle strade extraurbane principali se non sono in grado, per costruzione, di sviluppare la velocita' in piano di almeno 80 km/h. Il Ministro dei lavori pubblici puo', ai sensi dell'articolo 142, comma 2, del codice, fissare limiti minimi di velocita' per altre categorie di veicoli di cui all'articolo 54 del codice.

5. Il servizio per la prevenzione e per l'accertamento delle infrazioni alle norme che regolano l'uso delle autostrade e' di regola espletato dal personale indicato nell'articolo 12, comma 1, lettere a) ed f) del codice. Tale servizio e' altresi' espletato dal personale dipendente della amministrazione dello Stato indicato nell'articolo 12, comma 3, del codice.

6. Gli accertamenti delle condizioni e dei limiti indicati nell'articolo 175 del codice e nel presente articolo devono di regola essere effettuati all'ingresso nell'autostrada e il veicolo considerato non in regola non e' ammesso alla circolazione su di essa. Se l'accertamento e' fatto dopo l'ingresso, il veicolo non in regola deve lasciare l'autostrada alla prima uscita dopo il luogo dell'accertamento, sotto la sorveglianza dell'agente o funzionario accertatore.

Art. 373 (Art. 176 Cod. Str.)
(Pedaggi)

1. Al pagamento del pedaggio, quando esso e' dovuto, e degli oneri di accertamento previsti dall'articolo 372 sono obbligati solidalmente sia il conducente che il proprietario del veicolo. Per il recupero degli importi dovuti all'ente proprietario dell'autostrada si applicano le norme del Testo Unico approvato con Regio Decreto 14 aprile 1910, n. 639 e successive integrazioni e modificazioni.

((2. Sono esentati dal pagamento del pedaggio:
a) i veicoli della Polizia di Stato targati "Polizia" e

dell'A.N.A.S. muniti di segni contraddistintivi;

b) i veicoli dell'Arma dei Carabinieri con targa E.I. muniti di libretto di circolazione del Ministero della difesa con annotazione di carico all'Arma dei Carabinieri;

c) i veicoli con targa C.R.I., nonche' i veicoli delle associazioni di volontariato e degli organismi similari non aventi scopo di lucro, adibiti al soccorso nell'espletamento del relativo specifico servizio e provvisti di apposito contrassegno approvato con decreto del Ministro dei trasporti e della navigazione e del Ministro dei lavori pubblici;

d) i veicoli con targa V.F., nonche' quelli in dotazione al Corpo permanente dei vigili del fuoco delle province autonome di Trento e Bolzano;

e) i veicoli con targa G.d.F.;

f) i veicoli con targa C.F.S.;

g) i veicoli con targa POLIZIA PEN;

h) i veicoli delle Forze armate adibiti a soccorso (autoambulanze, autosoccorso, etc.) nell'espletamento del servizio o al seguito di autocolonne;

i) i veicoli delle Forze armate negli interventi di emergenza e in occasione di pubbliche calamita', nonche' i veicoli civili, con targa italiana o estera, che, nell'ambito di enti o organizzazioni formalmente riconosciuti dai rispettivi Stati di appartenenza, effettuano, a seguito di calamita' naturali o di eventi bellici, trasporti di beni di prima necessita' in soccorso delle popolazioni colpite, purche' muniti di specifica attestazione delle competenti autorita';

l) i veicoli dei funzionari del Ministero dell'interno, dell'A.N.A.S., della Direzione generale della M.C.T.C., dell'Ispettorato generale per la circolazione e la sicurezza stradale, del Ministero dei lavori pubblici, autorizzati al servizio di polizia stradale.))

3. Sulle autostrade in concessione, i veicoli e i trasporti eccezionali, oltre agli eventuali indennizzi per l'eccezionale usura ed alle spese di cui all'articolo 10, comma 10, del codice, devono corrispondere i pedaggi relativi alla tariffa della classe di appartenenza.

4. Durante la permanenza sull'autostrada a pagamento, il conducente e' tenuto a conservare accuratamente il titolo di transito evitando nel modo piu' assoluto di piegarlo o, comunque, di danneggiarlo.

Art. 374 (Art. 176 Cod. Str.)
(Soccorso stradale e rimozione)

1. L'attivita' di soccorso stradale e di rimozione di veicoli sulle autostrade puo' essere affidata in concessione dall'ente proprietario della strada a soggetti autorizzati all'esercizio delle attivita' di autoriparazione di cui alla legge 5 febbraio 1992, n. 122.

● 7 - VEICOLI SENZA CRONOTACHIGRAFO E CON CRONOTACHIGRAFO - POSSESSO DEI DOCUMENTI DI GUIDA
(Artt. 178 - 180 Codice della Strada)

Art. 375 (((Art. 178 e 179 Cod. Str.)
(Documenti di viaggio e cronotachigrafo)

1. I libretti individuali, gli estratti del registro di servizio e le copie dell'orario di servizio sono disciplinate dal Regolamento n. 3820/85 del Consiglio delle Comunita' Europee del 20 dicembre 1985 e successive modificazioni.

2. L'avvenuta regolarizzazione del cronotachigrafo, nelle ipotesi previste dall'articolo 179, comma 7, del codice, e' soggetta alla verifica da parte dell'Ufficio Metrico Provinciale, o di una officina da questi autorizzata, ai sensi della legge 13 novembre 1978, n. 727.

3. L'Ufficio o l'officina di cui al comma 2 rilasciano

certificazione dell'avvenuta regolarizzazione e dell'esito positivo della verifica. La certificazione e' fatta pervenire, a cura del titolare della licenza, all'organo che ha proceduto alla contestazione della violazione.))

Art. 376 (((Art. 180 Cod. Str.)
(Presentazione di informazioni e documenti a comandi o uffici di Polizia)
1. Quando, in ottemperanza all'invito dell'autorita', sono presentati i documenti o fornite le informazioni richieste a norma dell'articolo 180, comma 8, del codice, entro il termine stabilito, il comando o l'ufficio di polizia stradale di cui all'articolo 12, commi 1 e 2, del codice, presso il quale i documenti o le informazioni sono resi, ne prende atto redigendo apposito verbale e, se diverso dal comando o ufficio che ha formulato l'invito, ne da' comunicazione, senza ritardo, a quest'ultimo.
2. Copia del verbale di cui al comma 1 e' consegnata alla persona che ha fornito le informazioni o ha esibito i documenti.

3. Il verbale di cui al comma 1 e' conforme al modello seguente:
COMANDO ....
OGGETTO: Verbale di violazione all'art. 180 C.d.S. contestato dall'Ufficio o Comando di ....
L'anno .... il giorno .... del mese di .... alle ore ...... nell'Ufficio o Comando .... si e' presentato il Sig. .... nato
a .... il .... residente a ....
via .... il quale ha esibito:
1. La patente di guida cat. .... n. .... rilasciata dalla prefettura di .... il .... validita' rinnovata fino al .... vidimata per l'anno in corso.
Eventuali prescrizioni o annotazioni: ....
2. La carta di circolazione e/o certificato di proprieta' del veicolo targato .... tipo .... intestato a .... rilasciato/a il ....
Revisione: .... annotazioni: ....
3. Il certificato di assicurazione del veicolo targato ....
tipo .... dell'impresa di assicurazione .... n. polizza .... validita' dalle ore .... del .... alle ore .... del .... premio pagato il ....
4. Altri documenti: ....
....
I dati sono rilevati dal ....
===
=========== All'Ufficio o Comando *
    li' ....
di ....   prot. ....
Si trasmette per quanto di competenza il presente verbale ai sensi dell'art. 376 del Regolamento di esecuzione del C.d.S.
* Da inviare all'Ufficio o Comando che ha contestato la violazione.))

● 8 - CIRCOLAZIONE DEI VELOCIPEDI
(Art. 182 Codice della Strada)

Art. 377 (Art. 182 Cod. Str.)
(Circolazione dei velocipedi)
1. I ciclisti nella marcia ordinaria in sede promiscua ((devono)) sempre evitare improvvisi scarti, ovvero movimenti a zig-zag, che possono essere di intralcio o pericolo per i veicoli che seguono.
2. Nel caso di attraversamento di carreggiate a traffico particolarmente intenso e, in generale, dove le circostanze lo

richiedano, i ciclisti sono tenuti ad attraversare tenendo il veicolo a mano.

3. In ogni caso, i ciclisti devono segnalare tempestivamente, con il braccio, la manovra di svolta a sinistra, di svolta a destra e di fermata che intendono effettuare.

4. Da mezz'ora dopo il tramonto, durante tutto il periodo dell'oscurita' e di giorno, qualora le condizioni atmosferiche richiedano l'illuminazione, i velocipedi sprovvisti o mancanti degli appositi dispositivi di segnalazione visiva, non possono essere utilizzati, ma solamente condotti a mano.

((5. Il trasporto di bambini fino ad otto anni di eta' e' effettuato unicamente con le attrezzature di cui all'articolo 68, comma 5, del codice, in maniera tale da non ostacolare la visuale del conducente e da non intralciare la possibilita' e la liberta' di manovra da parte dello stesso. Le attrezzature suddette sono rispondenti alle caratteristiche indicate all'articolo 225 e sono installate:

a) tra il manubrio del velocipede ed il conducente, unicamente per il trasporto di bambini fino a 15 kg di massa;

b) posteriormente al conducente, per il trasporto di bambini di qualunque massa, fino ad otto anni di eta'.

Prima del montaggio della attrezzatura e' necessario procedere ad una verifica della solidita' e stabilita' delle parti del velocipede interessate al montaggio stesso.))

6. Per la circolazione dei velocipedi sulle piste ciclabili, come definite all'articolo 3 del codice, si applicano, ove compatibili, le norme di comportamento relative alla circolazione dei veicoli.

7. Ove le piste ciclabili si interrompano, immettendosi nelle carreggiate a traffico veloce o attraversino le carreggiate stesse, i ciclisti sono tenuti ad effettuare le manovre con la massima cautela evitando improvvisi cambiamenti di direzione.

● 9 - CIRCOLAZIONE E SOSTA DELLE AUTOCARAVAN
(Art. 185 Codice della Strada)

Art. 378 (Art. 185 Cod. Str.)
(Impianti di smaltimento igienico-sanitario)

((1. La realizzazione degli impianti igienico-sanitari, destinati ad accogliere i residui organici e le acque chiare e luride raccolti negli impianti interni delle autocaravan, e' obbligatoria lungo le strade e autostrade unicamente nelle aree di servizio dotate di impianti di ristorazione, ovvero di officine di assistenza meccanica, ed aventi una superficie complessiva non inferiore a 10.000 m2, nonche' nelle aree attrezzate riservate alla sosta e al parcheggio delle autocaravan.

2. Gli impianti igienico-sanitari sono realizzati nel rispetto delle seguenti disposizioni:

a) l'ente proprietario o concessionario della strada o dell'autostrada, il proprietario o gestore delle aree di cui al comma 1, deve inoltrare al comune competente per territorio apposita domanda per la costruzione degli impianti igienico-sanitari, nel rispetto della disciplina urbanistica;

b) l'impianto igienico-sanitario deve essere allacciato alle reti acquedottistiche e fognarie pubbliche, ove esistenti, ovvero private, nel rispetto delle autorizzazioni e dei requisiti richiesti dalla legge 10 maggio 1976, n. 319 e dalle disposizioni regionali. Gli impianti di depurazione delle aree di servizio dotate di impianto di ristorazione, ovvero di officine di assistenza meccanica e dei campeggi, devono essere di capacita' adeguata per ricevere e depurare, in linea con le normative vigenti, le acque raccolte negli impianti interni delle autocaravan, nelle quantita' prevedibili in relazione al numero delle piazzole di sosta per autocaravan, ed a quello dei possibili transiti, dei medesimi autoveicoli. Qualora non risulti tecnicamente ed economicamente praticabile una soluzione depurativa autonoma, e' necessario prevedere impianti di ricezione a tenuta, con svuotamento periodico tramite autobotti e conferimento ad idoneo impianto di trattamento, secondo la disciplina in materia di rifiuti ai sensi del decreto del Presidente della Repubblica 915/82 e successive modificazioni;

c) per gli impianti da realizzare nel territorio ricadente in parchi nazionali o regionali o aree naturali protette deve essere acquisita l'autorizzazione dell'ente titolare del demanio naturalistico;

d) l'area dove e' installato l'impianto igienico-sanitario, e' dimensionata in modo da poter consentire agevolmente lo scarico contemporaneo di almeno due autoveicoli ed e' provvista di rampe di accesso e di uscita nel caso di installazione esterna ad aree di servizio o di sosta;

e) la legge regionale disciplina ulteriori caratteristiche dell'impianto.

3. La gestione e la manutenzione dell'impianto igienico-sanitario puo' essere affidata in concessione ad impresa specializzata o al soggetto gestore dell'area naturale protetta nel cui comprensorio ricade l'impianto.

4. Il concessionario e' tenuto a rilasciare polizza fidejussoria per la copertura di qualsiasi ragionevole danno civile ed ambientale che possa essere causato dall'impianto o dai veicoli che vi accedono.

5. Per la realizzazione di impianti igienico-sanitari all'interno dei campeggi, si applicano le disposizioni di cui al presente articolo, salvo diversa disciplina regionale.

6. I proprietari o gestori dei campeggi o delle aree attrezzate con gli impianti igienico-sanitari sono obbligati a fornire il servizio di scarico dei residui organici e delle acque chiare e luride raccolti negli impianti interni delle autocaravan anche in transito. Le tariffe per tale servizio sono quelle liberamente determinate dai singoli operatori, che sono tenuti agli adempimenti previsti dall'articolo 1 della legge 25 agosto 1991, n. 284.

7. Ogni area dove e' realizzato un impianto igienico-sanitario e' indicata, a cura dell'ente gestore, dall'apposito segnale stradale (fig. II.377). Il simbolo dello stesso segnale in formato ridotto (fig. II.179) puo' essere impiegato in forma di inserto su segnali di indicazione.))

● 10 - CIRCOLAZIONE DELLE PERSONE DEDITE ALL'ALCOOL E DEGLI INVALIDI (Artt. 186-188 Codice della Strada)

Art. 379 (Art. 186 Cod. Str.)
(Guida sotto l'influenza dell'alcool)

1. L'accertamento dello stato di ebbrezza ai sensi dell'articolo 186, comma 4, del codice, si effettua mediante l'analisi dell'aria alveolare espirata: qualora, in base al valore della concentrazione di alcool nell'aria alveolare espirata, la concentrazione alcoolemica corrisponda o superi 0,8 grammi per litro (g/l), il soggetto viene ritenuto in stato di ebbrezza.

2. La concentrazione di cui al comma 1 dovra' risultare da almeno due determinazioni concordanti effettuate ad un intervallo di tempo di 5 minuti.

3. Nel procedere ai predetti accertamenti, ovvero qualora si provveda a documentare il rifiuto opposto dall'interessato, resta fermo in ogni caso il compito dei verbalizzanti di indicare nella notizia di reato, ai sensi dell'articolo 347 del codice di procedura penale, le circostanze sintomatiche dell'esistenza dello stato di

ebbrezza, desumibili in particolare dallo stato del soggetto e dalla condotta di guida.

4. L'apparecchio mediante il quale viene effettuata la misura della concentrazione alcoolica nell'aria espirata e' denominato etilometro . Esso, oltre a visualizzare i risultati delle misurazioni e dei controlli propri dell'apparecchio stesso, deve anche, mediante apposita stampante, fornire la corrispondente prova documentale.

5. Gli etilometri devono rispondere ai requisiti stabiliti con disciplinare tecnico approvato con decreto del Ministro dei trasporti ((e della navigazione)) di concerto con il Ministro della sanita'. I requisiti possono essere aggiornati con provvedimento degli stessi Ministri, quando particolari circostanze o modificazioni di carattere tecnico lo esigano.

6. La Direzione generale della M.C.T.C. provvede all'omologazione del tipo degli etilometri che, sulla base delle verifiche e prove effettuate dal Centro Superiore Ricerche e Prove Autoveicoli e Dispositivi (CSRPAD), rispondono ai requisiti prescritti.

7. Prima della loro immissione nell'uso gli etilometri devono essere sottoposti a verifiche e prove presso il CSRPAD (visita preventiva).

8. Gli etilometri in uso devono essere sottoposti a verifiche di prova dal CSRPAD secondo i tempi e le modalita' stabilite dal Ministero dei trasporti ((e della navigazione)), di concerto con il Ministero della sanita'. In caso di esito negativo delle verifiche e prove, l'etilometro e' ritirato dall'uso.

9. Il Ministero dei trasporti ((e della navigazione)) determina, aggiornandolo, l'ammontare dei diritti dovuti dai richiedenti per le operazioni previste nei commi 6, 7 e 8.

Art. 380 (Art. 187 Cod. Str.)
(Revisione della patente)

1. La visita medica per la revisione della patente prevista dall'articolo 187, comma 3, del codice, deve, ove ricorra il caso, essere disposta nel piu' breve tempo possibile e comunicata all'interessato entro trenta giorni dalla data del certificato emesso dai centri di cui al comma 2 dello stesso articolo.

2. Il prefetto, nel provvedimento con il quale ordina al guidatore di sottoporsi alla visita medica prevista dall'articolo 119, comma 4, lettera c), del codice, fissa il termine entro il quale il guidatore deve ottemperare, termine che non deve superare i sessanta giorni.

3. L'esito della visita medica e' comunicato, a cura del guidatore, al prefetto entro quindici giorni. In caso di esito positivo, il prefetto dispone, entro il piu' breve tempo possibile, la cessazione della sospensione della patente e ne ordina la consegna al titolare. ((In caso di esito negativo il prefetto ne da' immediata comunicazione ai competenti uffici provinciali della M.C.T.C. per il tramite del collegamento informatico integrato gia' esistente tra i sistemi informatici della Direzione generale della M.C.T.C. e della Direzione generale dell'Amministrazione degli Affari generali e del Personale del Ministero dell'interno, affinche' i suddetti uffici provinciali della M.C.T.C. procedano alla revoca della patente ai sensi dell'articolo 130, comma 1, lettera a), del codice.))

Art. 381 (Art. 188 Cod. Str.)
(Strutture , contrassegno e segnaletica per la mobilita' delle persone invalide)

1. Ai fini di cui all'articolo 188, comma 1, del codice, gli enti proprietari della strada devono allestire e mantenere funzionali ed efficienti tutte le strutture per consentire ed agevolare la mobilita' delle persone invalide.

2. Per la circolazione e la sosta dei veicoli a servizio delle persone invalide con capacita' di deambulazione impedita, o sensibilmente ridotta, il comune rilascia apposita autorizzazione in deroga, previo specifico accertamento sanitario. L'autorizzazione e' resa nota mediante l'apposito contrassegno invalidi denominato:

"contrassegno di parcheggio per disabili" conforme al modello
previsto dalla raccomandazione n. 98/376/CE del Consiglio dell'Unione
europea del 4 giugno 1998 di cui alla figura V.4. Il contrassegno e'
strettamente personale, non e' vincolato ad uno specifico veicolo ed
ha valore su tutto il territorio nazionale. In caso di utilizzazione,
lo stesso deve essere esposto, in originale, nella parte anteriore
del veicolo, in modo che sia chiaramente visibile per i controlli.
L'indicazione delle strutture di cui al comma 1 deve essere resa nota
mediante il segnale di: "simbolo di accessibilita'" di cui alla
figura V.5.

3. Per il rilascio della autorizzazione di cui al comma 2,
l'interessato deve presentare domanda al sindaco del comune di
residenza, nella quale, oltre a dichiarare sotto la propria
responsabilita' i dati personali e gli elementi oggettivi che
giustificano la richiesta, deve presentare la certificazione medica
rilasciata dall'ufficio medico-legale dell'Azienda Sanitaria Locale
di appartenenza, dalla quale risulta che nella visita medica e' stato
espressamente accertato che la persona per la quale viene chiesta
l'autorizzazione ha effettiva capacita' di deambulazione impedita o
sensibilmente ridotta. L'autorizzazione ha validita' 5 anni. Il
rinnovo avviene con la presentazione del certificato del medico
curante che confermi il persistere delle condizioni sanitarie che
hanno dato luogo al rilascio. PERIODO SOPPRESSO DAL D.P.R. 30 LUGLIO
2012, N. 151. PERIODO SOPPRESSO DAL D.P.R. 30 LUGLIO 2012, N. 151.

4. Per le persone invalide a tempo determinato in conseguenza di
infortunio o per altre cause patologiche, l'autorizzazione puo'
essere rilasciata a tempo determinato con le stesse modalita' di cui
al comma 3. In tal caso, la relativa certificazione medica deve
specificare il presumibile periodo di durata della invalidita'.
PERIODO SOPPRESSO DAL D.P.R. 16 SETTEMBRE 1996, N. 610. Trascorso
tale periodo e' consentita l'emissione di un nuovo contrassegno a
tempo determinato, previa ulteriore certificazione medica rilasciata
dall'ufficio medico-legale dell'Azienda Sanitaria Locale di
appartenenza che attesti che le condizioni della persona invalida
danno diritto all'ulteriore rilascio.

5. Nei casi in cui ricorrono particolari condizioni di invalidita'
della persona interessata, il comune puo', con propria ordinanza,
assegnare a titolo gratuito un adeguato spazio di sosta individuato
da apposita segnaletica indicante gli estremi del "contrassegno di
parcheggio per disabili" del soggetto autorizzato ad usufruirne (fig.
II 79/a). Tale agevolazione, se l'interessato non ha disponibilita'
di uno spazio di sosta privato accessibile, nonche' fruibile, puo'
essere concessa nelle zone ad alta densita' di traffico, dietro
specifica richiesta da parte del detentore del "contrassegno di
parcheggio per disabili". ((Il comune inoltre stabilisce)), anche
nell'ambito delle aree destinate a parcheggio a pagamento gestite in
concessione, un numero di posti destinati alla sosta gratuita degli
invalidi muniti di contrassegno superiore al limite minimo previsto
dall'articolo 11, comma 5, del decreto del Presidente della
Repubblica 24 luglio 1996, n. 503, e ((puo')) prevedere, altresi', la
gratuita' della sosta per gli invalidi nei parcheggi a pagamento
qualora risultino gia' occupati o indisponibili gli stalli a loro
riservati.

6. Gli schemi delle strutture e le modalita' di segnalamento delle
stesse, nonche' le modalita' di apposizione della segnaletica
necessaria e quant'altro utile alla realizzazione delle opere indicate nel comma 1, sono determinati con apposito disciplinare tecnico,
approvato dal Ministro delle infrastrutture e dei trasporti sentito
il Ministro della salute.

Titolo VI
DEGLI ILLECITI PREVISTI DAL CODICE DELLA STRADA E DELLE RELATIVE
SANZIONI

CAPO I
DEGLI ILLECITI AMMINISTRATIVI E DELLE RELATIVE SANZIONI

Sez. I.
DEGLI ILLECITI AMMINISTRATIVI IMPORTANTI SANZIONI AMMINISTRATIVE
PECUNIARIE ED APPLICAZIONE DI QUESTE ULTIME.
(Artt. 196-208 Codice della Strada)

Art. 382 (Art. 196 Cod. Str.)
(Solidarieta' e iscrizione a ruolo)
1. Nei casi di solidarieta' per il pagamento di somme di denaro a
titolo di sanzioni amministrative pecuniarie, ai fini della
formazione del ruolo, l'amministrazione determina, ai sensi degli
articoli 1292 e seguenti del codice civile, quale tra i condebitori
solidali e' sottoposto ad esecuzione coattiva.

Art. 383 (Art. 200 Cod. Str.)
(Contestazione - Verbale di accertamento)
1. Il verbale deve contenere l'indicazione del giorno, dell'ora e
della localita' nei quali la violazione e' avvenuta, delle
generalita' e della residenza del trasgressore e, ove del caso,
l'indicazione del proprietario del veicolo, o del soggetto solidale,
degli estremi della patente di guida, del tipo del veicolo e della
targa di riconoscimento, la sommaria esposizione del fatto, nonche'
la citazione della norma violata e le eventuali dichiarazioni delle
quali il trasgressore chiede l'inserzione.
2. L'accertatore deve inoltre fornire al trasgressore ragguagli
circa la modalita' per addivenire al pagamento in misura ridotta,
quando sia consentito, precisando l'ammontare della somma da pagare,
i termini del pagamento, l'ufficio o comando presso il quale questo
puo' essere effettuato ed il numero di conto corrente postale o
bancario che puo' eventualmente essere usato a tale scopo. Deve
essere indicata l'autorita' competente a decidere ove si proponga
ricorso.
3. I verbali devono essere registrati cronologicamente su apposito
registro da cui risultano i seguenti dati: numero di registrazione,
data e luogo della violazione, norma violata, cognome e nome del
trasgressore e del responsabile in solido, tipo e targa del veicolo,
esito della procedura sanzionatoria. Il numero di registrazione deve
essere progressivo per anno solare.
4. Il verbale deve in genere essere conforme al modello VI.1
allegato, che fa parte integrante del presente regolamento; se
redatto con sistemi meccanizzati o di elaborazione dati, deve
riportare le stesse indicazioni contenute nel modello.

Art. 384 (Art. 201 Cod. Str.)
(Casi di impossibilita' della contestazione immediata)
1. I casi di materiale impossibilita' della contestazione immediata
prevista dall'articolo 201, comma 1, del codice, sono, a titolo
esemplificativo, i seguenti:
a) impossibilita' di raggiungere un veicolo lanciato ad eccessiva
velocita';
b) attraversamento di un incrocio con il semaforo indicante la
luce rossa;
c) sorpasso in curva;
d) accertamento di una violazione da parte di un funzionario o di
un agente a bordo di un mezzo di pubblico trasporto;
e) accertamento della violazione per mezzo di appositi apparecchi
di rilevamento che consentono la determinazione dell'illecito in

tempo successivo ovvero dopo che il veicolo oggetto del rilievo sia gia' a distanza dal posto di accertamento o comunque nella impossibilita' di essere fermato ((in tempo utile o nei modi regolamentari)) ;

f) accertamento della violazione in assenza del trasgressore e del proprietario del veicolo.

Art. 385 (Art. 201 Cod. Str.)
(Modalita' della contestazione non immediata)

1. Qualora la contestazione, nelle ipotesi di cui all'articolo 384, non abbia potuto aver luogo all'atto dell'accertamento della violazione, l'organo accertatore compila il verbale con gli elementi di tempo, di luogo e di fatto che ha potuto acquisire specificando i motivi per i quali non e' stato possibile procedere alla contestazione immediata, e lo trasmette al comando o ufficio da cui dipende.

2. L'ufficio o comando da cui dipende l'organo accertatore, acquisiti gli altri elementi necessari per procedere, provvede alla notifica a norma dell'articolo 386.

3. Il verbale redatto dall'organo accertatore rimane agli atti dell'ufficio o comando, mentre ai soggetti ai quali devono esserne notificati gli estremi, viene inviato uno degli originali o copia autenticata a cura del responsabile dello stesso ufficio o comando, o da un suo delegato. I verbali redatti con sistemi meccanizzati o di elaborazione dati sono notificati con il modulo prestampato recante l'intestazione dell'ufficio o comando predetti.

4. Si applicano le disposizioni di cui all'articolo 383, commi 3 e 4.

Art. 386 (Art. 201 Cod. Str.)
(Notificazione dei verbali a soggetto estraneo)

1. Quando viene effettuata la notificazione all'intestatario del certificato di proprieta' o ad uno dei soggetti indicati nell'articolo 196 del codice e questi, con dichiarazione contenente, nel caso di alienazione, gli estremi dell'atto notarile, informa l'ufficio o il comando procedente che non e' proprietario del veicolo, ne' titolare di alcuno dei diritti di cui al medesimo articolo 196 alla data dell'accertamento della violazione per la quale si procede, l'ufficio o comando interessati, se riscontrano l'esattezza delle notizie fornite, rinnovano la notificazione all'effettivo responsabile, con relativo addebito delle ulteriori spese, entro i termini previsti dall'articolo 201 del codice. Tali termini decorrono dalla data di ricezione da parte dell'ufficio o comando delle notizie fornite dal destinatario della precedente notificazione.

2. Il rinnovo della notificazione puo' essere effettuato, nei confronti dell'effettivo responsabile, dal momento in cui si accerti la sua identita' ed il suo indirizzo in modo definitivo e, comunque, non oltre cinque anni dal giorno in cui e' stata commessa la violazione.

3. Nel caso di notifica eseguita a soggetto estraneo alla violazione per errore di trascrizione del numero di targa ovvero di lettura delle risultanze dei pubblici registri o per altra causa, l'ufficio o comando procedente, ad istanza dell'interessato o di propria iniziativa, eseguiti gli opportuni accertamenti, trasmette gli atti al prefetto per l'archiviazione, ovvero se possibile procede alla eventuale notifica nei confronti dell'effettivo responsabile entro i termini previsti.

4. Nel caso di cui al comma 3, l'istanza dell'interessato deve essere proposta entro il termine di cui all'articolo 203 del codice. L'ufficio o comando procedente puo' rilevare l'errore ai sensi del comma 3 fino alla formazione del ruolo.

Art. 387 (Art. 202 Cod. Str.)
(Quietanza del pagamento in misura ridotta)

1. Per ogni pagamento in misura ridotta effettuato nel termine,

viene compilata e rilasciata apposita quietanza dall'organo al quale e' effettuato. Per i pagamenti effettuati a mezzo posta o banca, valgono le ricevute dei rispettivi versamenti.

2. In ogni quietanza, oltre alla somma pagata, sono indicati il cognome e nome del trasgressore o del soggetto solidale, la data del rilascio, la norma violata e il luogo dove e' stata commessa la violazione.

3. I verbali in riferimento ai quali sia stato effettuato nei termini il pagamento in misura ridotta, devono essere tenuti nell'archivio del comando od ufficio da cui dipende l'organo accertatore per cinque anni. Dopo tale termine, possono essere cestinati a norma delle disposizioni del regio decreto 2 ottobre 1911, n. 1163 e del decreto del Presidente della Repubblica 30 settembre 1963, n. 1409.

Art. 388 (Art. 203 Cod. Str.)
(Ricorso al Prefetto)

1. Nel caso di ricorso proposto per posta, la data di presentazione e' quella di spedizione della relativa raccomandata, con avviso di ricevimento.

2. Quando il ricorso e' presentato direttamente al prefetto, competente a norma dell'articolo 203 del codice, questi lo trasmette all'ufficio o comando cui appartiene l'organo accertatore per gli adempimenti di cui al comma 2 dello stesso articolo.

Art. 389 (Art. 206 Cod. Str.)
(Ricevibilita' ed effetti dei pagamenti)

1. Il pagamento effettuato in misura inferiore rispetto a quanto previsto dal codice, non ha valore quale pagamento ai fini dell'estinzione dell'obbligazione.

2. Nei casi di cui al comma 1 la somma versata e' tenuta in acconto per la completa estinzione dell'obbligazione conseguente al verbale divenuto titolo esecutivo, e la somma da iscrivere a ruolo e' pari alla differenza tra quella dovuta a norma dell'articolo ((203, comma 3, del codice,)) e l'acconto fornito.

3. L'eventuale pagamento, oltre sessanta giorni dalla contestazione o notificazione, ma prima della formazione del ruolo, ((e' pari alla somma dovuta a norma dell'articolo 203, comma 3, del codice,)) oltre alle spese del procedimento ((e)) non da' luogo all'emissione del ruolo stesso. In tal caso deve essere rilasciata quietanza analoga a quella di cui all'articolo 387. La somma riscossa fa parte dei proventi di cui all'articolo 206 del codice, unitamente a quelli riscossi a mezzo dei ruoli di cui all'articolo 27 della legge 24 novembre 1981, n. 689.

Art. 390 (Art. 206 Cod. Str.)
(Erronea iscrizione a ruolo)

1. In caso di erronea iscrizione a ruolo, l'autorita' amministrativa che ha emesso il ruolo ai sensi dell'articolo 206, comma 2, del codice, chiede all'esattore la cancellazione, dandone notizia all'intendenza di finanza competente per territorio.

Art. 391 (Art. 207 Cod. Str.)
(Quietanza versamento della cauzione o ritiro della patente)

1. La somma ricevuta dall'agente accertatore ai sensi dell'articolo 207, comma 1, del codice deve essere versata all'ufficio o comando da cui questi dipende. La quietanza rilasciata ai sensi dell'articolo 387 e' allegata alla copia del verbale consegnato dallo stesso agente accertatore ai sensi dell' articolo 200, comma 4, del codice, e conservata dall'ufficio o comando, secondo quanto dispone il comma 3 dello stesso articolo 387.

2. Quando viene versata la cauzione o ritirata la patente di guida ai sensi dell'articolo 207, commi 1 e 3, del codice, sia l'una che l'altra devono essere restituite all'interessato al momento in cui avviene il pagamento in misura ridotta ai sensi dell'articolo 202 del

codice. Della restituzione se ne da' atto con apposito verbale di cui una copia e' consegnata all'interessato.

3. Nel caso di versamento della cauzione, se non avviene il pagamento in misura ridotta e non sia stato presentato ricorso ai sensi dell'articolo 203 del codice, la somma versata o la garanzia fidejussoria e' introitata in luogo della riscossione prevista ai sensi dell'articolo 206 del codice e con i medesimi effetti.

4. In caso di ritiro della patente, se non viene effettuato il pagamento in misura ridotta ai sensi dell'articolo 202 del codice, il documento e' trattenuto presso l'ufficio o comando interessato, che lo ((tiene)) a disposizione del Prefetto a cui deve essere presentato il rapporto della violazione, unitamente al verbale di accertamento, per il procedimento ai sensi dell'articolo 204 del codice. Il Prefetto dispone con l'ordinanza ingiunzione anche la restituzione, con le cautele necessarie per l'adempimento dell'obbligazione conseguente.

Art. 392 (Art. 208 Cod. Str.)
(Versamenti all'Ufficio del registro)

1. I proventi spettanti allo Stato, ai sensi dell'articolo 208, comma 1, del codice, devono essere versati mensilmente dalle singole amministrazioni all'ufficio del registro competente per territorio.

2. Degli avvenuti versamenti gli uffici del registro danno comunicazione al Ministero dei lavori pubblici mediante riepiloghi mensili, contenenti l'indicazione delle somme versate da ciascuna amministrazione.

Art. 393 (Art. 208 Cod. Str.)
Proventi delle violazioni spettanti agli enti locali
ed alle Forze dell'Ordine.

1. Gli enti locali sono tenuti ad iscrivere nel proprio bilancio annuale apposito capitolo di entrata e di uscita dei proventi ad essi spettanti a norma dell'articolo 208 del codice.

2. Per le somme introitate e per le spese effettuate, rispettivamente ai sensi dell'articolo 208, commi 1 e 4, del codice, gli stessi enti dovranno fornire al Ministero dei lavori pubblici il rendiconto finale delle entrate e delle spese.

3. Limitatamente alle quote dei proventi da destinarsi a finalita' di assistenza e previdenza del personale della Polizia di Stato, dell'Arma dei Carabinieri ((, della Guardia di finanza, della Polizia penitenziaria e del Corpo forestale dello Stato)), la ripartizione dei fondi e' determinata annualmente con decreto del Ministro dell'interno, proporzionalmente all'entita' dell'ammontare delle violazioni accertate dagli Organismi o dei Corpi anzidetti.

Sez. II
DELLE SANZIONI AMMINISTRATIVE ACCESSORIE A SANZIONI AMMINISTRATIVE PECUNIARIE
(Artt. 213-218 Codice della Strada)

Art. 394 (Art. 213 Cod. Str.)
(Sequestro del veicolo)

1. Nel caso di sequestro del veicolo ai sensi dell'articolo 213, comma 2, del codice, il veicolo e' condotto nel luogo scelto per la custodia, giusta i commi 3 e 4, a cura dell'organo procedente. Se e' presente il conducente, il veicolo e' condotto dal medesimo a cura e sotto la vigilanza dell'organo procedente ((, ovvero puo' essere condotto dallo stesso conducente, su percorso espressamente indicato dall'organo procedente)). In tutti gli altri casi questo provvede al trasferimento o al traino del veicolo con i mezzi che ritiene piu' idonei, in modo da non apportare danno al veicolo stesso; le spese relative rientrano tra quelle attinenti all'esecuzione del sequestro.

2. La custodia del veicolo e delle altre cose sequestrate e' disposta di preferenza presso l'ufficio o comando cui appartiene

l'organo accertatore della violazione. Il preposto all'ufficio o comando nomina un custode tra i componenti dell'ufficio o comando che dia garanzie di idoneita' all'assolvimento degli obblighi di custodia.

3. Della nomina del custode e dell'affidamento allo stesso delle cose sequestrate viene redatto verbale sottoscritto dal preposto all'ufficio o comando e dal custode; copia del verbale e' consegnata all'interessato.

4. Se non e' possibile o non conviene custodire il veicolo o le altre cose sequestrate presso l'ufficio o comando di cui al comma 2, il preposto all'ufficio o comando stesso dispone che il sequestro avvenga in un idoneo locale appartenente ad uno dei soggetti pubblici o privati indicati in un elenco annualmente predisposto dal Prefetto competente. Il soggetto predetto e' nominato custode; tale nomina e il luogo in cui la cosa e' custodita sono indicati nel verbale di affidamento, sottoscritto dal preposto all'ufficio o comando e dal custode. Copia del verbale e' consegnata all'interessato.

5. Nei verbali di nomina del custode, redatti ai sensi del comma 3, o ai sensi del comma 4, deve essere fatta menzione del veicolo sequestrato e dei suoi estremi di identificazione, nonche' dello stato d'uso al momento della consegna al custode. Se trattasi di altra cosa, essa ed il suo stato sono descritti nel verbale. Il verbale deve, altresi', contenere menzione espressa degli avvertimenti rivolti al custode circa l'obbligo di conservare e di presentare il mezzo sequestrato ad ogni richiesta dell'autorita' competente, nonche' sulle sanzioni infliggibili a chi trasgredisce ai doveri della custodia. Se e' necessario apporre sigilli alle cose sequestrate, di tale apposizione, con la descrizione dei sigilli, si fa menzione nel suddetto verbale.

6. L'inosservanza di alcune delle formalita' di cui al comma 5, non esime il custode dall'adempimento dei doveri inerenti al suo ufficio e dalle responsabilita' relative.

7. Al sequestro dei veicoli o di altre cose previste dal codice, ed alla relativa custodia si applica l'articolo 10 del Decreto del Presidente della Repubblica 29 luglio 1982, n. 571.

8. Non puo' essere effettuata la rimozione dei veicoli e delle altre cose sequestrate dal luogo in cui sono custoditi se non nei casi consentiti dalla legge o per motivate ragioni. In tal caso deve essere redatto verbale sottoscritto dal custode e notificato all'interessato in cui viene indicato il nuovo luogo di custodia. Analogamente, nel caso in cui sia necessario sostituire il custode, si redige verbale in cui e' nominato il nuovo custode, scelto con i criteri di cui ai commi 2 e 4, e in cui sono contenuti gli avvertimenti di cui al comma 5; il verbale e' sottoscritto dal nuovo custode e notificato all'interessato.

((9. La segnalazione dello stato di sequestro del veicolo e' realizzata con l'apposizione di uno o piu' fogli adesivi sulla parte anteriore o sul vetro parabrezza, recanti l'iscrizione: "Veicolo sottoposto a sequestro" e con l'indicazione degli estremi del provvedimento che lo ha disposto. Le dimensioni dell'adesivo non devono essere inferiori a 20X30 cm.))

Art. 395 (Art. 213 Cod. Str.)
((ARTICOLO ABROGATO DAL D.L.30 SETTEMBRE 2003, N. 269, CONVERTITO CON MODIFICAZIONI DALLA L. 24 NOVEMBRE 2003, N. 326))

Art. 396 (Art. 214 Cod. Str.)
(Fermo amministrativo del veicolo)
1. Nelle ipotesi di fermo amministrativo del veicolo disposto ai sensi dell'articolo 214, ((comma 1)) , del codice, si applicano, in quanto compatibili, le norme sul sequestro di veicoli di cui all'articolo 394.

2. Nelle ipotesi di restituzione del veicolo previste dall'articolo 214, comma 2, del codice, essa e' effettuata al soggetto indicato da parte dell'organo di polizia, nel luogo in cui il veicolo e'

custodito, alla presenza del custode, se nominato, che sottoscrive il verbale.

((3. Il fermo amministrativo del ciclomotore si esegue con il ricovero temporaneo del veicolo nel luogo indicato dal conducente o, qualora il conducente si trovi nella impossibilita' di indicarlo, presso l'ufficio o comando cui appartiene l'organo accertatore ovvero in un deposito autorizzato. Il conducente e' autorizzato, nella prima ipotesi, con annotazione sul verbale di contestazione, a raggiungere il luogo di custodia dallo stesso indicato, salvo che ricorrano motivi ostativi di sicurezza stradale.

4. La restituzione del ciclomotore e' effettuata attraverso la riconsegna del certificato di idoneita' tecnica del veicolo all'avente titolo, da parte dell'organo di polizia che ha accertato la violazione, nei propri uffici. Nell'ipotesi di custodia presso un deposito autorizzato si applicano le disposizioni del comma 2.))

Art. 397 (Art. 215 Cod. Str.)
Rimozione del veicolo

1. La sanzione amministrativa della rimozione del veicolo, di cui all'articolo 215, comma 1, del codice, e' attuata dagli organi di polizia che accertano la violazione attraverso il trasferimento ed il deposito del veicolo in luoghi indicati dall'ente proprietario della strada. Tali luoghi devono essere attrezzati in modo che i veicoli in essi depositati siano sicuri e siano affidati ad un responsabile che assume la figura di custode. Gli enti proprietari di strade devono compilare annualmente un elenco dei depositi cosi' attrezzati, con il numero dei veicoli che vi possono essere depositati e comunicarlo agli organi di polizia di cui all'articolo 12 del codice, incaricati dell'esecuzione della sanzione. Ove in una determinata localita', i depositi sono piu' d'uno, gli organi di polizia suddetti devono, per il trasferimento e il deposito del veicolo rimosso, scegliere quello piu' vicino al luogo dell'infrazione, nei limiti della loro capienza.

2. Il trasferimento del veicolo dal luogo dell'infrazione al luogo del deposito e' effettuato o direttamente con gli appositi veicoli appartenenti all'ente proprietario ovvero con gli autoveicoli appartenenti alle ditte cui il servizio e' stato concesso ai sensi dell'articolo 159, comma 2, del codice, e dell'articolo 354. In ogni caso i veicoli adibiti alla rimozione devono avere le caratteristiche prescritte dall'articolo 12. L'organo di polizia procedente comunica all'interessato l'avvenuta rimozione ed il luogo di deposito, quando possibile. Nel caso in cui l'interessato sopraggiunga durante le operazioni di rimozione del veicolo, e' consentita l'immediata restituzione del veicolo stesso, previo pagamento delle spese di intervento e rimozione all'incaricato del concessionario del servizio di rimozione che ne rilascia ricevuta. 3. Al responsabile del luogo di deposito che, ai sensi del comma 1 assume la figura di custode si applicano, in quanto compatibili, le disposizioni sulla custodia in caso di sequestro di cui all'articolo 394.

4. Per la restituzione del veicolo rimosso l'interessato o la persona da lui delegata si deve presentare al responsabile del luogo di deposito provando il titolo alla restituzione e versando le spese di intervento, rimozione e custodia secondo tabelle preparate ed annualmente aggiornate dall'ente proprietario. Della avvenuta restituzione e' redatto verbale sottoscritto dal custode e dal proprietario del veicolo o persona da lui delegata che espressamente deve dichiarare, previo accertamento, che il veicolo non ha subito danni palesi od occulti a seguito della rimozione. Una copia del verbale e' rilasciata all'interessato. Del pagamento delle spese suddette e' rilasciata quietanza dal custode.

5. ((COMMA ABROGATO DAL D.L.30 SETTEMBRE 2003, N. 269, CONVERTITO CON MODIFICAZIONI DALLA L. 24 NOVEMBRE 2003, N. 326)).

Art. 398 (Art. 215 Cod. Str.)
Blocco del veicolo

1. Nell'ipotesi del blocco dei veicoli, di cui all'articolo 215,

comma 3, del codice, l'organo di polizia che accerta la violazione provvede, anche a mezzo di personale specializzato, ad applicare alle ruote gli attrezzi descritti nell'articolo 355, con le modalita' di applicazione indicate nello stesso articolo.

2. Per la rimozione del blocco l'avente diritto, dimostrando il suo titolo, deve farne richiesta all'organo di polizia di cui al comma 1, versando le spese di intervento, bloccaggio e rimozione secondo tabelle preparate ed annualmente aggiornate dall'ente proprietario della strada. Se il versamento e' effettuato direttamente al suddetto organo di polizia, questi ne rilascia quietanza. La rimozione avviene secondo le modalita' di cui al comma 1. Della rimozione e' redatto verbale, di cui una copia e' rilasciata all'avente diritto.

3. ((COMMA ABROGATO DAL D.L.30 SETTEMBRE 2003, N. 269, CONVERTITO CON MODIFICAZIONI DALLA L. 24 NOVEMBRE 2003, N. 326)).

Art. 399 (((Artt. 216 e 217 Cod. Str.)
(Ritiro dei documenti di circolazione, della targa o della patente di guida - Sospensione della carta di circolazione)))

1. Nei casi previsti dall'articolo 216, comma 1, del codice, di ritiro dei documenti di circolazione o della patente, l'organo accertatore deve consentire a che il veicolo sia condotto in un luogo di deposito o di custodia indicato dall'avente diritto o dal conducente del veicolo. All'uopo, l'agente rilascia permesso provvisorio di circolazione limitatamente al periodo di tempo necessario a condurre il veicolo nel suddetto luogo di custodia, usando la via piu' breve, con annotazione di essa sul verbale di contestazione. Ove l'avente diritto o il conducente non abbiano un luogo da indicare, l'organo accertatore procede alla custodia del veicolo, applicando, in quanto compatibili, le norme dell'articolo 394.

2. Nei casi in cui la legge dispone il ritiro immediato di un documento di circolazione o della patente di guida, l'agente che accerta la violazione, per consentire al conducente di raggiungere col veicolo il luogo dallo stesso indicato, appone a tergo della copia del processo verbale di accertamento, la seguente annotazione debitamente sottoscritta:

UFFICIO/COMANDO . . . .
   Il sottoscritto . . . .
dichiara di aver ritirato al retroscritto conducente:
      - la patente di guida cat. . . . . n. . . . .
      - la carta di circolazione del veicolo targa
      . . . . ;
      - ((il certificato di idoneita' tecnica n.)) . . . .
rilasciat .. . .
da . . . .
      -
   La presente annotazione e' redatta ai sensi e per gli effetti dell'articolo . . . . del Regolamento, per consentire il viaggio col veicolo fino alla localita' di . . . .
      Data . . . .

                              . . . .
                                       (firma)

3. Nell'ipotesi del ritiro della targa, previsto dall'articolo 216, comma 1, del codice, l'agente accertatore provvede a ritirarla dopo che il veicolo e' stato depositato in uno dei luoghi indicati dal comma 1, e la consegna all'ufficio o comando da cui dipende. Del ritiro e' redatto apposito verbale, di cui una copia e' consegnata all'avente diritto. Al deposito, in caso di ritiro di targa, si applicano le disposizioni di cui al comma 1.

Art. 400 (Art. 218 Cod. Str.)
(Sospensione della patente di guida in caso di recidiva)
1. Per consentire la pratica applicazione della sanzione, ai sensi

dell'articolo 218, comma 3, del codice, l'aumento della durata della sospensione della patente di guida a seguito di piu' violazioni della medesima disposizione di legge, o la comminazione della sanzione della revoca della patente nei casi previsti dal vigente codice, presso ogni ufficio provinciale della Direzione generale della M.C.T.C. e presso ogni prefettura e' istituito uno schedario in cui sono annotati, alfabeticamente per nome del titolare della patente di guida, i dati dell'ordinanza di sospensione della patente, indicando il relativo periodo, nonche' gli estremi della violazione e la data di emissione dell'ordinanza. Analoga annotazione e' fatta nei casi di revoca della patente. La prefettura e l'ufficio provinciale della Direzione generale della M.C.T.C. sono tenuti alla detta iscrizione, appena emessa o comunicata l'ordinanza di sospensione.

2. Nello schedario di cui al comma 1 devono essere annotate tutte le ordinanze di sospensione o revoca della patente, relativamente a violazioni commesse nell'ambito territoriale rientrante nella competenza dei predetti uffici, anche se la violazione stessa sia stata commessa da titolare di patente rilasciata all'estero.

Titolo VII
DISPOSIZIONI FINALI E TRANSITORIE

CAPO I
DISPOSIZIONI FINALI
(Artt. 226-231 Codice della Strada)

Art. 401 (Art. 226 Cod. Str.)
(Archivio nazionale delle strade)

1. L'archivio nazionale delle strade, che deve contenere, ai sensi dell'articolo 226, commi da 1 a 4, tutti i dati relativi allo stato tecnico e giuridico delle strade con indicazioni del traffico veicolare e degli incidenti, e' completamente informatizzato e distinto in cinque sezioni ad accesso diretto, fra loro interconnesse, capaci di fornire una visione selezionata o complessiva dei dati da cui risultano popolate.

2. La prima sezione contiene l'elenco delle strade distinte per categorie, come indicato dall'articolo 2 del codice; per ogni strada e' indicato lo stato tecnico e giuridico della stessa, con i relativi dati concernenti la strada in se', la sua percorribilita' nei vari tratti, le caratteristiche tecniche geometriche e strutturali delle infrastrutture, le caratteristiche dei mezzi circolanti e le eventuali limitazioni di traffico anche temporanee, nonche' tutte le occupazioni, le pertinenze, gli edifici, gli attraversamenti, giusta gli articoli da 20 a 33 del codice.

3. La seconda sezione contiene l'indicazione del traffico veicolare su ogni strada, sempre raggruppate secondo le categorie di cui all'articolo 2, del codice; per ogni strada e' indicata l'entita' del traffico veicolare, distinto per tratte, delle singole strade, per i vari periodi di tempo in cui si effettua e per le diverse categorie di veicoli.

4. La terza sezione contiene l'indicazione degli incidenti localizzati per ogni strada; al riguardo devono essere indicati il luogo esatto in cui l'incidente e' avvenuto, il tipo di veicolo od i tipi di veicoli coinvolti nello stesso con tutti i dati idonei ad identificarli, l'entita' e le modalita' dell'incidente con le conseguenze dannose alle cose o alle persone; i dati anagrafici degli utenti coinvolti nell'incidente, con l'indicazione del tipo di patente di guida ed anno di rilascio per i guidatori dei veicoli coinvolti, e dei dati dell'avente diritto sul veicolo, se questi non era alla guida; le sanzioni amministrative, principali o accessorie, comminate a seguito dell'incidente stesso.

5. La quarta sezione contiene lo stato di percorribilita' da parte

dei veicoli classificati mezzi d'opera ai sensi dell'articolo 54, comma 1, lettera n) del codice; tale stato di percorribilita' deve essere indicato per ogni strada. Fino a che non vengano attivati l'archivio nazionale delle strade e la sezione suddetta, gli elenchi previsti dall'articolo 226, comma 4, del codice, sono formati e aggiornati, sulla base delle indicazioni fornite dagli enti indicati nel comma 4 citato, i quali sono tenuti annualmente, entro il 31 gennaio di ogni anno, con i dati relativi all'anno precedente, ad inviarli al Ministero dei lavori pubblici, che tempestivamente compila gli elenchi.

6. La quinta sezione contiene i dati inviati mensilmente dagli enti proprietari relativi alle indicazioni fornite dai dispositivi di monitoraggio di cui all'articolo 404, comma 3.

7. Le sezioni suddette verranno popolate automaticamente e continuamente aggiornate attraverso i dati forniti dagli enti proprietari delle strade obbligati a farlo ai sensi dell'articolo 226, comma 3, del codice nonche' attraverso le comunicazioni telematiche fornite dall'archivio nazionale dei veicoli e dell'anagrafe nazionale degli abilitati alla guida, circa i dati di loro competenza.

8. I dati per la formazione ed il periodico aggiornamento delle sezioni verranno forniti, sulla base delle direttive elaborate dal Ministero dei lavori pubblici, dall'ANAS e dalle societa' concessionarie rispettivamente per le strade statali e per le autostrade in concessione e dagli altri enti proprietari coordinati dalle regioni per la rimanente viabilita'. Le direttive devono essere conformi alle direttive ed ai regolamenti comunitari ed internazionali.

9. Le modalita' di consultazione dell'archivio sono determinate nell'ambito del procedimento di attuazione della legge 7 agosto 1990, n. 241.

10. Alla tenuta dell'archivio nazionale delle strade provvede l'Ispettorato generale per la circolazione e la sicurezza stradale del Ministero dei lavori pubblici. Alle relative maggiori spese verra' fatto fronte con i proventi di cui all'articolo 228, comma 6, lettera c) del codice.

11. Sulla base dei dati dell'archivio nazionale delle strade, il Ministro dei lavori pubblici dispone ogni tre anni il censimento del traffico, da pubblicarsi nella Gazzetta Ufficiale della Repubblica.

Art. 402 (Art. 226 Cod. Str.)
(Archivio nazionale dei veicoli)

1. L'archivio nazionale dei veicoli, costituito presso la Direzione generale della M.C.T.C. ai sensi dell'articolo 226, commi da 5 a 9, del codice, contiene i dati relativi alle abilitazioni di cui all'articolo 47, lettere e), f), g), h), i), l), m) n), del codice, e' completamente informatizzato ed i suoi dati sono gestiti all'interno del sistema informatico della Direzione generale della M.C.T.C. in cinque distinte sezioni ad accesso diretto, fra loro strettamente interconnesse, capaci di fornire una visione selezionata o complessiva dei dati da cui risultano popolate.

2. Le sezione "omologazioni" contiene le caratteristiche tecniche dei veicoli individuate nel corso delle verifiche e delle prove di omologazione o di ammissione alla circolazione.

3. La sezione "anagrafica" contiene i dati anagrafici delle persone fisiche e giuridiche che si siano dichiarate, nei confronti dei veicoli gestiti dall'archivio nazionale, proprietarie, comproprietarie, usufruttuarie, locatarie con facolta' di acquisto, oppure venditrici con patto di riservato dominio.

((4. La sezione "immatricolazioni" contiene, per ogni veicolo, i dati di identificazione e i dati relativi all'emanazione della carta di circolazione.))

5. La sezione "trasporto merci" contiene gli estremi delle autorizzazioni e delle licenze rilasciate a favore di autoveicoli idonei al trasporto di merci per conto di terzi ed in conto proprio,

nonche' la situazione continuamente aggiornata dell'Albo nazionale delle persone fisiche e giuridiche che esercitano l'autotrasporto di merci per conto di terzi.

6. La sezione "incidenti" contiene, per ogni veicolo, i dati relativi agli incidenti in cui il veicolo stesso sia stato coinvolto, con l'indicazione, per ciascun incidente, dei dati anagrafici del conducente, delle modalita', del tempo e del luogo in cui lo stesso si sia verificato, della natura ed entita' dei danni riportati, delle conseguenze che ne siano derivate.

((7. Le sezioni di cui ai commi 2, 3, 4 e 5 sono popolate automaticamente utilizzando i dati gia' disponibili nel sistema informativo del Dipartimento per i trasporti, la navigazione, gli affari generali ed il personale e sono continuamente aggiornate, a mezzo di procedure interattive o differite, dagli uffici centrali e periferici dello stesso Dipartimento e dai soggetti abilitati allo sportello telematico dell'automobilista, istituito con decreto del Presidente della Repubblica 19 settembre 2000, n. 358, nonche' dai comuni a mezzo di trasferimento di dati per via telematica o su supporto magnetico. La sezione di cui al comma 6 e' gradualmente popolata ed in seguito continuamente aggiornata con i dati trasmessi, per via telematica o su supporto magnetico, dall'autorita' di polizia che ha rilevato l'incidente. Il trasferimento dei dati necessari al popolamento ed all'aggiornamento delle sezioni di cui ai commi 3, 4 e 6 e' eseguito rispettivamente dalle autorita' di polizia, dai comuni e dalle compagnie di assicurazione secondo le modalita' stabilite con decreto del Ministro delle infrastrutture e dei trasporti, sentite le amministrazioni interessate, nel termine di un mese decorrente dalla data dell'incidente, dalla data di presentazione di denuncia dell'incidente o dalla data di comunicazione della variazione anagrafica.))

8. Alla tenuta dell'archivio nazionale dei veicoli di cui al presente articolo e dell'anagrafe nazionale degli abilitati alla guida di cui all'articolo 403, provvede il sistema informatico della Direzione generale della M.C.T.C. Le modalita' di consultazione sono affidate ai programmi interattivi di interrogazione gia' disponibili o che sara' necessario rendere disponibili nel sistema informatico della Direzione generale della M.C.T.C.

9. Le modalita' di accesso all'archivio, sono stabilite nel rispetto dei principi di cui alla legge 7 agosto 1990, n. 241. Entro sei mesi dall'entrata in vigore del presente regolamento, il decreto del Presidente della Repubblica 13 marzo 1986, n. 156, relativo all'ammissione alle utenze del servizio di informatica del CED della Direzione generale della M.C.T.C., deve essere modificato al fine di far fronte, sia attraverso le maggiorazioni dei canoni e dei corrispettivi sia attraverso l'istituzione dei diritti aggiuntivi correlati alla quantita' di informazioni richieste, ai maggiori oneri derivanti dall'applicazione dei commi precedenti.

10. L'archivio dei veicoli e' in contatto telematico con l'archivio delle strade di cui all'articolo 401 e con l'anagrafe degli abilitati alla guida di cui all'articolo 403.

11. Al fine di assicurare la puntuale adeguatezza dell'informatizzazione alle esigenze della Amministrazione, la tempestivita' dell'intervento informatico nonche' l'uniformita' di indirizzo di tale intervento, la divisione della Direzione generale della M.C.T.C. che, all'entrata in vigore del presente regolamento, gestisce il centro elaborazione dati, e' posta, ferma restando la tabella I allegata alla legge 1 dicembre 1986, n. 870, alle dipendenze del Direttore generale della Direzione generale della M.C.T.C. ed assume tutte le competenze necessarie per garantire l'informatizzazione delle procedure nonche' la gestione amministrativo-contabile del sistema. Con decreto del Ministro dei trasporti e della navigazione vengono di conseguenza variate le competenze delle Direzioni centrali. Il punto D del quadro a) ed il punto D del quadro b) della predetta tabella sono integrati con la previsione della funzione di direttore del CEIS. L'organizzazione

interna del CEIS viene stabilita con norme regolamentari adottate con decreto del Ministro dei trasporti e della navigazione ai sensi dell'articolo 3, comma 2, della legge 13 giugno 1991, n.190.

Art. 403 (Art. 226 Cod. Str.)
(Anagrafe nazionale degli abilitati alla guida)

1. L'anagrafe nazionale degli abilitati alla guida, costituita presso la Direzione generale della M.C.T.C., ai sensi dell'articolo 226, commi da 10 a 12, del codice, contiene i dati relativi alle abilitazioni di cui all'articolo 116 del codice, e' completamente informatizzata ed i suoi dati sono gestiti all'interno del sistema informatico della Direzione generale della M.C.T.C. in cinque distinte sezioni ad accesso diretto, tra loro strettamente interconnesse e capaci di fornire una visione selezionata o complessiva dei dati da cui risultano popolate.

2. La sezione "abilitazioni" contiene per ogni conducente e per ognuna delle abilitazioni conseguite, i dati relativi al procedimento di emissione del documento di guida, dalla richiesta dell'autorizzazione per esercitarsi alla guida agli esiti degli esami, ove ricorrano, nonche' a tutti i procedimenti successivi quali il rilascio, il rinnovo, la revisione, la sospensione, la revoca; contiene inoltre i dati relativi ai certificati di abilitazione professionale.

3. La sezione "anagrafica" contiene i dati anagrafici delle persone fisiche che risultano avere conseguito l'abilitazione alla guida.

4. La sezione "infrazioni" contiene i dati relativi alle infrazioni commesse da ciascun abilitato alla guida, con l'indicazione del luogo, della data, del tipo di infrazione e dell'organo accertatore con menzione del verbale di contestazione e della targa del veicolo alla guida del quale l'infrazione stessa e' stata commessa.

5. La sezione "sanzioni" contiene i dati relativi alle sanzioni comminate sia che trattasi di sanzione amministrativa pecuniaria sia di sanzione amministrativa accessoria, sia di sanzione penale, sia di sanzione amministrativa accessoria alla sanzione penale, a seguito di infrazione alle norme della circolazione stradale.

6. La sezione "incidenti" contiene, per ogni conducente, i dati relativi agli incidenti in cui il conducente stesso sia stato coinvolto, con l'indicazione, per ciascun incidente, dei dati del veicolo, delle modalita', del tempo e del luogo ove lo stesso si sia verificato, della natura e dell'entita' dei danni, delle conseguenze che ne siano derivate, nonche' i dati relativi allo stato dei procedimenti in corso fino alla applicazione delle sanzioni di cui al comma 5.

7. Le sezioni di cui ai commi 2 e 3 verranno popolate automaticamente utilizzando i dati gia' disponibili nel sistema informatico della Direzione generale della M.C.T.C. e verranno continuamente aggiornate dagli uffici centrali e periferici della stessa Direzione generale della M.C.T.C. e del Ministero dell'interno, per il tramite del collegamento informatico integrato gia' esistente fra i sistemi informativi della Direzione generale della M.C.T.C. e della Direzione generale per l'amministrazione generale e per gli affari del personale del Ministero dell'interno. Le sezioni di cui ai commi 4 e 5 verranno popolate utilizzando i dati gia' disponibili nel sistema informatico della Direzione generale della M.C.T.C. e verranno continuamente aggiornate con i dati trasmessi, su supporto magnetico o per via telematica, dall'organo che ha accertato l'infrazione e dall'organo che ha erogato la sanzione. La sezione di cui al comma 6 verra' gradualmente popolata e in seguito continuamente aggiornata con i dati trasmessi per via telematica o su supporto magnetico, dall'autorita' di polizia che ha rilevato l'incidente e dalla compagnia di assicurazione cui l'incidente stesso e' stato denunciato. Il trasferimento dei dati necessari al popolamento ed all'aggiornamento delle sezioni di cui ai commi 4, 5 e 6 verra' eseguito secondo i tracciati record che verranno stabiliti con decreto del Ministro dei trasporti, nel

termine di un mese decorrente, rispettivamente, dalla data di accertamento dell'infrazione, dalla data di irrogazione della sanzione, dalla data dell'incidente e, per le compagnie di assicurazione, dalla data di presentazione della denuncia dell'incidente.

8. L'accesso e la consultazione dell'anagrafe avverra' con le modalita' di cui all'articolo 402, comma 8.

9. L'anagrafe degli abilitati alla guida e' in contatto telematico con l'archivio delle strade e con l'archivio dei veicoli di cui agli articoli 401 e 402.

Art. 404 (Art. 227 Cod. Str.)
(Dispositivi di monitoraggio)

1. I dispositivi di monitoraggio, di cui all'articolo 227, comma 1, del codice, sono installati dagli enti proprietari della strada nei luoghi di ciascuna strada, in cui l'installazione risulti piu' opportuna tenuto conto delle direttive comunitarie e della circolare da emanarsi da parte del Ministero dei lavori pubblici - Ispettorato generale per la circolazione e la sicurezza stradale, entro due mesi dall'entrata in vigore del codice. Gli enti proprietari indicano tempestivamente al Ministero dei lavori pubblici - Ispettorato generale per la circolazione e la sicurezza stradale, i luoghi dell'installazione ed inseriscono gli stessi nel proprio catasto stradale, entro trenta giorni dall'indicazione; la prima installazione deve avvenire nel termine indicato dall'articolo 239, comma 2, del codice. L'indicazione puo' essere modificata o aggiornata dall'ente proprietario ogni qual volta le esigenze del traffico o della circolazione lo richiedano.

2. La custodia e la manutenzione di tali dispositivi spetta all'ente proprietario della strada. L'ente proprietario e' tenuto ad inviare mensilmente i dati tratti dai dispositivi di monitoraggio all'archivio nazionale delle strade di cui all'articolo 226 del codice, seguendo le modalita' fissate dal Ministro dei lavori pubblici con apposita direttiva.

3. Per i dispositivi per il rilevamento dell'inquinamento acustico ed atmosferico, di cui all'articolo 227, comma 2, del codice, l'ente proprietario e' tenuto ad osservare le direttive impartite dal Ministero dell'ambiente, sentito il Ministero dei lavori pubblici. In esse sono indicati i luoghi in cui, per ogni strada, i dispositivi devono essere eventualmente impiantati, le modalita' di installazione e di funzionamento dei medesimi. Per l'installazione si osservano i termini di cui all'articolo 239, comma 2, del codice. L'ente proprietario della strada e' tenuto mensilmente ad inviare i dati raccolti all'archivio nazionale delle strade di cui all'articolo 226 del codice e al Ministero dell'ambiente, secondo le modalita' che saranno stabilite di concerto dal Ministero dei lavori pubblici e dal Ministero dell'ambiente.

Art. 405 (Art. 228 Cod. Str.)
(Regolamentazione dei diritti dovuti dagli interessati per le operazioni tecnico-amministrative di competenza del Ministero dei lavori pubblici, e per gli oneri di concessione, autorizzazione, licenze e permessi di competenza degli enti proprietari di strade).

1. Gli importi dei diritti per le operazioni tecniche e tecniche amministrative di competenza del Ministero dei lavori pubblici sono fissati nella tabella VII.1 che fa parte integrante del presente regolamento. Essi si applicano a partire dall' entrata in vigore del codice e ((devono)) essere versati dagli interessati all'atto della presentazione della domanda per nulla osta, approvazioni, omologazioni ed autorizzazioni previste dal codice, su apposito conto corrente intestato al Ministero dei lavori pubblici - Ispettorato generale per la circolazione e la sicurezza stradale.

2. Gli importi dei diritti dovuti dagli interessati per ottenere il rilascio o il rinnovo di concessioni, autorizzazioni, licenze e

permessi da parte degli enti proprietari delle strade, fermo restando il pagamento dei relativi canoni, o degli indennizzi, sono fissati dagli enti stessi, i quali sono tenuti a darne comunicazione ogni anno al Ministero dei lavori pubblici - Ispettorato generale per la circolazione e la sicurezza stradale.

3. Gli importi di cui ai commi 1 e 2 sono aggiornati ogni due anni in misura pari all'intera variazione, accertata dall'ISTAT, dell'indice dei prezzi al consumo per le famiglie di operai ed impiegati (media nazionale) verificatasi nei due anni precedenti. All'uopo, entro il 1 dicembre di ogni biennio, il Ministro dei lavori pubblici fissa, per quanto di competenza, i nuovi importi che si applicano dal 1 gennaio dell'anno successivo con arrotondamento alle mille lire superiori se le ultime tre cifre superano le cinquecento lire ed a quelle inferiori nel caso contrario.

((4. Le voci 2, 4 e 6 di cui alla tabella 3 allegata alla legge 1 dicembre 1986, n. 870 e successive modificazioni sono aggiornate come segue:

2) - Duplicati, certificazioni, ecc., inerenti ai veicoli, ai componenti e alle entita' tecniche degli stessi, ai contenitori e casse mobili. Duplicati, certificazioni, ecc., inerenti agli imballaggi, ai grandi imballaggi per trasporto alla rinfusa (GIR), ai recipienti, alle cisterne, ai contenitori e casse mobili comunque destinati al trasporto di merci pericolose con esclusione di quelle appartenenti alla classe 2 dell'ADR. Duplicati, certificazioni, ecc., inerenti ai conducenti.

4) - Visite e prove speciali di veicoli, costruiti in unico esemplare o che presentino particolari caratteristiche, secondo quanto stabilito dalla Direzione generale della M.C.T.C . Visite e prove speciali di componenti, di entita' tecniche, di contenitori e casse mobili. Visite e prove di imballaggi, di grandi imballaggi per il trasporto alla rinfusa (GIR), di recipienti e di cisterne, di contenitori e casse mobili, comunque destinati al trasporto di merci pericolose con esclusione di quelle appartenenti alla classe 2 dell'ADR. Visite e prove per modifica delle caratteristiche o dell'elenco delle merci pericolose ammesse al trasporto con imballaggi, grandi imballaggi, recipienti, cisterne, contenitori e casse mobili e accertamenti periodici e straordinari sugli stessi. Visite e prove per il rilascio o il rinnovo del certificato di conformita' ADR ai veicoli.

6) - Omologazione di componenti, di entita' tecniche, di contenitori e di casse mobili. Omologazioni od approvazioni per serie di imballaggi, grandi imballaggi per il trasporto alla rinfusa (GIR), di recipienti, di cisterne, di contenitori e casse mobili, comunque destinati al trasporto di merci pericolose con esclusione di quelle appartenenti alla classe 2 dell'ADR.".

5. Gli importi di cui all'articolo 16, lettera a), della legge 1 dicembre 1986, n. 870 sono gestiti dall'organismo di cui all'articolo 6 della legge 16 febbraio 1967, n. 14.))

Art. 406 (Art. 231 Cod. Str.)
(Abrogazione di disposizioni regolamentari precedentemente in vigore e recepimento delle direttive comunitarie)
1. Le vigenti disposizioni regolamentari riguardanti l'attuazione del codice della strada non inserite nel presente regolamento restano ferme, ad eccezione di quelle contrarie o incompatibili con le nuove norme.

2. Tutti i provvedimenti e le disposizioni tecniche emanate dai Ministri competenti nelle rispettive materie in attuazione delle norme del regolamento abrogato restano in vigore fino all'emanazione dei nuovi decreti.

3. Sono fatti salvi i decreti ministeriali di recepimento delle direttive comunitarie introdotti in attuazione delle leggi 27 dicembre 1973 n. 942, 25 novembre 1975, n. 707 e 16 aprile 1987, n. 183, nonche' le disposizioni previgenti volte a garantire l'accessibilita' e ad eliminare le barriere architettoniche, nonche'

quelle che attribuiscono facilitazioni alle persone con ridotta o impedita capacita' motoria o sensoriale.

((4. Le direttive comunitarie, nelle materie disciplinate dal presente regolamento, sono applicate nella versione integrata o modificata in vigore al momento dell'applicazione delle direttive medesime e sono recepite con le modalita' ed i tempi di cui all'articolo 229 del codice.))

CAPO II
DISPOSIZIONI TRANSITORIE
(Artt. 232-240 Codice della Strada)

Art. 407 (Artt. da 232 a 240 Cod. Str.)
(Disposizione transitoria)
1. Le disposizioni del presente regolamento sono applicate con i termini e le decorrenze stabilite per le singole disposizioni del codice cui si riferiscono. Fino alle relative date si applicano le disposizioni regolamentari previgenti, salvo diverse disposizioni delle corrispondenti norme transitorie del codice.
Art. 408 (Art. 240 Cod. Str.)
(Entrata in vigore delle disposizioni del presente regolamento)
1. Fermo restando quanto previsto dall'articolo 407, le disposizioni del presente regolamento entrano in vigore contestualmente al codice della strada, il 1 gennaio 1993.

APPENDICI AL TITOLO I

APPENDICE I - ART. 9
(Caratteristiche costruttive e funzionali dei veicoli e dei trasporti, eccezionali per massa)

1. Le caratteristiche costruttive e funzionali dei veicoli eccezionali e di quelli adibiti al trasporto eccezionale, eccedenti i limiti previsti dall'articolo 62 del codice, sono le seguenti:
a) Per i veicoli a motore non atti al traino:
a.1) dimensioni: entro o eccedenti i limiti fissati dall'articolo 61 del codice;
a.2) valore minimo della massa complessiva: 35 t;
a.3) velocita' massima calcolata per costruzione: 70 km/h;
a.4) eventuali dispositivi limitatori di velocita', purche' riconosciuti ammissibili dalla Direzione generale della M.C.T.C., devono intendersi elementi costruttivi ai fini della valutazione della velocita' massima calcolata;
a.5) sono ammessi dispositivi di sollevamento degli assi, da utilizzare per brevi tratti stradali ed in condizione di scarsa aderenza degli stessi, secondo le norme emanate al riguardo dalla Direzione generale della M.C.T.C.;
a.6) altre caratteristiche: tutte quelle proprie della categoria N3 di appartenenza.
b) Per i veicoli a motore atti al traino:
b.1) massa rimorchiabile compresa tra 3 e 6 volte la massa complessiva massima del veicolo a motore e comunque non superiore ad 8 volte la sua massa aderente;
b.2) massa aderente non inferiore al 65% della massa complessiva massima. Massa minima sull'asse direttivo non inferiore al 20% della massa complessiva per i veicoli a due o a tre assi. Nel caso di due assi direttivi il valore della massa gravante su ciascuno di essi deve essere non inferiore al 17.5% della massa complessiva;
b.3) velocita' massima calcolata per costruzione in servizio di traino: ((62,5 km/h)),con l'eccezione di cui al successivo punto b.4);
b.4) trasmissioni: e' ammesso l'attrezzaggio con trasmissioni che consentano di raggiungere una velocita' massima calcolata non superiore a 70 km/h nei casi sotto indicati e se il conseguimento di tale velocita' e' reso possibile da elementi costruttivi:
b.4.1) quando viaggiano isolati;
b.4.2) quando effettuano servizio di traino entro i limiti di dimensioni e massa ammessi dagli articoli 61 e 62 del codice e soddisfano le condizioni di cui al comma 5 dell'appendice III al titolo III;
b.4.3) quando agganciano un rimorchio riconosciuto per una massa complessiva massima di 42,6 t e formano una combinazione della massa massima i 72 t nel rispetto del rapporto di traino 1,45. In questo caso i veicoli della combinazione devono rispettare, oltre a tutte le norme tecniche specifiche per i veicoli eccezionali e per trasporti eccezionali, anche l'iscrizione nella fascia d'ingombro. Non si effettua la prova di cui al comma 5, lettera b), dell'appendice III

al titolo III o della verifica prevista allo stesso comma, lettera c), del valore minimo della potenza specifica se la potenza del propulsore del veicolo trattore e' non inferiore a 259 kW. La massa complessiva di 42,6 t, nel caso di semirimorchi, e' riferita alla massa gravante sugli assi a terra del semirimorchio;

b.5) eventuali dispositivi limitatori di velocita', purche' riconosciuti ammissibili dalla Direzione generale della M.C.T.C., devono intendersi elementi costruttivi ai fini della valutazione della velocita' massima calcolata;

b.6) sono ammessi dispositivi di sollevamento degli assi, da utilizzare per brevi tratti stradali ed in condizione di scarsa aderenza degli stessi, secondo le norme emanate al riguardo dalla Direzione generale della M.C.T.C.;

b.7) altre caratteristiche: tutte quelle proprie della categoria N3 di appartenenza.

c) Per i veicoli rimorchiati:

c.1) valore della massa minima complessiva del rimorchio: 29 t; per i semirimorchi tale massa e' riferita a quella gravante sugli assi a terra;

c.2) velocita' di base ai fini del dimensionamento e dell'equipaggiamento, tenuto anche conto della pressione di gonfiaggio dei pneumatici, che in ogni caso non puo' superare i 10 bar:

c.2.1) 80 km/h se di massa complessiva da 29 a 42,6 t;

c.2.2) ((62,5 km/h)) se di massa complessiva superiore a 42,6 t e sino a 80 t;

c.2.3) ((40 km/h)) se di massa complessiva superiore a 80 t. Per i veicoli rimorchiati eccezionali e per trasporti eccezionali, abbinabili a trattori classificati mezzi d'opera, la velocita' di base deve comunque essere non inferiore a 80 km/h;

c.3) dimensioni: entro o eccedenti i limiti dall'articolo 61 del codice;

c.4) timoni e veicoli rimorchiati telescopici: si applicano le norme previste ai punti b.2) e b.3) dell'appendice II al titolo I;

c.5) altre caratteristiche: tutte quelle proprie della categoria 04 di appartenenza.

d) Prove:

d.1) i valori delle masse eccezionali dichiarate dal costruttore possono essere ammessi a condizione che lo spunto in salita e la tenuta del freno di stazionamento risultino verificati sulle seguenti pendenze:

d.1.1) 18% per il veicolo isolato di cui alla lettera a);

d.1.2) 16% per lo spunto in salita e 18% per la tonuta del freno di stazionamento per il veicolo isolato di cui alla lettera b);

d.1.3) 8% per il complesso formato con un valore del rapporto di traino di 1,45;

d.1.4) 4,5% per il complesso formato con un valore del rapporto di traino uguale o superiore a 3;

d.2) per i singoli dispositivi e per le prove di prestazione, si fa riferimento alla normativa in vigore, in quanto applicabile. Per i veicoli di cui alla lettera b), ai fini della determinazione della massa rimorchiabile, dovra' altresi' verificarsi che la potenza minima del propulsore installato sul veicolo a motore, riferita al valore massimo in tonnellate della combinazione che puo' formare con il veicolo rimorchiato, non risulti comunque inferiore a:

d.2.1) 1,76 kW/t per combinazioni della massa complessiva sino a 100 t con l'eccezione di cui al punto b.4);

d.2.2) 1,17 kW/t per combinazioni della massa complessiva di oltre 150 t.

Per valori della massa complessiva della combinazione compresi tra 100 e 150 t, la potenza minima del propulsore deve essere quella risultante per interpolazione lineare tra 1,76 e 1,17 kW/t. Le potenze specifiche sopra indicate sono ridotte rispettivamente a 1,47 kW/t e 1,03 kW/t, oppure al valore interpolato tra 1,47 e 1,03, per la combinazione la cui massa complessiva sia compresa tra 100 e 150 t, per i veicoli trattori ad aderenza totale ed equipaggiati con rallentatori idraulici od elettrici idonei a superare la prova di cui al successivo punto d.3.3);

d.3) la verifica dei dispositivi di frenatura sara' attuata in conformita' delle disposizioni di cui agli allegati I, II - con esclusione del punto 1.2.4.2. dell'allegato II e della relativa appendice - III, IV, V, VI, VII e, per i soli veicoli suscettibili di superare la velocita' DI 50 km/h, X della direttiva 71/320/CEE:

d.3.1) Il tempo t, corrisponde a x =75% di cui al punto 2.4 dell'allegato III della direttiva citata, non deve essere inferiore a 0,5 secondi. Per i veicoli abilitati a circolare anche entro i limiti di cui agli articoli 61 e 62 del codice, senza l'obbligo dell'autorizzazione di cui all'articolo 10 del codice, la verifica dei dispositivi deve essere attuata anche a tutte le masse legali, nel pieno rispetto delle norme in vigore per i veicoli della categoria N3;

d.3.2) deve essere altresi' verificato che i veicoli di cui alla lettera b), alla massa massima eccezionale che possono formare, siano in grado di mantenere, sulla pendenza del 6% (per le combinazioni di massa di 72 t e rapporto di traino di 1,45) e del 4,5% (per le combinazioni con rapporto di traino non inferiore a 3 e non superiore a 6), una velocita' stabilizzata di 25 (piu' o meno) 5 km/h (scegliendo il rapporto che piu' si avvicina al valore di 25 km/h) senza far ricorso ad alcuno dei dispositivi di frenatura di servizio, Di soccorso o di stazionamento. La verifica va attuata sulla predetta pendenza per corsa per una lunghezza di 6 km;

d.3.3) le prove di cui ai punti 1.3. e 1.4 dell'allegato II citato al precedente punto d.3) non sono sostitutive di quelle di cui al punto d.3.2), la quale e' invece da ritenersi delle predette prove 1.3 e 1.4 del predetto allegato II. Queste ultime prove devono, comunque, essere effettuate alle masse massime che i veicoli possono conseguire ai sensi dell'articolo 62 del codice, qualora venga richiesto il riconoscimento della circolazione a tali masse senza l'obbligo dell'autorizzazione di cui all'articolo 10 del codice, sia per i veicoli a motore isolati che per quelli rimorchiati.

2. Per i veicoli destinati a formare complessi costituiti da piu' veicoli a motore e/o piu' veicoli rimorchiati si applicano le prescrizioni dettate dalla Direzione generale della M.C.T.C., qualora necessarie per la realizzazione di particolari tipi di tali complessi.

APPENDICE II - ART. 9
Caratteristiche costruttive e funzionali dei veicoli e dei trasporti, eccezionali per sole dimensioni)

1. Le caratteristiche costruttive e funzionali dei veicoli eccezionali e di quelli adibiti al trasporto eccezionale, eccedenti i limiti previsti dell'articolo 61 del codice, sono le seguenti:

a) Per i veicoli a motore:

a.1) masse: comprese entro i limiti fissati dall'articolo 62 del codice;

a.2) dimensioni dei veicoli eccezionali: eccedenti i limiti fissati dall'articolo 61 del codice, secondo i valori stabiliti dal Ministero dei trasporti e della navigazione - Direzione generale della M.C.T.C., al fine di permettere particolari realizzazioni costruttive necessarie per l'esecuzione di determinati trasporti, non altrimenti realizzabili;

a.3) dimensioni dei veicoli adibiti al trasporto eccezionale: entro i limiti fissati dall'articolo 61 del codice, salvo che non ricorrano le condizioni previste al punto a.2);

a.4) altre caratteristiche: tutte quelle proprie della categoria N di appartenenza.

b) Per i veicoli rimorchiati:

b.1) masse e dimensioni (salvo quanto previsto al punto b.3):

come ai punti a.1), a.2) e a.3);

b.2) timoni: di tipo fisso, anche se con lunghezze diverse in alternativa per uno stesso rimorchio, o allungabili, secondo le prescrizioni tecniche dettate al riguardo dalla Direzione generale della M.C.T.C.;

b.3) lunghezza dei veicoli: e' consentita la realizzazione di veicoli rimorchiati telescopici, per sfilamento di elementi del telaio o per interposizione, nella zona centrale dello stesso, di elementi modulari, in entrambi i casi nel rispetto delle prescrizioni tecniche dettate dalla Direzione generale della M.C.T.C.. Comunque, la prima posizione d'allungamento deve determinare una lunghezza complessiva del veicolo tale da eccedere i limiti previsti dall'articolo 61 del codice;

b.3.1) i rimorchi o semirimorchi, telescopici, che circolano a telaio non allungato e non determinano il superamento di alcuno dei limiti previsti dall'articolo 61 del codice, non necessitano dell'autorizzazione di cui all'articolo 10 del codice;

b.4) altre caratteristiche: tutte quelle proprie della categoria o di appartenenza.

APPENDICE III - Art. 10

(Caratteristiche costruttive e funzionali dei veicoli mezzi d'opera)

1. Gli Autoveicoli isolati devono rispondere a tutte le caratteristiche tecniche e funzionali prescritte per i veicoli della categoria N3, salvo quanto di seguito specificato:

a) gli assi posti a distanza inferiore a 1,20 m, agli effetti della valutazione della massa ammissibile sugli stessi, vengono considerati come asse unico;

b) massa aderente minima: non inferiore al 60% della massa complessiva massima per gli autoveicoli a due o tre assi; non inferiore al 50% della massa complessiva massima per gli autoveicoli a quattro assi;

c) massa minima sull'asse direttivo: non inferiore al 20% della massa complessiva per i veicoli a due o a tre assi. Nel caso di due assi direttivi il valore della massa gravante su ciascuno di essi deve essere non inferiore al 17,5% della massa complessiva;

d) tara minima dell'autoveicolo a due assi: 9 t; dell'autoveicolo a tre assi: 12 t; dell'autoveicolo a quattro o piu' assi: 14 t;

e) slivellamenti per assi tandem o tridem, eseguiti sia a carico che a scarico: 10 cm con variazioni di carico contenute su ciascun asse, rispetto alle condizioni statiche, entro il (piu' o meno) 25%;

f) sospensioni meccaniche degli assi tandem o tridem realizzate con un grado di sicurezza, verificato in condizioni statiche, almeno pari a 3 rispetto al carico di snervamento del materiale impiegato per le sospensioni stesse. Tale prescrizione, per le sole omologazioni rilasciate a veicoli muniti di sospensioni degli assi tandem o tridem tali che ogni asse risulti compensato per le azioni di frenatura ivi comprese le coppie, si applica a decorrere dal 1 gennaio 1996. In ogni caso le sospensioni devono essere realizzate in modo da evitare moti anomali delle ruote in fase di frenatura del veicolo interessato;

g) agli effetti di quanto disposto alle lettere e) ed f), si definiscono assi tandem o tridem le coppie o terne di assi, con esclusione di quelli direttivi per i quali valgono le norme della categoria N3, posti tra loro a distanza misurata tra gli assi contigui, non superiore a 1,80 m;

h) altezza minima dal suolo: l'altezza minima dal suolo di tutti gli organi, fatta esclusione dei dispositivi di frenatura posti in corrispondenza di ciascuna ruota, non deve essere inferiore, a pieno carico, a 250 mm;

i) velocita' massima, calcolata per costruzione: non superiore ad 80 km/h. I dispositivi limitatori di velocita', conformi alle prescrizioni comunitarie in proposito e con velocita' regolata pari a 80 km/h, devono intendersi elementi costruttivi ai fini della valutazione della velocita' massima calcolata;

l) differenziale dotato di dispositivo di bloccaggio, con esclusione degli assi motori direttivi, e, nel caso di piu' assi motori, di dispositivo per il bloccaggio della scatola di ripartizione;

m) per i trattori di semirimorchi, la posizione della ralla deve rispettare, senza dover provvedere ad alcuno spostamento della stessa, tutte le prescrizioni sia al carico legale che a quello eccezionale;

n) la massa rimorchiabile, che comporta una massa complessiva dell'autotreno o dell'autoarticolato non inferiore a 44 t, viene assegnata per potenze del motore dell'autoveicolo trattore non inferiori a 259 kW, senza che ricorra l'obbligo dell'esecuzione della prova di cui al comma 5, lettera b), dell'appendice III al titolo III o della verifica, prevista allo stesso comma, lettera c), del valore minimo della potenza specifica.

2. Gli autotreni e gli autoarticolati devono soddisfare alle prescrizioni previste per la categoria, salvo quanto specificato ai punti seguenti:

a) per gli autoarticolati; la massa aderente minima deve risultare non inferiore al 28% della massa massima nei complessi a quattro assi; non inferiore al 40% della massa massima nei complessi a cinque o piu' assi. Nel caso di autoarticolati costituiti da semirimorchi adibiti al trasporto esclusivo di macchine operatrici, la verifica della massa aderente minima e' sostituita da quella indicata alla successiva lettera b) in cui, per massa del rimorchio, deve intendersi la massa sugli assi a terra del semirimorchio;

b) per gli autotreni: deve essere verificato che, per le condizioni di carico utilizzate, il rapporto tra la massa del rimorchio e la massa del veicolo trattore, nel rispetto di quanto previsto al comma 1, lettera n), non sia superiore a 1,45. Tale valore e' elevato a 3 nel caso in cui ricorra la condizione prevista al punto b.3) della appendice I al titolo I;

c) tara minima dei mezzi d'opera: la tara degli autoarticolati a quattro assi non deve essere inferiore a 16 t; la tara degli autoarticolati a cinque o piu' assi non deve essere inferiore a 17,6 t.

3. I rimorchi devono rispondere a quanto prescritto al punto 1.16.2 dell'allegato I alla Direttiva 71/320/CEE e devono essere realizzati e destinati al trasporto esclusivo di macchine operatrici. Possono essere costituiti anche da rimorchi e macchine operatrici trainate, appositamente attrezzati (spandisabbia, spandisale e simili) o destinati al trasporto del materiale necessario per consentire il traffico stradale in caso di neve o gelo. Si applicano ad essi le norme valide per la categoria O4 e, se eccezionali per massa, devono soddisfare le prescrizioni stabilite per la categoria dall'appendice I al titolo I.

4. I semirimorchi sono ad almeno due assi reali, eccezionali per massa, e valgono per essi, salvo che per quelli adibiti al trasporto esclusivo di macchine operatrici, le prescrizioni indicate al comma 1, lettere a), e), f), g) ed h); si applicano altresi' ad essi le restanti norme valide per la categoria O4. Ai semirimorchi adibiti al trasporto esclusivo di macchine operatrici si applicano le prescrizioni stabilite per la categoria dall'appendice I al titolo I.

APPENDICE IV - ART. 12
(Caratteristiche costruttive e funzionali degli autoveicoli ad uso speciale per il soccorso stradale)

1. Gli autoveicoli ad uso speciale per il soccorso stradale possono essere muniti di gru, anche di tipo telescopico od a scomparsa tra le pedane, di verricello o di altro dispositivo per il soccorso stradale e sono dotati delle attrezzature necessarie per la loro funzionalita'. Possono essere realizzati con o senza piano di carico, fisso o inclinabile e parzialmente scarrabile, per il trasporto di veicoli di limitate dimensioni, e comunque tali da non determinare

mai, in condizioni di marcia, il superamento di alcuno dei limiti prescritti dagli articoli 61 e 62 del codice.
2. La gru installata sull'autoveicolo di soccorso, se presente, puo' consentire, oltre al posizionamento di un veicolo sull'eventuale piano di carico, il traino dello stesso con un asse sollevato, mantenuto in tale posizione tramite idonei triangoli distanziatori, bracci retrattili a forca oppure mediante carrelli monoassi, costituenti attrezzatura ausiliaria dell'autoveicolo di soccorso.
3. E' ammessa l'installazione sugli autoveicoli di soccorso di un gancio di traino di tipo approvato, sia per il recupero di rimorchi, sia per il traino di autoveicoli e sia per il traino di rimorchi attrezzati per il trasporto esclusivo di veicoli soccorsi o rimossi e caricati con i mezzi dell'autoveicolo di soccorso. Tali rimorchi, in quanto destinati esclusivamente a servire l'autoveicolo di soccorso, sono considerati, ai sensi dell'articolo 204, rimorchi ad uso speciale.
4. Gli autoveicoli di soccorso sono soggetti a tutte le norme costruttive valide per i veicoli della stessa massa complessiva della categoria N, definita dall'articolo 47, comma 2, lettera c), del codice, salvo per quanto riguarda le seguenti prescrizioni:
   a) lo sbalzo anteriore non deve eccedere il 65% del passo a condizione che non modifichi la visibilita' originaria dell'autotelaio; lo sbalzo posteriore non deve eccedere l'85% del passo. IL veicolo deve iscriversi nella fascia d'ingombro di cui all'articolo 217;
   b) gli sbalzi, sia anteriore che posteriore, devono essere segnalati, nel senso longitudinale e trasversale del veicolo, per la parte eccedente in pianta la sagoma dell'autotelaio, con sistemi retroriflettenti a strisce larghe 10 cm e inclinate di 45(gradi), alternate, di colore bianco e rosso. Per la parte estrema dello sbalzo, in senso longitudinale, costituita da attrezzi mobili di lavoro quali carrucole e simili, le segnalazioni riflettenti possono essere effettuate con pannelli delle dimensioni minime di 50 x 50 cm, segnalati come sopra disposto;
   c) se la parte a sbalzo anteriore, misurata dal centro del volante di guida, eccede i 2,5 m, la circolazione su strada e' subordinata alla scorta del personale dell'impresa che dovra' prendere posto in cabina e coadiuvare il conducente, anche scendendo a terra e precedendo il veicolo, nell'attraversamento di incroci o nell'immissione nella carreggiata;
   d) la parte a sbalzo costituita da allestimenti a sezione trasversale ridotta di oltre il 50% rispetto alla sagoma trasversale del veicolo, deve presentare la superficie inferiore ad altezza non inforiore a 1,80 m da terra od ossere segnalata, qualunque sia il valore dello sbalzo, come stabilito alla precedente lettera b);
   e) il dispositivo antincastro non e' obbligatorio se alla sua funzione supplisce la presenza eventuale di una trave portastabilizzatori od altro dispositivo analogo purche' presenti la faccia posteriore a superficie piana, risponda al dimensionamento prescritto dalla normativa specifica in vigore e ad esso non risulti agganciato a sporgere alcun organo dell'attrezzatura dell'allestimento;
   f) il traino del veicolo rimosso o soccorso, e' ammesso con rapporto di traino non superiore a 0,5 ed a condizione: che il traino avvenga secondo quanto previsto al comma 2 o con barra rigida, segnalata a strisce alternate di colore bianco e rosso retroriflettenti; che siano rispettate le masse massime per asse ed il rapporto minimo fra le masse sull'asse o sugli assi di guida e quello o quelli posteriori. La barra rigida deve costituire dispositivo di allestimento del veicolo, essere marcata dal costruttore dell'autoveicolo e segnalata come le parti a sbalzo della precedente lettera b);
   g) gli eventuali sbalzi anteriori non devono determinare condizioni di visibilita' dal posto di guida che si discostino da quelle dei corrispondenti veicoli della categoria N; la visibilita' attraverso

gli specchi retrovisori deve rispondere alla normativa contenuta nella direttiva n. 71/127/CEE;

h) tutte le parti a sbalzo degli allestimenti che possono ruotare in un qualsiasi piano, devono essere assicurate nella posizione assunta per la marcia del veicolo con sicuri ed affidabili dispositivi meccanici o idraulici. I comandi idraulici del sistema o dei sistemi di lavoro dei vari attrezzi non devono poter essere azionati involontariamente dal conducente durante la marcia su strada;

i) il sistema di lavoro deve inoltre essere bloccato, con valvole sul circuito idraulico o con vincoli meccanici, nella posizione individuata per la marcia su strada in sede di visita e prova.

APPENDICI AL TITOLO III

Appendice I - Art. 198 Caratteristiche costruttive e modalita' di controllo dei ciclomotori

Appendice II - Art. 199 Caratteristiche costruttive dei quadrici a motore

Appendice III - Art. 219 Valore massimo della massa rimorchiabile e sua determinazione

Procedure per l'agganciamento dei rimorchi

Appendice IV - Art. 225 Dispositivi di segnalazione visiva dei velocipedi

Appendice V - Art. 227 Caratteristiche costruttive e funzionali dei veicoli a motore e loro rimorchi

Appendice VI - Art. 231 Particolari costruttivi del segnale mobi plurifunzionale di soccorso

Appendice VII - Art. 233 Punzonatura d'ufficio del numero di tela

Appendice VIII - Art. 237 Efficienza dei veicoli a motore e loro rimorchi in circolazione

Appendice IX - Art. 238 Elementi su cui devono essere effettuati controlli tecnici

Appendice X - Art. 241 Attrezzature delle imprese abilitate alla revisione dei veicoli

Appendice XI - articoli 255 e 256 (Sigle di individuazione degli uffici provinciali della M.C.T.C. e sigle di individuazione delle province)

Appendice XII - Art. 257 Criteri per la formazione dei dati delle targhe dei veicoli a motore e dei rimorchi

Appendice XIII - Art. 260 Caratteristiche costruttive, dimensionali, fotometriche, cromatiche e di leggibilita' delle targhe. Requisiti di idoneita' per la loro accettazione

----

APPENDICE I - Art. 198
(Caratteristiche costruttive e modalita' di controllo dei ciclomotori)

1. Le caratteristiche costruttive dei ciclomotori dotati di motore termico di cui all'articolo 198 sono le seguenti:

a) Silenziatore di aspirazione: la sezione totale delle luci di ammissione non deve essere inferiore a 1,1 volte quella del diffusore del carburatore.

b) Carburatore: limitatamente ai ciclomotori a due ruote, il diametro minimo del diffusore non deve superare 12 mm.

c) Condotto di aspirazione: puo' costituire corpo unico con il cilindro o puo' essere smontabile. Nel primo caso e qualora realizzi la sezione minima di aspirazione, in corrispondenza di questa, il condotto di aspirazione deve avere uno spessore non superiore a 2,5 mm con l'apporto di nervature di rinforzo; sono escluse dalla precedente prescrizione la luce di ammissione e le sezioni del condotto che la precedono per una profondita' di 10 mm. Nel secondo caso il condotto di aspirazione, qualora in esso si realizzi la sezione minima, deve avere sezione interna pressoche' costante rispetto a quella minima di aspirazione e spessore costante non superiore a 2,5 mm per una lunghezza non inferiore a 15 mm; sono ammesse nervature di rinforzo. La sezione di ingresso del cilindro deve essere opportunamente raccordata con la sezione interna del condotto. Lungo tutti i condotti di aspirazione non devono essere predisposti elementi facilmente alterabili.

d) Guarnizione della testa: non deve avere uno spessore superiore a 0,5 mm sotto serraggio.

e) Guarnizione cilindro-carter: non deve avere uno spessore superiore a 0,5 mm sotto serraggio.

f) Pistone: quando il pistone si trova al punto morto superiore non deve coprire la luce di ammissione. Cio' non si applica alle parti del canale di travaso che coincidono con la luce di ammissione, nel caso di distribuzione a lamelle. La rotazione del pistone di 180 gradi non deve aumentare le prestazioni del motore.

g) Cilindro e testa: non vi devono essere discontinuita' artificiali nei condotti di passaggio dei gas che possano essere facilmente modificate o rimosse.

h) Sistema di scarico: la parte del tubo di scarico che si trova all'interno del silenziatore deve essere saldata con la parte esterna del tubo stesso e comunque inamovibile.

i) LETTERA SOPPRESSA DAL D.P.R. 16 SETTEMBRE 1996, N. 610.

APPENDICE II - Art. 199
(Caratteristiche costruttive dei quadricicli a motore)

1. Le caratteristiche costruttive del motore termico di cui possono essere dotati i quadricicli sono le seguenti:

a) numero massimo di cilindri: 2 ;

b) cilindrata massima: 300 cm(Elevato al Cubo) per motori ad accensione comandata a due tempi, 550 cm(Elevato al Cubo) per motori ad accensione comandata a quattro tempi, con esclusione della sovralimentazione in ambedue i casi; 800 cm(Elevato al Cubo) per motori ad accensione spontanea;

c) sezione minima del carburatore o dei carburatori (Venturi) non ottenuta con boccole ad inserimento forzato o facilmente asportabili;

d) sezione totale delle valvole di aspirazione di ogni cilindro dei motori a 4 tempi non superiore a 1,3 volte la sezione minima del carburatore, come definita alla lettera c);

e) sezione minima del condotto nella testa di ogni cilindro dei motori a 4 tempi non superiore alla sezione minima del carburatore, come definita alla lettera c) ;

f) per i motori a 2 tempi, sezione minima dei condotti non superiore alla sezione minima del carburatore, come definita alla lettera c) ;

g) per i motori diesel, dispositivo di limitazione del regime massimo a vuoto del motore realizzato con una tolleranza di (Piu' o Meno) 150 giri/minuto;

h) spessore di parete di ogni ramo del collettore ridotto al minimo possibile e tale che, nel punto piu' stretto, non superi 3 mm;

i) per i motori a 2 tempi, armatura delle luci di aspirazione nel cilindro o nel carter con un anello di acciaio indurito spesso almeno 1 mm e lungo almeno 3 mm in corrispondenza della sezione piu' stretta; in alternativa montaggio del collettore di aspirazione con viti a strappo in modo che non possa essere smontato senza lacerazioni;

l) nei motori a 2 tempi, montando lo stantuffo ruotato di 180 gradi la fasatura non deve cambiare;

m) per i motori a 4 tempi, denuncia della fasatura, alzata e diametro delle valvole;

n) spessore della guarnizione della testa non superiore a 1,8 mm e di quella tra cilindro e carter non superiore a 0,5 mm.

2. Le caratteristiche tecniche della paratia di divisione del vano cabina devono assicurare che:

a) sia solidale alla struttura del veicolo e fissata a non piu' di 25 cm di distanza dal sedile di guida nella posizione di massimo arretramento;

b) abbia un livello di resistenza al carico in grado di sostenere una spinta perpendicolare alla paratia omogeneamente distribuita sull'intera appendice della stessa e pari all'80% del carico massimo dichiarato in omologazione;

c) consista in una superficie continua con eventuale vetratura fissa per controllo vano di carico non superiore ad 2500 cm(Elevato al Quadrato).

APPENDICE III - Art. 219
(Valore massimo della massa rimorchiabile e sua determinazione. Procedure per l'agganciamento dei veicoli)

1. Il valore massimo ammissibile della massa rimorchiabile e' limitato dal rapporto tra la massa complessiva a pieno carico del rimorchio e la massa complessiva a pieno carico della motrice, costituenti un complesso di veicoli. Detto rapporto, arrotondato ai 100 kg, non deve superare:

a) 1,45 se il complesso di veicoli e' provvisto di dispositivo di frenatura di tipo continuo ed automatico;

b) 0,8 se il complesso di veicoli non e' provvisto di dispositivo di frenatura di tipo continuo ed automatico. Per le autovetture, per gli autoveicoli per trasporto promiscuo di persone e cose e per le autocaravan, in ogni caso, il valore della massa rimorchiabile non puo' essere superiore al valore della tara (massa del veicolo in ordine di marcia piu' il conducente) di tali veicoli;

c) 0,5 nei casi in cui il veicolo trainato non sia provvisto di dispositivo di frenatura.

2. Per gli autoarticolati i valori massimi di cui sopra si riferiscono al rapporto tra la massa massima sugli assi del semirimorchio e la tara del trattore aumentata del carico massimo gravante sulla ralla. Per massa rimorchiabile del trattore si deve comunque intendere la massa complessiva a pieno carico del semirimorchio.

3. Non e' ammesso il traino di veicoli privi di idonei dispositivi di frenatura, qualora prescritti, salvo quanto previsto dall'articolo 63, comma 2, del codice.

4. Per i veicoli eccezionali o adibiti ai trasporti eccezionali, eccedenti i limiti previsti dall'articolo 62 del codice, il valore della massa rimorchiabile e le relative prove sono stabilite secondo le norme previste dall'appendice I al titolo I

5. Le prove per la determinazione della massa rimorchiabile, da effettuarsi a pieno carico, sono dirette ad accertare:

a) che il complesso dei veicoli possa avviarsi su pendenza non inferiore all'8%;

b) che il complesso dei veicoli possa marciare ad una velocita' che non differisca piu' del 10% dalla velocita' corrispondente al numero di giri di potenza massima del motore, con il rapporto piu' elevato della trasmissione, su pendenza non inferiore all'1%; l'accertamento puo' essere effettuato verificando che l'accelerazione media su strada piana non sia inferiore a 0,1 m/sec(Elevato al Quadrato), nel campo di utilizzazione del rapporto piu' alto della trasmissione fra i regimi di coppia massima e di potenza massima.

Qualora nella prova, per qualsiasi motivo, compresa l'eventuale presenza di limitatori di velocita' approvati dalla Direzione generale della M.C.T.C., il regime di velocita' massima non sia superiore almeno del 7% a quello di potenza massima del motore, la prova sara' limitata al regime di velocita' massima ridotta del 7%;

c) L'accertamento di cui alla lettera b) non si effettua nel caso degli autoarticolati, autosnodati, autotreni e filotreni per i quali sia verificato che il rapporto tra la potenza massima del motore e la massa totale del complesso non sia inferiore a 5,88 kW/t.

6. Per effettuare il traino di un rimorchio o di un semirimorchio e' necessario che:

a) gli organi di traino siano di tipo approvato e compatibili tra loro;

b) siano verificate le condizioni di inscrivibilita' in curva previste dall'articolo 217;

c) i dispositivi di frenatura dei due veicoli del complesso veicolare siano compatibili tra loro;

d) i sistemi di attacco delle giunzioni dei dispositivi di frenatura e d'illuminazione e segnalazione visiva siano compatibili tra loro;

e) le dimensioni dei singoli veicoli o del complesso veicolare non superino i limiti di cui all'articolo 61 del codice, fatta eccezione per i veicoli adibiti al trasporto di veicoli, di containers e di animali vivi di cui all'articolo 10, comma 3, lettere d), e) e g), del codice, quando per tali veicoli non ricorra l'obbligo dell'autorizzazione alla circolazione ai sensi del comma 6 dello stesso articolo;

f) le masse dei singoli veicoli o del complesso veicolare non superino i limiti di cui all'articolo 62 del codice;

g) siano osservati tutti i vincoli prescritti dalla normativa sul trasporto di merci in generale e di merci pericolose in generale, quando si tratti di veicoli a cio' destinati.

APPENDICE IV - Art. 225
(Dispositivi di segnalazione visiva dei velocipedi)

1. Le caratteristiche e i valori di intensita' luminosa riflessa, in millicandele per ogni lux di luce bianca incidente, prescritti in funzione dei differenti angoli di incidenza e di divergenza sono quelli indicati nella tabella che segue:

Colore del dispositivo	N.ro	Posizione	Sup. minima di ciascun dispositivo (cm(Elevato al Quadrato))	Angolo divergente	Angoli di incidenza		
					0	20	40
Rosso	1	Post.	25	(Piu' o Meno)30 20'	30	20	12
				(Piu' o Meno) 6 2	6	3	2
Giallo	4	Pedali	8	(Piu' o Meno)20 20'	20	12	5
	4	Laterale		(Piu' o Meno) 4 2	4	3	2

2. Il materiale riflettente dei dispositivi a luce rossa illuminato con luce bianca della temperatura di colore pari a 2848 gradi K (gradi assoluti) deve riflettere luce avente le seguenti coordinate colorimetriche:

X = 0,652 (Compreso) 0,648
Y = 0,341 (Compreso) 0,342
Z = 0,007 (Compreso) 0,010

3. Il materiale riflettente dei dispositivi a luce gialla deve riflettere luce avente le seguenti coordinate colorimetriche:

X = 0,573 (Compreso) 0,556
Y = 0,421 (Compreso) 0,437
Z = 0,007 (Compreso) 0,006

4. I materiali riflettenti devono possedere caratteristiche di resistenza al calore, alla luce solare, alla nebbia salina, agli sbalzi termici, all'abrasione, ai solventi.

APPENDICE V - Art. 227
(Caratteristiche costruttive e funzionali dei veicoli a motore e loro rimorchi)

A - Masse, dimensioni ed allestimenti
  a) Massa in ordine di marcia (tara).
  b) Massa massima tecnicamente ammissibile.
  c) Masse massime sugli assi.
  d) Dimensioni massime di ingombro.
  e) Numero assi ed interassi.
  f) Carreggiate.
  g) Sbalzi massimi.
  h) Fascia di ingombro.
  i) Dimensioni interne abitacolo e determinazione del numero di posti.
  l) Tipo della struttura portante.
  m) Carrozzeria.
  n) Attrezzature particolari.
B - Prestazioni
  a) Determinazione velocita' calcolata.
  b) Verifica della velocita' massima.
  c) Per il motore: numero cilindri, cilindrata, ciclo di funzionamento, potenza e coppia massima e relativi numeri di giri, alimentazione, combustibile.
  d) Determinazione consumo combustibile.
  e) Prova di accelerazione in piano.
  f) Spunto in salita.
  g) Rapporto potenza/massa.
  h) Massa rimorchiabile.
  i) Tipo della trasmissione e rapporti.
C - Sicurezza attiva
  a) Installazione dei dispositivi di segnalazione visiva e di illuminazione.
  b) Impianto elettrico.
  c) Avvisatori acustici.
  d) Tergiproiettori.
  e) Frenatura, sistema frenante ed elementi costitutivi.
  f) Specchi retrovisori.
  g) Sbrinamento e disappannamento del parabrezza.
  h) Riscaldamento abitacolo.
  i) Serbatoi carburante e prevenzione incendi.
  l) Porte (serrature e cerniere - pedane).
  m) Campo di visibilita' del conducente.
  n) Tergilavacristallo parabrezza.
  o) Cerchi e ruote.
  p) Pneumatici e sospensioni.
  q) Sistemazione dei pedali di comando.
D - Sicurezza passiva
  a) Urti e ribaltamento.
  b) Antifurto.
  c) Vetri di sicurezza.
  d) Ancoraggi delle cinture di sicurezza.
  e) Paraurti per autovetture.

f) Protezione posteriore anti incuneamento.

g) Protezione contro lo spostamento del carico.

h) Protezione laterale.

i) Parafanghi.

l) Calzatoie.

m) Sterzo.

n) Sistemazione interna e rumorosita', resistenza dei sedili e loro ancoraggi.

o) Cinture di sicurezza.

p) Sistemi di ritenuta bambini.

q) Appoggiatesta.

r) Sporgenze esterne.

s) Limitazione all'impiego di determinati materiali.

t) Resistenza cabine.

u) Identificazione veicoli lunghi e/o pesanti.

v) Paraspruzzi.

z) Recipienti semplici a pressione.

E - Protezione ambientale

a) Antidisturbi radio.

b) Rumorosita' esterna veicoli a motore.

c) Emissioni inquinanti dei veicoli con motore ad accensione spontanea o ad accensione comandata.

d) Posizione tubo di scarico.

e) Durata dei dispositivi antinquinamento allo scarico.

F - Norme per particolari categorie di veicoli

a) Caratteristiche delle autoambulanze.

b) Caratteristiche dei veicoli di interesse storico o collezionistico.

c) Caratteristiche degli autobus.

d) Caratteristiche dei veicoli adibiti al trasporto merci.

e) Caratteristiche delle autocaravan.

f) Caratteristiche dei veicoli per trasporto di persone in servizio di noleggio con conducente o in servizio di piazza.

g) Caratteristiche dei veicoli blindati e/o adibiti a servizi di polizia.

h) Caratteristiche dei ciclomotori.

i) Caratteristiche dei quadricicli a motore.

l) Equipaggiamenti speciali dei veicoli alimentati con combustibili in pressione o gassosi.

m) Caratteristiche dei filoveicoli.

G - Disposizioni fiscali

a) Alloggiamento targa.

b) Potenza fiscale.

c) Potenza fiscale dei motori elettrici.

d) Targhette e iscrizioni.

e) Marcatura di identificazione del motore.

f) LETTERA SOPPRESSA DAL D.P.R. 16 SETTEMBRE 1996, N. 610

H - Varie

a) Tachimetro.

b) Cronotachigrafo.

c) Retromarcia.

d) Organi di aggancio e di traino degli autotreni, degli autoarticolati e degli autosnodati.

e) Abbinamento per tipi o classi delle motrici con rimorchi/semirimorchi.

f) Dispositivo di rimorchio dei veicoli in avaria od in rimozione.

g) Identificazione comandi, spie, indicatori.

h) LETTERA SOPPRESSA DAL D.P.R. 16 SETTEMBRE 1996, N. 610

h) Portabagagli.

i) Portasci.

l) Antenna radio o radiotelefonica.

APPENDICE VI - Art. 231
(Particolari costruttivi del segnale mobile plurifunzionale di soccorso)

1. Le specifiche delle diciture e dei simboli del segnale mobile plurifunzionale realizzato con pellicola retroriflettente sono:

a) Prima faccia:

iscrizione Sos in nero su campo bianco o giallo di 350 (Piu' o Meno) 10 mm x 250 (Piu' o Meno) 10 mm costituita da caratteri maiuscoli di altezza 140 (Piu' o Meno) 5 mm.

b) Seconda faccia:

questa faccia e' costituita da un Sos fisso e da un simbolo variabile tramite due schede bifacciali.

L'iscrizione Sos in nero in campo bianco o giallo di 100 (Piu' o Meno) 5 mm x 250 (Piu' o Meno) 10 mm, e' costituita da caratteri maiuscoli di altezza 80 (Piu' o Meno) 5 mm. I simboli variabili sono realizzati in campo bianco o giallo di 250 (Piu' o Meno) 5 mm x 250 (Piu' o Meno) 10 mm e sono:

CROCE ROSSA: colore rosso, altezza simbolo: 200 (Piu' o Meno) 5 mm;

CHIAVE INGLESE: colore nero, altezza simbolo: 200 (Piu' o Meno) 5 mm;

DISTRIBUTORE COMBUSTIBILE: colore nero, altezza simbolo: 200 (Piu' o Meno) 5 mm.

2. Le coordinate tricromatiche dei campioni rappresentativi del segnale mobile plurifunzionale, realizzato con pellicola retroriflettente nei colori bianco o giallo, devono essere comprese nelle zone del diagramma colorimetrico elaborato dalla Commissione Internazionale per l'Illuminazione (C.I.E.) 1931 delimitate dai quattro punti definiti nella tabella sotto riprodotta.

Colore		Coordinate dei 4 punti delimitanti la zona consentita nel diagramma colorimetrico C.I.E. 1931			
		1	2	3	4
bianco	x	0,350	0,300	0,285	0,335
	y	0,360	0,310	0,325	0,375
giallo	x	0,545	0,487	0,427	0,465
	y	0,454	0,423	0,483	0,534

3. Le modalita' di prova del segnale mobile plurifunzionale, anche ai fini del rispetto di quanto prescritto ai commi 5 ed 8 dell'articolo 230 sono stabilite dal Ministero dei trasporti e della navigazione - Direzione generale della M.C.T.C.

APPENDICE VII - Art. 233
(Punzonatura d'ufficio del numero di telaio)

1. La punzonatura di un numero assegnato d'ufficio ha luogo nei casi in cui il numero d'identificazione del telaio sia contraffatto, alterato, illeggibile, (anche parzialmente, qualora cio' comporti concreti dubbi in ordine all'identificazione del veicolo), manchi (e non sia nemmeno riportato su targhetta chiaramente autentica) oppure sia stato punzonato erroneamente e non corretto dalla casa

costruttrice. Viene assegnato un numero composto da 8 cifre, di cui le prime sei riproducono il numero di protocollo della pratica d'ufficio (con l'aggiunta degli eventuali zeri a cio' necessari) e le restanti due, gli ultimi due numeri dell'anno solare in cui avviene l'assegnazione del numero di telaio.

2. La ripetizione con punzoni d'ufficio del numero originario si effettua quando si sostituisce il telaio (o la sua parte recante il numero d'identificazione), consegnando ad un ufficio provinciale della Direzione generale della M.C.T.C. il frammento con il numero originario. Essa si effettua, altresi', quando il numero sia riportato solo su targhetta chiaramente autentica, oppure il numero si presenti con leggibilita' limitata (ma tale da non fare sorgere dubbi sull'identificazione del veicolo), oppure ancora il numero sia punzonato erroneamente dalla casa costruttrice e poi sia stato corretto con quello da attribuire effettivamente al veicolo. Si procede alla ripetizione d'ufficio della sola parte numerica del numero originario prescindendo dalla quantita' delle sue cifre, e trascurando le eventuali parti identificative del costruttore e delle caratteristiche generali del veicolo, cosi' come individuate dalla direttiva comunitaria sulle targhette ed iscrizioni regolamentari.

APPENDICE VIII - Art 237
(Efficienza dei veicoli a motore e loro rimorchi in circolazione)

1. Le prescrizioni tecniche di cui all'articolo 237 sono le seguenti:

a) Ruote, pneumatici e sistemi equivalenti.

Sia le ruote che i pneumatici, o sistemi equivalenti, montati sugli autoveicoli, motoveicoli, ciclomotori, rimorchi e filoveicoli devono essere in perfetta efficienza, privi di lesioni che possano compromettere la sicurezza. Il battistrada, ove previsto, dovra' avere il disegno a rilievo ben visibile su tutta la sua larghezza e su tutta la sua circonferenza; la profondita' degli intagli principali del battistrada dovra' essere di almeno 1,60 mm per gli autoveicoli, i filoveicoli e rimorchi, di almeno 1,00 mm per i motoveicoli e di almeno 0,50 mm per i ciclomotori. Per intagli principali si intendono gli intagli larghi situati nella zona centrale del battistrada che copre all'incirca i tre quarti della superficie dello stesso.

b) Sistemi di frenatura.

Devono rispondere a quanto prescritto dalla direttiva 92/54/CEE. L'efficienza dei sistemi di frenatura in relazione alle diverse categorie di veicoli, in assenza di prescrizioni comunitarie in proposito, viene stabilita dal Ministero dei trasporti e della navigazione - Direzione generale della M.C.T.C..

c) Dispositivi di segnalazione visiva e di illuminazione, impianto elettrico.

I dispositivi di segnalazione visiva e di illuminazione devono essere di tipo approvato per la categoria cui appartiene il veicolo e recare, ben visibili, gli estremi di approvazione.

Tali dispositivi devono essere in condizioni di totale efficienza: in particolare, di notte e con atmosfera limpida, le luci di posizione anteriori e posteriori debbono essere visibili ad una distanza non inferiore a 150 m e la targa posteriore deve essere leggibile ad almeno 20 m.

L'altezza da terra e le altre quote di installazione dei dispositivi di segnalazione visiva e di illuminazione devono essere comprese entro i limiti prescritti; avanti ai dispositivi non devono esservi vetri o schermi non facenti parte dei dispositivi stessi; ove vi siano due apparecchi disposti simmetricamente, essi devono essere dello stesso tipo e dello stesso colore; l'orientamento deve essere corretto e, per i proiettori, deve esistere la possibilita' di regolazione in orizzontale ed in verticale; ove siano installati dispositivi il cui impiego sia consentito in via facoltativa, essi devono essere di tipo approvato e rispondere a quanto stabilito dal presente regolamento. L'impianto elettrico e le tensioni di alimentazione ai morsetti dei dispositivi utilizzatori devono rispondere alle prescrizioni stabilite con tabella d'unificazione a carattere definitivo.

   d) Dispositivi di segnalazione acustica.

Devono recare in modo visibile gli estremi d'approvazione. Nelle condizioni normali di montaggio, alimentati dalla batteria carica, o nel caso di dispositivi alimentati da alternatore per una velocita' di quest'ultimo di 1800 giri/minuto, devono dare un livello sonoro soggettivo, misurato sull'asse del veicolo, a 30 m davanti ad esso, non inferiore ai valori seguenti:

   - 80 dB per i dispositivi di segnalazione acustica di autoveicoli, filoveicoli e motoveicoli;

   - 75 dB per i dispositivi di segnalazione acustica dei motocicli aventi cilindrata non superiore a 125 cm (Elevato al Cubo);

   - 70 dB per i dispositivi di segnalazione acustica dei ciclomotori;

   - 80 dB per i dispositivi di segnalazione acustica speciale per autobus;

   - 90 dB per i dispositivi supplementari di allarme.

   e) Livello sonoro del dispositivo di scarico.

Il livello sonoro deve essere misurato a veicolo immobile e non deve superare il valore di controllo stabilito in sede di approvazione o di omologazione.

   f) Emissioni inquinanti.

Devono essere rispettati i valori limite stabiliti dalla direttiva 92/55/CEE.

   g) Visibilita'.

Tutti i vetri interessanti la visibilita' del conducente non devono presentare rotture, anche se localizzate.

   h) Carrozzeria e telaio.

La carrozzeria ed il telaio devono essere in buono stato d'uso e manutenzione. In particolare il telaio non deve presentare rotture, anche se localizzate.

   i) Dispositivi in generale ed approvazione degli stessi.

Tutti i dispositivi devono essere in perfetta efficienza.

Qualora soggetti ad approvazione devono recare, nei modi prescritti, gli estremi della stessa.

APPENDICE IX - Art. 238
(Elementi su cui devono essere effettuati i controlli tecnici)

   1. Gli elementi su cui devono essere effettuati i controlli tecnici sono quelli sottoindicati:

VEICOLI DI CUI ALL'ART. 80 COMMA 4 DEL CODICE	VEICOLI DI CUI ALL'ART. 80 COMMA 3 DEL CODICE
1. Dispositivi di frenatura	1. Dispositivi di frenatura
1.1. Freno di servizio	1.1. Freno di servizio
1.1.1. Stato meccanico	1.1.1. Stato meccanico
1.1.2. Efficienza	1.1.2. Efficienza
1.1.3. Equilibratura	1.1.3. Equilibratura
1.1.4. Pompa a vuoto e compressore	
1.2. Freno di soccorso	1.2. Freno a mano
1.2.1. Stato meccanico	1.2.1. Stato meccanico
1.2.2. Efficienza	1.2.2. Efficienza
1.2.3. Equilibratura	
1.3. Freno a mano	
1.3.1. Stato meccanico	
1.3.2. Efficienza	

1.4. Freno di rimorchio o di semirimorchio	
1.4.1. Stato meccanico - frenatura automatica	
1.4.2. Efficienza	
2. Sterzo e volante	2. Sterzo
2.1. Stato meccanico	2.1. Stato meccanico
2.2. Volante dello sterzo	2.2. Gioco dello sterzo
2.3. Gioco dello sterzo	2.3. Fissaggio del sistema di sterzo
2.4. Cuscinetti della ruota	
3. Visibilita'	3. Visibilita'
3.1. Campo di visibilita'	3.1. Campo di visibilita'
3.2. Vetri	3.2. Vetri
3.3. Retrovisore	3.3. Retrovisori
3.4. Tergicristallo	3.4. Tergicristallo
3.5. Lavavetro	3.5. Lavavetro
4. Luci, riflettori e circuito elettrico	4. Impianto elettrico
4.1. Proiettori abbaglianti e anabbaglianti	4.1. Proiettori abbaglianti e anabbaglianti
4.1.1. Stato e funzionamento	4.1.1. Stato e funzionamento
4.1.2. Orientamento	4.1.2. Orientamento
4.1.3. Commutazione	4.1.3. Commutazione
4.1.4. Efficacia visiva	
4.2. Luci di posizione e luci d'ingombro	4.2. Stato e funzionamento, stato dei vetri protetti, colore ed efficacia visiva
4.2.1. Stato e funzionamento	4.2.1. Luci di posizione
4.2.2. Colore ed efficacia visiva	4.2.2. Luci di arresto
	4.2.3. Indicatori luminosi di direzione
	4.2.4. Proiettori di retro marcia
	4.2.5. Proiettori fendinebbia
	4.2.6. Dispositivo illuminazione targa
	4.2.7. Catarifrangenti
	4.2.8. Luci di segnalazione di veicolo fermo
4.3. Luci di arresto	
4.3.1. Stato e funzionamento	
4.3.2. Colore ed efficacia visiva	
4.4. Indicatori luminosi di direzione	
4.4.1. Stato e funzionamento	
4.4.2. Colore ed efficacia visiva	
4.4.3. Commutazione	
4.4.4. Frequenza di lampeggiamento	
4.5. Proiettori fendinebbia anteriori e posteriori	
4.5.1. Posizione	
4.5.2. Stato e funzionamento	
4.5.3. Colore ed efficacia visiva	
4.6. Proiettori di retromarcia	
4.6.1. Stato e funzionamento	
4.6.2. Colore ed efficacia visiva	
4.7. Dispositivo di illuminazione della targa di immatricolazione	

posteriore	
4.8. Catarifrangenti - Stato e colore	
4.9. Spie	
4.10. Collegamenti elettrici tra il veicolo trainante e il rimorchio o il semirimorchio	
4.11. Circuito elettrico	
5. Assi, ruote, pneumatici e sospensioni	5. Assi, ruote, pneumatici e sospensioni
5.1. Assi	5.1. Assi
5.2. Ruote e pneumatici	5.2. Ruote e pneumatici
5.3. Sospensioni	5.3. Sospensioni
6. Telaio ed elementi fissati al telaio	6. Telaio ed elementi fissati al telaio
6.1. Telaio o cassone ed elementi fissati al telaio	6.1. Telaio o cassone ed elementi fissati al telaio
6.1.1. Stato generale	6.1.1. Stato generale
6.1.2. Tubi di scappamento e silenziatori	6.1.2. Tubi di scappamento e silenziatori
6.1.3. Serbatoi e tubi per carburante	6.1.3. Serbatoi e tubi per carburante
6.1.4. Caratteristiche geometriche e stato del dispositivo posteriore di protezione autocarri	6.1.4. Supporto della ruota di scorta
6.1.5. Supporto della ruota di scorta	6.1.5. Sicurezza del dispositivo di accoppiamento (se del caso)
6.1.6. Dispositivo di accoppiamento dei veicoli trainanti, dei rimorchi e dei semirimorchi	
6.2. Cabina e carrozzeria	6.2. Carrozzeria
6.2.1. Stato generale	6.2.1. Stato strutturale
6.2.2. Fissaggio	6.2.2. Porte e serrature
6.2.3. Porte e serrature	
6.2.4. Pavimento	
6.2.5. Sedile del conducente	
6.2.6. Predellini	
7. Altri equipaggiamenti	7. Altri equipaggiamenti
7.1. Cinture di sicurezza	7.1. Fissaggio del sedile del conducente
7.2. Estintori	7.2. Fissaggio della batteria
7.3. Serrature e dispositivi antifurto	7.3. Avvisatore acustico
7.4. Dispositivo plurifunzionale di soccorso	7.4. Dispositivo plurifunzionale di soccorso
7.5. Triangolo di segnalazione	7.5. Triangolo di segnalazione
7.6. Cassetta di pronto soccorso	7.6. Cinture di sicurezza
	7.6.1. Sicurezza di montaggio
	7.6.2. Stato delle cinture
	7.6.3. Funzionamento
7.7. Pannelli fluororifrangenti posteriori	
7.8. Cuneo (I) fermaruota	
7.9. Avvisatore acustico	
7.10. Tachimetro	
7.11. Tachigrafo (presenza e sigillatura)	
8. Effetti nocivi	8. Effetti nocivi
8.1. Rumori	8.1. Rumori
8.2. Gas di scappamento	8.2. Gas di scappamento

8.3. Eliminazione dei disturbi radio	
9. Controlli supplementari per i veicoli adibiti al trasporto pubblico di persone	
9.1. Uscita(e) di sicurezza (compresi i martelli per infrangere i cristalli), targhette indicatrici della(e) uscita(e) di sicurezza	
9.2. Riscaldamento	
9.3. Sistema di aerazione	
9.4. Disposizione dei sedili	
9.5. Illuminazione interna	
10. Identificazione del veicolo	10. Identificazione del veicolo
10.1 Targa d'immatricolazione	10.1. Targa d'immatricolazione
10.2. Numero del telaio	10.2. Numero del telaio

APPENDICE X - Art. 241
(Attrezzature delle imprese e dei consorzi abilitati alla revisione dei veicoli)

1. Le attrezzature e le strumentazioni di cui devono essere dotati le imprese ed i consorzi abilitati alla revisione dei veicoli sono le seguenti:

a) BANCO PROVA FRENI: apparecchiatura che permette di eseguire la verifica delle condizioni di efficienza dei dispositivi di frenatura degli autoveicoli e dei rimorchi misurando su ogni ruota la forza di frenatura. I banchi prova freni devono avere:

1) carico ammissibile per asse non inferiore a 25000 N;

2) sistema di misurazione elettronico;

3) carreggiata minima di almeno 800 mm e massima non inferiore a 2200 mm;

4) stampante dei dati misurati;

5) fondo scala di misura non inferiore a 6000 N;

6) sistema di pesatura che permetta di individuare la massa su di un asse o su ogni singola ruota, con portata di almeno 3000 kg, per consentire la determinazione del tasso di frenatura.

Le imprese ed i consorzi, che non abbiano disponibili banchi prova freni appositamente concepiti, non potranno effettuare revisioni di autoveicoli con quattro ruote motrici o con piu' assi motori.

b) OPACIMETRO: apparecchio per la misurazione della fumosita' dei gas di scarico dei motori diesel (rilievo ed analisi delle fuliggini) che permette di esprimere un giudizio sull'efficienza della combustione, ai fini delle emissioni delle fuliggini e sul conseguente grado di inquinamento prodotto dal funzionamento di un veicolo con motore ad accensione spontanea. I tipi di opacimetri impiegati dovranno essere conformi alle specifiche di cui alla direttiva n. 72/306/CEE, pubblicata nella Gazzetta Ufficiale n. 251 del 26 settembre 1974, recepita con decreto ministeriale del 5 agosto 1974.

c) ANALIZZATORE DI GAS DI SCARICO: apparecchiatura in grado di valutare le emissioni allo scarico degli autoveicoli ad accensione comandata. Tale apparecchia tura dovra' essere in grado di controllare le emissioni inquinanti e, per gli autoveicoli dotati di marmitta catalitica e sonda lambda, il contenuto di ossigeno (O2) ed il valore lambda. PERIODO SOPPRESSO DAL D.P.R. 16 SETTEMBRE 1996, N. 610.

d) BANCO PROVA GIOCHI: apparecchiatura idraulica o pneumatica che permette di rilevare visivamente i giochi dei sistemi di sterzatura e delle sospensioni; deve essere posta direttamente sul ponte sollevatore o in asse con le fosse d'ispezione per consentire l'esame dell'autoveicolo dal basso. La forza di translazione delle singole piastre deve essere sufficiente a determinare lo spostamento dell'area di appoggio del pneumatico sulla piastra, trasversalmente, longitudinalmente o in combinazione, per una corsa non inferiore a 40 mm. Le piastre devono garantire una superficie di attrito che escluda lo slittamento relativo ruota-piastra, anche in condizione di bagnato. Il carico ammissibile sulle piastre deve essere non inferiore a 25000 N per asse. In alternativa al banco prova giochi e' ammessa l'utilizzazione di un banco oscillatore che consenta la verifica dell'efficienza delle sospensioni, dei relativi giochi e di quelli dei sistemi di sterzatura.

e) FONOMETRO: strumento capace di determinare il rumore di diversi livelli provenienti da una sorgente sonora. Esso, in base a quanto previsto dalla direttiva n. 84/424/CEE articolo 1, punto 5.2.2.1, e' un fonometro di precisione conforme al modello prescritto dalla pubblicazione n. 179 "Fonometri di precisione", seconda edizione, della Commissione elettronica internazionale (IEC), e successive modificazioni ed integrazioni.

f) CONTAGIRI: apparecchiatura che consente di misurare il numero di giri dell'albero motore di un autoveicolo senza procedere a smontaggi. Per l'esecuzione delle prove sui veicoli da sottoporre a revisione, e' necessario che l'impresa concessionaria abbia la disponibilita' di contagiri, sia per motori ad accensione comandata che per motori ad accensione spontanea.

g) PROVAFARI: apparecchiatura per il controllo e la determinazione dell'orientamento e dell'intensita' luminosa dei proiettori degli autoveicoli, che consente di riprodurre su uno schermo interno all'apparecchio stesso l'orientamento del fascio di luce che sarebbe proiettato su uno schermo posto a 10 m di distanza dal faro.
L'attrezzatura deve essere dotata di un sistema di controllo che permetta di verificare l'allineamento della camera ottica con l'asse longitudinale dell'autoveicolo; esso deve, inoltre, possedere i seguenti requisiti e caratteristiche tecniche:
1) misura della deviazione orizzontale con una precisione di (Piu' o Meno) 5 cm (a 10 m);
2) misura della deviazione verticale con una precisione di (Piu' o Meno) 2 cm (a 10 m);
3) misura dell'intensita' luminosa con fondo scala almeno pari a 100.000 lux, precisione (Piu' o Meno) 5% e risoluzione inferiore a 5000 lux;
4) sistema ottico che permetta di controllare proiettori con il centro di altezza da terra compreso tra 300 e 1400 mm.

h) PONTE SOLLEVATORE: attrezzatura che permette di sollevare un veicolo ad un'altezza tale che consenta di verificare dal basso le strutture e gli organi di trasmissione del veicolo. Il ponte sollevatore e l'ambiente in cui e' installato devono poter garantire un'altezza di sollevamento pari ad 1,8 m per veicoli di massa pari almeno a 3500 kg. Devono, altresi', essere assicurati:
1) uno spazio libero di larghezza di almeno 60 cm, intorno al ponte;
2) circuiti di sicurezza che permettano l'arresto del movimento discendente del ponte, quando viene interrotto il raggio luminoso di rele' fotoelettrici applicati sui bordi esterni inferiori delle superfici di guida;
3) dispositivi di sicurezza contro l'improvvisa perdita di pressione nel sistema idraulico;
4) banco prova giochi incorporato e rigidita' sufficiente ad assorbire la spinta delle piastre, salvo quanto previsto in alternativa al banco prova giochi di cui alla lettera d);
5) pedane di lunghezza non inferiore a 4500 mm e larghezza non inferiore a 600 mm;
6) dispositivo di sincronizzazione degli organi di sollevamento, tale da garantire l'allineamento delle pedane indipendentemente dalle distribuzioni di carico;
7) dispositivo di sicurezza nei confronti del sovraccarico.

i) FOSSA D'ISPEZIONE: in luogo del ponte sollevatore possono essere utilizzate fosse d'ispezione delle seguenti dimensioni:

    1) lunghezza non inferiore a 6 m;

    2) larghezza non inferiore a 0,65 m e non superiore a 0,75 m;

    3) altezza non inferiore a 1,8 m.

    l) SISTEMA DI PESATURA: apparecchiatura che permette di individuare la massa complessiva, su un asse o su ogni singola ruota in assenza di dislivelli (veicoli perfettamente in piano).

L'apparecchiatura deve avere una portata di almeno 4000 kg e deve essere dotata di sistema di riproduzione delle misure effettuate su supporto cartaceo. Il sistema in questione, qualora rispondente anche alle caratteristiche previste al punto 6), sub a) puo' intendersi sostitutivo di quello ivi previsto.

    1-bis. Qualora intendano effettuare la revisione dei veicoli a due ruote, le imprese e i consorzi di cui al comma 1 devono possedere, in aggiunta alle attrezzature e strumentazioni indicate al comma 1 anche la seguente apparecchiatura:

    banco prova freni: apparecchiatura che consente di eseguire la verifica delle condizioni di efficienza dei dispositivi di frenatura dei ciclomotori e motoveicoli a due ruote misurando su ogni ruota la forza di frenatura. I banchi prova freni devono avere:

    a) carico ammissibile per ruota non inferiore a 5.000 N;

    b) sistema di misurazione elettronico;

    c) stampante dei dati misurati;

    d) fondo scala di misura non inferiore a 3.000 N;

    e) sistema di pesatura che permetta di individuare la massa su ogni singola ruota con portata di almeno 5.000 N.

    f) analizzatore dei gas di scarico: apparecchiatura in grado di valutare le emissioni allo scarico dei ciclomotori e motoveicoli con motore ad accensione comandata a due e quattro tempi. Tale apparecchiatura dovra' essere in grado di controllare le emissioni inquinanti del CO, CO_2, HC e O_2.

    1-ter. Le imprese o i consorzi abilitati alle revisioni dei veicoli a due ruote devono possedere le seguenti attrezzature e strumentazioni:

    a) banco prova freni: apparecchiatura che consente di eseguire la verifica delle condizioni di efficienza dei dispositivi di frenatura dei ciclomotori e motoveicoli a due ruote misurando su ogni ruota la forza di frenatura. I banchi prova freni devono avere:

    1) carico ammissibile per ruota non inferiore a 5.000 N;

    2) sistema di misurazione elettronico;

    3) stampante dei dati misurati;

    4) fondo scala di misura non inferiore a 3.000 N;

    5) sistema di pesatura che permetta di individuare la massa su ogni singola ruota con portata di almeno 5.000 N;

    b) analizzatore dei gas di scarico: apparecchiatura in grado di valutare le emissioni allo scarico dei ciclomotori e motoveicoli con motore di accensione comandata a due e quattro tempi. Tale apparecchiatura dovra' essere in grado di controllare le emissioni inquinanti del CO, CO_2, HC e O_2;

    c) fonometro: strumento di tipo omologato capace di determinare il rumore di diversi livelli, spettri e forme d'onda provenienti da una sorgente sonora;

    d) provafari: apparecchiatura di tipo omologato per il controllo e la determinazione dell'orientamento e della intensita' luminosa dei proiettori dei ciclomotori e dei motoveicoli sottoposti a revisione;

    e) ponte sollevatore: attrezzatura che permette di sollevare il ciclomotore o motoveicolo, a due ruote, ad un'altezza tale che consenta di verificare le strutture e gli organi di trasmissione dello stesso. Devono altresi' essere assicurati:

    1) uno spazio libero di larghezza di almeno 60 cm intorno al ponte;

    2) circuiti di sicurezza che permettano l'arresto del movimento discendente del ponte;

    3) dispositivi di sicurezza contro l'improvvisa perdita di

pressione nel sistema idraulico;

4) un dispositivo di sicurezza nei confronti del sovraccarico;

f) contagiri: apparecchiatura che consente di misurare il numero di giri del motore del ciclomotore o motoveicolo senza procedere a smontaggi delle parti meccaniche dello stesso.

2. Le apparecchiature indicare alle lettere a), b), c), e), f) e g) del comma 1, nonche', quella di cui al comma 1-bis, devono rispondere altresi' alle caratteristiche tecnico-funzionali dettate dalle tabelle di unificazione a carattere definitivo, approvate dal Ministero dei trasporti e della navigazione. Dette tabelle indicano anche le modalita' di utilizzazione delle apparecchiature medesime.

Appendice XI - articoli 255 e 256
(Sigle di individuazione degli uffici provinciali
della M.C.T.C. e sigle di individuazione delle province)

1. Le sigle di individuazione degli uffici provinciali della Direzione generale della M.C.T.C. sono le seguenti:
A Piemonte e Valle d'Aosta
A1 Alessandria
A2 Aosta
A3 Asti
A4 Cuneo
A5 Novara
A6 Torino
A7 Vercelli
A8 Biella
A9 Verbania
B Lombardia
B1 Bergamo
B2 Brescia
B3 Como
B4 Cremona
B5 Mantova
B6 Milano
B7 Pavia
B8 Sondrio
B9 Varese
B10 Lecco
B11 Lodi
B 12 Monza-Brianza
C Trentino Alto Adige
C1 Bolzano
C2 Trento
D Veneto
D1 Belluno
D2 Padova
D3 Rovigo
D4 Treviso
D5 Venezia
D6 Verona
D7 Vicenza
E Friuli Venezia Giulia
E1 Gorizia
E2 Udine
E3 Pordenone
E4 Trieste
H Liguria
H1 Genova
H2 Imperia
H3 La Spezia
H4 Savona
L Emilia Romagna
L1 Bologna

L2 Ferrara
L3 Forli'
L4 Modena
L5 Parma
L6 Piacenza
L7 Ravenna
L8 Reggio Emilia
L9 Rimini
M Toscana
M1 Arezzo
M2 Firenze
M3 Grosseto
M4 Livorno
M5 Lucca
M6 Massa Carrara
M7 Pisa
M8 Pistoia
M9 Siena
M10 Prato
N Umbria
N1 Perugia
N2 Terni
O Marche
O1 Ancona
O2 Ascoli Piceno
O3 Macerata
O4 Pesaro
O5 Fermo
P Lazio
P1 Frosinone
P2 Latina
P3 Rieti
P4 Roma
P5 Viterbo
R Abruzzo e Molise
R1 Campobasso
R2 Chieti
R3 L'Aquila
R4 Pescara
R5 Teramo
R6 Isernia
S Campania e Basilicata
S1 Avellino
S2 Benevento
S3 Caserta
S4 Matera
S5 Napoli
S6 Potenza
S7 Salerno
T Puglia
T1 Bari
T2 Brindisi
T3 Foggia
T4 Lecce
T5 Taranto
T6 Barletta-Andria-Trani
V Calabria
V1 Catanzaro
V2 Cosenza
V3 Reggio Calabria
V4 Crotone
V5 Vibo Valentia
W Sicilia
W1 Agrigento
W2 Caltanissetta

W3 Catania
W4 Enna
W5 Messina
W6 Palermo
W7 Ragusa
W8 Siracusa
W9 Trapani
X Sardegna
X1 Cagliari
X2 Nuoro
X3 Sassari
X4 Oristano

    1-bis. Le sigle di individuazione delle province sono le seguenti:
Agrigento AG
Alessandria AL
Ancona AN
Aosta AO La O e' sormontata dallo stemma
Arezzo AR
Ascoli Piceno AP
Asti AT
Avellino AV
Bari BA
Barletta - Andria-Trani BT
Belluno BL
Benevento BN
Bergamo BG
Biella BI
Bologna BO
Bolzano BZ La Z e' sormontata dallo stemma
Brescia BS
Brindisi BR
Cagliari CA
Caltanissetta CL
Campobasso CB
 ()
Caserta CE
Catania CT
Catanzaro CZ
Chieti CH
Como CO
Cosenza CS
Cremona CR
Crotone KR
Cuneo CN
Enna EN
Fermo FM
Ferrara FE
Firenze FI
Foggia FG
Forli' Cesena FC
Frosinone FR
Genova GE
Gorizia GO
Grosseto GR
Imperia IM
Isernia IS
L'Aquila AQ
La Spezia SP
Latina LT
Lecce LE
Lecco LC
Livorno LI
Lodi LO
Lucca LU

Macerata MC
Mantova MN
Massa Carrara MS
Matera MT
 ()
Messina ME
Milano MI
Modena MO
Monza-Brianza MB
Napoli NA
Novara NO
Nuoro NU
 ()
 ()
Oristano OR
Padova PD
Palermo PA
Parma PR
Pavia PV
Perugia PG
Pesaro e Urbino PU
Pescara PE
Piacenza PC
Pisa PI
Pistoia PT
Pordenone PN
Potenza PZ
Prato PO
Ragusa RG
Ravenna RA
Reggio Calabria RC
Reggio Emilia RE
Rieti RI
Rimini RN
Roma Roma
Rovigo RO
Salerno SA
Sassari SS
Savona SV
Siena SI
Siracusa SR
Sondrio SO
((Sud Sardegna SU))
Taranto TA
Teramo TE
Terni TR
Torino TO
Trapani TP
Trento TN La N e' sormontata dallo stemma
Treviso TV
Trieste TS
Udine UD
Varese VA
Venezia VE
Verbano Cusio Ossola VB
Vercelli VC
Verona VR
Vibo Valenzia VV
Vicenza VI
Viterbo VT

APPENDICE XII - Art. 257
(Criteri per la formazione dei dati delle targhe
dei veicoli a motore e dei rimorchi)

1. I criteri per la formazione dei dati sono:

a) targa anteriore e posteriore degli autoveicoli, nonche' quella posteriore dei loro rimorchi (figg. III.4/a, III.4/b, III.4/c): riporta, nell'ordine una zona rettangolare a sinistra dove, su fondo blu, e' impressa in giallo nella parte superiore la corona di stelle simbolo dell'Unione europea e nella parte inferiore e' impressa in bianco la lettera I, due caratteri alfabetici, il marchio ufficiale della Repubblica italiana, tre caratteri numerici e due caratteri alfabetici; una zona rettangolare a destra, a fondo blu, destinata ad ospitare i talloncini di cui al comma 3 dell'articolo 260.

b) LETTERA SOPPRESSA DAL D.P.R. 28 SETTEMBRE 2012, N. 198;

c) targa dei motoveicoli (fig. III 4/e): riporta nell'ordine, una zona rettangolare a sinistra dove, su fondo blu, e' impressa in giallo nella parte superiore la corona di stelle simbolo della Unioneeuropea e nella parte inferiore e' impressa in bianco la lettera I;due caratteri alfabetici, il marchio della Repubblica italiana, tre caratteri numerici e due caratteri alfabetici; una zona rettangolare a destra, a fondo blu, destinata ad ospitare i talloncini di cui al comma 3 dell'articolo 260;

d) targa delle macchine agricole semoventi (figura III.4/f): riporta, nell'ordine, due caratteri alfabetici, il marchio ufficiale della Repubblica italiana, tre caratteri numerici ed un carattere alfabetico;

e) targa delle macchine operatrici semoventi (fig. III.4/g): riporta, nell'ordine, due caratteri alfabetici, il marchio ufficiale della Repubblica italiana, un carattere alfabetico e tre caratteri numerici;

f) targa dei rimorchi agricoli (fig. III.4/h): riporta, nell'ordine, la scritta "Rim. Agr.", due caratteri alfabetici, il marchio ufficiale della Repubblica italiana, tre caratteri numerici ed un carattere alfabetico;

g) targa delle macchine operatrici trainate (fig. III.4/i): riporta, nell'ordine, la scritta "Macc. Op.", due caratteri alfabetici, il marchio ufficiale della Repubblica italiana, un carattere alfabetico e tre caratteri numerici;

h) targa ripetitrice per carrelli appendice (fig. III.4/l): riporta, nell'ordine, due caratteri alfabetici, la lettera "R", e sei caratteri alfanumerici;

i) targa ripetitrice per rimorchi agricoli e per macchine operatrici trainate (fig. III.4/m): riporta, nell'ordine, due caratteri alfabetici, la lettera "R" e cinque caratteri alfanumerici;

l) LETTERA ABROGATA DAL D.P.R. 24 NOVEMBRE 2001, N. 474.

m) LETTERA ABROGATA DAL D.P.R. 24 NOVEMBRE 2001, N. 474.

n) LETTERA ABROGATA DAL D.P.R. 24 NOVEMBRE 2001, N. 474.

o) LETTERA ABROGATA DAL D.P.R. 24 NOVEMBRE 2001, N. 474.

p) targa EE anteriore e posteriore per autoveicoli e targhe di immatricolazione dei loro rimorchi (fig. III.4/r): riporta, nell'ordine, il marchio ufficiale della Repubblica italiana, il rettangolo destinato a contenere il talloncino di scadenza, la sigla dello Stato italiano, la scritta "EE", tre caratteri numerici e due caratteri alfabetici;

q) LETTERA SOPPRESSA DAL D.P.R. 28 SETTEMBRE 2012, N. 198;

r) targa ripetitrice per carrelli appendice di autoveicoli con targa EE (fig. III.4/t): riporta, nell'ordine, la scritta "EE", la lettera "R", cinque caratteri alfanumerici;

s) targa EE per motoveicoli (fig. III.4/u): riporta, nell'ordine, la sigla "EE", il marchio ufficiale della Repubblica italiana, la sigla dello Stato italiano, il rettangolo destinato a contenere il talloncino di scadenza, tre caratteri numerici ed un carattere alfabetico.

2. I caratteri numerici di cui alle lettere da a) ad s) del comma 1 assumono tutti i valori da zero a nove. La progressione, entro il campo numerico, procede secondo la naturale sequenza da destra verso sinistra. I caratteri alfabetici, previsti nello stesso comma, progrediscono in successione da destra verso sinistra, ciascuno avanzando ad ogni completamento della serie numerica. I caratteri alfabetici utilizzabili sono: A, B, C, D, E, F, G, H, J, K, L, M, N, P, R, S, T,V, W, X, Y, Z (tabelle da III.3/a a III.3/d che fanno parte integrante del presente regolamento).

3. Le targhe ripetitrici relative ai veicoli rimorchiati che ne devono essere dotati, ivi compresi i carrelli appendice, hanno le medesime caratteristiche e dimensioni previste dal presente regolamento per le targhe dei veicoli trainanti (nel caso degli autoveicoli riferite alla targa posteriore di formato A). Esse hanno fondo retroriflettente di colore giallo e contengono soltanto la lettera "R" in rosso, senza il marchio ufficiale della Repubblica italiana. In luogo delle cifre e delle lettere costituenti il numero o il contrassegno di immatricolazione, le targhe ripetitrici sono dotate di riquadri rettangolari, aventi dimensioni di 80 x 40 o 60 x 30 o 65 x 31 millimetri, rispettivamente per i carrelli appendice trainati da autoveicoli, per i veicoli trainati da macchine agricole od operatrici e per i carrelli appendice trainati da autoveicoli "Escursionisti Esteri", realizzati a rilievo con le stesse caratteristiche previste per i simboli alfanumerici, ciascuno dei quali e' riservato a ricevere un carattere alfabetico o numerico. Gli interessati avranno cura di riprodurre su dette targhe, con caratteri neri autoadesivi o impressi con sistemi equivalenti, il numero o il contrassegno di immatricolazione della motrice cui il veicolo viene agganciato, non impegnando la prima o le prime caselle eventualmente eccedenti rispetto alla quantita' di caratteri costituenti il numero d'immatricolazione. Nel caso in cui la targa del veicolo traente contenga la parola Roma essa viene riportata sulla targa ripetitrice mediante la sigla RM. I caratteri devono avere le medesime caratteristiche dimensionali di quelli previsti dal presente regolamento per le targhe del veicolo trattore.

APPENDICE XIII - Art. 260
(Caratteristiche costruttive, dimensionali, fotometriche, cromatiche e di leggibilita' delle targhe. Requisiti di idoneita' per la loro accettazione).

DISCIPLINARE TECNICO

0. INTRODUZIONE.
0.1. Finalita'.

Il presente disciplinare serve a verificare l'idoneita' delle targhe a fondo retroriflettente al particolare uso al quale sono destinate, e per accertare i requisiti di resistenza e di stabilita' nel tempo delle caratteristiche fisiche dei materiali dei quali sono costituite.

0.2. Campo di applicazione.

Il presente disciplinare si applica alle targhe di immatricolazione, ripetitrici e di riconoscimento definite dal presente regolamento e realizzate con pellicola retroriflettente applicata su supporto di alluminio.

1. PRESCRIZIONI APPLICABILI ALLE TARGHE.
1.1. Prescrizioni generali.

Le targhe trattate nel presente disciplinare sono realizzate:

a) imbutendo con caratteri alfanumerici (imbutitura profonda 1,4 mm (Piu' o Meno) 0,1 mm), un supporto metallico ricoperto di pellicola retroriflettente autoadesiva di tipo riconosciuto idoneo dal Provveditorato generale dello Stato, sulla base degli accertamenti tecnici di rispondenza effettuati dal Ministero dei trasporti;

   b) colorando i rilievi delle lettere, delle cifre e dei simboli con vernici dei colori prescritti dal regolamento;

   c) imprimendo il marchio ufficiale della Repubblica Italiana, salvo che per le targhe ripetitrici;

   d) ricoprendo le superfici esterne con uno strato di vernice trasparente protettiva.

1.2. Dimensioni e composizione grafica delle targhe.

   Le targhe, delle dimensioni specificate nelle figure allegate al presente regolamento, devono essere composte con caratteri alfanumerici conformi a quelli indicati nelle figure stesse, con la spaziatura ivi indicata.

1.3. Colori.

   Il fondo retroriflettente deve essere:

bianco per:

   a) le targhe di immatricolazione posteriori ed anteriori degli autoveicoli;

   b) LETTERA ABROGATA DAL D.P.R. 24 NOVEMBRE 2001, N. 474.

   c) le targhe di immatricolazione dei motoveicoli;

   d) LETTERA ABROGATA DAL D.P.R. 24 NOVEMBRE 2001, N. 474.

   e) le targhe di immatricolazione dei rimorchi;

   f) le targhe per veicoli Escursionisti Esteri;

giallo per:

   g) le targhe di immatricolazione delle macchine agricole semoventi e trainate;

   h) le targhe di immatricolazione delle macchine operatrici semoventi e trainate;

   i) LETTERA ABROGATA DAL D.P.R. 24 NOVEMBRE 2001, N. 474.

   l) LETTERA ABROGATA DAL D.P.R. 24 NOVEMBRE 2001, N. 474.

   m) le targhe ripetitrici dei veicoli trainati per i quali sono previste.

   Le prescrizioni cromatiche relative ai colori bianco, giallo e blu sono contenute al punto 4.1.

1.4. Fori e spigoli.

   Le targhe devono essere realizzate con quattro fori di fissaggio del diametro di 5 mm e gli spigoli raccordati. L'ubicazione dei fori nelle targhe dovra' essere conforme a quella indicata nelle figure allegate.

2. PRESCRIZIONI APPLICABILI AI COMPONENTI DELLE TARGHE.

2.1. Supporto metallico.

   Il supporto metallico deve essere in lamiera di alluminio tipo Al 99,5 UNI 9001, parte seconda, nelle gradazioni H12, H14 o H24, dello spessore di 1,00 (Piu' o Meno) 0,05 mm, piano all'origine e sottoposto a trattamento protettivo fosfo-cromatante secondo UNI 4718 o cromatante secondo UNI 4719.

2.2. Pellicole retroriflettenti.

   Le pellicole retroriflettenti per targhe devono essere di materiale plastico, sottili, perfettamente lisce, di spessore uniforme e autoadesive, cioe' recare sul retro un adesivo pronto all'uso, protetto da un foglio di minimo spessore "liner", che sia facilmente e completamente asportabile senza dover ricorrere ad acqua, solventi, a speciali tecniche o attrezzature. Tali pellicole, separate dal foglio protettivo di cui sopra, devono aderire a qualsiasi supporto, rigido, liscio e perfettamente pulito. Esse devono, inoltre, essere imbutibili con profondita' di imbutitura di 1,5 mm; devono essere colorabili sia con inchiostri e sia con paste serigrafiche, avere caratteristiche fisiche stabili nel tempo ed essere resistenti all'aggressione degli agenti chimici. La rispondenza delle pellicole ai requisiti prescritti e' accertata dal Ministero dei trasporti e della navigazione secondo le procedure illustrate nel presente disciplinare.

2.3. Coloranti e trasparente protettivo.

   Gli inchiostri, le paste serigrafiche, le vernici opache e trasparenti ed i solventi, impiegati nella produzione delle targhe, devono essere quelli specificati nella documentazione tecnica presentata all'atto della richiesta di riconoscimento d'idoneita' della pellicola. Essi devono avere caratteristiche fisiche stabili nel tempo e devono essere resistenti all'azione degli agenti chimici. I trasparenti protettivi devono, inoltre, presentare caratteristiche di resistenza all'abrasione.

3. PROCEDURE DI ACCETTAZIONE.

3.1. Targhe.

All'atto della fornitura delle targhe ai vari Uffici provinciali della Direzione generale della M.C.T.C., il Provveditorato generale dello Stato vigilera' che le targhe siano realizzate a regola d'arte secondo le prescrizioni contenute nel paragrafo 1, con lamiera di tipo prescritto e con pellicola retroriflettente conforme a quella di tipo riconosciuto ammissibile. Nei casi di controversia sulla idoneita' delle forniture per difetto di fabbricazione, la questione viene definita dal Ministero dei trasporti e della navigazione d'intesa con il Provveditorato generale dello Stato.

3.2. Riconoscimento della idoneita' delle pellicole retroriflettenti e delle vernici per targhe.

3.2.1 Definizione del tipo.

Ai fini del riconoscimento d'idoneita', il tipo di una pellicola viene definito da:

    a) denominazione commerciale;

    b) materiale;

    c) colore;

    d) caratteristiche tecniche.

3.2.2 Domanda.

L'Istituto Poligrafico e Zecca dello Stato indice periodicamente gare di approvvigionamento delle pellicole retroriflettenti per targhe. Il fabbricante di pellicole, od il suo legale rappresentante, che intenda partecipare alla gara con un tipo di pellicola che ancora non abbia ottenuto il riconoscimento di idoneita', alleghera' all'offerta ed alla documentazione richiesta dall'Istituto Poligrafico e Zecca dello Stato una domanda di riconoscimento di idoneita' della pellicola indirizzata al Provveditorato generale dello Stato completa dei seguenti documenti:

    a) atto di sottomissione con il quale dichiara di accettare il controllo della conformita' delle pellicole fornite;

    b) delega a richiedere il riconoscimento di idoneita' con firma autenticata da un notaio ovvero, nel caso in cui il delegante risieda all'estero, dalla autorita' consolare competente (solo nel caso in cui il richiedente il riconoscimento di idoneita' non sia il fabbricante della pellicola);

    c) relazione tecnica descrittiva del tipo di pellicola presentata al riconoscimento, completa di ogni notizia utile e di tutte le istruzioni alle quali l'Istituto Poligrafico e Zecca dello Stato si atterra' nei processi di produzione e nell'immagazzinamento delle pellicole. In particolare nella relazione dovranno essere specificate le paste serigrafiche, gli inchiostri, le vernici opache e trasparenti compatibili con le pellicole e le loro modalita' di applicazione nonche' i solventi da utilizzare per asportare le macchie di vernice che potrebbero prodursi in sede di lavorazione, ecc.;

    d) dichiarazione in cui si garantisce che le pellicole, utilizzate secondo le prescrizioni contenute nella relazione tecnica, sono garantite per cinque anni.

3.2.3. Presentazione dei campioni.

Per ogni tipo di pellicola per la quale e' richiesto il riconoscimento di idoneita', il richiedente presentera' la pellicola, le vernici ed il trasparente protettivo in quantitativi doppi di quelli necessari all'effettuazione delle prove di cui ai paragrafi 4 e 5. I campioni saranno approntati, alla presenza di tecnici del richiedente, dall'Istituto Poligrafico e Zecca dello Stato, che utilizzera' fogli di alluminio del tipo destinato alla produzione per le prove di cui al paragrafo 4. Per le prove di cui al paragrafo 5, da eseguire solo se tutte le prove di cui al paragrafo 4 avranno dato esito positivo, dovranno inoltre essere forniti, per ogni tipo di pellicola per la quale e' richiesto il riconoscimento di idoneita', una bobina di lunghezza minima di 200 m e larghezza 0,111 m, nonche' gli inchiostri ed il trasparente protettivo. I prodotti di cui sopra non dovranno recare alcuna iscrizione, comunque realizzata, che ne renda possibile l'identificazione.

3.2.4. Procedura amministrativa.

L'Istituto Poligrafico e Zecca dello Stato, raccolte le documentazioni ed i materiali necessari al riconoscimento di idoneita', sotto la vigilanza del Provveditorato generale dello Stato, rendera' anonime le campionature approntate in conformita' al punto 3.2.3 e le inoltrera' al Ministero dei trasporti e della navigazione-Direzione generale della M.C.T.C. per le prove di cui al paragrafo 4. Per le prove di cui al paragrafo 5 l'Istituto Poligrafico e Zecca dello Stato mettera' i materiali pervenuti a disposizione del Provveditorato generale dello Stato, che li rendera' anonimi e li restituira' all'Istituto Poligrafico e Zecca dello Stato per l'effettuazione delle prove. Il Ministero dei trasporti e della navigazione- Direzione generale della M.C.T.C. e l'Istituto Poligrafico e Zecca dello Stato, effettuate le verifiche tecniche previste ai paragrafi 4 e 5, ne comunicheranno l'esito al Provveditorato generale dello Stato che emanera' l'atto di riconoscimento di idoneita'. Tale riconoscimento potra' essere rilasciato al richiedente solamente se tutte le verifiche e gli accertamenti di cui sopra avranno dato esito positivo, e dopo che sara' stata consegnata una dichiarazione indicante la composizione chimica dei prodotti e quant'altro ritenuto necessario dall'Istituto Poligrafico e Zecca dello Stato di concerto con l'Istituto Superiore di Sanita' per accertamenti in materia di igiene e sicurezza dei lavoratori.

3.3. Validita' del riconoscimento di idoneita'.

Il riconoscimento di idoneita', accordato dal Provveditorato generale dello Stato, ha cinque anni di validita' ed autorizza il titolare del riconoscimento:

a) a concorrere alle gare di fornitura indette dall'Istituto Poligrafico e Zecca dello Stato offrendo pellicole identiche al campione riconosciuto idoneo;

b) a marcare le pellicole fornite all'Istituto Poligrafico e Zecca dello Stato con un simbolo di identificazione indelebile, non asportabile ne' correggibile, costituito dalla sigla del riconoscimento ottenuto, applicato conformemente all'illustrazione esemplificativa della figura III 5.

3.4. Conformita' della produzione.

3.4.1. Facolta' di prelievo.

Il Ministero dei trasporti e della navigazione, d'intesa con il Provveditorato generale dello Stato, si riserva la facolta' piu' ampia di prelevare campioni di pellicola presso i magazzini dell'Istituto Poligrafico e Zecca dello Stato per verificarne la conformita' alle prescrizioni tecniche del presente disciplinare.

3.4.2. Sanzioni per non conformita' della produzione.

Nelle eventualita' che i campioni prelevati non soddisfacessero alle prescrizioni del disciplinare, il Provveditorato generale dello Stato potra' procedere alla revoca del riconoscimento di idoneita' accordato. In tal caso non potra' piu' essere fornita all'Istituto Poligrafico e Zecca dello Stato la pellicola marcata con il numero di riconoscimento revocato, fatte salve le penalita' e le sanzioni precisate dall'Istituto Poligrafico e Zecca dello Stato nei bandi di gara per l'approvvigionamento del prodotto.

3.5. Conferma della validita' del riconoscimento di idoneita'.

3.5.1. Conferma quinquennale.

La validita' del riconoscimento di idoneita' accordato dal Provveditorato generale dello Stato, in virtu' del punto 3.2.4, puo' essere confermata di cinque anni in cinque anni.

3.5.2. Domanda.

La conferma della validita' e' richiesta dal titolare del

riconoscimento di idoneita' non oltre i sei mesi successivi
alla sua scadenza, con una domanda rivolta al Provveditorato
generale dello Stato, tramite l'Istituto Poligrafico e Zecca dello
Stato. La domanda dovra' fare riferimento al riconoscimento di
idoneita' precedentemente ottenuto.
3.5.3. Presentazione dei campioni.
   Per ogni tipo di pellicola per il quale e' richiesta la conferma di
idoneita', il richiedente presentera' la pellicola, le vernici, ed il
trasparente protettivo in quantita' doppia di quella necessaria
all'approntamento dei campioni da utilizzare per le prove di cui al
punto 3.5.4. I campioni saranno approntati, alla presenza dei tecnici
del richiedente, dall'Istituto Poligrafico e Zecca dello Stato che
utilizzera' fogli di alluminio del tipo destinato alla produzione.
3.5.4. Procedura amministrativa.
   L'Istituto Poligrafico e Zecca dello Stato, inoltrera' le
campionature al Ministero dei trasporti e della navigazione-
Direzione generale della M.C.T.C. Questi, effettuate le verifiche e
prove di fotometria, di adesivita', di imbutibilita' e di resistenza
all'abrasione dei trasparenti protettivi con i criteri di cui
rispettivamente ai sottoparagrafi 4.2, 4.3, 4.8 e 4.9, ne
comunichera' l'esito al Provveditorato generale dello Stato che
emanera' l'atto di conferma della validita' del riconoscimento di
idoneita'. Tale conferma consentira' al titolare del riconoscimento
di continuare ad usufruire per altri cinque anni delle prerogative di
cui ai capoversi a) e b) del sottoparagrafo 3.3.
4. PRESCRIZIONI E METODOLOGIE DI PROVA RELATIVE ALLE PELLICOLE
RETRORIFLETTENTI ED ALLE VERNICI TRASPARENTI.
4.1. Colorimetria.
   I colori delle pellicole retroriflettenti da impiegare nella
fabbricazione delle targhe, protette da vernice trasparente applicata
secondo le istruzioni dichiarate dal fabbricante nella relazione
tecnica, devono avere coordinate colorimetriche comprese all'interno
dei quadrilateri appresso definiti mediante indicazione delle coordinate dei vertici.
4.1.1 Coordinate tricromatiche e fattore di luminanza

Colore		Coordinate dei 4 punti che delimitano le zone consentite nel diagramma colorimetrico C.I.E. 1931 (illuminante normalizzato D65, geometria 45/0)				Fattore di luminanza
		1	2	3	4	
Bianco	x	0,355	0,305	0,285	0,335	> o = 0,35
	y	0,355	0,305	0,325	0,375	
Giallo	x	0,545	0,487	0,427	0,465	> o = 0,27
	y	0,454	0,423	0,483	0,534	
Blu	x	0,078	0,150	0,210	0,137	> o = 0,01
	y	0,171	0,220	0,160	0,038	

   Metodo di prova secondo C.I.E. n. 15.
4.2. Fotometria.
4.2.1. Prescrizioni.
4.2.1.1. Valori
minimi. Nella tabella che segue sono riportati in cd/lux m i valori
ammessi per il coefficiente specifico di intensita' luminosa delle
pellicole retroriflettenti per targhe, del colore blu dell'Eurologo e

degli inserti blu relativi alle sigle provinciali ed all'anno di immatricolazione. L'illuminante di riferimento e' l'illuminante ''A'' della C.I.E., metodo di misura C.I.E. n. 54.

Angolo di divergenza(±)	Angolo di Illuminazione B1 (^{2}2 = 0)	Bianco	Giallo	Blu
	5	45,0	37,0	3,0
12'	30	22,0	18,0	1,5
	40	14,0	8,0	1,0
	5	35,0	28,0	1,5
20'	30	17,0	14,0	1,0
	40	7,0	6,0	
	5	3,0	2,5	
2	30	2,0	1,6	
	40	1,0	0,8	

4.2.1.2. Valori massimi.

Il C.I.L. corrispondente ad un angolo di divergenza di 20' e ad un angolo di incidenza di 5 deve risultare non superiore al valore di 7 mcd/lux cm(Elevato al Quadrato).

4.2.2. Metodologia di prova.

La verifica della corrispondenza alle prescrizioni fotometriche si effettua su quattro provini, costituiti da rettangoli di pellicola protetti da trasparente applicato secondo le istruzioni dichiarate dal fabbricante nella relazione tecnica, delle dimensioni minime di 70 x 100 mm, applicati su supporto metallico piano; le misure vanno effettuate con il provino a 15 (Piu' o Meno) 0,15 m di distanza dalla sorgente luminosa (lente di uscita del proiettore) e la prova e' giudicata positiva se tutti e quattro i provini sono caratterizzati da valori del C.I.L. compresi tra i minimi e massimi sopra indicati.

4.3. Adesivita'.

4.3.1. Prescrizioni.

Il collante autoadesivo delle pellicole retroriflettenti deve essere tale che la pellicola, applicata su un supporto di alluminio liscio e pulito e sottoposta ad una forza di trazione 0,333 daN/cm per 5 minuti non si distacchi dal supporto per piu' di:

    a) 5 cm a temperatura ambiente;

    b) 8 cm a caldo (70 (Piu' o Meno) 2 µC).

4.3.2. Metodologia di prova.

4.3.2.1. A temperatura ambiente.

4.3.2.1.1. Preparazione dei provini. Un campione di pellicola viene condizionato mediante mantenimento per 4 ore alla pressione di 0,175 bar alla temperatura di 70 µC (Piu' o Meno) 2 µC ed all'umidita' relativa del 65% (Piu' o Meno) 5%. Riportato il campione a temperatura ambiente, si ritagliano due provini delle dimensioni di 3 x 15 cm e si rimuove manualmente il liner senza fare ricorso ad acqua o ad altri solventi. In tale fase si osservera' se il liner si rompe, si lacera ovvero se asporta adesivo dalla superficie della pellicola retroriflettente.

4.3.2.1.2. Si fanno aderire 10 cm di ogni provino ad una lastra di alluminio a facce lisce, perfettamente pulite e sgrassate e lo si condiziona per temperatura ed umidita' lasciandolo per almeno 48 ore in un ambiente a temperatura di 20 µC (Piu' o Meno) 2 µC ed al 65% (Piu' o Meno) 5% di umidita' relativa. Successivamente si sospende la lastra in posizione orizzontale con i due provini nella superficie inferiore e si applica la forza di 1 daN ad ognuna delle estremita' libere dei provini permettendo loro di pendere liberamente formando un angolo di 90 con la superficie della lastra in prova. Trascorsi cinque minuti dalla applicazione delle masse, si misura la lunghezza della striscia che si e' distaccata. La prova e' giudicata favorevole se in fase di rimozione del liner non si sono verificate rotture o lacerazioni della pellicola, o asportazioni di adesivo, e se entrambi i provini si sono distaccati dalla lastra per una lunghezza non superiore a 5,00 cm.

4.3.2.2. A caldo.

4.3.2.2.1. Preparazione dei provini. Si procede come al punto 4.3.2.1.1.

4.3.2.2.2 Si fanno aderire 10 cm di ogni provino ad una lastra di alluminio a facce lisce perfettamente pulite e sgrassate e lo si condiziona per temperatura ed umidita' lasciandolo per almeno 48 ore in un ambiente a temperatura di 20 µC (Piu' o Meno) 2 µC al 65% (Piu' o Meno) 5% di umidita' relativa. Successivamente i provini vengono condizionati per temperatura mediante mantenimento per 4 ore alla temperatura di 70 µC (Piu' o Meno) 2 µC. Immediatamente dopo l'estrazione dal forno termostatico, si applica la forza di 1 daN all'estremita' libere dei provini e si procede come al punto 4.3.2.1.2. La prova e' giudicata favorevole se in fase di rimozione del liner non si sono verificate rotture o lacerazioni della pellicola o asportazioni di adesivo e se entrambi i provini si sono distaccati dalla lastra di prova per una lunghezza non superiore a 8,00 cm.

4.4. Allungabilita'.

4.4.1. Prescrizioni.

Le pellicole destinate alle targhe devono essere caratterizzate da un allungamento a rottura superiore al 45%.

4.4.2. Metodologia di prova.

La prova si effettua sottoponendo alla trazione cinque strisce di pellicola e misurandone l'allungamento corrispondente alla rottura. La prova va effettuata alla temperatura ambiente di 20 (Piu' o Meno) 2 µC con strisce di pellicola larghe almeno 25,5 mm, applicando il carico alla velocita' di 300 mm/minuto.

4.4.3. Valutazione dei risultati Si definisce come allungamento di un provino il valore:

$$a = \cfrac{\cfrac{L_R}{L_U} - -}{L_U}$$

a = allungamento
L = distanza tra le pinze del dinamometro corrispondente alla
 R rottura del provino
L = distanza tra le pinze del dinamometro con il provino
 U sottoposto ad un precarico di 0,5 N, e la prova e' giudicata favorevole se:

A) a(max) -- a(min) e' minore o uguale a 0,20;
B) la media dei tre valori di a compresi tra a(max) e a(min) e' maggiore o uguale a 0,45.

4.5. Resistenza all'azione degli agenti chimici.

4.5.1. Prescrizioni.

Le pellicole e le vernici trasparenti protettive destinate alle targhe devono presentare caratteristiche di resistenza all'azione dell'acqua distillata, dei combustibili per autotrazione, degli olii lubrificanti, delle soluzioni alcaline e delle nebbie saline. La prescrizione si verifica sottoponendo provini costituiti da pellicola applicata su lastra di alluminio alla aggressione degli agenti chimici sopraelencati secondo le modalita' appresso definite. Al termine delle prove le pellicole, esaminate visivamente, non dovranno mostrare alcun difetto appariscente, quale:

 a) bolle;
 b) fessurazioni;
 c) variazioni di colore apprezzabili;
 d) scollamenti dal supporto metallico;

ed, inoltre, il coefficiente specifico di intensita' luminosa non dovra' scendere al di sotto dei valori minimi prescritti al punto

4.2.1.1. Nella eventualita' che all'esame visivo si rilevassero variazioni cromatiche si procedera' a nuove determinazioni colorimetriche accertando che il campione corrisponda ancora alle disposizioni del punto 4.1.

4.5.2. Metodologia di prova.

4.5.2.1. Preparazione dei provini.

I campioni di pellicola, preventivamente condizionati mediante mantenimento per 4 ore alla pressione di 0,175 bar alla temperatura di 70 µC (Piu' o Meno) 2 µC ed all'umidita' relativa del 65% (Piu' o Meno) 5% vengono ritagliati in rettangoli delle dimensioni minime di 70 x 100 mm, successivamente vengono applicati a rettangoli di lamiera di alluminio per targhe delle stesse dimensioni. I provini cosi' ottenuti, ricoperti di trasparente protettivo applicato secondo le istruzioni dichiarate dal fabbricante nella relazione tecnica, vengono lasciati riposare per almeno 48 ore alla temperatura di 20 µC (Piu' o Meno) 2 µC.

4.5.2.2. Prove per immersione.

Trascorso tale periodo, i provini, in numero di due per ogni bagno, vanno sottoposti agli agenti chimici secondo quanto di seguito precisato:

Agente chimico	Temperatura del bagno	Durata della immersione
Carburante (70% di isottano e 30% toluene)	20 (Piu' o Meno) 2 µC	30 min
Olio lubrificante additivato (SAE 10 W 50)	20 (Piu' o meno) 2 µC	2 h
Soluzione alcalina (carbo- nato sodico al 3% in acqua distillata)	20 (Piu' o meno) 2 µC	2 h
Acqua distillata	20 (Piu' o Meno) 2 µC	24 h

4.5.2.3. Prove in cella climatica.

Due provini vengono sottoposti all'azione della nebbia salina ottenuta da una soluzione acquosa di cloruro sodico al 5% alla temperatura di 35 (Piu' o Meno) 2 µC. La durata della prova e' di 96 ore consecutive.

4.5.3. Esame dei provini.

Trascorsi cinque minuti dall'estrazione dai bagni o dalla cella climatica, i provini vengono asciugati e puliti con un panno morbido ed esaminati per raffronto con un provino vergine. Gli esami fotometrici e le eventuali determinazioni colorimetriche si effettuano almeno 24 ore dopo l'estrazione.

4.5.4. Interpretazione dei risultati.

Le prove si intendono superate con esito favorevole se tutti i provini ottemperano alle prescrizioni del punto 4.5.1.

4.6. Resistenza all'invecchiamento.

4.6.1. Prescrizioni.

Le pellicole e le vernici trasparenti protettive destinate alle targhe devono presentare caratteristiche di stabilita' nel tempo e di resistenza all'azione degli agenti atmosferici (luce e pioggia). La prescrizione si verifica sottoponendo provini costituiti da pellicola applicata su lastra di alluminio ad invecchiamento artificiale, secondo le modalita' che verranno appresso definite. Al termine dell'invecchiamento le pellicole esaminate visivamente non dovranno presentare alcun difetto appariscente, quale:

a) bolle;

b) fessurazione;

c) variazioni di colore apprezzabili;

d) scollamenti dal supporto metallico;

ed inoltre il coefficiente specifico di intensita' luminosa non dovra' scendere al di sotto del 50% dei valori minimi prescritti al punto 4.2.1.1. Nella eventualita' che all'esame visivo si rivelassero variazioni cromatiche si procedera' a nuove determinazioni colorimetriche accertando che il campione risponda alle prescrizioni del punto 4.1.

4.6.2. Metodologia di prova.

4.6.2.1. Preparazione dei provini.

Si preparano tre provini procedendo secondo quanto indicato al punto 4.5.2.1.

4.6.2.2. Invecchiamento artificiale.

I tre provini vengono sottoposti ad invecchiamento utilizzando un apparecchio Weather - Ometer Atlas tipo DMC/WR equipaggiati con portacampioni Atlas VPD programmato secondo il seguente ciclo:

a) solo azione delle radiazioni 102 min;

b) azione combinata spruzzo d'acqua e radiazioni 18 min;

c) temperatura dell'acqua all'entrata nell'apparecchio di spruzzo 16 (Piu' o Meno) 5 µC;

d) temperatura massima all'interno dell'apparecchio 63 (Piu' o Meno) 2 µC;

per un periodo complessivo di 1000 ore, che possono essere anche continuative.

4.6.3. Esame dei provini.

Si procede come specificato al punto 4.5.3.

4.6.4. Valutazione dei risultati.

Si applicano gli stessi criteri descritti al punto 4.5.4, precisando che le esigenze fotometriche si intendono soddisfatte se i C.I.L. misurati non risultano inferiori al 50% dei valori minimi prescritti al punto 4.2.1.1.

4.7. Resistenza meccanica alle basse temperature.

4.7.1. Prescrizioni.

Le pellicole retroriflettenti e le vernici trasparenti protettive per targhe devono presentare buone caratteristiche di resistenza all'urto in condizioni di bassa temperatura. Tale esigenza si intende soddisfatta se la pellicola, applicata al supporto di alluminio e condizionata per umidita' e temperatura, percossa con percussore a superficie sferica secondo le procedure di seguito illustrate, non presenta, nella zona esterna al punto di impatto, cretti o scheggiature visibili.

4.7.2. Metodologia di prove.

4.7.2.1. Preparazione dei provini.

Si preparano tre provini procedendo come indicato al punto 4.5.2.1.

4.7.2.2. Condizionamento dei provini.

I tre provini vengono immersi per due ore in acqua distillata a temperatura ambiente (20 (Piu' o Meno) 2 µC). Successivamente si asciugano con un panno morbido e si condizionano per temperatura mantenendoli per 24 ore in un criostato a -20 (Piu' o Meno) 2 µC.

4.7.2.3. Apparecchiatura di prova.

Per la prova d'urto si usa un percussore in caduta libera delle seguenti caratteristiche:

a) massa 500 g;

b) altezza di caduta 25 cm;

c) punta a sferica in acciaio del diametro di 12,7 mm;

d) piano di appoggio del provino in gomma 50 shore.

4.7.2.4 Esecuzione della prova.

I provini, immediatamente dopo la loro estrazione dal criostato, vengono cimentati con due colpi di percussore in rapida successione.

4.7.2.5. Valutazione dei risultati.

La prova si giudica superata favorevolmente se i tre provini esaminati da una distanza di 25 cm, non presentano cretti o scheggiature visibili sulla superficie esterna alla circonferenza di 6 mm di diametro che circoscrive la zona d'impatto.

4.8. Imbutibilita'.
4.8.1. Prescrizioni.

Le pellicole retroriflettenti per targhe devono essere imbutibili con profondita' d'imbutitura di 1,5 mm. Tale requisito si verifica imbutendo provini costituiti da pellicola e da lamiera d'alluminio per targhe delle spessore di 1,00 (Piu' o Meno) 0,05 mm secondo le procedure di seguito illustrate e verificando che la pellicola resti integra.

4.8.2. Metodologia di prova.
4.8.2.1. Preparazione dei provini.

Si preparano tre provini delle dimensioni di 100 x 100 mm procedendo come indicato al punto 4.5.2.1 ma senza l'applicazione del trasparente protettivo.

4.8.2.2. Apparecchiatura di prova.

Per la prova di imbutibilita' si usa:

a) un punzone in acciaio dello spessore di 2,00 mm conforme alla figura III 6;

b) una lastra di gomma delle dimensione di 100 x 100 x 15 mm della durezza 80 (Piu' o Meno) 5 shore;

c) una pressa da 20.000 daN.

4.8.2.3. Esecuzione della prova.

Si dispongono nella pressa:

a) punzone;
b) provino;
c) gomma;

e si applica la forza di 20.000 daN.

4.8.2.4 Valutazione dei risultati.

La prova si giudica superata favorevolmente se i tre provini esaminati da una distanza di 25 cm non presentano fessurazioni o cretti visibili.

4.9. Resistenza all'abrasione dei trasparenti protettivi.
4.9.1. Prescrizioni.

Le vernici trasparenti destinate alla protezione delle targhe devono presentare caratteristiche di resistenza all'abrasione. Tale resistenza si verifica sottoponendo provini protetti da vernice trasparente all'azione di un getto di sabbia e verificando che la pellicola non venga intaccata.

4.9.2. Metodologia di prova.
4.9.2.1. Preparazione dei provini.

Si preparano tre provini delle dimensioni di 70 x 100 mm procedendo come indicato al punto 4.5.2.1, avendo pero' l'avvertenza di verniciarli con vernice nera prima di proteggerli con il trasparente protettivo.

4.9.2.2. Apparecchiatura di prova.

Si utilizza un apparecchio che consenta la caduta libera della sabbia normale (sabbia quarzosa lavata passante in un setaccio con maglie da 1,0 mm e trattenuta da un setaccio con maglie da 0,5 mm), attraverso un foro guida cilindrico del diametro di 8 mm e dell'altezza di 20 mm. Una camicia cilindrica del diametro di 80 mm, concentrica e coassiale al foro guida, delimita il getto di sabbia fino a 150 mm dal centro della zona d'impatto. L'apparecchiatura e' illustrata nella figura III.8.

4.9.2.3. Esecuzione della prova.

Si fanno cadere in caduta libera da un'altezza di 200 cm, riferiti al centro del provino da saggiare disposto con il lato lungo inclinato a 45 rispetto alla verticale, 20 kg di sabbia normalizzata.

4.9.2.4. Valutazione dei risultati.

La prova si giudica superata favorevolmente se i tre provini, esaminati da una distanza di 25 cm, non presentano ad un esame a vista asportazioni di vernice nera.

5. PROVE TECNOLOGICHE.

Le prove di seguito descritte devono essere effettuate presso impianti stabiliti dall'Istituto Poligrafico e Zecca dello Stato.

5.1. Prova di imbutitura senza stagionatura intermedia.

Dovra' essere fornita una bobina di lunghezza minima 200 m e larghezza 0,111 m; la prova consistera' nell'imbutitura di n. 100 esemplari di targa numerica posteriore per autoveicoli con sigla "AN" e di 100 con sigla "MI", stampati in sequenza. Se ritenuto necessario, subito dopo l'applicazione della pellicola, il nastro potra' essere riscaldato in linea a una temperatura di 40 - 50 μC in un forno della lunghezza di 2,50 m; la velocita' del nastro e' di 10 m/min circa. Non dovranno essere rilevabili tracce di distacco o di rottura della pellicola.

5.2. Prova di applicazione di inchiostri.

Gli inchiostri forniti con la pellicola dovranno essere utilizzati su una linea di verniciatura che preveda una verniciatura a rullo a doppia passata, seguita da una permanenza in forno I.R. per 90 sec. ad una temperatura max di 140 μC. All'uscita dal forno gli inchiostri dovranno essere perfettamente asciutti e non dare luogo ad adesione dei pezzi tra loro negli impilatori.

5.3. Prova di applicazione del trasparente protettivo.

La prova sara' effettuata nelle seguenti condizioni di funzionamento (durata delle varie fasi):

    a) appassimento 15 min;
    b) preessiccazione (80 μC) 11 min;
    c) essiccazione (120 μC) 20 min.

All'uscita dell'impianto la vernice dovra' apparire completamente secca ed i pezzi, distaccati dai ganci ed impilati, non dovranno dar luogo ad adesione tra loro.

APPENDICI AL TITOLO IV

Appendice I - Art. 312 (Programma d'esame per il conseguimento dei
   certificati di abilitazione professionale).

Appendice II - Art. 320 (Malattie invalidanti).

APPENDICE I - Art. 312
(Programma d'esame per il conseguimento dei certificati di
abilitazione professionale)

1. Gli argomenti del programma di esame per il conseguimento del certificato di abilitazione professionale sono di seguito indicati, con le specificazioni riportati nei commi da 3 a 7 per i diversi tipi di CAP.

TITOLO I

A. Conoscenza della struttura di un veicolo e delle sue parti principali.

A.1. Conoscenza della struttura e del funzionamento di motori a combustione interna:

    a) sistemi di lubrificazione e di raffreddamento;
    b) impianto di alimentazione;
    c) impianto elettrico;
    d) sistema di accensione;
    e) sistema di trasmissione (frizione, scatola del cambio, ecc.).

A.2. Conoscenze generali sui lubrificanti e sulla difesa antigelo.

A.3. Conoscenza delle precauzioni da prendere per smontare e rimontare le ruote.

A.4. Conoscenza della struttura, del montaggio, del corretto uso e della manutenzione dei pneumatici.

A.5. Conoscenza dei vari tipi di dispositivi di frenatura, del loro funzionamento, delle loro parti principali, dei loro collegamenti, del loro uso e della loro manutenzione quotidiana, nonche' conoscenza dei dispositivi di accoppiamento dei rimorchi.

A.6. Capacita' di individuare i guasti del veicolo.

A.7. Capacita' di riparare piccoli guasti facendo uso degli opportuni utensili.

A.8. Conoscenze generali relative alla manutenzione preventiva del veicolo e alla tempestivita' delle riparazioni da effettuare.

TITOLO II

B. Conoscenze generali in materia di trasporti e di amministrazione.

B.1. Capacita' generali e conoscenze geografiche sufficienti per poter usare carte stradali e relativi indici.

B.2. Conoscenza dell'uso economico del veicolo.

B.3. Conoscenza delle misure da prendere in caso di collisione o di altri incidenti (per esempio incendio) per quanto concerne l'assicurazione del veicolo.

B.4. Conoscenza della legislazione nazionale, applicabile al trasporto di merci.

B.5. Nozioni elementari sulla responsabilita' del conducente per quanto concerne la presa in consegna, il trasporto e la consegna delle merci conformemente alle condizioni convenute.

B.6. Conoscenza delle tecniche per caricare e scaricare merci e del corretto uso della relativa attrezzatura.

B.7. Nozioni elementari sulle precauzioni da prendere per la manutenzione e il trasporto di merci pericolose.

B.8. Conoscenza dei documenti, relativi ai veicoli e ai trasporti, prescritti per il trasporto di merci all'interno del paese e al passaggio della frontiera.

B.9. Conoscenza della legislazione nazionale applicabile al trasporto di persone.

B.10. Conoscenza delle responsabilita' del conducente connessa con il trasporto di viaggiatori.

B.11. Conoscenza dei documenti relativi ai veicoli e ai viaggiatori, prescritti per il trasporto di viaggiatori all'interno del paese e al passaggio della frontiera.

2. Dal programma di esame sono esclusi gli argomenti che il candidato deve gia' conoscere in base alla categoria di patente e alle abilitazioni possedute.

3. Per il conseguimento del certificato di abilitazione professionale KA gli argomenti del titolo I sono limitati ai tipi di veicoli cui il certificato specificatamente abilita. Dal titolo II sono esclusi gli argomenti da B.4 a B.8.

4. Per il conseguimento del certificato di abilitazione professionale KB gli argomenti del titolo I sono limitati ai tipi di veicoli cui il certificato specificatamente abilita. Dal titolo II sono esclusi gli argomenti da B.4 a B.8. Per i titolari di patente della categoria E sono esclusi gli argomenti del titolo I. Per i titolari di certificato di abilitazione professionale tipo KC sono esclusi gli argomenti del titolo I e quelli del titolo II sono limitati ai punti B.9, B.10 e B.11.

5. Per il conseguimento del certificato di abilitazione professionale KC gli argomenti del titolo I sono limitati ai tipi di veicoli cui il certificato specificatamente abilita. Sono inoltre da escludere gli argomenti del titolo II, punti B.9, B.10. e B.11.

Per i titolari di patente per la guida di autoveicoli della categoria E sono esclusi gli argomenti previsti dal titolo I.

6. Per il conseguimento del certificato di abilitazione professionale KD, per i titolari di patente per la guida di autoveicoli della categoria E sono esclusi gli argomenti del titolo I. Per coloro che sono gia' titolari di certificato di abilitazione professionale tipo KC sono da escludere gli argomenti di cui al titolo II salvo i punti da B.8. a B.11.

7. Per il conseguimento del certificato di abilitazione professionale KE gli argomenti del titolo I sono limitati ai tipi di veicoli cui il certificato specificatamente abilita. Dal titolo II sono esclusi gli argomenti relativi ai punti da B.4 a B.9 e B.11.

I candidati dovranno dimostrare inoltre la conoscenza delle specifiche norme di comportamento che regolano la guida dei veicoli in servizio di emergenza.

APPENDICE II - Art. 320
(Malattie invalidanti)

1. Le malattie ed affezioni che escludono la possibilita' di rilascio del certificato di idoneita' alla guida sono quelle sottoindicate:

A. Affezioni cardiovascolari.

La patente di guida non deve essere rilasciata ne' confermata ai candidati o conducenti colpiti da un'affezione cardiovascolare ritenuta incompatibile con la sicurezza della guida. Nei casi dubbi, ovvero quando trattasi di affezioni cardiovascolari corrette da apposite protesi, il giudizio di idoneita' verra' espresso dalla commissione medica locale che puo' avvalersi della consulenza di uno specialista appartenente alle strutture pubbliche. La commissione medica locale terra' nel debito conto i rischi o pericoli addizionali connessi con la guida di veicoli conducibili con le patenti delle categorie C, D, E.

B. Diabete.

La patente di guida puo' essere rilasciata o rinnovata al candidato o conducente colpito da diabete mellito, con parere di un medico autorizzato e regolare controllo medico specifico per ogni caso.

La patente di guida non deve essere ne' rilasciata ne' rinnovata al candidato o conducente di questo gruppo colpito da diabete mellito che necessiti di un trattamento con insulina, salvo casi eccezionali debitamente giustificati dal parere di un medico autorizzato e con controllo medico regolare.

C. Malattie endocrine.

In caso di disturbi endocrini gravi, diversi dal diabete, in forme di entita' tale da compromettere la sicurezza della guida, la patente di guida non potra' essere rilasciata o confermata salvo il caso in cui la possibilita' di rilascio o di conferma sia espressamente certificata da parte della commissione medica locale.

D. Malattie del sistema nervoso.

La patente di guida non deve essere ne' rilasciata ne' confermata a candidati o conducenti colpiti da:

a) encefalite, sclerosi multipla, miastenia grave o malattie del sistema nervoso, associate ad atrofia muscolare progressiva e/o a disturbi miotonici;

b) malattie del sistema nervoso periferico;

c) postumi invalidanti di traumatismi del sistema nervoso centrale o periferico.

A giudizio della commissione medica locale e con sua espressa certificazione, nei casi a), b) e c) sopracitati, a seguito dell'esito della visita specialistica presso strutture pubbliche, ove ritenuta necessaria, puo' essere rilasciata o confermata la patente di guida a condizione che dette malattie non siano in stato avanzato e che la funzione degli arti sia buona, per cui non venga pregiudicata la sicurezza della guida In tali casi gli interessati devono mostrare di essere capaci di usare i comandi del veicolo appartenente alla categoria per la quale si richiede il rilascio della patente, in condizioni di sicurezza. La validita' della patente non puo' essere superiore a due anni. Per la conferma e la revisione valgono le stesse modalita';

d) epilessia.

La concessione di patente delle sole categorie A e B agli epilettici e' consentita a soggetti che non presentino crisi comiziali da almeno due anni, indipendentemente dall'effettuazione di terapie antiepilettiche di mantenimento e controllo. Tale condizione dovra' essere verificata dalla commissione medica locale sulla base di certificazione, di data non anteriore a trenta giorni, redatta dal medico di fiducia o da uno specialista appartenente alle strutture pubbliche. La validita' della patente non puo' essere superiore a due anni. Per la conferma e la revisione valgono le stesse modalita'. La patente di guida delle categorie C, D, E non deve essere rilasciata ne' confermata ai candidati o conducenti in atto affetti o che abbiano sofferto in passato di epilessia.

E. Malattie psichiche.

La patente di guida non deve essere rilasciata ne' confermata a candidati o conducenti che siano affetti da turbe psichiche in atto dovute a malattie, traumatismi, postumi di interventi chirurgici sul sistema nervoso centrale o periferico o colpiti da ritardo mentale grave o che soffrono di psicosi o di turbe della personalita', quando tali condizioni non siano compatibili con la sicurezza della guida, salvo i casi che la commissione medica locale potra' valutare in modo diverso avvalendosi, se del caso, della consulenza specialistica presso strutture pubbliche. La commissione medica locale, terra' in quest'ultimo caso in debito conto i rischi o i pericoli addizionali connessi con la guida dei veicoli delle categorie C, D E. La validita' della patente in questi casi non puo' essere superiore a due anni. Per la conferma e la revisione valgono le stesse modalita'.

F. Sostanze psicoattive.

La patente di guida non deve essere rilasciata o confermata ai candidati o conducenti che si trovino in stato di dipendenza attuale da alcool, stupefacenti o sostanze psicotrope ne' a persone che comunque consumino abitualmente sostanze capaci di compromettere la loro idoneita' a guidare senza pericoli. Nel caso in cui tale dipendenza sia passata e non piu' attuale la commissione medica locale, dopo aver valutato con estrema cautela il rischio di recidiva del singolo candidato o conducente, sulla base di idonei accertamenti clinici e di laboratorio, e dopo essersi eventualmente avvalsa della consulenza di uno specialista appartenente ad una struttura pubblica, puo' esprimere parere favorevole al rilascio o alla conferma. La commissione medica locale tiene in debito conto e valuta con estrema severita' i rischi addizionali connessi con la guida di veicoli delle categorie C, D, E. La validita' della patente in questi casi non puo' essere superiore a due anni. Per la conferma e la revisione valgono le stesse modalita'.

G. LETTERA SOPPRESSA DA D.P.R. 10 LUGLIO 2017, N. 139.

H. Malattie dell'apparato urogenitale.

La patente di guida non deve essere rilasciata ne' confermata ai candidati o conducenti che soffrono di insufficienza renale grave.

Limitatamente ai candidati o conducenti per patenti delle categorie A, B, la patente di guida puo' essere rilasciata o confermata quando l'insufficienza renale risulti positivamente corretta a seguito di trattamento dialitico . La certificazione relativa deve essere rilasciata dalla commissione medica locale. La validita' della patente non puo' essere superiore a due anni. Per la conferma e la revisione valgono le stesse modalita'.

((H-bis. Trapianti di organo. - Il rilascio della patente di guida a soggetti trapiantati di organo, ovvero la prima conferma di validita' della patente di guida successiva al trapianto di organo, sono subordinati ad accertamento dei requisiti di idoneita' psicofisica svolto dalla commissione medica locale. Se, all'esito della visita, la commissione medica locale certifica che il conducente trapiantato presenta una condizione non suscettibile di aggravamento, la patente di guida puo' essere rilasciata per il periodo ordinariamente previsto dall'articolo 126 del codice e i successivi rinnovi sono subordinati ad accertamento delle condizioni di idoneita' psicofisica svolta da uno dei sanitari di cui all'articolo 119 del codice, salvo che questi ritenga necessaria una nuova visita collegiale qualora l'esito degli accertamenti clinici, strumentali e di laboratorio faccia sorgere dubbi circa l'idoneita' alla guida)).

ALLEGATI

Gli allegati richiamati nel testo del presente regolamento sono ordinati in gruppi corrispondenti ai singoli Titoli.

Ogni gruppo e' organizzato in:
1) Tabelle
2) Schemi
3) Modelli

4) Figure

N.B. - Per le misure dei simboli e delle iscrizioni contenute all'interno dei segnali stradali e non codificate nelle tabelle si dovra' procedere per ingrandimento fotografico, essendo i segnali stessi riprodotti in scala.

TITOLO I

TABELLA I 1 ART. 18 - MODALITA' PER IL CALCOLO DELL'INDENNIZZO PER ECCEZIONALE USURA

Parte di provvedimento in formato grafico

TABELLA I 2 ART. 18 - COSTI D'USO PER ASSE PER L'ANNO 1993

CARICHI PER ASSE IN QUINTALI	TIPO DI ASSE									
	S C2	G	C4V	C4L	C8	MG	TSS	TSG	2xC4L	4xCAL
	LIRE / KM									
0-30	0	0	0	0	0	0	0	0	0	0
35	0	0	0	0	0	0	0	0	0	0
40	7	2	0	0	0	0	0	0	0	0
45	10	2	3	0	0	0	0	0	0	0
50	16	3	7	0	0	0	0	0	0	0
55	22	5	10	0	0	0	0	0	0	0
60	35	9	19	3	7	0	0	0	0	0
65	83	12	29	7	10	0	3	0	0	0
70	138	17	41	10	14	0	5	0	0	0
75	195	22	54	14	19	0	9	0	0	0
80	261	29	59	19	24	0	10	0	0	0
85	328	36	85	26	29	0	14	0	0	0
90	403	45	104	35	38	0	16	2	0	0
95	484	54	123	43	48	0	19	3	0	0
100	574	64	145	54	60	0	22	5	0	0
105	670	81	180	69	76	0	28	7	0	0
110	781	102	225	86	93	202	33	7	0	0
115	938	130	282	105	114	250	41	10	3	0
120	1047	161	356	128	138	317	50	12	5	0
125	1193	194	632	206	166	420	85	16	9	0
130	1343	228	911	285	195	550	119	17	10	0

135	1503	268	1189	366	225	710	159	21	14	0
140	1672	311	1469	449	257	870	199	24	16	0
145	1854	449	1749	532	295	1030	240	29	19	0
150	2044	608	2030	615	339	1220	282	33	21	0
155	2244	771	2314	700	391	1430	330	38	24	0
160	2456	938	2602	786	456	1630	377	43	28	0
165	2677	1132	2896	876	539	0	425	48	33	0
170	2908	1332	3224	969	624	0	473	52	38	0
175	3151	1538	3622	1070	710	0	527	59	45	0
180	3402	1752	4054	1175	798	0	581	64	50	0
185	3665	1979	4539	1293	886	0	639	71	57	0
190	3940	2219	5025	1422	976	0	698	78	62	0
195	4227	2474	5511	1569	1070	0	764	85	71	0
200	4522	2746	5996	1737	1166	0	828	92	78	0
210	0	3363	0	0	1305	0	966	118	100	0
220	0	3974	0	0	1633	0	1126	147	124	0
230	0	0	0	0	2203	0	1353	187	152	3
240	0	0	0	0	3292	0	1510	232	185	5
250	0	0	0	0	4584	0	0	280	0	9
260	0	0	0	0	5875	0	0	328	0	10
270	0	0	0	0	7517	0	0	387	0	14
280	0	0	0	0	9158	0	0	449	0	16
290	0	0	0	0	10757	0	0	648	0	19
300	0	0	0	0	12355	0	0	878	0	21
310	0	0	0	0	0	0	0	1111	0	24
320	0	0	0	0	0	0	0	1353	0	28
330	0	0	0	0	0	0	0	1634	0	33
340	0	0	0	0	0	0	0	1922	0	38
350	0	0	0	0	0	0	0	2217	0	45
360	0	0	0	0	0	0	0	2526	0	50
370	0	0	0	0	0	0	0	2852	0	57
380	0	0	0	0	0	0	0	3199	0	62

390	0	0	0	0	0	0	0	3568	0	71
400	0	0	0	0	0	0	0	3959	0	78
410	0	0	0	0	0	0	0	0	0	90
420	0	0	0	0	0	0	0	0	0	100
430	0	0	0	0	0	0	0	0	0	114
440	0	0	0	0	0	0	0	0	0	126
450	0	0	0	0	0	0	0	0	0	140
460	0	0	0	0	0	0	0	0	0	154
470	0	0	0	0	0	0	0	0	0	171
480	0	0	0	0	0	0	0	0	0	187
490	0	0	0	0	0	0	0	0	0	0
500	0	0	0	0	0	0	0	0	0	0
510	0	0	0	0	0	0	0	0	0	0
520	0	0	0	0	0	0	0	0	0	0
530	0	0	0	0	0	0	0	0	0	0
540	0	0	0	0	0	0	0	0	0	0
550	0	0	0	0	0	0	0	0	0	0

TABELLA I 3 ART. 18-DEFINIZIONE DEI TIPI DI ASSE CONSIDERATI NELLA TABELLA I 2

Parte di provvedimento in formato grafico

TITOLO II

Parte di provvedimento in formato grafico

Parte di provvedimento in formato grafico

TITOLO III

TABELLA III 1 ART. 242 - ACCERTAMENTI TECNICI

TIPO DI DI ACCERTAMENTO	RUOLO DIRIGENZIALE O QUALIFICA FUNZIONALE	PROFILO PROFESSIONALE
a)		

1) Visite e prove:			
1.1) di omologazione o di approvazione di veicoli, di componenti ed entita' tecniche degli stessi, di contenitori e casse mobili;	DIRIGENTI TECNICI		
1.2) di omologazione, di approvazione in unico esemplare o per serie, nonche' accertamenti singoli, periodici e straordinari di imballaggi, grandi imballaggi per il trasporto alla rinfusa (GIR), recipienti, cisterne contenitori e casse mobili comunque destinati al trasporto di merci pericolose;			Ingegnere Direttore Coordinatore
1.3) per variazione delle merci pericolose ammesse al trasporto con imballaggi, grandi imballaggi, recipienti, cisterne, contenitori e casse mobili.		IX	
			Architetto Direttore Coordinatore
2) Visite e prove di revisione dei veicoli a motore e loro rimorchi.			Ingegnere Direttore
b)			
Controlli di conformita' al tipo omologato o approvato per serie		VIII	
			Architetto Direttore
c)			
Controlli sulle officine delle imprese e dei consorzi concessionari di revisioni.			
d)			Ingegnere
1) Visite e prove, qualora non richiedenti il possesso di cognizioni tecnico professionali proprie dei vari profili professionali di ingegnere:			
		VII	
1.1) di omologazione o di approvazione di veicoli, con esclusione degli autobus di massa superiore a 3,5 t e degli autosnodati, di componenti ed entita' tecniche degli stessi, di contenitori e casse mobili;			Architetto
1.2) di omologazione, di approvazione in unico esemplare o per serie, nonche' accertamenti singoli, periodici e straordinari di imballaggi, grandi			Capo Tecnico Collaboratore Amministrativo

```
| imballaggi per il trasporto alla   |      ||(limitatamente|
| rinfusa (GIR), recipienti, cisterne|      ||ai dipendenti |
| contenitori e casse mobili comunque|  VII ||inquadrati ai |
| destinati al trasporto di merci    |      ||sensi dell'Art|
| pericolose;                        |      ||4 della Legge |
|                                    |      ||n. 312/80)    |
|                                    |      ||              |
| 1.3) per variazione delle merci    |      ||Assistente    |
| pericolose ammesse al trasporto con|      ||Tecnico       |
| imballaggi, grandi imballaggi,     |      ||              |
| recipienti, cisterne, contenitori  |      ||              |
| e casse mobili.                    |      ||              |
|                                    |      ||              |
| 2) Visite e prove di revisione     |      ||              |
| di veicoli a motore e di rimorchi, |      ||              |
| con esclusione degli autobus di    |      ||              |
| massa complessiva superiore a      |      ||              |
| 3,5 t e degli autosnodati.         |      ||              |
|                                    |      ||              |
|                                    |  VI  ||              |
|            e)                      |      ||              |
| Controlli di conformita' al tipo   |      ||              |
| omologato o approvato per serie,   |      ||Assistente    |
| qualora non necessiti il possesso  |      ||Amministrativo|
| di cognizioni tecnico professionali|      ||(limitatamente|
| proprie dei vari profili           |      ||ai dipendenti |
| professionali di ingegnere.        |      ||inquadrati ai |
|                                    |      ||sensi dell'Art|
|                                    |      ||4 della Legge |
|                                    |      ||n. 312/80)    |
```

Segue

TIPO DI DI ACCERTAMENTO	REQUISITI CULTURALI E PROFESSIONALI	ACCERTAMENTI CONSENTITI
a) 1) Visite e prove: 1.1) di omologazione o di approvazione di veicoli, di componenti ed entita' tecniche degli stessi, di contenitori e casse mobili;	Diploma di laurea in Ingegneria ed abilitazione all'esercizio della professione	Tutti
1.2) di omologazione, di approvazione in unico esemplare o per serie, nonche' accertamenti singoli, periodici e straordinari di imballaggi, grandi imballaggi per il trasporto alla rinfusa (GIR), recipienti, cisterne contenitori e casse mobili comunque destinati al trasporto di merci pericolose;	Diploma di laurea in Architettura ed abilitazione all'esercizio della professione	Lettere c), d), e)
1.3) per variazione delle merci pericolose ammesse al trasporto con imballaggi, grandi imballaggi, recipienti, cisterne, contenitori e casse mobili.	Diploma di laurea in Ingegneria ed abilitazione all'esercizio della professione	Tutti
	Diploma di laurea in Architettura ed	Lettere c), d), e)

	abilitazione all'esercizio della professione	
2) Visite e prove di revisione dei veicoli a motore e loro rimorchi.	Diploma di laurea in Ingegneria ed abilitazione all'esercizio della professione	Tutti
b) Controlli di conformita' al tipo omologato o approvato per serie	Diploma di laurea in Architettura ed abilitazione all'esercizio della professione	Lettere c), d), e)
c) Controlli sulle officine delle imprese e dei consorzi concessionari di revisioni.		
d) 1) Visite e prove, qualora non richiedenti il possesso di cognizioni tecnico professionali proprie dei vari profili professionali di ingegnere:	Diploma di laurea in Ingegneria ed abilitazione all'esercizio della professione	Tutti
1.1) di omologazione o di approvazione di veicoli, con esclusione degli autobus di massa superiore a 3,5 t e degli autosnodati, di componenti ed entita' tecniche degli stessi, di contenitori e casse mobili;	Diploma di laurea in Architettura ed abilitazione all'esercizio della professione	Lettere c), d), e)
1.2) di omologazione, di approvazione in unico esemplare o per serie, nonche' accertamenti singoli, periodici e straordinari di imballaggi, grandi imballaggi per il trasporto alla rinfusa (GIR), recipienti, cisterne contenitori e casse mobili comunque destinati al trasporto di merci pericolose;	Diploma di Perito Industriale o di Perito Nautico o di Geometra o di Maturita' Scientifica; Abilitazione agli accertamenti tecnici rilasciata dalla D.G. - M.C.T.C.	Lettere d), e)
1.3) per variazione delle merci pericolose ammesse al trasporto con imballaggi, grandi imballaggi, recipienti, cisterne, contenitori e casse mobili.	Diploma di Perito Industriale o di Perito Nautico o di Geometra o di Maturita' Scientifica; Abilitazione agli accertamenti tecnici	Lettere d), e)
2) Visite e prove di revisione di veicoli a motore e di rimorchi, con esclusione degli autobus di massa complessiva superiore a 3,5 t e degli autosnodati.		

	rilasciata dalla D.G. - M.C.T.C.	
e) Controlli di conformita' al tipo omologato o approvato per serie, qualora non necessiti il possesso di cognizioni tecnico professionali proprie dei vari profili professionali di ingegnere.	Diploma di Perito Industriale o di Perito Nautico o di Geometra o di Maturita' Scientifica; Abilitazione agli accertamenti tecnici rilasciata dalla D.G. - M.C.T.C.	Lettere d), e)

TABELLA III 2 ART. 250 - CARATTERI PER LE TARGHE DEI CICLOMOTORI

Parte di provvedimento in formato grafico

TABELLA III 3/a ART. 257 - CARATTERI PER TARGHE PER CARRELLI APPENDICE TRAINATI DA AUTOVEICOLI, PER RIMORCHI AGRICOLI, PER MACCHINE OPERATRICI TRAINATE, PER CARRELLI APPENDICE "ESCURSIONISTI ESTERI"

Parte di provvedimento in formato grafico

TABELLA III 3/b ART. 257 - CARATTERI PER TARGHE RIPETITRICI PER CARRELLI APPENDICE TRAINATI DA AUTOVEICOLI E PROVA AUTOVEICOLI E LORO RIMORCHI

Parte di provvedimento in formato grafico

TABELLA III 3/c ART. 257 - CARATTERI PER TARGHE PER MACCHINE AGRICOLE SEMOVENTI MACCHINE OPERATRICI SEMOVENTI;PER TARGHE RIPETITRICI PER RIMORCHI AGRICOLI E PER MACCHINE OPERATRICI TRAINATE; PER TARGHE PROVA PER MACCHINE AGRICOLE, MACCHINE OPERATRICI; PER TARGHE PER MOTOVEICOLI "ESCURSIONISTI ESTERI"

Parte di provvedimento in formato grafico

TABELLA III 3/d ART. 257 - CARATTERI PER TARGHE PER AUTOVEICOLI "ESCURSIONISTI ESTERI" E RELATIVE TARGHE RIPETITRICI

Parte di provvedimento in formato grafico

TABELLA III 3/e ART. 257 - CARATTERI PER TARGHE POSTERIORI PER AUTOVEICOLI E LORO RIMORCHI

Parte di provvedimento in formato grafico

TABELLA III 3/f ART. 257 - CARATTERI PER TARGHE
PER MOTOVEICOLI ED ANTERIORI PER AUTOVEICOLI

Parte di provvedimento in formato grafico

TABELLA III 4 ART. 274/277 - DECELERAZIONE MEDIA DELLE MACCHINE
AGRICOLE SEMOVENTI

Parte di provvedimento in formato grafico

FIGURE

Parte di provvedimento in formato grafico

TITOLO IV

TABELLA IV 1 ART. 332
DIPENDENTI DEL DIPARTIMENTO PER I TRASPORTI, LA NAVIGAZIONE, GLI
AFFARI
GENERALI ED IL PERSONALE ABILITATI AD EFFETTUARE GLI ESAMI DI
IDONEITA'

PROVE D'ESAME	RUOLO DIRIGENZIALE O QUALIFICA FUNZIONALE	PROFILO PROFESSIONALE	REQUISITI CULTURALI E PROFESSIONALI
Prove di controllo delle cogni- zioni per il conseguimento delle patenti di guida delle categorie AM, A1, A2, A, B1, B, BE (arti- colo 116, comma 3, del codice della strada) e delle patenti speciali per le categorie AM, A1, A2, A, B1, B, BE (articolo 116, comma 4, del codice della strada)	Dirigenti Area III Area II	Funzionario amministrativo contabile Funzionario statistico Funzionario informatico Funzionario tecnico Assistente amministrativo Assistente tecnico Assistente geometra Assistente informatico	Diploma di laurea o diploma di istruzione secondaria di secondo grado Abilitazione agli esami di idoneita' rilasciata dal Dipartimento per i trasporti, la navigazione gli affari generali ed il personale
Prove di veri- fica delle ca- pacita' e dei comportamenti per il conse- guimento delle patenti di guida delle	Dirigenti Area III	Funzionario amministrativo contabile Funzionario statistico Funzionario	Diploma di laurea o diploma di istruzione secondaria di secondo grado Abilitazione agli esami di idoneita' rilasciata dal Dipartimento per i trasporti, la

categorie AM, A1, A2, A, B1, B, BE (articolo 116, comma 3, del codice della strada)		informatico Funzionario tecnico	navigazione gli affari generali ed il personale
	Area II	Assistente amministrativo Assistente tecnico Assistente geometra Assistente informatico	
Prove di verifica delle capacita' e dei comportamenti per il conseguimento delle patenti di guida speciali delle categorie AM, A1, A2, A, B1, B, BE (articolo 116, comma 4, del codice della strada)	Dirigenti tecnici		Diploma di laurea in ingegneria o equiparate
	Area III	Funzionario tecnico	Abilitazione agli esami di idoneita' rilasciata dal Dipartimento per i trasporti, la navigazione gli affari generali ed il personale
Prove di controllo delle cognizioni per il conseguimento delle patenti di guida delle categorie C1, C1E, C, CE, D1, D1E, D, DE (articolo 116, comma 3, del codice della strada) e delle patenti speciali per le categorie C1, C1E, C, CE D1, D1E, D, DE (articolo 116, comma 4, del codice della strada)	Dirigenti		Diploma di laurea o diploma di istruzione secondaria di secondo grado
	Area III	Funzionario amministrativo contabile Funzionario statistico Funzionario informatico Funzionario tecnico	Abilitazione agli esami di idoneita' rilasciata dal Dipartimento per i trasporti, la navigazione gli affari generali ed il personale
	Area II	Assistente amministrativo Assistente tecnico Assistente geometra Assistente informatico	
Esami per il rilascio del certificato di abilitazione professionale di tipo KA o KB (articolo 116, comma 8, del codice della strada), del certifi-	Dirigenti tecnici		Diploma di laurea in ingegneria o equiparate
	Area III	Funzionario tecnico	Abilitazione agli esami di idoneita' rilasciata dal Dipartimento per i trasporti, la navigazione gli affari generali ed il personale

cato di idoneita' alla guida di filoveicoli (articolo 118 del codice della strada) e del certificato di abilitazione, idoneita', capacita' o formazione professionale per l'effettuazione di determinati trasporti professionali (articolo 116, comma 12, del codice della strada)			
Prove di verifica delle capacita' e dei comportamenti per il conseguimento delle patenti di guida delle categorie C1, C1E, C, CE, D1, D1E, D, DE (articolo 116, comma 3, del codice della strada)	Dirigenti tecnici Area III	Funzionario tecnico	Diploma di laurea in ingegneria o equiparata Diploma di laurea o diploma di istruzione secondaria di secondo grado Abilitazione agli esami di idoneita' rilasciata dal Dipartimento per i trasporti, la navigazione gli affari generali ed il personale
Prove di verifica delle capacita' e dei comportamenti per il conseguimento delle patenti di guida delle categorie C1, C1E, C, CE, D1, D1E, D, DE (articolo 116, comma 4, del codice della strada)	Dirigenti tecnici Area III	Funzionario tecnico	Diploma di laurea in ingegneria o equiparata Abilitazione agli esami di idoneita' rilasciata dal Dipartimento per i trasporti, la navigazione gli affari generali ed il personale

Modello IV 1 Art. 307
ATTESTATO DI IDONEITA' PSICOFISICA

Parte di provvedimento in formato grafico

Modello IV 2 Art. 308
PATENTE DI GUIDA CONFORME AL MODELLO COMUNITARIO

Parte di provvedimento in formato grafico

Modello IV 3 Art. 310
CERTIFICATO DI ABILITAZIONE PROFESSIONALE (CAP)

Parte di provvedimento in formato grafico

Modello IV 4 Art. 331
RELAZIONE MEDICA PER IL RILASCIO E LA CONFERMA DI VALIDITA' DELLA PATENTE DI GUIDA

Parte di provvedimento in formato grafico

Modello IV 5 Art. 331

MODELLO ABROGATO DAL D.P.R. 28 MARZO 2019, N. 54

Modello IV 6 Art. 331

MODELLO ABROGATO DAL D.P.R. 28 MARZO 2019, N. 54

FIGURE

Parte di provvedimento in formato grafico

TITOLO V
Parte di provvedimento in formato grafico

TITOLO VI
Parte di provvedimento in formato grafico

TITOLO VII
TABELLA VII 1 Art. 405
DIRITTI DI COMPETENZA DEL MINISTERO DEI LAVORI PUBBLICI

	TIPO DI OPERAZIONE	TARIFFA
A	Nulla osta per gare fra motoveicolo da includere nel programma annuale (per ciascuna gara)	€((86,86))
B	Nulla osta per gare fra autoveicoli da includere nel programma annuale (per ciascuna gara)	€((173,73))
C	Come al punto A per gare fuori programma	€((173,73))
D	Come al punto B per gare fuori programma	€((347,45))

E	Approvazione dispositivi segnaletici	€((434,32))
F	Approvazioni parziali: approvazione di dispositivi e di unita' tecniche indipendenti	€((217,15))
G	Omologazione dispositivi segnaletici	€((868,64))
H	Omologazioni parziali: omologazioni di dispositivi e di unita' tecniche indipendenti	€((434,32))
I	Omologazione di mezzi tecnici di controllo, di regolazione del traffico e per l'accertamento delle violazioni	€((1.302,95))
L	Approvazione di mezzi tecnici di controllo, di regolazione del traffico e per l'accertamento delle violazioni	€((1.302,95))
M	Approvazioni parziali ovvero di componenti o accessori dei mezzi di cui al punto I	€((868,64))
N	Approvazioni parziali ovvero di componenti o accessori dei mezzi di cui al punto L	€((434,32))
O	Autorizzazione alle imprese per la fabbricazione dei segnali stradali verticali	€((1.302,95))
P	Verifica triennale del possesso dei requisiti per ciascuna autorizzazione di cui al punto O	€((434,32))

Printed by Amazon Italia Logistica S.r.l.
Torrazza Piemonte (TO), Italy

51351313R00293